海阔扬帆

——中国海洋大学校友访谈录

第二辑

范其伟　主编

中国海洋大学出版社

·青岛·

图书在版编目（CIP）数据

海阔扬帆：中国海洋大学校友访谈录. 第二辑／范
其伟主编. --青岛：中国海洋大学出版社，2024.9.
ISBN 978-7-5670-3992-6

Ⅰ. K820.7

中国国家版本馆CIP数据核字第20247KD185号

HAIKUOYANGFAN——ZHONGGUO HAIYANG DAXUE XIAOYOU FANGTANLU DIERJI

海阔扬帆——中国海洋大学校友访谈录 第二辑

出版发行	中国海洋大学出版社
社　　址	青岛市香港东路23号　　　邮政编码　266071
网　　址	http://pub.ouc.edu.cn
出 版 人	刘文菁
责任编辑	张　华　　　　　　　电　　话　0532-85902342
印　　制	青岛海蓝印刷有限责任公司
版　　次	2024 年 9 月第 1 版
印　　次	2024 年 9 月第 1 次印刷
成品尺寸	170 mm × 240 mm
印　　张	34.5
字　　数	673 千
印　　数	1 ~ 2000
定　　价	82.00 元
订购电话	0532-82032573（传真）

发现印装质量问题，请致电 13335059885，由印刷厂负责调换。

编委会

主　　编　范其伟

副 主 编　于淑华　钟　媛　郭金明　张　欣

编　　委　（以姓氏笔画为序）

于　静　王伟莉　王道平　王　静　王曙光　吉晓莉

刘　慧　齐晓敏　孙　娜　孙　婧　李华昌　李　新

吴　瑕　迟瑞娟　张晓燕　陈忠红　呼双双　金天宇

孟　凡　赵凤娇　黄立田　黄　莺　程振明　谢瑞堂

蔡勤禹　薛清元

参编人员　（以姓氏笔画为序）

马海鹏　王红梅　王译萍　王奎国　王　晓　王祥宇

冯文波　宁如雪　巩　钇　吕　朋　孙丽君　孙鹏静

纪玉洪　李文慧　李　臣　李坤伦　李　健　吴玥玥

张文博　邵　柯　范静蕾　金　松　金鑫一　周文燕

姜萌昕　高雅楠　董　朝

在百年校庆来临之际，为了展现校友风采，彰显榜样力量，弘扬海大精神，学校接续90周年校庆的做法，组织在校学生开展了校友访谈活动，编辑出版《海阔扬帆——中国海洋大学校友访谈录（第二辑）》。看到这本访谈录，我感到十分亲切，亦有诸多感慨。

世纪海大，谋海济国。建校百年来，中国海洋大学始终与党和人民同呼吸、共命运，秉持"教授高深学术，养成硕学宏材，应国家需要"的创校宗旨，坚守"崇尚学术，谋海济国"的价值追求，在科教兴国、海洋强国建设中勇立潮头、走在前列，谱写了一曲不懈奋斗、向海图强的蓝色华章，培养造就了一大批可堪大用、能担重任的栋梁之材。

世纪海大，桃李芬芳。校友是母校最宝贵的财富、最靓丽的名片，他们不仅是学校发展历史的见证者，更是参与者、创造者。校友们在各行各业辛勤耕耘、奋发进取、建功立业，为国家富强、民族复兴和人类文明进步贡献"海大智慧"和"海大力量"，为母校赢得了广泛的社会赞誉。收录进访谈录的122位校友，入学时间从1961年到2015年，跨越了半个多世纪。他们当中，乔方利校友四十载初心不改、深耕不辍，执着探索海洋中浪、潮、流的秘密，致力于国际海洋和气候模式发展，服务国家重大战略需求。张艳萍校友35年坚守黄土之地，坚守水产科研工作一线，在国内首次人工孵化出极边扁咽齿鱼，使几近消失的甘肃土著鱼类重焕生机，发展了具有甘肃特色的鲑鳟鱼类养殖产业，带动养殖户走上致富之路。阿依帕尔·艾斯卡尔校友毕业后回到家乡新疆，主动申请到距离偏远、环境艰苦的地区工作，扎根基层、拼搏奉献，获得"全国先进工作者""全国高校毕业生基层就业卓越奖"称号……篇幅所限，我无法一一列举。他们是45万余名海大校友的缩影，充分展现了海大人对党忠实、为人诚实、学识扎实，干事踏实、作风朴实、进取求实的特质和勇立潮头、谋海济国的精神。

世纪海大，风华正茂。新时代新征程赋予海洋强国建设新的更高的历史地位，赋予科教事业新的更重的时代责任，赋予中国海大新的更大的光荣使命。站在历史新起点，面向百年新跨越，海大人要勇担使命，踔厉奋发，以前所未有的责任担当精神、干事创业精神、改革创新精神和勇于斗争精神，推进实施新时代海大工程，打造新时代海大范式，全面开创特色显著的世界一流大学建设新局面，奋力谱写无愧于时代、无愧于人民的崭新篇章。

这份百年校庆的特殊礼物，将成为学校珍贵的记忆典藏。衷心感谢所有接受采访的校友和参与本书采编的同志们。

中国海洋大学党委书记　田辉

2024年7月

目录 ■ Contents

学弟学妹 眼中的他 ——————

　　精神矍铄，谈笑风生，有长者的恬淡与智者的从容。"我不是学霸。"他挥挥手，像是挥散浮生的名利与艰辛。

我不是"学霸"

——访1961级校友王斌

　　王斌，男，1944年生，山东青岛人，1961—1966年就读于山东海洋学院海洋水文气象系。现任美国夏威夷大学气象系终身教授，国际太平洋研究中心（IPRC）季风研究首席科学家。

　　从山东海洋学院毕业后，1982年于中国科学院大气物理研究所获得气象学硕士学位。1984年于美国佛罗里达州立大学获得地球物理流体动力学博士学位，随后进入普林斯顿大学进行博士后研究。1987年博士后出站后，任教于美国夏威夷大学气象系，2010年7月—2014年1月担任夏威夷大学气象系主任，并于2005—2016年受聘担任中国海洋大学"绿卡人才工程"领军教授。曾任世界气候研究计划（WCRP）/气候变率与可预报性（CLIVAR）/亚澳季风研究组（AAMP）主席、世界气象组织（WMO）东亚季风中心顾问委员会联合主席、亚太经合组织气候中心（APCC）科学顾问委员会联合主席，以及多个知名国际期刊编委，并曾当选美国气象学会会士、美国地球物理学会会士，荣获"影响世界华人大奖"，2015年获国际大气科学界的最高荣誉——卡尔·古斯塔夫·罗斯贝奖章。

　　王斌教授一直致力于热带气象学、气候动力学及大尺度海洋-大气动力学等方面的研究，特别是在热带波动动力学、热带季节内振荡、季风、厄尔尼诺、气候可预报性和热带气旋等方面的理论、数值模拟和观测分析上取得了很多重要成果，被认为是世界上最权威的海洋大气研究专家之一。目前，他已发表论文480余篇，共计被引用70000余次，其中有170篇被引用100次以上，最高的一篇被引用3000次以上。

在长江之畔，我们见到了国际气象学界的"泰斗"王斌教授。作为一位在大气科学领域享有国际盛誉的知名专家，他不断地在科学探索的道路上追求真理，取得了一系列重要成果。

▌ 风起青萍，求学伊始

回顾当初选择山东海洋学院的缘由，王斌坦诚地说，一开始并没有明确的规划，因为对数学十分感兴趣，所以第一志愿填报的是中国科学技术大学的应用数学系。巧合的是，王斌的姐夫是山东海洋学院的毕业生，他认为王斌扎实的数理基础十分适合学习地球科学类的专业，便向王斌介绍自己的母校在海洋水文气象学方面的突出优势，于是，王斌也同时填报了山东海洋学院海洋水文气象专业的高考志愿。最终，由于高考数学单科发挥失常，尽管平均分达到了录取分数线，但王斌没有被中国科学技术大学应用数学系录取。幸运的是，王斌顺利地被山东海洋学院录取了。

在母校的求学时光中，王斌有很多难忘的经历和宝贵的回忆。当时高等教育部大力倡导因材施教，因而学校为像王斌这样在学习上进展很快的学生提供了便利的条件，给予了他们个性化的发展机会。王斌回忆说，当时的政策允许学生在大学一年级就参加大学四年级的外语过关考，如果能合格，就可以免修外语课程。由于中学时学俄语，大学一年级结束的时候王斌就参加了大学四年级的俄语考试并且顺利通过；在大二的时候他决定自学英语，通过阅读英语教材和莎士比亚戏剧来提高自己的英语水平，仅用一年的时间，他便通过了英语过关考试；大三开始学习日语，也同样在一年内顺利过关。三年掌握三门外语，这个过程虽然艰难，他却乐在其中。这样的经历不仅提高了他的外语水平，也增强了他的自学和独立思考能力，为他以后在科学道路上开展自主研究奠定了基础。

在山东海洋学院，王斌遇到了多位令他印象深刻的老师，尤以赫崇本、许亮和秦启仁三位老师对他影响最为深远。赫崇本先生时任山东海洋学院教务长，很看重也很关心青年时期的王斌，即使在王斌毕业后也很关心他的发展。许亮老师时任山东海洋学院副院长，他认为王斌不仅有天赋，而且学习勤奋，曾多次和王斌进行细致的长谈，鼓励王斌挑战自我，充分发掘自己的潜力。秦启仁为当时理论力学课程授课教师。据王斌回忆，秦老师才华横溢，教课从来不照本宣科，严谨又生动的讲解使这门晦涩难懂的理论课程变得自然连贯。正是因为这些前辈们的辛勤耕耘，使得王斌和他的同学们不仅在专业领域取得了进步，还对他们的思维方式、未来人生有所启迪。

在大学生活中，每个人都用自己的方式去发掘自身潜能。王斌说自学能力算是自己的一大优势。除了努力掌握好专业知识外，他从大一就开始自学逻辑学和心理学，不断拓展自己知识的广度和深度。他总结出一套自己的学习方法：在课前提前梳理出每个章节或主题的主要内容，听课时把主要精力放在自学没能弄懂的知识上。这种方法使他能更深入地理解学习材料，也极大地提高了学习效率。此外，他注重学以致用，利用学习的心理学知识指导自己科学有效地学习其他科目，比如背单词的时候利用艾宾浩斯曲线进行复习，这也是他迅速掌握多门外语的有效方法之一。

身体是革命的本钱。王斌从小就对体育运动保持着热爱。进入大学后，他是校运会上海洋水文气象系400米接力的一员，也是110米栏的全校第二名，还代表学校参加过山东省运动会。他的游泳技能也很出色，在200米、400米比赛中都取得了前三名的好成绩。经常参加体育活动的王斌拥有极其强健的体魄，对运动的热爱给他带来的积极影响一直持续到现在，别人从外表上也完全看不出他已经是一位80岁高龄的老人。

▌沧州磨砺，矢志不移

王斌自中学起就对科学抱有极大的热情。他说，初中时读到的科学家传记使他心生敬仰，这成为他日后选择科学研究事业的契机。"我动手能力不行，大概是做不了工程师的。文科呢，我喜欢古典文学历史，可是我觉得那个东西发挥不了我的特长，我比较喜欢做理论。"他明确了自己的兴趣和优势所在，坚定地走上了科学研究之路。然而，他的求学之路并非一帆风顺。"文化大革命"期间，他的科研梦想曾面临巨大的困难，但他没有放弃，而是坚守着这份执着，始终将科学作为自己的人生目标。他谈到，如果没有对科学的热爱和执着，遇到困难或是面对生活中的很多诱惑，往往很难保持初心。"一到股票市场赚大钱的时候，很多人就走了，但那对我来说不存在什么诱惑，我就认为我做研究是最有乐趣的，不管赚钱不赚钱，我自己高兴做，这比什么都重要。"正是这种对科学工作的热爱和兴趣，驱使他不断前进，克服重重困难。"当然还有一个就是我好奇心比较强，我喜欢质疑过去人们做的东西，我不会轻易相信。"这种勇于质疑、敢于探索的精神，让他在科学研究的道路上取得了卓越的成绩。

谈到母校对他的影响，王斌的目光变得深邃，他认为读书时的意气风发与进入社会后的困难艰险之间有巨大的落差，但正是因为在母校时掌握的知识和本领，让他可以更加从容地应对社会的磨砺。他回忆道："我本来毕业后是要留校的，但'文化大革命'开始后，我的梦想就破灭了。"这次的挫折使王斌离开了可以专心从事科学研究的校园，被分配到了条件艰苦的无棣气象站。因为无棣距离河北沧州很近，所以他调侃自己被"发配沧州"。在那里，因为工作需要，他不能再从事自己大学期间深耕了五年的物理海洋学研究，转而开始从事天气预报和气候预测工作，这需要他从零开始接触和学习大气科学的专业知识，同时还要进行气象观测、数据收集等动手实践活动。最开始王斌对气象站的工作一无所知，但是他认为只要其他人能做，他也同样可以做，所以从一入职他就关起门来，用3天时间把很厚的一本《观测规范》自学了一遍，一周后就开始值班了。在无棣气象站和惠民气象台工作期间，他用手摇式计算器计算气候统计模型，后来又改用胜利油田的大型电子计算机，在提高计算效率的同时又开展了更加深入的气候预测研究。他认为，人不能被困难击倒，没有科研条件就自己创造条件，做出自己的研究成果。

有时，困难反而成为进步和成长的阶梯。刚被分配到无棣气象站的王斌，曾以为自己坠入了人生的低谷，永远看不到未来，但他没有想到，凭借着对科研的热爱与坚持，自己竟会因这段工作经历，与大气科学结下不解之缘，并在未来成为国际知名的大气科学家；当时的世界也没有想到，一位未来大气科学领域的优秀科学家，正在一个偏僻的角落，利用自己观测到的数据，探索着天气运行的规律和气候变化的奥秘。

王斌这种对未知的探索精神和对生活的乐观态度，使他在科学的道路上前行不辍，在人生的道路上行稳致远。

▌殷殷期望，谆谆重托

"文化大革命"结束后，王斌考入中国科学院进行硕士研究生的学习，毕业后接受导师的建议，远赴美国深造，发表了一系列研究成果，获得了美国大学的终身教职，名扬国际大气科学界。他始终没有忘记培养他的祖国，年年回国与国内十几个大学和研究单位的学者开展学术交流，包括中国科学院大气物理研究所、国家气候中心、中国气象科学研究院、南京信息工程大学、北京大学、清华大学、复旦大学、北京师范大学、浙江大学、中山大学等单位和自己的母校。2018年5月4日，王斌应母校的海洋与大气学院邀请，为院里师生做了以"亚洲季风驱动下的夏季北极海冰模式及其可预测性"和"中国寒潮、热浪和强降水的季节性预测"为主题的学术报告；2021年10月29日，应母校的未来海洋学院邀请，做了题为"ENSO多样性与未来极端ENSO变化展望"的学术报告。报告会上，王斌与师生们积极互动，气氛轻松且活跃。

当谈到国外科研环境时，王斌表示，国外的科研环境更加强调批判性思维和独立思考，这有助于激发创新思想的火花。王斌指出，青年学者要不受名利的诱惑，下苦功夫，为祖国的科学发展多作贡献，未来国内的科研环境也将更加有利于青年学者的成长和发展。

王斌还提到，现在有些青年人不敢挑战权威，力图多发文章、快发文章，怕因发表新的观点被拒稿，这种倾向必须被纠正。学术上的霸道的行为也不利于青年学者的成长。"现在有个新名词叫'学霸'，我一听这个头就大了，你学习好就学习好，怎么弄个'学霸'？霸道了以后往往就不讲理了，因为他不要其他人有自己新的想法，所以我在第一次听到这个词的时候，就觉得很刺耳，他们说我上学的时候是'学霸'，我说我不是，我从来没有'霸'过谁。"

对于母校未来的发展，王斌认为一定要坚持自己的特色，即海洋科学。每个学校都有其独特的办学理念和学科优势，中国海洋大学凭借其在海洋科学领域的深厚积淀和海洋科学的交叉融合，完全有可能走出一条与众不同的综合性大学之路，形成自己独特的学术品牌。教育应该注重培养学生的自学、独立思考、善于发现及解决问题的能力，教授必须有科研成果，注重教导学生如何创造和应用知识。这样才能培育出大批人才，发展国家的海洋事业。

在谈及对年轻学子们的期望时，王斌的眼神中闪烁着激情。他指出，年轻的中国海大学子们应该对科学充满激情和好奇，善于观察发现和注重逻辑思维。敢于挑战权威并非意味着对前辈的不尊重，而是对追求真理的独立思考和勇气，"我就喜欢和鼓励那种愿意想问题、愿意挑战我的学生！"

访谈 后记

在这个日新月异的时代，我们需要保持对知识的热爱和好奇，勇于挑战和创新才能脱颖而出，并为社会作出贡献。愿我们每一个人都能勇敢踏上自己的求学征程，并在这个美丽而广袤的世界中闪耀出自己的光芒。

校友 寄语

在母校百年校庆之际，我衷心希望母校再接再厉，向着世界一流大学的目标前进！

——王斌

（撰稿：2023级物理海洋学硕士研究生　孔纯政；2023级大气科学博士研究生　李淏）

学弟学妹 眼中的他 ————

他是国内首批环境化学博士毕业生，是环境化学领域的拓荒者，更是一位治学严谨的学者。

深耕环境化学的科研先锋

——访1978级校友蔡勇

蔡勇，男，1961年生，山东平度人，1978—1982年就读于山东海洋学院化学专业。毕业后前往南开大学攻读相关专业的硕士和博士学位。取得博士学位后赴国外深造。现任美国佛罗里达国际大学化学与生物化学系教授，中国科学院生态环境研究中心兼职研究员。主要从事元素环境地球化学以及重金属污染修复方面的研究工作，在砷、汞的形态分析及生物地球化学循环等方面积累了丰富的研究经验。多项研究成果发表于Nature、Nature Communications、Environmental Science & Technology等著名期刊。

那是一个雨后的清晨，我们在一个僻静的茶室见到了蔡勇教授。在悠悠的茶香中，他对我们讲述了自己珍贵且难忘的求学经历。

▌学海无涯，砥砺前行

1977年，全国恢复高考，成为国家与时代的一个拐点。蔡勇于高考恢复的第二年考入山东海洋学院，从此成为天之骄子。那时的中国高等教育还处在蹒跚起步的阶段，教学设施也相对简陋，但大家的学习热情空前高涨。

蔡勇对大学生活中的两次出海经历印象深刻，感触颇深。第一次出海是去日照，那是他第一次亲近大海，也是这次经历让他感受到了海洋科学的无限魅力。第二次出海则更为独特，他乘坐"东方红"船在海上度过了一个多月，这段海上之旅让他更深入地了解了海洋的神秘与广袤。这两次难忘的船上体验不仅加深了他对海洋的认知，还让他了解到了科研的不易，也同样激发了他对海洋研究的兴趣。蔡勇感慨道：这是海洋大学的学子才能拥有的特殊经历，在海上开展科研工作，不仅开阔了学生的视野，也增添了几分大海之畔的浪漫与豪情。

初入母校时，对知识的渴望和热爱让蔡勇坚定了求学的决心，他始终抱着"学海无涯苦作舟"的心态，努力学习，勤奋探索，让自己的学业不断迈上新台阶。在那个年代，同班同学都是在同一个教室固定座位上课的，学习氛围十分浓厚，大家的关系也都特别好。提及此，蔡勇略显激动："我到现在都还清楚地记得当时的场景，在一起四年，他们的样子早就刻进我心里了。"

人在一生中总是会做出无数的选择，而蔡勇选择报考山东海洋学院化学专业，无疑改变了他的人生轨迹。作为家中第一代上大学的人，他面临着未知的挑战和巨大的压力。当时家中没人上过大学，再加上那时的学生初高中学科基础薄弱，所以大家对"大学"都没什么概念，报考哪个专业也就成为一种冒险和挑战。而蔡勇选择化学专业，是偶然，也是必然。那个年代没有转专业这项选择，一旦决定了就只能一直走下去。对学习的热情让蔡勇对自己所选择的专业从陌生到熟悉，再到热爱，而这种热爱一直绵延至今。

蔡勇是国内首批环境化学博士毕业生。聊到这一段经历时，蔡勇说，国家培养环境化学博士，意味着我国环境化学学科的发展在当年已经迈出了重要的一步。当时，环境问题已经成为全球关注的焦点，而环境化学作为环境科学的重要支撑学科，对于解决环境问题有着重要的意义。"国产"环境化学博士毕业生的出现，体现出我国环境化学学科已经起步，从此飞速发展。

▍学术探索，永无止境

蔡勇曾与中国科学院生态环境研究中心江桂斌研究组进行合作，开展了关于碘甲烷对汞的光化学甲基化的新进展的研究。研究发现，甲基汞在食物链中易积累，对生态系统具有危害性，而环境中的甲基汞主要来源于微生物对无机汞的生物甲基化。通过汞同位素与氢同位素示踪技术，研究团队验证了天然环境水样中碘甲烷对无机汞的光化学甲基化机理，揭示了光化学甲基化的两步机制并进行了定量评估。研究认为，在使用碘甲烷熏蒸剂的水体中，碘甲烷对汞的光化学甲基化是甲基汞的重要来源。这项研究不仅填补了甲基化机理认知的空白，还具有重要的环境学意义，提醒对碘甲烷新型农药熏蒸剂的安全评估亟待深入研究。蔡勇的学术研究为微量元素生物地球化学领域增添了新的视角和发现，促进了相关领域的进步和发展。

蔡勇一直在美国佛罗里达国际大学从事元素环境地球化学研究，他的研究方向主要聚焦在水环境中重金属生物地球化学过程及修复领域，专注于有机金属化合物的分析检测及其在环境中的循环过程。他以独特的学术视角和深厚的专业知识，致力于探索重金属污染问题的解决路径，为环境保护与修复贡献力量。

他还担任着中国科学院生态环境研究中心兼职研究员等多个学术职务，积极推动与国内的学术交流及合作。他多次到国内科研院所进行学术演讲，涉及形态分析、微量元素生物地球化学等多个领域的前沿课题，为大家带来了新的学术视野和研究理念。结合先进的分析技术，蔡勇深入探讨了元素汞和砷在生物地球化学中的应用，为环境科学研究提供了重要参考与指导。在多次回海大园与师生进行的学术交流中，蔡勇总是耐心解答师生们的问题，为他们拓展研究视野，启迪新的研究思路，使大家获益匪浅。

海大精神，根植魂魄

我们询问蔡勇，他心中的海大精神是什么。他的回答正是他在采访中一直强调的"踏实"。在蔡勇心中，海大精神不仅仅是学校的标志和象征，更是一种理念和价值观的传承。这种精神不仅体现在学校师生的求学与探索过程中，更融入日常生活和工作中。

蔡勇上大学时的20世纪80年代，是我国社会发展和改革的关键时期，全社会都面临着巨大的变革和挑战，那一代人需要有坚定的信念和奋发向上的精神，才能应对未知的未来和不断变化的环境。当时的大学生个个朝气蓬勃，有家国情怀，他们身上体现了那一代人对未来的坚定信念，对国家和社会的责任心，以及对知识的如饥似渴和对学术研究的热爱。这些优秀的品质和精神将继续在当今的大学生中得以传承和发扬，为国家和社会的发展贡献源源不断的力量。

对于海洋科学领域的学子来说，海大精神意味着敬业认真、踏实做事，这种精神贯穿于整个求学与研究之路，使得每一位学子都明白在学术与职业的道路上，只有一步一个脚印、不断求索，才能成就卓越，才能在科学的海洋中驶向更远的彼岸。蔡勇感慨，正是这种扎根深厚的海大精神，始终激励着他在学术探索和科研实践中不断前行。

保持初心，脚踏实地

当我们问到成为行业领军人物需要具备什么素质时，蔡勇表示，在自己的领域成为领军人物，并不是他刻意追求的目标，而是通过扎扎实实的工作和学习，不断提升自己的专业能力和学术水平后自然而然达到的结果。他强调了"初心"的重要性，提醒大家努力追求自己热爱的事业，而不是刻意追求名利或荣誉。蔡勇还强调了实事求是、踏实做事的重要性。对于年轻人，蔡勇建议要专注于一个方向，努力工作，不要过于功利和目的性太强，应把精力放在扎实做事上。因为对于科研工作者来说，真正的成就往往源于对未知的不断探索和实践，而不是过于追求表面的名声和成就。成功是一个长期积累和努力的过程，不是一蹴而就的。在自己的领域中，要始终保持初心，坚持不懈地努力，才能真正取得有意义的成就。

蔡勇对母校学子们的建议就是：踏实。这个不断出现的词体现出蔡勇的人生态度，他对学校未来发展寄予了厚望，希望重视并加强基础教育，努力培养学生良好的工作态度和认真负责的精神，以使其获得更多的机会和成功的可能性。他还表示对母校建设高度关注，并期待母校高质量发展，为培养更多优秀人才作出更大的贡献。

访谈 后记

蔡勇先生的访谈给我们带来了许多启示和思考。在这个充满机遇与挑战的时代，年轻学子们要坚定学习的决心，不断拓展学术视野，保持好奇心和创新精神。同时，也要铭记学海无涯的理念，永远保持谦逊与求知的态度。

校友 寄语

希望大家能打好基础，好好发展，踏踏实实地工作。

——蔡勇

（撰稿：2022级化学　邱诗苡；2021级海洋化学　谢一丹）

学弟学妹 眼中的他 ————————

　　他，坚守科研，淡泊名利，毕生投身于渔业管理事业；他，博学多识，躬身力行，致力于将论文写在江河湖海之上；他，走访四方，笃学不倦，不断攻坚克难，勇攀科研之巅；他，客居异国，不忘初心，永怀报国之热忱。话语随和却铿锵有力，面容沧桑却目光坚毅，他是一位杰出的"渔夫"！

殚精竭虑为渔洋，客居异国不忘本

——访 1979 级校友陈勇

　　陈勇，男，1963年生，江苏昆山人，1979—1983年就读于山东海洋学院海洋捕捞专业。1990—1995年就读于加拿大多伦多大学动物学系，获硕士和博士学位。毕业后他先后在澳大利亚新南威尔士渔业研究所、加拿大纽芬兰纪念大学、美国缅因大学和美国纽约州立大学（石溪分校）从事教学和科研工作。现于美国纽约州立大学（石溪分校）海洋与大气科学学院担任终身教授，同时担任国际上多个渔业和生态方面SCI学术期刊的审稿人和科研基金的评审专家。

　　七月的骄阳难挡探访的热情，迎着清晨的阳光，我们与陈勇校友齐聚在线上会议室，开始了一场推心置腹的访谈。遥远的距离没有阻碍我们之间的坦诚交流，悬殊的年龄更未让彼此产生隔阂，陈勇略显沧桑的脸庞上时刻洋溢着微笑，就好似与相别多年的老友重逢，共享点滴回忆。随着访谈的深入，我们谈及陈勇的大学时光、求职历程，他开始追忆自己的峥嵘岁月，将校园里的酸甜苦辣与职业道路上的难忘经历娓娓道来……

▌不远万里，刻苦求学

　　出生于内陆城镇的陈勇自幼就对海洋有着崇高的期盼与热爱，盼望着有朝一日能够走出家乡，拥抱大海。怀着这个心愿，1979年，他毅然决然地将当时的山东海洋学院填入了自己的高考志愿中，最终如愿以偿，并在机缘巧合下来到了水产系的海洋捕捞专业。他与渔业的缘分就此开始。

彼时，学校的渔业学科尚处于萌芽阶段，放眼全国更是鲜有人问津。陈勇暗暗下定决心：要在渔业发展领域潜心钻研，发挥自己的一技之长，创造科学价值。在这一信念的驱使下，他摒弃杂念，全身心地投入学业中，认真学习每一门专业课程，并利用自己扎实的数学基础和计算机技术，与传统的渔业学科研究相结合，一路攻坚克难，积极发现问题、探索问题，最终以优异的成绩完成了自己的本科学习。

回忆在母校的求学经历时，陈勇说："那个时候大家的条件都很艰苦，很多农村来的孩子甚至都没见过电视机，所以我们的生活都很朴素，每天沉迷于学习，活动路线也仅仅是教室、宿舍、食堂'三点一线'，尽管如此，大家还是能苦中作乐，快乐充实地度过每一天……"这一番话深深打动了我们，不仅感动于老一辈学者吃苦耐劳、刻苦求学的宝贵品质，更感慨于时代的日新月异与社会的迅猛发展。

陈勇不仅在学业上勤奋刻苦，还培养了诸多兴趣爱好。他深知研究渔业除了需要有扎实的理论基础外，更离不开良好的人际交往能力，"与其他专业不同，我们做水产的需要和人打交道，不仅要管理'鱼'，更要管理'人'，只有将自己的管理理念以通俗易懂的方式传授给渔民，让他们乐于接受并付诸实践，我们的研究才有意义。"在这一理念的驱使下，陈勇在课余时间常在图书馆中借阅文学、哲学类的书籍，以开阔视野，培养文化素养与社交能力。

恰同学少年，风华正茂，在那个纯粹的年代，有太多真挚的情谊和值得追忆的往事。时光的车轮滚滚向前，却不曾泯灭陈勇大学四年的宝贵记忆，海大园伴他度过了自己的青春时光，走过了人生中意义非凡的一段旅程，而他亦不负流年，不负自己，在短暂的时光中谱写了一幕幕灿烂的篇章，诠释了青春的力量。

▌目标明确，笃学务实

没有目标而生活，恰如没有罗盘而航行。陈勇常说："人生贵在有计划和目标。"在本科生涯临近尾声之际，面对彼时国家的包分配工作制度，陈勇心中不免涌起迷茫，他开始规划未来到底想干什么。在深思熟虑之后，他终于下定决心：攻读硕士研究生，继续出国深造。于是，在本科毕业之际，他参加了硕士研究生考试，向着目标发起第一次冲锋。

百炼成钢。陈勇的求学生涯并非一帆风顺，第一次考研即给了他失败的打击。然而挫折非但没有动摇他的信念，反而使他更加坚定了读研深造的决心。本科毕业以后，他服从国家分配赴华中农业大学从事教学和实践工作，力图通过积累工作经验补充短板，提升能力。在华农期间，他始终把"将学术做到最好"作为自己的奋斗理念，努力学习外语，进一步提高专业素养，为读研做万全准备。此外，他亦重视实践技能的培养，躬身力行，常常不辞辛劳，亲自在大江大河中进行渔业资源调查评价，以获得宝贵的第一手数据。不懈的努力终化为通向成功的源源动力，他获准赴国外攻读研究生，经过多方考量，最终选择了加拿大多伦多大学，主修"老本行"渔业资源专业，开启了人生新征程。

在加拿大求学期间，陈勇不忘初心，继续全身心地投入于学术研究。在学习过程中，他愈发感受到渔业研究的乐趣，并将自己的特长和爱好与科研相结合。在此动力的驱使下，他对学术研究的积极性越来越高，思维愈加开阔，学术成就也宛如秋日的累累果实，不断产出，他逐渐从一位孜孜不倦的求学者转变为成绩斐然的科研人。经过七年的刻苦钻研，他在多伦多大学如愿获得了硕士和博士学位，为他的人生履历写下浓墨重彩的一笔。

顺利攻读完博士后，陈勇没有就此懈怠，转而有了更高的追求："要继续钻研，成为教授。"于是，他在澳大利亚新南威尔士从事两年半的政府工作后，果断辞职，来到了加拿大纽芬兰纪念大学从事教学和科研工作，并如愿成为一名教授。此后，他的工作地点虽几经变化，但是终不改对研究的热情，直至今日。

"研究应注重学科综合，通融各方面知识，切忌割裂学科……"这是我们在谈及从事科研工作应具备的基本素养时，陈勇意味深长的一番话。他以亲身经历告诉我们，渔业研究不应仅停留于自然科学领域、执着于抽象的科学理论，更应面向大众，实现自然科学与人文科学的结合，唯有这样方能让研究成果为广大人民群众特别是渔民认可，使之应用于实践，真正服务于渔业管理。正是在这种理念驱使下，他不断深入基层，通过实地调研为自己的研究提供思路，并将研究成果付诸实践。经过多年的积累，他提出了一套完善的渔业资源评估与管理方法，现已成功应用于美国缅因湾龙虾资源、海胆资源以及新西兰鲍鱼资源的保护与管理。

▎情系水产，心系海大

作为一位身居国外的优秀学者，他始终保持着对母校的深切关怀。当他在国外通过自身努力取得了优异成绩后，受到了母校师生的热情邀约，他非常激动地回到了母校。时光荏苒，几十年过去了，如今的鱼山校区依然美轮美奂。师生们在花廊下漫步，享受着宁静而舒适的校园。陈勇兴致勃勃地在逸夫馆进行了一场精彩的学术报告，与大家分享最新的研究成果，真挚期望着母校的渔业资源专业能够迎来更加蓬勃的发展。

为了推动母校渔业资源专业的国际化发展，陈勇和水产学院任一平老师开展了密切合作，越来越多的老师和学生前往陈勇实验室进修深造，陈勇慷慨分享他的前沿课题，希望能够助力国内水产渔业的日益繁荣，使其紧跟国际领先步伐。他说："国外的学术研究是与具体渔业管理相结合的，作为委员会委员可以监督政府工作，并将研究成果应用到实例上，但是国内的相关机制尚未完善，等待我们去解决。"正如古人所云："要问山中事，须问打柴人。"陈勇希望母校的相关实验室充当推动者的角色，将学术经验转化为有效的管理措施。陈勇和同行们致力于构建科学有效的渔业管理系统，融入科技创新和可持续发展的理念。

如今，母校即将迎来百年校庆，陈勇从自身经历出发，对水产学子提出几点建议。首先，做学问要讲究融会贯通，水产作为一门综合性学科，需要学生了解和掌握多个领域的知识，特别是渔业资源评估与管理，更需要涉猎多个领域，拓宽知识面，同时也要发展自己擅长的领域，以做出更辉煌的成绩。其次，不能只埋头做学问，要有开阔的视野，明确自己的发展方向，自会迎来广阔天地。最后，要平衡短期和长期的目标，不同的人生阶段都有应该完成的事，随着学识和境界的提升，我们的视野会逐渐开阔，在攀登人生的阶梯时，更应攻坚克难，拾级而上。

志当存高远，心当存澄洁，这是陈勇对我们的期望和嘱托。故事还没有讲完，陈勇正在石溪大学继续勇攀科研高峰，向新的目标进发。

访谈 后记

陈勇校友勤奋好学、求真务实的品质深深打动了我们，他牧海唯真、不忘初心的精神激励着我们砥砺前行。通过此次访谈，我们也更加明确了自己的目标和方向，真正懂得了融会贯通、综合发展、用实践指导理论的重要性，明确了科研工作的责任和义务，那就是为世界渔业的健康发展尽微薄之力。

校友 寄语

母校不仅给予了我宝贵的学科知识，更教会了我要有责任感与担当精神，正如一轮明月，照亮了我前行的方向。无论走到哪里，母校对我的培养和教诲，我将永远铭刻于心。在母校百年华诞之际，我祝愿母校光彩依旧，事业兴盛，均衡发展各大学科，培养更多涉海高端人才，努力实现"海大梦"！

——陈勇

（撰稿：2024级渔业资源博士研究生　沈独清；2022级渔业资源硕士研究生蒋圣琪）

学弟学妹 眼中的他 ——————

　　他才华横溢，智慧而有洞察力。在母校求学时，他谦虚好学，精益求精，成为追求卓越的学生榜样。如今，他是一位敏学笃行的科研人，以开放包容的思想和勤奋刻苦的态度，在牡蛎遗传育种行业实现了一个个突破。他的热情专注和不懈追求让人钦佩不已，他用智慧与坚韧书写了属于自己的辉煌篇章。

希求真理，明德笃志

——访 1979 级校友郭希明

　　郭希明，男，1963年生，河北东光人，1979—1983年就读于山东海洋学院水产养殖专业。郭希明是一位广受赞誉的科研工作者，他在牡蛎遗传育种和基因组研究领域享有国际声誉，被誉为世界"贝类四倍体之父"。如今，他是美国罗格斯大学的杰出教授，美国农业部动物基因组研究项目成员，美国贝甲类渔业学会终身荣誉会员。郭希明的研究方向主要集中在牡蛎遗传育种和基因组学方面，在过去的几年中，他在Nature，Cell，Genetics，Evolution，Nature Ecology & Evolution，Aquaculture等多个学术期刊上发表了一系列论文。通过深入研究牡蛎的遗传特征和基因组信息，他致力于改良牡蛎的品质和适应性，推动水产养殖行业的发展，在提高牡蛎产量、优化养殖环境、增强抗病能力等方面具有重要影响。

　　除了学术研究，郭希明还致力于人才培养工作，先后接收中国交流学生及学者50余人。他积极参与科学普及活动，向公众普及牡蛎养殖的重要性和相关的科学知识。

　　郭希明从小就对自然界的奥妙充满好奇，出于对生物多样性及生态系统的关注，他选择深入研究海洋生物学，并以其优秀的科研能力、对牡蛎生物学的独到见解以及对环境保护的奉献精神而受到广泛认可。

▌求学逐梦，跨越大洋不改奋进初心

郭希明与水产的结缘，还要从他读高中时说起。在高考填报志愿期间，他被高中母校张贴的山东海洋学院的招生海报深深地吸引住了，上面五颜六色的海洋生物和神秘莫测的海洋世界是从小生活在内陆的他从未见过的，勾起了他的向往。后来他成功被山东海洋学院的水产养殖学专业录取，探索海洋生物的种子自此在他心中发芽。

随着时间和精力的投入，郭希明对海洋动物的情感越来越深厚。在读书期间，郭希明的成绩一直非常优异。"当时的课业压力主要来源于两个方面，一个是当时同学们的生物学科基础都比较薄弱，学习专业课比较困难；另一方面是由于水产学科的专业特点，我们经常需要深入基层进行实习，条件还是很艰苦的。"从山东海洋学院毕业后，面对当时国内的科研水平距离国外还有一定差距的现实，在老师的建议下，郭希明毅然踏上了出国留学的道路。

郭希明直言，在国外学习期间，面临的最大问题就是语言不通。当时国内留学生的英语基础都不是很好，初到美国连听课都有点困难，数学课还好，一到专业课，大家就头大，生物的专业课上有很多专有名词，更增大了求学的难度。郭希明每次上课都带着一个小录音机，把老师的上课内容都录下来，回到宿舍一遍一遍地听，再一次又一次地学。郭希明表示语言是留学生需要克服的第一关，无论有没有出国的打算，学好英语都是做科研的必要条件。最终，郭希明凭借对待学习刻苦钻研、一丝不苟的态度，以优异的成绩完成了学业。

▌情定科研，心怀热忱守护生态文明

郭希明的牡蛎研究之路并不是一帆风顺的。在攻读博士学位之前，郭希明主要以鲑鳟鱼类为研究对象，而当选择博士研究方向时，他选择了更有挑战性的四倍体牡蛎。他说："当时大部分人认为四倍体牡蛎是不可以存活的，而四倍体牡蛎有很大的科学和应用价值，如果没有人做，没有人愿意接受这个挑战，它可能一直都是一块未知的空白。"在五年的上百次试验中，郭希明尝试了所有可能诱导四倍体的方法，获得的大量四倍体胚胎都没有活下来，但通过仔细观察他发现了四倍体为什么存活率低，并提出了如何获得可存活四倍体牡蛎的假说。于是，他在博士后期间继续研究，和Stan Allen一起验证了他的假说是对的，并于1993成功获得可以存活的四倍体牡蛎，开启了产业化生产之路。他也曾担心年轻时的选择是一时的"头脑发热"，也曾焦虑自己的努力是否会付诸东流，但是现在想来，学习就是一个逐渐认识自我的过程，就应该大胆去尝试、去探索、去发现。

郭希明每当讲到自己的科研故事时，都会非常欣喜和激动。在一次实验中，

郭希明观察到一个不同于正常二级分裂的三级分裂牡蛎细胞,当他在显微镜下看到三级分裂的时候,激动到难以言表。在听他讲述这个故事时,我仍能感觉到他的兴奋。"当你认识到你可能是世界上第一位观察到这种特别现象的人,你会感到很幸运和激动,而且非常有成就感。而且,科研期间每一个小的研究成果都会激发更大的科研热情,进而去探索更广阔的未知领域。"

20世纪80年代,人类基因组计划的启动拉开了生命基因组研究的序幕。而"农业以良种为先",若要将牡蛎产业长久不衰地发展下去,牡蛎基因组的研究势在必行。因此,郭希明与张国范于2008年共同发起了国际牡蛎基因组计划,由于牡蛎基因组具有高多态性和高重复性的特点,该计划的实施难度巨大,加之没有可供参考的近缘物种基因组信息,他们的项目倍受质疑。但是两位老师抱着"争取第一,做出原创"的态度,终于在2012年向全球公布了世界上首个贝类全基因组序列精细图谱,中国贝类适应进化研究位居国际前列。郭希明的研究不仅推动了牡蛎遗传育种和基因组的研究,也为海洋生物育种领域贡献了宝贵的经验和思路。他的工作不仅仅停留在实验室,还与相关产业的发展紧密结合,尤其是为牡蛎养殖业的可持续发展提供了理论支持和科学依据。

2019年11月8日,在第八届国际牡蛎研讨会上,郭希明激动地说:"去年乳山的牡蛎产业建设还是个想法,今年已经建起来了,不仅发展快,而且很漂亮,乳山对于牡蛎各部分的应用和资源开发已经远超国外。"但是郭希明仍不住地叮嘱,不仅要保证牡蛎的质量安全,也要注重海区的自然生态保护,这是乳山牡蛎扬名世界的发展根基。近几年国内生物学研究逐渐完善,水产行业也是如此,郭希明不禁感慨国内相关领域的迅速发展。一直以来,他始终心系祖国发展,当提起国内牡蛎养殖产业时,他非常骄傲地说:"国内的牡蛎养殖产业可以说是厚积薄发,产量和品种都远超其他国家,已经处于非常领先的行列了。"同时,他也希望国内的养殖产业能从生态环境的角度做得更好,养殖造成的环境胁迫、病害防治等研究前景广阔。

▎心系教育,提灯引路播撒春晖四方

郭希明不仅是一位杰出的科学家,也是一位充满热情和责任心的教育者。他相信教育是科学发展的重要组成部分,培养出一批才华横溢的学生是他一直以来的目标之一。

作为一位教师,郭希明注重将最新的研究成果应用于教学中,让学生接触到最前沿的科学知识。他与学生进行深入的互动,鼓励他们勇于思考、质疑和创新。通过与学生的交流,他不仅能更好地理解和传递知识,也能够进一步提高自己的学术水平和表达能力。

他还建议大家有问题一定要多和同学及老师沟通。"学问，学问，知识是问出来的。老师在培养学生时主要是抛砖引玉和保驾护航的角色，同学们应该独立思考，也应该多多与老师交流。"郭希明还建议学生提高自己的技能，如工作软件的使用，以开放的心态面对结果，以十分的热情对待科研，以创新的思维考虑问题，以严谨的态度进行实验。"种瓜得瓜，种豆得豆，同学们不仅会为自己亲手培育出的水产作物感到高兴，也会对水产学科产生更加浓厚的兴趣。"他笑着说道。

最后，郭希明还向中国海大莘莘学子致以诚挚的问候，并建议学校更加注重对学生的人文关怀，适度增加贫困生群体的奖助学金，改善学校硬件条件，为学生营造一个更好的学习环境。

访谈 后记

回顾郭希明的科研之路，可谓坎坷而辉煌。年轻时，他勤奋学习，凭借对科学的执着追求一路走来。在求学期间，他刻苦钻研，以出色的成绩完成学业。在科研道路上，他一路披荆斩棘，致力于填补国内外在牡蛎科学领域的空白，成为享有国际声誉的牡蛎基因组研究领域的中坚力量。

"科学研究需要的不仅仅是智慧和才华，更需要的是心态和热爱。"这种顽强的钻研精神和对科研的一腔热血，让他走过了无数的艰难险阻，最终取得了优异的成绩。

在访谈中，郭希明平和而谦虚地回顾了自己的科研历程，并表达了对母校的深深感恩之情。他说："没有母校的培养和教育，就没有今天的我。我将永远怀着感激之情，回报母校和社会。"

校友 寄语

100年风雨兼程，中国海大作为中国海洋事业的摇篮，在国家的大力支持下逐渐发展壮大。从创办之初的点点星光，到如今的世界知名，中国海大始终保持着对海洋科学的执着追求和创新精神，培育了一代又一代优秀的人才，为国家的繁荣与发展作出了巨大的贡献。祝愿母校蓬勃发展、繁荣昌盛！愿每位师生都怀揣理想、矢志奋进，在人类探索海洋的路上留下自己的足迹！

——郭希明

（撰稿：2021级水产养殖学　马千惠）

学弟学妹 眼中的他 ————————

"日拱一卒无有尽，功不唐捐终入海。"在他身上，可以看到属于坚守水产一线奋斗者的蓬勃朝气和昂扬锐气。他说，"脚踏实地"四个字虽然朴实无华，却蕴含了走向成功的重要法宝。

求索丹心犹在，一腔赤诚不改

——访 1981 级校友万荣

万荣，男，1963年生，浙江温岭人，1981—1985年本科就读于山东海洋学院水产系海洋捕捞专业，1987—1990年硕士就读于青岛海洋大学水产学院海洋捕捞专业，1997—2002年在东京水产大学（东京海洋大学前身）海洋生产学科获得博士学位。现任上海海洋大学校长、党委副书记，上海市第十六届人民代表大会常委会委员及农业与农村委员会副主任委员。

1963年9月，万荣出生于浙江温岭一个美丽的渔村。儿时由于当地教育条件的限制，只能就学于当时的"半日制"学校，半天上学、半天在家自学的他并不知道在18岁时，自己的命运会因为进入山东海洋学院而改变。当被问及为什么选择到青岛就读水产专业时，万荣轻松地说："我出生在海边，也喜欢吃鱼，来研究海洋的大学里读书好像是注定的事儿。"于是，1981年夏秋之交，他独自背上行囊，来到了心目中美丽的青岛，从此悄然开始了在这里的30多年的故事……

▌ 笃学不倦，头角峥嵘

来山东海洋学院报到的那天是个艳阳天，但温润清爽的海风像家乡一样，安抚着万荣的疲惫。面对未知的大学生活，他思绪万千，但一切不安都在踏进鱼山路5号德式建筑林立、树木郁郁葱葱的校园时一扫而光。作为恢复高考后的第五批大学生，万荣分外珍惜这样宝贵的学习机会。他立志，不负父母期望、不负心中理想，一定要学有所成，做一个在水产领域有所建树的人。

事实证明，他做到了。捕捞学需要出海，同专业30人都是男生，青年人意气风发、志存高远，学习氛围之浓厚在全校都出了名。万荣骄傲地介绍说："我们班毕业时有4名党员，班级还获得校优秀班级和优秀团支部的荣誉称号，这在当时是非常优秀的。"在这样良好的氛围里，万荣如入芝兰之室，悄然成长。大学四年期间，他在积极参与学生工作的同时，也没有放松学习，成绩始终保持在专业前五名内。他认为，学习和科研应讲究方式方法而不仅仅是埋头苦干，养成了良好的习惯后，学习就变成了日常生活的一部分。如今的万荣还一直坚持阅读学科前沿文献的好习惯，保持着科研的敏锐性。

回忆起在母校的时光，万荣的脸上满是笑容。除了学习之外，他的课外生活也是十分丰富的，在没课的下午三四点钟，万荣就会来到体育场打篮球或去操场跑步。或许是养成了锻炼的习惯，万荣举手投足间展现出饱满的精气神，仿佛可以看到他青壮年时的影子。此外，万荣还特别喜欢电影和戏剧，他是学校礼堂（现鱼山校区逸夫馆）公映电影时的常客。他还是《中国戏剧》杂志、剧本、连载小说和人物传记的忠实读者，"从书中感受生活，获得道理"，万荣悠然自得地说。广博的阅读磨砺了他的心性，也在当时物质条件不那么丰富的年代让他的精神生活比旁人更加富足。

求学之路离不开良师的引导。在母校，侯恩淮教授、高清廉教授和马绍先教授，这三位当之无愧的中国水产学科的大家，都是万荣的伯乐，如启明星一般，照亮了他的科研道路。当时国内的水产学科还处于起步和探索阶段，研究条件之艰苦是现在的学生无法想象的，前辈们为了得到最接近真实的实验数据，无一不是夜以继日地工作，著书立说，不知疲倦。我国水产学科的基础教材大多出自那个时期，"没有他们，就没有今天的中国海大水产A+学科"，万荣深情地说。他还动情地谈到出海调查时不幸遇难的王成海、叶立勋两位革命烈士，他们是年长万荣三届的师兄、与他一起工作交流的同仁，他们的离世至今让万荣缅怀和追思。前辈们敢为人先、追求真理的精神时刻感染着万荣，他说："学者一定要用'德'和'能'两条腿走路，哪条腿都不能瘸。"当年的水产学子，都以学科发展、国家脱贫为己任，如此纯粹的责任和担当精神是最值得我们传承和发扬的。

▍积微成著，冲云破雾

1985年，万荣以优异的成绩本科毕业。在决定未来前进方向时，海大浓厚的学术氛围和优秀的水产研究前辈的科研精神深刻影响着他，他选择追随侯恩淮先生，从事海洋捕捞学渔具理论与设计的教学与科研工作。毕业后的十余年间，他虚心向老师们学习，踊跃参与院系的各项工作，获得了学校优秀教学成果奖，入选学校首届优秀青年教师，成为学校重点培养的青年骨干教师之一。他始终保持着对工作的高度热情，鲜有休息放松的时候。当被问到是什么支撑着他能在任教期间不断探索和前进时，他说："兴趣是最好的老师。而兴趣不一定是先天的，可以从科研发现的惊喜和对专业知识的思考中培养起来。"为此，努力培养学生的兴趣，引导学生在兴趣中成长成才，也成为他作为一名备受学生欢迎的教师的底色。

1996年初春，万荣受命担任海洋渔业系副主任。然而，正当一切顺遂的时候，他被学校推荐参加国家公派留学日本攻读博士学位的选拔考试。在谈到留学契机时，他讲到青年学者不能安然处于舒适区中，"一个人最顺利、最舒适的时候，恰是要做出改变的时候"。丈夫志四海，万里犹比邻。他毅然申请赴日本东京水产大学（东京海洋大学前身）攻读博士研究生，并顺利通过了国家留学基金委的面试考核，获得了日本国家最高级别的文部省奖学金，踏上了他的公派留学之路。

当时，国际渔具理论与设计领域正处在一个由半经验半理论向数值计算和计算机模拟过渡的初始阶段，随着计算机技术的兴起，用数学建模和计算机模拟的方法开展渔具在水体中运动的受力和形状的基础理论研究以解释其水动力学特性是当时的研究热点。然而，由于网渔具数值模拟处于结构力学、流体力学、计算数学等多学科交叉领域，研究难度较高，不容易出成果，日本学生很少选择这一方向，他留学时所在的日本研究室对此也是处于探索阶段，并没有可以借鉴的直接经验。但是，现实困难并没有吓退万荣，反而使得他燃起了兴趣，激起了他探索的欲望。由于完全转到了陌生的研究领域，一切都要从头再来，万荣在博士阶段的前三年并未发表文章，坐了三年的"冷板凳"。在许多人眼里，坐"冷板凳"不舒服，与名利双收无缘，与寂寞冷清相伴。但万荣偏偏坐得住"冷板凳"，他刻苦钻研，自己找资料学习，向相近领域的专家请教。庄子有云："适莽苍者，三餐而反，腹犹果然；适百里者，宿舂粮；适千里者，三月聚粮。"他凭借执着的学术追求，认准自己的道路，以耐得住寂寞、守得住清贫的坚守，最终厚积而薄发，以优异的成绩顺利完成了学业，终于踏入了一片新的学术天地。

▌饮水思源，薪火相传

2002年的初春，在参加完毕业典礼的第二天，万荣就匆匆踏上了归途。他毅然拒绝了其他高校的邀请，欣然回到了久别的母校并被聘为水产学院教授。随着国家人才强国战略实施的不断深入，需要一些具有学术背景的教师充实到学校的管理岗位上，以便更高效地为教师及人才服务。此时，兼具学术背景和行政工作经验的万荣，因学校发展之需要，毅然选择了服从学校安排，成为学校有史以来第一位转岗于学科教授的人事处副处长和师资管理办公室主任，为学校担负起人才引进和师资管理的重任，迎接他从求学到教师工作再到管理工作的第三次新的人生挑战。2005年8月，经过了近两年的行政管理工作历练，万荣就任学校人事处处长，并先后获得山东省教育系统人事工作先进个人等荣誉称号。同时，作为水产学院的博士生导师，万荣也从未放松对学生的培养，时刻践行着他的科研初心。目前，他主持国家、省部级等科研项目40余项，在国内外重要学术刊物上发表学术论文百余篇，获国家发明专利10余项。

谈到他的职业生涯，万荣特别提到了"立德树人，德才兼备"的人生信条，他讲到，一个优秀的教师或者管理干部，不仅需要有突出的科研能力和领导能力，更需要有良好的个人修养和品格意志，精金百炼的道德修养让人经得起诱惑，仰不愧于天，俯不怍于人，堂堂正正，清清白白。作为上海海洋大学的校长，他曾对毕业生说，"树高千尺有根，水流万里有源"，教诲学生不驰于空想，不骛于虚声，应落实在"奋斗"二字上。这教诲，何尝不是万荣自己求学、工作的写照！求学时，他一丝不苟，时刻谨记自己的目标，不急于求成，勤勤恳恳地积累所需要的知识；工作中，他不断汲取经验，提升自己的工作能力，坚定职业操守，高风亮节、务实肯干。回看万荣的经历，他从最初的小镇男孩一步一个脚印，踏踏实实地迈向了今天。

对于母校未来的发展，万荣认为，中国海洋大学作为我国海洋类高校的龙头，应充分发挥海洋和水产学科的特色和优势，为保障国家粮食安全和建设海洋强国作出独特贡献，成为国家战略科技力量的重要组成部分。

访谈 后记

初次见面时，我们略显紧张，万荣校长亲切地同我们握手，聊家常式的对话也让我们很快放松下来，进入状态。他在采访中提到的"最顺利的时候往往蕴藏着危机"不禁让我们想到，一成不变的舒适并不是最优解，适当做出反直觉的判断，改变顺水行舟的状态，往往有可能提高我们最终取胜的概率。

校友 寄语

在母校百年华诞之际，作为一个土生土长的海大人，以及在鱼山校区学习和工作了30多年的海大学子，衷心祝愿我们的母校在海洋强国和国家粮食安全战略实践中作出新的、更大的贡献，为我国涉海大学高质量发展提供"中国海大范式"！

——万荣

（撰稿：2022级渔业资源　崔潇月　张涵智）

学弟学妹 眼中的他 ————————

从南到北，从漳州到青岛，一列绿皮火车承载着一个少年的海洋梦。从理论到实践，20岁的少年初入职场，将自己学到的知识付诸应用，立志成为推动我国海洋事业发展的重要力量。从初出茅庐到主持大局，39年的工作经历让他成为国家海洋局第三海洋研究所发展的领导者，成为我国海洋事业发展的重要推动者。未来，他会继续为了那个年少时的海洋梦想努力拼搏，在自己热爱的岗位上踔厉奋发，勇毅前行。

漳州少年的海洋情长

——访 1981 级校友吴日升

吴日升，男，1965年生，安徽铜陵人，1981—1985年就读于山东海洋学院物理海洋学专业。1985年8月参加工作，历任国家海洋局第三海洋研究所海洋环境动力学实验室副主任、科技发展处处长、所党委副书记兼纪委书记。2015年5月起任国家海洋局第三海洋研究所党委书记兼副所长。长期从事海洋环境动力学的科研、调查和科技管理工作。现任自然资源部第三海洋研究所党委书记兼副所长。

漳州和青岛之间，虽然有着千山万水的距离，但它们却被海洋紧紧地联系在一起。两座城市，因海而美，因海而兴，它们的海洋文化交相辉映、熠熠生辉。两地人民对海洋的热爱，不仅仅是情感的流露，更是一种文化传承和历史积淀。站立在青岛的海边，吴日升也会念起家乡，潮起潮落间，弥漫着他淡淡的乡愁和为海洋事业奋斗的雄心壮志。

▌一路向北，初识海洋

海洋是大自然最神秘的一片领域，也是吴日升求学的起点。1965年，吴日升在福建漳州出生，滨海小城的海风伴他成长，也埋下了他对海洋的无尽热爱。

1981年，他迈进了山东海洋学院的校门，成为一名物理海洋学专业的学子。吴日升选择海大，源自他高中时的向往。

高中时期，他的物理老师偶然透露，自己曾在山东海洋学院学习，那是一所优秀的学府，坐落于青岛这个美丽的海滨城市。这番话如同一粒种子，在吴日升心中生根发芽。高中毕业时，吴日升果断报考了这所他心仪已久的学府。在选择专业时，吴日升经过深思熟虑，最终决定选择物理海洋学。与海洋物理专业更侧重于设备相反，物理海洋学与海洋更加紧密相连，更能感受到大海的无限魅力，亦能更加接近他心中的"浪漫海洋"。

吴日升从小便很独立。当年，家乡有三位同学也报考了山东海洋学院，他们一同乘坐绿皮火车驶向青岛。那时的交通条件着实不便利，从漳州到青岛至少需要三天，一路火车、轮船，要历经千辛万苦。吴日升笑谈，那时的火车车厢拥挤不堪，即便站着也不易摔倒，所有可挤之处皆是人。他曾站立达20小时之久，一趟下来腿都肿了。吴日升向他的孩子讲述此段经历时，孩子还以为父亲是在讲述一个天方夜谭的故事。

在大学四年的求学岁月里，吴日升与同学们大部分时间都奋斗在学业中。他回忆道，在前三年，晚饭后第一件事就是赶往阅览室抢座。那个位于水产楼一楼的阅览室，虽然空间不大，却有丰富的参考书和工具书供大家阅览。此外，他们还会跑去生物楼研习，因为当时教室晚上十点就会关闭，而他们这个专业的同学还有大量数学题和练习题需要完成，因此经常熬到深夜才返回宿舍。当然，在充实的学习之余，吴日升也未放弃校园生活的乐趣。他回忆说，唯一的休息日星期天，最令他开心的事莫过于去中山路的电影院看电影，从早上一直看到晚上，一天连看几场电影，成为令他难忘的快乐时光。

在采访中，吴日升提及了文圣常先生。文先生当时主要为研究生授课，当时还是本科生的吴日升可惜未能有机会听到他的课。然而，作为物理海洋学专业的学生，吴日升偶尔会与文先生相遇。文先生和蔼可亲，常与学生聊家常，关心他们的学业进展。有一次，吴日升与同学们帮助文先生搬家，文先生家人的热情款待让他们备感温暖，这也成为他的一段珍贵的经历。吴日升回忆道，文先生与他们交往时，能够让他们感受到温馨与亲切，也让吴日升对文先生怀有深深的敬意。

求学路上，艰辛与快乐交织，塑造了吴日升坚韧乐观的品质。他为梦想、为知识跋涉千里，让大海成为他求学生涯中最美的背景。

▍家道从容，逐梦海洋

从读书到工作，从家庭到学校，一封封家书传递着父母的爱意，给了少年坚定奋斗的决心。

在吴日升上大学时，家里的经济状况还算不错，父亲一个月可以赚到七八十元钱，而母亲一个月也能赚到60元左右。为了缓解同学们的经济压力，学校会根据各位同学的家庭情况分发补助，吴日升每个月可以领到10元钱的补贴，这让他没有经济上的压力，更好地集中注意力，将心思都放在学习上。到了冬天，学校食堂供应的菜基本都是清炖大白菜，再加上几片肥肉，吃的次数多了难免会没什么胃口，加上南北两地饮食习惯的不同，吴日升总会怀念起家乡的佳肴。母亲为了帮助他改善伙食、增加营养，常常会在家里蒸好新鲜的鱼，剔掉鱼骨并制作成鱼松邮寄给他，让他身在异乡也能品尝到家里的味道，感受到家人的温暖。

当时，通信行业还不像现在这么发达，吴日升每个月都会给父母写一封信，讲一讲自己这一个月的生活经历，谈一谈自己在学习和生活中遇到的困难。收到来信，父母也会及时给他回信，叮嘱几句生活中要注意的事情，并不断给予他鼓励。信中一行行的文字是父母对他的无限爱意，一封封家书，从南到北，传递着父母的支持与鼓励，成为他生活中不断前行的勇气。

▌学以致用，奉献海洋

1985年8月，20岁的吴日升被分配到了国家海洋局第三海洋研究所，初入职场的他面对陌生的工作时犯了难。当时，海洋三所水动力与气候实验室的主任工作经验丰富，为人和善，非常关心这些刚来上班的年轻人。加上主任曾在山东海洋学院任教，校友的关系让两人多了许多共同的话题。工作之余，主任经常教给年轻人阅读专业文献的方法以及处理复杂工作的技巧，同时，主任还建议他们结合工作情况撰写心得体会，反思不足，发扬长处，从而在工作中精益求精。

在工作中，吴日升一直不停地思考、琢磨如何将自己在大学中学到的知识应用于当下的工作，经过长时间的不断探索和实践，他慢慢形成了一套自己的工作方法，并逐渐得心应手。吴日升对从"学生思维"转化到"社会思维"的这个过程有着自己独到的见解。他提出，学生在大学中学到的主要是一种具有独立性、探究性、创新性的思维方式，在工作中，学生们应该学会应用这种思维方式，并有意识地培养自己"坐得住"的科学家精神，持之以恒地去解决有突破性的科研问题或者工作难题。吴日升也专门强调说，大学课堂上学习到的专业知识也不容小觑，等到进入社会工作以后，有扎实的专业知识作为基础，加上有经验的同事的指导，工作就会更容易上手。因此，他建议大学生一步一个脚印地扎实学习专业课程，并主动了解相关学科的前沿知识，及时、准确地把握学科发展大方向。吴日升清楚地记得，在大四一年，很多令人尊敬的老教授都在为他们授课。老教授们经常会拿来一些最新发表的专业文章，让学生了解前沿的学科发展情况，这对学生日后从事的工作有很大的帮助。

吴日升在中国海洋大学校友会厦门分会的创立、发展中发挥了重要作用。校友会是联系广大校友和母校的重要桥梁，也是将世界各地校友团结起来的重要组织，吴日升曾担任中国海洋大学校友会厦门分会的秘书长，厦门分会是吴日升和海洋三所以及厦门大学一些1977级、1978级的校友们一起建立的。在建立的过程中，福建省漳州市和泉州市的校友们听说了这个消息，也纷纷主动加入。随着组织日渐庞大，大家也举办了一些活动。随着活动的不断推进，广大校友也愈发关心母校的发展，母校的近况永远是每次活动最热门的话题。通过这些活动，各位校友也因为母校紧紧地团结在了一起。如今，校友会厦门分会的管理已经交给了其他年轻人，更多形式的活动也在策划和举办中。

到如今，吴日升已经工作了近40年，在涉海单位长期担任领导职务的经历让吴日升对中国海洋事业的发展现状有着深刻的了解，对中国海洋事业的发展有着比常人更深的期盼。他指出，广大海洋科研工作者一方面要紧跟国际海洋领域的最新发展，与时俱进；另一方面要立足于中国实际，服务国家经济发展、国家安全等方面的需求。他呼吁广大海洋科研工作者坚持创新，脚踏实地，为建设海洋强国作出重要贡献。

访谈 后记

吴日升长期在涉海单位中担任领导职务，对着中国海洋事业的发展有着清晰的了解，经过一小时左右的交流，吴日升为我们描绘了一幅幅生动的画面，我们仿佛看到了一路向北，搭载着绿皮火车追逐海洋梦的少年；看到了20岁初入职场，努力尝试将母校所学知识应用于工作的少年；还看到了一封封饱含着家人爱意的信件自南向北穿越山川河流抵达青岛。

经过这次访谈，我们了解到了吴日升眼中的中国海洋事业，开阔了眼界，树立了正确的择业观，让我们重新用一种充满期冀与自信的目光看待我们的未来。穿过时间长河，我们能够看到，一代代海洋科研工作者不忘初心，前赴后继，共同为建设海洋强国这一目标坚定地奋斗着。

校友 寄语

中国海洋大学为国家海洋事业培养了大批优秀人才，为海洋科技事业的发展贡献了巨大的力量。希望母校在继续保持综合性发展的同时，能够更加聚焦海洋学科以及交叉学科的研究与发展。相信随着母校综合实力不断壮大，其在高校综合评估中的排名必将逐步攀升，力争跻身前30名。愿我们共同见证中国海洋大学的旗帜在众多涉海高校中高高飘扬，办学特色日益凸显，培养出的学生受到高等院校、科研机构以及各行各业的欢迎，为我国的科技创新和社会发展贡献更多优秀的成果。

——吴日升

（撰稿人：2022级物理海洋学　苑诗敏；2023级物理海洋学　李旭阳）

他是员工爱戴的"黄厂长"，是我们和蔼可亲的校友，更是将理论应用于实践的"化学人"。从荒地到工厂，从河边的一间小板房到如今的办公楼林立，青岛啤酒二厂的从"0"到有，是他的整个青春……

家乡的酿酒师

——访 1981 级校友黄祖江

黄祖江，男，1965年生，山东即墨人，1981—1985年就读于山东海洋学院海洋化学专业。1985年本科毕业后进入青岛啤酒集团工作，历任青岛啤酒二厂车间主任、总工程师、副厂长、朝日啤酒中方代表。现任公司职工监事、制造中心总裁助理、青岛啤酒二厂党委书记、厂长。2023年4月，被评为"山东省劳动模范"。

"欢迎你们！"当期盼已久的声音从身后响起，我们欣喜回望，黄祖江正笑着向我们走来。与其他员工无异，他身着一套整洁的蓝色工服，邀请我们进入待客室内歇息。待客室内窗明几净，几盆绿萝沿窗边向上攀缘，墙角的冰柜里，不同款式的青岛啤酒向我们展示着企业的进步。窗外，前来参观的游客欢声笑语，玉柱喷泉绽放出活力。黄祖江正泡着茶：温壶、置茶、摇香、洗茶……茶叶在壶中沉浮，在茶香氤氲中，他将求学往事娓娓道来。

▍风华正茂，激情岁月自难忘

身为青岛人，最难舍的还是家乡的那片海。黄祖江深爱这片承载着自己无数美好回忆的海，所以高中毕业时他决定留在家乡，去山东海洋学院继续求学。

"鱼山校区的校门看着很有历史韵味。"这是他对母校的第一印象，当时的学校只有一个校区——鱼山校区，"碧瓦衔珠树，红轮结绮寮"，身处这绿意盎然、古木参天的校园中，他意识到，这段充满激情的青春岁月定将为他的人生添上浓墨重彩的一笔。大学生活并不如想象中的容易。时值改革开放初期，青岛十分缺水，每个人每天只能用一两盆水；物价上涨快，五毛钱一斤的茄子，第二年就会变成一块钱一斤，第三年两块钱一斤……艰苦的生活条件不能阻挡他心中的激情，他开始用自己的方式丰富大学生活：他沉迷于书海，在武侠小说的刀光剑影中找寻英雄气概；他热衷于运动，在足球场上挥洒汗水，慷慨激昂！

在20世纪80年代，中西方文化相互碰撞，各类学术思想混杂，恰逢青年意气风发时，他们这一代是亲眼见证当代中国在改革开放后飞速发展并与之一同成长的新一代，他们目睹了整个民族自强不息的拼搏史。他们有着祖国由相对困难落后直至富强的完整记忆，度过了没有高科技围绕、没多少物质生活享受却简单充实的童年时代，最终成为思考民族荣誉、国家前途、对社会有担当的一代人。

黄祖江在这样的时代环境中成长，也成长为追求理想、赤诚报国的逐梦青年。

▎知行合一，苦学勤思路不罔

四年的大学时光匆匆而过，意气风发的青年怀揣着自己的梦想再次扬帆起航。此时的黄祖江并没有初入社会的迷茫，他懂得观察形势，当时的啤酒文化正风靡全球，他毅然决然地加入青岛啤酒的大家庭，从此，乘着梦想的小帆在啤酒的浪花中乘风破浪！

当时，黄祖江是厂里的第一个大学生，经常为外国人做英文翻译，交流学习国外的先进技术，他也借此机会学习了许多酿酒知识，迅速提升了自己的业务能力。之后，他开始应对自己面临的第一个挑战——建造青岛啤酒二厂。

"那时候领导给安排建造二厂车间，什么都不会，只能赶鸭子上架，连图纸都看不懂，那就学！"窗外的阳光穿过乌云暖暖地洒在桌上，茶水在阳光的滋养下又散发出沁人的清香，黄祖江拿起茶杯，笑吟吟地品了一口，回忆起那段艰苦又难忘的时光……

那时的二厂就是一片荒地。白天，他们学习、规划二厂的建设；夜晚，他们就在河边的石板房中休息。循此往复，经过他们夜以继日的努力，二厂从零到有，荒地变工厂，平地起高楼。时过境迁，沧海桑田，如今的青岛啤酒二厂已经成为世界闻名的啤酒加工厂，每年都会吸引大量游客前来参观。1989年，刚刚而立之年的黄祖江就成为车间主任，他谦虚地表示是企业的成功带来了自己的成功，要领导好别人就要先提升自己。

"身为领导，不是让大家必须怎么干，而是要领着大家干，更不能盲干。"在他的领导下，企业的工作效率从原本的40%提升到了如今的98%。

"年轻人要有自己的目标，赚钱重要，但个人追求更重要。"黄祖江说道。

尽管现在所从事的工作与上学时期攻读的专业并不对口，但黄祖江认为，化学学科为自己的事业打下了坚实的基础，"当初我也总觉得工作离专业远，但归根到底还是学过的那些原理。"啤酒工厂的运转离不开化学：啤酒酿造过程中要用到酶以分解大分子的糖；想要得到好喝的酒就要控制好温度；酿出啤酒后要选择合适的防腐技术；安全是生产的底线，要用适当的化学方法进行污水处理……

黄祖江将青春奉献给啤酒事业，将自己所学的化学知识与实践相结合。在他们这一代人的共同努力下，青岛啤酒的业务蒸蒸日上，前途一片大好。在采访过程中，他多次强调要知行合一，身为化学人，要将自己所学应用到实际生活中，学会用化学知识提升大家的生活质量，造福百姓。

青春光景不过弹指间，他希望海之子要敢于奋斗，要无所畏惧地奔向自己的梦想，所谓的遥不可及，努力之后可能就近在眼前。

▌千帆竞渡，一腔赤诚为国家

二厂建成后，黄祖江仍然没有停止学习的步伐。他出国学习先进技术，而后回国将学到的新技术应用到公司研发中；他回顾过去，同时又放眼未来，从老同志的方法中"取其精华，去其糟粕"；他向竞争对手学习，把当时行业发展较好的百威等公司作为学习榜样，不断完善公司的计划部署。

作为厂长，他亲力亲为，目标明确，干劲儿十足。在他的正确带领下，公司上下有条不紊，齐头并进。2023年4月，黄祖江荣获"山东省劳动模范"称号，青岛啤酒二厂荣获"山东省五一劳动奖企业"称号。

提及青岛啤酒的企业文化，他总是非常自豪。采访过程中，黄祖江提得最多的词就是"正能量"。在十年前的校友访谈中，黄祖江说自己在大学时喜欢阅读武侠小说，而如今他又何尝不是把自己活成了"侠客"呢？这位潇洒的"侠客"始终听党话、跟党走，心怀正义，带领公司践行社会主义核心价值观，从籍籍无名闯荡业界江湖到如今的闻名遐迩。

几排巨型啤酒罐庄严地在大楼旁站着岗，旁边一座小楼上悬着"激情成就梦想"几个红色的大字。楼内，金光灿灿的奖杯和奖状整整齐齐地列于墙上，那是属于二厂的光辉进程，更是属于二厂的光明未来。墙上的滚动字幕不断播放着公司愿景及使命等公司发展理念，最让人激情澎湃的还是那句人才培养理念——"给奋进者舞台，为成就者喝彩"。

"年轻人要为祖国发展而努力，国外的不一定就是好的。祖国的天更蓝、山更绿、水更清、环境更优美，每个地方都越来越好。要学会以史为鉴，爱党、爱国、爱奋斗。我现在回忆过去,也是为了给年轻人多一些建议。"

二厂十分珍惜人才,给年轻人提供了展示自己的平台,坚持任用创新型人才,为进厂的大学生营造良好的团队合作氛围。他们秉着"为生活创造快乐"的使命,让年轻人在这个充满正能量的地方贡献自己的青春力量。

"事业的追求,并不一定需要什么头衔和称号,你爱上了一种东西,愿意用全部的心血去研究它、掌握它,从中得到了乐趣,并且永远也不舍得丢弃它,这就是事业心,是比什么都重要的⋯⋯"

岁月不居,时节如流。青岛啤酒二厂已经在时代的浪潮中屹立了几十年。它无惧挑战,它接受挑战,它直面挑战!浪花拍打它,海水侵蚀它,它自岿然不动。随珠和璧,明月清风。

"希望母校的学子们谨记校训,有胸怀,学会包容,大胆地设想未来;有计划,敢于行动,踏踏实实才能走得更远。"黄祖江充满希望地说。

访谈 后记

黄祖江的工服虽然已经有了岁月的斑驳,但还是那么整洁。提起一段往事前,他总要先抿一口茶,先尝到茶叶的鲜爽,接踵而至的是短暂的苦涩,最后,是长久的回甘。也许,他的人生,都在这壶茶里了。

校友 寄语

愿母校的学子百花齐放,每个领域都可以成为第一名。要做好人生的选择,学会长远考虑,做判断时要三思而后行,抓住主要矛盾,综合判断。要为中国的未来努力奋斗!

——黄祖江

(撰稿: 2022级化学 王佳艺;2022级化学工程与工艺 秦小彧)

学弟学妹 眼中的他 ————————

　　谦逊、刻苦、务实、谦逊，刘心同从不张扬自我，却用实际行动向世人证明了自己的能力和价值。他的勤奋与毅力，让他取得了不凡的成就。他心无旁骛，扎根于实际工作，以务实的态度面对每一项挑战，用勤勉铺就成功之路。

从理科少年郎到行政大脑

——访 1983 级校友刘心同

　　刘心同，男，1966年生，安徽明光人，1983—1987年就读于山东海洋学院化学专业，1987—1990年硕士就读于青岛海洋大学海洋化学专业。历任山东出入境检验检疫局副局长，青岛海关副关长，天津海关副关长、一级巡视员。现任青岛海关副关长、一级巡视员，研究员职称，享受国务院政府特殊津贴。现任海关总署科学技术委员会科技与实验室管理专业委员会主任委员，海关总署高级职称评审委员会委员，全国进口固体废物属性鉴别实验室联盟理事长。完成国家级重点科研项目3项，省部级科研项目26项；获省部级科技奖励13项，其中一等奖3项（2项主持）、二等奖6项、三等奖4项；主编论著5部，参编论著10部；发表论文50余篇。

　　他笃实好学、不务空名，在身体力行中绽放光芒；他踔厉奋发、锐意进取，在奋进拼搏中超越自我；他不避艰险、追求卓越，在艰难困苦中高歌猛进……基于这种勇气和奋斗精神，他突破自身的专业背景，顺利转战到行政岗位。这一转变不仅令人瞩目，更展示了他非凡的才华和多元发展的潜力。面对行政岗位上繁重而复杂的任务，他凭借卓越的才干和深厚的知识储备敏锐地把握每一处细节，展现出缜密的学术思维和精益求精的科学精神。如今，刘心同已然成为我们学习的榜样。

从山水到大海

1966年5月，刘心同出生于安徽明光。明光地处江淮之间，与山地、丘陵为伴。在这山水相伴的环境中，山里的孩子们心中对大海有着别样的向往，刘心同也不例外。选择山东海洋学院，正来自他儿时的向往。1983年8月，怀揣着这份对海洋的向往，他踏上了前往青岛的旅途。

刘心同从小就对理科学习有着浓厚的兴趣。因此，他果断选择了自己擅长的领域——化学。怀揣着录取通知书，刘心同怀着纯朴而坚定的信念踏入了大学。他深信每个阶段都有一条独特的路要走，而学习便是学生的首要任务。他心无旁骛地沉浸在化学的世界里，专心致志，不断提升自己。化学对细节有着极高的要求，纤毫之差皆可能导致实验失败，要求学习者细心周密，准确把握细节。这一点不断鞭策着刘心同，经过一次次实验的磨砺，培养了一种终身受益的习惯：随身携带笔记本，记录那些寻常人难以察觉的细微之处。对细致之处的敏锐把控铸就了他的心思缜密，更为他未来的求学之路打下了坚实的学术基础。

漫漫求学路上，刘心同遇到了他的研究生导师张正斌教授，导师严谨治学的态度给他留下了深刻的印象。作为中国海洋物理化学领域的奠基人，张正斌教授培养了一批又一批的优秀人才。当刘心同回忆起一次春节拜访张正斌教授的经历时，仍心生感慨。即便是大年初一，导师仍在埋头苦写专著。在刘心同的记忆里，张正斌教授始终对工作充满激情，抓紧时间以最高质量完成工作，甚至在春节时期也毫不懈怠。这种钻研学术的精神深深地影响了刘心同，也不断激发着他追求学术的热情。他从导师身上汲取了不懈奋斗的力量，学会了用心去钻研问题。也正是这段求学经历一直鼓舞着他在学术道路上不断前行，克服重重阻碍，追求更高的境界。

"当时我读研究生的时候，实验器材还比较落后，实验设备也不够完善，再加上很多时候时间紧，需要我们自己动手画图，解决各种困难。"刘心同回忆道，"甚至我们还要去玻璃店烧制玻璃仪器，去店里买电机，自己动手焊接等。但也正是这段经历让我在面临没有现成条件的任务时能够自力更生，更加从容地应对这些问题。"

从实验室到办公室

毕业后，怀着对青岛这座美丽城市的深深眷恋，刘心同决定留下来继续追寻他的事业和梦想，选择了在山东商检局工作。

在工作中，刘心同充分发挥自己的专业技能优势，积极为质量保障和安全方面的检测工作贡献力量。同时，商检局作为国际交流的平台，常有国内外各类商品和技术之间的质量检测与技术交流，这为他创造了国内外交流学习的机会，提供了更多发展和成长的机遇。

从理论学习到技术落地，从"解题"能力到解决实际问题，刘心同也曾遇到过许多困难。"刚进入商检局的那段时间，我们面临着一项重要的检测任务，其中涉及检测山东出口的禽肉产品。当时出口的禽肉被日本检测出含有兽药成分，导致我们的出口受阻。面对这个突发情况，我们必须充分发挥专业知识的力量，确保能够迅速突破技术壁垒。"这项挑战要求商检局既要保证检测的准确性和全面性，又必须掌握每一个环节的细节之处，这对刘心同来说无疑是一个全方位的考验。"我们需要在最短的时间内建立有效的检验方法，并设计出合适的检验工具。更重要的是，我们要将这些技术应用到实际操作中，并争取获得其他国家的认可，以便尽快恢复产品的出口。"刘心同深有感触地说，"在这样的背景下，如果我们不努力钻研技术，不扎扎实实地工作，问题是无法解决的。我们所学的专业知识也将无法发挥作用。"正是通过这样一次又一次的历练，成就了他刻苦钻研、踏实肯干的品格。他明白，只有不断提升自己的专业能力，持续应对可能出现的新挑战，才能为国内外贸易合作作出更大贡献。

前辈的引导无疑是后辈前进道路上的明灯。"商检局老局长在我们的工作中发挥着重要作用，他不仅为我们提供资料，指导我们各个方面的工作，还帮助我们理清思路。面对复杂的问题，他总能保持冷静沉着的态度，不辞辛劳，全力应对。"商检局老局长认真负责的精神深深影响着刘心同，也成为他努力工作的榜样。"我们能够成功解决众多问题，离不开老局长的指导和他积累的丰富经验。他所积累的技术资料、技术路径和技术方案，以及他所展现的踏实肯干的品格，于我而言都有着非同寻常的学习价值。"

从技术岗走到行政岗，从力不从心到得心应手，刘心同为此做出了不少努力。从技术岗位上简单的问题解答，到行政岗位上需要面对的复杂情境，刘心同所面对的问题就像是从"1+1=2"到"1+1=x"的转变。与技术岗位上的客观理论不同，行政岗位上的挑战更多的是需要应对多重且矛盾的要求。在这种复杂的环境下，刘心同面临着极大的考验。他不断努力尝试，运用科学的思维来理解行政工作的核心。这个过程需要他不断适应变化，去把握行政岗位上的重要因素。通过持续的实践和深入思考，刘心同逐渐克服了行政岗位上的种种困难，展现出独特的智慧和洞察力，从一个满怀激情和青春热血的理科生蜕变为一个拥有行政智慧的全面发展者。

▍从校训到行动

提到母校，刘心同心生触动。他深深铭记母校校训——海纳百川，取则行远，并对此有着自己独到的理解。从化学的角度，他将海比喻为一个巨大的缓冲溶液，它能够容纳世界各种思想的交流碰撞，"海纳百川"意指宽容海纳天下，接纳世界的各种繁杂与多样性，中国海大作为一所高等学府，也始终秉持着广聚天下英才的胸怀。而"取则行远"则激励着他不断进取、精益求精，朝着事业的目标深耕发展。刘心同时刻铭记校训，将之作为驱动自己向前迈进的力量。他坚信，只有奋发向前、扎实研究，才能在漫漫人生路上走得更远、更好。"百年树人，铸就辉煌"是他对母校的寄语，他深深感恩母校所给予的一切，并希望通过自己的成长和发展，回报母校的培养与期望。他将继续发扬海大精神，将其化为实际行动，为社会作出积极的贡献。

访谈 后记

刘心同学长是我们学习的楷模。他将刻苦钻研、求真务实的精神注入每一项工作中。他的奋斗故事鼓舞和激励着我们，教会我们在追求目标的道路上保持谦逊心态，坚持刻苦奋斗，脚踏实地。

校友 寄语

百年树人，铸就辉煌。盛世海大，再谱华章！

——刘心同

（撰稿：2022级化学本科生 韩寿伟；2020级化学本科生 杨力睿）

学弟学妹 眼中的他 ————

他谦和亲切，沉稳内敛，以谦卑之心蓄进取之志。邻近花甲之年，勇往直前，无畏挑战，以磐石之志再创事业高峰。

十年磨一剑，奋发正当时

——访1983级校友张良琪

张良琪，男，1965年生，浙江天台人，1983—1987年就读于山东海洋学院物理学专业。浙江富阳三禾石油勘探设备有限公司、杭州丰禾石油科技有限公司创始人、董事长，浙江省杭州市三墩镇十七届人民代表大会代表，高级工程师，杭州市E类人才，从事测井仪器研发制造行业30余年。

沐浴着令人微醺的暖风，我们踏上了前往杭州访谈校友张良琪的旅程。沿途掠过繁华都市的喧嚣，终于见到了杭州历史与现代交织的独特风貌。蜿蜒流淌的运河，见证着千年古韵；崭新的科技创新园区，彰显时代活力。在园区中，我们见到了张良琪。他是一位总是面带微笑、充满活力的"年轻人"。他的笑容如同暖阳，化解了我们的拘谨，使我们自然而然地融入轻松愉快的访谈氛围中。在倾听他分享过去的故事时，我们仿佛搭载着他的回忆小船穿越时空，与他一起重历了那段在海大园的日子。

▍梦在前方，路在脚下

张良琪出生于浙江省天台县的一个小山村。机缘巧合之下，在学校招生宣传栏里，他看到了山东海洋学院的宣传海报，顿时就被海报里面的"东方红"海洋实习调查船深深地吸引了，他渴望奔向外面的广阔世界，更渴望直面大海、星辰，能够登上这艘漂亮的大船成为他心中的一个美好愿望。从此，他对山东海洋学院产生了深深的憧憬，并开始坚定地朝着这个目标不断努力。高考后，他如愿以偿地被山东海洋学院所录取，开心地背上行囊来到了齐鲁大地，开启了自己的求学旅程。

　　谈及为什么选择物理专业，张良琪半认真半开玩笑地说，在那个年代，农村孩子，第一目标就是考上一个好大学，能去山东海洋学院，自己当时的人生目标就达到了。再加上自己物理成绩比较好，就选择了物理学专业。也正是这个选择，彻底地改变了张良琪的人生轨迹。在崇德尚礼的海大园中，张良琪有幸遇见了两位对他影响深远的人生导师——黄希仁老师和蔡明华老师，两位老师治学严谨的态度和踏实勤恳的精神，给当时的学子们树立了极好的榜样。老师们指导学生参与项目实践，通过日复一日的言传身教，将那份对于学术研究一丝不苟的态度深深烙印在每个学子的心田。当毕业离校的日子逐渐临近时，张良琪以自己的实际行动表达了对母校的眷恋和对恩师教诲的感激之情。他主动把用过的实验室打扫得干干净净；同时，他还悉心擦拭、整理、归纳了所有的实验仪器设备。这是他当时所能想到的向培养他的母校和启迪他智慧、塑造他品格的老师们致以最深沉而真挚的感谢的最佳方式。

　　对他而言，在风光旖旎的海滨城市中，置身于绿意盎然、繁花似锦的校园生活与学习，无疑是一种令人心旷神怡的美好体验。鱼山校区作为中国海洋大学历史底蕴深厚的根基，在育人无数的同时，也承载着百年海大历经风雨、沧桑巨变的厚重记忆。这里古木苍翠挺拔，浓荫蔽日，形成了一片独特的学术绿洲；建筑群风格独特且富含历史韵味，仿佛每一块砖石都在诉说着光阴的故事。张良琪深情地回忆起自己大学一年级的那段时光，1984年版的《夜幕下的哈尔滨》曾在鱼山校区的物理楼选取拍摄场景，而他本人更是有幸成为群众演员，亲身参与了电影的艺术创作，这无疑是他大学生涯中一段难以忘怀的珍贵经历。

　　张良琪非常喜欢大海，也喜欢在大海上航行。曾经有一次难得的机会让他能够在"东方红"海洋实习调查船上实习两周，这让他非常兴奋，也圆了他报考时的梦想。张良琪非常珍惜这次难得的机会，充分利用在船上的每分每秒去学习、去感受。然而因船只临时有紧急任务，实习时间不得不从两周临时缩短至一周，他备感遗憾。时光荏苒，40年后的今天，当提起这段往事，张良琪仍不禁流露出惋惜之情，海之子对大海深沉而真挚的感情也感染了我们。

　　张良琪几乎雷打不动地坚持每日长跑，这也是他在母校求学时形成的好习惯。他在美丽的青岛奔跑了四年，以鲁迅公园为起点，途经风景如画的汇泉广场，再到历史悠久、景色秀丽的八大关景区。这一路上，他不仅陶醉于沿途令人赏心悦目的美景，更是通过沉浸于跑步这项运动，找到了释放自我、排解压力的独特方式。毕业后，张良琪也未曾间断这份对跑步的执着和热爱，这一习惯继续陪伴他度过了许多个春秋冬夏，并在潜移默化中对张良琪的处世哲学和人生航向起到了重要的影响作用。持之以恒和果敢坚毅的品质不仅影响了他的工作态度，更成为他人生旅程中勇攀高峰不可或缺的助力。

▎十年砺剑，一朝出鞘

本科毕业后，张良琪被分配到中船重工第七一五所，从事石油测井仪器研发的相关工作。工作初期便承担所里感应仪器技术方面的探索任务，这对他这个初出茅庐的小伙子来说，无疑是个巨大的挑战。但张良琪没有被困难吓倒，老师们的谆谆教诲仿佛回响在耳畔，在海大园形成的勇往直前的精神也不断激励着他。张良琪把"十年磨一剑"的决心变成"板凳甘坐十年冷"的行动，把探索科学未知作为自己毕生的事业追求。在感应仪器领域默默地耕耘了12年，他终于成功攻克了一直困扰业内无数同仁的难题。他坚信，在科研大道上，勇赴星辰大海，岁月定不负人，攻克、解决更多别人解决不了的难点和痛点问题也成为他不断前进的动力。

20年光阴荏苒，创业的激情如炽火般日益旺盛，张良琪和两位志同道合、满怀壮志的同伴毅然踏上了自主创业的征程。他们携手创立了富阳三禾勘探设备有限公司，历经风雨磨砺与不懈奋斗，公司逐步发展壮大，并最终蜕变成为现今享誉业界的杭州丰禾石油科技有限公司。丰禾石油科技坚持以科学先进的技术研发石油设备，为国家的石油事业发展尽心竭力。

张良琪深谙成功是由多元因素主导的，但他尤为强调理论与实践相结合的重要性。他认为，在学校里面积累的深厚知识基础如同构建事业高楼的坚固基石。正是通过将学校中汲取的专业理论知识灵活且精准地融入产品开发创新的过程，他才得以有力地挑战了国外企业的技术垄断地位，并成功填补多项国内相关行业的空白领域。"在当今这个瞬息万变的时代里，每时每刻知识都在刷新与积淀。因此，倘若停止对新知识的探索和汲取，必然会导致个人在时代潮流中滞后，甚至被滚滚向前的时代洪流所淘汰。"张良琪特别强调终身学习的必要性，直到现在，他仍然亲自参与一些核心技术和产品的研发。

正是这种终身学习的理念，让张良琪带领公司取得了一项又一项的成就，给整个团队带来了底气。"国家在感应测井技术方面存在不少技术空白，到现在没有人或单位能够达到丰禾公司对这类仪器的理解和技术把握程度。与其他开发的仪器系统进行对比，现在国内高难度井中使用的主流直推仪器都是由我们公司自主研发的。"张良琪说道。2023年2月，绵阳某区某6井的作业，面临超深、超高温、超高压、高含硫等诸多巨大挑战，张良琪带领团队借助自主研发的先进控制系统保证了作业的高效安全完成，井深最深处达9026米，刷新了亚洲最深直井纪录，堪称"地下珠峰"。随后公司的高温直推仪器又多次创造了新的最深井测井记录，到目前为止9000米以上深井已经成功完成测井10多口，其中一口已达万米新纪录。对此，张良琪深感自豪："这些成功，我们每一个丰禾人都觉得很自豪。作为中国海大的校友，我感觉十分光荣，因为自身的辛勤付出已见成效，并且在实际工作中成功应用了母校传授的知识与技术，没有辜负母校对我的悉心栽培与期望。"

▌开拓创新，追求卓越

张良琪在事业发展中始终坚持开拓创新、追求卓越的精神理念，他矢志不渝地引领着公司坚定迈向"提升国内石油测井仪器的创新能力，引领国内特色测井仪器的技术发展，竭诚为用户提供卓越的产品和服务"的战略目标。在谈及个人创业方向的选择时，张良琪说："不同的专业适合不同的创业路径，我所践行的这条道路，对于我个人而言无疑是极其契合的选择。投身于测井仪器的研发与制造行业，不仅需要深厚的专业技术底蕴，而且对知识的广度也有着较高要求。"他分享了自己在图书馆埋头苦读的经历和求学过程中的种种磨砺，建议学子们在重视本专业学习的同时，要积极汲取跨领域的知识养分，持续不断地丰富和完善自我。

一个企业最重要的就是企业文化，对于丰禾石油科技的文化氛围，张良琪也给出了独到的诠释："激发一群人为了共同愿景奋斗，同时也为个人价值实现而拼搏。丰禾石油科技是所有丰禾人的家，每个人都同心协力为自己和集体的事业打拼。"在这样的企业文化土壤中，企业更易于积淀传承，更易接纳新生力量，使得更多员工能够得到成长和锤炼的机会。唯有如此，公司方能保持持续、稳健且长远的发展态势。

邻近花甲之年，张良琪仍矢志不渝，勇攀高峰，在浩瀚的科技海洋中再次扬帆起航。他运用自己在丰禾石油科技有限公司多年积淀的丰富经验和深厚底蕴，毅然跨足至全新的领域——工业级钻石培育与生产设备的研发制造。这里说的工业级钻石，并非用于装饰戒指的珠宝，而是应用于工业生产中的关键部件，如精密刀具和钻头等。在未来，他还计划将这些技术拓展至5G通信芯片和高速、大功率的核心元器件上，力求将研究应用拓展到更多亟待突破的"卡脖子"领域，为国家的科技强国梦贡献更多属于自己的力量。

访谈 后记

张良琪在科研道路上展现出的坚持与奉献精神始终烙印在我们的心中。他秉持严谨求实的态度，始终怀揣满腔热忱，以十年磨一剑的坚韧毅力和专注于干事创业的决心，积极应对技术研发过程中的学术壁垒挑战，立志打破国外技术垄断的格局。他将个人职业生涯的发展与国家科技进步的需求紧密结合，这种高尚的情怀与宽广的格局，无疑为海大学子树立了不懈追求的榜样。

校友寄语

衷心希望学校能有越来越多的时代弄潮儿出现，不光是成就百年海大，更是千年海大。作为"海大诚盟"的一员，希望能够在校企合作当中奉献自己的力量。

祝母校在教学和科研上越来越辉煌，成就千年海大。祝信息学部在教学、科研以及技术创新和产业发展上越来越好。祝母校生日快乐，祝学部越办越好！

——张良琪

（撰稿：2022级计算机技术硕士研究生　李国宇；2021级海洋技术　王　可；2022级计算机科学与技术（中外合作办学）　焦子芯）

学弟学妹 眼中的他 ——————————

　　四季更迭，斗转星移，他始终坚定地走在探索海洋科技的道路上，四十载初心不改，四十载深耕不辍。浪花拍岸，潮起潮落，他执着探索海洋中浪、潮、流的秘密，引领国际海洋和气候模式发展研究，服务国家重大战略需求。他是我们海气领域青年学子学习的榜样。

潜心探海四十载，浪潮流间寻真知

——访 1984 级校友乔方利

　　乔方利，男，1966年生，山东庆云人，1984—1988年就读于山东海洋学院物理海洋学专业。欧洲科学院院士，国际欧亚科学院院士，博士生导师，二级研究员，长期致力于海洋耦合与多圈层耦合模式研发工作。1991年硕士研究生毕业后，乔方利进入国家海洋局第一海洋研究所（现自然资源部第一海洋研究所）从事科研工作。1997年，成为国家海洋局系统中最年轻的研究员。1999年，担任国家海洋局第一海洋研究所副所长。

　　乔方利率团队原创性建立了浪致混合理论以及首个实质性耦合的全球高分辨率海浪-潮流-环流耦合模式FIO-COM，并在此基础上建立了业务化预报系统；建立了考虑海浪飞沫等物理过程的新型台风模式FIO-AOW；建立了首个包含海浪的气候模式FIO-ESM；设计了千万核级的海洋模式高效并行算法；以上均处于国际最前沿。发表学术论文400余篇，获国家首届创新争先奖、第九届中国青年科技奖，享受国务院政府特殊津贴，获国家首批"百千万工程领军人才"等系列奖项和荣誉称号，获省部级特等奖和一等奖多项。

　　踏着冬日的晨光，我们一行三人来到自然资源部第一海洋研究所（以下简称海洋一所）拜访乔方利。进门前，乔方利正在和研究生讨论科研问题。塞满海洋专业资料的书柜大概占据了办公室四分之一的空间，船只模型和一幅显眼的世界地图让这个房间生动起来。我们与乔方利围坐在茶几旁，跟随这位老学长的讲述一同回到了40年前的海大校园，一道漫步于这段与海为伴的学术岁月中，感受他如何在"当时只道是寻常"的"跟跑"积累下，成长为如今的"国际领跑"者。

▌求学伊始：海洋照进现实，良师指引前路

1966年8月，乔方利出生于山东省庆云县的一个农村家庭。早早承担起家庭重任的他，学生时代不仅有课堂上的书声琅琅，也有田野间的挥汗如雨，更有深夜中的挑灯夜读。时值改革开放之初，当地的教育条件比较落后，乔方利清楚地记得，当时一共有六册初中英语课本，但老师只完整教完了第一册。尽管如此，乔方利仍通过刻苦努力考了县城最好的高中，并于1984年以优异成绩考入了山东海洋学院物理海洋学与海洋气象学系物理海洋学专业。乔方利坦言当时自己对于专业的概念是十分模糊的，对于海洋的印象只停留在地理课本上的一句"海洋覆盖了地球表面约71%的面积"。面对"素未谋面"而又"久闻大名"的海洋，乔方利心中有一份由内而生的向往。18岁的乔方利怀揣对海洋最质朴的好奇心，毅然踏入了物理海洋学专业的大门，往后便是未曾停歇的四十载奋斗岁月。

回望在母校求学的四年，乔方利不由感叹当时"艰苦"的学习条件。现在海洋和气象领域的学生使用计算机编程进行研究已是家常便饭，而当时在学校里使用计算机不仅要排队，还要限时，前一个人稍有拖沓便会影响下一个人使用，机会非常宝贵。此外，现在的学生可以通过网络获取学习资料，聆听学术报告，还可以到世界各地参加国际会议。而在20世纪80年代，同学们最常获取信息的方法就是去图书馆翻阅纸质书籍和杂志，老师做报告用的是要换幻灯片的投影仪，或者直接在黑板上书写，系里有老师去开国际会更是稀罕事，回国之后要召开专门会议与其他老师和学生分享出国的见识与经验，汇报现场往往座无虚席。

为了弥补自己在英语方面的不足，每天乔方利都坚持早起到图书馆前晨读，有一次由于起得太早，他在洗脸时晕倒磕破了头，去医院缝了好几针。学院老师知道后特意来看望他，告诉他学习不要着急，这让他现在仍觉得温暖。当年，教授英语的柳老师为了让学生尽快学好英语，采用全英文授课的形式，这对英语薄弱的乔方利来说无疑是巨大的挑战。他硬靠着坚持晨读的方法和柳老师的帮助，从听不懂到渐渐稳步提升英语能力，这些努力为未来参加国际科技合作奠定了良好的语言基础。时至今日，他仍然十分感恩母校当年的浓厚学习氛围，特别是一众高水平老师对学生的悉心指导。讲授海浪专业课的神采飞扬的孙孚老师，一手粉笔一手烟，洋洋洒洒便是一堂堂深入浅出的精彩课堂；讲授数学公共课的慷慨激昂的胡老师，100多人的大课堂上每位学生都能听得清清楚楚；还有许多专业过硬、教学细致的

老师，作为乔方利进入海洋科学领域的引路人，为他打下了坚实的专业知识基础。在老师们的悉心教导下，乔方利凭借着刻苦和勤奋始终保持着优异成绩，毕业时成为全校保送攻读硕士研究生的8名学生之一。

▎科研攻坚：成就海洋事业，深耕终得硕果

1991年，乔方利硕士研究生毕业后便进入国家海洋局第一海洋研究所工作，在袁业立院士的引导下选择了物理海洋学的尖端领域——数值模拟开展研究。经过多年的探索研究，乔方利发现海洋学界中长期分立研究、被认为是"互不相干"的浪、潮、流，实际是互相影响的，影响的关键过程是"海洋湍流"这一国际尖端难题。为攻破这一科学难题，乔方利率团队每秒钟测量128个数值信号，经过复杂计算后精密提取了"湍流信号"，发现了海浪-湍流相互作用从而强化海洋湍流。在此基础上，乔方利带领团队原创性提出并建立了浪致混合理论，为耦合模式建立打下了坚实理论基础。然后，建构了全球首个"海浪-潮流-环流耦合"的海洋模式，将存在了半个世纪的海洋模式共性偏差减小了86%；创建了包含海浪的新型台风模式，将几十年来踟蹰不前的台风强度预报误差降低了40%；建立了国际首个包含海浪的气候模式，将国际气候模式的共性偏差减小了约60%，直接服务于我国海洋与气候防灾减灾以及"双碳"目标的定量化评估。

究竟是什么让他选择了如今取得巨大成功的研究方向，30余年如一日地与海洋数值模拟"死磕到底"呢？乔方利坦言，最初这也只是机缘巧合，由于他在山东海洋学院学习期间积累了一些计算机基础，而海洋数值模拟当时也存在一些问题亟待解决，他便在导师的指引下做出了这个选择。很难有谁能够在几十年前就为自己定下准确的目标，人的目标会随着眼界的提升而改变。当年步入山东海洋学院的他不会想到今天自己取得的成绩，母校为他奠定了扎实的物理海洋基础，他便在此基础上一直努力地做研究，在这个过程中他的科研目标也越来越清晰。乔方利恳切地告诉我们，这个世界上的聪明人太多了，在做科学研究时会发现很多自己正在做的东西其实早就有人做过了，做研究一定要脚踏实地，他做了30多年也只是在这个领域做出了"一点儿成果"。

访谈过程中，乔方利始终都将他在学术领域取得的优秀成绩形容为"一点儿成果"。我们看到了一位数十年如一日兢兢业业地钻研学术的科学家，踏实、谦虚、执着、敬业，耐得住学术研究的"枯燥寂寞"，忍得住试错路上的"头破血流"，扛得起前沿领域的"急难愁盼"。

▌仰望星空：点亮海洋未来，紧随国家命运

30多年来，乔方利始终深耕物理海洋研究，研究方向根据国家需求变化而不断拓宽。"面向世界科技前沿、面向国家重大需求、面向经济主战场、面向人民生命健康"，科学研究应该不断深入，为社会发展提供科技支撑，乔方利是这样说的，更是这样做的。他作为中国唯一代表入选联合国"海洋十年"规划专家和咨询专家，通过顶层设计推动世界海洋科学的革命；联合国"海洋十年"首批建立了五大科学协作中心，他为我国取得宝贵一席，使得我国从原来长期"跟跑"到现在能够协调全球海洋与气候研究领域。访谈时，乔方利感叹，当时初涉物理海洋研究时，根本想不到未来自己能够有机会在联合国发出中国科学家的声音，但是随着国家综合实力的提升和我国海洋科学研究的飞跃，这些曾经不敢想的事情如今都变成了现实。

对现在的青年学者，乔方利也从自身经历出发给出了建议。乔方利说，"青年研究者们应该明白能做什么，不能做什么"。青年研究者要尽可能到不同的地方看一看，开阔视野，增长见识。现在我们国家的科研条件是非常好的，青年研究者想要成才并不太难，但难在没有用大段时间"坐冷板凳"扎实思考。做研究的本质就是深度思考，但现在做研究的浮躁情绪太多，学术会议上能够认真倾听学者们报告学术内容的参会者不多；现在做研究太容易被外界干扰，泛滥的信息使人们很难静下心读一本专业书、一篇长的专业文章；现在做研究真正关注内容的人太少，大家更愿意去发短的、容易发的文章或者所谓高影响因子的文章来为求职、升职做准备。现在的科研学习条件给青年研究者们带来了太多的便利，但同时也带来了太多的诱惑，如何沉下心在科学研究里扎实做事，这是每位青年学者应该认真思考的问题。

▌感恩母校：海洋梦起之地，百年塑成一流

从母校毕业之后，乔方利长期和母校保持着密切联系，每年都会多次回到海大，和学院老师们一起学术交流，指导学院的学生，参加母校组织的学术会议等。乔方利切身感受到了母校在过去40年间的迅速发展，每次回到母校都会有很多感悟。他见证了这些年来母校在人才培养、学科建设、精神风貌等方面蒸蒸日上的发展，特别是在申请国家级课题和引进高水平教师等方面的进步。现在提起我国海洋领域的高校，中国海洋大学是当之无愧的第一。乔方利感叹，母校近年来的发展没有贪大求全，而是抓住了学校的海洋特色，发展得越来越好了。母校已经从几十年前只有鱼山路5号这个"小地方"，逐步扩大到了四个校区，在一定程度上，这也

是一个学校繁荣昌盛的标志之一。同时，母校也守住了学校原有的"王牌"，高质量完成了首轮"双一流"建设。

同时，乔方利也对母校的发展有着更高的期待，期待着母校在未来打造出"世界品牌"。乔方利期待着有朝一日提起全球海洋领域的高校，人们能够想到中国海洋大学；提起中国海洋大学的物理海洋专业，人们能够想到这是世界一流的学科。在母校百年华诞来临之际，乔方利为母校送上诚挚的祝福。他希望学校能够通过百年校庆，详细总结过去百年间为社会作出的巨大贡献，让社会大众看到中国海洋大学百年间为国家的发展和建设作出的诸多努力，并能够得到广泛认可。

访谈 后记

作为海洋和气象领域的研究生，我们时常能够在论坛和学术期刊中见到乔方利校友的名字，之前也曾有幸听过他的精彩报告。这次访谈让讲台之上和讲台之下的距离迅速拉近，我们见到的不仅是著作等身、卓尔不群的杰出科学家，更是夜以继日、深学精研的科研工作者。正所谓"志之所趋，无远勿届，穷山距海，不能限也。志之所向，无坚不入，锐兵精甲，不能御也"。我们要学习乔方利校友对于物理海洋研究的坚韧与执着，努力在自己的研究方向上不断深耕，踏实前行。

校友 寄语

在中国海洋大学百年校庆来临之际，祝福我们的母校更加繁荣昌盛。希望学校在未来能培养出更多国际学术大师和社会精英，也希望母校在学科建设方面走在国际学科前沿！

——乔方利

（撰稿：2023级大气科学专业博士研究生 安棋戎；2024级物理海洋学专业博士研究生 范中祥）

学弟学妹 眼中的他 ————————

书卷多情似故人，走出鱼山，他向下扎根，向上生长；纸上得来终觉浅，躬身着手，他踏入浪潮勇毅前行。海浪击打着礁石，海之子们分坐两列，代际间的传承已在无形中完成。他学在琴岛，成在琴岛，怀着海纳百川的气度，初心不忘，终以不断行远，勇立银幕潮头。他就是孙恒勤。

鱼山路 5 号，我永远的心灵家园

——访 1984 级校友孙恒勤

孙恒勤，男，1965年生，山东青岛人，1984—1988年就读于山东海洋学院外语系英语专业。在校期间曾担任外语系学生会主席。1988年本科毕业后参加工作，曾任青岛市商务局局长、黄岛区区长，2017年至今担任青岛东方影都总裁。

时隔近40年，谈起母校，孙恒勤眼中仍满是柔情与神往。

在他心中，母校是不灭的灯火，是移动的丰碑，也是心灵的家园。

▌不灭的灯火——好学风塑造好品格

1984年，孙恒勤来到了海大园，开启了人生中的新篇章。

"我学的是文科专业，但我们上学的时候，山东海洋学院基本上是个理工科院校，学风是非常严谨务实的。"提到母校，孙恒勤说令他受益最深的就是好学风。

彼时，中国海洋大学还是山东海洋学院，以海洋学科见长。当我们谈及他当年的求学经历时，他说令他至今记忆深刻的是朋辈的刻苦和考试的严格。

"我们的图书馆都是要占座的，还有科学馆里生物系的一个阶梯教室是24小时开放的，里面永远坐满了人。"正是这样的环境，让他早早地明白了永远有人比自己努力，所以更不能懈怠。

作为外语系学生，他最熟悉的还是语音教室。当时没有太多跟外国人交流的机会，为了纠正发音，他跟其他同学几乎天天泡在语音教室里，一遍遍地听磁带，跟读模仿磁带中的发音，每一课都至少听100遍。

"我们大一学的是《新概念英语》第二册，有96课，考试是抓阄背课文，抓到哪课背哪课，当然还得发音标准。"孙恒勤说，学校对待考试是非常严格的，那时候因为挂科而留级、退学都很常见。学生对待考试说是"如临大敌"也不为过，他至今仍能背诵二三十篇课文。

"大学之道，在明明德"，孙恒勤认为这种严格、严谨的学风塑造了海大学子良好的品格，不仅是治学态度，还有对待工作和人生的态度。"凡事不能糊弄，必当尽力而为，哪怕不及格，也得自己去补考！这是学校给我们划定的'红线'。"

▌移动的丰碑——高山仰止，学无止境

2022年3月20日，曾任山东海洋学院院长的文圣常院士逝世，孙恒勤有感而发，写下了这样一段悼念的话："先生每天从家里步行至鱼山路校门再到实验室，下班后会到图书馆走一圈，再步行回家，这条路线被称为'院士小道'。一年三百六十五天，风雨无阻，先生就像是行走在鱼山路校区的一座移动雕塑，像钟摆一样淡定、从容、准时、不息。他和一代又一代的伟大知识分子筑就了校园里的一座座精神丰碑，使鱼山路5号成为海大校友的精神家园！"

在他看来，文先生就是海大的"精神堡垒"，是良师益友，也是榜样和标杆。一直到90多岁，文先生仍在坚持工作，这种活到老、学到老的好学精神和心无旁骛、精益求精的研学态度也对孙恒勤影响至深，成为陪伴其一生的财富。

"我毕业后从事外经贸工作，不光要会外语，还要研究商品、市场、货币、汇率，了解税务、海关的各项法律法规。"工作后，孙恒勤发现自己大学所学远远不够，谈的项目涉及汽车、石化、半导体、纺织服装等多个领域，30多年来，他没有一刻停下过学习的脚步。遇到困难，遇到不懂的问题，他从不逃避，而是习惯去找书看看、找专家请教，形成了持续学习、兼收并蓄的好习惯。至今，他每次出差，行李箱里总会带着本书，在飞机上、在火车上，利用一切闲暇汲取新的知识。

来到东方影都后，他开始"恶补"电影，节假日常常在影院一坐就是一天，与很多"80后"甚至是"90后"的青年电影人做朋友。"我觉得终身学习不仅是向书本学习，也要向身边的人学习，像郭帆、乌尔善这样的导演，他们身上有许多值得我学习的东西。向这些年轻人学习我从不会不好意思，只有向年轻人学习才不会落伍，才能跟上时代的步伐。"

▌心灵的家园——一草一木皆是情

学校的鱼山校区曾被评为全国十大最美校园之一，绿树掩映下的百年建筑赋予这里庄重肃穆的历史厚重感。对于曾在这里学习生活的人而言，鱼山路5号的美则是一种带着"精神力"的治愈之美。

"我毕业后还经常回去走走，鱼山路校区是我的'心灵家园'。"孙恒勤说，每当自己疲倦、焦虑的时候，就会去学校里走一走，到图书馆前坐一坐，能非常快地得到身心的舒缓与释放。春秋轮转，那里的一草一木都是曾经熟悉的样子，眼前仿佛还有文先生的身影，听到同学们在图书馆门前早读的琅琅书声，以及意气风发、满腔热忱的自己。在他眼中，鱼山校区的美有风韵和灵魂，那里是万千海大学子的精神家园。

漫步在熟悉的小路上，思绪也丝丝缕缕地被唤起。

"前些日子又翻出来之前我们的春游照片，感触很深，很感动，也很有成就感。"孙恒勤感慨万分。"同学们能走出校园，走近自然，劳逸结合，感悟生活，加强学习交流，是一件非常好的事。而组织这样看起来普通又平常的出游活动，筹办过程中却需要克服很多的困难。"

大四时，孙恒勤担任院学生会主席一职，组织四个级部的老师和同学一起参加运动会，不仅增进了师生之间的情感交流，也成为他青春时代浓墨重彩的一笔。

做学生干部的日子里，孙恒勤在校园各处奔走不息，在忙碌中收获点点滴滴的满足与幸福。

"当时我们也请过各行各业的精英来做讲座，与同学分享求职就业的经历经验。"孙恒勤说起了一次印象很深刻的交流学习活动。"当时请了话剧团的演员邵宏来，他在《血战台儿庄》这部影片当中扮演李宗仁。对于我们学生来说，见到了荧幕上的人物，心情非常的激动，有这样交流的机会也感到很庆幸、很珍惜。前几年我去了一次台儿庄，看到台儿庄大战的电影海报，就立刻想起了那次经历，感觉很有意义。"

当榜样真正走近身边，又有另一番感悟与体会，那种激励和鼓舞是不言而喻的。那次经历在孙恒勤心中种下了希望的种子，也一直激励着他在追梦路上奔走向前。

▌海纳百川——做视野开阔的"杂学家"

谈及母校的师弟师妹们，作为大师兄，孙恒勤满是自豪与期许。鱼山路5号，香港东路23号，松岭路238号，三沙路1299号，海大园见证了一代又一代海之子的意气风发。

"海大的学生基础扎实、底子好,有求真务实的作风态度,在职场中是极具优势和竞争力的。"工作之后的孙恒勤主动创造机会,为校友们提供更多的可能性。他发挥东方影都的优势,推出多期中国海洋大学校友会青岛分会暑期夏令营活动,让校友及其子女能够深入基地了解电影的从无到有、台前幕后,感受光影的变幻与魅力。"通过这样的实地实践考察,增长知识与才干,开阔眼界与格局。也算是我为母校的人才培养以及校友子女的成长与发展贡献些力量。"

对师弟师妹们充满信心的同时,孙恒勤也深感信息化社会一日千里的发展势头和对跨学科人才的需求。因此,他鼓励师弟师妹们成为"杂学家",践行"海纳百川,取则行远"的校训,积极参与跨学科研讨和学习,抓住每一个学习的机会,开阔国际视野,提升自我。

看着母校一天天越来越好,看着师弟师妹们在社会各界大放光彩,孙恒勤在自豪的同时也备感鼓舞。"2021年,我当选中国海洋大学校友会青岛分会第三届会长。作为校友,今后,我们要继续传承好海大精神和优良传统,为校友之间、学校和校友之间搭建好交流平台,不断探索更多的合作方式,为师弟师妹们的成长成才和母校的发展进步多做贡献。"

访谈 后记

在庄重大气的办公室里,我们见到了孙恒勤校友,并与之进行了深入、愉快的交流。从母校毕业以后,他在工作岗位上恪尽职守,始终以严谨认真的态度对待工作和生活,取得了一定的成就。作为一名海之子,孙恒勤校友不仅具有跨学科融合发展的意识,还具有国际视野的远见卓识,是我们学习的榜样!

校友 寄语

在母校百年华诞之际,由衷地感谢母校对我们每一位学子的悉心栽培。祝中国海洋大学开启下一个百年新征程,谱写新辉煌!

——孙恒勤

(撰稿:2019级日语 张若萱;2021级英语 陈佳琳)

学弟学妹 眼中的她 ————————

　　她坚守在黄土地，用自己近30年的努力，使几近消失的甘肃土著鱼类重焕生机。她突破三倍虹鳟鱼育种国外技术壁垒，开创了具有甘肃特色的鲑鳟鱼类养殖产业。她用科技助力产业帮扶，带动养殖户走上致富之路。

女科学家在大西北谱写水产传奇

——访1984级校友张艳萍

　　张艳萍，女，1966年生，河南沁阳人，1984—1988年就读于山东海洋学院淡水养殖专业。2002年至今任甘肃省水产研究所党委书记、所长，二级研究员。2005年入选农业部高级水产专家人才库；2011年获甘肃省五一劳动奖章；2013年入选"国家百千万人才工程"，被授予"有突出贡献中青年专家"荣誉称号；2014年获"全国先进科技工作者"称号；2015年被中共中央、国务院授予"全国先进工作者"荣誉称号；2017年当选中国共产党第十九次全国代表大会代表；2019年被农业农村部授予"全国农业农村系统先进个人"称号，享受国务院政府特殊津贴。

　　中国黄土高原是世界上最大的黄土堆积区，也是世界上黄土覆盖面积最大的高原，而我国黄土高原上黄土堆积最厚的地方正在甘肃。张艳萍在这一片黄土地上出生、成长，接受教育、汲取知识。在中学阶段，从未踏出过甘肃的她渐渐萌生一个强烈的愿望——"我想看看大海"。高考填志愿，她毫不犹豫地选择了山东海洋学院淡水养殖专业。自此，她便踏入了水产养殖领域，并取得了令人瞩目的成绩。

▌一心向往：怀揣看海梦想，求学海大水产

　　20世纪80年代，绿皮火车是人们通常的远行方式。从家乡到青岛，坐绿皮火车需要花费将近两天的时间。经历长途跋涉的张艳萍，一出站便受到了学长学姐们的热情迎接。提及奔赴学校报到的经历，张艳萍轻轻扶了扶眼镜，微笑着说："坐

两天火车一点都不觉得累，心里是对学校生活的满满期待和对碧海蓝天的向往。"报到的第一天，她便和舍友一起迫不及待地冲向了距离学校不远的海水浴场，满怀激动地拥抱梦想中的那片海。

谈及四年大学生活，张艳萍用两个词语概括：快乐、丰富多彩。在校学习期间，老师在讲台上使用板书授课，她在台下认真记笔记，专业课程学习对她而言是轻松愉快的。充满探索精神的她也很喜欢探索身边的新事物。每逢节假日，便会和舍友结伴去探寻青岛的大街小巷。同时，她也是一个爱好诗词和文学的"文艺青年"，"泡"在图书馆阅读文学作品是她度过课余生活的重要方式。现如今她每天早上仍然会诵读唐诗宋词。

回忆起在母校就读期间最难忘的事情，张艳萍深思片刻后说道："当时班里有一名同学因为业余爱好，分散了很多时间和精力，为此耽误了学习，面临留级。当时团支部书记张静得知这个同学的情况后极力挽回，积极帮助，使该同学最终顺利毕业。张静书记对学生的包容、强烈的责任心和她的人格魅力令我动容。"而这件事也深深影响了张艳萍。走上领导岗位之后，她对人和事更加包容、更加随和，尽量为年轻人提供锻炼和展现能力的机会。

大四那年，张艳萍和同学们前往山东东营进行为期一个月的毕业实习，当时正值我国海水养殖的第二次产业浪潮——以对虾养殖为代表的海洋虾类养殖浪潮兴起。在养殖场里，张艳萍和同学们进行对虾育苗等工作，是场里工作人员心目中的"高才生"。果不其然，初出茅庐的她和同学们成功育出一批虾苗，为养殖场带来了一笔可观的收入，这使她心中充满了成就感，她真切地感受到自身专业技能可以转化为巨大的价值。大学毕业后，她选择就业，并被分配到了家乡甘肃的刘家峡水库渔场工作，成为当时渔场唯一一名水产养殖专业的大学生。

弹指一挥间，怀抱着看看大海朴素愿望的小姑娘，转眼就成了一位满怀抱负的水产科技工作者。张艳萍认为，解锁大学生活的密码是兴趣，大学期间要找到自己喜欢或感兴趣的事，发掘自己的潜力，并早日找到自己所热爱的事业。

▎一腔热血：准确定位发展方向，发展特色产业

大学四年，张艳萍收获了满满的水产专业知识。到刘家峡水库渔场工作后，面对这片养育她的大西北土地，她积极调整心态，针对渔场养殖模式存在的缺陷，提出集约化精养等建议，帮助刘家峡水库渔场渐渐走出困境。后来，张艳萍的工作单位多次调整，从甘肃省水产局项目办公室到甘肃省渔业技术推广站，再到甘肃省水产研究所并担任党委书记、所长，30多年来，作为甘肃省水产行业的领军人才，张艳萍始终坚守在水产科研工作一线。

　　甘肃省地处内陆，黄土高原、青藏高原和内蒙古高原在此交汇，地表水资源较少，水产养殖发展空间小，水产养殖规模小。怎样才能发展壮大水产养殖产业是她面临的难题。她迎难而上，对甘肃水产养殖进行了大量实地调查研究后认为，准确的学科定位和发展方向非常重要。甘肃省虽然地处内陆，但有冷泉水和大型低温型水库资源可以利用，加之地处高海拔地区，温差较大，发展冷水性鲑鳟鱼的养殖和繁育有着得天独厚的优势；甘肃地跨长江、黄河、内陆河三大流域，分属9个水系，境内河流分布有国家一级保护鱼类1种，二级保护鱼类12种，许多种类为甘肃所特有。因此，张艳萍根据甘肃的气候、地理位置、水资源等实际情况确定了学科方向——一是发展鲑鳟鱼繁育、养殖和产业化开发；二是开展全省水生生物资源保护研究。在她的带领下，研究所迸发出前所未有的蓬勃生机和活力。

　　经过20多年的科研探索，张艳萍带领甘肃省水产研究所科研团队建立了全国唯一一个国家级虹鳟鱼良种场，每年为国内23个省区和巴基斯坦、尼泊尔等国供应良种。为突破国外技术壁垒，助力种业振兴，从2009年开始，张艳萍带领科研团队进行三倍体制种研究，到2019年突破这一技术难题，其团队研究掌握了三倍体虹鳟鱼制种技术，并实现了规模化制种，三倍体率达到95%以上。当时，在制种的过程中，张艳萍遇到了很多困难，比如制种技术研究设备落后，压力罐压力不稳定，容易泄压、容器小、温度控制不精准、不稳定等，倍性检测周期长达6个月，检测效率低，投入成本高。她敏锐的科研嗅觉捕捉到科研设备落后是技术突破的关键因素之一，于是，她前往北欧国家考察调研，发现高精尖的仪器设备在水产科研中尤为重要。回国后，她积极争取资金支持，购置新科研设备。替换成新的设备后，实验研究效率大大提高。张艳萍外出调研时每次都带着非常明确的目标。她说，出去看看总是会有用的，目标明确就一定会有收获。张艳萍为我国种业振兴做出了贡献，推动了甘肃省水产养殖转型升级，带动了甘肃、青海、新疆等地鲑鳟鱼产业发展。

　　工作中，张艳萍经常反思学科方向定得准不准，也一直坚持走符合甘肃实际的学科特色之路。如今看来，张艳萍的决策是十分准确、长远和务实的，她的远见卓识使得甘肃水产发展取得了长足进步，在鲑鳟鱼繁育和产业开发方面作出了突出贡献，达到国内领先水平，得到了我国水产行业领导、专家的高度评价。

　　她认为，开拓鲑鳟鱼繁育和实现产业的成功不是一蹴而就的，取得事业成功的秘籍是坚持。只要坚持做一件事情，坚持10年、20年或者30年，就会有成果。

▎一片丹心：躬身生态保护，谋求科技扶贫

　　生活在黄河上游的极边扁咽齿鱼是黄河上游特有的珍稀保护鱼种，是国家二

级保护鱼类，一度被认为已灭绝。极边扁咽齿鱼生长速度缓慢，繁殖能力低，对生存环境敏感，一旦受到破坏，种群数量短期内难以恢复。恢复黄河上游的生物多样性，保护甘肃境内流域的鱼类资源刻不容缓。张艳萍带领研究所科研团队在黄河玛曲段搜集到了60多尾极边扁咽齿鱼，开始对该鱼进行人工繁育工作。2009年，张艳萍主持完成了黄河上游濒危鱼类极边扁咽齿鱼人工驯养及人工繁殖技术研究，项目历经8年的科技攻关，在国内首次实现人工繁殖，并在黄河上游甘肃段进行增殖放流。为此，中国科学院院士、鱼类学家，时任国家自然科学基金委员会主任陈宜瑜专门到甘肃进行调研；中国科学院院士、中国鱼类学会理事长曹文宣到甘肃主持成果鉴定，并宣布首次人工繁殖极边扁咽齿鱼获得成功，并对该成果给予了高度评价，这标志着黄河上游特有鱼类保护取得重大突破，为维护黄河上游生态平衡和生物多样性进行了卓有成效的探索。

为了更好地保护黄河上游渔业资源，张艳萍主动承担"国家级黄河上游特有鱼类种质资源保护区"建设及保护区鱼类资源调查工作。谈到为什么坚守这一事业，张艳萍淡然地说："刚开始我没有想那么多，认为是我作为科研工作者的社会职责，这也是甘肃省水产研究所的工作。这件事，我不干，谁干？水产研究所不做，谁做？"再次回忆起本地鱼类资源保护工作，张艳萍说："我认为自己也是比较幸运的，因为自己的付出有了回报。做出成果之后，院士亲自来组织鉴定验收，省里也非常重视，也进一步推动了研究所的向好发展。当然，责任感是最重要的，如果一开始没有社会责任感做这件事情，我也不会申请到国家专项，继续支持我取得现在的成果。"

习近平总书记深刻指出："发展产业是实现脱贫的根本之策。要因地制宜，把培育产业作为推动脱贫攻坚的根本出路。"张艳萍也在不断思考，如何将科研成果用以帮扶甘肃当地发展。于是，她申报了乡村振兴专项，结对帮扶甘肃省陇南市康县，多次前往康县白杨镇等地调研指导，带动康县虹鳟鱼养殖，使虹鳟鱼养殖产业成为该县重要的特色产业，并为其提供长期技术服务，力求实现科技助力扶贫。

科技支撑助力生态保护修复取得丰硕成果，不是机缘巧合。张艳萍认为，科技工作者应该有责任和担当，要有至诚报国、服务社会的责任感才能走得长远。

访谈后记

见到张艳萍校友，我深深折服于她的人格魅力。她冷静、专业、亲切，身上有科学家的严谨，也有学姐的亲和与耐心。在和我们谈到自己的专业时，她的身上散发着自信的光芒；谈到专业之外的擅长领域时，她也有着非一般的热忱，可以感受到她发自内心地热爱生活、热爱水产养殖这个行业。她一直强调"坚持"是做出成绩的第一品质，让我深受启发。能采访如此优秀的校友，也让我受益良多。

校友 寄语

　　说起母校，我感觉非常自豪。我刚入学时是山东海洋学院，只有6个系，毕业那年更名为青岛海洋大学。如今的中国海洋大学已经发展成为一所特色显著的综合性大学，可以感受到母校发展快速且扎实，如果再选择一次，我还是会选择来中国海洋大学读书。

——张艳萍

　　（撰稿：2021级水产养殖硕士研究生　申雅雯；2021级水产养殖学本科生白林子）

学弟学妹 眼中的他 ——————

初见时，他在忙碌，待我们走后，他又忙碌了起来。他所做的，不仅是为青岛海大生物的发展开疆拓土，也是为整个行业的发展领军引航。

从思远始，到行健止：海洋生物资源开发利用的实践者

——访 1984 级校友单俊伟

单俊伟，男，1966年生，山东威海人，1984—1988年就读于山东海洋学院食品工程专业。1988年毕业后留校任职，长期致力于海洋生物资源的开发和利用。2000年创建青岛海大生物，现任青岛海大生物集团董事长。

山与海的相逢是诗与画的邂逅。1984年，单俊伟考入了山东海洋学院，从此与他所热爱的海洋结缘。谈到母校，单俊伟那些深埋于心的校园回忆如同雨后春笋般涌入脑海，思绪翻飞，记忆将他带回那个曾伴他同行又匆匆而别的鱼山路。读书时，他高度自律、凡事要做到最好。在母校求学的四年间，他始终保持对海洋的热爱，毕业后更是矢志不渝地带领企业进行技术创新，开创并引领了中国新型功能特肥行业的发展，拓展了海洋生物资源开发利用的新赛道，将海洋科技应用到绿色农业中，为人类的大健康贡献自己的智慧和力量。

▌求学之路——遇见另一片海

单俊伟出生于山东省乳山市，那是一座美丽的滨海小城。海边成长的经历似乎早已在他的心里埋下了探索海洋的种子，等待着在未来的某一天、在某一个地方生根发芽，开花结果。1984年的夏天，高考完的单俊伟站在了选择学校和专业的十字路口上。招生简章上，鱼类加工的照片映入单俊伟的眼帘，像磁铁一样吸引了他。填报志愿时，他毅然报考了以海洋学科为特色的山东海洋学院，并顺利地进入山东海洋学院食品工程专业学习。来到另一片海，那颗埋在心里的种子在海大园这

片沃土生根了。

食品工程专业是当时学校的热门专业，分数线很高，单俊伟以高于录取分数线80多分的优异成绩被录取，他的学号也是当年该专业的1号。改革开放初期，万事万物都散发出蓬勃的生命力，在那个人才紧缺的年代，他深知在该奋斗的岁月里，要对得起每一寸光阴，学成后要为社会作出贡献。务实，是他对当时的水产学院的第一印象。由于所学专业重视应用性研究，学院给了学子们很多实习机会，在烟台冷冻机厂、黄海海藻工业公司等企业的实习经历不仅为当时的他增长了阅历，也为他今后的创业打下了坚实的基础。他回忆，当时学院的许多老师都致力于科技创新，管华诗院士便是当时创新的引领者。管院士始终奋战在海洋功能食品和药物研发一线，践行着"海济苍生"的初心。老师们求真务实、开拓创新的作风在单俊伟心中留下了很深的烙印。"这种精神是一代代往下传承的，整个水产学院的所有专业都非常务实，崇尚科技创新、脚踏实地、实干争先。"单俊伟如是说。

提到大学时的兴趣爱好，他的回答几乎都与运动相关，这也是单俊伟课余时间经常做的事。"喜欢篮球还有田径，我当时是校篮球队的成员，也代表水产学院参加'校庆杯'比赛。咱们水产学院的男篮还是很厉害的，连续三年获得了'校庆杯'冠军。田径也不错，印象里，田径也蝉联过'校庆杯'总分第一名。"当时他是院学生会体育部的部长，大三开始，水产学院连续两年囊获学校四大杯的冠军。他提到，学生会干部的经历对他的成长十分重要，那段经历培养了自己的组织协调能力、与人沟通的能力和领导力。当谈论到对"海大精神"的理解时，单俊伟认真地回答道："我对海大精神的理解是创新和发展。在海洋科技纵向研究和应用科技的创新方面，海大始终做得很好；另一个是海大一直坚持发展的主题，校区从一个小校园到现在四个校区，学校一直在向着好的方向发展，从一个以海洋水产学科为特色的大学发展成一个综合性研究型大学。青岛海大生物也传承了这个基因，创新与发展也成为企业精神。"母校随着历史的车轮走了100年，变化的是科技，不变的是"海纳百川，取则行远"的精神给每个海大人带来的深远影响。

▎学以致用——创产业新局

《大学》中有言："知止而后有定，定而后能静，静而后能安，安而后能虑，虑而后能得。"谈到大学时的人生目标，单俊伟说，初入大学时，自己的人生目标是比较抽象的，但有一点他可以肯定，那就是无论什么事，他都要做到最好。回想起做学生干部的那段时光，第一年篮球赛，学院得了亚军，他发誓下一年一定要把冠军拿回来。在他的组织下，球队刻苦训练，加强后备人才的选拔和培养，在接下来的三年中取得了三连冠的好成绩。他也将这一原则坚持到工作中，在海大从事产业管理工作时，被任命为国家大学科技园的主任。刚接手时，科技园一直没有获得国家认定，也没有实际运营，他仅用不到一年时间就完成了科技园的国家认定。他说："不要总想着去追求什么，要把现在的每一件事情做好。"

单俊伟毕业后留在当时海大的药物与食品研究所任职，谈到留校任职的原因，他再次提到了管院士："我的毕业论文是跟管院士做的，管院士做海洋药物开发方向，我对这个很感兴趣。"那时的单俊伟动手能力强，论文成绩优异，学生会干部的经历也使他有了很强的组织能力，遂被管院士推荐留校。在研究所工作的那段时间，单俊伟有了更多机会深入各个药企，同时对企业有了更深的了解，让他在企业的业务、经营、管理的各个方面都得到了锻炼。

2000年8月18日，单俊伟在海大校园内创建了青岛海大生物，如其他大多数创业者一样，历尽千辛万苦，经历了不平凡的20年，青岛海大生物从当时的五个人发展成为我国海洋生物资源开发利用领域的代表性企业。2000年的实体经济发展环境并不及现在乐观，企业的发展必须解决生存问题，"要找到客户，代理商要靠你的产品赚钱；企业要靠产品赚钱，给员工发工资，给企业买设备、建厂房，压力和挑战很大，但我们坚持下来了，靠的还是那四个字——创新发展。用发展的手段解决问题，用创新的方法提升企业的管理、企业的产品水平。"他还提到，企业在不同阶段面临压力时，得到了来自母校的许多支持。岁月不居，时节如流，母校永远站在我们身后。

单俊伟谈到，企业的发展要相信科技的力量，那些坚持科技创新的企业，根据市场发展趋势及时作出产品创新战略调整，都有很好的销售业绩和收益，只有相信科技、依靠科技，才能实现好产品的升级迭代，做到行业引领和高质量发展。

从2018年开始，青岛海大生物由特色型海藻肥行业的领军企业向功能型生物刺激素等核心天然产物的开发企业转型。基于企业未来更长远的战略需求和发展需要，从2020年开始，历时3年共投资5亿多元，青岛海大生物于青岛高新区高端产业区建设了生物刺激素行业的全球领航工厂，其装备水平、硬件投入、产能规划目前处于国际领先水平。青岛海大生物始终把科技创新放在首位，一直坚持引进人才，培养人才队伍，现拥有6名博士、100余名硕士的专业研发团队，共设立了8个功能实验室，打造了6个省级以上技术创新平台，形成了6项核心技术体系，拥有50多项授权发明专利。目前开发了SEAD-30、APAA、GALA三大系列生物刺激素，并作为功能因子添加到各种特肥当中，使新型肥料具备了特殊的功能，表现出很好的应用效果，获得了行业的青睐。

目前青岛海大生物已与多家国内知名行业领军企业深度合作，同时为60余家上市公司和200多家中小企业赋能。公司产品已在欧洲、北美洲等60多个国家和地区完成注册并长期出口，出口额每年保持着30%的递增。青岛海大生物获得"国家级制造业单项冠军企业""工信部专精特新'小巨人'高质量发展企业""山东省瞪羚企业""青岛市市长质量奖""山东省制造业单项冠军"等殊荣，入选"青岛市高成长性海洋企业"，并获得青岛市科技进步奖、山东省科技进步奖和国家海洋工程科学技术奖一等奖等多项奖项。

"企业抓住了一些市场机遇，更重要的是，企业20多年来一直在坚守自己选定的战略方向，始终没有改变，久久为功，一步一个脚印发展到现在。"单俊伟如是说。

回顾自己的人生历程，单俊伟说："人的职业生涯中，一辈子不可能干成多个事儿，我的感受是：要选定一个方向长期坚持，做到专精特新。"清晰的目标是指引方向的罗盘，刚开始，你或许看不清终点的样子，但每一步行动，都能向那个笃定的方向一点点靠近。单俊伟正是带着这种对目标的方向感，带领企业走得更远。

▌衔食反哺——心系母校发展

自那个秋天步入山东海洋学院的校园起，单俊伟就再也没有离开过。他曾多次向母校捐款，多年来向莘莘学子提供"海状元"奖学金，当我们问到他的初衷时，他回答道："支持学院培养学生的创新意识和成果产业化的转化能力，这就是我的初衷。"

面对就业市场激烈的竞争，单俊伟为广大在校生们提出了一些宝贵的建议。在职业发展规划上，他的建议是要根据自己的优势和职业兴趣，结合自己的专业优势，选好一个发展方向并为之努力；进入职场后，要俯下身来，把分配给自己的工作做到最优，要有思考能力、创新能力和动手能力，坚持结果导向，做事要善始善终；心态要好，要有贡献积累，坚持扎实的工作作风，要为他人提供价值。

单俊伟的故事到这里远远没有讲完，他与母校的故事也将继续。在他心中，有一条爱的河流将继续向前流淌，那里有讲不完的故事……他的生命轨迹，已然和大海交融在一起。相信在他和其他优秀校友的示范和引领下，万千中国海大学子会继续发扬崇德守朴、求真务实的精神，坚守心系国家、探索不已的优良传统和进取精神，求是、求博、求精、求新！

访谈 后记

踏进单俊伟的办公室时，映入眼帘的是一个大书架，书架上摆满了厚厚的蓝色文件夹，透露出他日常工作的繁忙。在访谈过程中，每每提及母校的发展，他总是开心畅谈，满怀对母校的深情。他还亲切地与我们分享了许多科研和学习上的经验，使我们受益匪浅。

校友寄语

　　母校是我们永远的骄傲。我们努力工作，贡献价值，也将成为母校的骄傲。

——单俊伟

　　（撰稿：2021级生物与医药　王雪琦；2022级发酵工程　李彦斌）

学弟学妹 眼中的他 ————————

一入海大门，一生海大人。他懵懵懂懂地来，兢兢业业地走出去，为社会尽一己之力，不负"海之子"之名。

海大启航，扬帆商海

——访1985级校友于晓东

于晓东，男，1967年生，山东莱州人，1985—1989年就读于山东海洋学院生物科学专业。

1989—2000年，在烟台市芝罘区教体局任纪委副书记；2000—2002年，在烟台塔山企业集团股份有限公司工作，任董事会秘书、塔山风景区总经理；2003年至今任烟台新亚企业集团股份有限公司董事、副总经理。2012—2018年任中国海洋大学校友会烟台分会秘书长；2018年至今任中国海洋大学校友会烟台分会会长。2013年创立海洋宝贝生物工程有限公司，任董事长。

"春山淡冶而如笑，夏山苍翠而欲滴。"我们于山色苍翠、夏风栩栩的烟台探访一位恪尽职守、言笑晏晏的校友——于晓东，倾听他的求学立业故事，一品中国海大人的"潇洒行走心自由，万事不惧任随缘"。

▎踏实肯学，安然自得

1985年对于晓东而言是极其特别的一年，他日夜寒窗苦读，只为一朝金榜题名，得璀璨前程。那时的他无法如同今日一般拿起手机便晓天下事，亦无法在假期走遍全国各地。最吸引他的是传说中的UFO，为此他在大学志愿表第一行里填下了西北工业大学，专业是机械制造——他想研究发动机。填好志愿，奔赴考场（那时候是先填志愿再高考），而接下来的故事不免令他人感到惋惜。

当时是人工录取志愿，若第一批志愿未被录取就会直接掉入专科批次。谈及此事，他并无怨言，而是用风趣的话语将其描述为——大概是一位山东海洋学院的老师看到他的档案，觉得他成绩过了本科线，又出生于双教师家庭，应该是个踏实肯学的苗子，是个人才，值得留下。所以机缘巧合之下，他被录取到山东海洋学院的生物学专科，之后又继续升本并取得了学士学位。

在山东海洋学院，他感受到了生物学科的自由和丰富，不知不觉就坠入知识的海洋。学校提供了众多有趣且生动的实践机会，良好的学习氛围对他的影响也很大。谈起那段时光，他言语里流露出深深的自豪。他说当时学校开放包容，周末各种论坛、讲座、公开课都是人气爆棚。学校里有各种思想碰撞的火花，有丰富多彩的活动，例如跳交谊舞，他后来踏上工作岗位还参加了全市交谊舞比赛并获得了奖项。他感到庆幸，说自己是如鱼得水，并引用了《海大颂》中的一句歌词"我是一滴水，融入你怀中"。在校期间他积极参加学校举办的活动，充实自己的课余时间，虽然只加入了一个社团——思维科学研讨会，但他作为核心成员之一参与了相关图书的出版工作，从设计、排版到印刷全程参与。

虽然他来到山东海洋学院是一件完全没有准备的事，但他很快做好了准备，全身心投入大学多姿多彩的生活里。

稳扎稳打，敢拼敢闯

于晓东在校期间确实是如鱼得水，但毕业时面对老师的劝留，他基于对自己的认知，选择将留校名额让出，走出大学，走上社会。他来到烟台市芝罘区从事教育工作。全国公务员制度实施后，他成为首批公务员，之后担任了区教体局纪委副书记。2000年，区政府选拔一批优秀年轻干部到重点企业挂职锻炼，充实后备干部队伍。这是一次机会，也是一个挑战。他选择了挑战，因为他明白，经此一役，必将快速成长。来到企业，他深入一线，虚心求教，发挥机关严谨细致、勤奋敬业的工作作风，很快适应了工作岗位，并先后担任了烟台塔山企业集团塔山风景区总经理，烟台新亚企业集团股份有限公司董事、副总经理。这段时间里他真真切切地获得了很多经验，这也为他后来的发展打下了基础。

2016年人事制度改革，他选择留在企业，因为他感到自己在企业工作更有干劲儿，更能实现自我价值。在体制内工作固然安稳，但那不是他想要的生活，2013年他就成立了自己的公司——海洋宝贝生物工程有限公司。

显而易见，他选择创业是基于多年来工作经验的积累。他有着多年在政府机关和企业工作的经历，还有毕业后一直未断的校友情谊。虽然他当初没有选择留校，但他经常回母校看看，不仅看风景，也看望情谊深厚的老师、友人。而海洋宝贝生物工程有限公司正是一个链接学校实验室和市场的平台，将实验室里的成果进行转化，应用到百姓生活中。他介绍说，公司以"传播海洋文化，促进人类健康"为使命，技术研发方面依托中国海洋大学相关学院进行海洋生物领域科研成果的市场转化。公司拥有10余项国家发明专利和20多个注册商标，研发出多款纯天然海洋生物健康品，形成了由科研到生产以及市场化运作的完整体系，是专业从事海洋生物资源综合开发的科技型企业。

公司产品有三个系列——海之樽·海洋营养酒、海之丹·海洋营养品、海之韵·海洋化妆品。其中，最成功也最令他自豪的就是海之樽系列。2017年，鲍参琼浆海洋营养酒获得了全国"华樽杯"优质保健酒称号。海之樽系列有三款海洋营养酒都在中国海洋大学崂山校区教育超市的海大特色商品区展示，他也为此感到自豪。谈起公司下一步的发展计划，他目标清晰且乐观，因为他对自己的产品有信心，会脚踏实地，一步一步达成预期目标。

▌情系母校，克己奉公

毕业30多年，在职场上打拼奋斗，于晓东从未忘记自己中国海大人的身份，从未放下中国海大人的坚守与责任。

职场上，他说"海大人，要担海大责任，护海大形象"。公司坚持质量第一，所以面对个别合作商要求他降低产品品质来降低成本，以换取较高利润的要求时，他表示自己不可能降低品质，否则对不住包装上写着的"中国海洋大学研发"这八个字，他不能让别人喝到品质不好的酒，他不能损害中国海大的名誉。作为企业的管理者，他坚守道德底线，坚定为人民服务的理念。交谈中他常常提到"服务"和"奉献"这两个词，尤其是谈到校友会烟台分会的工作时。

2012年，中国海洋大学校友会烟台分会成立，他担任秘书长，并在2018年被选为校友会烟台分会的会长。他在谈到校友会这份"工作"时是满足的、自豪的。每次学校校友总会评选校友工作先进集体，烟台分会都在获奖名单中。于他而言，在校友会工作是一份情怀，精神上很满足。烟台分会坚持三个"服务于"——服务于母校、服务于当地经济发展、服务于校友个人发展，并创建了活动品牌。在植树节期间开展植树活动，烟台市园林管理部门还专门为校友会烟台分会在海边绿化区划出了一块地作为植树基地，以表示对植树活动的大力支持。在世界海洋日活动时，他们组织开展鱼苗增殖放流活动。此外，还会不定期组织郊游、探望老校友等活动，并成立了篮球队、足球队，丰富校友业余生活，加深校友沟通交流。烟台分会还会举办前沿知识分享座谈会这样的学术性交流活动，真正做到了前面说到的三个"服务于"。

纵使肩负公司和校友会的重任，时间紧张，他也会挤出时间回母校看看，这于他而言不过是"回家看看"。同时，他对学校举办的校庆日、校友集体婚礼等活动都乐于奉献，累计捐赠50余万元的产品。他的办公室里摆放着多个捐赠证书和奖牌。

和他一样在那个年代出生的人似乎都是这样，自然而然地流露出乐于服务和奉献的品质。若问他这种品质是怎么形成的，他会告诉你这是在一个良性循环下形成的。首先，在一定程度上受家庭、工作的影响，然后是作为中国海大人，他的身份感特别强，母校发展得越好，他对自己的要求就越高，也因此受到众多人的认同和赞赏，于是他会更加严格地要求自己，如此便形成了一个良性循环。

从校园到职场，一路上风风雨雨必定不少，但在交谈中他几乎没有提及自己的艰难和不易。谈到将技术带出实验室的过程和放流日遇到大雨时，他也只是轻描淡写地带过了背后的艰辛。于晓东善谈，亲切和蔼，带着北方人的不拘小节。他的故事虽无惊涛骇浪，却如此动人，一如日出东方那样普通而温暖。

访谈 后记

他眉毛很淡，看上去特别温和，脸上总是挂着笑容，令人感到亲切。他是一个平凡而又不凡的人，他说作为中国海大人，应承担起自己的责任。他是我们每个海之子都应学习的榜样。

校友 寄语

一入海大门，一生海大人。"我是一滴水，融入你怀中。"母校是我们求学时知识的海洋，更是我们离校后精神的家园。

祝福母校：栉风沐雨砥砺行，春华秋实满庭芳。百年海大正青春，继往开来续华章。

——于晓东

（撰稿：2021级生物科学　邱慧）

学弟学妹 眼中的他 —————

他与水产，因鱼结缘，只因看过大海一眼，便心怀"海洋梦"，20多年深耕海洋渔业事业，传承海大精神，助力海洋强国建设。

用"海洋梦"托起"中国梦"
——访1985级校友崔凤友

崔凤友，男，1967年生，山东青州人，1985年—1989年就读于青岛海洋大学海水养殖专业。1989年7月参加工作，后取得博士研究生学历，获工学博士学位。曾任山东省海洋与渔业监督监察总队总队长，省海洋与渔业厅副厅长，省生态环境厅副厅长。现任山东省临沂市人大常委会主任、党组书记。中国共产党山东省第十二次代表大会代表，山东省第十四届人民代表大会代表。

▌初识海洋：因"鱼"结缘

1985年，崔凤友来到了山东海洋学院海水养殖专业学习。谈到选择这个"冷门"专业的原因，崔凤友笑言，"当时看到这个专业，第一印象就是鱼"。因为家里条件不好，吃鱼是件奢侈的事，为了"鱼"，崔凤友果断决定报考海水养殖专业。在当时先报志愿再参加高考的政策下，为了能够进入水产系，崔凤友"想尽了一切办法"，把所有的报考机会都押上了——本科、本科委托培养、专科、专科委托培养都报了水产系。录取结果如他所愿，还记得报到那天，崔凤友终于来到了向往已久的海边，作为内陆乡村的孩子，这是他第一次看到大海。百川归海，烟波浩渺，崔凤友被大海波澜壮阔的风景深深地感染着，"海洋梦"在他的心底悄悄生根发芽。

虽是因"鱼"而选择的水产领域，但在学习的过程中，崔凤友一直秉持求学的初心，踏实学好海水养殖专业知识，立志在海洋渔业领域实现自身价值。系里的老师们大多是学识渊博的资深学者,他们严谨的治学态度、高深的学术造诣,极大提高了同学们的求学热情,也深深影响了崔凤友。在学业上,崔凤友严谨认真,遇上难题一定先刻苦钻研一番。直到现在,他依然延续着上学时的优良作风,对待工作就像在读书学习,"先吃透工作内容,开展工作时就会更加得心应手"。

四年弹指一挥,丰富多彩的大学生活让崔凤友难以忘怀。"大学四年是我一生最美好的时光。"宽敞的校舍,丰盛的餐食,诲人不倦的恩师,一群志同道合的伙伴,这些都是一个农村孩子之前从未接触和无法想象的。对于崔凤友来说,大学的一切都是宝藏。直到现在,他时常还会梦回校园。

▌深耕海洋:为国助力

1989年大学毕业后,崔凤友来到了山东省水产局(后更名为海洋与水产厅、海洋与渔业厅)工作,先后在渔业处、海域综合管理处、环境保护处任职。2005年,在崔凤友的推动下,山东省在全国首先提出并实施了《山东省渔业资源修复行动计划》,该计划着手推动山东沿海地区大力建设海上牧场,通过有计划地培育和保护近海及内陆渔业资源,重建沿海和内陆渔场,逐步建立起资源持续利用、生态良性循环、环境健康优美的渔业资源保障体系,为全省渔业经济的全面、协调、健康发展提供制度保障。这项计划是全国首创,直到现在仍然是全国省级财政规模最大的财政专项。

2014年,崔凤友作为山东省海洋与渔业厅副厅长,助力省厅大力开展海洋生态环境保护工作,对涉渔"三无"船舶采取清理整治行动。仅仅一年时间,排查涉渔"三无"及脱审船舶1659艘,收缴涉渔"三无"船舶45艘。2018年,因为机构改革,他到生态环境厅任职副厅长。在担任生态环境厅副厅长期间,他心系国家生态安全,身体力行,前往全省各地查看生态环境治理工程情况。

"这些工作的创新离不开母校的指导和支持。"回首20多年的海洋渔业工作,崔凤友感到无比充实,当初给自己设定的目标基本实现了。但为了实现目标,崔凤友付出了很多时间、精力。这20多年的时间也让他看到了山东省乃至全国海洋渔业的发展前景一片光明。近年来,随着全球对可持续发展和健康食品的追求,水产养殖作为一种环保、高效的食品生产方式,发展前景十分广阔。随着我国不断加强沿海地区经济开发,海洋经济结构得到优化升级,加之全国海洋渔业资源的限制捕捞,水产养殖业已经成为朝阳产业,无论是在沿海城市还是内陆湖泊,只要有适合的水体资源和市场需求,就需要水产养殖专业的支持,就需要专业的技术和人才。因此,海洋特色明显的水产养殖专业就业前景会越来越好。谈及水产养殖,崔凤友的眼中熠熠发光,他致力于海洋渔业发展的信念感动着我们。

▍心系民生：精神传承

2022年，经组织调整，崔凤友来到临沂市任人大常委会主任、党组书记。在他的推动下，临沂市人大常委会积极践行全过程人民民主，聚焦全市工作大局，聚焦人民所盼所愿，听民声、解民忧，汇民智、聚民力，彰显为民情怀，展现人大担当。谈到这些年的成绩和经验，崔凤友谦虚地笑着说："成绩谈不上，经验有两点，一是坚定听党话、跟党走的信念，个人命运与党的命运、国家的命运休戚与共，要心怀感恩，感恩我们这个伟大的时代；二是老实做人、勤恳做事，做人要实实在在，做事要脚踏实地。"

一代人有一代人的使命，一代人有一代人的担当。每每看到大海，崔凤友心中总是澎湃不已。他在"海大精神"和"水产精神"的感召下，宽以待人、严于律己，勤奋敬业、求真务实，"有了母校的强大后盾，我在工作中更有信心，更加细心，更有恒心"。他谈了自己对校训的理解："海纳百川"，指中国海大应百花齐放、百家争鸣，采纳各界有益之言行、有益之成果；"取则行远"，指中国海大之人应虚怀若谷，有大海般的胸襟，既能够遵循科学精神，又能够眼界高远、目标远大，脚踏实地、身体力行地朝着既定的目标奋进。

习近平总书记指出，要树立大食物观，既向陆地要食物，也向海洋要食物，耕海牧渔，建设海上牧场、"蓝色粮仓"。水产品作为重要的"菜篮子"产品，是大食物观范畴的重要组成部分。"水产精神"与"海大精神"一脉相承，"水产精神"更有一种"深耕精进"的特质，还有几分服务于社会进步和民生发展的厚重感。水产养殖专业以其特有的魅力，激励着一代代水产人上下求索、辛勤付出，为海洋渔业事业的发展培养出一批批人才。希望越来越多的水产学子胸怀理想、热爱海洋，把祖国海洋事业发展作为自己的担当，珍惜当下美好时光，勇敢追逐海洋梦想。

访谈 后记

从一名海水养殖专业的大学生到临沂市人大常委会主任，崔凤友校友诠释着"海大精神"与"水产精神"，以多年来严谨认真、务真求实的作风，深耕国家海洋事业。我们应该学习他不断求索的奋斗精神和自觉的使命担当，为国家海洋渔业事业的发展贡献自己的力量。

校友 寄语

希望学弟学妹们胸怀梦想，珍惜当下美好时光，勇敢追逐理想；热爱海洋，把从事海洋事业作为终生理想。此外，还要脚踏实地、严谨治学，不侥幸、不盲从，一分耕耘，一分收获。

　　希望母校突出海洋特色办学，在培育海洋专精尖人才上下功夫。在母校百年校庆之际，希望母校加强各地校友会建设，促进校友之间的沟通，凝聚校友的力量。

——崔凤友

（撰稿：2022级水产养殖学　张圣睿贤）

学弟学妹 眼中的他 ——————

　　他是位优秀的学长，以过硬的专业素养一路读到硕士研究生。他也是位"非典型"学长，从气象专业转而投身于证券投资市场。这或许有些"离经叛道"，但他始终不忘所学，将知识融会贯通，把海气领域的思维模式和大数据处理的先进经验大胆运用在证券投资领域中。最终，他凭借一双慧眼抓住时代机遇，乘改革开放的东风，成为一名优秀的企业家。

跨界投行的气象人

——访 1985 级校友谭军

　　谭军，男，1968年生，辽宁沈阳人，1985—1992年就读于山东海洋学院天气动力学专业，先后获得学士、硕士学位。1993年投身资本市场，现任葳尔资本董事长、投资决策委员会主任。

　　作为国内最早一批专业股权投资人士，谭军曾主导投资了雄帝科技、健特生物、数码视讯、勤上光电等一大批优秀企业。2017年成立葳尔量化投资管理有限公司，旗下葳尔系列私募量化基金自运行以来取得了稳健、出色的投资业绩。

　　站在人生的十字路口，是选择眼下的安稳还是抓住难得的机遇，谭军用实际行动交出了一份令人满意的答卷。那时的他摇摆、迷惘，如今的他自信、笃定。资本市场的波谲云诡没有让曾经的少年停下脚步，他用所学所长拨云见日，披荆斩棘，以傲然之姿站在了投资界的潮头。回首过往，他感恩母校、感恩家国，赤子之心从未改变。

▌初心如磐，畅游学术之海

　　1985年，谭军从青岛二中被保送进入山东海洋学院，开启了自己人生的新篇章。结合学校的办学特色以及自身擅长数学、物理的特点，他选择了天气动力学专业，并且一学便是七年。

开放和包容是谭军对母校的最初印象，学有余力的他在本科阶段的前两年兼修了物理系的部分专业课程。气象专业的课程本身难度就不小，学习力学、光学和电磁学这些物理系的课程同样不是易事。面对繁重的课业，谭军不畏挑战，每一门课都让他收获颇丰。

"跨学科学习让我在处理事情时拥有了融会贯通的思路。"通过两年的学习，谭军积累了大量数理方面的训练经验，也因此打下了坚实的数理基础。在开阔视野的同时，他意识到虽然不同专业之间的知识有壁垒，但其内在本质是相通的，这种融会贯通的思维模式也为日后他在攻读博士学位时的方向选择和"跨界"埋下了伏笔。

因为课程难度和学业压力的增加，大三时谭军放弃了修读物理系的课程，一心扑在气象专业的学习上。那时正赶上学校组织师生去上海崇明岛实习，由于课题需要，谭军和同学在小渔船上生活了十几天，完成了水深、水色、流速、温度等调查实验。这次实习经历极大丰富了谭军的实践经验，让他充分地认识到了理论与实践之间的距离。1989年，谭军选择在本校周发琇老师的门下攻读硕士研究生，并在三年后进入中国科学院海洋所胡敦欣院士门下攻读博士研究生。在整个大学期间，他如同一块海绵，如饥似渴地吸取着知识的甘露，学习的内容也没有局限于某一专业，这些广博的积淀也成为他日后选择时的底气。

长期的学习让谭军对自己有了更深刻的认知，在课余时他也会兼顾自己的兴趣，阅读了大量证券类的书籍。他曾用一整天的时间完整地阅读了一本证券专业书，回顾书中的知识点，他发现如果用考试分数来衡量，自己能拿到80分，而通常情况下学习这本书需要一个学期。对证券投资行业的热爱让他一直保持着高效率的学习，也正是这般非凡的学习效率和热情，让他萌生了"跨界"的想法。

▌慧眼如炬，紧握改革之机

"每个人的人生都充满了不可预测性和不同的可能性。" 每当谭军面临人生的重大抉择时，他都会反复告诫自己这句话。1993年，谭军发现当时新兴的证券投资市场似乎更能引发他的兴趣。他敏锐地察觉到新兴资本市场的背后是巨大的机遇，国家改革开放的政策和多年来的快速发展为自己搭建了可供施展才华的广阔舞台。父母无条件的支持为谭军打了一剂强心针，让他完全没了后顾之忧。在进入股票投资最初的两三年里，谭军就多次抓住市场机会并取得了不错的投资回报，这些正向的反馈和激励让他愈发坚定了自己的选择。最终，他下定决心跨界进入证券投资市场，在人生的十字路口做出了自己的抉择。

踏入社会后，谭军虽然没有从事过气象方面的工作，但他在工作中深切感受到了母校对他的塑造。在行业深耕时，谭军发现，证券与气象在大量数据处理方面有着异曲同工之妙，于是，他利用自己的数理天赋，创造性地将气象学中处理数据的方法用在证券分析上，助推了他在事业上的成功。凭借着敏锐的判断力和这套独特的数据分析法，谭军很快在行业内部打响了知名度，入行仅三年便担任华夏证券青岛营业部总经理助理一职。在营业部，他一面完成自己的本职工作，一面虚心向身边的前辈和同事请教，利用休息时间系统地学习证券行业的知识，阅读大量相关书籍来填补知识空缺。每一朵盛开的花朵都不会辜负阳光与雨露，在又一个三年之后，谭军意识到时机已经成熟，所需的知识与经验已储备完备，足以支撑他在新的领域大展拳脚。于是在1997年，谭军创立了自己的第一家公司——青岛华信投资咨询有限公司。

谭军明白，少年终有一日会走出荫蔽，所行之路自然布满荆棘。走出学校和证券营业部，往后在证券投资界的路便只能靠自己去闯。商场如战场暗藏危机，机遇如昙花转瞬即逝。面对未知，谭军将一身所学融会贯通，谨慎而笃定地去闯属于自己的路，这一闯便又是三年。站在千禧年的时代转角，谭军已变了模样，一路的雨打风霜让曾经初出茅庐的懵懂少年转变成了"心中有丘壑，眉间显山河"的专业投资人，也正是在千禧年，谭军决定转型。

▍过往如烟，终汇璀璨之果

2000年，谭军将目光转向股权投资领域，成功策划了目标公司的首期私募融资及上市。拿下了第一场"战役"的胜利后，谭军一路高歌猛进，在2006年创立青岛葳尔资产管理有限公司，又在2007年创立中国北方第一家有限合伙制创投企业——青岛葳尔创业投资企业。

拥有气象学背景的谭军将学生时期积攒的科研经验和科研方法运用在投资中，用做气象科研的精神和态度去研究投资，把科研中的数据分析和模型计算运用在投资中，形成了一套属于自己的"量化交易"。正是靠如履薄冰般严谨的投资态度，他不断扩大自己的商业版图，旗下的葳尔资本作为国内最早的专业股权投资机构之一，在运行的20年间经历了中国股权投资的潮起潮落，运作多家企业成功上市。他还曾主导投资了青岛金王、健特生物、数码视讯、勤上光电、雄帝科技等一批优秀企业。

回首过去，谭军的成功离不开自身的坚持和努力。"一旦你选定了行业和方向，就要有付出一生的觉悟。"他将股市中"低开高走"的现象映射在自己身上，在投资初期便深知自己的起点要比金融专业本科生低，但他不以为意，将进入投资行业当成再读一次金融专业的研究生，通过不断的学习加速自己成长。他坚信在20多岁的年纪，用三年的时间便能成为一个行业的专家。在入行时放下身段，低调为人；在入行后立定心志，吃苦钻研；在学成后发光发热，一鸣惊人——这是谭军的人生信条，也是他的处事准则。

在访谈的最后，谭军向后辈们分享了自己的感想与经验。他强调在世界格局急剧变化的历史大背景下，一定要坚守品格和道德，越是遇到动荡和转折，越要守住本心；同时，时代的声音纷繁复杂，独立思考的能力尤为重要。最后，谭军语重心长地说："未来未知，但向着标杆不停奔跑，就能无憾无悔。"

访谈后记

我们有幸在这个夏天连线了远在英国的谭军学长。学长的创业史令人眼前一亮，驰骋商场收获的成功也丝毫没有改变学长的平易近人：他待人温和友善，能理解年轻人的困难和烦恼，对年轻人的困惑看得通透且能给予无私的建议；对母校更是常怀感恩，时刻不忘母校的培养。谭军学长"跨界"的故事更能给我们激励，让我们看到了未来的可能性与多样性。

校友寄语

我是海洋与大气学院气象学系1985级学生，也读了这个专业的硕士研究生，我叫谭军，我用一首诗来祝福母校百年校庆：

> 百年校庆庆辉煌，
> 海洋大学荣光长。
> 海纳百川育英才，
> 母校风华永流芳。

（撰稿：2022级中国现当代文学专业 赵栢龄）

学弟学妹 眼中的他 ——————

　　任泽林校友敢想敢为，善作善成。在奋斗的道路上，他敢于创新、勤于钻研，从水产养殖到水产动物营养，再到现在聚焦于微生态及分子生物领域，他勇于突破，时刻关注行业变化与社会需求，带领公司逐步走向成功。在他身上，我们看到了一种坚忍不拔、敢闯敢拼的干劲儿，这种干事创业的精神值得我们每一个年轻人学习！

科研为壤，实干兴邦

——访1986级校友任泽林

　　任泽林，男，1967年生，重庆涪陵人，1986—1990年本科就读于青岛海洋大学淡水鱼业专业，1993—1996年硕士就读于青岛海洋大学食品加工专业。动物营养学博士，全国著名动物营养与饲料专家。毕业于青岛海洋大学水产系，现为中国农业科学院饲料研究所水产动物营养室副主任、硕士生导师，北京英惠尔生物技术有限公司董事长。任泽林长期从事水产动物营养及饲料学研究，在营养需要、营养技术研究方面主持完成了8个科研项目，多年来共主持和承担包括国家"九五""十五""十一五"攻关及自然科学基金项目在内的科技项目20余项。发表有关水产动物营养与饲料科学方面的科技论文40余篇，取得了水产饲料原料生物利用数据库、区域性水产饲料营养标准等重大科技成果。

　　习近平总书记多次强调，"粮食多一点少一点是战术问题，粮食安全是战略问题"。水产业作为农业的一大分支，在粮食储备的问题上占有十分重要的地位，其中，水产饲料是举足轻重的一环。自2004年以来，由任泽林创立的北京英惠尔生物技术有限公司，在水产动物饲料等领域突破了技术难题，实现了技术创新，促进了动物饲料相关产业的快速进步，也为社会创造了更多的收益，为老百姓的食品安全保驾护航。

▌抓住机遇，成就梦想花开

1986年，任泽林顺利结束了高考。他对海洋学科十分感兴趣，思虑再三后填报了水产养殖专业，来到了山东海洋学院进行学习。谈到从故乡初来青岛的经历，他真诚地说："从老家来到青岛，对这里的初印象就是景色非常美，环境也很干净，空气也非常新鲜。"当我们问到初到学校有没有发生一些难忘的事时，他以幽默的口吻对我们讲，大一年级新生报到的时候，他提前八天就到了学校。由于当时学校还没有开学，宿舍里面的设施也十分简陋，只有一张秸秆做的草席。因为来的路上舟车劳顿，感到十分疲惫，他躺在草席上面很快就睡着了。后来老师来宿舍楼，发现他一个人在睡觉，惊讶地问："你脸上怎么有一道道的痕迹？"他才发现自己的脸上被草席硌出了许多红印子。这件事他至今都记忆犹新。

"当初学水产养殖专业是十分正确的决定，工作了之后发现更是如此。"水产品的产量以及市场需求量都比较大，社会效益和经济效益更显著。任泽林还强调，水产养殖是一个可以长期发展、造福百姓的产业，人要生存就需要粮食，粮食是否充足与包括养殖业在内的农业的关系十分密切。水产养殖业不仅能给百姓带来福祉，还能给社会创造很大的价值。所以他认为，当初选择水产养殖专业是十分正确的决定，并且多年来，他也通过自己的努力，助力水产养殖领域的蓬勃发展。

▌勤奋求学，探索成功之道

1990年，任泽林凭借在本科期间的优异成绩，获得推免资格，跟随李德尚教授攻读研究生。由于迟迟找不到自己心仪的研究方向，他先后换了两次实验室及导师，最终在水产动物营养方向找到了自己的科研兴趣，并顺利取得了硕士学位。在读博士期间，他继续从事水产动物营养的研究，并涉猎牛、鸡、猪的营养研究，拓宽了自己的研究领域。

2001年，他思考将自己的科研项目与社会需求联系起来，将科研成果推向生产实践，实现更好的创收，任泽林决定创办自己的公司。但是从科研转型创业也十分艰难，由于缺少经济学方面的知识，他选择去中央财经大学经济系进修，学习一些商业知识，为自己成功创业打下基础。经过多年的努力，他完美地将课堂所学和科研结合起来，真正做到了学以致用，创办了北京英惠尔生物技术有限公司，不仅实现了自己的目标，更在农业领域为社会创造了价值。

如今，他的公司运转有序，取得了许多科研方面的突破，也创造了显著的收益。在谈到企业发展的心得时，他说："企业要发展，就必须要有不断进步的意识，我们的公司也刚刚成功实现了转型。随着我们原先服务的中小企业和散户不断出局，公司服务的对象已经转向有竞争力的大企业和规模养殖场，产品结构也随之调整，公司已经转型为以生物技术产品为核心的企业，聚焦于微生态及分子生物领域，着力动物营养与健康产品的研发和市场推广。"当然，公司的转型也不是一蹴而就的，而是从十年前就开始准备了。这也恰恰证明了作为一个企业的领导者，前瞻性是多么的重要。

创业的路上他也遇到过一些难关，比如说投资失误造成了亏损，谈到这里，他乐观地说："人的一生中都要经历很多次失败，进入社会后更是如此。创业是一条艰难的路，但既然选择了，就要义无反顾地走下去。当失败来临时，我们要调整好自己的心态，找到鼓励自己的方法，找到解决困难的方法，从而帮助自己顺利地渡过难关。"

▌对话青年，寄语新时代水产人

谈话进入尾声，我们询问任泽林校友对未来青年人的就业方向有哪些建议，现在的青年人需要具备哪些能力，他认真思考后答道："我觉得最重要的是，年轻人要多进行社会实践，培养自己的创新意识和吃苦耐劳的能力。"他认为，在本科期间，学习的知识较为宽泛，更多的是培养学习的能力，为将来从事的工作打下基础。但只有学习能力是远远不够的，更重要的是与社会对接，知晓人情冷暖。而社会实践就是很好的提升自己能力的机会，在与人交往的过程中，可以有效地打破信息差，敏锐地察觉哪些方向是当下热门的，哪些问题是迫切需要解决的，比如工厂化养虾、深海网箱，这都是我们水产领域未来很热门的发展方向。

无论是实践还是学习，能吃苦都是很重要的品质。年轻人也应该通过社会实践的磨砺，锻炼自己的耐力，培养认真细致的习惯，练就自己迅速适应新环境的本领。其次，还要培养为人处世的能力，如何与人交流，如何高效地解决问题，这些都是刚毕业的大学生比较薄弱的环节，大家也要在日常生活中多加思考，多多实践。

他认为，学生在做研究的时候要一心一意地投入钻研，但是一旦走上社会的大舞台，就要考虑社会需要什么、自己能做些什么。他观察到现在很多学生一毕业就热衷于考公务员，拿"铁饭碗"，但其实他更鼓励大家去优秀的企业里工作，甚至可以自主创业，赋予自己多种可能性，不仅可以为社会创造更多价值，也可以更好地提升自己的能力。他说自己在毕业之后也面临着好多选择，可以走上为人民服务的公务员岗位，也可以继续深挖科研。但是他认为，这个行业需要创新的力量不断汇入，社会也需要创新才能不断前进，所以他选择开创自己的公司，将科研和产业相结合，将理想付诸实践。就像他在采访中说的那样："年轻人最有冲劲的时候就是20多岁，这时候是最有胆量、有想法的时候，应当敢闯敢拼，做出一番事业。"

同时，人总是需要不断学习和进步的，经营公司也是如此。利用空闲的时间，他总会研读相关方面的专业书籍，学习新知识。如果遇到读不懂的地方，他也会反复钻研，力求把知识吃透。他告诉同学们，人最重要的是要拥有主动学习、勤于钻研的精神，无论是对于理论知识还是为人处世，只有时刻保持求知若渴的态度，才能做好自己想做的事，达成自己的目标。

访谈 后记

与任泽林校友面对面访谈的经历，让我受益匪浅。在谈话的过程中，我能真切地感受到他追求梦想的执着精神以及他对生活积极乐观的态度。作为新时代的水产人，我们不能只拘泥于书本知识，更要培养自己的创新意识和踏实肯干的品质，将科学技术与实际生产更好地结合起来，为自己的人生添彩，更为祖国和社会的可持续发展添砖加瓦！

（撰稿：2020级海洋资源与环境　李妍）

学弟学妹 眼中的他 ————————

　　巍巍水族馆，眷眷海洋情；漫漫科普路，孜孜强国梦。齐继光以赤诚之心履职尽责，在海洋科普这艘航船上破浪前行。

<h1 style="text-align:center">传承蓝色文明的海洋科普先锋</h1>

<h2 style="text-align:center">——访 1987 级校友齐继光</h2>

　　齐继光，男，1968年生，山东博兴人，1987—1991年就读于青岛海洋大学海水养殖专业。1991年毕业后进入青岛水族馆工作，现任青岛水族馆（青岛海洋科技馆）馆长。2011年成为青岛市科普场馆协会法定代表人。青岛市政协第十二、十三届青岛市委员会委员，中国自然科学博物馆学会副理事长。2023年当选为青岛市科普教育基地联盟理事长。

　　迎着夏日的阳光，我们来到了青岛水族馆，齐继光快步向我们走来，平易近人的笑容一下子拉近了与我们的距离，这场期待已久的访谈便徐徐展开。谈及母校与工作，齐继光开始回忆过往的点点滴滴，那些求学经历、同窗情谊、奋斗历程便在他那浑厚的声音中一一展现在我们眼前。

▌传承薪火，滋养海洋文化根脉

　　年幼时，齐继光常和母亲去海边赶海，捡拾各种海洋生物。长大后，齐继光就读于水族馆附近的中学，常在放学后去水族馆观察各种海洋生物。带着对海洋生物的好奇，1987年他进入山东海洋学院水产系学习。

　　入校后，齐继光一直认真学习，踏实做人，并被推选为班级团支书。"我自己都没想到，性格偏内向的我会成为团支书。老师和同学们信任我，我就要尽全力做好工作。"为了做好团务工作，他积极与老师和同学们进行沟通，有的时候担心自己表达能力欠缺，在沟通前还要自己先演练几遍。团务工作既琐碎又细致，在这个过程中齐继光与老师和同学们建立了深厚的情谊。当被问到大学四年印象最深刻的事时，齐继光激动地说是大三、大四时去沙子口实习和在烟台的养殖场锻炼，亲身体会到水产养殖工人的艰辛，也第一次收获了劳动带来的回报。谈到在母校学习和生活时印象深刻的人，齐继光略微思索后郑重回答道："我很难举出一个具体的例子，因为他们是一个群体，我身边有很多从海大毕业的同事，我们因身上相同的气质而彼此吸引，他们认真、朴实、肯吃苦、能干事，正如海大的精神一样纯粹。"

"即将毕业的时候，当班主任告诉其他同学我要去水族馆工作的时候，大家都很诧异地看着我。"他带着一腔热情进入水族馆工作。在青岛水族馆的第一份工作是检票员，忆起往昔，齐继光笑了笑说："即使是检票，也分做得好坏。"刚入职时从事基层工作是单位的传统，虽只持续了半年，但他也会认真地查看每张入场票，温和地对待每一位游客，留意每一个细节，"带着思考工作跟带着思考学习的道理是一样的，这是课堂上老师一直教我们的"。于齐继光而言，工作后主要是学习观赏性生物的养殖，如热带珊瑚礁鱼的饲养繁育，另外也涉及生物标本的制作、生物的特性分类等相关科学知识，齐继光积极主动地向前辈学习，与专业人员交流，去南方多地考察学习，以尽快提升自己的专业技能，并积累工作经验。

后来，齐继光在水族馆的动物分类岗位上勤恳工作，他以为自己会一直这样追随着年少时的志趣干下去，直到有一天老领导对他说："继光，你可以尝试做管理工作。"齐继光认为搞科学研究就是做好自己的本职工作，但管理工作要与周围的人和事打交道，要有统筹全局的心胸和谋略，不是一件易事。但当这个舞台向齐继光招手时，他勇敢地迎难而上。2005年，齐继光担任了青岛水族馆（青岛海洋科技馆）馆长。

▌躬耕科普，助力海洋强国梦

习近平总书记指出，建设海洋强国，必须进一步关心海洋、认识海洋、经略海洋，加快海洋科技创新步伐。海洋科学普及是支撑海洋科技创新的社会根基，建设国际海洋名城必须扎根于公众海洋科学素质的提升这片沃土。海洋科普事业对于海洋强国战略的重要性不言而喻，齐继光积极投身海洋科普事业。在其带领下，青岛水族馆先后被授予"全国科普教育基地""全国青少年科技教育基地""全国海洋意识教育基地"等荣誉称号。

为深入挖掘"青岛水族馆——中国第一座水族馆、近代海洋科普发祥地"的历史底蕴，齐继光积极组织科普场馆改造，深入挖掘海洋文化内涵，着力打造现代化一流场馆，充分体现科普性、观赏性、舒适性和现代感。作为中国自然科学博物馆学会水族馆专业委员会主任，他认真做好专委会工作，讲好中国水族馆故事。组织举办国际鲸豚技术培训班，提升了全国水族馆行业的技术管理水平；实施"智慧海洋"出版工程，出版了《中国海洋科学家》《中国海洋地标》等海洋科普图书；拓展海洋文化传播途径，创建了海洋文化网络视频直播室。

齐继光还积极组织开展特色海洋科普活动，着力培养青少年的海洋意识。如组织举办青岛市中小学生海洋知识竞赛，让海洋强国意识在青少年心中生根发芽；组织举办青岛市小学生海洋科普讲解大赛，激发青少年关心海洋、认识海洋、经略海洋的热情，使青岛水族馆成功获评"全国科普教育基地"；组织举办世界海洋科技大会海洋科普教育创新与发展论坛，邀请国内外专家共议海洋科普发展，汇聚全球海洋人才、学术、产业资源，促进海洋科普交流。在齐继光的带领下，海洋科普品牌"认识海洋从这里开始……"荣获"山东省服务名牌"称号。齐继光还充分挖掘媒体资源，大力推广全媒体融合海洋科普宣传，与青岛电视台合作，打造《科学，你好》科普栏目，以普及科学知识、倡导科学方法、传播科学思想、弘扬科学精神为主题，节目播出后社会反响良好。他带领同事们充分发挥新媒体作用，官网、公众号、抖音、网络平台等多点发力，形成海洋科普的宣传矩阵。

▌奉献社会，打造新时代文明实践高地

齐继光成为青岛市市南区的人大代表和市政协第十二届青岛市委员会委员后，为了更好地服务于我国海洋科普事业，他牢牢把握青岛水族馆的公益属性，围绕其政治性、教育性、普及性，着力于提高公众科学文化素质和思想道德素质，为文化建设提供道德滋养。

齐继光积极建言献策，先后撰写了《加强海洋生态文明建设，打造国际先进的海洋生态基地》《提升海洋生态文明，建设美丽青岛》《关于有序推进胶州湾国家级自然保护区建设的建议》等提案。2019年，齐继光积极响应中国科协的号召——开展"科普中国百城千校万村行动"，组织海洋科普大篷车先后走进平度、莱西等地区的农村学校，开展海洋科普知识讲座28场。结合全国科普日、世界博物馆日、世界海洋日等主题宣传日开展海洋科普宣传活动，受众2万余人次，向游客和中小学生及农村贫困学生发放海洋科普刊物1万余册，取得了良好的社会效益。同时，积极开展科普志愿服务活动，组织讲解宣传、引导服务、清洁海滩等活动，涵盖2万多人次，为推进全民参与公益、人人服务科普作出贡献。

同时，他积极参与乡村振兴战略，围绕精准扶贫，开展脱贫攻坚战。为平度市南村镇苏子埠村和旧店镇东孟村落实资金近百万元，并带领党员干部开展党建交流与敬老爱老走访慰问活动，为帮扶村的思想政治建设、村容村貌改造、文化生活建设提供支持，贡献力量。在青岛"两会"现场，齐继光作为政协委员一直关注青

岛的未来发展，通过查阅资料及思考，提出了一系列建议，例如建议建设国际海洋博物馆，发展海洋经济，加强科学治堵工作，多建停车场。

齐继光始终心系母校，带领青岛水族馆与中国海洋大学进行了诸多合作。2011年，青岛水族馆与中国海洋大学共建实验室成立，开展有关海洋生物饲养繁殖技术合作。双方就"珍稀水母品种繁育技术研究""珍稀和保护鱼类的采集与繁育""大学生志愿者""共建实验室"四个项目进行了深度交流与合作，还就今后一段时间的合作形成框架协议，力争取得一系列合作新成果，推动祖国海洋事业发展。2013年，青岛水族馆与中国海洋大学举行科研项目交流推进会，双方表示，要在对前期科研数据进行深入分析的基础上，做好动物健康档案建立工作，互借优势，增加品种，扩大合作面，不断加快科研项目进度，推动双方深度交流与合作。同年，青岛水族馆在《中国海洋报》上举办"青岛水族馆杯"海洋科普知识大赛，有力地宣传和普及了海洋知识，为弘扬海洋文化、提高公民海洋意识、服务海洋强国建设作出积极贡献。

"海纳百川，取则行远。"齐继光工作后坚持广泛涉猎，不断提升自己，兼容并蓄，和善待人。他始终坚信，作为馆长，就要对水族馆负责，对海洋科普事业负责；作为政协委员，就要为海洋生态文明建言献策，从科普的角度去提一些创新性想法，这是他在这个岗位上的职责。

从懵懂无知的少年到事业有成的中年，齐继光一直和海洋生物之间有着割舍不断的缘分，小时候的热爱成了长大后全身心投入的事业，他将半生奉献于水族馆，奉献于他所热爱的海洋科普事业，为我国的海洋科普文化贡献力量。

访谈 后记

"踏踏实实做人、认认真真做事。"齐继光校友在访谈时多次提到并强调"认真"一词，认真地学习、认真地工作，对待访谈的合影也非常认真。这种认真的态度感染着我，让我认识到无论何时，都该秉持踏实做人、认真做事的态度。

校友 寄语

百年碧海情，一片赤子心，桃李不言，下自成蹊。一百年来，中国海洋大学为中国的海洋科学事业发展造就了众多杰出的人才，作出了卓越贡献。值此百年校庆，作为海大学子，衷心地祝愿中国海洋大学栉风沐雨，勇立潮头，为建设海洋强国厚植人才成长沃土；在全面建设社会主义现代化国家的新征程中，弦歌不辍，再谱华章，祝母校生日快乐！

——齐继光

（撰稿：2021级水产养殖学 李璟 黄苗苗）

学弟学妹 眼中的他 ——————

行动起来的人生才最精彩，知行合一在他的身上得到了具体的展现。学习期间他便努力平衡二者关系，注重实践的同时也伴随理论的思考。生活中的他喜欢奔跑在绿茵场上挥洒汗水，运动让他精力充沛地应对人生的挑战。

与海结缘，一干就是一辈子

——访1987级校友李超伦

李超伦，男，1969年生，山东平度人，1987—1991年就读于山东海洋学院海洋生物学专业。1994—1997年于中国科学院海洋研究所攻读硕士研究生学位，1998—2001年于中国科学院海洋研究所攻读博士研究生学位。2017—2021年任中国科学院海洋研究所/烟台海岸带研究所副所长，2021年至今任中国科学院南海海洋研究所所长，享受国务院政府特殊津贴，多次主持参加国家重大科研项目并获得重要奖项。

李超伦说，选择专业时无所谓理想与热爱，只是兴趣使然罢了。如果说些许的兴趣引领他驶入这个航道，那么他在这个航道上一步一个脚印地深耕并且一干就是一辈子，源于他强大的执行力与毅力。所谓坚持和初心，大抵也就如此，择一事，敬一生。

▌由一趣，得一欲

小时候的李超伦经常去海边玩，看到一些奇形怪状的小动物时觉得很有趣。最初的好奇在之后的学习过程中逐渐演化为对生态环境的兴趣，比如："螃蟹为什么生活在石缝里？"产生疑问，接着便是对答案的追寻。随着研究的深入、对自然揭秘过程的行进、对空间探索的展开，他愈发觉得大自然的奇妙。"目前人类对海洋的认知还太少，其中对于深海生物的认知也太少。"在说到深海领域时，他提到目前对于深海的探索与开发仍处于起步阶段，海洋中蕴含着巨大的宝库在等待着我们去发掘。在他的生命旅途中，南极给他留下了深刻的印象，当谈到辽阔的南极时，他回忆起了当时去极地科考时的场景：延绵的冰川、一望无际的白原，用言语无法形容出心灵深处的震撼，只有人对于大自然的敬畏与赞叹。越是了解大自然的鬼斧神工，越是对自己目前所做的工作迸发出更浓厚的兴趣。

"海洋真的是宝贵的财富，目前深海对我们人类来说，依然是很神秘的存在。"谈到自身从事的海洋研究事业，李超伦仍保持着极大的热忱与强烈的求知欲，儿时的乐趣保留至今已然转化成心中强烈的求知欲，支撑着他在科研中一路走来。"你们知道吗？如果某地有海星的化石，说明这里很久之前可能是海洋。"谈到专业的问题，他的声音充满了愉悦。正是这份由好奇转化而来的求知欲成为他校园生活以及之后事业道路上的动力源泉，谁能想到当初那个在海滩边玩耍的小男孩日后会成为海洋研究领域的专家！

▌练一球，健身心

李超伦在大学学习之余，时间大都留给了体育运动。谈起在足球队的时光，他的语气也不由自主地轻快起来。大学时他曾是生物系足球队的成员。体育运动不仅为他带来了强健的体魄、精神的愉悦，也使他更加充满活力并形成了积极向上的生活态度。作为班长的他组织开展过多项活动，有一项活动令他至今印象深刻。学校浮山校区开始建设时，他报名参加建设新校区的志愿活动，面对着一片荒芜的土地，他和同学们撸起袖子埋头除草，草间乱蹦跶的昆虫、松软的泥土见证了他们对母校的殷切期盼与最美好的祝愿。当时，身体劳累也丝毫不觉得苦，想到自己的汗水会融入校园的一砖一瓦中，他便感到无比的欣慰与自豪。

积极的生活态度也为他的择业带来了莫大的帮助，毕业季时众多单位到学校招聘人才，李超伦积极参加志愿服务，当时有一个来自中国科学院海洋所的负责人事的老师过来介绍极地科考项目，对于极地研究非常感兴趣的他便抓住了这个机会。他怀揣着对未来的期望勇敢地向老师介绍了自己，接着发挥出优秀的实力，取得了正式面试的资格。负责面试的老师是做浮游生物相关方向的，李超伦稳固的基础知识帮助他获得了老师的认可。积极的生活态度与强大的执行力是他在一次次人生挑战中过关斩将的武器。

▌有一友，伴我行

师者，有时亦师亦友。大学期间对李超伦影响深刻的有两位老师，一位是他的辅导员，另一位是他的老师李永祺教授。李永祺教授的课堂别具一格，他通常会在第一节课的时候讲述理论知识，而到了第二节课他会给学生讲自己的科研项目和科研讨论会中探讨的一些问题，将前沿科研问题与学生分享，这样的教学方式很早就培养了学生的科研意识，在一次次实例的分享中学生与老师之间完成了精神上的对话与交流，成熟的科学思维不断地冲击着学生的大脑，令他们快速成长。这对李超伦往后的学习和生活有很大的帮助，也对他日后带学生有很大的影响。

辅导员老师则对李超伦的生活上影响较大，是辅导员老师的帮助和指引让他慢慢地找到了大学里学习与生活的平衡之道。大学的学习不只是简单的课本知识，结识的志同道合的朋友、遇到的解惑指路的老师都是宝贵的财富。如今，作为一名博士生导师，李超伦对于教师这一身份也多有感触。"老师最希望看到的就是自己的学生能够发展得很好。看着他们茁壮成长，老师的心中也满是欣慰。"和母校一路相伴走来，他与母校互相见证了彼此的成长，当初稚嫩的小树都已长成了如今的参天大树，引领着新生一代的方向。

▌择一事，敬一生

"当初选择这个专业时并没有怀着怎样远大的理想，也很迷茫，不知道将来要做什么。如同众多学子一样，站在人生的十字路口时难免有徘徊、迷茫，但行动起来，先做再想，一步步慢慢走来，目标就在行走的过程中逐渐明晰了。"在迷茫的时候，像大多数人一样，他选择了一个自己感兴趣的方向，但很多人都缺少了一份恒心，他却是选择了便带着强大的执行力长久地坚持下去，这份坚持也融入他日后的工作经历中。

来到中国科学院海洋所后，他开始埋头于解决具体问题。在浮游动物生态学方面，中华哲水蚤是我国近海浮游动物的关键种。当时我国对浮游动物生态学方面的研究相对薄弱，李超伦及其团队成员投入中华哲水蚤种群研究当中，他们定量测定渤海、黄海以及东海浮游动物对初级生产者的摄食压力，揭示了中华哲水蚤种群变动机制与度夏种群营养策略，这项研究也在一定程度上弥补了我国在国际上浮游动物研究方面的弱势地位。面对水母灾害频发问题，李超伦从另一个角度探究，提出并证实了氮磷比失衡可以通过改变浮游植物饵料质量对浮游动物群落演替产生胁迫影响，从生态化学计量学角度揭示了富营养化海区水母灾害频发的环境驱动机制；阐明温度和饵料对海月水母无性繁殖的协同调控机制并给出它们之间的量化关系，为水母灾害早期预警技术构建奠定科学基础。从海洋中的磷虾变动居住场所现象中，李超伦发现了南极磷虾通过新的避难所来应对栖息地的快速升温和海冰减少，提出了南极磷虾大尺度时空变动的新观点。在深海极端环境生态学方面，李超伦研究了南海冷泉化能生态系统物种组成与食物网框架，剖析了深海热液/冷泉系统中无脊椎动物的化能营养策略、环境适应机制及其与生物地球化学的关联。发现问题、解决问题，科研路上的这两步要踏实地走好，需要几十年如一日地坚守，而他在一步步地迈向问题答案时便已在不知不觉间做到了这一点。李超伦在采访中曾提出这样一个问题："你们知道为什么海洋中有些小动物本来在石头上住得好好的，后来却大量迁走了呢？"这个问题对平常人来说是个根本不会深究的问题，但正是这样一个个"小问题"的积累才能实现研究的大突破，也正是本着对任何一个现象都不轻易放过，必要追究出其背后隐含的原理与未知的逻辑的想法，李超伦才能在漫漫科研征途中面对一个又一个挑战不退缩，反而像发现了宝藏一般为其倾注所有热情，直到如今也从未停下探索的脚步。

数十载躬耕在海洋生态领域，离不开兴趣使然，更少不了背后的毅力。此外，作为生态研究者，他对于大自然保持着极大的敬畏。面对未知的深海、南极时，这种敬畏让他更深刻意识到了自己的责任。世间万物生生不息，一切看似合理却又有着引人探索的魔力，前辈们毅然踏上征途，还有更多后辈在道路上摸索前进。

如今，李超伦仍然在科研一线奋战着，有太多的未知强烈地吸引着他。"大海的奥秘太多了，还有很多在等着我们去探索。"在经过了几十年的科研生活后，他仍随时准备着投入大海的怀抱去揭开谜底，强烈的好奇心正如当年那个在沙滩上看小动物的小男孩一般。

访谈 后记

在采访过程中，聆听着李所长的大学生活，我有幸感受到了科学工作者自律、严谨的生活方式，对兴趣、选择的坚守。无论是从一而终的好奇心抑或是在球场上奋力奔跑的热血身影，还是在实验室中埋首深耕的无数个疲倦的时刻，他的身上浓缩着无数科研工作者共同的特点——无论如何都要坚持下去的毅力与强大的执行力。

校友 寄语

希望母校发展得越来越好，为海洋领域培养更多的人才，桃李满天下。也希望中国海大学子们能够学业、事业双丰收，度过一个美满的、幸福的大学时光。

——李超伦

（撰稿：2022级生物科学类 赵亚鑫）

学弟学妹 眼中的他 ————————

行稳致远，进而有为，勇毅笃行，长风万里。在平凡的工作岗位上勤恳务实，奉献社会，用自己所学为推动青岛市发展作出贡献。

行稳致远，进而有为

——访1987级校友宋明杰

宋明杰，男，1969年生，山东平度人，1987—1991年就读于青岛海洋大学环境生态学专业，1996—2000年硕士就读于青岛海洋大学海洋化学专业。现任山东省青岛市人民政府副市长、党组成员。

1991年7月，宋明杰自青岛海洋大学环境生态专业毕业后，进入青岛市排污费征收所任职，后在青岛市环境监理所任职多年，先后任青岛市环境监理所助理工程师、工程师、副所长，青岛市环境保护局办公室主任等职务。2004年12月，宋明杰任青岛市纪委政策法规室主任。后历任青岛市委巡视组副组长、青岛市纪委纪检监察一室主任。2009年12月，任胶州市委常委、纪委书记。2012年2月，任青岛市纪委常委，同时任青岛市监察局副局长，胶州市委常委、纪委书记。2017年4月，任青岛市纪委副书记，兼青岛市监察委员会副主任。2020年6月，青岛市第十六届人民代表大会常务委员会第二十四次会议上，被任命为青岛市水务管理局局长。2022年，任青岛市交通运输局党组书记、局长。2023年4月至今，担任山东省青岛市人民政府副市长。

▌青衿之志，履践致远

宋明杰说，自己出生在青岛的一个工人家庭，小学、初中、高中、大学和工作都在青岛，算是一个土生土长的青岛人。"我其实很喜欢医学。1987年高中毕业后，我本来有机会保送到山东大学，但弟弟已经被山东中医药大学少年班录取，爷爷希望我留在家附近陪陪他，再加上我的医学梦想，所以放弃了去山大的机会。"宋明杰笑着说，"当年我正在准备高考时，恰巧遇到了山东海洋学院的高忠文和庄肃敬两位老师，他们向我介绍生物和医学是相关的学科，所以我顺势报考了山东海洋学院"。从此，宋明杰与海大结下了不解之缘。

在青岛海大的求学经历为宋明杰的人生留下了深刻的印记。为了准备1988年的全国大学生运动会，他每天清晨起床做早操，从早到晚需要训练七八个小时。大一时，学校同意他部分课程免修，他只需要选修基础课程。但到大二学习物理和化学等课程时，他才发现自己因为训练耽误了基础课程，只好挑灯夜战、埋头苦学，一点点弥补落下的功课。有时他在图书馆里一坐就是一整天，没有暖气的宿舍、戴着帽子才能安眠的冬夜也不曾动摇宋明杰的信念。

在被问及大学生涯中印象最深刻的事时，宋明杰说是在"东方红"船的实习经历。波涛汹涌的海面，摇晃逼仄的船舱，咆哮着拍上甲板的海浪……凛冽的寒风裹挟着潮湿的空气冻得人鼻酸头疼，手套甚至都结了冰。当年的宋明杰和同学们一次次因晕船呕吐而倒下，又互相鼓励着一次次坚强地撑起身体，即使只能靠打点滴补充营养，也要坚持完成科考任务。说到这里，他拿出一张毕业20年后与同学们在图书馆门前的合影，"我们当年还在船上比赛吃馒头、吃大排，就是要看看谁更能坚持！"他望着照片，脸上洋溢着幸福的微笑，诉说着他对母校、对老师们和同学们的深情厚谊。

闲云潭影日悠悠，物换星移几度秋。毕业多年后，宋明杰和老同学再次来到郁郁葱葱的八关山，感慨万千。宋明杰说，不论生活和工作中遇到怎样的艰难，只要回想起大学时期的艰苦经历，他就充满了克服一切困难的勇气和决心。

▌抱朴守拙，行稳致远

"正"和"实"是宋明杰非常看重的品质，他说做人一定要一身正气，做事一定要实实在在。

大学期间宋明杰选择了生物系里新兴的环境方向。1991年他从青岛海洋大学毕业后，被分配到了青岛市排污费征收所工作，骑上摩托车做起了收排污费的基层工作。因为本科学习的专业课和化学专业相通，并且工作和化学领域接触较多，1996年他重返母校攻读海洋化学专业的在职硕士研究生。从工作岗位再次回归校园，宋明杰颇感不适——白天的他需要应对基层工作的纷繁复杂，而晚上回到家，他还需要一边帮忙照看襁褓中的孩子，一边挑灯夜读，甚至每天只能睡三四个小时。宋明杰说，虽然边工作边读书非常辛苦，但是在读研期间他形成了良好的综合分析、解决问题的能力。

后来，宋明杰调任到了青岛环境保护局创环保模范城市办公室工作，与三位即将退休的老同志一起奋斗在工作一线。从基层的工作人员到后来的副局长，宋明杰一路上踏踏实实地工作，服务国家、社会和人民。由于工作认真和能力出众，宋明杰在35岁时就被提任为青岛市纪委政策法规室主任。后来，他历任青岛市委巡视组副组长、青岛市纪委纪检监察一室主任，期间三进三出青岛市纪委机关，一干就是15年。2023年，他被任命为青岛市人民政府副市长，负责生态环境、水务管理、农业农村、乡村振兴、东西协作、供销等方面工作。他从普通工作人员一步步做起，从工程师的技术工作转到行政工作，期间每一步都踏踏实实。他说："做事一要'正'，要坦坦荡荡、一身正气；二要'实'，要实实在在、稳扎稳打，不能投机取巧，要干实事。群众的眼睛是雪亮的，老百姓心中有杆秤，少做些面子工程，踏踏实实为老百姓做事。"当谈及个人工作感悟时，宋明杰表示不要太过于急功近利，不管是做人做事都需要沉稳，沉稳地做好自己的工作，沉稳并不是胸无大志。不积跬步，无以至千里；不积小流，无以成江海。积累得越实在，积累得越坚厚，地基越坚实，楼层才能越高，行稳致远、脚踏实地才能梦想成真。

▌信念如磐，初心如故

"海洋"对宋明杰来说是母校带给他的最独特的两个字，学习了"海洋"相关的专业，工作在有"海洋"的城市，对海大精神也有自己独特的感悟："低调但是又要立高望远，要爱国，爱中华民族！海大的校训是'海纳百川，取则行远'，你只有掌握了方法规律，才能行得更远——取法于行远，这是海大的原创。'取则行远'这四个字把海大的精神提上了一个更高的层次。通过脚踏实地、坚持不懈，我们才能掌握方法规律，我们才能行得更远。人生便是如此，一个人到了一定的岗位，到一定的年龄，如果想要干出一番事业，必须站位要高、眼光要远、眼界要宽。站得高才能看得远，站得高你才能俯视你的过去。海大精神是对我们价值观、人生观和世界观的重新锻造。"海大精神也不断激励着宋明杰勇毅笃行，他回忆起毕业时文圣常院士说过的话："同学们还要工作50年，为革命工作50年，毕业时是22岁，你不是60岁退休，你要干到72岁。"青春正当时，奋进当有为，科研求学路亦任重道远。他接着说："化学和生物专业对于国家发展的作用是不容小觑的，化学方面通过研究制取新材料，开发新能源，通过科研将材料的关键核心技术掌握在自己手中，才能真正掌握竞争和发展的主动权；生物方面组建新基因，创造新品种，抑或增加海洋中鱼类、贝类的产量，提高海水养殖业的规模效益，同时生物靶向药物也是未来医学的重要发展极。这单靠校内同学们的努力是不够的，更需要海内外海大校友们共同努力。"

宋明杰的人生经历正是海大精神的最好诠释——兢兢业业三十载，在平凡工作岗位上默默服务和奉献社会。传承海大精神道阻且长，只有坚定理想信念，努力学习，不负重任，将所学与所用相结合，将海大精神与具体工作实践相结合，不断增强使命感、责任感，才能行稳致远、长风万里。

访谈后记

宋明杰校友身姿笔挺，严肃中带着一身正气，他的青岛话又让人觉得十分和蔼亲切。采访中，每每谈到关键核心技术时，他都语重心长地告诫我们要脚踏实地，切实掌握所学知识，将其转化为解决实际问题的能力和方法，抢抓机遇，攻坚克难，才能实现科技自立自强。宋明杰的踏实勤恳深深感染着我们。他说，"做人一定要一身正气，做事一定要实实在在"。我们不仅要踏实学好专业知识，练就过硬本领，更要践行和传承海大精神，将自己所学回馈社会，服务人民。

校友寄语

年轻的中国海大学子需要稳扎稳打，海大精神是一代代人的传承，是行动和口碑的传承，希望我们中国海大学子继续传承海大精神。同时希望海大可以继续重视海洋理学学科建设，打造学校特色；也希望海外杰出校友可以回馈祖国。祝愿母校发展得越来越好！

——宋明杰

（撰稿：2022级化学工程　曹泽楠；2022级化学硕士　温馨；2021级生物与医药　崔智勇）

学弟学妹 眼中的他 ————————

　　幽默爽朗，真诚友好，踏实可靠。面对挫折，他能够迎难而上，乐观豁达，无所畏惧。他心中怀着大爱与小家，凭借一腔热血献身于公益慈善，为身处困境中的人撑起一把伞。

学弟学妹 眼中的她 ————————

　　温柔知性，落落大方，秀外慧中。闻其声，如拂春风，轻抚人心，让人心生暖意。她是新时代女性，身上蕴含着"润物细无声"的力量，用自己绵薄之力燃起公益的火苗。

从校园到职场，携手同行 30 年

——访 1987 级校友宋振江、卢嫣

　　宋振江，男，1969年生，山东乳山人，现任青岛雅格家纺有限公司董事长、青岛乐助志愿者协会创会会长。卢嫣，女，1968年生，山东荣成人，现任青岛雅格家纺有限公司总裁。二人既是同班同学，也是企业家伉俪，于1987—1991年就读于青岛海洋大学经济管理专业，均获学士学位。后于1998年共同创办青岛雅格贸易有限公司，主要从事家用纺织品的设计、生产及出口。2007年，携手创建了青岛雅格家纺有限公司，从事家纺产品的深度研发和生产，带领企业走向更广阔的国际舞台，企业现已成为青岛国际商会的理事单位。创业路上他们投身公益事业，多次组织大型慈善活动，多次慰问失能老人、残疾人、听障儿童以及其他社会弱势群体。

　　红瓦绿树、碧海蓝天，这是许多人对母校的回忆。而在宋振江和卢嫣的记忆中，海大是盛夏时节通往二号门的林荫路，是六二礼堂古朴典雅的木质地板，更是一群年轻人怀揣赤子之心的出发点。在这里，他们相遇、相知、相恋。跟随着他们对母校的回忆，二人的母校时光画卷缓缓展开。

▋ 忆求学之旅，悟读书之乐

距离1987年高考已经过去整整37年了，由于当时网络不像现在那么发达，宋振江和卢嫣对大学专业了解不多。但当时正值改革开放，经济建设成为社会主旋律，他们便在懵懵懂懂中顺势选择了热门的经管领域，并以优异的成绩顺利考入山东海洋学院的经济管理专业，就此开启了两人的海大情缘。

当年经管班的录取分数超过了一些名校的分数线，他们的同班同学可谓人才济济。两人踏实稳重、勤奋好学，在建立恋爱关系后，常结伴去图书馆学习。当时图书馆一座难求，两人笑着回忆，为了抢座还会制定攻略。就这样，在日复一日的坚持下，两人成绩均名列前茅，分别以总分第一名与第三名的成绩获得校优秀毕业生的荣誉称号。在学习之余，两人先后担任班级团支部书记，宋振江还担任了院学生会文艺部部长，筹备了多次大型文艺汇演、时装秀和舞会；卢嫣则利用闲暇阅读了大量名著和英文原版书籍，并加入了女子足球队。两人的大学生活充实浪漫、多姿多彩。

对于他们而言，印象最深刻的校园实践当属创建书店。当时，学校为了提高学生实践能力，专门成立了勤工俭学指导中心，包括他们在内的许多经济管理专业的同学经常去那里参加活动。那时，他们萌生了创业的想法，并共同创建了学校的第一家书店——"良友书屋"，主要负责售卖各种书籍和饮料小吃。

毕业以后，二人时常相伴回母校走走看看，重温青春时光。在2001年毕业十周年回校团聚之际，他们与昔日同窗在鱼山校区图书馆左前方种下20棵樱花树，书写下"绿叶对根的思念"字样的碑文，以此感恩与祝福母校。时至今日，樱花树已树大根深、花团锦簇，成为鱼山校区的一景。

▋ 思创业之路，守实业精神

谈起就业的话题，宋振江和卢嫣颇为感慨。在那个思想碰撞、日新月异的年代，计划经济转向市场经济。入校时他们就读的经济管理专业还属于应用数学与管理学部，但高瞻远瞩的学校允许该专业的学生从"国际金融与国际贸易""工业企业管理""财务会计""计量经济与数理统计"四个方向中选择两个具体方向针对性学习。这样的课程设计方式能够让他们学到更专业、更有针对性的知识，为他们的就业奠定了坚实的基础。

大学毕业后，两人分别在国家机关和国企工作，较为稳定。但是接受了四年的大学教育后，他们更想从事一些具有挑战性和新鲜感的工作。最终，在毕业几年后，两人果断辞职，一起创业。1998年，他们创办了青岛雅格贸易有限公司，开始从事家用纺织品的生产和出口。起初，公司规模不大，二人亲力亲为，对每一笔订单精益求精，细致检查从面料、染色、印花、绣花到成品包装的每一个环节，真诚对待每一位客户，逐渐赢得了国内外客户的信任与赞誉。后来，为了打通销路、扩大规模，他们积极参加各种展览会，不断加大设计和研发投入，逐渐将公司做大做强。如今，公司产品远销欧美等几十个国家和地区，在青岛市南区建立了占地1000多平方米的研发中心，配备了高端的设计师团队和面料开发人员，并建立了一套完整的全流程品控体系。

从事了一段时间外贸工作以后，两人发现国内许多优质的产品都出口到了国外，便萌生了让国人也能够享受到优质低价产品的想法。回忆起拓展国内市场的日子，二人感慨道，"母校给了我们前进的灵感与动力"。他们创立的"栀子花开""威斯莉""只此山海"等系列品牌，命名都源于二人对于母校的回忆与思念，为故宫博物院设计生产的文创产品更是得益于二人在校参与创办"良友书屋"的经历。外销之路创业艰辛，内销市场困难重重，这漫漫长路走来，他们从未放弃，而是携手在国内外市场打拼20余年，共同见证了中国发展的累累硕果。在这期间，母校成为他们前行的舵、精神的帆，让他们一直向着有光的地方前进。

公司经营稳定后，宋振江和卢嫣决定再次走进校园修读EMBA，弥补本科毕业后直接工作而未能读研的遗憾。学习新的知识体系、新的思维逻辑，他们十分珍惜这次重新回到校园的机会，所以在工作之余，他们也用心完成了学业。"有了新思想、新目标，便可以充电蓄能再出发了。"他们也借此建议学弟学妹们，永远不要放弃求学的脚步，持续学习能够让自己受益终生。

▍做公益慈善，释大爱无言

公司走上正轨后，两人便开始关注社会公益事业。创业之初，二人的公益活动主要聚焦于资助青岛市区以及周边郊区的失学女童，资助其直到初中毕业。企业逐渐发展壮大，他们奉献爱心的脚步未曾停歇。宋振江现担任青岛乐助志愿者协会的创会会长，帮助一些家庭困难的孩子缓解生活和学习压力，并组织孩子们参加关爱老人的活动，采取为老人表演节目、陪老人聊天等各种方式，关心老年群体的身体和心理健康。公益善举不仅帮助孩子们积极传承中华美德中，也让老人们感受到了新生代的活力和社会的温暖。

卢嫣认为，慈善活动能够切切实实地帮助到有需要的人，收获满足感和成就感。宋振江也表示公益慈善是利人利己的事业。在参与公益的道路上，他们结识了很多志同道合的朋友，大家相互帮助、彼此交流、取长补短、共同进步。因此，他们也呼吁更多校友参与到公益事业之中去，感受爱、奉献爱、与爱同行。

▌谈校园爱情，赞真挚无悔

提及校园爱情，两人相视一笑，眉眼中澄澈的爱意一如初见。宋振江认为，学生时代的爱情单纯且美好，可贵且长久。他至今还能回想起与卢嫣一起在图书馆抢座位的场景，以及两人在大学携手走过的点点滴滴。在他们看来，校园情侣并不一定会因为恋爱而耽误学业，美好的恋爱是双方共同追求、互相成就，在这个过程中，两人会发现彼此的价值和意义，共同向前。

在谈到"毕业季即分手季"这个话题时，卢嫣表示在毕业时的确会遇到很多现实问题，工作、家庭、地域都是重重考验。但正所谓"所爱隔山海，山海亦可平"，当感情成熟到一定阶段时，两个人需要共同讨论和规划自己未来的工作和生活，"真诚"才是校园爱情能走到最后的"必杀技"。即便中途真的分开，也不算遗憾，因为那个人曾陪你一起走过最美的青春年华。

▌念母校之恩，愿明朝璀璨

宋振江与卢嫣的大学时光是在母校的鱼山校区度过的，校园树木参天、建筑优美，曾入选全国十大最美校园。谈到母校，二人最先想到的就是浪漫优美的校园环境和浓郁的历史气息，在这样底蕴丰厚的校园中学习成长，对他们的身心都是一种陶冶。另外，对母校当年提供专业方向选择的教学方案，他们表示，学校能够冲破思想羁绊，高瞻远瞩，设身处地为学生考虑，他们深受惠泽，心怀感激。

在母校即将迎来100周年华诞之际，他们约定要重返母校，与昔日校友、老师叙旧，尽自己所能回馈母校。今天的他们，依然时常想起鱼山校区的图书馆、参天的古树、闻一多雕像、六二礼堂和八关山的漫山黄花。祝愿母校明朝璀璨，继续照亮每个学子的前行之路。

过去、今天以及未来，他们与母校的情缘并不会因为毕业而结束。他们将在母校所学的经济知识、管理思维运用于公司管理和业务工作中，干实业、做实事；也将在母校所感受到的宽宏与良善传承于公益事业，奉献爱、传递爱。海大精神将伴随他们一生，炙热且生机勃勃。

访谈 后记

宋振江学长幽默风趣的言语和卢嫣学姐温柔和善的笑容让人难以忘怀。他们是校园情侣，他们默契、善良、真诚，我羡慕于他们的校园经历，受教于他们的学习与工作建议，更感动于他们对慈善事业的热爱与坚持。德行天下昭，日夜淑且长。今后我也将怀着一颗感恩的心，多帮助他人，并视他们为榜样，学有所成，回报母校，回馈社会。

校友寄语

转眼间我已经毕业33年，回首往昔，在母校的生活历历在目。母校的胸怀与格局、恩师们的关切与教诲、同学间的友情与互助给了我面向未来的勇气与坚强。母校是我们永远的家，祝福母校未来之辉煌，与时光同长！

希望学弟学妹们珍惜在校的学习时光，未来依靠自己的努力与才智，为个人立业，为母校争光，为社会作贡献。

——宋振江

我对母校的回忆是温馨而美好的，这里藏有我青葱岁月的懵懂与成长，留有我无法磨灭的足迹和回忆。我深切感谢母校的培养，也密切关注着母校的建设和发展，衷心祝愿母校前程远大、后步宽宏！

祝愿学弟学妹们在未来的日子里都能以青春的激情、坚定的步伐去丈量未来的道路，拥抱灿烂的明天。

——卢嫣

（撰稿人：2022级金融　周芯羽）

学弟学妹 眼中的他 ————————

50多岁的他依然如少年般意气风发，岁月在他身上沉淀出一种稳重与坚定。他和蔼可亲，平易近人，怀感恩的心、秉海大精神做人做事。他诚恳务实，励精治性，心系国家，在自己的岗位上发光发热。

励精治性，心系国家

——访 1987 级校友张杰

张杰，男，1969年2月生，江苏南京人。1987—1991年就读于青岛海洋大学外语系英语专业。现任中国石化海外投资控股有限公司副书记、纪委书记、工会主席。

1991年本科毕业后在南京化学工业公司参加工作；1996年1月—2001年6月，任南京化学工业公司大化肥引进合同处副处长；2001年6月—2003年9月，任中国石化外事局国际合作处副处长；2003年9月—2011年5月，任中国石化中东地区国别代表处负责人；2011年5月—2012年12月，任中国石化外事局出国管理处处长；2012年12月—2013年2月，任中国石化外事局欧亚处处长；2013年2月—2018年11月，任中国石化人事部海外人力资源处处长；2018年11月—2020年12月，任中国石化化工事业部国际事业部经理；2020年12月—2022年1月，任中国石化纪检监察组北京工作局副局长；2022年1月—2023年10月，任中国石化贵州石油分公司副书记、纪委书记、工会主席；2023年10月至今，任中国石化海外投资控股有限公司副书记、纪委书记、工会主席。

在时光的长河中，每个人都有自己的故事。而张杰的人生历程如同一部精彩的电影，在时间的长廊中徐徐展开，散发着动人的光芒。

▌北上求学，师恩似海

在交通不便的20世纪80年代，一个意气风发的少年告别父母，身背行囊，志忑地离开家乡，一路向北，奔赴青岛，开始了人生重要的求学旅程。这个少年便是张杰，他出生于那座山、水、林相映成趣，人文典故浩如烟海的小镇——江苏南京的大厂镇，父母均为国企工程师。身为家中独子的张杰，身上寄托着父母美好的期望。"好好求学，多学知识，多掌握本领，成为对社会有用的人。"父母的鼓励与期许在少年的心里埋下了一颗种子，这颗种子在岁月的滋润下生根发芽，茁壮成长。

在优良家风的陶冶熏陶下，张杰严于律己、刻苦自律，在1987年以优异的成绩考入了山东海洋学院外语系。学习之余，张杰酷爱篮球，参加了许多比赛。他在大学还遇到了那位"亲如父"的老师——刘汝山。学识渊博、幽默风趣的刘老师将原本枯燥的应用语言学课程讲得津津有味，即使那段日子已过去30余年，张杰仍记得，那时的他每听一次刘老师的课，心里就会对刘老师多一份敬仰。此外，英语系的老师们还会为学生介绍家教工作，不仅补贴了学生的生活开支，也成为他们接触社会、获取经验的途径之一。

时光飞逝，1991年的毕业季，张杰迎来了一次极为重要的人生选择。那时，国家实行毕业包分配与自主择业两种政策，北上求学的张杰迫切想回到家乡，回到培育他的那片沃土上施展抱负。刘老师为他张杰亲笔书写了数十封推荐信，一字一句，皆凝结了老师的真情，谈及此，张杰不禁哽咽。

天下没有不散的筵席。1991年的夏天，张杰阔别海大，怀揣着梦想，回到了南京。尽管母校求学的日子已逝去30余载，但那份师恩已然成为张杰一生珍藏的宝贵财富。

▌征途遇挫，勇往直前

人生充满了坎坷，但正是这些挫折铸就我们今天的成就。不平坦的路，谁都会有几段，张杰也不例外。

回到南京，张杰的第一份工作是参与一项为期十年的国家重点工程建设，他没日没夜地将汗水挥洒在工作中，可谁想到一个"大麻烦"正悄然而至。在项目有条不紊地推进时，却遭遇到了其他国家的制裁。由于制裁，工程建设所需要的机器设备无法采购，设备的缺少导致整个项目无法推进，工程建设一度陷入了停滞状态。这对一位刚工作不久的年轻人来说无疑是一块巨石，压在身上喘不过气来。张杰所在的外事部门正是推动解决制裁的关键部门之一。面对困难，他没有退缩，而是积极参与应对制裁的准备工作，与相关部门积极沟通，最终经过一番努力，这份强加在中国企业身上的不合理制裁得以解除。英语专业出身的张杰积极发挥语言优势，作为翻译跟随领导出席了解除制裁的最终会议，亲身经历了令人热血沸腾的场面，深深感受到了国家力量的强大，感受到不论是个人命运还是企业命运，都与国家命运紧紧联系在一起。"投身祖国，效力国家"也成为他心底的座右铭。最终，在多方合力下，这项长达十年的国家重点项目成功完成，张杰悬着的心也放了下来。

时间推着人向前走，一刻也不曾停歇。接到上级任命，张杰又要参与一家新公司的筹备工作。尽管筹备组已到位，但由于一些不可抗力，新公司的建设却迟迟无法推进。彼时的他正值人生中的黄金时期，面对不等人的时间，张杰也开始思考应对之策。或许可以趁此机会休息一下？张杰并没有这样做，他选择了利用这段闲暇去丰富自己的阅历，在自己现有的英语知识基础上，探索其他领域的专业知识，主动申请参加公司的巡视工作、主题教育巡回指导等工作中。讲到此时，张杰也对我们说道："开展工作时由于一些客观原因及不可抗力因素导致现有工作停滞不前，这时候切勿产生懈怠心理，应当自主学习，向同事学习，切实提高自己的能力。"这短短几句话，是他身处困境的态度，也是他击败困难的力量，更是推动他前行的动力。

困难与挑战并未将他打倒，每一次挑战对张杰来说都是一次内心的洗礼，不仅磨炼了他的意志，也激发了他的潜能。他学会了从挑战中汲取力量，将困难化为前行的动力，勇往直前。

砥砺担当，助力乡村

广袤的贵州高原，群山莽莽，林峰苍翠。2022年11月，经过3个小时车程的颠簸，张杰一行抵达了贵州省黔东南雷山县的永乐小学。尽管一路上有青山绿水相伴，也难免让人感到疲惫。这样的疲惫在看到学生们清澈如水又满怀期许的目光、听到他们纯真甜美的笑声时便烟消云散了。2021年3月，中国石化集团公司向社会发布"助力乡村振兴'十四五'计划"，把教育帮扶列为乡村振兴的重要环节，雷山县永乐小学便是首批重点帮扶学校之一。穿越高山与河流，张杰一行将温暖善意送至贵州山区孩子们的生活当中，愿孩子们能如"大山里的花"，在沐浴阳光雨露后，于石缝中探出头来，待到盛夏时节，群山烂漫，芳香远馥。

务川仡佬族苗族自治县柏村镇长脚村、印江县刀坝镇刀坝村等乡村振兴帮扶点也有张杰的身影。在柏村镇长脚村，张杰就该村深化发展柑橘产业、食用菌种植等工作进行深入调研，详细了解村民收入、产业发展现状、基础设施建设等情况，分析乡村振兴工作存在的困难，探讨了下一步的工作方向。在刀坝镇刀坝村，针对安置点目前存在的收入低、就业难问题，张杰对脱贫户进行实地走访，通过唠家常的方式，了解他们的生活和就业情况，并向家庭经济困难的学子捐赠了助学金。从教育帮扶到产业帮扶，借助中国石化贵州石油分公司提供的平台，奔走在乡村振兴道路上的张杰用自己脚踏实地的努力、温暖人心的善举助力乡村振兴。

▌ 寄情母校，谆谆教导

母校的恩情比天广，比海深。对于张杰来说，母校似春日的暖风。在母校求学的四年里，母校给予了他温暖与鼓励；母校似一股甘甜的泉水，用知识滋润了他干渴的心田；母校更似父母，无微不至，托举着他成长成才……

2021年，张杰受邀参加中国海洋大学97周年校庆，面对这份沉甸甸的邀请函，他追忆那段青葱岁月，提笔写就一篇含有97个"海"字的致辞献给了自己的母校。

"百年校庆来临之际，如果让您再增加3个带'海'字的词，您会增加什么内容呢？对学弟学妹们又有什么话想说呢？"

面对这个问题，他微微一笑，说道："我第一个想到的就是'海阔天空'，因为中国海大有海的包容与气魄，为不同学科的学生都提供了广阔的发展空间。第二个是'恩重似海'，50多岁的我回头看时，依然觉得当初选择山东海洋学院是我人生当中最正确的选择，母校无论是对我的生活还是工作都产生了无比重要的影响，可以说没有当年学校和老师们对我的培养、教导和指引，我的生活和工作不会如此顺利，这不仅是我个人的心声，也是我们所有毕业学子们的心声，母校的这份恩情重如海。那第三个，我想用的还是我们校训中所说的最能体现海洋精神的'海纳百川'，又或是'百川归海'。用这个词来形容我们这所传道授业解惑的学校是再合适不过的了。最后，希望中国海大的学子们不负学校的培养，夯实专业知识，成为对社会有用之人。"

张杰的故事到这里还远远没有讲完。年幼时父母的话，大学求学时母校的教诲，都深深地刻在了他的心中。"好好学，好好干，为社会做贡献，为国家谋发展"是他当下所为，也是他一生所向！

访谈 后记

张杰学长的办公室里挂着一幅"励精治性"的字，这正是他工作和生活的态度。采访时，每每回想起在母校求学时的经历，他都面带笑意；谈及待他如子的老师时，也不禁哽咽；说到母校的变化时，他也忍不住感叹学校的进步与发展。他用自己的人生经历告诉我们，无论何时都不要懈怠，要踏踏实实做人、勤勤恳恳做事，不负国家的培养，严于律己，成为对社会有用之人！

校友寄语

　　作为中国海大学子，我们一定要牢记母校教导，在自己的工作生活中不负学校的期望，尽自己所能回报学校与国家。百年校庆来临之际，祝福母校越办越好，早日跻身特色显著的世界一流大学行列！

——张杰

（撰稿：2022级亚非语言文学　牛春艳；2021级亚非语言文学　娄艺）

他温和不失威严，健谈不失真诚，宽容不失原则，博学不失谦逊。他30年如一日，坚定地在水产领域不断奋进，谱写新时代水产华章。

在求索中砥砺前行的水产旅人

——访1988级校友方辉

方辉，男，1970年生，吉林永吉人，1988—1992年就读于青岛海洋大学淡水渔业专业，现任中国水产科学研究院东海水产研究所所长。曾牵头开展国家"十三五""十四五"渔业科技发展战略研究，组织编制渔业科技发展规划；参与国家重点研发计划"蓝色粮仓科技创新"重点专项实施方案和指南编制，开展面向2035中长期发展规划渔业领域战略研究；牵头承担并实施了国家科技基础条件平台水产种质资源平台以及国家海洋和淡水水产种质资源库建设任务；牵头承担山东省重大科技创新工程船联网关键技术研究；参编《中国淡水生物产业科技创新发展战略》《深蓝渔业2035》《当代世界农业研究》等。

人生就如一场漫漫旅程，你我皆是旅人。这一程，或平淡如水、恬淡安居，或热烈似火、做一番成就，无论种种，都是我们的痕迹。从吉林到青岛，从青岛到北京，从北京到上海，方辉在这片广袤大地上坚守着对水产事业的初心，步步生莲，砥砺奋进。

▌千里求学，忆旧思新

1988年的夏天，蝉声悠扬，烈日如火，一个东北男孩怀着对未来的迷茫与憧憬走进了青岛海洋大学，开启了他与水产相识、相知、相伴的漫长旅途。

方辉回忆道，当时的自己还年少，如大多数学生一样，对自己的未来一知半解，听取高中班主任的建议报考了当时青岛海大的淡水渔业专业，机缘巧合地来到青岛求学，算是误打误撞与水产结缘。人生之路在行走中显现，答案之书在追寻中清晰。刚从高中迈入大学的青年如何能不迷茫、不困惑呢？更何况是进入了一个全新的未知的领域。忆起当年，方辉说，高清廉院长是他的引路人，在拓展专业知识、为人处世中对他帮助良多，高院长提到的"广种博收"至今仍被方辉铭记于心、付诸行动。在之后的学习和生活中，方辉尝试不给自己设限，尽可能地去广泛涉猎知识，提升各方面的能力，最大程度地开阔自己的视野，并通过不断学习积累，逐渐明确自身的优劣势；对水产知识世界的探索从陌生到熟悉，从知之甚少到融会贯通。如今，他将这把"知识密钥"递交给广大在校的中国海大学子，鼓励我们大胆尝试，拓展自身的广度，以便于在日后的实践中能更快地明确方向，发现未知、探究未知、成就于未知。

"你们年轻人有无限的可能性，要勇敢地去外面的世界闯一闯，去读无字之书。"方辉认为，与他人交流也是锻炼自身的重要途径，未来要想在社会中站稳脚跟，只读书本知识是远远不够的，还需要研读人际关系之书，要在与他人的沟通交流中学习并拓宽自己的视野，不断增强语言表达和处理复杂事件的能力。而要想真正在一方天地中有所作为，除了"三十年如一日"的坚持和积累之外，创新和进取同样重要。积累知识和经验是为了做精做深，以此为未来前进的道路奠定坚实有力的基础，与此同时，还需要根据当下的社会整体形势变化，勇敢地抓住机遇，锐意进取，开拓创新，将挑战转换成机遇，进而成就一番事业。

▍北上闯荡，南下落拓

四年大学时光匆匆流逝，1992年大学毕业后，方辉进入北京的水产情报所工作。此后20余年的时间里，他做过编辑工作，参与编撰了许多与海洋相关的重要书籍；从事过渔业信息研究的工作，在一线科研研究领域里发光发热；之后转向科研管理岗位，助力研究院发展。在方辉看来，身处偏重管理的研究院，自己对于渔业信息化领域的探索仍然不够深入，需要去一线的研究所看看。

2021年，方辉离开了奋斗多年的北京，调往上海的东海水产研究所，那里坐落着建于1946年的我国水产领域里程碑式的研究楼，独一无二的建筑与人文气息营造了浓厚的学术氛围。他说，在这座海洋之滨、河海之交的城市，自己在半生已过之时，终于拨开了自己渔业信息化研究的迷障，得以将宏观与微观结合起来，真正明白如何将渔业信息化。

"十三五"期间，方辉与专家组一起统筹规划"蓝色粮仓科技创新"项目。如何设计好整体框架，平衡基础研究和产业供应的比例，将数十个项目合理地分配、横纵结合，在体现发展要求的同时，考虑五年内能否取得阶段性进展，有增量、有进步，这些是他首先需要解决的难题。在他看来，不仅要关注高价值的海洋优质产业，还应当注重淡水渔业的发展，保障大众消费和老百姓的菜篮子。当然，在设计项目的过程中，每位专家的侧重点因为自身专业知识的偏向而有所不同，在讨论过程中不可避免地会出现意见不一的情况。他诙谐地说："每到这种关头，其他专家不愿意去充当这种角色，上头就派我去和他们'吵吵'，个人理念不可能完全一样，如何将养殖和海洋地质、海洋物理、海洋环境等理念相结合并达成一致也算是个棘手事，但只要目标一致，就能使方案更加合理可行。大家应一起合力进取，更好地将计划落实，成功地为人民办实事。"也正是因为有这样一个办实事、总"吵吵"的专家组团队，才使得项目的设计凝聚了各个专家的理念与心血，在后期的实施阶段得到了真正的落实，才让项目取得了令人瞩目的阶段性进展。

"十四五"期间，他再次牵头项目，但由于国家政策的调整，政府机关的改革，社会整体形势发生了较大变化，项目的推进比"十三五"时期更加艰难，但在团队所有成员的共同努力下，一切都稳步向前发展。

每次项目开始之前，方辉总要先画出总体的路线图和框架图，不然心里总觉得不踏实。但要想画好这种涵盖众多、纷繁复杂的总体规划图并不是一件容易的事情，这需要开始时就迅速明确整个计划大致的推进方向，然后按照最合理、最省时省力的逻辑安排好之后每一步的工作内容和顺序，在计划实施时描上具体的线条，根据现实情况细化每一个板块，补充各个小项目的注意事项与细节，不断完善，直至结项。这个过程中，必须不断地学习、积累、思考，反复地调整和修改，最终才能把图画得清晰明了、细致可堪查验。这种严谨认真的工作态度和实事求是的工作作风贯穿了方辉的整个职业生涯，或许这也是促使他不断成功的关键要素之一。

▌出走半生，初心未改

2020年，应学校水产学院李琪教授邀请，方辉回到母校，在崂山校区给本科生讲开学第一课——"问道水产，寻梦未来"，为刚刚进入大学生活的学子们答疑解惑，为像他当年刚进海大时一样尚且对水产领域一知半解的同学们道明如今水产行业的发展情况，指明未来水产行业的发展前景，提供宝贵的个人发展建议。他提出了"学习、探究、分析"三大要点，提醒同学们在汲取知识的过程中不能"只输入、不产出"，要培养自身独立思考的能力，积极探究事物的本质，并在此基础上分析、总结、提炼，进而形成自己的见解；在生活和学习中遇到困难或者挫折时，一定要找到突破自我思想瓶颈的方式以及舒缓压力的渠道，让自己的内心强大起来，才能更加从容地面对未来道路上各种各样的挑战。这一次，方辉是引路人，他倾囊相授，将接力的火炬递给了新时代的水产青年。

重游故园总有情。即使已毕业数年，方辉始终深切关注着母校的发展。虽然母校蓬勃发展、日甚一日，但在他心中，鱼山校区仍一直是他记忆中的模样。在四大校区中，他最喜爱、最亲近的也是鱼山校区，古朴庄重的水产馆，挥洒青春汗水的操场，多年同守的宿舍楼，无数次走过的斜坡楼梯，阳光笼罩下层层绿荫的树群……每每提及，他都感慨万分。

在回答对母校发展的建议时，他笑道："我的母校是有长远规划和远大目标的高等学府，我会一直追随母校的步伐。"他由衷地表达了对母校的热切希冀：不仅要清晰地规划好总体的发展方向，同时要根据各个校区的特点有针对性地发展，尽可能维持鱼山校区的原貌，体现源远流长的历史感；考虑西海岸新校区的扩建，打造具有新时代特点的校园，体现中国海大的与时俱进。此外，同样重要的是要综合分析当前的国内、国际形势，善于抓住海洋经济的发展机遇，顶住国际海洋经济的竞争压力，把近海养护起来，向深远海发展，不断创新技术、更新技术设计，不断增加海洋产品的深加工产业链以及技术创新力度，从而使得中国海大能够在未来海洋经济发展的浪潮中傲然挺立。最后，作为海大学子，他衷心祝愿母校未来繁荣兴盛，在开拓中不断向前迈进，延续百年辉煌。

近一个多小时的采访结束，走出方辉的办公室时正午已至，8月的太阳总是炽烈非常，就像一代又一代坚守着理想、在求索中砥砺前行的科研工作者们坚持进取的精神那般灼热夺目。或许只有成为像方辉他们那样为了理想奋斗一生的人，才能真正明白那份荣耀与自豪。

访谈 后记

访谈前，我既兴奋又紧张。然而在与方辉校友见面后，他的温和幽默、善解人意和真诚让我放松下来。他的经历令人佩服，同时也让我想要不断发奋，努力成为像他一样坚定前行的人。

校友 寄语

> 海纳百川立潮头，大洋耕耘勇争先。
> 百舸争流谱新篇，年轮流转从头越。

——方辉

（撰稿：2022级水产养殖学 张圣洁；2022级水生生物学 许婷）

学弟学妹 眼中的她 ——————

　　她是勇立科研一线的海洋学家，她是洞察细微的生态法医，她是为民造福的人大代表，她更是海纳百川的海大学子。岁月更迭，初心不变。她是当之无愧的海洋卫士，她是名副其实的胸怀"国之大者"！

情系海岸，造福人民

——访 1988 级校友印萍

　　印萍，女，1971年生，辽宁辽阳人，1988—1998年就读于青岛海洋大学海洋地质专业，获海洋地质专业学士、硕士和博士学位。现任中国地质调查局青岛海洋地质研究所副所长，研究员，博士生导师。1998—1999年丹麦哥本哈根大学访问学者，2001—2002年法国海洋开发研究院博士后。

　　1995—2006年就职于国家海洋局第一海洋研究所，2006年至今在中国地质调查局青岛海洋地质研究所工作，中国地质调查局杰出地质人才，海岸带综合地质调查工程首席科学家，自然资源部首席科学传播专家，生态环境司法鉴定人。先后承担国家自然科学基金项目、国家"863"项目、科技国际合作项目、科技基础性专项项目、国家重点研发计划、中国东盟海上合作基金、亚洲合作基金、国家海洋专项项目20余项。长期从事海岸带地质环境演化、海岸沉积动力地貌学和海洋地质灾害方面的调查和研究工作，发表论文100余篇。历任第十三、十四届全国人大代表，第九、十届青岛市政协委员，第十一、十二届青岛市政协常委，青岛市侨联委员，全国侨联特聘专家，山东省知联会副会长，青岛市知识分子联谊会会长等社会职务。荣获青岛市岗位建功女明星、市三八红旗手、山东省先进工作者、全国能源化学地质系统大国工匠、国土资源部"十二五"科技与国际合作先进个人等荣誉。

　　少年时的印萍，对地质队员背着的有好多小口袋的"地质包"很着迷，被"山外来客"们的身影所吸引，那是她对地质工作最稚嫩、最美好的记忆，"地质梦"也因此落地生根。在青岛海大的日子里，她的梦想逐渐实现，这颗深植于内心的种子也逐渐茁壮成长。近30年来，怀揣着这份梦想，她几乎走遍了我国的海岸线，赴世界各地30余个国家开展调研，坚守建设海洋强国的初心使命。带着崇高的敬意，我们在一个午后拜访了她。

▌求实求是，灿然生辉

作为一名海洋科技工作者，"求实"与"求是"是印萍非常看重的科研精神。在采访中，她不止一次强调，科学调查一定要有求实精神，要对客观实际有正确的认识，实事求是。同时她还特别提到，科研要强调理论体系的建设，要将科研工作体系化并且要有延续性。正是对科研精神的践行，让印萍在科研领域硕果累累，成为中国地质调查局杰出地质人才、海岸带综合地质调查工程首席科学家和自然资源部首席科学传播专家。

印萍的办公室内挂有一幅中国地质调查局舟山海洋地质灾害野外科学观测研究站概念图。提起该站，印萍神采奕奕地向我们介绍道，图中展示的方法代表了目前地学领域的前沿性水平，包含了其研究团队在海洋领域近年来最新的科研成果。她笑着说这也是一个创新项目，过去人们对于地质灾害关注少，现在需要了解更多关于灾害的发生机制，同时灾害监测也需要重视。该观测研究站是目前中国第一个以海洋地质灾害监测研究为核心的野外站，成为浙江省地质灾害监测网的重要组成部分，是空—天—地—海—井协同的多元立体化监测体系构建了重要的一环。印萍十分骄傲地介绍了该站的详细情况，这一项项的成果，正是对她坚持科研精神最好的褒奖。

▌胸有大爱，守卫海岸

党的十八大以来，习近平总书记始终关切公益诉讼工作，司法机关和行政管理部门更关注公地利益保护，而其中的疑难案件和复杂问题的解决越来越需要科技人员的支持。这类司法问题中有很多涉及土壤、地下水等的生态问题，与地质学密切相关，印萍带领团队利用自己的专业知识为解决该类司法问题提供科技支撑，切实守护人民群众美好生活。

2019年"两会"前，印萍应邀参加最高人民检察院组织的"守护海洋"检察公益诉讼推进会，在会议上了解到目前海洋生态环境公益诉讼面临线索发现难、调查取证难、损害鉴定难等问题。印萍敏感地意识到，可以发挥国家公益性海洋调查研究单位的调查科研和检测技术优势，助力海洋公益诉讼工作，并在2019年全国人大会议上提交了"科研与司法互动，建立海洋生态环境公益诉讼技术平台"等建议，得到了最高人民检察院、自然资源部、生态环境部的高度重视。此后，印萍带领科研团队积极开展工作，为江苏省、山东省基层检察院、海警和法院办案团队提供海洋资源和生态环境损害赔偿技术支撑。

印萍这些年参与过很多案件，其中有一起令她印象深刻。那是青岛市检察机关办理的一起湿地生态损害公益诉讼案，检察官奔走于行政机关、违规倾倒公司、专家和村民之间，经过30多次现场勘查、10多次专家论证，依然因"这里是否曾经是湿地"的争议而致案件办理推进困难。当收到协助请求后，印萍义无反顾地带领团队开展现场勘验，调阅卫星遥感资料，及时出具滨海湿地生态环境损害专家意见，出席听证会。同时，基于团队长期滨海湿地调查和生态修复的科研经验，提出湿地生态异地修复方案建议，得到相关部门的大力支持。经过各方努力和生态修复，涉案区恢复成为"水草丰茂、沙鸥翔集"的河口湿地和旅游景区。这一案例成功入选全国海洋公益诉讼典型案例和山东省政法系统"我为群众办实事"优秀案例。2022年《湿地公约》第十四届缔约方大会在武汉召开之际，最高人民检察院公布了首批湿地保护公益诉讼十大案例，该案例也成功入选。

目前，印萍团队积极探索地质调查支撑服务自然资源和生态环境司法保护工作，为海砂盗采、滨海湿地破坏、危险废弃物非法排放、土地资源破坏等生态环境损害案件提供司法鉴定意见，参与办理的多个案件入选全国公益诉讼典型案例和精品案件。2021年，印萍团队获批海洋资源环境司法鉴定中心资质，她也成为一名生态环境司法鉴定人。

"我的工作通俗来讲就是'生态法医'。"印萍笑着对我们说，生态环境司法鉴定人的工作关系到公众的利益，有时也会关系到巨额的经济利益，所以这是一项非常严肃的工作，印萍多年来严谨工作，切实地为保护公众利益而努力。

▎人民代表，为民造福

作为无党派人士，印萍立足本职工作，将科研成果转化为履职成果，深入开展调研，积极做好建言献策，助力国家海洋资源开发和生态环境保护工作。

"人大代表来自人民，代表人民。全国人民代表大会是国家的最高权力机关，是决策机构。随着国家管理的深入，很重要的一点就是科学决策。"当作为全国人大代表行使立法权时，在制定法律过程中，作为科学界代表的印萍将自己的专业知识和技术带入国家治理体系中，推进科学立法进程。她认为："科学立法需要技术支持，科学立法也需要司法鉴定工作中积累的经验，办理案件中的原则和经验都要在立法中发挥作用，将实践经验转化为立法经验。"

作为科技工作者，印萍认为自己有能力、有义务将科技成果转化成国家治理能力，她始终致力于从各种渠道推进人大代表更系统化地参与国家决策。"我们比较'接地气'，我们接触的是最为基层的生态环境保护所面临的问题，通过科技工作的成果支撑立法工作和国家综合管理工作。"在科研工作和办案过程中，她将报告、建议提交给相关部门，起到了桥梁的作用。在履职的几年里，印萍提交了多份代表建议和议案，并且获得了相关部门的答复。

提起全国人大代表的履职经历，印萍描述了三个场景：一是作为人大代表置身人民大会堂，代表全国人民审议报告并进行表决的场景；二是作为科技工作者，在一线利用专业知识开展地质调查和生态环境保护工作的场景；三是作为生态环境司法鉴定人，尝试用自己的科研成果助力海洋公益诉讼工作的场景。多场景融合的画面是印萍履职几年的生动写照。

▌学有所获，人有所操

"我人生中最美好的年华在海大"，回忆起在母校学习的十年时光，印萍流露出深深的怀念。她表示在母校的时光是那么充实而快乐，同学们曾一起探求新知、拼搏奋斗，在母校学到的每一门知识、培养的每一种品质，都成为自己人生中宝贵的财富。

忆起1989年入学后第一次系统的地质实习，印萍笑着说："回头望自己走过的路，才惊觉山崖陡峭，但老韩（海洋地球科学学院韩宗珠老师）能下去，我们也一定能下去。"这是印萍在野外实习中学到的重要一课，从正值青年的韩宗珠老师到年近花甲的崔承琦、庄振业教授，他们在一次次的野外实习和考察中身体力行、言传身教，让印萍学习并贯彻着"扑下身子带团队"的科学素质和领导品质。就在我们采访前不久，印萍带队前往千里岩岛进行科学考察。那一个无人岛，条件十分艰苦，"虽然现在出野外的后勤保障条件已经有了巨大的改善，但是地质工作就是要面对这份艰辛"。岛上有一个极险的陡崖，面对陡崖，她没有丝毫犹豫就跳了下去，给身后的队员做了很好的示范，队员最终也全都顺利通过。"那一瞬间我就想到了韩老师当年带我们的场景，那时是他带队走在最前面，现在是我，我应当先下去。"在海大的十年，她学会了身体力行，学会了如何带领团队，学会了艰苦奋斗。

在后来的科研生涯中，她和团队经常一起迎着朝阳出发、伴着星星收工，她始终觉得野外的艰苦是历练，是成长。在丹麦留学期间，有一次，风暴过后她独自到离岸3公里多的潮滩中部的观测站取沉积物捕获器的样品，受风暴潮增水的影响，当她背着十多公斤重的样品往回走时，水位比正常的涨潮水位上涨得快，很快就没过膝盖。两个多小时后她终于回到岸边，此时海水已经没过了她的腰。这些艰苦的环境、危险的经历并没有让印萍在科研道路上退缩，这也是海大烙在她身上的印记。

印萍说海大的老师当年科研环境更加艰苦，但是他们身上的拼搏精神一直影响着她。老师们胸怀宽广，为人宽厚，淡泊名利。这些年，印萍循着他们的脚步，坚持科学家精神，实事求是，克服各种困难进行科研工作，沉下心来做学问。她说，自己永远是科研人，不急躁，要对社会有贡献，和自己竞争。

肩扛责任，心系担当。无论是作为一名海洋科技工作者，还是作为一名全国人大代表，印萍都牢记习近平总书记的嘱托，自觉担负起建设海洋强国的历史使命，踔厉奋发，用心守护祖国"蓝色国土"。

访谈 后记

能够通过本次校友访谈活动结识这位长期奋斗在海洋保护一线的"海洋卫士"，我们感到十分荣幸。从最初收集素材，到制订访谈提纲，再到确认采访时间，印萍老师始终热情、温柔。从原定的一小时采访，到最后近两小时的畅谈，我们深刻感受到一名海洋科学家对海洋无限的热爱和一名人大代表心中有人民的使命感。坚守初心、扎根一线，这是她作为海洋地质工作者的使命；踔厉奋发、为了人民，更是她作为一名全国人大代表的庄严承诺。

校友 寄语

值此母校百年校庆，衷心祝愿母校未来发展得越来越好，为国家培养更多的海洋人才，再上新台阶，创造新辉煌。

——印萍

（撰稿：2021级地质学本科生　马子翔；2023级海洋地质博士研究生　丁怡）

学弟学妹 眼中的他 ——————————

他务实创新，富有洞察力和实践经验；他兼具家国情怀和国际视野，勇做涉外法律领域的"排头兵"。

包容万象，走向世界

——访 1988 级校友张毅

张毅，男，1970年生，山东青岛人，1988—1992年就读于青岛海洋大学英语专业，现为锦天城律师事务所高级合伙人，同时担任中国海洋大学涉外人才校友会会长。他还兼任中华全国律师协会涉外法律服务专业委员会副主任、山东省律师协会和青岛市律师协会国际委主任。

本科毕业后，1992年7月—2000年12月，张毅在中国人民保险公司青岛分公司国际部工作。后于2001年1月加入山东亚和太律师事务所，成为执业律师。2007年创办了山东友华律师事务所，是友华的创始合伙人、主任。2012年友华被评为山东省优秀律师事务所。2015年10月加盟锦天城（青岛）律师事务所。张毅律师长期为多家著名跨国公司及青岛市商务局、上合示范区管委会、中信保等诸多机构提供法律顾问服务。在"一带一路"法律服务领域，张毅律师具有丰富的执业经验，积极助推中国企业响应"一带一路"倡议向海外投资，凭借对中西方法律体系和商业环境的深度了解，张毅律师在管理跨境项目和处理复杂合规问题及争议解决的过程中为客户提供系统的法律支持和细致全面的服务，实现无缝对接，帮助企业防范国际商务和国际法务的风险。

"你们来看一看，这个地方是必须'打卡'的。"张毅亲切而和蔼，他带领着我们，从办公室远眺青岛的海岸线。在大海与蓝天的陪伴下，我们开始了这次的采访，聆听这位英语专业的老学长讲述他的人生经历。

▌青春时光·念母校

"说起海大，那真是我的母校，那是我从小长大的地方。"采访时，张毅这样说，眼中透出些许欣慰与怀念。对于张毅而言，海大不仅是他的母校，更是家，是港湾，是他心中永恒的归宿。

张毅的父母都是海大的教授，其父曾任职于海大物理系，同时考取了中国第一批律师资格和专利代理人资格。在父亲的影响下，张毅对法律产生了浓厚的兴趣。张毅的母亲曾任学校体育系主任，她对张毅的处事原则与治学态度产生了深远的影响。

张毅从小居住在海大校园里面。海大校园里的学习氛围和家庭的书香气息在张毅幼小的心中埋下了一粒种子。这粒种子在他的青春时光里生根、发芽、成长、开花，最后结出硕果。

▌求学记忆·论专业

张毅在高考时选择了英语专业。谈到为什么选择英语专业时，张毅说道："在当时，英语就是未来。"张毅还谈道，在父母的影响下，他深刻认识到掌握一门外语的重要性，不论是阅读学术文章，还是与国外专业人士交流，英语一定程度上是"打开世界的窗口"。

英语，让张毅真正与海大建立起联系。1988年，张毅迈入大学校园，当时学校刚刚更名为青岛海洋大学。张毅说，自己对此"发自内心地感到骄傲与自豪"。虽说已在海大生活多年，但真正成为一名海大外语系的学生还是让张毅感到陌生又新奇。

"初次进入外语系，老师渊博的学识、独到的国际视野、优雅的谈吐举止……这些都深深地吸引了我。我更加确信选择这个专业是正确的，所以暗自下决心要努力学好英语。"

就这样，张毅开始了在外语系的求学之路。对于英语专业来说，扎实的听说读写基本功是重中之重。在张毅求学的20世纪八九十年代，获得高质量的英语学习资源谈何容易？然而，成功的冲浪者总是能在狂啸奔腾的巨浪中找到正确的方向。张毅尽己所能，运用身边的各种资源来锻炼、打磨和提升自己的专业技能，比如利用录音机、磁带反复进行听力训练，通过阅读英语报纸、杂志和书籍来提高阅读理解和写作能力，积极参加各类英语竞赛和演讲比赛，锻炼口语表达能力和演讲技巧。同时，他也会积极参加栈桥的英语角、英语俱乐部等活动，不肯放过每一个提升专业能力的机会。同时，张毅每日还坚持进行英语晨读，积极与其他同学进行口语练习和交流。

"如果现在再让您选择，您还会选择英语专业吗？"当下对于外语专业的质疑之声频出，以至于让部分外语专业的学生对自己的选择产生了犹豫，甚至是否定。张毅毫不犹豫地说道："如果现在再让我选择，我仍然会选择英语专业。"他目光坚定，语气平静却透出力量。

张毅认为，外语专业可以帮助我们深入了解其他国家的语言和文化，锻炼我们跨语言、跨文化交流和沟通的能力。作为一名涉外律师，他对外语专业持积极的态度。就他的自身经历来讲，英语对他的职业生涯发展产生了巨大影响，无论是在他刚步入社会从事的保险工作还是眼下为之奋斗的律师行业中，英语都是重要的工具，是为他打开无数扇大门的钥匙，是与国际社会建立起友好合作关系的桥梁。他始终认为，"大学里学的'26个字母'没有浪费"。

▌奋斗年代·谈就业

谈到"海大精神"，张毅颇多感慨。"海大的校训为'海纳百川，取则行远'，寓意我们应虚怀若谷，包容各种学术思想和文化差异，并从中汲取智慧。这一校训对我产生了积极的影响，让我学会接纳不同观点，拓宽自己的知识面和视野。"虚怀若谷，包容万象，这便是张毅从海大校训中得到的精神价值，也是他一以贯之的人生准则。

包容万象，不仅是接纳他者，也是在拓展自己的可能性。进入大学，除了学习专业知识，张毅也在各种各样的实践活动中发掘自己的潜能。青春时代的求学之路上有无数条岔路，通往不同的方向。海大，为意志坚定的学子提供了无数的可能。张毅不断地试探，每一条路都尽可能去走一走，最终找到真正属于自己的道路。社团、志愿活动、篮球队、排球队……每一个用来探索的"工具"最终都内化为他的优秀品质，深深影响了他今后的职业生涯：灵活的组织能力、果断的领导能力、高效的沟通协调能力、流畅的表达能力与清晰的逻辑思维能力……

包容万象也是张毅求职年代的代名词。张毅毕业之时，恰逢改革开放招商引资的黄金时期。那是一个充满机遇与挑战的年代，每个人都在远行、在闯荡、在拼搏，张毅也是其中一位。

毕业之初，张毅就通过双向选择进入中国人民保险公司青岛分公司国际部工作，从事了4年的海上货物运输保险和4年的出口信用保险。起初瞄向外贸公司从事进出口业务的他，在机缘巧合之下从事了保险行业的涉外领域。然而，这份工作并非张毅的理想。对于任何人，尤其是一位刚刚离开象牙塔的大学生而言，他们都是无限可能与机遇的集合体。每个人的未来都包含了无限的"平行世界"，至于落脚何方，仍是未知数。

作为一名非法律专业的学生，张毅用三年时间成功考取了律师资格证。回忆起在海大自习室度过的那段孤独的时光，他的眼眸散发着光亮，就像是那段岁月的光重新投射在张毅的身上，有自豪，有荣光。和我们讲述了那段过往之后，他感叹道："坚持和追求自己的目标是有价值的。只有通过不断努力和付出，才能获得真正的成就感和满足感。"三年的汗水与磨砺，三年的孤独与毅力，三年的挫折与惊喜，最终塑造了一个优秀的法律人，一个站立潮头的"海大人"。

在讲完自己的故事后，张毅结合自身经历，表达了对当下大学生求职的一点建议。他认为，专业技能是重中之重，是职业高厦的基石；缺乏专业能力，就像大堤中的蚁穴、镜片上的裂痕、数据里的病毒，最终让我们会满盘皆输。此外，张毅还谈及实践活动的重要性。他鼓励同学们多多参加实践活动，提升实践能力，正如陆游所言，"纸上得来终觉浅，绝知此事要躬行"。最后，张毅特别强调了学习的热情。俗话说，"活到老，学到老"，在一个飞速发展的时代里，如果停止汲取新知识，必然会落后于时代的浪潮。

▌前途向好·展未来

"友善""和平"，这是张毅给予即将走向世界的新时代大学生的关键词，也是对他们的殷殷嘱托。

中国，正处于民族伟大复兴的关键时期；世界，正处于百年未有之大变局。自2001年加入世贸组织以来，中国与世界的融合愈加紧密、联系愈加密切、共鸣愈加强烈，中国的发展已经离不开世界。对此，习近平总书记提出了"构建人类命运共同体"理念和"一带一路"倡议，把中国与世界其他各国的命运紧紧联系在一起。

作为一名涉外法律人，张毅是搭建中国与世界桥梁的一员，是涉外法律领域的领军人物之一。"大鹏之动，非一羽之轻也；骐骥之速，非一足之力"，拥有丰富的对外法律工作经验的张毅明白，只有更多的人，尤其是青年学生，拥有家国情怀和跨文化沟通的能力，在这个纷繁变化的世界里，秉持着"安得广厦千万间，大庇天下寒士俱欢颜"的胸襟，中国才能真正走向世界，变得更加强大。

谈及未来，他露出了微笑，表示对未来充满希望。这未来中，有他个人的未来，也有当下青年的未来、中国的未来及世界的未来。

访谈 后记

初见张毅校友，他一米九的身高给我们带来了极大的震撼，但他颇接地气的青岛普通话和亲和友善的态度，缓解了我们心中的紧张。作为一名高级律师事务所的合伙人，张毅的办公室简朴而温馨。在访谈过程中，张毅给予的许多建议务实而真诚。作为一名在国内外打拼了多年的法律人，张毅讲求实际，不说空话；面对工作，面对生活，面对匆匆而逝的时间，他懂得现在的年轻人需要什么，现在的中国与世界需要什么。他的话语朴实，但有力量，让我们明白了作为新时代的青年大学生，在当今高度互联互通的世界中，应当做出什么样的努力，选择什么样的道路。

校友 寄语

　　百年华诞，莘莘学子，桃李满庭。祝福母校的未来更加美好、灿烂、辉煌！

——张毅

（撰稿：2021级英语　胡佳栋；2021级日语口译　姜萌昕）

学弟学妹 眼中的他 ————————

他的眼神深邃而温和，他的脸上总是带着淡淡的笑意，让人倍感亲切和安心。他在激光领域的研究成果丰硕，带领团队一次又一次为国家攻关"卡脖子"技术，几十年如一日地深耕在激光研究领域。

上天入海服务国家需求

——访 1988 级校友陈卫标

陈卫标，男，1969年生，上海人，1988—1992年本科就读于青岛海洋大学物理系电子信息专业，1992—1997年就读于青岛海洋大学物理系海洋遥感研究所（硕博连读）。现任中国科学院上海光学精密机械研究所党委副书记、所长。长期从事空天激光雷达大气/海洋遥感方法、技术、核心器件和工程研究，主持国际首套星载大气多要素探测激光雷达、机载海陆测绘激光雷达等标志性工程，实现我国空间全固态激光器自主可控，为我国载人航天/探月、高分和空基等重大工程作出贡献。以第一完成人获国家技术发明二等奖、上海市技术发明一等奖和科技进步一等奖各1项。发表SCI论文170多篇，授权发明专利80多项，出版专著2部。入选国家万人计划领军人才、中青年科技创新领军人才、获全国创新争先奖、上海市科技精英。

"我们做空间激光器的都有点'神经质'，生怕出半点错。"陈卫标坦言，"成功就是差'一点'失败，因此要竭尽全力避免那'一点'。"在陈卫标眼中，激光就像是"苍穹一剑"。我们很荣幸能够有机会采访这位"铸剑人"。

▌笃学不倦，"时髦"占座

陈卫标在鱼山校区学习和生活的时候，还处在教育资源和教学设施比较匮乏的年代。当谈及求学期间印象最深、最有趣的事情时，陈卫标脱口而出："我们那个时代最时髦的是占座，占座是我们学习时代最主要的标志。"回想起大学时光，宿舍挤，图书馆挤，吃饭也挤，同学们学习热情高涨，但每天都要为座位而发愁。"尤其临近考试的时候，抢图书馆座位是特别重要的事，早上去抢一个好位置是要挤破门的，甚至要抢一整天。抢到一个位置，书包一定要放在座位上，吃饭了也要留在那儿，就是为了占住'它'。"在那个年代，虽然学习条件非常有限，但是海大园里到处都能感受到浓厚的学习氛围，海大学子们求知若渴。"现在学校各方面的条件都好太多了，我看到崂山校区无论是老师的工作室，还是实验的条件都大不一样了。有一次到图书馆开会，我去学生上课的地方走了走，看到条件与我们那个时代相比简直是有翻天覆地的变化。"陈卫标为学校日新月异的发展竖起了大拇指。

大学期间，在完成相关学业的同时，陈卫标结合自己的兴趣爱好，利用业余时间成立了一个收音机维修兴趣小组。那时候几乎每个人都有一个用来学习英语的收音机，是大家学习外语的重要学习工具。但因使用频繁，收音机很容易出小故障，兴趣小组的成员就会免费给大家拆机维修。维修的过程，既巩固了小组成员学到的专业理论知识，又锻炼了自己的实际动手能力，还很好地帮助了同学们，当时物理系还专门给了他们一个小房间用作兴趣小组的维修场所。

▎自主研发，攻坚克难

2003年，刚回国的陈卫标接受的首要任务就是攻关空间激光雷达的自主可控难题。当时我国在这方面还如同一张白纸，而国家的探月工程迫切需要空间激光器来测量月球的三维地貌，为未来能在月球表面完美着陆做准备。有人建议直接从国外购买相关设备，但最终经过各方面的考量和测算，大家下定决心自己做这个关键的设备。实际上，陈卫标当时对空间激光器的了解和认知也仅限于文献。虽然他是学激光遥感出身，但空间激光器的研发对他和团队来说，无疑是个巨大的困难和挑战。而对国家而言，空间激光器这个领域是一定要发展的。"这是一个很重要的机会，如果国家给了机会你却抓不住，那是十分遗憾的。"正是因为抱着必胜的决心和信念，当时任中国科学院上海技术物理研究所所长的王建宇院士将任务交到陈卫标手上并问他有没有信心时，陈卫标回答："保证完成任务。"

然而研发真正启动后，困难和问题接踵而至。在研发第一台激光器的时候，能量、脉宽等指标比较容易地攻关成功了，但设备的使用寿命一直无法达标。在团队碰壁受挫、思路无法打开的时候，陈卫标带领大家从问题分析入手：在哪些测试中设备会损坏，引发损坏的本质原因是什么……抽丝剥茧，把问题逐个排查解决。"面对问题的时候要保持必胜的信心，用科学的态度去对待"，这也是陈卫标面对问题的态度。在他的影响和带动下，团队形成了不畏难、怕不难的乐观心态。即使火箭发射前遇到设备信号接收不良的问题，团队也没有迷茫，而是迅速重装系统进行修复，真正做到了"把所有问题解决在地上"，将激光器成功发送到太空。陈卫标团队也曾因为遇到技术难点，而多次"归零"。"归零"即技术质量归零，是将工作重新回归到机理分析，把出现的问题吃透，把其中所蕴含的机理彻底掌握后，再重新推进该项工作。他也曾多次跟科研人员说："只有在吃透机理、吃透技术的基础上，你才能去谈工程。"虽然归零意味着研制任务和阶段性成果被推翻，一切重来，但每归零一次就能掌握新的机理和技术，就可以更好、更从容地解决问题，实现研发的跨越式飞跃。

陈卫标和团队在攻关研发中倾注了无数心血，一遍遍地求证演算，一次次地推翻方案，以匠心不断打磨研发设计，最终成功在2007年把中国第一台空间激光器发射到月球轨道，完美填补了我国在该方面的空白。嫦娥系列、火星系列、空间站系列和对地观测系列等国家空间激光技术，都是由他所带领的团队自主研发的。

▌技术突破，领先世界

"我们搞科研工作，首先得有一个高的目标、高的起点，一定要立得高，这不是好高骛远。在科研中，我们说的立得高就是要'啃骨头'。说实话，骨头肯定是不好啃的，但没关系，我们慢慢啃，一口一口地啃。'啃骨头'的过程，就是培养自己的韧性和坚持的过程。"陈卫标不仅是这么说的，在科研中也是这么做的。在2009年联合国气候变化大会之后，陈卫标对"用激光雷达遥感实现对于全球二氧化碳的监测"方向产生了浓厚兴趣，当时这个技术在国际上也是前沿科技，而欧美诸多国家都认为实现起来难度太高，所以并没有选择立项攻关。陈卫标下定决心，力排众议，在2013年成功立项并制订了研发计划。在计划开始前，陈卫标在一场国际会议上遇到了来自NASA的几位同行，在会议上他们一起探讨了相关思路。"这个太复杂了，技术路线的风险太高"，这几位遥感载荷专家的反应出奇的一致。哪怕如此，陈卫标和团队也没有轻言放弃。经过十年的技术、工程攻关和日以继夜地预演模拟，最终于2022年4月成功将激光雷达随"大气一号"发射，成功观测并收集到第一手数据。这不仅是中国的创新，更是国际上的首次突破，通过该项攻关可以获取全球大气二氧化碳柱状浓度、云和气溶胶的垂直分布信息，实现污染监测和二氧化碳柱状浓度的同时监测。

▌日新月异，欣欣向荣

陈卫标进入中国科学院工作以后，基本上每年都能回母校一次。在提到现在的母校时，他不禁感慨母校变化之大。"现在每次回去主要是去崂山校区开会，但是我和很多校友都特别想再回到鱼山校区去看看，因为那是我们学习、生活过的地方。"从他的讲述中，我们可以深切感受到他对母校深厚的情感。"听说物理与光电学院还有海洋技术学院不久也要搬到西海岸校区去，西海岸校区我还没去过，下次一定要再去西海岸校区看看。"说到这儿，陈卫标充满了期待和憧憬。

"新一代的海大学子，都比我们那个时代的人聪明。你们的知识面也更广、更全。但你们面临的这个时代，跟我们当初所面临的时代存在很大的差异，而一个时代的背景造就一个时代的学子。"陈卫标说："中国历史上没有哪个时期，像现在这个时代一样，对科技创新的渴望如此之强烈。党中央也把科技创新列为国家发展的重要战略，这也是史无前例的。"他从科学家的视角为我们解读了新时代科技强国的战略意义，鼓励中国海大学子在科技创新的复兴路上勇担使命。

访谈的最后，陈卫标语重心长地嘱咐我们，应该更加敢于自我挑战、自我创新，敢于跟国家科技创新的各个方面接触、融合。我们的时代使命更加光荣，科技创新是我们国家由大到强的一个转折点。生于这个时代，大学生一定要立志高远，要把对科研的兴趣融入未来的工作中，放开手脚，敢于创新、敢于失败，让我们国家的科技发展更上层楼。

访谈 后记

在访谈中，陈卫标校友保持着淡淡的微笑，仿佛对所有事都成竹在胸，其亲切的话语令我们如沐春风。他的鬓发虽已斑白，但神采奕奕，对科研的热爱令我们极为敬佩和感动。采访时，每当讲到攻克技术难关的坎坷历程，他总会露出些许笑容和自豪。在寄语中国海大学子时，他又变得严肃起来，对我们寄予厚望。

校友 寄语

我1988年入校，见证了学校的日益发展、日益壮大。我时刻关注着母校的发展，并非常开心能够与母校一直保持科研合作。

在母校100周岁生日来临之际，感谢母校的教育之恩，愿母校在未来的日子里更加繁荣昌盛，吸引更多的学子前来学习。祝愿母校越办越好，再创辉煌！祝福母校生日快乐！

（撰稿：2022级光电信息工程硕士研究生　王元泽；2022级物理学　董士杰）

学弟学妹 眼中的他 ——————

严谨，务实，公平，谦和，他是赤潮的"消防员"。

"红色幽灵"的"消防员"
——访1988级校友俞志明

俞志明，男，1959年生，山东青岛人，1988—1991年博士就读于青岛海洋大学海洋化学专业。现为中国科学院海洋研究所研究员，博士生导师。国家杰出青年基金和国务院政府特殊津贴获得者，入选中国科学院"百人计划"、山东省"泰山学者"等；荣获"全国留学归国人员先进个人""全国海洋科技先进工作者"等荣誉称号；主持国家基金委创新群体项目、重点基金项目、联合基金项目，科技部重点研发计划，"863"项目等几十项，发表学术论文240余篇，出版专著2部，授权国家发明专利20多项，获得国家和省部级奖10多项。

主要从事近海富营养化与赤潮发生机制和防控方面研究，在有害赤潮应急处置方面取得了突出的成绩。创新性地提出了改性粘土治理赤潮的理论与方法，成功解决了天然粘土治理赤潮效率低、难以大规模应用的国际难题。研发出高效赤潮治理材料、制备出赤潮治理自动化设施设备、建立了规范化的现场实施模式，取得了赤潮治理领域的重大突破。该方法列入我国赤潮治理国家标准，成功应用于我国沿海从南到北的20多个水域，保障了滨海核电冷源水域、重大活动涉海水域、养殖旅游水域等水环境安全。2017年以来，该技术走出国门，在美国、智利、秘鲁等国家示范应用，被誉为"中国的赤潮灭火器""国际赤潮治理领域的引领者"，在国内外产生重要影响。2019年获得国家技术发明奖二等奖（第一完成人）。

9月的青岛，虽已立秋，风中仍夹杂着暑热。位于市南区南海路7号的中国科学院海洋所，与大海仅仅一路之隔，中国科学院海洋研究所俞志明研究员的办公室就位于最靠海边的办公楼上。

▎"我"与赤潮有话说

1991年，俞志明进入中国科学院海洋研究所做博士后。赤潮原本是海洋生态系统自我调节的一种自然现象，但随着人类活动的加剧，陆源污染越来越严重，近海赤潮发生的频率也越来越多，成为目前全球性的一种典型海洋生态灾害。俞志明说，当他进入这一行时，中国做赤潮治理研究的寥寥无几，但赤潮作为一种灾害，如何应急处置，却是当时一个亟待解决的问题。

20世纪70年代，日本科学家提出了使用天然粘土絮凝赤潮藻细胞的赤潮治理方法，该方法二次污染的风险小，但每平方千米就要用100～400吨粘土，存在效率低、用量大、淤积重等问题。面对这一国际难题，俞志明决定将其作为自己的研究对象，"我是青岛人，从小在海边长大，进入这个研究领域后，更是与海洋结下了不解之缘"。

此后，俞志明带着团队"穷追不舍"，20年如一日，通过理论模拟、室内实验和现场验证，在国际上首次提出了粘土表面改性理论，用人工手段改变天然粘土的表面性质，研发出更高效的赤潮治理材料——改性粘土。俞志明所在团队发明的改性粘土材料，大大提高了治理效率，原来每平方千米要用100～400吨粘土，现在平均每平方千米用量仅为4～10吨。

俞志明说："小水体的研究结果在大水体中不一定有效，只有靠现场应用来实践检验，才能够不断发展应用"。2005年，南京十运会前夕，玄武湖暴发蓝藻水华，俞志明团队应邀前来处理，这是他第一次带领团队从实验室走进现场。8月的南京，酷热难耐，俞志明带着学生天天工作在湖上，观察水体情况，有针对性地制备改性粘土材料，观察治理效果，一遍遍地测试，亲力亲为。经过30多天的奋战，最终消除了玄武湖蓝藻水华。

"这一管藻液有100毫升，但你能想象这里面有上千万个藻细胞吗？"俞志明指着桌上装有淡黄色浑浊液体的试管说。为了更加直观地展示治理效果，俞志明将改性粘土与水的混合液注入试管，不到5秒，试管内上层液体开始形成细小絮状物，并向下沉降，上层液体也随之澄清，随着絮状物的不断沉降，试管内更多液体变清，此消彼长，最终絮状物全部沉到管底，试管内的液体变得透明，整个过程仅仅需几分钟，"很多人看了感觉像魔术一样。"俞志明说。

见识过实验室内的"魔术"，现场的测试也很精彩。一艘小船行驶在海上，船上两侧分别伸出长管，像高压水龙头一样，持续不断地向海面喷射含有改性粘土的悬浮液。十几分钟后，原本已经被赤潮"染红"的海水以肉眼可见的速度开始"褪色"，半小时后，海面上漂着的浮游植物被改性粘土吸附着下沉到了海底，失去了光合作用的能力，逐渐死亡。

很长一段时间以来，俞志明团队的工作重点为拓展改性粘土治理赤潮的应用范围，改善山东沿海地区养殖水环境问题。他们与众多企业展开合作，旨在带动一个全新的涉海环保产业体系。团队根据不同应用场景设计生产大、中、小不同型号的现场作业机械，以自动化、半自动化提高现场作业效率，有效解决了人工喷洒效率低的问题。

▎走出国门，扎根实际

近年来，该技术成功应用于我国近海从北到南20多个水域的赤潮治理，并纳入我国沿海13省市应急处置预案。除了在我国广泛应用以外，这项技术也成为目前我国为数不多的走出国门的环保技术。

2015年，智利爆发了大规模赤潮，对其养殖业造成致命打击，造成10多亿美元的经济损失，并引发了社会动乱。2016年10月28日，智利鲑鱼联合会鲑鱼技术研究所总经理、智利经济部渔业与水产司环境保护专员等一行11人到中国科学院海洋研究所考察了改性粘土治理赤潮项目。俞志明说："当时智利首先考虑的是韩国技术，但是国际上一位赤潮权威专家建议他们一定要来中国看看，因为中国的技术做得更加成功。"

洽谈会上，改性粘土技术项目负责人俞志明研究员介绍了中国科学院海洋研究所在赤潮防治领域的系列研究成果，重点针对改性粘土治理赤潮技术原理、生产工艺和成功应用案例进行了详细阐述。

经过两天的紧张谈判，在前期充分考察基础上，智利Virbac-Centrovet公司与海洋研究所签署了独家代理合作协议，希望通过改性粘土技术，治理智利近海养殖海域有害赤潮，减少养殖产业的损失，这是改性粘土治理赤潮技术首次走出国门。"现在不仅是智利，美国、秘鲁、新加坡、马来西亚等也想用这个技术。当前赤潮是全球性问题，我们的技术已经成熟，我希望能够有更多机会，让中国的技术走出国门。"俞志明说。

前些时候，俞志明应国际赤潮研究领域影响力最高的专业杂志*Harmful Algae*主编的邀请，就改性粘土理论、方法与应用等方面发表了综述性文章，进一步提高了改性粘土技术在国际上的影响力。

"人生是一场马拉松，要用长线思维来对待，我的观点是择一事终一生，树立一个好的目标，并不断坚持，终有一天能创造出你的价值，这就是一个厚积薄发的过程。"以前该技术主要针对赤潮治理，下一步俞志明团队计划将该技术应用于其他水环境的污染控制与生态调控。

▌倾一腔热血，育桃李芬芳

在做科研的同时，俞志明也非常注重学生的教育。俞志明开设了一门课程，在每次上课前他都会认真备课，全身心地对学生进行培养。他对学生的科研指导非常耐心，对每件事情要求严格，对学生的生活也很关心。

"初次见面，便被俞老师学者的儒雅风范所吸引。如今已是跟随他学习的第9个年头。俞老师对科研严谨、务实、实事求是的科研态度更是令我钦佩。"中国科学院海洋研究所朱迦囡博士说。

"世间万般事，唯有做人先。只有人品好了，其他方面才会有更好的发展，才能为社会创造出更多价值。"俞志明是这样教育学生的，也是这样自我实践的。

对待科研工作，他十分严谨，注重实验的可重复性、实验数据的真实。不管是科研态度还是对科研方向的把握都有大格局。不管是实验室内部的资源分配还是学习上的指导，他都非常公平公正。教导学生，他从来不是纸上谈兵，而是言传身教、亲力亲为。为了更好地指导学生现场实验，即使只有一艘简陋狭小、仅能容纳几人的船只，俞志明依然坚持上船亲自示范。

他的课题组氛围很好，很团结，每个人都很阳光，扎实去做好每一件事情，没有过多地去追求文章的数量，而是踏踏实实地把自己感兴趣的工作做好。在他的实验室，有个传统是写周记，可以记录做实验时某个突然的想法，某个突然的问题或小发现，以及实验后的总结和思考。这样既能提升学生的科研水平，也能锻炼学生的写作能力。

采访的尾声，俞志明回忆起了在海大的岁月。最令他印象深刻的当属他的指导老师张正斌教授。在俞志明眼中，张正斌教授是一个很严谨的老先生，对学生要求非常严格，以身作则，每次学生答辩他都要西装革履地参加。在张正斌等老一辈科学家身上，俞志明体会到了朴素、严谨和脚踏实地。俞志明说："我愿意继续当好赤潮灾害的'消防员'"。

访谈 后记

择一事终一生，俞志明扎根于赤潮领域，潜心科学研究，不为眼前一丝成果而骄躁。十年树木，百年树人，我们从他身上学到的不仅仅是严谨细致的科研态度，还有脚踏实地的工作精神。

校友 寄语

热烈庆贺母校百年华诞！

谋海济国书锦卷，立言济世谱新篇。祝愿母校早日实现"到本世纪中叶或更长一段时间，跻身于特色显著的世界一流大学行列"的海大梦！未来的海大必将会在中国海洋发展宏图中，画下浓墨重彩的一笔。

——俞志明

（撰稿：2021级化学　何世伟；2022级化学工程与工艺　张镕浩）

学弟学妹 眼中的他 ——————

诚信，严谨，学而不已，不仅是他的企业文化，也是他毕生的追求。海大让他懂得了终身学习，注重积累；工院让他成为一名脚踏实地、严谨认真的工程人；老师的师德，让他领悟"大学"之道的真谛。他的远见卓识和与时俱进的精神值得我们学习。

房地产评估行业的不懈奋进者
——访 1989 级校友孙义科

孙义科，男，1970年生，山东威海人。1989—1993年就读于青岛海洋大学机械设计及制造专业。1998年考取房地产估价师证书，2001年青岛经济技术开发区房地产估价事务所改制成立青岛贝斯特房地产评估咨询有限公司，任执行董事、总经理，中国海洋大学校友会青岛西海岸新区分会秘书长。2008年入选青岛市征收评估专家委员会专家，2023年当选专家委员会副主任委员。

从机械专业本科生到房地产销售员、房地产估价师，再到自己成立公司，孙义科成功实现了专业转型。在他看来，大学让他具备了高效接受新知识的能力，也让他对自己的未来发展有了一定的规划。他时刻感恩、挂念母校，并一直积极参与校友会相关工作，凝聚校友力量，共谋母校发展。

▎求学之路，一念定乾坤

1989年，孙义科带着对知识的渴望和对未来的憧憬，从山东威海的家乡出发，踏入了大学的校门。他选择了机械设计及制造专业，希望在这个领域里能够实现自己的价值和梦想。

孙义科在平日的学习生活中时常关注国内外发展趋势。20世纪90年代初，中国正处于改革开放的浪潮之中，国家提出了"一个中心、两个基本点"的政策，即以经济建设为中心，坚持四项基本原则，坚持改革开放。这一政策的实施，为房地产行业的发展提供了强有力的支持，市场的需求日益增长，房地产行业迎来了前所未有的发展机遇。孙义科了解到了这一发展趋势，开始考虑是否应该调整自己的专业方向，以适应市场的变化。

经过深思熟虑，孙义科做出了一个重要的决定：从机械制造专业转向工业与民用建筑（工民建）方向，这是一条充满希望与挑战的道路，机遇与考验交织纵横。这并非一时冲动，而是在充分了解市场趋势和个人兴趣的基础上做出的决定。他意识到，工业与民用建筑专业不仅有着广阔的发展前景，而且能够更好地结合他的个人特长和市场需求。

在做出这一决定后，孙义科开始积极地投入新的学习中。他深知，专业转型并非易事，需要付出更多的努力和时间。他没有退缩，而是以更加饱满的热情和坚定的信念，投入新的学习中。他利用课余时间阅读了大量的专业书籍，参加了各种实践活动，不断提升自己的专业素养和实践能力。

作为一个生长在农村的孩子，孙义科渴望借助海大这一平台，去探寻前景广阔的未来。毕业后，他筹划着就业以减轻家庭的经济负担，并立志奋发拼搏，开创属于自己的一片新天地。孙义科对房地产行业的发展形势进行了深入研究，了解了该行业未来的发展趋势以及当时所面临的挑战。这些"功课"成为他坚定选择这条道路的内在动力。

孙义科坚信，无论前路多坎坷，只要怀揣坚定信念，付出坚持与努力，必能收获胜利的果实。毕竟，每一棵参天大树都曾是一棵小小树苗，而成功的果实，终将如约而至。

▌事业之征，一心向前进

对于本科为机械设计及制造专业的孙义科而言，要想在工民建行业有所成就，必须自主学习这方面的相关知识，而这也是他选择这条道路的第一道坎。在孙义科苦恼之时，海大给了他新的希望，海大工程系开设了一个工业与民用建筑专业的培训班，课程的主要内容就是工业建筑与民用建筑设计，所教授的正是孙义科所需的基本建筑学知识。于是，他报名参加了长达3个月的培训班。

当我们问到孙义科如何能够快速入门一个全新领域时，他是这样回答的："我能够快速领悟建筑学知识主要依靠的是我的学习方式方法。学习方式方法是海大教给我的一生受用的制胜法宝。"

回溯时光，孙义科踏进海大求学的初期，专业设施略显陈旧。当时孙义科的一位老师告诫大家："你们需要学会寻找知识的途径和方法，而不是仅仅掌握书本上有限的知识，因为书本中的内容已经过时。全新的内容需要大家去探索和研究。"这一观点深深地影响了孙义科，激发了他对多样化学习方式的追求，不再僵化地死记硬背书本上的知识。这对他后来跨越机械行业进入工民建行业也产生了重大的影响，让他在专业转型过程中即使作为一名新手也可以找到正确的学习切入点。

孙义科在工民建行业的第一份工作是做房地产销售员。此时，青岛的房地产市场逐渐崛起和发展。青岛积极推进房地产市场化改革，逐步取消福利分房政策，释放出大量的购房需求。作为房地产销售员的孙义科在面对挑战的同时，抓住机遇，及时了解市场动态和竞争，为销售工作做出相应调整。由于房地产行业竞争激烈，市场环境不断变化，为了能够更好地在房地产行业发展，孙义科报考了房地产估价师考试，并为此准备了两年时间。他借助在海大掌握的学习方式和方法快速弥补了工民建方面的专业知识，并顺利通过了考试。

2000年，孙义科再次抓住机遇，改制并成立了青岛贝斯特房地产评估咨询公司。当时正值我国城市化建设的全面推进阶段，孙义科改变公司原来的经营模式，加快企业转型，激发企业内活力，不断加强完善内部监督机制及评估产品质量控制体系，寻找业务来源，坚持每个评估项目现场勘察、现场拍照，所出具的估价结果的可靠性及权威性得到了同行业和社会各界的广泛认可。自2000年成立至今，公司先后独立完成各类评估项目8000余起，涉及建筑面积达120万平方米。

公司成立后，先后完成了黄岛区、崂山区、城阳区100余个村庄的拆迁评估工作。在孙义科的领导下，贝斯特公司严格执行《青岛市城市房屋拆迁管理条例》及相关法律法规，不断加强内部管理，秉持依法拆迁、以人为本的原则，恪守规范操作，信守承诺，推崇公开、公平、公正的价值理念，勇于创新、持续进取的工作态度打造了优秀的企业形象，精湛的技术和周到的服务赢得了客户的一致好评和信任。

▎与海之交，一片赤子心

孙义科在跨行期间的困惑与迷惘是每一个转型者都会面临的问题。然而，他并没有被这些困难所击倒，而是依靠着"大学之道"和大局观来战胜困难。在他看来，"大学之道"不仅仅是学习书本上的知识，更是一种人生哲学，一种面对困难时的思考方式。它教会他如何去分析问题，如何去找到解决问题的方法，如何在逆境中保持冷静和理智。

大局观则是孙义科在大学期间培养的另一种能力。他意识到，个人的发展离不开社会的发展，只有站在更高的层面去思考问题，才能更好地把握机遇，应对挑战。在面对困难时，孙义科能够从大局出发，看到问题的本质，一步步找到解决问题的关键。

孙义科坚信，通过不断学习和提升自己的工作能力，选择适合自己的平台，可以实现个人发展的提升。他认为，学习是一条无止境的道路，要有远见和大局观。在面对困难时，要牢记母校的教诲，持续学习，海纳百川。

作为前辈，孙义科对母校的学子们提出了建议。他希望同学们能够脚踏实地地学习，并树立成才的志向，为社会作出贡献。他强调了低头做事——脚踏实地，以及抬头看路——了解机遇并抓住机遇的重要性。他认为，只有将这两者结合起来，才能在激烈的社会竞争中脱颖而出。

孙义科的这些建议，不仅对母校的学子们有着重要的启示，对于每一个正在职场上奋斗的年轻人也有着重要的借鉴意义。他用自己的经历告诉我们，无论面临多大的困难，只要我们坚持不懈、勇于探索，就一定能够找到属于自己的道路。

目前，孙义科担任中国海洋大学校友会青岛西海岸新区分会秘书长的职务。他负责组织和协调校友活动，管理校友会的日常事务，维护校友之间的联系和沟通，推动校友会的发展壮大。在这个岗位上，孙义科发挥着自己的领导才能和组织能力，为校友会的发展作出了重要贡献。

在工程学院建置40周年之际，孙义科和其他校友一同参观了当年的工程学院旧址。那时的工程学院还只是工程系，只有一个小办公室，坐落于水产学院。旧址只有几间办公室，其中一间是工程系的办公室，还有几间用作工程系实验室。而如今，工程学院已发展成为以海洋为特色、人才培养与科学研究协调发展的高水平工科学院。

参观期间，孙义科和校友们不禁感慨现在工程学院的繁荣景象。他们了解了机电系的历史与现状，参观了机电系的实验室，并且看到了学弟学妹们参与的一些比赛项目，这些比赛和实验室活动都是他们上学期间所未曾接触过的。孙义科对学弟学妹们的综合素质印象深刻，由衷地感叹着长江后浪推前浪、一代更比一代强。

接下来，孙义科将与校友会的其他成员一起筹备母校百年校庆活动，为母校百年华诞贡献自己的力量。他希望通过这次活动，能够进一步凝聚校友的力量，传承母校的精神，为母校的发展作出更大的贡献。

孙义科的故事，是一个关于梦想、勇气和坚持的故事。他用自己的经历告诉我们，面对困难，只要怀揣梦想，勇往直前，就一定能够实现自己的人生价值。他的故事，激励着每一个正在奋斗的年轻人。

访谈 后记

孙义科学长始终牢记母校老师的教诲：书本上的知识会有落后的一天，但获取知识的途径和方法是确保自己不被书本知识限制的关键。他的这种大局观念和与时俱进的精神值得我们学习。当我们迈入社会之后，也要不忘初心，努力提高自己的能力，为社会的发展进步添砖加瓦。

校友 寄语

作为海大校友中的普通一员，首先，感恩母校，感恩工程学院，感谢老师们对我们的培养和教导，我们定将倍加努力，为母校增光添彩！祝老师们身体健康，祝学弟学妹们学业有成，早日踏上社会，发挥栋梁作用。

——孙义科

（撰稿：2021级自动化　贾晓菲　李佳诺）

学弟学妹 眼中的他 ──────────

几十年光阴似箭，岁月如梭，他以锐意进取之心不断钻研、不断深潜；他以踏实务实之心，深耕于祖国海洋捕捞事业。

择一事，终一生

——访1989级校友张天舒

张天舒，男，1971年生，吉林榆树人，1989—1993年就读于青岛海洋大学渔业工程专业。现任中国水产有限公司副总经理、总法律顾问。曾获中国水产有限公司"优秀先进工作者"及"优秀共产党员"等荣誉。大学毕业后投身于水产行业，曾被派往国外工作十几年，回国后仍心系水产行业，先后牵头完成金枪鱼围网捕捞、太平洋金枪鱼延绳钓、南极磷虾捕捞等项目。2017年后从事综合管理相关工作。

▌求学之路：遇良师益友

1989年，张天舒来到了青岛海洋大学海洋渔业系渔业工程专业求学。"当时大多数同学是调剂到这个专业的，但是经过几年的学习，大家逐渐喜欢上了渔业工程专业。"对比前几届，张天舒同届学生从事本专业相关职业的比例很高，接近百分之五十，有到高校任教的，有到国企任职的。教授张天舒专业课的老教授们都学识渊博，坚守在讲台一线，除此之外，院长和系主任也都对学生关怀备至。教学上，他们细心负责，心系每一位学生；专业上，他们能力过硬，在国内外享有盛名；工作上，他们朴实认真，脚踏实地投身科研。正是得益于他们的言传身教，培养造就了张天舒求真务实的工作作风。

"当时，老师们专业技术水平高，为人处世朴实。""朴实"二字，张天舒认为很符合渔业行业，"第一产业，没有一股精气神儿很难做下去。"张天舒回忆起自己当年的老师唐衍力老师、万荣老师、宋微波老师等。唐衍力老师是张天舒所在班级的班主任，像学长一样亲切。班里同学的关系也非常好，课余时间还会一起踢足球，放松身心。四年的大学生活因为有良师益友相伴，充满阳光和温情。

作为高考改革第一批可以双向选择工作的大学生，张天舒所在班级的同学多选择了从事专业对口的职业，例如生产加工、贸易，也都有相关的海上生产经验，在这个行业工作多年，班里的同学都互相支持，就像还在一个大集体里一样。张天舒在海上工作的那段时间，因为很多同学也在船上工作，大家会在海上时常碰到，即使打声招呼也格外亲切。

▍投身一线：扬朴实之风

大四学年的第二学期，张天舒开始了实践学习。为期一学期的实践经历，让张天舒坚定了本科毕业之后就到社会上工作的决心。1993年3月，张天舒明确了要在青岛的水产公司入职的职业规划。当时中国的远洋渔业正在蓬勃发展，不仅在国内，国外的项目也初具规模，中国水产有限公司有渔船在西非作业，因此每年都会招收一些相关专业的学生。同年5月份，中国水产有限公司在五家水产院校进行招聘。由于远洋渔业的需要，公司十分看重语言水平。当时的大学刚刚开始推广英语四六级考试，张天舒在校期间成功通过了六级考试。凭借语言以及专业背景的优势，张天舒成功通过了面试，并且在同年7月顺利入职。

1993年11月，张天舒被公司派往国外工作，在到西非之后的第二天晚上，便开始出海工作。非洲有一个国家叫几内亚比绍，现在行业内将它称为"远洋渔业的井冈山"。几内亚比绍项目是1985年中国远洋渔业走出国门的第一批项目之一。当时公司在西非已经拥有将近百艘渔船，张天舒就在几内亚比绍海上的船队工作。工作半年后，张天舒又被调到了运输船工作，在船上工作的这段时间里，他做过水手、分类员、质量员。刚上渔船的时候一般先从分类员做起，张天舒与其他海洋院校的学生一起做这份工作。分类工作特别烦琐而且有很多标准，分类员需要按照各种标准比如重量、体长来分类，一个晚上鱼的分类就会有几十种情况；而质量员需要在每一条船的货转过来之前做全面检查。1995年10月，张天舒从海洋回归陆地，来到塞内加尔项目担任船队队长，管理着26艘渔船。大概过了三年半，张天舒回到国内休整了一段时间后又被派到冈比亚、几内亚工作了将近6年。2004年10月，张天舒以几内亚代表处副代表的身份回国，结束了他十多年的海外工作。

回国后，张天舒先后参与金枪鱼围网、太平洋金枪鱼延绳钓、南极的磷虾捕捞等项目的创建和发展。2009—2017年，张天舒先后负责了有关航运、软件、捕捞技术、船舶装备等项目。2017年，张天舒成为公司的总经理助理和总法律顾问，开始做综合管理方面工作。回顾自己的工作经历，张天舒感慨道："能在这个行业做下去的人，思想上都有一股韧劲，从不会思考这个事要不要干，而是踏实认真地去做好每一件事。"

谈到"中水"（原名中国水产总公司，现为中国水产有限公司），张天舒非常自豪，"从1985年到现在，'中水'一直是全球规模最大的水产企业之一"。从船舶数量、总吨位、捕捞产量、全球布局来看，"中水"的规模很大。"中水"后来分成了三个板块，一个是张天舒所在的中国水产有限公司，另外两个分别是中水集团远洋股份有限公司和中国水产舟山海洋渔业有限公司。

▌力学笃行：将眼界开阔

在开始接手综合管理相关工作后，张天舒认识到管理一个项目需要涉及方方面面的知识，本科学到的专业知识是远远不够的，需要涉猎更多管理、经济、财务相关的知识。因此，从国外回来后，张天舒便前往北京邮电大学攻读项目管理专业硕士。结合自身专业优势和项目管理相关背景，张天舒管理起项目来得心应手，财务、法律、人事等工作都能够胜任。因此，张天舒也建议我们在大学学习期间充分利用各种资源，除了学习本专业的必修课程外，可以多修读一些法律、财务之类的课程丰富自己，利用大学的宝贵平台以及大学时期的宝贵时光多尝试、多学习，成为一个多方面发展的人才。例如，可以多学习一些不同学科的知识，多掌握几种语言等，这些都会为自己今后步入社会工作打下坚实基础。

在解答同学们关于专业就业面窄的问题时，张天舒强调了实践出真知，不要把自己的路走窄了，要用开放的眼光看待自己未来的发展。他直言"工作中做事不仅仅是看专业背景"，面试时，领导们通过简历就已经知道大家的专业基础和专业背景了，但实际上社会工作中更注重的是实践能力和动手能力。企业所面临的问题不仅仅聚焦在一点，而是多方面的，因此，在工作中，除了专业背景之外，综合能力也会帮助解决很多问题。张天舒建议我们，在大学期间可以利用假期时间或者学校提供的实习机会多去企业实践，主动去了解这些企业的运作模式，总结其在发展过程中一些好的和不好的因素，将自身所学的专业知识利用到生产实践中去，"学思践悟到一些企业的实践经验，这是提升自己的最好途径"。

▌心系母校：展校友情谊

"每次去学校，都会和老师们相聚，然后再了解一下学校最新的发展情况。"张天舒饮水思源，不忘母校培育之恩。哪怕毕业多年，张天舒和同学们还会定期相聚在一起，或是聊一聊彼此最近的发展，或是回忆一下在大学时候的青葱岁月，来自天南地北的同学让张天舒在大学四年的生活中收获了宝贵的友情。

四年的大学生活对张天舒影响很大。张天舒回忆说母校的校风、教风和学风令自己受益终身。在踏上工作岗位和来自不同院校的同行沟通交流后，张天舒明显感觉到海大在基础教育上的重视，扎实的专业基础和能力素质让海大毕业的学子踏入工作岗位后处理事务时更加得心应手。

张天舒发现年轻一代更热衷于公务员、事业编等岗位，但是水产行业需要新鲜力量的注入，年轻力量的加入能让中国水产行业更具活力。因此，张天舒利用自己的校友身份，为公司与母校合作牵线搭桥，加强企业与高校之间的联系，鼓励更多的年轻水产人投身水产行业。2015—2020年，中国水产有限公司在中国海洋大学设立"中水创新实践教育基金"，用于奖励水产学院和食品科学与工程学院的优秀学生。

访谈 后记

张天舒校友十分健谈，访谈时，他幽默的话语、爽朗的笑声感染着我们。"踏实"是本次访谈中张天舒校友提到最多的一个词。做海洋渔业，靠的就是一颗踏实质朴之心，一步一个脚印，方得始终。

校友 寄语

希望同学们更加注重实践，踏实学习；工作后，要学会结合专业的优势，学会吸取经验。母校的水产学科是全国领先的，希望水产学院能加强与行业的紧密衔接，增强与企业的互动和合作，利用企业的平台，加强各方面的研究。此外，希望学校更注重学生综合素质的培养，深入和强化的专业课内容，在专业设计方面，可以拓展侧重点，除了资源和技术，可以往装备方向拓展。最后，祝福母校百年华诞！

——张天舒

（撰稿：2020级海洋渔业科学与技术　姚雨岑；2022级水产养殖学　张圣睿贤）

学弟学妹 眼中的他 ————————

谦卑如溪水，不以才地矜物。

兴趣引航，谋海兴邦

——访 1989 级校友张天遨

张天遨，男，1971年生，山东青岛人，1989—1993年就读于青岛海洋大学计算机应用专业，现为青岛高新区投资开发集团有限公司总经理。参与制定海洋观测复杂精密仪器的结构规范国际标准，该标准于2017年发布，2022年开始在海洋物联网领域得到广泛应用。参与并大力推动科技部立项审批的与国家大学科技产业园合作的青岛市未来产业海洋物联网的核心园区项目，为地方经济、高校成果转化、创新创业人才培养作出贡献。

秋日的暖阳洒进会议室里，我们见到了刚刚参加完两场集团会议的张天遨。我们围炉而坐，听他分享大学时代温暖有趣的经历，一部久经岁月却仍旧生动多彩的"海大印象"纪录片，在他的分享中逐渐清晰地呈现在我们面前。

▌怀梦前行，笃志钻研

早在初中时期，张天遨就对计算机有很强的好奇心。"记得那年，我们去一个博物馆参观，有一位来自我国台湾的导游问我们大陆的游客是否使用过8位CPU。随后导游又详细地为我们介绍了近年来计算机领域的发展。回到家后，我的脑海中不自觉地反复回想起这段经历，它给了我很多启发。"自此之后，张天遨慢慢开始对计算机着迷，而学好计算机需要很好的数理基础，从小就是"学霸"的张天遨更加注意打牢自己的基础。同时，他开始不再满足于课堂老师传授的知识，积极报名多项学科竞赛。通过这些竞赛，他不仅锻炼了自己解决问题的能力，还结识了一批志同道合、有着卓越才华的同学。功夫不负有心人，最终，他被保送到青岛海大攻读计算机专业。

本科时期，张天遨成功找到了人生的引路人——郭忠文教授。在郭忠文教授的悉心指导下，张天遨学思并举、举一反三，在理论学习和动手实践中，逐渐深化了对计算机领域的理解，也让他更坚定了要在这一领域不断深耕的决心。在谈及郭老师时，张天遨的眼中闪烁着感激和敬仰。"郭老师可以说是汇编语言领域的专家，也是我科研道路上的引路人。我后续选择继续攻读工程硕士和工程博士学位，也是受了郭老师的深远影响。"郭老师不仅传授专业知识，更塑造了学生的品格和人生态度。张天遨认为，大学这段求学经历是他人生中最宝贵的财富之一。"在我的人生中，青岛海洋大学是我最难忘的地方。"张天遨真切地说。

追随梦想从来不是一路坦途，张天遨求学的时候条件很艰苦，经济状况也不乐观，但他怀着一颗炽热的心，真正地把自己的兴趣转化为推动个人成长和发展的强大引擎。对比现在学生面对专业选择时的纠结，张天遨深有感触："家长们通常都希望孩子能够在大学时选择一个热门专业，但是如何选择还是要取决于个人兴趣。"他认为，不论选择哪个方向，最关键的是终身学习、高度的自律性和前瞻性，而这些品质都源自于始终如一地对兴趣的追求。

▌未雨绸缪，心存远志

张天遨认为，当面对工作中的机遇或挑战时，我们应当提前做好准备，保持积极心态，持续地学习和提高。计算机行业经常出现技术的爆炸式飞跃，张天遨曾不止一次地感受到，计算机领域迅猛发展，信息技术日新月异，年轻一代逐渐崭露头角，而自己有时可能感到力不从心。在面对这样的局面时，张天遨从未止步不前，他认识到自己需要及时调整好心态，不断主动去适应行业的发展，并随时准备迎接新的挑战。面对时代发展的冲击，他不仅没有退缩，反而更加努力地学习新技术，紧跟科技前沿，与时俱进。

后来，张天遨从技术岗位转向管理岗位。新的岗位，新的工作内容，又是全新的挑战，他选择迎难而上，并在学习提升中总结思考，形成了自己独到的见解。对他而言，成功的管理不仅需要不断学习和提升管理技巧，还需要逐渐培养通用的管理技能。他坚信个人管理技能的提升也是一个渐进的过程，他深知，管理的复杂性需要更广、更深的知识储备和更多的技能。因此，他主动寻求各种学习机会，在实践中积累经验，以更好地胜任管理岗位。

▌感念母校，谋海兴邦

提到母校新建成的西海岸校区，张天遨非常激动。他对西海岸校区为学生们提供的良好的学习环境表示了高度的认可。西海岸校区举办百年校庆与校友企业总部建设基地启动大会活动时，张天邀也应邀到场。漫步于学习综合体大楼，沉浸于现代简洁的建筑语言与富有科技学术气息的整体氛围，感受图书馆海量的馆藏资源，张天邀想拿起一本书坐下来潜心阅读，感受一下不同于自己学生时代的学习氛围。参观58创新创业工坊时，张天邀逐个参观并询问学生的装备演示和项目讲解，参观结束后，他不由地感慨："真是想都不敢想，当时我们要有这个条件，那我们那批人得比现在牛得多！"

"图书馆那边的设计也很令人印象深刻。特别是那些蜂巢状的结构，还有隔音效果。信息南楼、信息北楼以及相匹配的硬件和软件资源，真的给人一种世界名校的感觉！"张天邀在分享其学习和生活时，多次提到海大与信息学部对他的培养，自己无疑是信息学部发展历程中的一位受益者。如今在西海岸校区看到信息楼崭新的设备以及丰厚的资源，令他颇有感触。

张天邀格外关注高新区中国海大创新产业园的建设，他希望产业园能够为母校的科研团队提供更多支持和帮助，加强孵化能力，充分利用国内外的资源和合作机会，尽早将母校的成果转化为产业，特别是智能制造和高科技产业。通过合作、支持和服务，形成一个闭环的创业和产业化生态系统，为青岛、母校未来的发展作出更大贡献。

▌良师益友，诲尔谆谆

张天邀非常关心青年学子的成长，在一次回访母校的活动中，张天邀遇到了一位大一的电子信息专业的志愿者，在活动间歇他亲切地询问志愿者一些关于大学生活的情况、认知和思考，例如她是否每天都与家人通电话，如何适应青岛不同的天气状况和如何在食堂选择餐点。张天邀告诉这位同学，在大学生活中一定要积极主动，因为会有许多新的规则和挑战，需要不断适应。同时在学习方面，张天邀着重强调了数学的重要性，无论学习什么专业，数学都是基础。要专注于打好专业基础，不要只追求填空式的知识。

张天邀也极为认真地告诉我们，大学时期是年轻人接受高等教育、培养自我核心能力的黄金时期，最重要的即是保持终身学习的习惯。在计算机领域，年轻人更容易尝试尖端技术。随着年龄的增长，新科技不断涌现，需要时刻保持学习的态度。张天邀在求学生涯中，也曾深刻地感受到许多实际问题往往不局限于单一学科，而是需要综合不同领域的知识来解决。因此，他建议年轻人在学习计算机时，不仅要掌握专业知识，还要学习如何将计算机技术与其他领域相结合，实现学科交叉。

访谈最后，张天遨向我们介绍了一些集团拥有的平台资源，并说可以将这些优秀的平台无偿提供给中国海大学子使用。这些平台涵盖了多个领域，包括海洋物联网领域、控制自动化领域、网络安全领域、通信网络领域等，并且提供了配套的资源支持。提到这些优秀的国产平台时，张天遨眼神中充满了坚定和自信，因为这些优秀的国产平台是我们国家技术进步的象征，更是我们民族自豪的源泉。

访谈 后记

通过访谈，我们看到了一个勇于追寻、不断奋斗的榜样。人生的路很长，不必拘泥于眼前，而是要随时调整自己的方向，根据兴趣和优势去开拓新的领域。张天遨在访谈中告诫我们，一定要洞察内心深处的梦想，明白自己向往何方，及早谋划人生道路，以免岁月流转，留憾于未来。

校友 寄语

祝母校百年华诞生日快乐，祝学部发展越来越好，也希望在学校、学部领导和老师们的指引下，通过一代又一代年轻的中国海大学子的不懈努力，我们能够在向海图强的道路上取得更加辉煌的成就。

（撰稿：2022级大数据技术与工程硕士研究生　王文栋；2022级计算机科学与技术（中外合作办学）　杨睿祎）

学弟学妹 眼中的他 ————

　　未出茅庐为潜龙，遍巡银河仍虚心。作为天文仪器领域之桢干，他扬帆举棹，航向天文事业新征程。屹立南极之巅，仰望宇宙之广，问天求索，穷尽无极。大道不言，静水流深，身披光环，然不忘勤勉耕耘，行必踏实，终成硕果。抱朴怀谦，旁者观之，可慕其笃实之风，亦可仰其业峻鸿绩。

渺观宇宙，卑以自牧

——访1989级校友宫雪非

　　宫雪非，男，1972年生，安徽含山人，1989—1993年就读于青岛海洋大学机械设计与制造专业。现为中国科学院南京天文光学技术研究所所长、博士生导师。他是天文领域的杰出研究员，专攻望远镜结构设计与分析，涉及大型望远镜和南极天文仪器。参与国家重大科学工程 LAMOST 项目，贡献37块1.1米子镜系统和全螺栓节点大望远镜支撑框架。从事南极望远镜研究，参与设计南极巡天望远镜 AST3 和 KDUST，并参加中国第25次南极科考。

　　天文仪器是研究天文的基石，作为窥探宇宙的前沿科技，高精度、高分辨率、广泛适用的天文仪器无疑是探索宇宙奥秘的重要工具。若是没有天文仪器的支撑，人类面对璀璨群星，既如井底之蛙，难窥得星空一角，又如河伯治海，只得望洋兴叹。

　　宫雪非便是当下天文仪器领域的建设者，他所做的便是让天文学家的"眼睛"看得更广、更深、更细。"没有可以一劳永逸的仪器，只能根据需求设计。"宫雪非的话简单有力，"做工程的，就要落到实处，做到实处"。

　　今天，宫雪非将他的修远之路与我们娓娓道来，让身为后学的我们感悟他上下求索的精神。

▍朱颜绿发，锦瑟年华

1972年，宫雪非出生于安徽的一个教师家庭，家庭的熏陶让他养成了对读书的热爱和乐于研究的性格。顺利完成高中学业后，他亦与其他学子一般，面临着人生中第一个重大抉择。也许是书籍的熏陶开阔了眼界，抑或如他自己所说，青岛有一丝浪漫。对于30多年前的小伙子来说，最后的选择像是冥冥之中的天意。

青岛海洋大学，"青岛"代表兼容并蓄的文化品格，"海洋"则代表未知的广博世界，"大学"更是研究高深学问的自由学府，这对于宫雪非来说都是令他向往的美好之地。在最美好的年纪，去最美的地方学习，何其令人神往。

但宫雪非的浪漫是内敛的，于他而言脚踏实地更有意义。青岛海洋大学带来海洋的浪漫气息，而对于专业他则倾向于实践。他说工科是他唯一的选择，至于是机械还是电气则交给命运决定。

如愿以偿，宫雪非在机械设计及制造专业开始了四年的学习生活。或许是由于初来乍到的不适，又或如他所言，由于把高考当作任务，完成后有所懈怠，他的第一学期就在懵懂中度过，在学业上并不出彩。但他迅速调整，在良师们的悉心培养和帮助下，渐入佳境，虽不能出类拔萃，却稳居中上游。说起这些，宫雪非回忆起一些任课老师，正是他们的耳提面命才造就了宫雪非一路稳中向好的成绩和过硬的专业素养。

四年本科时光中，宫雪非也曾遇到过学习上的困难，但好在学校有一批诲人不倦的老师。起初他的数学成绩并不理想，勉强及格，时任高数课程教师的卢老师，每周都会抽出晚上的时间为学生补习微积分等重难点板块。也正得益于此，宫雪非的数学成绩一路跃升，终于到了八九十分的优秀水平。对于大学新生来说，除了数学这样有一定难度的基础学科之外，专业课也是全新的挑战。一切都是从零开始，因此一位如时雨春风的良师显得弥足珍贵。宫雪非回忆道，教授画法几何与机械制图的黄老师给了他很好的启蒙，直到今天，当时学到的知识仍是他工作中趁手的工具。这些老一辈的教育工作者，捧着一颗心来，不带半根草去，终是育出万千桃李。

宫雪非的大学青春，似盎然春日，肆意洒脱又生机勃勃，但他总将过去看得云淡风轻，只着眼于当下。被问及兴趣爱好时，他笑着说自己就唱唱歌、搞搞团建，将鲜衣怒马的少年生活一句带过。无意中提到工程学院的史宏达老师，才知晓当时宫雪非与他一起组成了乐队，宫雪非是乐队主唱，甚至斩获校园十大歌手的殊荣。

宫雪非也始终是学生工作中积极的一员，大二就加入了中国共产党，班委、团委、学生会，处处都有他活跃的身影。他担任学生党总支副书记，兼任学生会副主席，数个暑假都奉献给学校，留在青岛做社会实践工作，也因此结识了许多良师益友，与他志同道合的好友们如今也在各自的领域熠熠生辉。

回忆求学时的星星点点时，宫雪非总结道："海大文化就如青岛的海派文化，又兼具齐鲁文化特色，开放包容而又敦本务实。"在这里既有博雅的学究，又有前卫的新人，百花齐绽放，累土筑高台，海大学子就这样于潜移默化之中濡养性情。

▎志之所趋，无远弗届

中国科学院南京天文光学技术研究所位于南京一处幽静的老街，隐于小山，林荫环绕。一进办公楼便是宫雪非的办公室，对于为何办公室不在顶楼，宫雪非解释道："研究所最重要的是搞研究、做实验的人，搞行政的随便安排一下，方便做事就行。"

那时的研究所尚称为中国科学院南京天文仪器研制中心，宫雪非在此得到的第一份工作就是做编码器。编码器承载测量运动和信号反馈的功能，直接影响仪器的自动化。而当时高精度的编码器制造技术被国外牢牢卡死，进口的成本极高。因此，将这一关键器件国产化的重任落到了宫雪非身上。在老专家的带领下，他们成功完成了任务，实现了国家科研自主权的扩张。

当时，研究所仍采用传统的绘图方式——图板手绘、硫酸铅纸描摹，而宫雪非曾学过用286电脑进行计算机绘图。有此经历，部门领导也对他十分信任，斥5万元巨资购置了一台386电脑，交由宫雪非使用。借此机会，研究所的绘图技术进行了一番革新，由传统的手工绘图向新式计算机绘图转型。

一路披荆斩棘，宫雪非兢兢业业地完成了所有工作任务，与此同时，他并没有放弃学习深造。1997年，宫雪非如愿考上了所里的研究生，遇到了从海外回来建设祖国的院士导师。在研究所的这一时期，他工作之余去周围大学上课，补足了本科学习中涉足未深的光学等学科，也继续深耕学术，参与导师的项目。经年累月的刻苦积淀为他打开了科研世界的大门，于是便有了后来的故事。

▎能文善武，举重若轻

有了几年的工作基础后，宫雪非开始进驻重大项目。身居斗室，他参与研究大口径兼大视场光学望远镜的世界之最——郭守敬望远镜（LAMOST）；远赴"人类不可接近之极"并共建高标——南极昆仑站（冰穹A）。

大天区面积多目标光纤光谱望远镜LAMOST是国家重大科学工程项目，宫雪非负责其球面主镜部套研制。对于机械出身的他而言，光学、天文等都是他从未接触过的领域，可天文学家们有需求，国家科技发展有需要，他就得拿出相应的设计方案，于实践中精进，砥砺前行。关于他的工作，宫雪非总结道："每天要像一个机器一样，不停地运转，一直学、一直用、一直干，越用越好，成长也会越快。"

南极大陆具有独特的地理环境和丰厚的蕴藏资源，向来是世界科学考察的要地，而位于大陆之中的内陆站更是需要科考队勉力"攀登"且条件恶劣。

2008年12月，一支由28人、11辆雪地车、44个雪橇、600吨物资组成的队伍出发了，他们便是昆仑站的首批建设者。宫雪非就在其中，他是第25次南极科考队里唯一的天文工作者。

途中他们遇到的最大的问题便是货物运输困境，载具运量不足以支撑数量庞大的物资。而融化的冰雪十分脆弱，往往会吞噬宝贵的物资。然而科考站的建设离不开这些物资，科考队不得不以两辆卡特车为一组，创造出一种交替拖载、来回穿梭的运输方式，终于以损耗三辆卡特车的代价平安抵达冰穹A。但任务才刚刚开始，在这海拔4000多米的冰穹A地区，低于零下40℃的极寒天气屡见不鲜，高海拔带来的低压低氧环境同样考验着每一个内陆冰盖考察队队员。

作为天文工作者的宫雪非也身兼多职，在多位队友的协助下，修复了几近损毁的发电仓，维护了多套天文仪器。在宫雪非和其他科考成员的共同努力下，天文设备实现全年无人值守越冬运行（最低气温达零下89.3℃），昆仑站一期建设任务也顺利完成。值得一提的是，这些仪器里也有他自己参与设计的我国第一台南极小型光学望远镜阵CSTAR——"中国之星"。当"中国之星"屹立在冰穹A上，五星红旗猎猎作响，满天星辰与之交相辉映，"为国争光"一词具有了沉甸甸的重量。

自此，中国成为世界上极少数拥有南极内陆科考站的国家之一。

▎且听风吟，浪静波恬

辗转间，宫雪非已毕业30多个年头。这些年他曾走过熙熙攘攘的街道，也攀过人迹罕至的高山，但初心未变，步履不停。交接棒递到了手上，责任的担子更重了。学术上，既要继续推动天文仪器领域的科学发展，又要将知识传承给下一代；事业上，作为研究所的领导，肩负着的已不只是一个人的责任了。唯有不断向前，为国家科技事业的自立自强继续攀登高峰。

然而在埋首案牍之外，宫雪非的生活简单而恬静。他的活动范围并不大，"家—研究所"两点一线，偶尔陪妻子逛逛公园就算放松娱乐，更多的精力仍然放在做研究上。在宫雪非身上，我们能看到勤劳、勇敢、脚踏实地的精神，也能学到中庸、中正的儒家风范。宫雪非一再提到自己"只不过是做自己的工作"，而所谓"按部就班"的人生态度与工作方法，恰恰造就了他不凡的功绩。

仰观宇宙之大，俯察品类之盛。宫雪非保持着自己的步调，一步一个脚印地前行。任尔风吟，他浪静波恬、谦和踏实的性格从未改变。对他的学生，宫雪非提出了"聪明、主动、勤奋"的要求，但最重要的"先修课"却是"学会做恰当的中国人"。宫雪非言传身教，将知行合一内化于心、外化于行，"恰当"地为中国天文仪器事业发展贡献了一份不可或缺的力量。

访谈 后记

与宫雪非学长接触的半日里，我对"君子欲讷于言而敏于行"这句话颇有感触。总听闻"上善若水"，这"水"为何物？在学长这里，我仿佛知晓了。水为天下溪，细流却又连绵不绝，因而常德不离，兴许这就是学长总能抱着赤诚之心治学行事的原因；水亦润万物，与学长的交谈令人如沐春风，受益良多。

校友 寄语

在母校建校100周年之际，祝福母校越办越好。祝福工程学院以工程学科的发展推动海洋强国建设。祝福母校的学子茁壮成长。

——宫雪非

（撰稿：2022级港口海岸及近海工程　胡云韬）

学弟学妹 眼中的他 ——————

漫漫春秋，风雨年华，在机器人研究领域，他呕心沥血、毕生奉献。一支粉笔，三尺讲台，四季坚守，育桃李万千。他诲人不倦、孜孜以求，始终站在教书育人一线，为莘莘学子指点迷津。他将科研与教学紧密联系在一起，实现着"科研为教学赋能，教学为科研蓄力"的美好愿景。

教学研融会贯通，为机械久久为功

——访1989级校友郭为忠

郭为忠，男，1970年生，安徽合肥人，1989—1993年就读于青岛海洋大学机械设计及制造专业。现为上海交通大学机械与动力工程学院重大装备设计与控制工程研究所长聘教授、博士生导师、党支部书记。作为微科研训练教学法的提出者和倡导者，他以科研为基石，坚持不懈地进行教学工作，主讲课程设计与制造Ⅱ被列为国家级一流本科课程和教育部课程思政示范课程，多门课程列入上海市精品课程和优质在线课程。作为一位科研工作者，他始终走在学科发展前沿，主持国家自然科学基金重点项目、国家重点研发计划项目等，在机器人机构学理论和工程应用研究方面取得重要成果，多次荣获重要奖项，并入选教育部新世纪优秀人才、教育部课程思政教学名师、上海市课程思政教学名师。

自1989年进入母校学习机械专业伊始，学习、教学、科研汇成了郭为忠的人生之路，他从未停止对机械事业的探索，从青葱少年、风华正茂到"知天命"之年，从学生、学者到导师……年龄的增长和身份的变换丝毫没有削减郭为忠对机械事业的热爱，反而使他心中那个为机械事业而生的齿轮转动得更加敏捷欢快。

郭为忠深耕机械事业的30余年历程何尝能用三言两语说尽？前辈侃侃而谈，后学侧耳聆听，两代工程人真挚的交流中，他那不平凡的人生，显得愈加饱满真实……

▌求学之初：相识、相知到深爱

郭为忠自幼时起便对数学和物理产生了浓厚的兴趣，俗话说，兴趣是最好的老师，持之以恒的热爱和坚持不懈的努力让他的成绩始终名列前茅，出色的成绩坚定了他学习数学和物理的决心。高考填报志愿时，郭为忠希望在大学里继续学习与数学和物理相关的专业。而在通信尚不发达的20世纪80年代末，学生对于大学专业的了解甚少，因此郭为忠和家人只能捧读高考填报志愿指导手册，精心选择兼有数学、物理学知识的专业。最终他选择了机械设计及制造专业，并顺利进入青岛海洋大学，开启了难忘的四年大学生活。

那时候，绝大部分学生追求"教室—图书馆—宿舍"三点一线式的大学生活。然而，郭为忠却不同，他坚持课程内容在上课时就应差不多全部弄懂，课下额外做些作业进行巩固，对课程背后蕴含的专业机理进行深入思考，并与实践有效结合、融会贯通，做到"学会、学懂、弄通"。这样的学习方法和习惯赋予他很高的学习效率，因此也就有了更多可支配的时间。课余时间，郭为忠有时会选择和朋友们一起外出游玩、看看录像。热爱唱歌的他也从生活费中攒钱买了台单放机，放放磁带，听听喜欢的歌曲——那段时光令他至今记忆深刻。结束母校的四年本科学习生活，郭为忠以专业第一的成绩和优秀毕业生的身份毕业，继续在东南大学攻读硕士学位，在上海交通大学攻读博士学位。

通过对机械原理、机械设计等专业课程的深入学习，郭为忠对机械这一行业更加了解，渐渐感受到机械的魅力，坚持在这一行进行深入研究。郭为忠建议后学们，既然选择了自己的专业，就要坚定不移地走下去，努力在这个领域内发光发热，正所谓"学一行，干一行，爱一行"。学生之时，郭为忠全力学习专业知识，在科研院校浓厚的学术氛围中成长；迈出象牙塔后，郭为忠于上海交通大学任教，继续在机械领域发光发热。

▌科研工作：始终走在时代前列

科研的进步需要站在巨人的肩膀上，要搞科研，就要先把前人的知识学好。"不要'书到用时方恨少'，所学课程知识是我们解决问题的工具，一定要学会、学懂、弄通"，把地基夯牢，高楼才可能盖好。郭为忠带领团队研究现代机器与装备的机构创新设计理论，提出了用于装备机构创新研发的特征溯源型综合理论方法，出版了学术专著，并将理论知识运用到现实问题中，攻克多项关键技术，推动项目顺利落地，促进了机械工业的发展。

2023年5月28日，国产大型客机 C919 从上海虹桥飞抵北京首都国际机场，首航成功。这标志着 C919 走通了设计、研制、取证、首航的完整环线，完成了"成人礼", 正式投入商业运营。这也标志着中国的蓝天终于有了自己的大客机。飞机发动机是整架飞机的"心脏", 其重要性不言而喻, 但略显遗憾的是大飞机还缺少一颗"中国心", 研制我们自己的飞机发动机显得十分迫切。大飞机的发动机结构复杂, 涉及众多技术子系统, 设计与制造异常困难, 拥有这项技术的国家少之又少, 且核心技术全部被封锁。所有人都清楚地认识到这项工作必须有人来做, 国之重器当不破不立! 彼时, 在上海交大的郭为忠带领团队接下了某技术子系统复杂机构自主设计技术及软件研发的艰巨任务, 此后的几年, 他们废寝忘食, 不断查阅资料, 大胆创新, 提出全新的设计思想和优化方法。功夫不负有心人, 在郭为忠及其团队的不懈努力下, 最终成功攻克该项难题, 为国产飞机发动机自主研发作出了自己的贡献。相信在不久的将来, C919 就能用上我国自主研制的飞机发动机, 实现我国航空制造业的重大历史性突破, 将标志着我国在创新驱动、产业升级上取得时代性成果。

郭为忠在自己的领域持续发光发热, 以自身扎实的专业知识为国家铸就钢铁强盾。在投身科研事业的同时, 郭为忠更希望能将科研精神传递下去, 激励更多的追梦人, 为国家培养出解决"卡脖子"问题和研究"无人区"领域的中流砥柱。

▌工作之初: 一颗心影响另一颗心

郭为忠不仅是一位科研工作者, 更是一位教书育人的教师。

在郭为忠心里, 科研的本质是用创新性思维去思考问题, 得出新的结果。他将科研与教学紧紧联系在一起, 二者融会贯通, 在教学过程中融入自己的科研成果, 讲授一些自己做科研的感悟, 传授一些科研思维, 在更多学生心中播种科研的种子。

谈到为什么选择成为一位教师时, 郭为忠回答道: "我在母校感受到的浓厚学风, 让我十分向往成为一位教师, 从而影响更多的学生, 让他们成为行业的排头兵。"在工作中, 郭为忠发现他的个性磁场与教师的工作环境极其契合, 学生们天马行空的想法会给他很多的科研灵感, 这让他更加坚定地选择了教师这个职业。工作之初, 郭为忠发现自己对专业知识外的东西几乎"一窍不通"。为了更好地教学, 他前往国外深造, 深入学习教育学、心理学等学科。学成归来后, 他在讲学过程中发现中国学生的科研思维较国外学生有些薄弱, 对于他提到的科研项目了解甚少。他开始反思自己的教学工作, 并作出改变。期间, 郭为忠在空闲时间去旁听其他老师的课, 发现该问题普遍存在。经过一段时间的观察和尝试, 他将实际教学情况与先进的教育学理论有机结合, 形成自己的一套教学法则——微科研教学训练法, 即以科研为底蕴进行授课讲解, 培养学生的科研思维。

工作20多年来，郭为忠始终坚守在教学一线，教学成果突出。他的微科研教学训练法效果显著，在许多机械学子心中种下科研的种子，甚至有些已经开花结果。郭为忠经常带领本科生队伍参加竞赛，并摘得累累硕果。所带本科生中，部分学生发表了高水准学术论文。他带领本科生连续四届参加并获得了国际大学生机械原理奥林匹克竞赛（SIOMMS）个人和团体的金/银牌。同时，他在教学方面斩获诸多奖项，曾荣获高等教育国家级教学成果奖、宝钢教育奖、霍英东教育教学奖等诸多重要奖项，在科研和科技成果转化方面紧跟时代，不断创新，为机械行业发展作出重要贡献。

作为一名优秀教师，郭为忠毫无疑问将其职业做到了极致。但是，郭为忠很少高高在上地一味说教，而是经常以朋友的身份与学生开展思维交流，在学生中备受欢迎，深受爱戴。教学过程中，郭为忠深切地感受到青年学子蓬勃的创造力，他坚信在微科研教学训练法的帮助下，会有更多的学子走上科研之路，成为行业发展的中流砥柱。

郭为忠一心治学，相继主持和完成国家自然科学基金、国家重点研发计划、国家"863"计划等多项科研项目，研究成果卓著：获中国机械工业科学技术奖特等奖、高等学校科学研究优秀成果奖自然科学奖一等奖等诸多重要奖项，发表SCI/EI论文100余篇，获得国家发明专利授权近60项，出版《现代机器与装备的机构创新设计——特征溯源型综合理论及应用》《空间大型桁架结构的人机协作装配及应用》等专著和合著5部，培养博士、硕士近80名。2010年入选教育部新世纪优秀人才，2016年被聘为上海交通大学长聘教授，2021年评为教育部课程思政教学名师，2022年评为上海市课程思政教学名师。他还担任了中国机械工程学会机械传动分会副总干事、IFToMM国际机构与机器科学联合会中国委员会副主席、机构学领域国际顶刊 *Mechanism and Machine Theory* 期刊副主编，以及全国机械原理教学研究会副理事长、IFToMM常设教育委员会委员等学术组织职务。

郭为忠校友的故事到这里远远没有讲完。在他心中，他希望自己是一个齿轮，在机械事业这台永动机上继续运作，永不停歇，继续为祖国的机械事业填补空白、开疆拓土；同时，他也希望自己可以像太阳一样，在小小的三尺讲台上，点亮、温暖每一个热爱机械的学生的梦想。

他的生命轨迹，已然和机械事业交融在一起。这样的一个人，怎能不令人钦佩、令人敬仰、受人爱戴！

访谈 后记

眼前的郭为忠校友衣着朴素，平易可亲。他的办公室不大，却堆满了半人高的书籍，就连办公桌也被排好的书籍占据，用"汗牛充栋"来形容恐怕也不为过。书架里摆放着许多简单的模型，柜角处还挂有数不清的会议代表证。回忆大学时光时，每逢讲到有趣的地方，他都会放声一笑；在谈到攻克机器人技术难关的坎坷经历时，他脸上又洋溢着欣慰与自豪。谈及母校未来发展和海大学子成长，他言辞恳切、语重心长。能通过本次访谈结识这位文雅可敬的机械专家，我感到由衷的自豪。

校友寄语

感谢当年母校师长对我的培育之恩。还记得当年在母校求学时的美好时光，四年的求学经历为我的人生旅程奠定了扎实的学科基础，给了我今天脚踏实地、仰望星空的底气和豪气。

值此母校百年华诞之际，衷心地祝愿母校百尺竿头、更进一步，桃李满天下，通过不懈奋斗，早日建设成为一所海洋特色显著的世界一流综合性大学。

——郭为忠

（撰稿：2021级船舶与海洋工程 刘梦涵）

学弟学妹 眼中的他 ——————————

大音希声，大海无量。杨海煜身上的优秀品质正是百年中国海大人身上所共有的海大精神的烙印。他始终用大海般的胸襟拥抱生活，用最热忱的心灵将全部的精力投入自己的人生事业。

水韵琅琊，情系海大

——访1990级校友杨海煜

杨海煜，男，1971年生，山东临沂人，1990—1992年就读于青岛海洋大学市场营销专业，1993—1996年于青岛海洋大学经济管理专业函授学习，获学士学位，2008—2011年于山东省委党校经济管理专业学习，获硕士学位。现任临沂市广播电视台高级经济师，山东广博建设集团有限公司董事长、总经理，山东益群文化传播有限公司董事长，山东吉美建材科技有限公司董事长。

2008年、2009年、2011年被评为山东省优秀项目经理，2012年被评为山东省装饰行业优秀企业家，2014年被评为全国建筑装饰行业优秀企业家，2019年被评为山东省建设系统先进个人，2020年被评为中国建筑装饰协会行业专家（企业管理类），2021—2023年连续三年被评为临沂市建设系统先进个人。现任中国建筑装饰协会理事，山东省建筑业协会常务理事，临沂市装饰装修业协会副会长，临沂市工商业联合会副会长，临沂市围棋协会会长。

如果用一个词来概括此次访谈的话，这个词一定是"热情"。本以为只是一次简单的采访，但学长的盛情款待颠覆了我的想法，从头到尾对我们关怀备至，让我们深深感受到了学长的人格魅力。

长达一天半的访谈之旅，我们在沂蒙山水中与学长一起重温往日校园趣事。他与我们畅谈点点滴滴往事，仿佛回到了昨天，回到了那个洋溢着青春朝气的校园时光。

▋ 风华正茂，圆梦海大

杨海煜公司的LOGO，上面是太阳，下面是大海，中间则是飞翔的海鸥。"海煜"为"海上日出"之意，这让杨海煜一直觉得自己和海大有很深的缘分，公司成立之后就用此图案作为公司的标志，也由此来纪念在青岛海大读书的时光。这也显示出这位从海大毕业20多年的校友对海大始终怀有无比深厚的感情。

杨海煜是山东临沂人，1990年来到青岛海大市场营销专业学习，彼时学校还只有鱼山校区，那时数学系、计算机系都在管理学院。谈起校园往事，杨海煜记忆犹新，大学的生活比高中轻松了许多，但杨海煜却没有放松学习。在大学期间，杨海煜的成绩一直保持在全班前两名，每个月都能收获30元的奖学金。当时的老师一直强调市场营销专业培养的是高级营销人员，之后每逢周末，杨海煜就和几个同学到中山路推销产品。当时的毕业实习是跟随苗老师去全国各地做一些产品的营销管理。杨海煜特别骄傲地告诉我们："大家都说我们专业是最幸福的，因为我们当时实习走遍了大半个中国。青岛、西安、南京、无锡、苏州、杭州、上海……路途中经历过的事情都还历历在目，真想再从头来一遍。但走了那么多城市，我认为还是青岛最漂亮；看了那么多学校，还是海大最美！"是啊，那时风华正茂，年轻的杨海煜在海大精神的熏陶下，扎实磨炼，打下未来发光发热的基石。

▋ 锲而不舍，海纳百川

杨海煜毕业后对工作的选择一路跌宕起伏。在那个年代，大学毕业生的工作由学校统一分配，作为品学兼优的毕业生之一，按照往常惯例他可以优先选择工作，但最后他却被分配到青岛一家医药公司，虽然也是一份令人艳羡的好工作，但并不符合他的初衷。

然而就在所有手续即将完成之际，杨海煜却在众人的不理解中递交了回家乡沂蒙山区工作的申请。"还是想回到这片热土上，把自己所学的知识都投入家乡建设中。"在这样的信念的支持下，杨海煜进入临沂市广播电视局工作。恰巧改革的春风吹来，广播局成立了一家装饰公司，杨海煜紧紧抓住了机会。他从基层做起，经业务部主任、经理助理，一路做到副经理。

就在他事业步步高升、决定踏实前行时，1998年的股份改革让他原本平坦的事业发展之路再次遇到挑战。杨海煜带着几个员工白手起家，成立了临沂广博装饰工程有限公司，也就是现在的山东广博装饰工程有限公司。从一家最小的公司，跃为如今的全国一级装饰企业、中国建筑装饰协会常务理事单位，杨海煜感慨颇多："人往往在自己的兴趣点上有着十足的干劲儿，做起来也开心，否则就没有动力。现在回过头来看，真是庆幸自己的选择。"

正是这样一波三折的经历，造就了如今杨海煜成绩斐然的事业。磨难不会阻挡你的前进，只会让你愈发强大。

▎感恩海大，落笔升华

"海大对我的一生都产生了极为重要的影响，其中最为关键的是她给予了我一往无前的信念。刚工作那几年，对行业也不了解，碰到了不少的困难，也受到很多批评。夜深人静的时候，我就一个人躺在被窝里给自己打气，告诉自己，我也是名牌大学毕业的，我办不好别人也很难办好。只要我再努力一点，这些困难就一定能克服。"也正是这份信心让杨海煜坚持到了今天。"海纳百川，取则行远"的校训始终是他心目中海大精神的精魂。"成功是斤斤计较不来的，我们心中应常怀感恩与宽容。"走到现在，杨海煜怀念海大，感恩海大，并不仅仅是因为她给予了自己知识以及广阔的视野，更重要的是她教会了自己为人处世的行为准则以及怎样面对人生中的波涛起伏。一个人也只有学会了这些，才能在生活以及工作中真正地立于不败之地。谈及母校，杨海煜心怀感恩。

杨海煜作为学校临沂校友分会的会长，与很多校友保持着密切的联系。他希望让海大精神在沂蒙山区得以传承和发扬。"其实上大学得到的不应该仅仅是知识，更重要的是一个朋友圈，大家在一起相互交流，获得更多信息，实现更好的发展。"谈及即将迎来100周年的校庆活动，杨海煜表示自己一定会回到母校看看，也希望老校友们都能相聚，一起畅谈曾经的青春岁月。

提及专业学习，杨海煜谈道："相比其他专业，营销更宽一些，可以让我们开阔思路和视野。运筹学这门课我印象很深，对现在的工作还有帮助。"对于现阶段大学生就业，杨海煜建议："刚毕业的大学生，肯定得吃几年苦，吃不了苦就享不起福。放下架子，踏踏实实，从最基本的学起、做起。不要浮躁，要耐得住寂寞。学校学习的这些只是打打基础，真正工作后，理论和实际结合起来，活学活用，再进行一些创新，敢于突破。学会包容，取长补短。工作干好是靠团队而不是个人英雄主义。无论在学校还是社会上，一定要团结大部分人，正所谓得道多助，失道寡助。只要你谦虚一点、认真一点，就肯定能做好。"

访谈 后记

这次采访让我们收获满满。我们从杨海煜学长身上学习到了许多宝贵的人生经验，更感受到了临沂的中国海大校友们的热情。从美丽的海大园毕业后，无论在何处工作，海之子的内心都始终铭记校训："海纳百川，取则行远。"

校友寄语

　　在母校建校百年之际，祝学弟学妹们学业有成，天天开心，痛痛快快地玩，痛痛快快地学。祝福母校早日建成特色显著的世界一流综合性大学，人人都以母校为骄傲。

——杨海煜

（撰稿：2021级市场营销　杨嘉嘉；2022级市场营销　张嘉轩）

学弟学妹 眼中的他 ——————

　　艰苦奋斗、真诚待人、不懈创新，他凭着这样一股劲儿，一步步成长，成就自己，回馈社会。我知道，那就是老师们所说的地质精神与海大精神。

胸有丘壑，眼存山河

——访1990级校友姚方明

　　姚方明，男，1972年生，广西永福人，1990—1994年就读于青岛海洋大学海洋地质专业。1994—2006年在中国交通建设集团第四航务工程局第三工程有限公司（原交通部第四航务工程局第三工程有限公司）工作，历任技术员、项目总工程师、项目副经理、项目经理、党支部书记等。2006—2008年在广西交通厅所属投资公司广西西江建设发展有限公司工作，任西江航运干线桂平二线船闸建设办公室副主任。2008年4月至今在广西新港湾工程有限公司工作，历任副总经理、总经理，现任公司执行董事、法人代表。

　　2022年9月，姚方明代表广西新港湾工程有限公司向学校捐款100万元，面向以海洋地球科学学院为主的两个学院设立"广西新港湾奖学金""广西新港湾助学金"，每年发放奖助学金20万元。2022年10月，中国海洋大学校友会南宁分会成立，姚方明任首届会长。

　　"海纳百川，取则行远"是刻在每个中国海大人骨子里的印记，"以艰苦奋斗为荣，以报效祖国为荣"是一代又一代地质人不变的精神追求。从桂林到青岛，求学路上，他总是走在前列，带领同学们探索祖国山河；从青岛回到广西，他一步一个脚印，成就辉煌人生；再次从广西回到青岛，改变的是从学生到校友的身份，不变的是脚踏实地的品质与真诚待人的初心。

┃ 读万卷书，行万里路

身处改革开放的时代浪潮之中，姚方明成为村子里走出来的第一个大学生，站在人生转折的十字路口，读书到底有没有用？看着身边选择经商"挣大钱"的同乡，他决定自己亲自去寻一寻答案。

寻找答案的道路并不容易，从桂林辗转武昌，历经两天两夜，姚方明终于来到了青岛，开始了自己的求学之路。那时的本科教育以自学为主，注重培养学生独立思考的能力，大学的学业压力并没有姚方明预想中的重，因此他有了大把可以自由支配的课余时间，他将大部分时间花在了自己的爱好——读书上。从中国文学到外国名著，姚方明把图书馆里的小说几乎都看了一遍，自己喜欢的书更是放在床头常常阅读，有时自己的借书证写满了，就去找同学帮忙借书。虽然小说里的具体情节他早已忘记，但阅读对姚方明的表达和写作能力的影响却是潜移默化的，也为他打开了一扇新的看待世界的大门，这为他思考问题、认识世界奠定了坚实的基础。

农村出身并没有让姚方明自卑，他很快适应了本专业的学习节奏。海洋地质学是一门注重实践的学科，野外实习对于地院学子们来说简直是"家常便饭"。从广西大山里走出来的姚方明在野外有着极强的方向感，寻找野外地质露头总是最快的那一个。这让他不仅得到老师们的赞扬，更是成为同学们之中的"领头羊"。带领小组成员完成填图任务，让他深刻感受到帮助别人所带来的巨大成就感，也在不知不觉中，磨炼了他不怕吃苦、甘于奉献的精神品质，正因如此，毕业后姚方明依然能在新的岗位工作上脱颖而出，取得一番成就。时隔多年，姚方明回到母校进行交流时，也叮嘱同学们珍惜在校求学的机会，勇于挑战自我，不要因为与他人有所差距而自卑犹豫，要保持内心的自信并时刻努力准备，抓住机会，见贤思齐，不断进步。

回望自己的求学之路，姚方明最大的感受就是快乐：畅读之乐、求索之乐，以及助人之乐。与姚方明一样，当时的学生家庭条件都不算富裕，贫苦的生活让同学们常常互相帮扶，他们之间淳朴又真挚的情谊颇为珍贵，并一直延续至今。求学期间，姚方明时常组织一些班级活动，活跃在同学们之中，无论是在学校还是去青岛的火车上，姚方明总会结识些新朋友，并与他们长期保持联系，对于每个朋友的现状也能一一道来。与好友的共同记忆不仅点缀了他的求学生涯，更在他未来的人生旅途中始终熠熠生辉。

┃ 道阻且长，行则将至

本科毕业后，面对就业还是继续深造的问题，姚方明"被迫"做出了第二个重要的抉择。被推荐到交通部第四航务工程局第三工程有限公司的他，开始从最底层的技术员做起，尝试接触与本科专业并不相关的工程项目。面对崭新的工作岗位与陌生的工作内容，他虽感到艰难但也勇于挑战，"解决这个问题主要有两点，一是说自己要主动去思考，多翻书、多查资料来补充知识；二是要低得下头，向有经验、有专业知识的前辈请教"。为此，他向在校期间结识的朋友们借来了工程专业领域的书籍，从基础知识开始一点一滴地积累。在岗位上，姚方明拜了位师傅从头学起，事无巨细，虚心求教，他下定决心通过努力弥补自己在专业技能上的不足。

本科期间培养和发展的自学能力让姚方明在短时间内成长起来，转为正式员工，当领导知道他并不是学工程出身时，更是对他刮目相看。这让姚方明工作的动力更足了，即使接手了别人不想做的"烂摊子"，他也毫无怨言，咬着牙独立领导完成一整个项目。"当时有人说我什么都要自己做，不是吃了大亏吗？我却觉得吃亏是福，吃过的亏都会在别的地方弥补回来。只要你舍得付出，就一定会有回报。通过这个项目，我得到了飞速的成长。"

多年的工作经历并不是一帆风顺的，从一个小技术员成长为独当一面的公司董事，姚方明一步一个脚印走到了今天。他成功的秘诀其实很简单，只有两个字——"真诚"。姚方明并不认可在职场中要"为人世故，做事圆滑"，无论是对待合作伙伴还是对待自己的下属，他都保持着求学时对待朋友的那一份真诚。当年带姚方明入行的师傅，如今还只是一个项目副经理，但姚方明却一直称呼他为"师傅"，这一叫就是20多年。"虽然师傅他是中专毕业，但他当时教给我的东西，我受益终身，他就是我真正的师傅。"

"公司发展到今天，靠的是诚信，靠的是创新，靠的是专注于技术的提升。"说起公司的发展，姚方明感慨万千。2008年姚方明来到广西新港湾工程有限公司工作。短短10年时间里，他秉持着"诚信、专注、务实、创新"的理念，带领公司从广西一家小公司成长为国内首屈一指的品牌企业，对于公司的未来发展更是充满信心。"努力打造精品工程，力创一流品牌，朝着国内一流的愿景不懈奋斗。"

▌积水成河，百川归海

从青岛海大毕业的时候网络还不发达，一离校姚方明就与同学们断了联系。随着QQ、微信等社交平台的推广，姚方明与同学们开始重新取得联系，在毕业10周年时第一次回到了母校，与多年未见的同学们重聚，回忆起求学时光，仍恍如昨日。姚方明这才感受到，即使时隔数年、地隔千里，自己与海大、与同学们之间的羁绊仍深深地存在着。回到南宁后，他开始组织当地的校友聚会。

起初，姚方明是受师兄的邀请，赞助了南宁的校友参加广西的高校足球联赛。后来，他时常接待母校的老师与校友，聚会的规模不断扩大，便有了校友会的雏形。2022年9月，姚方明代表广西新港湾工程有限公司向学校捐款100万元，设立"广西新港湾奖学金""广西新港湾助学金"，帮助更多和他当年一样的学生实现自己的"海洋梦""强国梦"。他用自己的亲身经历回答了当年那个问题：读书有用！

2022年10月29日，中国海洋大学校友会南宁分会成立大会正式举行。在会上，姚方明作为首届会长，向于志刚校长展示了分会会旗。"汇集校友才智，支持母校发展，为广大校友扎根南宁提供坚实基础和有力支撑，为壮美广西建设贡献中国海大力量。"姚方明身体力行地实践着地质人"以艰苦奋斗为荣、以报效国家为荣"的地质精神。

访谈 后记

与姚师兄的对话，让我的眼前再次浮现出地质实习时的种种画面。虽然我们不曾同时生活在海大，但我们有着相似的经历，有着相同的情怀！连接着我们的正是一代又一代海大地学人所传承的地质精神与海大精神！"是那山谷的风，吹动了我们的红旗，是那狂暴的雨，洗刷了我们的帐篷。我们有火焰般的热情，战胜了一切疲劳和寒冷。背起了我们的行装，攀上了层层的山峰，我们满怀无限的希望，为祖国寻找出富饶的矿藏。"

校友 寄语

热烈祝贺母校百年华诞！感恩母校四年的学习奠定了我的素质基础，恩师们的教诲让我有了开创自己的事业的勇气和毅力。很高兴地看到母校近年来的快速发展，为国家培养和输送了一批又一批的高级人才，为校友们对国家和社会作出的贡献感到骄傲！为母校感到骄傲！衷心祝愿我们的母校早日实现建成世界一流的综合性海洋大学和特色显著的世界一流大学的发展目标。

（撰稿：2023级地质学博士研究生　刘琬馨；2022级地质学硕士研究生　万斌）

学弟学妹 眼中的他 ——————

启迪智慧，引领前行。他以深厚的学识和坚定的教育使命，成为众多学子心中的明灯。通过与他的交流，我们不仅领略到数学的奥妙，更发现了一位充满智慧和温暖的导师。

从兴趣到热爱：勤耕不辍的学术人生

——访 1991 级校友刘通

刘通，男，1973年生，山东青岛人，1991—1995年本科就读于青岛海洋大学应用数学专业，1995—1998年硕士就读于清华大学，美国密歇根大学博士，宾州大学博士后，现任美国普渡大学数学系教授。获2012年斯隆科学青年奖（Sloan Fellowship），多次获得美国国家科学基金资助。主要研究领域为代数数论和算术代数几何。在*J.Amer. Math.Soc.*，*Math.Ann*，*Ann.Inst. Fourier*，*Trans.of AMS*，*J.of Algebra*，*Compos.Math.*等国际顶级数学期刊发表学术论文20余篇。

在充满活力和希望的中国海大，我们有幸与校友刘通教授进行了一次深入的访谈。刘通教授不仅在数学领域取得了重要成就，更以其坚韧的毅力和对学术的热爱，为我们勾勒出一幅令人钦佩的人生图景。

我们与校友共话他的成长历程。从童年开始，数学便是他生活中不可或缺的一部分。正是在这个阶段，他培养了对数学的浓厚兴趣，为未来的学术之路奠定了坚实基础。海大园成为他追求知识的摇篮，同时也见证了他从一个充满好奇心的少年成长为一名卓越的数学学者。

▍青春回忆：海大岁月坚定数学之路

刘通追忆道："青岛海洋大学在我求学时已是一所备受推崇的优秀学府。其声誉远扬海外，是一所享有盛誉的名校。入读海大时我内心深感欣喜，因为海大以其声誉和实力在全国乃至国际上都扮演了重要的角色。"在他的眼中，海大是一所优秀的学府，其卓越的声誉和优质的教育资源吸引着无数追求知识的年轻人。青岛作为他的家乡，更为他的求学之路提供了坚实的基础。他的决定源于对这片土地和这所学府的深厚情感，以及对数学的浓厚兴趣。

刘通说："我从小就对数学感兴趣。希望能一直做数学、一直享受数学的乐趣就好。"他的兴趣早已在心中埋下种子，在青春的道路上生根发芽。从本科到研究生，他坚定地追求着自己的数学梦想。清华大学作为他求学路上的又一站，为他的数学之路奠定了坚实的基础。

刘通感怀大学岁月，深情地表达了那段时光的珍贵："这段岁月可谓人生中最为幸福的阶段。在未来，你们无疑会得出与我相同的结论：大学时，人拥有最健康的体魄和最充沛的精力。随着年龄的增长，你们会深切体会到这一点，感悟到这个时期的朝气蓬勃。"

回想起大学四年的点滴，刘通依然记忆犹新。在学业上，他全身心地投入学习，怀揣着对数学的热爱，倾注了无数心血，而"教师们在科学领域展现出的态度，无论是对教学抑或是对科研的认真追求，都对我的一生产生了重要而深刻的影响"。

师生情谊承载了他对海大的深情厚谊。这些优秀的教师不仅在学术上指导他前进，还在人生道路上给予了他宝贵的指引和关心。老师的认真态度和严格要求，成为他追求卓越的榜样。在这个大家庭中，他找到了共鸣、关怀和友情。正如他所言："对我来说，可能这个情况比较特殊，因为我从小就对数学挺有兴趣，希望能一直享受数学的乐趣。"他秉持着一颗热爱和执着的心，坚定不移地走过每一个阶段。

刘通的故事令人深感敬佩，他以青春之名，在青春的舞台上践行着自己的梦想。他的经历证明，追求兴趣、坚守梦想，将会铸就一段精彩而有意义的人生旅程。

职业发展：从学生到教育者

刘通回顾了自己从学生到教育者的转变过程，尽管有挑战，但他内心早已准备好成为一名教育者。从在海大求学时他就开始观察老师的授课方式，为今后走上讲堂做好了充足的准备，他强调，自己最终选择从事教学和科研是水到渠成。

在采访中，刘通提到了学术研究的重要性。他强调对学科的热爱和解决问题的耐心是学术研究的基石。他鼓励求学者持之以恒地投入时间和精力，将持续的思考和讨论作为学术研究的重要品质。

刘通曾发表过20余篇学术论文。他谦虚地将这些成绩归功于自己长期的努力和兴趣驱动。他认为在学术研究中最重要的一点是保持热爱和耐心，同时也需要正确评估问题的难度并进行深入思考。

▌东西方教育的差异与影响

在谈及东西方教育的差异时，刘通认为东方教育侧重于严谨和扎实的基础，而西方教育则更加注重个人的自我表达和独立思考。东方教育强调的严谨和扎实的基础在学术领域有着重要的作用，使学生能够建立坚实的知识体系。而西方教育则更注重培养学生的自信和表达能力。他称赞西方教育在鼓励学生大胆表达和独立思考方面取得了显著成就，这对于培养学术和职业发展中的领导力和创新能力至关重要。他总结道，将东西方教育相结合，可以为学生提供更加完美的发展平台，培养出具有深厚基础、独立思考能力以及优秀表达能力的学生，为其未来的学术和职业道路奠定坚实的基础。

▌未来规划：为人生和事业积累

在谈及大学生涯如何为未来事业和人生积累时，刘通提出两点建议。

第一，学生应该建立扎实的学术基础和人脉基础，将大学时间用于学习和自我发展，要积极参与课堂学习，认真对待每门课程，努力学习和理解专业知识。积极参与讨论和课程活动，与老师和同学互动交流，这将帮助学生建立扎实的学术基础，并培养解决问题和团队合作的能力。此外，可以积极加入学生社团，参与各种活动和项目，这不仅可以拓宽兴趣爱好范围，还能提高组织能力、领导能力和团队合作能力，还可以结识志同道合的朋友，并从他们身上学习经验。

第二，学生需要考虑自己未来的职业方向，制订清晰的规划。在此基础上可以寻找实习和实践机会，尽早积累实践经验，找到与职业规划相关的实习机会，这不仅可以帮助学生将学到的理论知识应用到实际工作中，在实践中发展技能，还可以帮助学生建立人际关系，为未来提供更多的机会。更重要的是，通过实习可以进一步明确自己的职业方向，从而找到真正热爱的事业。刘通还强调了自我规划的重要性，不论是投身学术研究还是应用领域，都需要有明确的目标和准备。

▌现身说法：鼓励莘莘学子

对于那些对数学充满热爱、希望从事学术研究的学生，刘通给出了具体建议。他强调了培养良好的数学思维和清晰的数学表达能力的重要性。他建议找到志同道合的同学，组织讨论小组，互相交流和探讨有趣的数学问题。此外，他鼓励学生大胆分享自己的想法，与老师进行交流，获取有益的反馈和指导。最后，刘通想对中国海大学子说的是：好好学习，珍惜宝贵的年轻时光，享受学习的乐趣。他鼓励学生充分利用大学时期培养扎实的学术基础，同时也要积极参与活动，充实自己的人生经验。他希望学生能够把握这段无忧无虑的时光，为未来的人生和事业打下坚实的基础。

访谈 后记

在对这位优秀校友的访谈中，我们深入探讨了他的学术之路、职业选择以及对教育的看法。刘通校友的亲身经历和深刻见解为我们提供了许多宝贵的启示，帮助我们更好地理解了数学的魅力以及学术与职业发展的重要性。他认为，热爱和持之以恒是追求学术成功的关键，而将乐趣和幸福传递给他人则是成为教育者的动力。这次访谈为我们打开了学术世界和职业世界的大门，激励着我们追求卓越，探索未知，努力创造更美好的未来。

校友 寄语

在母校百年华诞之际，衷心地祝福母校年年桃李，岁岁芬芳，蓬勃发展，繁荣昌盛，百岁生日快乐！

希望海大学子们能够把握好大学这段人生非常宝贵的快乐时光，努力学习，掌握好专业知识，为将来的发展打下坚实基础。在追求个人成功的同时，不要忘记对社会和他人的责任。祝愿你们在学业、事业和生活上都能够获得成功和幸福！加油！

——刘通

（撰稿：2022级数学类　王宁　肖南江　祝欣悦）

学弟学妹 眼中的他 ————————

　　干净简约的办公桌，平易近人的吴所长。他是精思积勤的科研人，也是开拓创新的引航者。他将自己的求学经历娓娓道来，平静的语言中蕴含着丰富的人生哲思。他和蔼亲切的目光中，满含着对后辈的鼓励与期望。他将科学研究和业务应用相结合，不断提高气象预报的精度和准度，他走的每一步都坚定且踏实。他投入的汗水浇灌出智慧之果，筑成气象研究发展中坚实的基石。

知天而作，福祉民生

——访1991级校友吴炜

　　吴炜，男，1973年生，山东济南人，1991—1995年本科就读于青岛海洋大学天气动力学专业，2000—2001年硕士就读于青岛海洋大学大气科学专业，2004—2009年博士就读于中国海洋大学大气物理学与大气环境专业。本科毕业后在山东省气象台工作，工作期间继续在青岛海洋大学海洋环境学院攻读硕士学位；2005年在中国海洋大学海洋环境学院攻读博士学位，研究方向为大气物理学与大气环境。曾任山东省气象台台长。现任山东省气象科学研究所所长，正研级高级工程师，主要从事数值预报、海洋气象和环境气象研究相关工作。

　　当被问及气象工作的内容时，吴炜说了很多："防灾减灾、农业生产、交通运输、经济发展等，生活中的方方面面都与气象有着紧密的联系，气象与人类活动息息相关。"为了做好气象工作，吴炜在访谈过程中频繁提及"勤恳"和"严谨"两个词。这看似简单的两个词语折射出浸润在他日常工作和学习中的、支持他解决一个又一个复杂多变的气象难题的可贵品质。"预报天气、巧借天时"这些看似"预知未来"的能力背后是他在平淡日子里点点滴滴的知识沉淀和经验积累。

▌朝乾夕惕　青春无悔

吴炜高中就读于山东省实验中学，1991年因为成绩优异保送至青岛海洋大学海洋环境学院，攻读天气动力学专业，从此与海洋和气象结缘。

他的成长经历，听起来像是一个目标坚定的"学霸"的成才之路，实际上，吴炜在读书期间也曾有过短暂的迷失。中国改革开放初期，外部环境复杂多变，社会发展步伐加快，新事物不断涌现，思潮观点不断涌现。"读书无用论"的说法较为盛行，也曾一度引发了人们对于"接受教育改写人生"的观点的质疑。一些人转而支持"百无一用是书生"的观念，吴炜身边的同学也常以"穷教授、傻博士"的称谓自嘲。社会背景、专业压力和同龄人的选择让吴炜一时无法清晰地规划自己的发展道路。在短暂的迷失后，他选择摒弃浮躁，静心学习，不断自我提升。

吴炜说，"在海大的时光是我青春年少的时光，是我最丰富多彩、最闪亮灿烂、最难以忘怀的时期"。实际上，吴炜的学生时代是他与学校共同成长的关键时期，在校期间，他见证了海大诸多重要的历史时刻。本科一年级，他见证浮山校区建成使用，作为第一批学生进入新校区学习，并亲手在新校区栽种下一棵树。博士一年级期间，他再次见证崂山校区建成启用，同样作为第一批学生到新校区"开疆拓土"。2002年，他陪伴海大经历了由"青岛海洋大学"获准更名为"中国海洋大学"的重要历史时期。谈起陪伴母校经历的这些变化和成长，吴炜的眼中闪烁着骄傲的光芒，他由衷地为母校的一步步发展壮大而感到自豪。

谈及老师的影响，他说："老师们在工作和学术上的严谨态度深深影响着我的工作态度，让我飞速成长。"老师们专心学术、淡泊名利、严谨负责，对学生的学业和成长关怀备至。吴增茂老师对不同的科研观点兼容并蓄，整个课题组拥有良好的学术氛围；在本科毕业之际，刘秦玉老师为部分纠结是否读研的同学召开座谈会；1991年，36岁的叶立勋老师和29岁的王成海老师在进行海洋资源调查时不幸以身殉职，他们献身科研的精神令人动容。

回忆起本科阶段的学习，吴炜印象最深刻的是繁多、很有挑战性的专业课程。同物理系一起上物理，同数学系一起上数学，即使在这样高强度的学习压力下，出于兴趣爱好，吴炜还是和同学一起辅修了法律专业，系统地学习各类法律，培养法律意识和法治思维。据他回忆，本科阶段学习的法律知识对他日后的工作提供了很大的帮助。此外，他广泛参与篮球赛、足球赛、桥牌比赛、德语角、交谊舞晚会等活动，用丰富的学习和生活雕琢出一段专属于自己的无悔青春。

▌砥志研思　变中求新

气象影响渗透在人们生活的方方面面。济南"7·18"特大暴雨、泰安

"8·17"煤矿溃水事故等严重危及人民生命财产安全的气象灾害令人触目惊心；交通运输、海洋渔业、能源等各行业各领域也离不开气象工作的支持，人们需要借天时以利生产。风雨游走在我们之间，我们也游走于风雨之中。变幻莫测的天气，突如其来的气象灾害给措手不及的人们带来苦难，这也让我们对大自然充满敬畏。

在气象人的努力钻研下，气象研究蓬勃发展，人们正逐渐摆脱"看天吃饭"的被动无助，慢慢实现"知天而作"的借风乘势。海大气象人在变化万千的风雨中砥砺摸索，寻找着人与自然的共生之法。

吴炜毕业初期，计算机技术开始在日常预报业务中应用，气象事业迈入了新的发展阶段，天气预测经历了从手工绘图到人机交互平台普及应用的巨大转变。之后气象科技快速发展，先后出现了很多新的业务领域，如海洋气象、环境气象，气象事业在这几十年间经历了翻天覆地的变化。吴炜对此很有成就感，他经历了气象事业的重要发展过程，一项项突破性的气象发展成果中有许多饱含了他的辛勤付出。

吴炜起草了《海洋气象预报业务实施指导意见》《2012年海洋气象精细化预报业务实施方案》《海洋气象精细化预报业务山东模式》等重要文件。他还作为全国海洋气象试点省的气象预报负责人带领团队凿坚石、辟新路，牵头做海洋气象、环境气象、人工智能、数值模式应用等新领域，其牵头建立的海洋气象业务模式在全国推广应用。作为山东省气象台的主要负责人，吴炜带领团队对重大气象灾害及时发布预警，有效防灾减灾，被山东省人民政府授予"全省防汛抗洪先进个人"称号，记一等功。

2008年奥运会帆船比赛在青岛举办，什么时候有风，风速多大，风的转向情况怎么样，一丝一毫都决定性地影响着比赛如何安排、能否顺利进行，关系着运动员和他们的团队在经历艰难训练后能否得偿所愿。吴炜作为外援专家团队负责人带领气象人员为赛事提供气象服务支撑，对奥帆赛期间的天气状况、风速风向作出精准预报，为运动员和教练员提供了切实有效的信息，保障了奥帆赛如期完美完成，被中国气象局授予"奥运会、残奥会气象服务先进个人"称号。

2011年4月18日上午，山东济南和泰安交界处的泰山余脉界首山发生森林火灾，由于当时风势较大，火情或将蔓延至泰山，这也是省内首次使用直升机调水灭火的案例。吴炜带领气象团队夜以继日地工作，基本每一小时就需要发布一次火灾天气实况和预报。滚滚浓烟笼罩山头，也笼罩着身处火灾现场的每一个人的心，火光烛天，多少次前仆后继的努力淹没于灭而又生的大火中。而一次精确的气象预报，让这次灭火行动有了新的希望——不久后降临的一场及时雨化解了这场绵延大火。

吴炜在访谈中谈道："我在工作上一直没有离开母校的帮助和支持。"在毕业后，吴炜多次与海大的老师进行项目合作。刚开始工作时他在山东省气象台做天气预报，那时数值模式刚开始在业务部门内应用，有许多陌生的领域需要摸索。他与曾经的大学同学、现为中国海洋大学教授的高山红老师进行合作，将科研成果应用于实际问题，为解决实际问题提供了技术与理论支持。当时气象台对海雾缺少有效的监测手段，往往是海雾出现并且已经造成影响后才发布预警信号。后来吴炜应用高山红教授和傅刚教授对海雾的研究成果——卫星夜间反演，参与设计和开发了"黄、渤海夜间海雾卫星自动识别系统"，可以及时发布更为准确的海雾预警，极大避免了港口因浓雾而造成的损失。

在国家海洋强国建设的大背景下，山东气象科研所与海大深化交流合作。吴炜与母校的高山红教授、衣立教授、刘敬武教授合作进行海洋气象观测试验，并一同至沿海的气象局进行考察，希望通过这样的合作把观测试验做起来，支撑科技创新，推动海洋气象研究进一步发展。

未来，吴炜将带领团队致力于将气象学理论更多地应用于实际，强化气象科技创新，开发出更多的科技支撑产品投入推动国家发展和社会进步、造福人民的方方面面中，更好地服务于海洋、交通、能源等各方面的需求。

"有了想法就勇敢尝试，不要怕出错；没有想法就暂时忍耐，沉住气、稳住神，保质保量地完成当下的学习任务。"吴炜希望学子们能在海大收获自己的成长。

访谈 后记

吴炜校友在提到母校时无比自豪，"中国海洋大学为国家输送了大批谋海济国的人才，毕业后很多同学在海洋相关部门和科研院所"。吴炜校友希望同学们砥砺前行，希望母校可以再创辉煌。

校友 寄语

值此百年校庆之际，祝愿我的母校中国海洋大学充分展现百年风华，引领全国海洋科技创新再创辉煌。

——吴炜

（撰稿：2021级海洋科学（中外合作办学）　葛子涵　周星君）

学弟学妹 眼中的他 ————

一个敢闯敢拼，充满干劲儿的人；一个真诚热情，善良友爱的人；一个心怀感恩，饮水思源的人。他的拼搏，他的坚持，他的努力，他的严谨，他的变通，他的包容成就了他。他的每一步走得都不易，却精彩而响亮！

"我相信，我可以很好！"

——访 1991 级校友张晓彬

张晓彬，男，1972年生，四川万源人，1991—1995年就读于青岛海洋大学化学专业。现任坤昱健康科技有限公司董事长、青岛泰美康医疗科技有限公司董事长，2016年向学校捐赠10万元，设立泰美康奖学金，用于化学化工学院贫困生资助及人才培养工作。

从四川山区到山东海滨，从成绩垫底到公司老板，从"天坑"专业到医疗科技，从创业失败到为母校捐款……这条路张晓彬走了很多年。在近一个小时的时间里，张晓彬并没有完全将这次访谈当成采访，更多是将它看作与学弟学妹们交流的机会。

▌求学途中的恩师与成长

1991年，张晓彬被青岛海洋大学化学系（现中国海洋大学化学专业）录取。

从四川来到山东，张晓彬略有些不适应。化学专业的学习并不轻松，化学专业的课程很难，还有高数之类需要大量计算和思考的公共基础课。加之对于新环境的不适应，张晓彬的成绩在专业里垫底。但张晓彬并没有放弃，刷题、上课、泡图书馆是他的日常。在他的描述里，这段苦行僧般求学的时光于他而言十分难忘。

张晓彬说："当时的高数老师很好，把我们每个人都当成自己的孩子，把我们叫到他家补课，还给我们吃西瓜。"那时学院很小，招生人数也很少，老师能叫出每个学生的名字。回忆在海大的求学经历，张晓彬几乎将当时所有老师的名字都提到了一遍，言语中满是感激之情，多年后的今天，张晓彬仍被老师的善良和负责深深打动。

谈及在母校印象最深刻的事，他笑着说是做化学实验。学生时代，同学间会流传着对老师的种种评价，对于严厉、要求高的陈国华老师，大家往往敬而远之，张晓彬也不例外。但在机缘巧合之下，张晓彬某个学期的化学实验课由陈国华老师讲授。刚知晓这个消息时，他心中略有忐忑，但正是因为与陈老师一学期的接触交流，改变了他对化学专业的态度，也是因为陈老师的严厉，他养成了严谨细致和事后及时复盘的做事风格，助他毕业后在职场上能更出色地完成任务，甚至在日后管理公司等方面都提供了很大的帮助。当时，陈国华老师对他提出了很高的要求，实验过程很苦，也很累。"五一"不放假，几次拉着板车从第一海水浴场运海水到鱼山校区的实验室。因为实验材料很多，路不好走，等到实验室的时候，板车轮子早就已经被压扁了。在认真完成任务后，老师的鼓励给了张晓彬极大的自信心。

"是他让我觉得，我可以很好。"张晓彬这样说道。老师的肯定让他相信付出努力就会有所收获。此后，他在化学专业课学习的过程中更有动力，毕业后也更有信心去面对创业过程中遇到的挫折。

在海大，张晓彬从一个不太擅长学习的学生，逐渐成长为找到人生意义和目标的海之子。"那时同学们都在比谁的实验报告写得厚"，海大园里充盈着奋发向上、你追我赶的精气神，张晓彬也不甘落后，积极追求更上一层楼；学院老师们的认真与负责也让张晓彬刻骨铭心。在校四年的本科学习，张晓彬学到的不仅仅是专业知识，更多的是包容、责任心与严谨的态度。

▍毕业之后的选择与坚定

"刚毕业的时候我有很多想法，也做了很多事。"回忆起自己的首次创业经历，他滔滔不绝，热血沸腾。张晓彬认为稳定与平凡不应该是青年们的追求，敢想、敢干、敢拼搏才不会留下遗憾。于是，毕业后他放弃了稳定的工作，走上创业的道路。

在互联网与外卖服务在国内还未完全发展起来的年代，张晓彬从更好地服务群众出发，首创送菜服务，批发菜品，按照消费者的需求，将新鲜的蔬菜配送至消费者家门口，便利传递至千家万户，深受欢迎。基于本科所学习的知识，张晓彬也有过一段药厂的工作经历。在岗期间，他出色地完成工作任务并获得了肯定。但他不满足于现状，继续突破自我，在一次次的失败中积累经验。他回忆在药厂工作时，一次由于对报销业务不了解，发票编号不符合要求，让他陷入"风波"，他对这件事印象深刻，认识到自己的不足，此后业务上类似的问题他没有再出现过。通过努力，他为自己争取到更好的发展机会，获得外企的工作岗位，工作时他不局限于自己手头上的工作任务，还学习了外企的管理规范。张晓彬的两段工作经历，让他认识到国内外科技发展的差距，打开了眼界与格局，为后续创业和未来发展规划奠定了坚实的基础。

于外人而言，那些看不清未来的日子，那些碰壁的日子，那些反复失败的日子，可能是人生的至暗时刻。而张晓彬却在这些至暗时刻中，自己为自己点亮了一盏灯。母校教会他严谨、包容与求实，让他像一块海绵一样不断汲取外来的知识，不断充盈自己，充满韧性。也是因为不断地学习，让张晓彬逐渐在领域内开辟出一片新的天地。

那段日子的辛苦和不易难以向人一一倾诉，不是满眼辛酸泪而不愿开口，而是十天十夜都难以道清。蓦然回首，奋斗的痕迹都已生长出灿烂之花。

他说："我相信，我可以很好！"

▌功成之后的思考与感恩

谈及事业与成功，张晓彬冲我们摆摆手。言语中，他将成功更多地归于时代，是时代给了他成功的契机，是他恰好赶上了时代的风口。当他谈及目前大学生的就业情况时也这样感慨，他认为面对现在的就业困境，大学生们不要怀疑自己的能力，要相信自己，同时应学会拓宽眼界，审时度势，善于创造并掌握机会。

访谈过程中，张晓彬言语中流露出对母校以及老师们的深厚感恩之情。张晓彬家境并不富裕，因为自己淋过雨，所以有了帮助他人的能力后，他义无反顾地选择为他人撑伞。基于对母校的深厚感情和自己的经历，他为母校捐款，用于贫困生资助及人才培养工作，为母校的发展贡献自己的力量。之前，张晓彬也经常回到海大，与海大学生一同坐在食堂吃饭，在美丽的校园内漫步，重温当年的求学回忆。于他而言，母校似乎有种神奇的魔力，内心烦躁、工作受挫之时，都能在校园里获得前进的力量，母校是他心中柔软而坚定的来处。

张晓彬也提及了专业学习对他的发展的助益。"没有什么事是白做的。"他这样说。化学专业的学习于张晓彬而言就是这样，他学会了求实，学会了严谨，学会了注意细节，而这些品质都与他目前的成就息息相关。经过实践检验，化学专业知识为他提供了极大的帮助。也是出于对化学专业的这份无法割舍的感情，他甚至推荐亲戚来海大学习化学专业。在他看来，作为基础学科的化学专业不仅仅对于想潜心做科研的人来说是一个很好的选择，对个人生涯发展和提高都很有帮助。

多年的工作经历让他深刻感受到了国内创新力不足的问题，并让他深刻认识到科技创新的重要性。经济发展的问题，一系列"卡脖子"难题，都要求我国要继续重视科技发展。此外，张晓彬在表达对母校海洋方面发展成就的自豪和骄傲的同时，还表示了对母校科技发展创新的期望和信任。最后，张晓彬希望中国海大学生能铭记"海纳百川，取则行远"的校训，并且祝愿中国海大在海洋方面取得飞跃性发展，越来越好！

访谈 后记

在张晓彬身上，我们看到了很多可贵的品质，这些品质也深深地打动了我们。我们学到了很多课本以外的知识。这于我们而言也不仅仅是采访，而是跨越时空的两代海大人的交谈。我们的入学时间刚好差了30年，在交谈过程中，张晓彬向我们展示了这30年的沧桑变幻，让我们获益良多。

我们要以张晓彬学长为榜样，做传承"海纳百川，取则行远"的中国海大人！

校友 寄语

希望中国海大学生能铭记"海纳百川，取则行远"的校训，充分理解其内涵。祝愿中国海洋大学在海洋方面取得飞跃性发展，越来越好！

——张晓彬

（撰稿：2021级化学　曲凌芸；2021级化工　黄小玲）

学弟学妹 眼中的他 ————————

敢闯敢试，志存高远，从崇山峻岭走向山海之间，他一路披荆斩棘，30年如一日，脚踏实地做着"难而正确"的事。想常人不敢想，干常人不敢干，常怀赤子之心是他永恒不变的信条。

意诚心正，松贞玉刚

——访1991级校友袁正刚

袁正刚，男，1973年生，四川广元人，1991—1995年本科就读于青岛海洋大学机械设计及制造专业；1998年硕士就读于北京航空航天大学航空飞行器设计专业；2001年博士就读于中科院计算所计算机及应用专业。2001年5月，就职于加拿大蒙特利尔大学，担任博士后研究员。现任广联达科技股份有限公司董事长、总裁。长期从事计算机图形学、CAD、BIM、建筑和城市数字化领域的技术和产品研究，在核心期刊上发表20余篇学术论文，担当10余部数字化转型专著编委。作为项目负责人牵头并参与科技部国家重点研发计划城市信息模型（CIM）平台关键技术研究及示范项目、工信部2019年工业互联网创新发展工程项目等重大科研项目。

人生应该是什么样的？从"猿猱愁度"的巍巍蜀道至"白帆远影"的隐隐栈桥，从"瀚海经年"的重洋彼岸至回国实现自我价值，在北京中关村的广联达大厦里，袁正刚回望着那些跨越山海的岁月。人生的马拉松一路向东，与地球的经纬线一道，绘制出一幅严谨曼妙的回忆"心电图"。

▌向往大海：踌躇满志出蜀山

1991年9月，经长途跋涉，袁正刚从四川广元风尘仆仆地赶到青岛，驻足在鱼山校区门口，热切期盼走出大山的自己干出一番事业。带着明确的目标，袁正刚开始了在海大校园的大学生活。

入学伊始，袁正刚便在专业上展现出过人的天赋，每门课程他都能拿到第一，他的才华也得到了班主任王继尚老师的关注，成为老师的重点培养对象。大二那年，他和同学们来到新建不久、实验与生活条件相对简陋的浮山校区学习，清幽的环境在一年中反复锤炼着他刻苦认真的品格。

一年后回到鱼山校区，袁正刚已经是一名专业素养过硬的优秀学生。为了激发他更大的潜能，王老师开始带他完成一些专业课题，推荐他进入海尔公司实习，为生产线绘制图纸。在王老师的鼓励下，他开始了新的挑战：利用计算机帮助管理合同。在计算机资源尚未普及的20世纪90年代，学校教授的课程仍以传统工学为主，很少有机会接触计算机语言。对袁正刚来说，这次实习给了他了解计算机编程的宝贵机会。为了最大程度地利用好它，零基础的袁正刚把自己关进了图书馆"恶补"编程知识，遇到不懂的问题便主动向计算机系的老乡请教，终于独立完成了整套软件的编写，完成了螺丝扳手向鼠标键盘的重大突破。回忆起在工厂实习的宝贵经历，袁正刚心中感慨万千："王老师让我有机会很早便接触这些优秀的企业，在新领域不断学习、突破和成长，并使成果得到真正应用。这是我本科阶段最有意义的经历！"

少年的青春不止有壮志凌云的废寝忘食，亦有海纳百川的生意盎然。在课余时间，袁正刚也抓紧时间提升自己。为启发学习，第一时间去旁听李华军老师新设的运筹学课程；为锤炼意志，报名校外7公里越野跑；为交流思想，积极参加学校开设的阅读社团；为提高修养，全神贯注地学习指挥家李德伦的校园讲座。他用"风华正茂""发奋图强""放飞梦想"三个词来概括自己的大学生活。在人生成长的关键时期敢于做梦、不断学习，通过努力获得大家的认可，他实现目标的过程就像长跑征服不同的里程。老师和同学的勤奋严谨、齐鲁男儿的求真务实、黄海海湾的沉稳包容共同构成了袁正刚心中的海大精神。这一精神，也与海大之后提出的校训"海纳百川，取则行远"不谋而合。

"少年何妨梦摘星，敢挽桑弓射玉衡。"跨过难于上青天的蜀道，见识到包容沉稳的大海，少年重整肩上的行囊，以海大人的身份继续踏上追梦的巨轮。而他与母校的故事，仍在继续。

▌逐梦星辰：战胜险阻勇扬帆

本科毕业前夕，袁正刚漫步在第一海水浴场的海滩上规划着未来。他的成绩足够让他免试留在海大本专业继续攻读硕士研究生，但一向敢于挑战自己的袁正刚毅然决定放弃保送机会，希望通过努力考上理想专业领域的大学。得益于本科阶段的实习经历，袁正刚对计算机产生了浓厚的兴趣，也敏锐地判断出计算机在未来发展中的重要前景，因此他选择了能将机械和计算机结合的专业——计算机辅助设计（CAD）。在CAD领域，拥有绝对实力的北京航空航天大学自然成为理想的目标。经过紧张的备考后，袁正刚顺利拿到了北航的录取通知书。

北航的生活平淡而充实，袁正刚在研一阶段修完了所有课程，之后便埋头扎进科研的海洋。彼时，石化工厂等流程工厂的软件被国外垄断，过于昂贵的价格让众多国内企业望而却步。为了打破畸形的垄断体系，中国石化集团公司与中国科学院计算所CAD开放实验室合作，希望设计出属于国人自己的软件。得益于中国科学院实验室与北航长期的合作关系，能力出众的袁正刚被导师推荐参与到项目中。在项目取得不错成果后，也就顺理成章地留在中国科学院攻读博士学位。

2001年，袁正刚顺利博士毕业。一贯谦虚的他明白，学习永远在路上，为了充实自己，他并没有选择参加工作，而是远渡重洋到加拿大，在蒙特利尔大学开启人生的新旅程。远离熟悉的乡音故土，在法语和英语的双外语环境下开展科研生活。在困惑时，跑步成了袁正刚最好的排解方式。奔跑的习惯帮助他渡过一次次难关，实现了对自己的超越，逐渐回到了最佳状态。畅游蒙特利尔大学的学术海洋，接触不同国家优秀的科研工作者，站在更高的角度分析学术发展是此行的最大收获。

"千淘万漉虽辛苦，吹尽狂沙始到金。"学术道路上求索与沉淀了十余载，袁正刚在核心期刊上发表学术论文20余篇，在美国持有2项专利技术，出版了1部专著，取得了令人瞩目的成就。

▌征服高山：一心一意不畏难

袁正刚的办公室里，挂着一幅刚劲有力的大字：知行合一。这是他作为实业家的初心，也是他的人生信条。

与蒙特利尔大学作别后，站在人生的分岔路口，袁正刚犯了难：赴美、回国还是留下？回高校还是进企业？深思熟虑后，袁正刚有了自己的答案。美国和加拿大属于发达国家，未来发展变化小、速度慢，而祖国正处于建设的关键时期，发展快、变化大，拥有无限可能，回国是实现自我价值的最佳选择！但他在高校与企业间却举棋不定：高校是科学研究的前沿阵地，但市场竞争环境下企业无疑能首先接触到社会需求。回想起管华诗院士担任海大校长的岁月，推进校企合作，以海洋藻类为原材料制备药物，为我国海洋药物研究的发展作出突出贡献。"从管校长身上我感受到了科研工作者为社会作贡献的决心和毅力，本科和研究生阶段的实习，我发现企业能有更多机会进行成果转化，为社会创造价值，这正是我所追求的。再三权衡下，我在回国后选择了加入广联达科技股份有限公司。"

回国后的袁正刚如鱼得水，干劲儿十足。他给自己定下一个要求——做创新事，当开创者。恰逢CAD应用从制造业拓展到建筑业，拥有制造业背景的袁正刚敏锐地洞察到建筑业和制造业底层技术的异同，提出将CAD技术与图形学和计算机技术结合，利用广联达自身传统优势，组织团队进行攻关，成功打牢了计算机技术在建筑业应用的基础。

随着数字化技术的快速发展，袁正刚很快注意到了更适合建筑行业特点的建筑信息模型（BIM）。他力排众议指出业界对于BIM的误区，跳出BIM与CAD恶性竞争的赛道，另辟蹊径，带领广联达打造一款以自主知识产权图形平台为基础，基于统一的数据标准，立足全专业、全过程的数字化设计软件。在袁正刚和众多科研人员夜以继日的努力下，软件于2022年成功发布，并顺利应用于广联达华南智慧建造总部基地的设计建造。这款软件的发布打破了国产BIM的技术壁垒，为行业转型升级和社会高质量发展贡献了"广联达力量"。

在科研领域不断突破的同时，袁正刚也努力承担社会责任。他先后担任了中国图学学会副理事长、国家数字建造技术创新中心理事会理事等职务，积极向公众宣传行业最新动态；重视人才培养，与中国海洋大学工程学院土木工程系建立了长期稳定的合作关系；成立同济大学—广联达智能建造联合研究中心、东南大学—广联达基础设施智慧建造与运维联合研发中心，受聘为华中科技大学客座教授、东南大学博士生导师，集众家之长，形成了一套成熟的校企合作模式，为我国人才培养作出了贡献。

"不要人夸颜色好，只留清气满乾坤。"母校带给袁正刚的不仅是学术知识，还有海纳百川的博大胸怀。举手投足间，袁正刚身上散发着责任的光辉。

回首碧海：饮水思源薪火传

近30年间，袁正刚多次回到母校，见证了母校的发展与变迁。从曾经的海大学子到如今的广联达董事长、总裁，回首往事种种，人生的酒也酿出了不同的味道。2022年，袁正刚的孩子高中毕业，他特地带着孩子回到母校，将这份情感一代代不断传递。

漫步在崂山校区的樱花大道上，回忆大学时光的点点滴滴，袁正刚感慨万千。"大学阶段是同学们人生观、价值观形成的重要阶段，一所好学校、一名好老师对我们的成长非常重要。"为海洋医药事业作出卓越贡献的管华诗校长，为海大学子带来新思想的李华军院士，引导自己确定职业方向的王继尚老师，兢兢业业、关心学生的杨新华老师，还有海大许许多多投身科研、不惧艰难的老师们，"他们认真严谨的治学态度和不怕牺牲的科研精神一直激励着我不断向前。他们不只是我大学时的老师，更是我人生的导师"。

多年来，袁正刚从没忘记帮母校进行宣传。"海大就像大海一样低调朴实，很多优秀的老师、同学对海大的了解不够深，希望我们的宣传能够为海大带来更多新鲜血液。"

"愿得云帆三千尺，屹立潮头续远行。"袁正刚实现了从山到海的人生价值，也书写着从无到有的行业未来。八关山的明月依旧朗朗，五子顶的清风永远徐徐，在无数次樱花的开落间，命运的马拉松向着红透的东方，追寻理想的终点。

访谈 后记

袁正刚校友的日程安排非常紧张，每天午饭只有固定的15分钟。然而他从未放弃自己的爱好，总是挤出时间在城市山野间奔跑，这是他面对繁杂事务依然容光焕发的"秘密武器"。

有目标、有追求、有责任是袁正刚最重要的特质。面对浮躁的社会大环境，他始终目标明确，用一颗赤子之心坦然面对所有风雨，在不卑不亢中解决问题。回忆起海大时光，他又如孩子一般，言语中满是对母校的眷恋。能与这样一位"仁心"与"童心"兼具的优秀校友对话，实属我们之幸！

校友 寄语

热烈祝贺中国海大100周年华诞！祝愿母校乘风而起，发展得更快更好！期待母校可以将传统专业与数字化结合，打破数字化的神秘面纱，为国家、社会输送更多优秀的人才！

对学弟学妹们，我想说：中国海大提供了一个宝贵的人生发展平台，珍惜在校的时光，无论是樱花烂漫，还是寒风凛冽，都会让你成长。

——袁正刚

（撰稿：2022级轮机工程　潘禹帆；2022级工业设计工程　王笑天）

学弟学妹 眼中的他 ——————

沧海横流，岁月成碑。追忆少时，他不满足于课堂上的知识，课余时间广泛阅读各类书籍和资料，不断拓展思维、开阔眼界，从浩瀚的书海中，他被计算机世界的美妙深深地吸引，同时也看到了计算机技术的重要性和广阔前景。他以兴趣为主导，发挥自身的优势，为自己的未来选择了一个独特的人生方向。

事不避难者进

——访 1992 级校友广红

广红，男，1976年生，陕西汉中人，1992—1996年本科就读于青岛海洋大学勘查地球物理专业，1996—1999年硕士就读于青岛海洋大学地球探测与信息技术专业。1999年7月—2011年6月，历任青岛朗讯科技通讯设备有限公司研发工程师、研发部技术组长、研发部研发经理、研发部研发总监等职务。2011年7月起至今历任青岛百灵信息科技股份有限公司总经理、执行董事、董事长。2017年当选为青岛市北区第十六届人大代表和青岛市第十六届人大代表。2021年6月被授予"市北区第三批拔尖人才"称号。

广红曾为深入整合行业资源，助力岛城软件科技行业发展，加入中国青年计算机协会（YOCSEF），被评选为青岛地区2016—2017届协会主席。除此之外，广红也十分关注岛城应届毕业生及青年人才的就业问题，与多家高校签订就业协议，被授予"促进就业先进个人"荣誉称号。

古人云："天地之功不可仓卒，艰难之业当累日月。"机遇偏爱有规划的头脑，只有做足准备，才能在瞬息万变的局势中抓住转瞬即逝的机会。从地球学院的毕业生到优秀企业家，再到市人大代表，广红一路的成长离不开其拥有的发展的眼光。与其他人不同的是，除了专业技能的学习，培养审时度势的本领也成为广红在海大期间为自己选择的一门"必修课"。

▌识时于微，化时为羽

谈到自己在学校的经历，广红印象最深刻的是在学习的同时，多关注生活中外界的变化，因为这些改变往往反映了时代的飞速发展和产业的革新升级。例如，人的温饱问题解决后，会开始关注自己的健康状态，进而注意到精神层次的满足，开始追求生活品质。而广红在生活中发现，越来越多的人开始接触计算机，计算机的功能不断被细化和升级。因此他敏锐地判断，计算机产业的发展前景大有可为，如果能将地学这样的传统学科与计算机方法结合起来，一定能碰撞出新的火花，产生新的突破。于是，广红选择了地理信息系统研究作为自己硕士研究生阶段的研究方向。

广红把这种发现新事物的方法归功于"人是随着时代的发展而发展的"，而让自己能够跟上时代发展的方法就是大量阅读。不能翻遍全世界的书，就从自己感兴趣的书看起，以这样的认识为基础，广红开始广泛阅读地理信息系统和计算机方面的读物。从书本阅读到实操练习再到提出问题与他人交流，这是学生时代的广红认识世界的办法，也是一个青年努力跟上时代发展的历程。

▌明志修身，躬行践履

当我们站在雄奇的风景前，我们常常会被它们的壮丽所震撼，但很少有人意识到，要想看到这些风景，需要拥有坚定的志向。

除了自己的专业，广红对计算机应用也怀有巨大的兴趣。无法像计算机专业的同学那样接触到最专业的课程，他就在繁忙的课程中间挤出自己的休息时间来翻阅相关书籍进行自学；没有与计算机专业的同学一样丰富的实践机会，他就主动出击，参加各种培训和项目，积累经验，提升技能；遇到自己不得其解的问题时，他总是积极地寻求老师和同学在专业上的帮助。他不断追求进步，不畏困难，不怕失败，因为他深知只有不断学习和实践，才能立足于这个竞争激烈的行业。

创业初期，广红凭借对技术和市场的高度熟悉，为客户提供专业的软件外包服务，在软件外包服务领域获得了不错的成绩。紧接着，广红开始考虑战略转型，涉足最新的软件市场。在不断尝试中，广红带领百灵形成了以通讯业、互联网工业、医疗养老健康和垂直电商为核心的四大核心板块。也是在这个过程中，广红开始注重自有知识产权的保护与研发，因为这才是企业最核心的竞争力。多年来，广红带领公司研发团队取得了100余项发明专利，并先后获得CMMI L3、ISO9001、ISO27001、ISO14001、ISO18001等多项国际资质认证，以及国家高新技术企业、双软、计算机系统集成三级等级等国家资质认证。

最终，广红的收获与付出是成正比的，他在实践中积累的每一点经验，在每一个岗位上锻炼的能力都成为成功路上的铺垫。随着他的名字被业内人不断熟知，广红获得了更多的认可和赞誉，也更有信心地稳步迈向下一个风险与挑战。

▌学用相长，知行合一

如何把厚厚的科学期刊里的内容运用到现实世界中，这是包括广红在内的所有应届毕业生都要面对的踏入社会的第一步。20多年的工作经验告诉广红，永远站在学生的角度是无法真正领悟行业的用人需要的，只有从用人单位的视角出发，才能为自己的求职道路提供更多有用的信息。广红认为，"择业"一词，看上去是求职者在选择职业，其实也是一个职业选择适合它的人的过程，让求职者与心仪的职业成功"互选"，最重要的是求职者应该具备这个职业相对应的技能。

"学以致用，这是我们大学的一个终极目的。"广红谈到目前有很多大学生为就业而苦恼，其根源之一就在于缺乏将知识融入实用技能的能力。其实，广红也被这样的问题困扰过，针对这种情况，广红鼓励大学生像他一样丢掉羞怯，走出校门，尽可能多地参与实习，因为实习是大学生与社会建立联系、与企业进行沟通的有效方式之一。通过一段实习，大学生可以转变学生思维，跨越社会摆在学生面前的障碍，用学到的知识解决实际问题，减轻进入社会的陌生感。

在广红看来，大学培养的人才不仅应该会学习，更应该会应用，这也是海大一直不懈追求的。

▌集思广益，兼听则明

1999年广红硕士毕业后，进入青岛朗讯科技通讯设备有限公司工作。在朗讯的12年间，广红在研发、总结管理流程、理解客户需求方面积攒了自己独到的经验，因此当朗讯逐渐把部分美国业务转移到中国时，广红当机立断，成立百灵信息科技股份有限公司，迈出了创业的第一步。

如此熟练地发现并抓住机会，对于广红来说绝不是偶然，"跳出固有思维"是广红从学生时代就在不知不觉中"坚持"的事情。无论是在专业学习上勤于关注前沿资料，在担任院学生会主席期间多与他人交流，还是发掘自己对于计算机的热爱并不断深耕，广红似乎很擅长发现一个支点，找准方向，永远行走在跳出舒适圈的路上，不住地更新自己的认知范围。"兼听则明，都听一听，最后还是要回归自己的判断"，当我们问他有什么建议给尚未踏足社会的大学生时，他这样回答。如果你要做学术研究，那就去搜集各种前沿资料，看看优秀的研究者们是怎么做的；如果你要赶超国际水平，那就出国访问，看看国外先进人士是怎么做的；如果你要进入企业工作，那就请教同事，看看经验丰富的前辈们是怎么做的。但是观察终归是表面的，只有将观察的结果加入自己的判断，并落实到实践中去，才能做出属于自己的成绩。在广红看来，只要多听多看多学习，就能了解比旁人更多的信息，对于大学生来说，就能在找工作的过程中更加了解市场需要，将自己锻炼成为适应社会、能最大限度地发挥自己才能的人才。

最后，广红也表达了自己对于专业和兴趣的理解。他提醒大学生不必在大学期间过度焦虑，例如对课程内容和工作规划终日忧心。广红认为，大学期间学习的内容是基础性的，只是为将来做铺垫，而不是终点，如果有其他感兴趣的东西，应该放手去学习，如果有其他想选择的人生道路，应该勇敢去尝试，总之，"人生之路不用非得一次性走对"，因为时间会证明，世界上没有白走的旅程，当下的经历也许充满不确定性，但在未来的某一个瞬间就能发挥出它的意义。广红建议大学生们在人生之路的选择上不妨多给自己一些尝试的机会，最适合你的那条路会在迷雾散开的时候出现在眼前。

访谈 后记

我们这次对广红学长的访谈更像是去听了一次生动而又宝贵的讲座。在人生的旅途中，一个人的思维和眼界起着至关重要的作用，像一面明镜，反射着我们的选择，引导着我们的人生方向。开阔的眼界意味着我们能够看到更广阔的世界，体验更多元的文化和价值观。它让我们不再局限于狭小的视野，而是能够从多个角度去思考问题，做出更明智的决策。

校友 寄语

热烈祝贺中国海洋大学百年华诞！感恩母校培养了我走上社会所需要的综合素质！

祝愿母校继续狠抓实干，发挥学科专精的科学精神，为建设海洋强国培养出更多的"尖子"人才。希望在不久的将来，中国海洋大学能够成为全球海洋领域中当之无愧的排行第一的大学！

——广红

（撰稿：2022级地质学硕士研究生　任慧卿；2022级地球信息科学与技术本科生　武光羽）

学弟学妹 眼中的他 ————————

他，儒雅，真诚，认真，是我们求学、求知、做人的榜样。

一名技术人员的创业之路

——访 1993 级校友于建港

于建港，男，1974年生，山东烟台人，1993—1997年就读于青岛海洋大学计算机应用专业。曾先后在华为、中国电信等行业顶尖企业、集团担任重要职位，其间曾出国留学深造，现任海南中智信信息技术有限公司总经理。2018年，于建港被认定为海南省领军人才；2019年，他荣获第一批海南省优秀科技创新创业人才奖，并入选海南省"南海系列"育才计划第一批"南海英才"。

期待已久的采访终于要开始了，于建港穿着印着母校校徽的黑色polo衫进入远程会议室。和预想中成功精英清冷严肃的形象不同，他给我们感觉更多的是温文儒雅，我们紧张的情绪也因此慢慢被驱散。于建港用他近30年的求学和奋斗故事，在我们的脑海中逐渐勾勒出一个更加有血有肉的校友形象。

▌ 母校恩泽，受益终身

"1997年校庆的时候我回去参加了，正好赶上'东方红3'科考船下海仪式，走访了几个新校区，也回到了所在的学院。"于建港曾多次重回母校，对学校和学部的发展速度、建设情况以及取得的成果都非常赞叹。

于建港当年在鱼山校区生活和学习，美丽的校园、悠闲的海边、各式古老建筑他都记忆犹新。谈起大学四年，他说不管是知识储备、专业技能还是社会历练都是在那个时候奠定的基础。当年计算机系刚刚成立，很多老师是数学系的教授，包括唐功友、方奇志教授，帮助当时的他们打下了非常好的数学基础。他感慨道，当年很多人会认为数学对计算机没有直接的帮助，但这么多年来，不管是在华为做

5G通信、在中国电信做国际标准的研究，还是自己开公司做人工智能的应用与突破，扎实的数学基础都发挥了至关重要的作用，因为只有靠数学进行公式和原理的推导，才能实现预期的创新。在学校里学习到的这些知识，打下的扎实基础让他受益终身。

毕业一晃就是30年，于建港回忆道，同学们之间的感情特别好，对学校和校友的情谊、与同学们相处的美好回忆对他毕业后的成长和发展都是有帮助的，感谢母校对自己的栽培和引导，他和同学们都非常期待也能够参加百年校庆活动，给母校庆生，为学校、学部献礼。

始于兴趣，成于坚持

21世纪初，计算机专业开始爆火，大量优秀学生狂热地涌入计算机专业，但真的想清楚要学什么、学成以后又要做什么的人却屈指可数。于建港是如何在30多年前就前瞻性地选择了计算机及应用这个专业并坚定地在这个领域深耕的呢？他的回答非常简单，就是单纯的喜欢！于建港最早接触计算机源于家庭的原因。他的父亲是中国第一代开发计算机的技术人员，所以他从小就能够接触到各种计算机硬件和软件，很多人只是有所耳闻的"高科技设备"是他小时候经常打发时间的玩具。正是从小的耳濡目染，让他慢慢了解了计算机的无穷奥秘，所以选专业的时候，他完全没有任何犹豫。

入学之后，尽管当时的硬件设备相对来说比较简陋，但是于建港并没有抱怨条件太差，而是逆境而行，精益求精。他喜欢计算机，那就去琢磨关于它的一切。"1994年的时候，我是我们班第一个买个人电脑的。有了自己的电脑以后，我就自己研究搭网络，自己尝试开发操作系统，自己去做汇编的编程，包括开发一些像贪吃蛇这样的游戏，更多的是在自己感兴趣的领域不断去探索。"于建港的语气非常轻快，但其实在那个学习资料非常匮乏的年代，他算是摸着石头过河。

于建港提到了很多与同学一同设计、探索、实现奇思妙想的故事。与网络十分发达的现在不同，他们在学习和实习阶段经常是第一次接触某一项技术，只能根据有限的资料反复钻研才能搞懂。计算机界有句非常著名的话：不要重复造"轮子"。然而在那个年代，甚至还没有"轮子"可以拿来用，许多行业概念还未清晰，很多工具还未被创造，所有都要他们从底层开始探索。在这样的环境下，正是他们的卓绝努力和专注，才有了行业如今的百花齐放、生机勃勃。

出类拔萃，别具匠心

于建港及他的公司在行业内大放异彩，离不开他对行业的精准分析，对公司运营的深度把握，而这样独特又难得的能力是他用思考和汗水得来的。

于建港在行业深耕的时期也是中国快速发展的时期。2000年的时候，于建港入职了华为北研所，那时候，外企是所有高校毕业生向往的地方，很多人认为国内的企业很难超越他们。"我记得任正非在一个大会上说我们是追赶者，以后我们肯定会成为领先者，他说这话的时候我听到周边的同事都在窃窃私语，大家都觉得这是不可思议的事情。"于建港分享了工作时的经历，他表示当时国内公司的条件比不上国外的一些大公司，顶尖的技术人才也大部分出国了，但是经过国内技术人才的共同努力，现在在某些领域也能做到像余承东所说的"遥遥领先"，为祖国兢兢业业做好每一项技术研究的人才是中国技术的脊梁。

"我不认为自己是天才，我就是一个实打实地去做事情的人。"不管是在华为还是在电信工作，于建港从没有抱怨工作太累太忙，不是探讨工作内容的应不应该，而是抱着多了解、多学习的态度，对自己不断提出新要求。机房管理一般对维护管理人员的综合素质要求较为宽松，所以对于"上进""优秀"的人来说，管理机房是看不到出路的。但于建港反其道而行之，在做好3GPP、ITU、OMA国际技术标准的同时，他主动申请管理机房。因为在那里，他可以见识到所有目前业内采用的高新技术产品，也正是在机房，他摸遍了所有厂商的产品，在闷热嘈杂的空间里一遍一遍地去做性能测试，观察设备之间是如何通信的，包括布线这样的工作他也独立完成。在华为工作期间，从前端到后端，从技术到市场，于建港都有丰富的工作经验。这种"不计较"的态度为他以后创立公司并稳步发展打下了坚实的基础。

"攻克一个难关、一个壁垒，那是看得见的、摆在眼前的东西，像走在路上前面有个石头，不管石头大还是小，你都能越过去，最多爬过去嘛。但是，公司在运行过程中最困难的是前进方向，前面有好多条路，甚至没有路的时候，要往哪个方向走，这才是真正的困难，才是真正要去解决的问题。"于建港强调，运营公司固然要学财务知识、人力资源管理等多领域的知识，但如何找到一个合适的路径更是需要克服的一个困难。"对小公司来说，在细分领域分一块蛋糕"是于建港的回答，事实证明，他交出了一份优秀的答卷。

于建港和他的团队在大数据、人工智能等领域深耕，一直与世界领先的技术接轨，和政府部门保持着长期的紧密合作，也同高校建有联合实验室。于建港介绍了自己公司的主要情况和行业发展形势，机器人和人工智能领域是目前还在探索的，不能说是完全清晰的领域，虽然他的团队也遇到一些困难，走过一些弯路，但是前景比较明朗。作为学长，他建议学弟学妹们能够加强人工智能领域的投入和学习，算法可能是未来的一个很好的发展方向。

▌传道授业，授人以渔

谈及大学专业的选择时，于建港表示，选专业时会考虑太多因素，文科还是理科，学术还是职业，当下还是未来，高中刚毕业的同学们的社会阅历还不足以看清这些，所以不要有太多功利性的想法，要基于自己的兴趣爱好去选专业。他指出，20世纪90年代下岗潮的那批人很多是在六七十年代选工作的时候选择了热门行业，但热门行业领域是一个不停变化的过程，未来几十年的发展趋势是无法预测的，最关键的还是对所选行业有兴趣，朝着这个方向一直努力、一直发展，才会受益一生。

于建港还提到，要注重原理性知识的积累，这是在遇到问题时能否解决的关键，也是专业素质和能力的体现。他认为，越是好的学校，越关注原理性的基础知识，课程越是偏理论而不是偏实践，因为遇到问题都可以从原理去推导，进而解决问题。"两种教育理念的区别在于一个追求短期目标，一个追求长期目标。"他提醒我们要注意平衡这两者。

"要培养自己的兴趣爱好，掌握好基础知识，这种通识性学习打下的厚实基础在未来会让你受益匪浅……"于建港喜爱看书，说着便拿起放在案头的书籍，分享了吴军教授创作的《大学之路》和《数学之美》两本书，更分享了他读这两本书的感悟。他还推荐了国内外一些优秀的公开课程。授人以鱼，不如授人以渔。于建港分享的宝贵经验和精神财富从思想路线上给予学弟学妹们深刻的启发。

访谈 后记

于建港校友分享了很多经验，他的钻研精神，他的真诚，他的高度自律，他的谦虚都深深地感染着我们，我们对能采访到他感到非常荣幸。

校友 寄语

祝母校生日快乐，建校百年既是华章也是新的起点，祝学部发展得越来越好！

——于建港

（撰稿：2022级计算机技术硕士研究生　骆思泽）

学弟学妹 眼中的他 ——————

"岁月静好只是有人在替你负重前行。"在中国创新药物领域的开发中，邢洪涛就是这样一位"负重前行者"。从食品专业学士到药物专业硕士，从生物学博士到工商管理MBA，从世界500强医药企业商务高管到瀚远医药有限公司创始人，他的履历在不断丰富，阅历在不断增长，而那颗科研报国的赤子之心却从未改变。他用实际行动让我们看到了学以致用不仅可以实现个人的理想抱负，更可以让"健康中国""海洋强国"理念落地落实，造福全人类。

用"新"铸就科创高地，用"心"研制中国好药

——访 1993 级校友邢洪涛

邢洪涛，男，1974年生，山东威海人，1993—1997年本科就读于青岛海洋大学食品科学与工程专业，1997—2000年硕士就读于青岛海洋大学药物化学专业。香港中文大学生物学博士，美国加州大学洛杉矶分校工商管理硕士（MBA），拥有超过16年的海外经历和研发管理经验，先后在美国强生、施贵宝等世界500强医药企业的全球总部担任商务高管，期间成功领导了多项新药产品的研发和引进。2015年，他毅然放弃国外的优厚待遇和安逸生活，带领优秀的研发团队、管理团队和专家顾问团队回国创业，创立了瀚远医药有限公司，致力为全球市场提供创新型医疗解决方案和医药产品，产品线涵盖自主知识产权1.1类创新药物（含海洋药物）、高端医疗器械及海洋生物工程产品等。

出生在威海，于青岛海洋大学求学，邢洪涛与海洋有着奇妙的缘分，也用大海般的激情翻腾着自己人生的波涛。

▌生于海，学于海

邢洪涛于1993年考入青岛海洋大学。彼时考取大学非常困难，只有1%～2%的

高中生有机会读大学本科。深知学习机会来之不易的他，最终选择了具有博士学位点的青岛海大食品科学与工程专业。本科阶段，在学院专业化的人才培养体系下，他打下了坚实的专业基础，并且在毕业后选择攻读药物化学硕士。研究生期间，他师从管华诗院士，从事海洋药物研究，深夜在灯火通明的实验室奋战是常态。也正是在海洋药物原料和活性成分的探索过程中，从事医药行业这一想法悄然在他脑海中萌芽。在海大7年的求学时光里，他在教室中奋笔疾书，在图书馆里埋头苦读，在实验室里专心钻研，这些都为他日后的成长成才奠定了基础。

除了在知识的海洋中徜徉，学生工作的经历也为他积累了宝贵的管理经验。在担任校学生会主席期间，他与时任学生会指导老师张静紧密沟通，在工作中精益求精。谈及恩师张静，邢洪涛情深意切，他说，张静老师传授了很多待人接物的道理，例如如何处理好同学间的关系，学生干部如何发挥引领作用，怎样实现学生身份与工作思路的转变，这些令他受用至今。也正是这段学生工作经历，让邢洪涛形成了自身的信念——以真诚和热爱带领大家完成每一项工作。身为校学生会主席的他，与来自兄弟学院的优秀同学们共同探讨如何让活动兼具教育性与趣味性，这期间获得的组织经验、锻炼的沟通能力和收获的人生哲理，也为他日后在公司管理和运营上带来了启发。

在总结海大求学时光时，邢洪涛表示："不可局限于自身所处的舒适圈，集众家之所长，才能够充实完善自我。"

▍集百家，专所长

硕士毕业后，邢洪涛考取了香港中文大学生物学博士，并选择攻读美国加州大学洛杉矶分校工商管理专业硕士学位。国外的学习时光也是邢洪涛的一段珍贵回忆。由于学科的变化加之语言的障碍，他需要比其他人付出更多努力。他曾每日通勤五小时去上专业课，赶车路上也追着老师答疑。在多年的求学生涯中，他践行"取则行远"的理念，真正走出舒适圈，与优秀者同行，集众家之所长，充实完善自我。

完成学业后，他并没有直接选择创业，而是选择步入企业积累经验。但从学生身份向一位职场打拼者的过渡也并非一帆风顺。在初入强生集团时，他发现山外有山、人外有人，书本上的经验远不及实践历练来得更加有冲击力。在企业的实践与摔打中他认识到，工作不仅需要扎实的专业基础，更需要广阔的阅历和眼界。于是在强生公司他主动选择轮岗，深入研发部、市场部、管理部、全球交易企业并购等各个部门，多部门、多岗位的历练也为日后的工作和创业积累了宝贵的专业技术基础和商业视野。在这之后，邢洪涛转战多家企业和研究机构，期间促成多项新药产品的研发与引进，在企业产品线战略延伸和市场拓展等方面积累了丰富经验。

国外求学阶段的一次咨询经历让邢洪涛印象深刻，也成为他选择回国创业的契机。在就读MBA期间，身边同学对于投行工作趋之若鹜，他也曾想过应聘投行。但在与学校的生涯规划导师交流时，导师的一句话点醒了迷茫中的他："热门的职业不一定是适合你的职业，最重要的是拥有一技之长。从本科到博士的专业积累，是你独一无二的宝贵财富。"与导师的交流让邢洪涛醍醐灌顶，学了十几年的食品、医药和生物知识，如果进入金融领域不仅很难用到，而且"半路出家"的他可能在专业领域比不过"科班出身"的相关专业本科生。于是，邢洪涛开始重新审视自己的未来规划。

▌守初心，馈社会

曾经有人质疑放弃美国高薪工作而选择回国创业是否值得，对此邢洪涛表示，从文化习俗到饮食习惯，从价值观念到思维方式，中西方的很多差异是刻在骨子里的。游子在外时这种感受是非常明显，对于"家"的渴望是迫切的，希望有一群可以相互依赖、相互信任，一起努力向着一个目标进发的伙伴，因此他选择回国创业。

经过长时间的筹备，邢洪涛率领留美生物医疗海归专家团队，成功创办了中国本土创新型高科技企业——瀚远医药有限公司。他们致力于为全球市场提供创新型医疗解决方案和医药产品，以中枢神经性药物为主要研究方向。当被问及为何在诸多研究领域中选择了此方向时，邢洪涛表示，中枢神经性疾病患者很多，精神分裂、痴呆、抑郁症、阿尔茨海默病等都与之有关。然而国内精神类疾病的就医率很低，一是碍于传统的眼光和看法，人们难以有效地察觉到已经患病，而是停留在性格认知层面；二是一些病人认为看心理医生可能会受到他人异样的眼光，病耻感也导致人们羞于看病。他们希望帮助这一群体，通过适当的药物治疗来恢复健康，也希望更多的人能够关注此类疾病。这便是邢洪涛和他的团队创办瀚远医药的初心。

在接受访谈时，邢洪涛还就企业文化和价值观进行了分享。他认为，瀚远医药有限公司的管理是民主化的，上下级之间可以进行平等的交流沟通，董事长、管理层和员工们就像是朋友。在员工选聘方面，更看重员工的能力而非出身。"我认为一些内在的品质更加关键。成绩不代表一切。现在很多学生缺乏对于行业和企业的深度了解。而不论在任何行业中，想要成长成才，都一定要时刻保持内驱力。"

当被问及在员工招聘和培养方面对于在校生有何建议时，邢洪涛提供了两个关键词：责任心、自信心。"学校的作用往往不是培养诺贝尔奖获得者，而是向国家输送一批心理健康且具有一定能力的人才。"他认为对于个体而言，最重要的是要有责任心，遇到事情要勇于承担，有时候大大方方地承认错误往往比想办法开脱更有效。

此外，结合这些年员工面试的感受，邢洪涛指出，是否具有自信心是员工面试时一个十分关键的考察要素。面试并不意味着请求面试官给予一个职务，而是应当秉持自信大方的心态，去告诉未来的雇主，你的未来很有潜力，你的能力能够帮助公司实现什么目标。在自信心面前，能力的高低显得没那么重要——能力可以在企业的培训中慢慢锻炼，而自信心的建立则需要多年的积累与沉淀。这些建议，也为同学们拨开了内心的迷雾。

以初心，砺恒心。这位知行合一的董事长、科技工作者，集百家专所长，用实际行动回应着国家和时代的召唤。着眼未来，邢洪涛和他的科研团队正紧扣国家和区域发展战略重大需求，致力为全球市场提供创新型医疗解决方案和医药产品，继续在为人民研发好药的道路上砥砺前行。

访谈后记

MBA硕士，企业董事长，一个个头衔令我们感到难以望其项背。但真正见到邢洪涛后，他的平易近人以及公司轻松自在的环境打消了我们的顾虑。在交流中，从对本科生的期望和应该锻炼的能力，到作为企业家的初心与社会责任感，他无所不谈，加深了我们对奋斗和责任的理解。

校友寄语

潮起潮落，风雨兼程，育才百载，青春如歌。感恩母校培育莘莘学子栋梁遍四海；祝福中国海大喜迎百年华诞永铸辉煌！

——1993届食品科学与工程校友邢洪涛恭祝

（撰稿人：食品科学与工程专业2021级　刘雨珊　张梓煜　宋丹阳　程颖锴）

学弟学妹 眼中的他 ————————

认真、热情、爽朗、从容。他的语言幽默而深刻，他的观点睿智而开明，他的每一步都走得踏实而坚定，他温暖的笑容里蕴含着无限的力量。

做难而正确的事

——访 1993 级校友刘冬

刘冬，男，1975年生，山东滨州人。1993—1997年就读于青岛海洋大学国际贸易专业，2008—2010年硕士就读于中国海洋大学项目管理专业。现任山东泰山文化艺术品交易所股份有限公司总经理、山东泰合众鑫文化创意发展有限公司董事长。

他执着于挑战自我，不断攻坚克难；他用独特的眼光和坚韧的毅力，在商业银行总行渠道合作、黄金加工以及工业应用、旅游与数字资产结合方面努力探索。他是一个勇于承担的人，历经曲折，初心不改。在瞬息万变的世界里，他始终坚持着自己的理想和信念，用"臻于至善，笃行致远"的价值观要求着自己和经营团队，发展征程中走过的每一个篇章都充满了激情和奋斗。他是刘冬，内心充满了对过去的回忆和对未来的期盼，在静谧的会议室里向我们娓娓道来……

▌初遇海大：宝剑锋从磨砺出

1993年，刘冬进入青岛海洋大学经济贸易学院学习。在海大，刘冬进行了系统的理论学习，培养了自己解决问题的系统性思维。可以说，海大六年的求学经历是刘冬整个人生经历中最珍贵的财富，对他以后的工作、生活等方方面面产生了深远的影响。刘冬回忆道，本科期间的学习十分考验个人的自律性，而正是在海大老师和同学的帮助下，自己充分锻炼和培养起独立思考、独立解决问题的能力。这种能力，使得刘冬此后在步入社会遇到困难时，能够不惧变化，泰然地接受挑战，并在每一次的变化中让自己不断提升。在海大的求学时光中，刘冬不仅学到了书本上的知识，提升了自我认知，更重要的是，学校严谨踏实、求实创新的整体氛围，也一直潜移默化地影响着他的为人处世方式，并且浸润到此后的工作和生活当中。

回忆20世纪90年代的求学经历，刘冬感慨颇深。当时还没有现代化的教学条件，但刘冬所在班级的班风很好，学习氛围较好，同学之间互帮互助，这些都使他深刻感受到了团结的力量，体会到了良好人际关系带来的幸福感。要说哪一位老师最令刘冬难忘，那就数恩师高金田老师了。"高老师的热心与负责将1993级国贸班这个大家庭紧密地团结在了一起。""都是海大人"的强烈认同感，让来自天南海北的同学们团结互助，亲如一家。当年，有位外地同学突患急病急需住院，高金田老师组织同学们出钱出力，并妥善地安排了班级志愿者照顾这位同学的饮食起居。而在毕业之后，高老师也一直关心着每位同学的动向。刘冬也从未忘记师恩，每年都会参加或组织同学聚会，与昔日同窗共同追忆、怀念那些在海大的美好时光。

在学习方面，刘冬也有自己的心得。海大优良的学风培养了刘冬爱读书、读好书与不断学习的习惯。他如今也一直以身作则，经常与员工交流："无论何时何地，都要让自己变得有价值，不要停止学习和思考，失去提升自我的机会。"刘冬经常会在朋友圈里转发一些关于企业管理的新观点与文章，不仅保持自己的进步，还带动身边的人提高知识素养。此外，注重细节、不言放弃也是刘冬的代名词。从学生时期开始，他便在每周初始列出一个任务清单，把每周的工作安排进行排列，并将其细化到每一天，甚至精准到某一个时间段。从战略到执行，他都会关注好每一个细节。即便是周末，刘冬也并没有因为是休息日而停下脚步。遇到问题，刘冬也不会轻易放弃，他会顶住多方压力，逐一去解决。刘冬深知，万物"不可求骤长"，少时养成的习惯，现已成为他事业前进的助力。如今，他一直在深耕企业管理的相关知识，不断思索如何让企业未来效益达到最大化、如何科学地进行企业管理等问题，并为此付诸实践。

社会犹如一条船，每个人都要有掌舵的准备。在价值观方面，刘冬也受到了很大影响，海大的老师们身上传递出来的自信、积极向上、自立自强、进取务实的精神，也深刻感染了他。母校还培养了刘冬强烈的社会责任感，如今，他已然成为一个能够承担社会责任，促进文化输出的企业家。企业在大明湖畔投产了"明湖100"图书馆项目，即便面对内外部经济环境的变化，他依然没有放弃运营这家文化创意书店。他希望这家书店可以成为优秀传统文化输出的一枚螺丝钉，或者成为文化交流的一张名片。

▌回望过往：梅花香自苦寒来

刘冬最初的职业规划是毕业后进入金融领域，先从基层做起，然后逐级晋升，从执行者逐渐成长为管理者，这个目标从入学到毕业一直从未变过。在本科毕业之后，刘冬如愿进入了银行，并且通过自己的努力，最后成功地晋升为行长，而且是当时最年轻的行长。

而后，刘冬的人生有了新的目标。从银行辞职后，他踏入了新的领域。由于刘冬本科所学专业是国际贸易，研究生所学专业是金融管理，这两个专业都属于经管类，因此他的创业也充分围绕着自己的专业所学。两个专业的知识都对他的工作有很多直接的帮助，比如系统的经管思维等。他提到，"在海大学习的过程也是搭建思维框架、开展思维训练的过程，这是一个终身受益的过程"。

踏入新的领域，困难重重。如今再回头看，更是感慨良多。

文化公司创立之初，由于多方原因，只有30万元的启动资金，全靠一身干劲儿与坚毅，企业才争取到资金支持。刘冬调侃道，他们甚至用仅有的30万元，买了一辆35万元的"豪车"。谈起企业发展，从刘冬的语气中可以听出他对朋友们的感激。"锦上添花易，雪中送炭难"，刘冬非常珍惜发展初期与他共患难的伙伴，也很庆幸能遇到和自己一起直面挫折挑战的朋友。那时的他们，意气风发，仿佛一轮艳阳，炽热勇敢，坚持前行。

心之所向，终有所往。即使面临内外部多重压力，刘冬并未止步，而是激流勇进。2022年，刘冬所带领的团队完成了公司在黄金方面产业布局的重要一环——重整并购了烟台蓬港金业有限公司。重组历时两年之久，面对着多个重量级竞争对手，最终顺利完成，企业也从最初的商贸属性蜕变成为兼具生产、加工、销售再到回收于一体的专业化贵金属公司。刘冬分享道，并购的战线因特殊原因拉长，并且自身原本对破产重整的相关知识储备并不是十分完善，这都加大了"蛇吞象"的难度。刘冬在并购期间坚持学习相关知识，包括经典案例、法律法规。直面困难，这也是他做人做事时对自己的一种要求。

如今，刘冬所经营管理的山东泰合众鑫文化创意发展有限公司，一直坚持"拿牌照、开渠道、练内功"三步走战略，不曾动摇。近年来，他对公司未来的发展思路愈加清晰、布局愈加稳健，公司的发展脚步也愈加扎实。此外，刘冬目前任职的山东泰山文化艺术品交易所股份有限公司也始终坚持着创新发展的理念，在困难的环境中不断求实创新、勇毅前行，先后推出游戏道具交易业务、文旅资产交易平台等创新产品，获得过山东省金融创新先进单位、第三十届山东省企业管理现代化创新成果、山东省省管企业青年文明号等荣誉称号。

▍激励后辈：直挂云帆济沧海

纵观刘冬的职场历程，他在学习中不断突破自我、力求革新。在这个快速变化的时代，需要有所坚守；在这个浮躁的时代，需要有所沉淀。对于新一代的中国海大学子，刘冬在人生规划上也给出了一些建议。

成长之路一定是奋发向上的，要做难而正确的事，这是刘冬一直坚信的。个人的职业规划以及发展道路并不是一朝一夕就能确定的，而是久久为功。那么，应该如何一步步确定自己的发展规划呢？在刘冬看来，中国海大学子要时刻关注行业的发展，瞄准当下具备潜力的赛道，培养"窄门思维"与创新思维，这样才能够与行业一起成长，从而确定自己的发展道路。此外，青年人要勇于跳出"舒适圈"，能够跳出行业看行业，时刻关注热点问题，掌握前沿信息，并学会适时调整与转型，不断地更新自己的知识体系，更好地适应社会需求。

成长的路上眼光要放长远。在谈到社会需要何种人才时，刘冬认为，社会对于刚刚走出校门的青年一代，更看重技术和经验的积累。所以，年轻人要能沉下心、俯下身来持续学习，勇于实践，努力完善自我，提高认知，最终实现量变到质变。

不断学习是刘冬在海大养成的最为受益的习惯，他也希望新一代中国海大学子能够不断培养这种习惯。求学期间，刘冬经常与专业课老师以及辅导员交流互动，老师不仅在专业知识教学和生活上提供帮助，在个人发展上，同样给了很多方向性的引导，能够让他在不断了解个人优劣势的基础上，更好地规划个人未来发展，不断学习进步。

当选择好自己的赛道后，要相信自己，不畏困难，坚定不移地走下去。这既是给学子们的建议，也是刘冬在下一个人生阶段的自我鞭策。要学会热爱，选择之后，不要轻言放弃。刘冬一直坚持自己所选择的赛道，并且坚持努力深挖与扩宽，每当遇到新的机遇和挑战时，他都能边学边干，百折不挠，力求完善。未来，他还会继续保持追求新知的"好奇心"，坚持履行企业责任，在自己从事并且热爱的行业里发光发热。

访谈 后记

"听君一席话，胜读十年书。"短短几个小时的交流，刘冬学长深沉简洁的话语给我们留下了深刻的印象。刘冬学长对待工作和学习的认真态度，以及积极向上的乐观精神，实实在在地鼓舞了我们。学长一直在学习，一直在进步，从未言弃。低调做人、踏实做事、不断进取是他的真实写照，也是我们学习和追求的榜样。很荣幸能够结识这位还在努力发展壮大企业规模的企业家，他的奋斗事迹令我们受益匪浅。

校友 寄语

百年海大，薪火相传，百年风华，与有荣焉。追风赶月莫停留，平芜尽处是春山。母校对我的培养依然历历在目，值此母校百年之庆，希望新一代中国海大学子在任何时候都能坚毅乐观，顺势而为，初心不改，始终朝着梦想砥砺前行！也衷心祝愿母校中国海洋大学百年基业，更进一步！

——刘冬

（撰稿：2022级金融 魏思冰）

学弟学妹 眼中的他 ————————

秉持着学无止境的求学态度，他不断追求精深的知识，勇于尝试新奇的事物，选定了研究方向就矢志不渝地探索下去。他就是这样一个"探索者"，坚定地遵从自己的内心，不断沿着认定的方向前行，胆大心细，跬步千里。

做笃行不辍的"赶海人"

——访 1993 级校友孙永福

孙永福，男，1964年生，山东潍坊人，1993—1995年硕士就读于青岛海洋大学海洋地质专业，2006年获中国海洋大学海洋地质专业博士学位，教授级高级工程师，博士生导师。曾任国家海洋局第一海洋研究所副所长，青岛海洋工程勘察设计研究院院长，现任国家深海基地研究中心副主任，兼任中国海洋工程协会海洋工程环境与咨询分会会长、山东省暨青岛市海岸工程学会理事长等。

近年来先后承担完成海洋油气开发工程、海底通讯光缆工程、海底隧道与跨海大桥、人工岛以及港湾码头等海洋工程勘察与工程地质调查评价项目50余项，承担完成青岛海洋科学与技术国家实验室鳌山科技创新计划"海底地质灾害监测预警与评估关键技术预研究"（2015—2017），国家海洋公益科研专项"近海海底地质灾害预测评价及防控关键技术研究"（2011—2016），国家高技术研究发展计划（"863"计划）"海洋工程地质环境探测技术集成"（2004—2009）等科研项目。现主持国家重点研发计划课题1项，子课题1项。发表论文70余篇，授权专利15项，获得国家海洋工程科学技术二等奖4项，海洋科学技术二等奖1项。2012年荣获全国海洋工程咨询行业"十佳标兵"。

他要奔赴大海，去看那自然曲线所描绘的天际线。海风拂过，那一抹深蓝的烂漫，如同年少时的征途，在承载着星辰大海的小舟上，在孕育着梦想和答案的时间之海里，追梦追了30年……

▌心怀大海，逐梦深蓝

"我从小就喜欢大海，对海洋的一切都魂牵梦萦。"大海像一块磁石，深深地吸引着孙永福。带着对大海的向往与执念，他如愿来到了美丽的海滨城市青岛。

谈起30年前刚到海大的那个夏末秋初，孙永福仍记忆犹新。红瓦绿树，碧海蓝天，与山相见，以海为邻，海风涌动，好似有着与世界隔绝的温柔。踏入藏匿在老城区的鱼山校区，葱郁的古树和典雅优美的德式建筑如凡·高的油画一样显得那样不真实，静谧的校园里充满了浓厚的学术交流氛围，这些都引起了他极大的喜爱与向往。在孙永福的心里，海大带给了他丰富的知识和无限的精神力量，为他开拓了一条崭新的成长、成才之路。

▌求知之路，体魄志坚

"积极向上、忙碌充实"，孙永福这样描述他在海大的求学生涯。刚进入海大他就埋头于忙碌的学习和科研生活，丰富的专业知识以及实习安排让学以致用最大化，而他又善于将知识运用于实践，得到了老师和同学的一致认可。他在课余时间坚持读书、爬山、旅游，课余生活充实又丰富，在繁忙的学业和科研之外得到充分的放松和娱乐，转换思路、恢复精力，以便在工作学习中保持更好的状态。他还经常锻炼身体，正所谓"文明其精神，野蛮其体魄"。

当谈及海大对他影响最深的人时，他毫不犹豫地回答道："一定是杨作升先生！在海大求学时我的导师杨作升先生对我的学习以及后来的工作和生活影响深远。"杨作升先生是中国海洋大学海洋地球科学学院河口海岸带研究所名誉所长，主要从事海洋沉积学及海洋沉积地球化学、陆架及河口动力沉积学研究。杨作升先生学识渊博，对学生关怀备至，能非常清晰明了地帮他解决学术上的疑难问题，已然成为他不可或缺的良师益友；杨作升先生儒雅随和的形象与平和友善的处事态度为他树立了良好的榜样。时至今日，他仍忘不了跟随杨作升先生学习和生活的那段时光，导师的良好品格和他的个人风格交融在一起，便有了独属于他的从容不迫的风度。

▌不忘初心，牢记使命

入学前，孙永福的人生目标十分简单明了，就是要努力学习专业知识，充实自己的思想，未来找到合适且满意的工作。入学后，他的人生目标更加清晰远大，随着专业知识的不断学习和专业领域的深入探索，他渐渐坚定了自己的发展方向——成为一名海洋科技工作者，为祖国的海洋开发和权益维护事业贡献自己的力量。当被问及为什么选择这个方向时，他回答道："因为当时海洋地质专业领域的人才比较缺乏。"简单的话语振聋发聩。孙永福本科期间学习地质学专业,也为后来的研究生阶段学习打下了坚实的基础。孙永福的专业研究方向包括海洋工程地质与地质灾害、海底地球物理探测技术应用与原位监测、深海资源勘探开发及环境影响评价等,对我国的海洋工程建设和海底矿产的勘探开采具有重要的意义。

从海大毕业后,孙永福的工作研究方向主要是海洋工程地质调查评价与灾害评估、海洋资源开发保护与防灾减灾等,专注于渤海海底地质灾害特别是黄河三角洲地质灾害研究工作。每年冬季随着寒潮的到来,黄河口会引起很大的风浪,导致海底土液化、冲刷等一系列地质灾害现象的发生,从而引发海底管线等基础设施周边冲蚀或破坏。孙永福及其团队根据这种现象申报了国家"863"项目,对黄河口复杂海况条件下的海底地质灾害现象进行深入研究,为海底工程建设与安全运营提供支撑和技术保障。研究成果为整个胜利油田海上油气资源开发安全运行作出了突出贡献,降低了安全风险,保护了海洋环境,这项工作一直让孙永福铭记至今。他激动地讲述了这项工作的不易,但"轻舟已过万重山",回首过去,满是自豪。

孙永福及其团队以实际行动助力海洋产业转型升级,壮大新兴海洋产业,推动我国蓝色经济的发展,以科技创新助力国家海洋强国战略。他的故事告诉我们:只有将个人志向与民族振兴紧密结合,只有将个人价值融入国家的前途命运,才能在时代的浪潮中乘风破浪,奋进不止;个人才能在成长的道路上实现自身的价值,创造无限的价值。

在孙永福身上,有"活到老,学到老"的人生态度和精益求精、脚踏实地的科研精神。他不断叮嘱学生,只要有机会、有能力,就坚持求学深造,提升自己。他理解的海大精神,既要虚怀若谷,像大海能容纳无数江河湖水一样胸襟宽广,又能够遵循科学精神,眼界高远,目标远大,且脚踏实地、身体力行地朝着既定的目标奋进。海大精神也为孙永福的个人发展提供了人生道路指引,拥有包容、宽大的胸怀和脚踏实地的奋进精神,为他在专业领域的深入研究提供了精神支撑。

"您对年轻的中国海大学子有什么想说的吗?"

"记得当年入学时,父亲赠言:'海阔凭鱼跃,天高任鸟飞。'我想把这句话送给当今的中国海大学子,希望大家通过自己的不断努力,获取更多的知识,争取早日成为国家的栋梁之材。"

"最后一个问题,您对母校未来的发展和百年校庆工作有什么建议吗?"

"海大是国家海洋领域的领头羊,希望她继续发扬自己的特色,今后为国家培养更多的专业人才! 百年校庆是非常值得庆祝和纪念的日子,我们可以利用这次机会把海内外的海大学子联系起来,为母校的发展献计献策,共同庆祝母校的百年华诞。"

访谈 后记

很荣幸有这次机会与孙永福师兄面对面交流。他精心总结的经验分享和人生建议让我们收获颇丰，他儒雅随和、从容沉着的风度更令我们印象深刻。他在访谈中一直提及学无止境和探索态度，在我们心目中树立了勇攀高峰、奋发上进的科技工作者的形象，也更令我们坚定了追随优秀校友脚步的信念。学海无涯，只有足够的知识储备才能支撑不断求知探索的道路。

校友 寄语

祝愿母校越办越好，为国家培养更多的优秀人才。

——孙永福

（撰稿：2021级地球信息科学与技术本科生　付咏健；2022级地质工程硕士研究生　王雁翔）

学弟学妹 **眼中的他** ————————

"博学之，审问之，慎思之，明辨之，笃行之"是对他的真实写照。

博学于文，慎思笃行
——访 1993 级校友杜岩

杜岩，男，1975年生，山东临沂人，1993—1997年本科就读于青岛海洋大学物理海洋学专业，1997—2002年就读于青岛海洋大学物理海洋学专业（硕博连读）。曾任中国科学院南海海洋研究所副所长，获得国务院政府特殊津贴、科技部中青年科技创新领军人才、国家杰出青年科学基金、中国青年科技奖、广东省科学技术一等奖等称号和资助。

出生于距离海边几十里的临沂，求学于海洋中心城市青岛，工作于海上丝绸之路起点广州，杜岩的人生与海结缘。虽未曾在崂山校区学习，但学院走廊上的一张1997届毕业生合影，刹那间将杜岩拉回了学生时代的青葱岁月，一幕幕往事在我们眼前徐徐展开。

▎求学之路：偶然中的必然选择

"从前慢，车、马、邮件都慢"，作为山东人，选择位于青岛的海洋最高学府是一件顺理成章的事。来之前只是怀着对海洋的向往，入学后对海洋学愈发产生了兴趣。

杜岩入学那年是浮山校区投入使用的第二年，校区里大部分还是荒地，操场也是刚刚平整出来，开学军训的第一件事便是平整地面、除草种树。现在想来应该是辛苦的，杜岩却不觉得，他很喜欢当时质朴原始的生态环境，开心地向我们讲述在校园中偶遇野兔、刺猬的经历。

当时班级规模很小，那一届海洋学本科班只有26人，从军训起同学们就结下了深厚的情谊，直到现在也常常联系。

入学第二年杜岩回到校本部鱼山校区，彼时恰逢海大建校70周年，校庆准备工作正如火如荼地展开。他与同学们积极地加入准备工作中，打扫卫生、扮靓环境，校容焕然一新。1994年10月25日，庆祝青岛海洋大学建校70周年大会在青岛市人民会堂隆重举行，恰逢盛会，宾朋满座，回顾母校自创立以来几经变迁、图存图强的不平凡历史，杜岩深受鼓舞，逐步确立了未来努力的方向。他清晰记得，当时的校训是"团结、勤奋、求实、创新"，反映了老一辈海大人的价值取向和精神追求，后来改成了现在的校训"海纳百川，取则行远"，这既与"海大精神"一脉相承，又更能体现学校的海洋特色。"海纳百川，有容乃大，取则行远，我们要立志，要把总目标、总定位放在世界一流，然后才能走得远。我们的校训体现了学校的精神、历史以及发展方向，科学要与人文结合在一起。"杜岩如是说。

谈到读书时导师对他产生的最重要的影响，杜岩概括为两点：一是多为他人考虑，二是严谨治学。杜岩的本科毕业论文指导老师郭佩芳老师和博士生导师施平老师都是躬耕海洋的著名科学家，待人处事温文尔雅，总是设身处地地为别人考虑，颇有大师风范。老一辈科学家治学严谨，一份手稿要仔细推敲、反复论证后才成文发表。两位老师为人处世、对待科研的态度深深影响着杜岩，为他之后的成功埋下了一颗坚实的种子。

▍学以致用：逐步确立人生方向

海洋科学是一个跨度很广的学科，相比之下研究物理海洋的人只是很小的一个群体，这意味着每个人都有很多方向可以选择。杜岩的职业方向是分阶段逐步确立的。博士阶段他对南海混合层和温跃层动力学很感兴趣，顺利拿到学位后他觉得自己仍需要继续锻炼，去夏威夷大学做了两期博士后，主要从事气候动力学研究。

这种对专业能力的不断追求贯穿于他的职业生涯。2021年9月，杜岩作为首席科学家带领南海所的"实验6"综合科学考察船从广州首航，赴珠江口南海北部海域进行科考任务。出海的目标有两个：一是观测南海北部的一个超强暖涡，二是检验中国科学院"十三五"科教基础设施首个获批并第一个提前完工交付使用的建设项目"实验6"科考船的性能。不巧的是，船到外海刚做完一个断面就遇到了台风"康森"，岸基负责人建议避风，杜岩当时就在船上，对实际情况非常清楚，他通过卫星和模式预报等辅助工具判断这种恶劣条件可以克服。他果断决定紧急调整站位，赶在台风发展起来前向西移动，时刻在台风的影响半径之外，相当于台风在追着船走。杜岩相信以"实验6"的性能，只要台风不出现极端异常的情况，他们都是安全的。完成基本任务后，他们回到珠江口避风，等到台风向北转向，马上回去加了重复断面观测台风过境后海洋的三维结构，获得了很多珍贵的数据资料。"实验6"的首航成功离不开国家硬实力的提高和对海洋事业的大力支持，同样也离不开杜岩和其他无数海洋人在专业领域锐意精进、创新进取的精神。

我们请教他做科研需要具备什么样的素质，杜岩总结了三点。第一，要有好奇心，有探索未知的兴趣；第二，贵在坚持，科研需要直觉，需要想象，但更重要的是保持对直觉的坚持，努力钻研，不轻易放弃；第三，有所取舍，比如海洋科考的成本很高，出海前的理论工作要做足，提前判断、推演，在航次计划上有所取舍，不能为了坚持而坚持。

尽管在所研究领域已经做得非常出色，杜岩却十分谦虚，称赞许多年轻老师都比他出色。他常常观察非常优秀的科学家们，发现他们具有一些共同的特质。比如对学科方向的敏锐觉察力，能敏锐察觉海洋科学未来发展的前沿方向。近年来中国在许多科技领域已走在世界前列，逐渐从有方向地追赶其他科技大国转为引领发展方向，这就对学科带头人提出了更高的要求。除此之外，还要有良好的协作分工能力。海洋事业的发展不是单打独斗，领军人才不仅会接触海洋学业内人士，还要与各行各业的人才交流沟通，擅于挖掘并发挥每个人的长处，最终形成强大合力。"领军人才也是从我们这个阶段过来的，我们经历的事情，他们都经历过，只是他们迅速积累，到达另外一个高度。如果把他们的人生历程看作一步步的台阶，我们可能走了三个台阶，而他们已经走到第3000个台阶上了。"杜岩风趣地说。

▎不忘初心：享受生活，赋能生命

杜岩爱读书，学生时代逛遍了青岛大大小小的书店，特别是大学路、中山路上的几家。大学时代，他喜欢读思想类的书籍，他笑称古希腊哲学比较容易懂，近现代哲学的维特根斯坦、海德格尔就很难读懂，但确实从中收获颇多。后来他读《史记》，因为"读史使人明智"。及至中年，他对中国传统工艺现状和历史产生了兴趣，从传统工艺的兴衰中读出的是国家的兴亡和尺度的把握。民间艺术在国力强盛时便能蓬勃发展，趋于精美完善，而国力衰微时则变得潦草、停滞，甚至倒退。他觉得从事传统工艺与做科研有一点相似，既要精益求精，又要使成本可控，这其实有些矛盾，但仰望星空和脚踏实地之间总能找到一个交点。

与很多希望学生尽可能地多待在实验室工作的老师不同，杜岩希望大家走出实验室，走出学校，多参加社团活动，或者多去远足，体验山川之壮美、城市之人文。青年人正处在建立对世界的认知的阶段，需要时间与外界产生联系，也需要时间追求自己的各种爱好。人文艺术是滋养心灵的土壤，阅读是提高生命质量的捷径，体育活动是强健体魄、增强团结协作能力的好方法，这些都可以反过来赋能科研。杜岩坦言，学生时代的压力与工作后的压力相比不值一提，他现在负责一个团队，要时时寻找方向，压力是巨大的。想要缓解压力，首先要承认压力，然后分解压力，将一件事拆分成许多步，按计划一步步完成；若实在忙不过来或事情很难解决就要懂得取舍，将其交给更有经验、更适合的人去做。我对杜岩的一句话感触很深，他说："压力始终存在，你们唯一不知道的可能是有一些方法能降低、减缓压力，可以先把它放在那儿，爬不上去了，刮风下雨，就先绕着走，等下次准备好了，就可以了。"人在每个阶段的能力不同，现在感觉不可逾越的高山对未来的我们而言，可能只是一个小土坡，与其被压力压倒，不如暂避锋芒，提升自己，然后徐徐图之。

谈到如何看待"卷"这个问题，杜岩认为"卷"这个词不太正面，早在2004年他在夏威夷做博士后的时候，就见证了许多人不分白天黑夜地学习、工作。当时的他大吃一惊，但是很快明白无论何时何地，总有一群人在"卷"，这群人是这个行业发展的动力，经济学的"二八定律"同样适用于科研——20%的人做了80%的工作，当然，他们也获得了80%的效益。杜岩建议学弟学妹"卷"之前要明白自己的初心是什么，如果是自己想做的事情，"卷"或"不卷"都没关系；但如果是不情不愿还必须要做的事，就得做判断，做取舍。物理海洋学是基础研究，要甘于沉下心来坐"冷板凳"。很多时候"时尚"可能是个泡沫，要跳出"时尚"沉到海里去看看，看看最顶尖的人在做什么，有助于减少内耗。

最后，杜岩对母校百年校庆提出了建议："百年校庆既是对我们过去的总结，也是展望未来百年的新起点。我们应思考如何去做，才能在全球众多涉海高校和研究机构中做出自己的特色。"同时他也衷心地祝愿母校多培养人才，不断做大做强！

访谈 后记

初见杜岩老师便被他平易近人的态度和充满哲思的话语折服，整个访谈过程轻松愉快，我们收获满满。博学，而后慎思、明辨、笃行，这是我们从他身上学到的成功秘诀。

校友 寄语

祝愿母校在"团结、勤奋、求实、创新"老一辈的校训和"海纳百川，取则行远"的新校训下，做强做大，有更好的发展！

——杜岩

（撰稿：2021级物理海洋学　吕桢　刘力）

学弟学妹 眼中的他 ——————————

他对海洋总有着说不尽、道不完的热情，他对恩师总有着发自内心的感谢与敬仰，他对自己的学生总是严格要求和耐心指导。

溯海牧歌
——访1993级校友杨红生

杨红生，男，1964年生，安徽霍邱人，1993—1996年博士就读于青岛海洋大学水产养殖专业。现为中国科学院海洋研究所研究员，博士生导师，曾任中国海洋湖沼学会副理事长、秘书长、棘皮动物分会理事长，中国自然资源学会副理事长，中国科学院海洋研究所/烟台海岸带研究所常务副所长等。

1964年，杨红生出生在安徽皖西大别山的北麓。1982年，因为一个朴素真诚的愿望选择了华中农学院（华中农业大学前身）的水产专业。自此，这个少年开始了他漫长的水产征程。硕士毕业后，他在河南师范大学教学，同时继续开展科研工作，并于1993年进入青岛海洋大学攻读博士学位。

▌山岳少年，游戏江河

"我于1964年出生在安徽皖西。为了温饱，小时候吃过很多红薯。当时是无可奈何、不得不吃，其实特别想吃鱼，更希望我们整个村的人都能吃到鱼。1982年，我报考大学时，毫不犹豫地选择了水产专业。后来到青岛读博、工作，依然聚焦海洋渔业领域。"回顾走上水产行业的道路，杨红生如此说。他如某些洄游性鱼类一般，为了"索饵生长"，漫游于江河湖海之间。

20世纪80年代，能考入大学是件非常不容易的事，中专、大专、大学录取的总比例也不过7%。对当时的农村孩子来说，到城里读书，机会是十分难得的。"能够上大学就已经是'烧了高香了'，上大学就是我唯一的愿望。"1982年，杨红生考入华中农学院（华中农业大学前身）水产系，从淮河来到了长江。在进入大学后，杨红生被水产专业深深吸引，发自内心地想要汲取知识，认真从事科研工作。

硕士毕业后，他从长江来到了黄河。杨红生在河南师范大学从事教学工作，同时继续从事着科研工作，在草鱼养殖领域也做出了一定成果。但是随着科研的推进，杨红生渐渐找不到科研的灵感，遇到了瓶颈。后来，学校每个系选派一人到青岛参加调研，杨红生顺利入选，开启了与海大的不解之缘。作为生物系水产专业唯一参与考察的教师，杨红生第一次来到了青岛，第一次看到海，萌生了到海大攻读博士学位的想法。与导师交流后，杨红生决定报考，并于1993年顺利考入海大，攻读博士研究生。这一由河入海的转变亦如"越冬洄游"，在科研领域遇到困境的杨红生在海洋里寻到了自己的方向。由江河入海洋，杨红生从此深耕于海洋科研。

▌奔流到海，柳暗花明

在读博期间，有两件事对杨红生产生了深远的影响。

第一件事发生在课堂上。杨红生的导师——李德尚教授，我国养殖水域生态学奠基人、水产学界第一位博士生导师，每周五下午根据下周的学习内容在黑板上写三道题，在下周课堂上进行提问和点评，这些问题往往都来自课本，但若想得到答案就必须在结合课本知识的前提下查阅课外资料，因此同学们不得不提前预习。同时，他对学生的要求也非常严格，这种教学方式正是现在所谓的"翻转课堂"，锻炼了杨红生的信息检索能力，在查找答案的同时，丰富了自己的专业知识储备。还有一位在渔业资源领域贡献非常突出的陈大刚老师，他每次来上课，随身携带的只有几支粉笔，完全不需要教案，他对于知识的掌握和运用令人发自心底地佩服。

第二件事是在科研方面。导师李德尚教授对待科研的态度非常严谨，对于每一个环节都有细致的规划和安排。杨红生初来海大时，向李德尚教授介绍了在草鱼领域所做的工作，而李德尚教授却说："你所做的是生产，不是科研。"这让杨红生不禁疑惑，"我也在辛苦地埋头苦干，为什么不叫科研呢？""你那样应该叫干活，而不是科研，因为你没有找到科学问题，你只是把这些工作和劳动完成了，并没有探寻深处的科研问题，没有科学问题的牵引则不能被称为科研。"一句话点醒了梦中人，之后杨红生以此不断提醒自己和自己的学生。"我的导师非常负责，在读博期间我写了7篇文章，每一篇文章他都认真地用红笔批改了三遍。"时至今日，杨红生也将这种科研精神传承给了他的学生们。在海大的三年是终生难忘的，这种师生情令他始终铭记在心，而导师的优秀品质正是海大精神的体现，并在教学相长的过程中代代传承，形成了海大文化。如今作为导师，杨红生的目标就是培养"让自己钦佩的学生"。"导师的导师""导师""学生"三位一体，这种科研精神和文化在师生间传承，从某种程度上来讲，延长了我们的科研时长，科研和生命的意义也进一步升华。

▌深耕海洋，放牧蔚蓝

在海大求学期间，杨红生深深感受到了母校在水产养殖和海洋科学领域的深厚底蕴。在海大，他结识到了许多优秀的科学家、教育家，与善人居，如入芝兰之室，久而不闻其香，即与之化矣。杨红生爱好写作、吟诗填词，在海大与志同道合的友人做科研、诵长诗、吟渔歌。在与优秀的先生们相处的过程中，他受益匪浅。每每回忆起那段时光，他总是心怀感恩，感谢母校的培养，正是在海大读书期间，杨红生学会了怎样"提出真问题，做好真科研"。

从海大毕业后，杨红生还在思考要不要继续做博士后工作，中山大学和中国科学院水生生物研究所发来了接收他做博士后的信函，但由于研究方向的不同，他最后选择了导师推荐的在中国科学院海洋研究所工作的中国扇贝之父——张福绥院士，延续了科研之路。在导师的谆谆教导下，杨红生在1998年12月成为研究员，1999年成为硕士生导师，2001年成为博士生导师，2003年担任所长助理，2011年任副所长。在沿着淮河、长江、黄河、黄海辗转的过程中，他就好像一条鱼，历经百川，拥抱大海。

在中国科学院海洋研究所工作期间，杨红生一开始从事的是贝类方面的研究，延续着导师的研究方向。后来，杨红生意识到不能一味地依靠导师，每个科研工作者都应该开拓自己的学术空间。1997年，山东海域养殖的栉孔扇贝出现了大面积死亡的惨况，杨红生深刻地认识到，让更多的人吃到海产品，吃到健康的海产品，仅靠单纯的"养殖"还不够，更重要的是打造一个良好的生态系统，那就是建设海洋牧场。"绿水青山就是金山银山"，可持续发展的渔业生产模式才是必由之路。恰好当时海参的研究工作相对滞后，海参"药食同源"，经济效益高，还具有"海底清道夫"的生态功能，他确定了"海参生物学研究—遗传育种—增养殖—海洋牧场建设"的研究路径。经过20余年的探索创新，他带领团队培养了"东科1号"海参新品种，丰富了海洋牧场的概念和内涵，牵头制定了首个海洋牧场建设的国家标准，促进了国家级海洋牧场建设，创新性地支撑了我国海洋牧场理论和产业的发展。

杨红生认为一个领域的领军人才，必须具备哲学的思维、物理的架构、化学的分析、数学的表达、文字的精美和高洁的人品。对于初入水产领域的学弟学妹们，杨红生认为要加强兴趣的培养，充分认识水产在大农业观和大食物观中的重要性和发展前景，强化海洋科学和水产专业知识的学习，理论结合实践，才能更好地领悟水产的奥妙，才能为国家乃至世界的水产事业作出自己的贡献。

访谈 后记

与杨红生的访谈对于我们而言是一份宝贵的记忆，这位"海洋牧歌者"由内而外散发的能量深深吸引着我们。他的经历，如同一条从山麓进入江河、由江河奔入海洋的"鱼"的经历一样，跃然呈现于眼前。

校友 寄语

百尺竿头，更进一步，百年华诞再创辉煌！衷心祝愿母校多出成果，多出人才，多出思想！

（撰稿：2024级水产养殖硕士研究生 皇甫一凡；2021级海洋资源与环境本科生 马昀彤；2022级海洋资源与环境本科生 栾可涵）

学弟学妹 眼中的他 ————————

一丝不苟，严谨对待每一件事，或大或小；虚怀若谷，谦逊接纳每一个人，或远或近。

敦本务实，行稳致远
——访1993级校友张俊涛

张俊涛，男，1975年生，山东莱州人，1993—1997年就读于青岛海洋大学英语专业。本科毕业后从事金融工作20余年，历任中国民生银行分行高管，平安银行总行事业部党委书记、总裁。擅长产品创新和业务模式创新，在投资银行、交易银行、金融科技方面业绩突出。2016年起至今任中国海洋大学校友会金融分会会长，2021年获"青岛拔尖人才"称号，2024年3月起担任青岛市金融业联合会融资租赁专业委员会主任，目前担任青岛聚量融资租赁有限公司董事长兼CEO。

简约整洁的办公环境，细致周到的待客之谊，真诚亲切便是张俊涛给我们的第一印象。两句闲谈，一番感怀，已然卸下了我们紧张的防备外壳。从海大园中走出仍心系母校，心怀赤诚，他在金融领域中默默耕耘，写就一段校友佳话。让我们细细聆听他的故事。

▍追忆求学时光——笃行不怠，踔厉奋发

1993年，张俊涛被录取为青岛海洋大学英语专业本科生。在张俊涛的眼中，在母校求学的经历非常宝贵，这段日子不仅是他人生中最美好的时光之一，也是他成长和发展的重要阶段、正确的人生观和价值观形成的关键时期。当时，学校为在校学生提供多专业的辅修课程，借此机会，张俊涛选择在主修英语专业课程的同时辅修国际金融专业。"当时，我白天主要是学习英语专业的课程，到了晚上和周末又会紧接着修读金融专业的课程。"这样"双线并行"的独特求学经历使得他的求

学生活格外充实。因为需要同时处理好英语和国际金融两个专业的学习任务，这对他的时间管理能力和学习策略提出了很高的要求，也不断敦促他变得更加自律，极大地提升了他的综合素质。

漫漫求学路，一段段师生情谊如电光之闪耀，如风之流动，长久滋润着每一位学子的心田。访谈中，张俊涛特别提及了他大学期间遇到的老师们，"他们是我人生路上的良师益友，不仅传授给我专业知识，还教会了我为人处世的道理"。紧接着，他便询问起老师们的近况，言语之间尽是关切与感激。除了厚重的师生情谊，同学间的同窗之谊也深深镌刻在张俊涛的心中，尽管距离大学毕业已有数年，但回忆起和同学们一起奋斗的时光，张俊涛依旧能被这份跨越时间的拼搏精神所深深激励。他回忆道，"为了提升口语能力，我们含着硬币练习英文发音"，虽然他戏称这可是"高难度动作"，但我们能够想见，要坚持这样的发音练习是何等不易，又是何等艰辛。不仅如此，当时还没有先进的电子词典和手机软件协助背单词，为了扩展自己的词汇量，班级中一些同学便采用最"朴实"的方法——背词典。厚重的词典诉说着光阴的故事，在流光溢彩的青年时期埋下了一颗名为"坚持"的种子，在成长的洗涤中脱胎换骨，长成了参天大树。

▍回望职业生涯——紧抓机遇，打磨自身

1997年大学毕业后，张俊涛进入中国工商银行工作，踏入金融领域。一次偶然的机会，他遇到了一位准备来青岛投资的意大利客户，彼时刚从英语专业毕业的他凭借自己良好的专业素养与沟通能力，用流利的英文介绍了青岛及相关金融服务，给客户留下了深刻印象，最终选择在青岛设立法人企业并办理了外汇业务。"机会都是留给有准备的人，要时刻保持敏锐的洞察力和主动性"，良好的专业素养结合英语专业优势，使得他在国际业务岗位上表现突出，获得单位认可。他谈到，目前英语作为国际通用语言，对于跨国交流和合作具有重要意义，以他现在所处的金融行业为例，与国际客户进行沟通是常见的情景，如果英语能力较强，就能更好地理解他们的需求，提供更专业的服务。在这个背景下，培养一定程度的英语能力是非常必要的。

在初入职场的日子里，张俊涛通过自学考取了会计证和经济师，不断储备专业知识，提升专业素养和能力。他说，"所处金融行业，知识和技能的更新速度非常快，只有不断学习和提升自己，才能跟上行业的发展步伐"。此后，张俊涛又参与筹建中国民生银行青岛分行，担任中国民生银行青岛分行党委委员、行长高级助理、工会主席，就职平安银行总行现代农业金融事业部，任党委书记、总裁，再到如今担任青岛聚量融资租赁有限公司董事长兼CEO，一步步走来，他积累了丰富的

金融知识，对金融行业有了更加深入的了解。如此多的成就和经历，其中的酸甜苦辣我们皆不知悉，但我们知道，这一定离不开他持之以恒地追求。尽管在我们看来，这些都已是极突出的成就，但他依旧全力以赴地奔跑在终身学习的赛道上。

▎展望人生轨道——咬定青山，厚积薄发

时代日新月异，无论是就业形势还是升学态势都在发生着翻天覆地的变化，要完成学生到社会角色的转变并非易事。对于张俊涛而言，大学阶段的磨炼为他毕业后融入社会打下了坚实的基础。

要融入社会，就要先走进社会，只有亲自体验实践工作的细枝末节，才能真切感知到自己的不足。大学期间，他积极参加社会实践活动，曾在暑假期间勤工俭学，为冷饮企业做市场调研。酷暑难耐的夏日，张俊涛奔波于市区各冷饮市场，与各商户沟通销售明细、询问市场现状。张俊涛回忆道，"当时见到很多不同市场业主的不同反应：有配合的，有不理解的，甚至还有拒之门外的"，这段接触社会的宝贵经历让他深感做市场的不易与艰辛，也磨炼了他的意志和心性，让他切身体会到"实践出真知"的道理。

相比于今天，30年前的校园生活娱乐活动相对较少，但张俊涛的课余时间仍安排得十分充实。除了参加一些体育活动，张俊涛也积极投身校学生会工作、兼职家教，也曾作为学生代表参加与香港大学的学术交流活动等。这一系列社会实践活动提升了他的组织能力、思考能力、社交能力、协调能力等，也丰富了他的人生阅历。"工欲善其事，必先利其器"，张俊涛寄语年轻的海大学子："大学生要在发展学业的同时注重个人兴趣爱好培养，让自身得到全面发展；多参与社会实践，了解不同行业和职位的工作内容、要求、动态和发展趋势，从而明确个人职业发展偏好，保持超前的竞争力。"

▎感怀母校恩泽——承前启后，丹桂飘香

我们说榜样的力量是无穷的，张俊涛对此深有体会。他在海大就读时，印象最深的活动便是1994年的海大70周年校庆。彼时的他刚大学二年级，作为志愿者参与了校庆期间的校友接待工作，目睹了杰出校友的风采。"他们知识渊博，却又平易近人，非常尊重我们这些小师弟小师妹。当时我就立下志向，希望有朝一日能成为和他们一样优秀的人。"张俊涛说道。自此，这份无形的激励无声无息指引着张俊涛不断追求卓越、勇攀高峰，让他锚定了自己的努力方向——以这些杰出校友为榜样，实现自己的人生价值。曾经追逐着榜样的人，不知不觉间，也成为别人的榜样。"绿荫不减来时路"，一路生花的旅途终究在此刻完成了精妙的闭环。

　　毕业后，张俊涛一直记挂着母校、关注着母校，与母校一直保持着非常紧密的联系。中国海洋大学校友会金融分会是学校成立的第一个行业分会，张俊涛已连任两届会长，借助校友会的平台持续促进校友之间的交流和合作，助力母校更好地了解社会需求和发展趋势，为学生提供更多的实践机会和职业发展支持。20年后的2017年，张俊涛作为校友代表回到了母校崂山校区参加校友值年返校活动。在参观过程中，他看到新校园里的新建筑、新设施和新技术，感受到了母校的强大和魅力，也为此深感骄傲和自豪。张俊涛真挚地说："作为海大校友，我们期盼母校为国家和社会培养、输出更多具有创新精神和实践能力的优秀人才。"丹桂寓意着吉祥、美好和繁荣，校友值年返校当日，张俊涛与校领导一同种下丹桂，寄托着对母校的感恩和祝愿。他希望这株丹桂能够陪伴中国海大学子一起长大，共同见证学校更辉煌的明天。此情此景正如蒲公英的播种，如"化作春泥更护花"的滋养，以无形的传承为载体，润泽着无数后辈的成长。

　　"海纳百川，取则行远。"海大校训鼓舞着一辈又一辈学子，守卫着母校一年又一年。当被问及对校训的理解时，他表示"海大精神"不断要求着他在工作中保持谦虚与包容的姿态，保持学习和进步的心态，尊重身边的每一个人、每一位客户、每一位同事，也正是这一份谦逊让他在工作中同时收获了他人的尊重与信任。

　　驰而不息，拓宽人生边界；奋楫笃行，不忘跬步所得。如何在时代洪流中找到自己的坐标，于乘风破浪时守住内心的平静，相信我们每个人都能像张俊涛一样，找到属于自己的那一份独一无二的答案。

访谈 后记

　　榜样好比一面镜子，以其观照自身，汲取磅礴力量。张俊涛精益求精的精神深深感染着我，让我相信对待每一件事的用心终会化作繁星，点亮我们未知的漫漫长路。

校友 寄语

　　真挚祝福母校，砥砺奋进一世纪，筑梦辉煌赢百年！

——张俊涛
（撰稿：2021级英语　刘奕君）

学弟学妹 眼中的他 ————————

胜不骄，败不馁。创业之路艰难险阻，但他不畏困难，勇敢向前。不断学习，丰富的知识储备为他铸就了成功之基。心怀感恩，事业成功的同时，他也不忘母校恩情，用自己的方式回报着母校的培养之恩。

坚持作帆，创新作桨，必能逆风而上

——访 1993 级校友胡圣武

胡圣武，男，1973年生，山东青岛人，1993—1997年就读于青岛海洋大学经济管理专业。现任广西三零建设集团有限公司执行董事，系中国海洋大学"圣武奖学金"设立者。

虽身如芥子，而能心藏须弥，以梦为马；怀青衿之志，而能实干笃行，行稳致远；已卓荦冠群，而能抱朴守拙，霁月光风。此之谓胡圣武者也。

▌海大求学之旅：行远自迩，笃行不怠

时光知味，岁月沉香。那些在母校度过的岁月在胡圣武的记忆中被永远珍藏着。他依然能清晰地回想起那段在鱼山校区度过的求学生活，回忆起那些日日夜夜在图书馆中学习的场景。知识在书页间绽放，那是他不断汲取知识精华的地方，每一页都是思维的火花，每一本书都是启发的源泉。每每忆起，他仿佛再次置身于与三五好友在篮球场上奔跑、挥洒青春的激情时刻。那被汗水浸透的球场上，友情与竞技交融，他们一同成长，追逐梦想。他也怀念暑假选择留在学校勤工俭学的时光，那段学会了独立、努力工作和积累实际经验的宝贵时光。这些回忆交织成一幅幅生动的成长画卷，为他在未来的职业道路上矢志不渝地追求卓越、勇攀高峰注入了无尽的动力。而在这段珍贵的求学之旅中，恩师的教诲与引导同样重要。

求学时的恩师对胡圣武助益良多，而其中数学老师刘长安和教授宏观经济学

的李好好老师不仅以卓越的学术和人格魅力点亮了胡圣武的知识之光，更成为他人生道路上不可或缺的良师益友。在胡圣武的记忆中，刘长安老师是一个极为严谨的人，他要求学生严格遵循数学的原则和规律，致力于激发学生的数学兴趣，培养他们的逻辑思维和解决问题的能力。毕业后，胡圣武与几个比较要好的同学还常常去刘老师家里做客，一起讨论数学难题。李好好老师的课堂则充满了国际化的氛围，他会将德语、英语及中文交融在一起。面对看不懂的德语单词，胡圣武和同学们只好一笔一画地将德语单词照样描下。胡圣武一边说着，一边"重现"着当初的样子，用手在空中比画了几下，他直言自己学这门课程的确感到很吃力，但这种积极主动的学习态度也成为他学习和成长中的重要一环。

大学是胡圣武青年时代心灵翱翔的高峰，是深邃的知识海洋，更是他梦想启航的港湾。在海大校园里度过的时光为胡圣武铺设了一条迅速成长的道路，他收获了自信与学习能力的双重升华。大学校园汇聚四方英才，来自农村的胡圣武结识了一群来自五湖四海的挚友，他们丰富的文化底蕴和独到的见解如同一幅幅生动的"活"地图，为胡圣武开阔了眼界，丰富了阅历。他开始勇于表达自己的观点，这在他从农村走向广阔天地的人生转折点上显得尤为关键。对他来说，大学四年的历练如同一场精心设计的学习能力强化训练，使他系统处理知识和信息的能力得到了显著增强。回首高中时期依靠"题海战术"就能取得优异成绩的日子，胡圣武深有感触："高中我们几乎都是靠'刷题'来学习，但大学阶段的学习截然不同——它要求我们自主梳理课本内容、研读笔记，并构建起属于自己的知识体系网络。"

秉持"为者常成，行者常至"的信念，胡圣武期待自己的心得感悟能启迪更多学子探索大学生活的深层意义。因此，他寄语中国海大学子，不仅要专注于学术知识的积累，更要注重人际交往能力和实际问题解决能力的培养。他认为，真正的大学之道在于全面发展，如珍珠含光、璞玉待琢，既要深藏智慧光芒，也要适时绽放光彩，以此展现大学教育的真谛所在。同时，他设立了中国海洋大学"圣武奖学金"，身体力行地鼓励年轻一代勤学苦读。

▍职业生涯之路：青衿之志，履践致远

哪怕生如芥子，仍怀鸿鹄之志，用实力改变自身命运，终能大鹏展翅，翱翔于梦想之天地。在深度探讨职业发展的对话中，胡圣武三次强调了"坚持""创新"和"知难而上"的核心理念。

胡圣武的职业生涯起始于海尔集团的一名普通职员。刚毕业的胡圣武并没有对自己的职业生涯作出太多规划，作为一个农村出身的大学生，那时的他只想着

能拥有一个"铁饭碗"。入职海尔集团后，他常常需要驻外，辗转于华南地区的四个省（区）——广西、广东、福建和海南。胡圣武说："那时我三个月才能回家一次，而且每次回家也只有三天的时间。"尽管起步阶段充满了困惑与挑战，但他选择了坚守信念，坚信任何艰难险阻都能够被逾越。

胡圣武深知"知常明变者赢，守正创新者进"的道理，他始终坚持目标理想，敢于在不适合自己的岗位上转变方向。从海尔集团的业务骨干到为了家庭毅然转战物流公司，再到积累经验后自创物流公司，最后跨界建筑行业，每一次转变都彰显出他的勇气与创新。在每一个新的工作领域，他都能迅速适应并积极应对挑战，以创新思维寻找突破之道。

2005年的一场重挫如同他人生中的"娄山关"，当时身为物流公司老板的胡圣武遭遇了一次运输司机私自售卖货物导致的重大经济损失，金额超过24万元，这件事至今仍深深烙印在他的记忆中。然而，面对这场突如其来的危机，胡圣武并未沉湎于困境，"人生就是这样的，不能纠结在一个地方，说不定哪天你就能笑着讲出自己的故事"。那次事件对他而言无异于一场灭顶之灾，但如今再回忆起，他已能笑称"其实一咬牙就让它过去了，也没有想象的那么复杂"。今天的他始终坚信，生活中总会有挫折和困难，但重要的还是如何应对这些挑战——只有迎难而上，方能遇见彩虹。

纵横千里独行客，何惧前路雨潇潇。后来，在机缘巧合下他接触到建筑行业，并踏上了独立创业的征程。创业的起点并非易事，正如他所说，"这个时代的一切成果产出都不是一蹴而就，而是在不断地筛选变化，所以做企业是非常难的"。在这个实时变幻的社会环境下，创业的未知性很大，因此要成立并维持公司的运行对于白手起家的普通人来说是十分困难的事。在这个"大众创业，万众创新"的时代，唯有创新，才能为一个企业注入发展的活力。"兵无常势，水无常形"，在他看来，企业要想打赢市场战争，就不能墨守单一的作战方法，与时俱进、创新拓展、革新变旧方能独树一帜，独占鳌头。纵然创业之路充满未知与艰辛，但胡圣武凭借其无畏的勇气与决心、创新的智慧与实践，成功开启了职业生涯的成功之门。"百舸争流，奋楫者先；千帆竞发，勇进者胜"，这正是他无畏困难、勇攀高峰的真实写照。

▍心系母校之情：天涯未远，母校情深

自毕业后，胡圣武一直将母校铭记于心，在他的办公室里挂着一幅书法作品，上面八个字便是"海纳百川，取则行远"的校训。7月中旬的南宁正值盛夏，上午10点的阳光透过落地窗，洒在了这幅夺目的书法作品上，熠熠生辉。

对即将毕业的学弟学妹们，他也送上了自己的建议和祝福。理论知识和实际操作的平衡，以及社会参与和与他人的互动，这些都是胡圣武看重的部分。"仅仅停留在书本知识层面，可能不足以应对社会职场的挑战，更重要的是要有动手实践的能力。"此外，胡圣武还认为社交技能和人际关系对于职场成功至关重要，在他看来，通过社交来学习提升、信息交流共享，有助于在校学生得到更多资源、机会，扩大见识、视野。他建议学生们积极参与实习等各类社会活动、社团组织及志愿工作，这些都可以帮助他们将理论知识应用到实际问题中，培养解决实际问题的能力；同时能提高沟通能力和团队协作技巧，更好地融入社会，实现个人成长的加速。如果社交能力是成功路上的正向加速度，那么理论知识就是决定能跑多远的关键因素，只有理论知识充足，才能在成功路上一步一个脚印地越跑越远。因此，他还建议中国海大学子们要专注于学习，不要过多焦虑于未来。他坚信虽然人生充满了不可预见性，但只要不断学习、提升自己，就能应对未来的各种挑战。"要相信天生我材必有用，尽管现实可能不如人所愿，但保持乐观现实的态度有助于应对生活中的起伏和挑战。"

毕业多年，胡圣武始终脚踏实地践行着海大精神，既有着"海纳百川"的宽广胸怀，又有着"取则行远"的睿智视野。作为一名海大学子、一名成功的企业家，胡圣武的心中，既有小家的温暖，更有大家的情怀！

访谈 后记

在与胡圣武学长进行面对面访谈前，我们留意到他一直保持着健走的习惯，由此可见他是一个极其自律和有恒心的人。在采访过程中，虽然他始终用轻松幽默的语言分享着自己的创业之旅，但我们明白，在这段创业岁月中，他一定面对并且克服了种种困难。虽然他谦虚地将自己的成就和努力一笔带过，但我们也清楚这背后未被提及的付出与艰辛。人生走过的每一段路都是一种领悟，所有经历最后都会变成光，照亮你前行的路。这次采访使我们受益匪浅。

校友 寄语

希望中国海大学弟学妹们在人生路上坚持、创新、知难而上。

——胡圣武

（撰稿人：2022级金融学 叶奕伶）

学弟学妹 眼中的他 —————

"不忘初心，砥砺前行"，简单的言语流露出对母校最真挚的爱，敢于做第一个"吃螃蟹"的人，他的人生因坚毅和奋斗而精彩。

人生是靠自己奋斗的

——访1993级校友战冬

战冬，男，中共党员，1993—1997年就读于青岛海洋大学国际贸易专业，曾任院学生会主席。毕业后入职中国银行临沂分行国际结算科，2000—2006年担任山东华盛集团驻非洲分公司总经理，此后两年担任摩洛哥远东贸易公司董事长兼总经理，2008年至今担任肯尼亚中国城超市董事长。2018年创办肯尼亚山东商会并任会长。期间带领商会在内罗毕连续举办五届山东商品展，连续三年组织肯尼亚采购商参加临沂商博会，并与"造梦公益"携手为肯尼亚兴建学校，连续三年举办贫民窟造梦系列活动。2019年3月，所在商会被山东省侨联授予"侨星志愿者服务团"称号。

漫漫岁月，历尽风雨。从山东到肯尼亚，从青岛海洋大学到国际商业舞台，战冬走出了自己的道路。笔者有幸在线上对远在肯尼亚的战冬进行了"云访谈"，感受其成长旅程。

▍时光走笔，漫漫求学之旅

1993年，战冬跨越百里，从山水秀丽的临沂踏上了征程，前往青岛海洋大学，开始了漫漫求学之旅。第一次走进校园，他便仿佛置身于一幅瑰丽缤纷的画卷："这，就是我梦中大学的模样！"校园内湖光山色、绿荫成林，每一处风景都是一首优美的诗，每一片绿叶都在述说岁月的故事，这里符合他对大学校园的所有想象与期待。

美丽的校园环境不仅让战冬深深感受到了大学生活的魅力，也激发了他不断追求知识的渴望。在四年求学生涯中，他凭借自身的努力一路向前。于战冬而言，海大园的求学时光是他个人成长的黄金时期，这片土地也是他的梦想与事业真正的启航之地。

战冬用一个字概括了四年大学时光——忙。除了专注于学业，他还积极投身于学生工作中，同时也参与了团组织和学生会举办的各种活动，不停地为自己的大学生活"加压"。街头宣传、发传单、擦窗户，在各种社会实践活动中，同学们常常可以看到战冬的身影。这些经历不仅开阔了他的视野，还锻炼了他的社交和表达能力，让他慢慢地不再羞于与陌生人互动，也愈发能够脚踏实地地解决各种实际问题，为此后成长的道路积累了很多宝贵经验。

在大学期间，战冬还担任了学院学生会主席的职务。从最初各类活动的"小角色"，到后来成为活动的组织者、学生会的"领头人"，战冬更早地接触到了社会。他不仅开始学着处理各种复杂的事务，还与学校、教师、学生以及社会资源等多方进行合作与协调，逐渐深入了解社会组织的运作和管理。大学时期他结交了各种不同背景和性格的朋友，也让他进一步学会如何与他人沟通和相处，以及如何维持广泛稳固的人际关系，让他成为一个善于合作并理解他人的人，为他从求学生涯平稳过渡到职业生涯打下了良好的基础。

作为人生的重要节点，在海大的这段校园生活不仅在专业素养方面滋养了他，更培育和塑造了令他受用终身的价值观念，还在最为关键的青年时期磨炼了他的心智和品格。在这个特殊的阶段，他积淀了此后所需的专业知识，汲取了各种社会经验和思想观念，为未来走出"象牙塔"打下了坚实的基础。

▌大儒商道，致远国际舞台

大学时光转瞬即逝，战冬很快从一个懵懂迷茫的少年成长为逐梦追光的青年，在面临毕业选择的岔路口时，他也曾犹豫不决，但考虑到国际经济与贸易专业的实操性大于理论性，他最终没有选择从大流，而是坚持自身规划，放弃了继续读研深造的念头，选择直接就业。回顾当时自己的求职选择，战冬直言彼时正值国贸行业步入低谷期，因而当时的他并未选择入职外贸企业，而是进入了中国银行从事国际贸易结算工作，按部就班地开启了职场生涯。

"大学的四年为我打下了很好的基础，我的人生都是沿着这条路走的。"在银行工作期间，战冬结识了许多外贸企业的伙伴，惊奇地发现原本在大学课本中看似枯燥、作用不大的理论知识原来是现实工作里的惊喜密码。一次偶然的机会，战冬了解到自己对接的一个大客户打算去非洲开拓国外市场，而数万人规模的公司里没有一名员工系统地学习过国贸知识。战冬敏锐地洞察到这份事业背后的巨大潜力，毅然决定抓住机遇，远赴非洲并担任这个项目的非洲区总负责人。自此，他与非洲、与肯尼亚的不解之缘拉开序幕，人生的另一扇大门也就此打开。

从最开始未曾想过从事国际贸易工作，到后来冥冥之中又回到这个行业，对于战冬而言，人生发生了天翻地覆的变化。远离家乡亲朋，踏上未知的土地，意味着他要独自一人去面临和迎接全新的挑战。但怀揣着对未来的憧憬，他希望这一次能够为自己开拓更加广阔的发展空间。

刚到非洲的时候，战冬面临的困难无疑是巨大的，在一个陌生的国家里，周围几乎没有中国同胞，朋友少之又少，与此同时，非洲地域文化的迥异、商业环境的挑战以及不可预测的局势都压得战冬喘不过气，但他并没有因此放弃，他深知自己来非洲的目的，也深知越是在艰难的环境中越应该保持冷静，寻找机会，直面挑战。被当地人欺骗，由于不熟悉情况而花了冤枉钱，产品质量问题导致利益受损，类似的问题不胜枚举，对于当年的战冬来说已是家常便饭，但是学以致用的思维帮助他在接手新工作的初期能够从容地应对各种挑战，同时他也在实践中反复学习调整，最终凭借强大的心理建设和自身的积累沉淀，一步一步坚持到了今天。

如今，战冬的成功也印证了他的这番努力终未被辜负。与部分企业家不同的是，在齐鲁大地上成长、求学的战冬，从小便深受儒家文化的熏陶，在事业每一个跌宕起伏的阶段，他始终坚守做一名"儒商"的初心。在首届"儒商"大会上，战冬作为远在海外的中国企业家也曾受邀出席，他认为"儒商"一词分量很重，也愿意坚持正道，思长流源远，报桑梓之恩。

娶妻、生子、安家、落户，奋战在耕耘东非的前线，战冬把青春留在了美丽的草原，但他不忘饮水思源，也曾不止一次地回到孕育他的祖国大地，多次到访家乡的临沂商城考察座谈。"一些不起眼的小商品，很可能在肯尼亚市场上找不到，这就是我们国人的商机。"国贸专业出身的战冬敏锐地嗅到了新的市场机遇和方向，建立中国肯尼亚"一带一路"海外临沂商城的构想在他脑海中愈发清晰。在"海纳百川"这一海大精神的激励下，他不断动员肯尼亚当地侨商，凝心聚力，帮助家乡的中小企业走出国门，助力中肯双边贸易开拓新格局，也让越来越多的"中国制造"在雪山巍峨、山花烂漫的肯尼亚扎下根来。

商海沉浮，历经风雨，苦尽甘来的战冬始终不忘社会责任，一路用自己的光芒照亮他人。战冬组织商会与"造梦公益"紧密合作，共同为肯尼亚兴建学校，让更多的孩子能够接受教育，除此之外，他还连续三年举办了贫民窟造梦系列活动，包括小学校际足球赛、贫民窟达人秀等。2019年，商会荣获山东省侨联授予的"侨星志愿者服务团"称号,对于他而言,这是一份嘉奖与认可,更是一份责任与鞭策,激励着他继续做一名勇立潮头的实干者。

▊ 追忆往昔,砥砺奋进前行

在毕业后,战冬曾回到海大校园给学弟学妹们做过一次分享,在报告中他提到了学生时代老师经常说的一句话——"端正学习态度"。当时还是学生的他对这句嘱托不以为意,也并没有深刻理解这句话的含义,但多年以后,他才逐渐在为人处世中渐渐悟透了其中的真谛。这实际上是在教育人们应该以认真、严谨的态度对待学习和事业,一定不能马虎,无论做什么事,第一步就得端正好态度,这是走向社会后的战冬摸索出来的"六字真经",也是这些年他在海外闯过风风雨雨的精神内核。

"这四年生活,我终生难忘!"从浮山校区到鱼山校区,大学路的红墙依旧,这段校园时光对战冬性格的养成、人生价值观的塑造都意义非凡,也深深影响到他日后创立事业的理念。对于他而言,学生工作时所遭受的挫折也是一种财富,"逆境不馁"的经验为他此后在社会上遭受失败打了"预防针"。追忆至此,战冬感慨万千,"大学生活是非常值得的,也许有时候你会心生抱怨,但静下心来想一想,终会明白:人生是要靠自己奋斗的!"

战冬在微信签名处静静书写着他的信条——"一以贯之的努力,不得懈怠的人生,终点就在那里了……"这也是他人生态度的真实写照。从银行到商会、从职员到会长,无论是作出选择,还是爬坡过坎,每一步都是他奋斗的成果。在海外经商期间,战冬深刻体会到了持续学习和不断提升自我的重要性。为了在自己的领域不断深耕,他不仅不断积累知识,还时刻保持对市场变化的敏感。今天的他仍然坚信,只有不断更新自己的认知和技能,才能在竞争激烈的商业环境中长久地立于不败之地,而这个更新的过程也是对他个人成长的投资,是他事业成功的真正保障。

未来,战冬还将继续"靠自己奋斗",在事业的下一个阶段秉持和发扬"儒商"气质,也在海外进一步阐释和弘扬新时代"儒商"精神,为讲好中国故事、贡献中国力量而发光发热。

访谈 后记

能够与战冬校友结识并对他进行采访是我们莫大的荣幸,采访过程中,学长回忆起母校生活时总是洋溢着幸福的笑容。"骄傲"二字是访谈时他的高频词汇,学长追忆自己在非洲遇见海大校友的经历时满是自豪,与妻子同为海大校友也令他难掩自豪，"越来越好"这朴素的四个字表达了他对母校最真挚深沉的爱。

校友寄语

　　衷心希望我们的母校越来越好，越来越美。

——战冬

（撰稿人：2022级物流管理　邓鹏）

学弟学妹 眼中的他 ——————————

谨慎，负责，明辨，笃行。坚守大陆架划界科学性，履行国际义务，在国际规则下维护国家权益，据理力争，有礼有节！

接力奋斗，坚守国家海洋权益"阵地"

——访 1993 级校友唐勇

唐勇，男，1974年生，山东高密人，1993—1997年就读于青岛海洋大学海洋地球物理学专业，1997—2000年硕士就读于青岛海洋大学海洋地质专业。现任联合国大陆架界限委员会副主席、自然资源部第二海洋研究所专属经济区与大陆架研究中心主任，博士、二级研究员，上海交通大学和浙江大学博士生导师，中国地质大学（武汉）海洋学院、中国海洋大学海洋地球科学学院和西南政法大学兼职教授，2014—2015年加拿大BIO访问学者，浙江省"151人才工程"第二层次，自然资源部高层次科技创新领军人才，浙江省万人计划科技领军人才，中非大陆架国际合作首席科学家。

主持国家级课题多项，包括国家重点研发、国家自然科学基金、外大陆架划界专项、国家海洋专项、国际合作等10多项国家和部级课题。发表论文40余篇，发明专利2项，软件著作权4项，获奖6项，专译著6部。目前致力于海底动力演化与大陆架划界。

与唐勇的访谈由于"跨国"的缘由，转为线上进行。会议接通的第一刻，映入眼帘的是唐勇文雅的脸庞以及在他身后，联合国会议室上所悬挂的散发着"红色"光芒的万里长城图。

▌勃勃少年志，勇向海洋

回忆起遥远的大学生活，唐勇心潮澎湃。1993年，唐勇考入青岛海洋大学海洋地球物理学专业，是第二批入住麦岛校区（现浮山校区）的学生。当时他所在的麦岛校区一片荒芜，附近全是小渔村，甚至还没有完整的围墙，条件十分艰苦。聊起自身专业，那时的他和所有初入地院的学子一样懵懂，"一开始还不是很清楚专业的名字及背后涉及的专业内容，只感觉和海洋挂钩，应该比较'高大上'"唐勇回忆道。随着专业知识学习的层层递进，唐勇渐渐了解了"地球物理""物探"等一系列概念，对专业的感受由懵懂变为了"深奥"。海洋地球物理学专业晦涩难懂，且在当时仍处于低潮时期，但在老师们的带领下，唐勇积极乐观地面对接踵而来的挑战。在度过大一的兴奋期、大二的瓶颈期、大三的困惑期和大四的急躁期之后，唐勇怀揣着对海洋知识的渴望与向往，毅然考取了本校的硕士研究生，迎来了克服困难后的转折。唐勇说，自己当时在数学与物理方面的学习存在困难，但在大家的相互帮助、支持下，最终苦尽甘来！

提到每一位地院学子暑期都必须跨越的"难关"——实习，唐勇笑了起来，自豪地说，自己有幸在海洋学实习的时候登上了当时最先进的科考船——"东方红2"。本以为出海实习很好玩儿，没想到迎来了人生中又一大难关——晕船，唐勇说自己当时又晕又吐，但是下船之后回忆起这十几天的海上生活，虽然艰辛，却使自己第一次真真切切地感受到了海洋的广阔，感受到了海洋地球物理学的魅力。也正是这次出海经历，让他体会到了海洋工作者的艰辛，认识到了采集数据的不易及所获成果的珍贵。可以说，正是这次海上实习，让唐勇决定，将海洋地球物理学、海洋地质学作为自己一生的事业！

▍莘莘学子心，难忘师恩

谈起读研的动力与原因，唐勇回忆起了自己的硕士生导师——刘保华教授。唐勇从本科期间便跟随刘保华老师学习专业课知识，当时就被刘老师渊博的学识和严谨的治学态度深深吸引，之后更是毅然决定选择跟着刘老师继续读研深造。唐勇说："刘老师为人非常正直，学术能力突出。刘老师曾担任国家'863'计划资源开发技术主题专家组副组长，他不仅写文章、搞理论很在行，更能把技术落到实地、投到实践中去，这在当时的'863'计划中发挥了极其重要的作用。"

师从刘老师期间，在"863"计划的一次项目汇报上，唐勇接触到了另一位恩师——金翔龙院士。金翔龙院士是最早建议并实施海底石油勘探的科技工作者，是我国海上石油勘探的开拓者。通过那次汇报，唐勇得以有机会和金院士展开深度交流，也正是那次交流，金院士的渊博学识及科研工作给唐勇留下了非常深刻的印象。硕士毕业后，唐勇奔赴金翔龙院士所在的海洋二所从事科研工作，之后又跟随金院士完成了博士研究生的学习。

2000年，唐勇进入海洋二所工作，虽然《联合国海洋法公约》于1984年通过，但当时大陆架划界在中国还是一个比较新的交叉学科。2002年，中国的大陆架划界工作开始启动，他也正式投入海洋二所大陆架划界专项工作中。一开始，唐勇对大陆架划界工作知之甚少，随着自身不断地学习及与国内外专家的深入交流，他逐步成为中国大陆架划界工作专家组的骨干成员。

回忆起当时的艰难时光，唐勇说，在母校所学到的专业知识为他当时从事大陆架划界相关工作提供了非常重要的帮助。"大陆架划界并不是简单的国别划界，而是可以说是大陆边缘范围的界定，很大程度上它需要海洋地质和海洋地球物理知识的结合，二者缺一不可。"正是在母校期间的学习，使得唐勇的专业知识系统不断壮大，为他提供了立身之本，使得他具有了国际竞争水平，立于联合国大陆架界限委员会委员之列。

▌殷殷报国情，维护公平

唐勇长期从事大陆边缘动力学与大陆架划界研究，于2019年1月当选联合国大陆架界限委员会委员，并于2022年6月以亚太国家组第一成功连任。2023年7月，唐勇当选新一届联合国大陆架界限委员会副主席，这是自该委员会成立26年来中国籍委员首次代表亚太国家进入主席团决策层。

关于自己背后的传奇经历，唐勇回忆道，当时中国籍委员是吕文正研究员，他于1996年成为联合国大陆架界限委员会亚太组的中国籍候选人，于1997年成为委员会创始人。2018年，吕文正由于身体原因难以在国内外长期来回奔波，为了继续维护国家海洋权益，坚守"阵地"，唐勇"临危受命"，于2019年顺利当选委员一职，任职期间兢兢业业，恪尽职守，于2023年"更上一层楼"，当选为委员会副主席。

提起在国际组织中的立身之本，唐勇说，第一，国家的强大非常重要。弱国无外交，近年来中国不断发展壮大的同时，也通过"一带一路"和中非论坛等与其他国家进行深刻友好的交流，在国际上赢得了很好的声誉，这也为他在联合国的工作提供了强有力的后盾。第二，扎实的专业知识必不可少。在联合国，专业知识代表的是话语权，只有把专业知识学好、学扎实，讲话才有底气，才更能让人信服。第三，要团结朋友。中国最大的长处之一就是善于、敢于团结一切朋友，俗话说"朋友多了路好走"不无道理。第四，敢于、善于斗争。在国际组织中，要敢于斗争、善于斗争，有礼有节，用自信和团结走出一条富有中国特色的发展之路。此外最重要的是，还需要家庭的支持。从业20多年，家庭无条件的支持给予了唐勇莫大的帮助，从本科到硕士再到博士，从出海到出国再到前往非洲进行调查研究，时间之长、琐事之多，正是家庭的支持才让唐勇得以有更多的精力完成自己的事业和追求，才能芝麻开花节节高！

唐勇提到，中国的大陆架划界工作已处于世界前列，但在某些方面还存在差距，且这个工作的大众普及性较低，还处于一个比较"神秘"的阶段。大陆架划界工作与国家海洋权益、国家海洋核心利益密切相关，中国海洋大学作为世界一流建设高校、国内海洋领域的翘楚，有着强大的师资力量和国际先进水平的科研调查船，在国际场合和国际合作中具有强大优势，唐勇倡议海大可以综合各方面力量，为维护国家海洋权益作出更大贡献。

▍谆谆校友言，叮嘱未来

回顾自己的成长历程，唐勇说，海大与大海带给了他前所未有的冲击与感受。每当唐勇面对大海，听着大海的波涛声，即使有再大的苦恼，面前有再多的困境，心也会立马平静下来；过去在人生道路上、国际斗争中遇到的挫折与失败也变得不值一提。大海带给唐勇的是无尽的平静与安宁，而海大"团结、勤奋、求实、创新"的精神也无时无刻不在鼓舞着唐勇，让他得以在之后的道路上锐意进取，奋勇前行。

唐勇时刻心系国家海洋人才的培养，同时也十分挂心地球学院目前的教学情况。他对现阶段取得的成绩表示非常欣慰，并感慨道，现在培养学生，不光基础要扎实，视野也一定要开阔。希望未来能看到中国海大学生用强大的专业知识和扎实的努力，在国际舞台上取得更瞩目的成绩，扬起中国海洋大学的旗帜！

访谈后记

与唐勇老师的交流让我们受益颇丰，丰富了我们的知识，增长了我们的见闻。他像一位长者，娓娓道来而又不失慷慨激昂。唐勇建议地球学院可以在强大师资力量的基础上，加强学生培养，开阔学生的国际视野。同时，他寄语学弟学妹们，处在一个幸福的时代，更要把握求学机会，在未来打好中国海洋大学的旗帜，为海洋强国事业不懈奋斗。谈话中，他流露出的是丰厚的学识、凝练的智慧，更是祖国带给他的底气与力量。临危受命，为国守界，捍卫国际公平！他是海洋强国领域的"斗士"，他的精神值得我们学习！

祝贺母校百年华诞，祝愿母校繁荣昌盛，再谱华章，早日建成特色显著的世界一流大学。

——唐勇

（撰稿：2021级地质学硕士研究生　李新如；2020级勘查技术与工程本科生庞皓天）

学弟学妹 眼中的他 ————————

他是一路沿海北上的求学者，是一腔热血深耕水产的科研者，也是一直坚守本心的水产高等教育家；他坚持不懈探索求知，十年磨一剑，最终将幼时的愿望变成了现实，照亮了坎坷艰辛的成长旅途。

十年磨剑终圆梦，深耕水产守初心

——访1994级校友李家乐

李家乐，男，1963年7月生，浙江乐清人，1994—1997年博士就读于青岛海洋大学水产养殖专业，二级教授、博士生导师。历任上海水产大学（上海海洋大学前身）科技处副处长、处长，上海水产大学渔业学院院长、生命科学与技术学院院长，上海海洋大学水产与生命学院院长，上海海洋大学校长助理兼水产与生命学院院长。2015—2023年，任上海海洋大学党委常委、副校长。现兼任国务院学位委员会第八届学科评议组（水产组）召集人、教育部水产类专业教学指导委员会主任委员、中国水产学会常务理事兼淡水养殖专业委员会主任委员、全国水产原种和良种审定委员会委员、农业部淡水水产种质资源重点实验室主任、《水产学报》副主编等。曾获国家科技进步奖二等奖、神农中华农业科技（农业农村部科技进步奖）奖一等奖、上海市科技进步奖一等奖、中国水产学会范蠡科学技术奖一等奖、中国产学研合作创新成果一等奖等科技奖励。领衔的淡水水产动物种质资源创新团队荣获2020—2021年度神农中华农业科技奖优秀创新团队奖。先后获"上海市领军人才""上海市优秀学科带头人"等荣誉称号，获国务院政府特殊津贴。入选2022年"全球顶尖前10万科学家"、2022年和2023年"中国高被引学者"年度榜单。

上海的夏末依旧燥热，我们伴随着校园里声声蝉鸣，走进了上海海洋大学的办公大楼。初次与李家乐校友见面，他便热情地与我们握手，他炯炯有神的目光与和蔼真诚的笑容，瞬间缓解了我们的紧张，让我们感到无比放松与亲切。

坚守水产之路，追忆海大之缘

从浙江海洋大学到上海海洋大学再到中国海洋大学；从自强不息到勤朴忠实，再到取则行远，李家乐一路北上，与海相伴，中国海洋大学作为他求学生涯的最后一站，给他的人生轨迹带来了诸多影响。谈起在海大攻读水产养殖博士，他最先联想到的便是小时候对博士的初次认知。在他8岁那年，美国国务卿基辛格博士访问中国，敲开了中美关系的大门。幼时的他对"博士"这一词并无清晰的概念，便向身为教师的父母询问"博士"的含义。在得知只有学问最高的人才能被称为"博士"时，他便埋下了刻苦学习、攻读博士的愿望。这一个童年梦想，激励着他不断前进，也奠定了他今后坚守学识探索的道路。

1983年，就读淡水渔业专业的李家乐从浙江水产学院毕业后，便被分配到了浙江湖州水利局，从事水库养殖工作。他在工作岗位上认真负责、勤勤恳恳，是专家的好帮手、同事的好榜样。他在实践中积累了许多工作经验，得到了领导的认可与赞赏。尽管如此，李家乐却不满足于现状，在工作了5年之后，毅然选择读研深造，去探索更深的知识，向童年的博士梦想进发。他刻苦复习专业知识，摒弃杂念全力备考，终于成功考取了上海水产大学（上海海洋大学前身）水产养殖专业的硕士研究生。在硕士学习阶段中，他勤奋努力，学术才能崭露头角，这也让他更加坚定了自己当时的选择。而当时全国的水产专业博士点仅有两个，海大是其中之一，想考取水产专业的博士并不容易，尽管他有读博的意愿，但他在硕士毕业后选择了留任职教，并不断提升自身的科研水平，等待合适的机会继续前行。

在任教三年之后，一个宝贵的机会悄然来到李家乐面前。1993年，上海水产大学与青岛海洋大学颁布了联合培养水产养殖专业博士的政策，得知这一消息后，李家乐紧锣密鼓地展开了专业课程的复习，准备参加来年4月的博士考试。得益于他在任教期间坚持不断地学习，经过仅半年的备考时间，他以优异的成绩成功考取了青岛海洋大学的博士研究生资格，实现了小时候的博士梦想。十年磨一剑，崭露锋芒终不迟，李家乐与海大的缘分可谓虽迟但到。

李家乐很幸运，他有两位博士生导师，第一位导师是青岛海洋大学的李德尚教授。李德尚教授是著名的水产生态学家，在大水面增养殖、盐碱地生态渔业等领域有突出贡献。李德尚教授非常关心李家乐在青岛期间的学习、生活，经常帮助李家乐解决博士论文研究过程中遇到的难点问题，如水质分析、数据处理。李家乐的另一位导师是上海水产大学的李思发教授，李思发教授是我国水产种质资源研究的开拓者，在我国长江、珠江、黑龙江四大家鱼种质资源，罗非鱼和团头鲂种质资源与良种选育等方面都有突出贡献。他从这两位导师身上学到了执着、拼搏、勤奋、坚毅的老一辈水产科学家精神。在海大读博的三年时光中，他对海大印象最深的便是海大的优良校风和海大学子们的勤奋。在他的回忆中，无论是刚开学还是期末周，学校里的自习室总是座无虚席，正是这样勤奋求实的校风，让李家乐能更好地投入科研之中。读博期间，他的研究方向是优良罗非鱼的品系评估，当时的罗非鱼养殖基地位于离胶州市胶东镇两公里左右的胶州热电厂。尽管距离鱼山校区不是很远，但交通非常不便，再加上当时的网络并不发达，他只能来回往返图书馆查阅书籍资料，实验数据也只能刻在光盘中。当时胶州市胶东镇的生活条件也非常艰苦，每天只能吃馒头，这让习惯吃大米饭的李家乐很不习惯，但他很快克服了这些生活困难。他利用热电厂的余热养殖罗非鱼，开展科学研究，前后花费了整整四年时间，坚持学校、基地两头跑，他的刻苦付出也收到了回报，他成功培育出生长快、体形好、遗传多样性高的新吉富罗非鱼新品种，顺利完成了博士期间的科研项目。1998年，著名鱼类遗传育种和生物技术专家、中国工程院院士夏德全在胶州热电厂见到他，得知他在那里待了四年，连声说"你很能吃苦，不简单"。

科研学习之余，李家乐在校园里的放松方式就是和朋友们到操场上运动锻炼，在那个电子产品并不普及的年代，他们的课余生活充实又精彩，劳逸结合给繁忙的科研日常带来了乐趣，也为自己的青春时光留下了美好回忆。

忆往昔峥嵘岁月，那段艰苦却又充实的时光令李家乐永生难忘，科研前辈们恪尽职守、坚忍不拔的毅力值得当代青年学习。新时代青年生在阳光下、长在春风里，面对着新时代快速发展带来的机遇，因此更加应该珍惜当下的条件，在科研学习中尽情挥洒青春时光。

▌助力科技创新，领军学科发展

博士毕业后的李家乐回到了上海水产大学，继续从事他的水产种质资源与种苗工程研究。1999年，学校为了培育年轻干部，选拔博士毕业的李家乐到科技处任副处长，他成为"双肩挑"干部。尽管他白天从事科研管理工作，晚上、周末继续从事科研、教学工作，但李家乐丰富的工作经验、不怕苦不怕累的精神，使得他很快便适应了这一岗位。在担当科技处副处长期间，李家乐以实干为本，尽职尽责，通过科研项目的精细化管理，确保了各学科项目的顺利进展，完成了成果转化、创新平台管理等任务。他通过对教师们科研状态与具体情况的细心问询与充分了解，确保出台的每项政策、所作出的每个管理决策，都符合教师们的需求，也符合行业的发展方向与人才培养计划。同时，他由于自身科研、教学工作成绩突出，后晋升为水产养殖专业的教授、博士生导师。

2003年，李家乐开始担任上海水产大学渔业学院院长。他团结带领全院教职员工，在学科建设、人才培养、科技成果等方面取得了显著的成绩。2006年所在学院的水生生物学科获博士学位授予权，2007年水产养殖学科成为国家重点学科，在原有农业部重点实验室的基础上成功申报并成立省部共建水产种质资源发掘与利用教育部重点实验室、农业部鱼类营养与环境生态研究中心等。为了提高学科实力，李家乐制定了一系列"引杰青、抓科研、育人才"的政策，作为校内水产学科的领头人，他高度重视水产学科评估成绩的提升，上海海洋大学于2017年9月入选国家"世界一流学科建设高校"，2022年2月入选第二轮"双一流"建设高校及建设学科名单，水产学科在全国第四轮、第五轮学科评估中获A+评级。

以积累之舟楫，渡岁月之洪流。2008年学校更名为上海海洋大学，同年整体搬迁到临港办学。2010年，李家乐被聘为三级教授，2012年担任校长助理并被聘为二级教授，2015年升任上海海洋大学副校长，这一路上的积累与投入，是他无悔青春的最佳证明。"水产是我的根，从事水产研究更是我的乐趣。"

▌难忘师恩教诲，延续师德传统

读博期间，两位导师培养了李家乐独立科研的能力，并希望他能有所创新和突破，于是李家乐主持开展了我国主要淡水育珠母蚌——三角帆蚌优异种质评价与筛选、三角帆蚌和池蝶蚌杂交的研究工作。从生长、育珠、养殖、遗传、形态等方面对我国五大淡水湖泊三角帆蚌以及三角帆蚌与池蝶蚌杂交F1代进行了系统的比较研究，形成了淡水珍珠贝类种质评价与杂交育种技术体系。通过不断实验，研究团队成功筛选出优异种质3个，并培育出第一个珍珠贝新品种——康乐蚌。康乐蚌于2007年1月被全国原良种审定委员会审定通过。这个新品种具有显著的杂种优势，平均生产商品珍珠量和大规格珍珠比例大幅度提高。同时，他带领团队科技人员，在淡水珍珠蚌种苗繁育、插珠技术、病害防治、养殖环境调控等关键技术方面取得了一系列突破，获得了一系列发明专利，形成了规范的技术标准，并发表了大量高水平学术论文，研究成果获2008年度上海市科技进步一等奖。此后，他又带领团队培育出三角帆蚌"申紫1号"和"申浙3号"2个新品种，使淡水珍珠养殖实现了良种化。

2004年开始，他带领团队对世界上水产养殖产量最高的物种——草鱼开展种质资源与良种选育研究工作，系统收集保存长江、珠江、黑龙江等水系种质资源，建立了农业农村部唯一的草鱼遗传育种中心，形成世界最大的草鱼种质资源库，系统评价了各主要水系及杂交后代草鱼的生长性能，绘制了草鱼第一张遗传连锁图谱，筛查出生长、品质、抗逆等性状相关基因，并进行QTL定位，研发出首套用于草鱼遗传分析的标准微卫星标记等，对长江系草鱼开展了系统的家系选育，获评草鱼"沪苏2号"优良品系，正在申报新品种。2019年，他的专著《草鱼种质资源研究》正式出版，"草鱼种质资源遗传评价与种质创新关键技术"成果获神农中华农业科技一等奖和中国水产学会范蠡科学技术一等奖。2021年，他领衔的淡水水产动物种质资源创新团队荣获2020—2021年度神农中华农业科技奖优秀创新团队奖。2023年9月，李家乐刚从学校领导岗位退下来就担任了国家农业生物育种重大专项"优质速生鱼新品种设计与培育"项目的首席科学家。

这些成就的获得，不仅是李家乐科研能力的证实，更是他向恩师们交出的优秀答卷。他始终不愿离开水产研究事业，也不愿放弃教书育人，是因为恩师对他的嘱咐：培养优秀水产青年的工作是不能放弃的，只有源源不断的青年力量为水产发展道路保驾护航，我国才能成为独一无二的水产强国。"先生后熟，熟后有新生。"正是前辈们的谆谆教诲，我国才能涌现出一批又一批优秀的科研人员，李家乐牢记恩师的谆谆教导，在水产科研领域中摸索出属于自己的一片海洋。

"我是个共产党员，没有党的引导与培养，我就没有今天的成就。"李家乐坦言自己深知副校长一职的责任之重大，除了带领科研团队、培养人才之外，他还时常到党校学习，明晰时代的发展方向，并结合自身能力，为党的事业贡献智慧与力量。他在改革开放的时代中成长，见证了祖国的飞速发展后依然坚守初心，用自身的行动诠释了"师恩难忘意深浓，桃李人间茂万丛"的深刻含义。

"路漫漫其修远兮，吾将上下而求索。"李家乐的经历启示着青年们要对前途充满信心，遇到挫折要坦然面对，并且要细心大胆，勇于抓住机遇。我们应以奋斗诠释青春的意义，以拼搏展现青春的美好。所有的不平凡，都源于平凡生活中的日积月累，每一个平凡的岗位，都能书写不凡的人生华章。

访谈 后记

勤勤恳恳与恪尽职守的李家乐校友是我们的优秀榜样，他豁达乐观、从容淡定的人格魅力使访谈过程自然而轻松。我们十分敬佩他始终坚守自己的初心、潜心学术研究、谋海济国，并一次次地在人生的不同阶段取得非凡的进步。他的故事告诉我们，抓住机遇，坚守自己的初心，不断探索并求真务实，成功必然会向我们走来。

校友 寄语

我非常感激我的母校，让我在那个时代有机会获得一个博士进修的机会，完成我童年的梦想。在母校的学习生活中，不仅有宝贵的学科知识、丰富的科研生活，更有导师深刻的教诲，这些都是我进步的基础。无论我走到哪里，母校培养和教诲我将永远铭刻于心。值此母校百年华诞之际，我衷心祝愿中国海洋大学继续绽放光彩，事业蒸蒸日上，培养更多海洋领域的高端人才，为国家和社会作出更大的贡献。在未来的岁月里，愿母校不断追求卓越，努力实现"海大梦"，让我们共同见证中国海洋大学的繁荣与壮大，为百年校庆的到来而祝福。

——李家乐

（撰稿：2022级海洋资源与环境 雷诗琪；2022级渔业资源 张凭智）

学弟学妹 眼中的他 ————————

　　漫漫春秋，风雨年华。在中国疏浚事业发展历程中，他不断探索、倾心奉献，用奋斗描绘着新中国疏浚事业发展的瑰丽蓝图。一路走来，他负重前行，披荆斩棘，用理想凝聚力量，用信念铸就坚强，用实际行动真实阐述着"只步为楫浚江海，丹心一片绘乾坤"，激励着青年学者和莘莘学子砥砺前行。

疏浚绩斐然，大道志向远

——访1994级校友杨志

　　杨志，男，1974年生，安徽芜湖人，1994—1998年就读于青岛海洋大学港口航道与海岸工程（以下简称"港航"）专业，教授级高级工程师。现任中交上航局党委委员，上海达华测绘科技有限公司党委书记、执行董事。他先后参与过长江口深水航道治理、洋山港一期工程等数项国家重大工程建设，曾被评为上海市立功竞赛先进个人。20余年来，杨志长期从事疏浚行业，在疏浚人才培养、疏浚技术研发以及疏浚主业施工等方面取得丰富成果。

　　由于历史原因，我国疏浚事业的发展曾长期落后。立志报效国家的杨志，怀着振兴民族疏浚业的初心，在疏浚事业的道路上一走便是20余年。他开拓创新，锐意进取，在长江口深水航道治理工程、上海洋山港建设工程等国家重大工程中见证着我国疏浚事业由弱到强的一步步发展。

　　如何从平凡到非凡？杨志用努力、拼搏、奋斗给出了答案。

▍少年虽有苦寒难，奋发扬鞭好男儿

　　杨志出生于安徽的一个农村家庭，贫穷、落后的农村环境促成了他用知识改变命运的决心。而自知平凡普通的他，唯有更加勤奋刻苦、更加努力奋斗才能转动命运的齿轮。从小学到高中，一路的勤学苦读，最终使杨志通过高考成功考入青岛

海洋大学。

当杨志独自一人、不远千里第一次踏上青岛这片土地，他认识到了自己知识的匮乏和眼界的局限，他知道，自己有太多地方需要"充电"。

杨志在大学期间参与了丰富的社团活动，培养了乒乓球、网球等兴趣爱好，并充分利用图书馆、球馆等资源来充实自己。他非常珍惜来之不易的学习机会，在大四确定被中交上航局录取之后更是干劲儿十足，明确自己未来的职业规划，重新复习即将用到的专业课知识，主动学习的积极性非常高。面对繁重的学业，他不仅应对自如，更是自信满满。港航专业课程繁多，内容晦涩难懂，不少同学为之发愁。杨志却一点也不怕，课本一遍没有看懂，那就来第二遍、第三遍，反复阅读，深入理解，直到掌握并能举一反三才肯罢休。凭借踏实肯干的学习态度，杨志顺利完成大学四年的学业。

四年来，杨志在刻苦学习专业知识之余，积极参加社会实践活动，并通过勤工俭学减轻家庭经济负担，四年的大学生活开阔了他的眼界，四年的奋斗换来了他的成长，为他的大学生活画上了一个圆满的句号，也为他之后走向工作岗位打下坚实的基础。

"人这一生，不可懈怠！"这是杨志一生的信条。在漫漫求学路上，他虽经历苦难，但亦扬鞭奋发，让青春洒满阳光！

▌任职之路固艰远，传承创新绩斐然

杨志参加工作后，在项目管理、组织人事、公司治理等多个岗位上，始终以追求卓越的心态，努力提升自身能力，创造一个个由不会到会再到创新的过程。

刚参加工作时，杨志参加了上海长江口深水航道工程建设。结构类工程是杨志之前未涉及的领域，他发现在大学期间所学的专业知识大多用不上，因此在工程建设初期就处于"两眼黑"的状态。为了完成这项工作，杨志想出了自己的解决办法：首先，利用专业知识，结合施工设计图，了解结构原理和大致规律；其次，寻找师傅（包括民工、工人、监理工程师）学习施工技巧，掌握具体施工方法；最后，提高自己的综合素质，进行多学科的融会贯通，在弄懂学通的基础上尝试优化创新，尝试超越自己，尽自己的能力做得更好。先弄清楚做什么，再弄清楚怎么做，最后弄清楚怎样可以做得更好，在这样的模式下，杨志在项目上逐渐"如鱼得水"。

"那段时间是真的辛苦，成天风里来、雨里去，现场一待就是几个月，现场的工作也是没日没夜，但收获是真的多。"回想起长江口深水航道建设，杨志颇为感慨，长江口工程后来获交通部水运交通优质工程奖、国家优质工程金质奖、詹天佑

奖等荣誉，作为参与者，自己那种满满的幸福感，别人真是难以体会。

在杨志后续的职业生涯中，"传承、创新、卓越"这六个字一直是他的工作信条。无论是在总部管理部门负责组织人事工作，还是在技术研发单位、疏浚施工单位以及当前的达华科技公司，杨志总是以发展为第一要务，在传承前人好的经验做法的基础上，凝聚发展共识，明晰发展方向，深化机制创新、技术创新、管理创新，紧紧围绕人才这一工作落脚点，不断提升企业核心竞争力。同时鼓励员工内部创业，激发员工价值创造，营造公平公正、积极向上、共建共享共赢的文化氛围。在担任上述公司主要领导期间，企业或扭亏为盈，或创造历史新高，或走上新的发展路径，无论是生产经营还是管理文化均有了较大改观。

在谈到如何实现企业良性可持续发展时，杨志说："企业有了多余的利润，关键是要抓住人才和科技两个核心。一方面保证员工的收入，另一方面加大科研投入，发展研究新技术，提升企业的总体实力。以达华科技公司为例，在科研取得一定成果之后，就必须重视科技转化，要实现技术的可视化、产品化，同时这又推动着技术的发展，让双方都能够进行良性循环，不断地发展，相互促进，持续推动产业数字化和企业高质量发展。

▌未雨绸缪早当先，居安思危谋长远

初入疏浚行业，在基层踏实工作的杨志便敏锐地察觉到祖国的疏浚技术远未达到世界领先水平，工程中使用的很多技术受制于人。满腔报国热情的他不甘人后，立志创新疏浚技术，推动民族疏浚事业发展。

杨志清楚地认识到，只有真正掌握疏浚技术，我国的疏浚事业才能更好地发展。早在21世纪初，他就向公司建议引入创新型人才从事核心技术的研发。

在工程实践、项目启动时，对于新了解到的知识、技术，他在理解吸收之后，常常会思考："结合自己大学所学的专业知识，这个技术是否有更进一步的发展空间？"对于创新，杨志坦言："对于新事物认识的进展，可以大致分为三步：了解、理解和创新。真正推动技术发展则往往需要反复考虑第三步。坦白来说，创新并不是一件容易的事情，是一个不断摸索、不断碰壁、螺旋式前进的过程。"

担任企业主要负责人以来，杨志十分重视创新工作，大力引进创新型人才。无论是科研型企业还是施工型企业，抑或是科技型企业，杨志总是以发展为第一要务，在传承前人好的经验做法的基础上，凝聚发展共识，明晰发展方向，深化机制创新、技术创新、管理创新，紧紧围绕人才这一工作落脚点，不断提升企业核心竞争力。同时鼓励员工内部创业，激发员工价值创造，营造公平公正、积极向上、共建共享共赢的文化氛围。

▌矢志不移苍茫地，宁静致远大情怀

中国近现代疏浚业历经120余年发展历程，始终作为国家战略的坚定执行者、民族振兴的开拓者，一代代疏浚人肩负行业发展的历史重任。杨志不畏艰险、攻坚克难，把青春奉献给中国疏浚事业，用实际行动推动中国疏浚事业的发展。20多年来，他致力于疏浚技术的创新发展，接手参与的疏浚工程不计其数，殷切地盼望中国疏浚事业向世界一流水平进军。谈到疏浚事业在新时代的发展，杨志感慨道："新时代新征程，我们展望未来，当下就是中国疏浚业发展最好的时代！"

访谈 后记

访谈结束后，我的心情久久不能平静。杨志学长的故事，就像一部波澜壮阔的史诗，让我深受感动。他的坚忍与拼搏，他的热爱与奉献，他的创新与突破，都让我对他的敬佩之情油然而生。

作为中国疏浚事业开拓者、执行者中的一员，杨志学长毫无架子，热情爽朗。交谈时，其眉宇间闪烁着宠辱不惊的淡定，话语富有哲理和缜密的逻辑，尽显企业家风范。杨志对于疏浚事业的认真与热爱令我敬佩，对于疏浚人才的培养令我叹服！人格、品格，气度、风度，我的记忆定格于此，难忘这位充满能量的疏浚事业实干家！

校友 寄语

海纳百川，取则行远。热烈庆贺母校百年华诞！百年海大在风雨兼程中砥砺前行，百年海大在波澜壮阔中昂首奋进，为中国海洋事业和社会经济的发展培养了大批优秀的人才。作为万千中国海大学子的一员，我衷心感谢母校对我的教育和培养，衷心为母校取得的辉煌成就感到自豪！祝愿母校在建设新时代中国特色社会主义的新征程上，奋力谱写特色显著的世界一流大学建设新篇章。

——杨志

（撰稿：2021级港口航道与海岸工程　宿红颜）

学弟学妹 眼中的他 ————————

沉稳健谈，风度翩翩，求真务实，笃行不息。立足实际，注重实践，矢志不渝，做一个"有厚度"的人。

平川入海，山海润心
——访1994级校友吴武玄

吴武玄，男，1976年生，福建省福州人。1994—1998年就读于青岛海洋大学建筑工程专业，正高级工程师。现任福州市名城古厝设计院有限公司总经理，中国工程建设标准化协会建筑物鉴定与加固专业委员会委员，全国消费品缺陷召回专家，福建省工程建设质量安全协会检测鉴定分会副会长，福州中级人民法院司法鉴定技术专家，福建省及福州市工程系列土建专业高级技术职称评委专家，多次获得上级党委授予的"优秀共产党员"称号。

武夷峰峦叠翠，平潭余霞成绮，群山环绕，连绵不绝；崂山云蒸霞蔚，金沙万顷琉璃，红砖绿瓦，碧海蓝天。从福州到青岛，一南一北，一山一水，在我们访谈的主人公吴武玄的心中，涤荡出了浓浓的山海情。

▌奔赴山海：追逐儿时梦想

"作为山区的孩子，从小最大的梦想就是去海边。"回忆起童年生活，吴武玄学长如是说。山中的求学路是漫长艰辛的，福建"八山一水一分田"的地貌让知识传播更加困难，作为家中的长子，吴武玄更需要肩负起照顾家庭的责任。但父母对教育的重视，他对知识的渴求、对大海的渴望，学习对他而言成为一件愉快的事。他总是认真地对待每一份作业，哪怕是练习册，也被他写得密密麻麻，正是童年的艰苦磨炼了他吃苦耐劳的毅力，对世界的好奇坚定了他走出大山的信念。

12年的寒窗苦读，他从山中走来，带着山的气息，凭借抓铁有痕、踏石留印、咬定青山不放松的劲头，不负众望地考取了青岛海洋大学。当被问到专业选择时，吴武玄学长打趣道："其实是歪打正着才选上这个专业的，当时一是响应家乡发展的需求，选择的都是理工科，二来也是适合自己的性格。现在回看会觉得无论对社会进步还是对个人性格而言，这个选择都是无比正确的。"他深知这个选择对他的人生产生了深远的影响。

▌砥砺前行：继承海大精神

高考后吴武玄如愿从福州来到青岛，来到了他魂牵梦萦的海边。但现实往往是残酷的，素未谋面的同学，陌生的地方口音，差异的饮食文化，不同的生活习惯，这些无情的"落差"狠狠地击中了他，迷惘与无助接踵而至。但他并没有被困难击倒，而是积极调整自我，放平心态，主动融入，与同学们打成一片。他不断汲取海大带给他的精神食粮，丰富充实自我。渐渐地，他爱上了这片琴屿。"做一个有厚度的人"，管华诗校长在逸夫楼开学典礼上这短短的八个字却字字珠玑，极大地触动了吴武玄的内心，这八字箴言从此也烙印在了他的心中，成为他人生迷雾中的指路明灯。虽然一南一北的差异给吴武玄带来了强烈的落差感，但因为落差的存在，才有奋发向上的动力，才会有拼搏的精彩，才会有实现理想的喜悦。他说，要允许落差的存在，把落差当作惊喜与经验，正是众多的落差组成了我们的人生轨迹，增加了我们的人生厚度，只有不断吸收，才能行稳致远。

回忆起大学生活，提到班级同学与老师，吴武玄的脸上露出怀念的笑容，热情地为我们讲述他大学时期的故事。

对于建筑工程专业的学生而言，理论力学、材料力学、结构力学等课程是最让人头疼的，还有混凝土结构原理等晦涩难懂的专业课，学习像是记不完的力学公式、算不尽的数学方程。吴武玄在学业上不敢有丝毫懈怠，他在课上认真听讲，课下积极交流，一到下课就背着书包去图书馆，一待就是大半天，"宿舍—图书馆—教室"三点一线的作息成为他的日常。他说记不住就只能用笨办法，就是不断地演算和验证，算公式的稿纸垒了一摞又一摞，设计图纸的画线擦了一遍又一遍，这一遍遍的苦功夫为吴武玄的成长打下了坚实的专业基础。他语重心长地对我们说："不要轻视对基础知识的掌握，这不仅是我对自己的要求，更是对每一位学生的专业要求。不要为了科研而科研，而是为了解决问题而科研。现如今大家十分看重个人的专业知识水平，如果最基础的专业知识都无法回答，又怎么能解决实际的工程问题！"吴武玄严谨务实的治学态度再一次给我们留下了深刻的印象。

入学后不久，他便遇到了人生的"忘年交"——国家一级注册建筑师崔俊山老师。这位有着丰富工作实践经验的老师用他那生动有趣、理实交融的课堂深深打动了吴武玄，使枯燥的理论知识焕发出了盎然生机，让学习过程既充满挑战，又饶有趣味。"纸上得来终觉浅，绝知此事要躬行。"对于建筑学，理论与实际是两个不同的层面，相辅相成，缺一不可。崔俊山老师极高的专业素养帮助他在学习中深刻领悟到了知行合一的重要性，唯有深邃复杂的学术原理与丰富多彩的实际环境共同发挥作用，方能相得益彰。在建筑学的世界里，他的心里总是安静而又快乐的，他也在不断探索中内化知识，收获自信。

在大学生活中，吴武玄不仅用心学习，也注重体育锻炼。他把体育当成重要的生活方式来锻炼自己的意志品质和拼搏精神，尽情地享受在运动场上挥洒汗水带来的快乐。在工程学院足球队期间，他深入了解队员的优势和问题。他说，足球场上，从来不是一个人的单枪匹马，而是每一位队员的团结协作。面对队员能力水平的不同、团队中的位置作用的差异、自己和队友的交流、个人与集体的关系，如何带好一个团队，如何发挥好作用，这是他需要面对的挑战。这也是海大精神在他日常生活中的内化，如同校训说的那样，人要像大海一样，有容纳百川的气量。面对队友的失误，要及时指出不足并鼓励帮助，使其不断汲取错误教训，有则改之，无则加勉，方能取则行远。回忆起当年绿茵场上的一次次比赛，吴武玄说："作为主力队员，队员犯错误不可怕，可怕的是失去信心，我不断鼓励大家，带领球队稳步前进。在这四年的大学生活中，我的自信心、团队精神都得到了很好的培养，同时我也更加理解了海大精神的内涵。"

▎不忘初心：投身家乡建设

大山的日子很苦，吴武玄对家乡却有着深厚的感情。怀着助力家乡发展的信念，在大学毕业后他便重回故乡，找到了一份自己热爱并愿为之奋斗的工作。

在工作中，每每遇到艰巨任务，他总是不怕苦不怕累，迎难而上。面对凌晨3点的检测工作，他从不抱怨，反而乐在其中，他严谨认真、一丝不苟的工作态度令同事动容。他一点点地积累，夯实根基，久久为功，持之以恒，逐渐获得了大家的认可，取得的成果俨然成为行业标杆。

致富不忘桑梓地，吴武玄不曾忘记养育自己的故乡。他深知能力越大，责任越大，家乡还有许许多多和他一样渴望学习知识、走出大山的孩子，还有许许多多的家庭需要脱贫致富，过上更好的生活。吴武玄的乡村振兴观一直是走在前列的，带着助力家乡脱贫攻坚、乡村振兴的美好希冀，吴武玄主持召开了"福建传统村落更新改造技术研究"科研课题会议。他不断与专业人士进行对话交流，展开思想碰撞，发挥自己的学术专长，广泛吸纳各方建议，达成了对闽清传统村落进行修缮改造以推进当地旅游产业的共识。

当谈起近几年的乡村振兴工作时，吴武玄的眼中闪起了光。他主动请缨，下基层做实践考察，深入人民群众，带领家乡人民推进脱贫攻坚，做乡村振兴的先行者、开拓者、探索者。他始终以专业的科研技术能力，探索创新、协调、绿色、开放、共享的乡村振兴发展新理念和新道路，为全省传统村落古民居的保护献智出力。今天，福州万千乡村换新颜。在乡村振兴和城乡融合的道路上，他说自己非常荣幸能够成为这恢宏历史的亲历者与建设者。

投之以桃，报之以李，是家乡养育了他，他也把自己奉献给了家乡。作为一名基层干部，吴武玄挺膺担当，带领公司助力乡村振兴；作为一名公民，他言行兼备，严于律己；作为一名海大人，他时刻铭记所学，取则行远。

一路走来，吴武玄经历了无数的低谷与挫折，无论是学习还是工作，多的是不断地推翻、思考、重建，但是他从未放弃过。他的心中承载的是山川海洋，是山川哺育他成长，是海洋让他成熟自信，他从山中走出来拥抱海洋，又带着海洋的力量回到山中，将大海的温暖送进福州的每个角落，这份山海情为福州的乡村带来了蓬勃新生的活力，为无数的山里孩子、无数的家庭带去了美好生活的希望，为福州培养了更多同样怀揣着赤诚之心的年轻人。

青衿之志，笃行致远。生逢盛世，当不负盛世，一代人有一代人的使命，一代人有一代人的担当。新时代的中国海大人生逢盛世，重任在肩，我们更应赓续海大精神，乘风破浪，一往无前。

访谈后记

访谈时间转瞬即逝，傍晚时分，火烧云像一团团烈火，簇拥在太阳身边，太阳的余晖映着点点的霓虹灯，城市的夜降临了。简短的访谈已经结束，收拾完毕后我们便离开了吴武玄学长的办公室，门合上的一刻，脑海里又泛起了层层涟漪。吴学长身上既有山川般的沉稳，又有海洋一样的热情与广阔，他心中承载的不仅是家乡，更有让人动容的家国情怀。他是我们的榜样，而千千万万个"吴学长"，他们内心也播种着爱与希望，化知识为智慧，从哪里来到哪里去，扎扎实实坚守在第一线，用自己的能力回馈家乡，回报祖国。

校友寄语

人生没有白走的路，你走的每一步都算数。在母校百年华诞之际，我衷心地祝愿母校的明天会更加美好。

——吴武玄

（撰稿人：2022级海洋工程　崔海鹏；2022级工程管理　龙珠）

学弟学妹 眼中的他 ————————

　　他，抱朴守拙，行稳致远，用脚步丈量祖国大地，用铁肩扛起大国担当，用耳朵倾听人民呼声，用内心感应时代脉搏。他，不弃微末，久久为功。他，就是1994级校友张国栋。

盐碱地上播新绿

——访 1994 级校友张国栋

　　张国栋，男，1976年生，山东青岛人，1994—1998年本科就读于青岛海洋大学化学、金融学专业，1998—2003年就读于中国海洋大学海洋环境工程学专业（硕博连读）。现任青岛海水稻研究发展中心常务副主任、哈密瓜产业高质量发展大会暨哈密瓜节筹备工作委员会副主任、青岛九天智慧农业集团有限公司董事长，中国科协智慧农业创新联合体常务副理事长，第十四届青岛市政协委员、青岛市城阳区第六届、第七届人大代表。主要从事并指导盐碱地稻作改良、智慧农业项目及哈密瓜鲜果产业链平台建设项目。

　　在本次访谈中，我们与张国栋一起回忆其海大时光，探讨其职业发展道路。通过他的事迹，我们希望能够为海之子提供宝贵的经验和启示，激励大家不断追求卓越，为学校增光添彩。

▌践行成器之使命，秉守不器之态度

　　踏入青岛海水稻研究发展中心，我们最先感受到的是潜精研思的科研氛围。怀着期待的心情，我们见到了张国栋，平易近人是他带给我们的第一印象，我们围坐在茶几旁开始了本次访谈。他说："我与海大渊源颇深，我是青岛本地人，自小便对海大非常向往，本硕博九年更是一直在海大深耕，生于青岛，长于海大，到现在，工作的地方离海大也很近，我是一个纯粹的海大人，海大就像我的家一样。"

回忆起母校生活,张国栋似乎有说不完的话,道不完的情。回看自己在海大的求学经历,张国栋不禁感叹母校对自己各方面能力的提升有着深远的影响。他提到,"当时学校推行本科双学位政策,我在本科学习了化学和金融,化学属于基础理论,金融学属于社会科学,后来研究生攻读海洋环境工程专业,更训练了我的工程思维,因此我受到的教育是相对综合和全面的。我在海大自由的环境里锻炼了方方面面的能力,变得更加独立自主。"

子曰:"君子不器。"朱光潜先生也曾说:"不能博则不能约,不能通则不能专。"张国栋真正做到了全面发展。在文化知识方面,他理科、工科、社会科学兼修,知识结构比较全面。"在理科学习过程中,要做文献检索,写文献综述,然后构建一个模型,用实验数据来验证它,从而培养我们的模型构建能力,而这种能力对国家政策的研究或是对各种技术体系的研究同样大有帮助。"理科学习培养了张国栋精益求精、刻苦钻研的精神以及逻辑思维能力。

除此之外,张国栋本科还学习了金融专业,在他看来,"金融学是一门研究社会资源组织的学科,金融专业的学习很好地培养了我的社会资源组织能力"。"工程更多的是一种'落地'的知识。如何把这个技术转化成盈利,就是考验我们的产业化应用能力。工程学思维促成了产业落地,或者说基于现实的生产力将数据转化为利润,即使其现实化,而不是高高地飘在天上。"大学期间,除了学习专业知识,他还有丰富的学生工作经历,大学时期曾担任学院学生会主席、校学生会副主席等,这些工作经历为他日后步入社会奠定了扎实的基础。

张国栋的海大求学之路诠释着其对海大校训的理解,"海纳百川,取则行远。大海是兼容并蓄的,学校希望培养的海大学子能够具备既专又博的素质,教育我们的学生不要做一个单一方向发展的书呆子,而要做一个有包容性、全面发展的通才。唯有此,海大学子方可行得万里路"。

▎探索海水稻技术,昔日滩涂变良田

毕业后,张国栋进入企业工作,积累了许多成功经验,但他始终记得"海纳百川,取则行远"的校训。2012年是张国栋人生中重要的转折点。在这一年,他开始了创业。"我是从2012年开始跟袁隆平院士合作,进入他的团队做耐盐碱水稻(也就是俗称的'海水稻')的研发和产业化推广。"

张国栋深知耐盐碱水稻的重要意义,他表示,"习近平总书记强调,粮食安全是国之大者,但其实很多人对我国粮食安全形势都缺乏一定的认知。就当前来看,咱们国家的粮食安全形势依然严峻。而我们国家14亿多人口,如果粮食只是简单维持一个供需平衡的话,一旦国际政治经济形势发生变化或者受到战争影响,倘若我们的进出口渠道被破坏，那这些粮食如何很平均地分到我们14亿多人口中就会立即变成一个很严峻的问题。其中一旦出现不均衡，就会有人饿肚子，就会人心惶惶，那这个社会就会不稳定，所以说咱们国家的粮食安全问题其实还是很严峻的"。那么海水稻究竟在保证国家粮食安全中扮演什么样的角色呢？张国栋继续解释，我们国家有15亿亩盐碱地，其中约2亿亩是可以改造成耕地的，而耐盐碱水稻一方面可以改造盐碱地、增加农田、增加耕地的量，另一方面，可以增加粮食余量，起到调节作用。这些耕地看似不多，但对我们国家来说每一分土地都很重要。

创业初期，张国栋成立了青岛九天农业智慧集团，以公司的形式与袁隆平院士团队合作，从而使耐盐碱水稻的研发快速落地，历经数十年的耕耘，他带领团队在海水稻事业上取得了巨大进展。将盐碱地改造与耕地占补平衡指标交易业务结合，实现了市场化；2017年，在山东开展的海水稻栽培试验中创下海水稻亩产500公斤的新世界纪录；2018年，团队启动"中华拓荒人计划"，在新疆喀什岳普湖等六地同时进行水稻插秧拓荒，基本实现对我国主要盐碱地类型全覆盖；2018年5月，团队使用开创性的"四维改良法"，在迪拜种出了海水稻，为"一带一路"和世界粮食安全贡献了力量；2020年，10万亩"海水稻"平均亩产稳定超过400公斤；2021年1月15日，袁隆平海水稻团队宣布，目前已在全国签约600万亩盐碱地改造项目，将正式启动海水稻的产业化推广和商业化运营，拟用8～10年实现1亿亩盐碱地改造整治目标，实现"亿亩荒滩变良田"。

张国栋始终奋斗在耐盐碱水稻研发的第一线，为推动我国的农业科技进步贡献着自己的力量。

张国栋在萌生创业的想法之后，第一件事情便是对政策进行仔细研究，对信息进行梳理把控，从而了解到国家战略性项目——耐盐碱水稻。决心创业后，便联系多个团队，最终与袁隆平院士所在的一个核心科研团队进行合作。接下来便是对大量资源的充分整合利用，包括科研物资和科技工作者等各方面的资源，同时，发挥袁隆平院士作为全国农业领域领军人物的影响，更好地开展各项工作。最后，耐下心来稳扎稳打。张国栋强调，创业时所需的技术并不是局限于单一的技术，而是需要对技术进行综合创新应用。例如，在耐盐碱水稻的研发中，应用到大量配套的质保技术，还有部分排盐技术，还有信息监控与数字化互联网相关技术；在海水稻的推广阶段，最关键的便是敏锐的市场意识，及时创新构建海水稻的商业模式。"没有这些要素，做事情是很难成功的，而我恰恰在学校里接受过这些方面的教育"，张国栋感叹道。

▌光阴有脚当珍惜，书田无税应勤耕

虽然张国栋已在耐盐碱水稻这个领域中取得了非凡的成就，但其仍在不断学习与深研。在他看来，"做人做事要始终保持谦卑的态度和不断学习的心态，每当到一个新的平台时，就应该从头开始学习，切莫自以为是。大学的现实意义远超于一所'建筑物'的外在束缚，它浸染着千万学子的思维与言行表达，它的思想底蕴于岁月轮转间感染着一代又一代的青年学子。刚进入大学的青年，正是世界观、人生观、价值观重新建立的时候，大学将赋予你们足够的时间和实践去认真思考什么样的人生才是有意义的人生。在大学里，你们应该站起来，四面瞭望，海大的平台会给你们更多发展的机会、志同道合的伙伴、温文尔雅的良师、丰富多彩的活动与社会实践，这些同你们从书本中获得的知识一样，都是你们宝贵的收获"。

对于学弟学妹们，张国栋寄予了殷切期望，"在中国海大这个平台上，切记不要虚度光阴，虽说已经度过了高考千军万马过独木桥的阶段，但不能掉以轻心。从初入大学开始，每一天都不要浪费，希望你们将来都不会因曾虚度光阴而懊悔，而是可以无愧地面对挫折与失败"。他强调，不要认为社会实践活动是浪费时间。在参加社会实践活动时，若是以一种应付的心态去做，自然是相当浪费时间了，可若是以一种谦虚、学习的心态去做，组织能力、沟通能力都会得到提高，甚至在社会实践活动时多接触的一个人、多听到的一句话，都可能会让自己受益良多。

毕业后，张国栋曾多次返回母校，积极为母校的建设添砖加瓦。2019年，张国栋受聘为学校大学生职业发展导师。此外，他还多次与在校生分享自己在学习、科研、创业等方面的经验与感悟。

在访谈结束之时，张国栋仍不忘叮嘱学弟学妹们在海大的学习生活中，务必要践行"海纳百川，取则行远"的校训精神，努力成长为新时代的复合型人才。

访谈 后记

"谦谦君子，卑以自牧"，访谈过程中，张国栋多次提到自己只是一个普通人，通过多年不懈的艰苦奋斗才有了如今的成就，并以此鼓励我们不要妄自菲薄，要多学习，多实践。青年者，人生之春，人生之华也，春天不忙，秋后无粮。作为中国海大学子，应当以海纳百川的开放胸襟塑造自己，培养多方面能力，以应对未来的竞争和挑战。

校友 寄语

希望学弟学妹们在大学中不仅要从书本中学知识，还要深入了解社会，切勿消磨光阴，要珍惜每一天的大学时光。

——张国栋

（撰稿：2021级化学　段雅柔；2022级化学工程与工艺　陈春雪）

学弟学妹 眼中的他 ——————

筚路蓝缕，以启山林，坚定自己的选择，在智能制造行业愈行愈远；伸出橄榄枝，服务他人的同时更服务社会；工作中是奋斗者，生活中是有心人。

智能制造先驱：探索成功背后的故事

——访1994级校友姚晓华

姚晓华，男，1974年生，浙江东阳人，1994—1998年就读于青岛海洋大学应用数学专业。现为杭州市智能制造产业协会常务副会长兼秘书长，杭州诚壹智能科技有限公司法定代表人，中国海洋大学校友会杭州分会会长。

▍日出东方，圆梦海大

1994年，一次偶然的机会，姚晓华在一份招生简章上看到青岛海洋大学拥有自己的科考船，这一信息让他兴奋不已，因为他一直对海洋充满好奇和热情，于是他毫不犹豫地决定前往海大，追寻自己的梦想。

姚晓华本来选择的是应用数学系中的市场营销专业，由于某些原因被调剂到应用数学专业，"可能是我当时数学成绩好的原因吧"，姚晓华笑着说道。虽然没有进入想要学习的专业，但是数学作为一门基础学科，培养了他的思维方式和解决问题的能力。姚晓华回忆道："数学确实挺难的，我在学习上投入了大量时间，成绩上可能不是特别理想，这门学科给予我最重要的是逻辑思维的提升，论证难题也让我以后在面对挑战的时候更加冷静和深思熟虑，到现在做事情我都会考虑做这个事能不能行，一步步怎么去做，最终形成一个闭环，我想这就是数学中谈到的充分和必要吧，这些在数学中得到的锻炼对我后来的就业和创业都产生了积极的影响。"

当谈及课外生活的时候，姚晓华仿佛回到了过往，他跟我们分享道："在海大的四年，除了学习，我把精力都投入社交和实践当中。海大是一个包容性很强的大学，我跟很多其他专业的同学也建立了深厚的友谊。在课下我还做一点小生意，那时候很多在校外摆摊的，我也会进一些学生喜欢的小东西来卖，赚钱是一方面，关键这也是锻炼自己与外界交流的一种方式。"这四年里他不仅学到了专业知识，也提升了综合能力，他参与的各种社会实践和公益活动培养了他的社会意识、责任感和为人处世的价值观，也促使他发展了积极向上的性格、团队合作精神和领导才能。老师们严谨的治学态度以及学校浓厚的学习氛围，让他养成做事认真、专注的习惯，能够捕捉生活中的细节、做生活的有心人。学校积累的校友资源也为姚晓华之后的校友会工作做了铺垫。

▌颜筋柳骨，诗与远方

走进姚晓华的工作室，我们不禁为屋内的精致布局赞叹，一旁摆放着"文房四宝"和数幅字画，一旁用架子陈列着古朴典雅的茶具。工作时，姚晓华以认真高效的态度处理每一步，工作之余，也有着"松花酿酒，春水煎茶"的雅好。姚晓华告诉我们："我现在给自己留尽量多的独处时间，写写字，品品茶，让自己静下来。"尽管每日工作繁忙，姚晓华仍坚持每天至少练书法一小时，"时间不够长是达不到练字的效果的"，这样的习惯，让他写得一手好字，言谈举止雍容文雅，也让他在关键时刻能够处变不惊，镇定自如。

实际上，姚晓华的书法爱好与海大也有一段故事，当年是他们一群人在海大建立了第一个书画社团（当时叫墨缘书画社），将爱好书法和绘画的人聚集在一起，分享写字和绘画的故事与乐趣。除了书法，姚晓华对茶也颇有研究，在访谈期间，我们一起品尝了老白茶、普洱茶、大红袍，我们也了解到了许多茶文化知识和不同地方的风土人情。越是忙碌，越是要留出时间与自己独处、与自己的心灵对话，"暗馥留微火，心事共成灰"，别忘了自己从哪里来，别忘了自己的初心。

▌聚沙成塔，吴越同舟

"合作如兰，扬扬其香。采而佩之，共赢四方。"身为杭州智能制造产业协会常务副会长和秘书长以及中国海洋大学校友会杭州分会会长，姚晓华坚信一个人的力量远比不上团队的力量，因此着手联络杭州校友，后成立校友会，为毕业后奔赴杭州的海大学子搭建校友平台，共享校友资源。至今，杭州校友会成员已超过1200人，秘书处成员30余位。然而，校友会现在的蓬勃生气，离不开当年姚晓华从零开始的勇气和坚持不懈的毅力。

当谈到校友会的发展历程，姚晓华精神为之一振，他向我们展示了一个陈旧的电话簿。"当年留着这个电话簿，没想到关键时刻能用上，就是靠着这个电话簿，我用一个一个电话号码搜索邮箱给校友留言，从各种途径去探寻校友的踪迹并与他们建立联系，希望校友能加入建立的校友QQ群，第一次校友聚会的时候还不到10个人，慢慢地到30多人，一直到现在1000多人。"正是这种真诚，让姚晓华联络到了在杭州的一批批校友，为校友会的创立埋下了种子。

多年来，本着服务校友的初衷，校友会的活动不断丰富，规模也不断扩大，在杭校友们通过这个平台互相帮助、信息互通、资源共享，让从海大毕业前往杭州发展的校友们感受到了来自海大的温暖。他说道："当年海大培养了我，我也要用自己的行动去回报社会和母校，来到杭州的校友我都力所能及地去帮助他们，每年也都会回青岛看看母校发展得怎么样。"如今，谈到母校时，姚晓华的话语中充满着对母校的依恋，他回忆起自己当时应用数学系楼的位置："鱼山校区图书馆左侧的那个小楼，我每次回去那里都要拍张照的。"他说青岛绝对不只是他的第二故乡，至少是四分之三的故乡。也许，是他对母校的这份热爱，让他对校友会工作始终充满热情。

春种一粒子，秋收万颗粮。数十年的付出，让姚晓华收获了校友们的认可，获得了校友们的支持。"社会的更新是很快的，但规律不会时刻改变，要用十年后的眼光去看待当下的事情"。姚晓华敏锐的洞察力与长远的眼光，是他成功的必备因素。

▍栉风沐雨，砥砺前行

当我们谈及职业发展的时候，姚晓华带我们回忆起他职业生涯中的早期经历。大学毕业之初，他的第一份工作是在中国银联，当时这个单位刚刚成立，隶属于青岛市经贸委，叫作青岛市电子网络货币中心。姚晓华的亲戚建议他加入。一开始，姚晓华并不太愿意，他觉得不太想待在事业单位。这时他的亲戚给了他一些建议：进入事业单位几年后，他将得到更多锻炼的机会，更便于了解一些国家政策，这将有助于未来创业。受到这个建议的启发，姚晓华最终接受了这个机会，开始了他的职业生涯。

在青岛市电子网络货币中心的两年里，姚晓华主要从事C++技术开发工作。然而，他逐渐感到自己并不适合这种工作，他更渴望从事市场营销领域的工作。虽然当时他所在的事业单位级别相对较高，属于副局级单位，但他还是决定辞去工作，追随内心的兴趣。接下来，姚晓华加入了海信。虽然他从事销售工作，但海信和海尔在青岛几乎是不可撼动的存在，因此，他意识到在青岛市内的企业中几乎没有更好的选择。与此同时，他看到杭州的IT和软件行业已经开始崭露头角，而杭州也是他的故乡。因此，他抓住机会回到了杭州，并加入了一家软件公司。回顾自己的选择，姚晓华深知这是正确的决定。当时是2003年，杭州和青岛的IT行业刚刚兴起，两者差距不大。然而，到了2013年，杭州已经有了数十家上市公司，而青岛相对较少。姚晓华强调，跟随时代潮流、引领行业发展非常重要。

2015年，国家推出中国制造2025，他嗅到了机会，立即开始探索智能制造领域。他指出，科技领域的进步，包括IT和OT技术，对于制造业的赋能至关重要。姚晓华认为制造业与这些新技术并行发展，而杭州在各个行业的发展上都很均衡，这为他提供了广泛的发展机会。智能制造是国家发展的一个关键方向，制造业是中国经济的根基。如何通过新技术赋能制造业，成为国家发展的一个关键领域。他强调，中美贸易战的核心争端之一就是高端制造业，特别是核心零部件和设计领域，这些领域的制造核心必须不断提高。经过几年的探索和耕耘，他在智能制造领域开辟出了一条属于自己的路径，不仅仅在浙江，甚至在国内，"姚晓华"三个字在这个领域就是一个IP，智能制造就找姚晓华。虽然智能制造领域充满了挑战，但姚晓华坚信，在历经风雨之后，每一步都是通向成功的道路。"科普智能制造，链接产业生态"将是他后半生的追求。现在，智能制造已成为国家发展的关键战略，而姚晓华正在积极投身于这个领域，为中国制造业的未来作出贡献。他强调，制造业需要紧密跟随时代的步伐，不断创新和进步，以保持竞争力。

访谈 后记

姚晓华的职业生涯故事给人启发。他的坚持、适应能力、勇气和对母校的热爱都是值得我们学习借鉴的优秀品质。他的故事告诉我们，只要坚持追求梦想，不断学习和进步，我们都有可能取得成功，同时也不要忘记回馈社会和母校。姚晓华的故事永远激励着我们向前迈进。

校友 寄语

在生活的旅程中，我们都会遇到各种挑战和困难，但正是坚持，让我们能够不断前行，实现自己的梦想。无论我们的梦想是什么，只要我们有坚定的信念，愿意为之努力奋斗，就有可能让梦想成为现实。数学学习经历培养了我的逻辑思维和问题解决能力，这些技能在我的职业生涯中发挥了巨大作用。坚持学习、不断积累知识和经验是我们成长的关键。无论我们身处哪个领域，都应该持续不断地提升自己，跟上时代的步伐。

——姚晓华

（撰稿：2022级计算数学 刘登科；2022级数学类 易凤麟）

学弟学妹 眼中的她 ————————

从青岛海洋大学到江苏科技大学，她从徘徊寻路的青涩少女成长为独当一面的高校领导，她拒绝循规蹈矩，勇于探索舒适圈外的广阔蓝海；她乘风破浪，在历练中坚定人生方向，用实力筑起击碎偏见浪潮的防波堤。"由来巾帼甘心受，何必将军是丈夫。"性别无差，学科无界，坚持探索、保持好奇的她在科研创新中熠熠生辉。

守得云开见月明

——访 1994 级校友嵇春艳

嵇春艳，女，1976年生，黑龙江甘南人，1994—1998年本科就读于青岛海洋大学工业与民用建筑专业，1998—2003年就读于中国海洋大学港口、海岸及近海工程专业（硕博连读）。现任江苏科技大学党委副书记、校长。主持国家自然科学基金、杰出青年科学基金等国家基金项目7项，英国皇家学会与国家自然科学基金委联合资助项目（牛顿高级学者基金）1项，江苏省杰出青年基金、工信部与财政部联合重大专项项目、海军"十三五"预研等省部级科研项目20余项。发表学术研究论文100余篇，其中SCI收录70余篇；获授权发明专利70余项，其中国际专利14项；出版含中国首部的浮式防波堤系列专著4部。获江苏省科学技术奖一等奖、教育部科技进步奖一等奖等省部级以上科技奖项7项；获国家级教学成果奖二等奖、江苏省教学成果奖一等奖等省部级以上教学奖励9项。担任中国造船工程学会船舶力学学术委员会副主任、江苏省船舶工业行业协会会长和中国船舶工业行业协会副会长等学术任职。

当前，我国正从"浅蓝"走向"深蓝"，船舶与海洋工程装备产业是认识海洋、经略海洋的重要支撑，更是建设海洋强国、制造强国、交通强国的坚实支撑。对此，嵇春艳表示，中国需要在智能船舶和绿色船舶方面进行重点突破，大力发展更加安全可靠、经济高效、环保舒适的新一代船舶。她所带领的镇江市船舶与海洋工程实验室正是以高端船型、智能船舶和新型海工装备的研发和制造为核心，着力攻克一批满足战略需求的高端装备研发瓶颈、突破"卡脖子"的关键技术难关，进而打造高端船舶与海工装备基础研发高地。她主持研发的浮式防波堤技术取得了较多研究成果，填补了我国岛礁浮式防波堤设计技术及相关防浪消波机制方面的空白。

▌因海生缘，行远自迩

从大兴安岭脚下的小城甘南迁居至依山傍海的青岛，红瓦绿树荫庇着这个来自北国的女孩，也见证了她与海洋的奇妙缘分。

回望30年前的选择，嵇春艳坦言"一切都是最好的安排"。彼时的她刚迈过高考大关，对关于大学、专业的选择所知甚少，遑论对未来进行明确规划。于是懵懂的嵇春艳听从班主任的建议，报考了青岛海洋大学的工业与民用建筑专业。鲜少有人能在阅历未丰的时候找到自己真正热爱的事业，然而正是求学的曲折磨砺了她的思想与信念，从而使她看清了前进的方向。

工业与民用建筑专业课程难度不小，这让嵇春艳在一开始的学习中步履维艰。建筑专业往往要求学生具有扎实的制图功底，这让空间感欠佳的嵇春艳十分苦恼。但幸运的是，嵇春艳遇到了一群热情善良的同学。每当她在制图过程中陷入困难，同学们总会不厌其烦地为她讲解，甚至拿起笔示范。复杂冰冷的剖面投影问题反而促成了纯粹美好的同窗之情。即使年华已逝，嵇春艳仍记得母校带给她的脉脉温情。

关于大学的学习，嵇春艳有自己的独特见解。在课堂上她做到百分百投入，专注于老师的精微妙论。有幸的是，她在本科时期遇到的高等数学、物理老师都十分具有大家风范，深入浅出，令艰涩难懂的专业知识使人着迷。由此，嵇春艳在高效完成课业任务之外有了更多的课余时间可以自由支配，她并未荒废这些时间，而是努力向上攀登、横向探索。除了在本专业表现优异，她还勇开先例，第一批辅修国际贸易专业，并取得优异成绩。嵇春艳坦言，这一切都是兴趣使然。对于她来说，学习自己感兴趣的知识是一种享受，无所谓辛苦不辛苦。

在母校与良师诤友教学相长的环境里，嵇春艳取得了优异的成绩，并且获得了当时难能可贵的保研名额。尽管她在本科毕业时也收到了几份不错的工作，但在深思熟虑之后，嵇春艳还是选择继续专攻学术。但是由于当时她所在的专业尚未建立硕士点，保研的嵇春艳来到了港口、海岸及近海工程专业。自此，少女与海洋的缘分画卷缓缓展开，胸怀知识，眼界开阔，她一步一步迈向属于自己的海洋。正如她自己所说，"一切都是最好的安排"。而她在本科打下的专业基础与辅修学科的开阔视野，更为她今后的事业发展奠定了基础。

伴海同行，逐星破雾

1998年，嵇春艳投师李华军老师门下，致力于海洋工程领域的科学研究，开启了为期五年的硕博连读之旅。她一直认为，遇到李华军老师，是她在学术道路上最幸运的一件事。

相比于本科时期的如鱼得水，嵇春艳在攻读博士学位时遇到了不少困难。从接受知识到创新研究的转型是令人痛苦的，自己冥思苦想很久才提出来的创新点，却在查阅资料时发现早有前人研究过这方面的课题并已有成果。巨大的落差感让她十分沮丧，甚至对自己的科研能力产生了怀疑。在迷茫之中的嵇春艳十分痛苦，甚至产生了放弃读博的想法。当她将自己的想法告诉导师时，导师立刻否定了她退缩放弃的想法并告诉她说，逃避是没有任何用处的，无论多聪明的人在科研的道路上都会遇到瓶颈期，不过早晚有别，只有面对现实、矢志不渝，才能真正守得云开见月明。这句话不仅给当时迷茫的嵇春艳带来了光，而且走上工作岗位后，面临重大抉择时她仍会联系自己的导师，寻求建议与帮助。当南海项目陷入困境时，李华军老师告诉她："科学是允许人失败的，不要害怕失败，勇敢去做。"老师的谆谆教诲给予了嵇春艳克服困难的勇气，她觉得眼前道路上似乎有了更多光亮。嵇春艳对这位治学严谨的导师十分感谢，学术上、生活上，她与同门多受老师照拂。他们经常一起跟导师聚餐，也举行过丰富多彩的活动，在李老师门下求学是她人生中一段快乐、明亮的时光。

正是这样温暖的师生情谊深切影响了嵇春艳的人生，她成为导师后，工作方式处处可见李华军老师的影子。就像当初老师对她百般照顾一般，她将这份爱传承给了自己的学生。李华军老师无疑是她学术路上、人生路上的一座温暖灯塔。嵇春艳十分珍视与恩师和同窗之间的情谊，"能感觉到我们是一家人"。

观海听涛，踏浪前行

博士毕业后的嵇春艳面对是否留校的抉择，她对安稳人生坚决地说了"不"。因为嵇春艳的骨子里本就刻着自由和勇敢，一眼能看到头的平淡人生不是她的目标。属于她的是"象牙塔"之外的广阔世界，更是搏风斗浪的海洋。

而她与江苏科技大学的相遇，也是一场"命运的安排"。在她从杭州参加面试返回的途中，江苏科技大学在网络上看到了她的简历并且主动联系了她，这个学校的真诚邀请和严谨的校风打动了嵇春艳，她觉得命运让她留在这里，于是她听从了自己的内心，在镇江扎根。

从头开始，她无所畏惧。江苏科技大学是一所以船舶为特色的高校，因此一直研究海洋工程的嵇春艳不得不从头学习船舶的内容。重新成为一个学生，接触未知领域，两年的自学之路如鱼饮水，冷暖自知。她在工作之余总是"泡"在图书馆研究复杂的船舶知识，任何外界干扰都无法阻挡她的决心。渐渐地，她开始和别的老师一起做项目，尝试了船舶强度、水下爆炸等多方面的项目，极大地提升了自己的能力。在江苏科技大学，优秀科研成果从不会仅仅局限于论文和模型，而是会转化到对社会发展产生实际效益的领域，这对于嵇春艳这些工科人来说是莫大的激励。崭新的环境需要嵇春艳自己适应，并展现自己的能力，然而融入的过程并未磨损她对"老本行"海洋工程的热爱。后来的嵇春艳又继续了自己的海洋工程事业，提出了自己的课题：浮式防波堤技术。这是一个全新领域，嵇春艳带着自己的学生以创新的姿态和坚定的意志闯出一片新的天地。她坚忍不拔地一步步行稳致远，活成了自己最想要的样子。

劈波斩浪，她勇毅前行。在南海现场实测时，海上风浪颠簸，浪尖上摇晃的船只使得最熟悉海洋的船员也开始晕船。然而嵇春艳不顾头晕目眩、反胃恶心，坚持亲自前往。她坚信不下实地的工科就如纸上谈兵，只是一堆没有实际意义的数据。"因为我是工科人，工科必须实地考察，"嵇春艳如是说。她的办公室里摆着一件来自海洋的"珍宝"——她从三沙市带回的海螺。这只海螺代表了她在三沙考察的炽热时光。阳光带着强烈的紫外线刺向海面，沙滩与波涛的反光都会灼伤眼睛，尽管带着护目镜，长时间面对阳光直射还是损害了嵇春艳的视力。时至今日，她的眼睛仍有些畏光，哪怕室内的灯光也会使她流泪。但当她谈起这段经历时，尽管眼中含泪，却仍然春风满面，她并不后悔奔赴海洋，这是一个科研人的追求。

多彩人生，成功无须定义。作为学校领导，学校的诸多工作需要她统筹安排，科研项目与实业生产更需要她的洽谈对接，因此嵇春艳总是十分忙碌。在繁忙充实的工作之外，她也在好好经营着自己温暖的小家。事业与家庭于她并不是一个单项选择题。尽管工作忙碌，嵇春艳仍会为家人制作羹汤，享受轻松愉快的团圆时光；家庭一直是她坚守的港湾，她不会缺席任何有关家庭的事情。能够在外乘风破浪、不断进取、勇往直前，正是因为她拥有一个温馨的港湾，家庭的支持让她成为一个拥有强大内核而不失温暖的人。事业的成功、家庭的美满都是人生的美好体验，嵇春艳作出了从心的选择。

嵇春艳整洁的办公室里，最显眼的便是几摞厚重的参考书籍与其后挂着的字画。细看，书是《江苏船舶工业》《中国造船》《中国舰船研究》等专业书籍，字是"观海听涛"。这些书籍和字画体现了她心系祖国的船舶工业，更心系祖国的广阔海洋。"观海听涛"正是她一路走来最好的形容词，听着海浪的声音一路前行，内心从容且笃定，一步步追寻自己的心之所向。从黄海之滨到长江之畔，嵇春艳将最美的青春年华奉献给了蔚蓝海洋。她深耕蓝色海洋，在科技兴海中实现人生价值，用科研梦成就海洋梦、强国梦。她与海洋相伴的时光，有欢笑，也有泪水，最终收获沉甸甸的成就，她的人生最终也如海洋般广博。骨子里追求自由的女性不会被束缚，随浪逐波尽管会遭遇未知的阻碍，但，正如嵇春艳所说，"一切都是最好的安排"。

访谈 后记

在本次访谈之前，我们十分紧张。作为学生，我们没有太多访谈的经验，但嵇春艳校友对我们关爱有加的态度让我们从心底对她产生了亲近感。这一刻，她只是我们的学姐。她说，她作为我们的学姐热情招待我们，也相信以后的我们会像她一样关照我们的学弟学妹。海大校友之间的情谊，正是如此在一代又一代人之间温暖传承。

校友 寄语

恰逢中国海大百年校庆来临之际，祝亲爱的学弟学妹们学业有成，找到自己的兴趣点，并且持之以恒地作出自己的一番事业！祝工程学院越办越好，充分发挥自己的实力，为国家海洋强国的建设贡献力量；祝母校越办越好，扬名世界！

——嵇春艳

（撰稿：2022级港口航道与海岸工程　于同坤）

学弟学妹 眼中的他 ————————

沉稳、自信，有些不怒自威，这样一位在行业中"叱咤风云"的企业家，也有一段在学习和求职路上的摸爬滚打之旅。回忆过往，正是在大学岁月中的选择坚定了他在计算机行业内深耕的决心，对计算机行业的专注成就了他的现在。

在选择中坚定，在坚定中专注

——访1995级校友王海波

王海波，男，1976年生，山东莱阳人，1995—2000年就读于青岛海洋大学海洋化学、管理学、计算机科学专业，后于北京大学光华管理学院就读，获工商管理硕士学位。

2008年，王海波创立了九思软件，率先推出系统架构的"无码开发"模型、设计研发的"三易原则"、IT建设的"三态理论"、实施交付的"授人以渔"模式，成功带领企业成为中国软件市场上的知名品牌。目前九思产品已获得了国家高新技术认证、CMMI软件成熟度认证、双软认证、ISO 9000质量认证、安全等保认证、信息安全认证、AAA级信誉等级认证等百余项经营资质。荣获"中国高端协同办公系统第一品牌""中国管理软件用户满意度第一品牌""中国高端BPM最佳产品奖""中国软博会十大创新产品奖""优秀科技创新成果奖""中国高校信息化领军品牌""中国信创办公优秀供应商"等荣誉，并实力入选"2023全国企业数字化转型与赋能优秀案例"、中国信通院"铸基计划"《高质量数字化转型产品及服务全景图》，为上万中高端客户提供了优质信息化规划、数字化转型咨询、管理系统建设服务，并成为信创应用的骨干企业，入选工信部重点实验室、信创技术活动单位、信创目录企业、信创产品目录。

同时，王海波在软件行业内也提出了"管理智能"概念，实现"中台技术"落地，全面"自主安全可控"，并在此基础上，引领信息化向数智应用创新方向实现突破和发展，开启了软件行业的新篇章。在24年的工作历程中，王海波获得"中国管理软件领军人物""北京市科技创新卓越领导者""北京市科技创新人物突出贡献奖""新时代商业领袖""中国诚信企业家"等荣誉称号。

打开电脑，连接会议，跳脱出时空的限制；三句问候，两句寒暄，瞬间唤起内心深处的记忆，仿佛回到了那段美好的旧时光——谈起在海大的日子，身处北京的王海波仿佛再次回到了青岛，回到了母校。那片碧海蓝天下，熟悉的校园建筑似乎近在眼前……

▍选择风云，且看我如何破局

人生有一道难题，那就是如何使一寸光阴等于一寸生命。人们似乎每天在接受命运的安排，实际上人们每天在安排着自己的命运。

——冯仑

1995年，王海波初到青岛，便与热烈的阳光和湿润的海风撞了个满怀。带着青春的激情和对未来的期待，原本对计算机和管理学充满着兴趣的他，在听闻海大以海洋科学闻名后，跨踌满志地步入了海洋化学专业的"殿堂"。

第一堂课，他就被于志刚老师那激情洋溢的讲授所吸引，老师三言两语竟"化腐朽为神奇"，将枯燥无聊的无机化学课堂变得趣味横生；至今他还记得当初于老师对新生的建议："运动是必不可少的，身体是革命的本钱。"出于对老师魅力的信服和钦佩，他不知不觉中成为操场的常客，与海风和阳光相拥。

在海大求学期间，王海波尝试了家教、推销员和教研员等多种工作，这些极大地丰富了他的校园生活。然而，"天有不测风云"，这种紧张忙碌的生活也附带了相应的代价——他一方面要努力追赶学业，另一方面又要在校内外积极工作，积累社会经验。忙碌成了他的"代名词"。在匆忙的日子里，他努力平衡着学习和工作，有些力不从心。

用力拨开遮挡着前行道路的迷云，王海波不禁回想起自己最初的理想：研习计算机科学与技术专业以及管理学的知识。

是否要离开化学？是否要放弃自己的计算机梦？是否再重新换一门专业？还是再坚持一会？这是几道需要智慧和勇气的选择题。在迷茫与疲惫中，在犹豫与斟酌中，王海波作出了他的选择——转专业去管理学，辅修计算机科学，正式"破局"。

▍与书为友，且看我平心凝神

书籍便是这种改造灵魂的工具。人类所需要的，是富有启发性的养料。而阅读，则正是这种养料。

——雨果

图书馆是王海波在海大的第二个家。在忙碌的日常生活中，书籍就是使他卸下包袱、放松心情的挚友。"读书不是为了雄辩和驳斥，也不是为了轻信和盲从，而是为了思考和权衡"，正因如此，王海波在图书馆中阅读了各种各样的书籍，从历史学到儒学经典，从专业书籍再到逻辑心理学，百般书籍，百种风味。与书为友，让王海波拥有了如明镜般平静的心灵，让他能够以更深刻的方式理解世界，洞悉人性，在处事时，做到不慌不乱，从容自得。

无论生活如何浮躁，无论学业如何繁重，得志或是失意，他都能够沉住气，静下心。正是因为静心凝神，他才在自己的深思熟虑和权衡下度过人生的"迷茫期"，明确自己的方向；才能不懈努力，向自己的目标坚定前行。

读书使王海波的心灵得到了净化和升华，也让他更加热爱他所学习的计算机专业。在未来的日子里，他不断学习，不断进步，与书为友，平心凝神，坚定地向着自己的目标全力冲刺。

▌职场风波，且看我坚定自强

春天不播种，夏天就不生长，秋天就不能收割，冬天就不能品尝。

——海涅

数十年寒窗苦读，王海波初入职场，满怀着蓬勃的激情和立业的志气。校招时他以极大的决心，将海尔集团——那个在当时如日中天，地位堪比今日华为的企业——作为求职目标。出于对工作人员的严格业务要求，海尔集团工作强度相对较大，竞争也相对激烈，"996"的工作模式在这里只是最低配置。

初入职场的一年内，出于各种各样的原因，许多与王海波一同进入海尔集团的同事们陆续离职，王海波却坚信"一分耕耘，一分收获"，全力以赴地履行三年的劳动合同。这份专注与坚持，让他在计算机硬件逐渐转向互联网软件的时代，得到了第一代互联网创业先行者王志东的认可，于是王海波跟随他进入了协同软件的开发领域，默默学习，默默研究。在此后的日子里，他先后进入浪潮集团等多家公司广泛学习，积累了丰富的工作经验，不断提升自己。

时间来到2008年，王海波在互联网公司之间的摸爬滚打，让他对公司管理以及协同软件开发工作有了更深入的理解和掌握。在这个关键的节点，他翻开了人生的新篇章——成立"九思软件公司"，开始自己的创业之旅。过去的经验和知识都成为他新征程的坚实基础。他的激情和决心，毅力和才华，都于这个新的篇章中得到了更充分的展现。

▌人生之旅，且看我专注前行

专注，只有当你聚精会神牺牲一切，你才能取得成功。

——泰戈尔

这种专注的精神深深烙印在王海波的内心深处。他在过去的岁月中，始终坚持专注和持续积累的精神，从而在互联网界有了一定的建树。

当被问到是什么促成了今天的成就时，王海波谦虚地表示："成就还谈不上，目前我还距离这个目标很遥远。如果说有一点成绩或者是为社会作出了一点贡献，可能用词会更准确一些。"在笑容中，他回忆起了以前的日子，让我们清晰地了解到他那段拼搏进取的岁月。

王海波针对信息技术的研究已经有24年生涯了。他跟随王志东创业，在浪潮集团工作以及创立九思软件公司，所做的都是同一个行业同一件事情。这与海大所传达出的专心专注之精神不谋而合，百年间都坚持着海洋特色。正是这种专注和坚持的精神，让他在互联网世界中取得了不俗的成绩。

"因为专注就意味着持续地打磨，持续地积累，然后有一天就会变得专业，而专业就是价值创造的源泉。"王海波凭借这份烙刻着海大精神的专注和专业，创造出了属于自己的价值，成为互联网领域的佼佼者。

历时近两小时的访谈，在离开视频会议的那一刻，望向窗外，早已烈日炎炎。王海波并没有使用太多华丽的词汇，也没有过多的修饰，他身上散发出的知识分子的沉稳气质却扑面而来。想必是岁月的磨砺和书本的熏陶共同塑造了他。访谈结束了，王海波却永远不会停止奋斗的脚步。明天，他还是会照常出现在公司的办公室中，带领他的团队在计算机软件行业的道路上专注地走下去……

许多人在千千万万种选择中徘徊，在千千万万个职场中成长。作为他们中的一员，王海波似乎已经交出了一份接近满分的答卷——可以有迷茫，但是不能停止探索；在探索中坚定自己的内心；怀揣信念，专注地走在实现目标的路上。"十年树木，百年树人"，当你持续专注地朝着心之所向努力，或许在未来的某一天就会得到一份满意的答卷。

访谈 后记

很荣幸能与北京九思协同软件有限公司的CEO王海波校友进行一次线上交流。开始的时候我的内心非常紧张，但随着交流的深入，王海波校友的经历和成就让我十分敬佩。他是一位勇敢追梦的人，为我们每一位海大青年树立了良好的榜样。他的成功并非偶然，是凭借着专注和专业的精神，不断努力、积累和打磨的结果。这种精神也是我们每个人应该学习和追求的。正如海大校训"海纳百川，取则行远"，我们应该不断吸收新知识和经验，借鉴他人的成功经验，不断前行。这次访谈对我而言是一次非常宝贵的学习机会，也是我在人生之旅中取得的宝贵的"则"。

校友寄语

　　值此百年校庆之际，作为一名中国海大校友，在此向母校献上最诚挚的祝福。100年前，我们的母校诞生于民族危难之时，肩负着民族振兴的希望，向那些为学校发展作出贡献的先辈们致以最崇高的敬意。100年来，中国海洋大学培养了数以万计的优秀人才，为国家的发展作出了巨大的贡献，我们为能成为海大人而自豪，为能在这个大家庭中学习、成长而感到骄傲。展望未来，我们祝愿母校"海纳百川、取则行远"，坚定不移地追求卓越，为国家的海洋事业和人类的发展贡献更多的力量！

——王海波

　　　　（撰稿：2022级化学工程与工艺　王艺臻；2022级分析化学　张雯雯）

学弟学妹 眼中的他 ————————

抱诚守真，脚踏实地。他用自己的行动告诉我们，无论走到哪里，真诚和勤奋始终是通往成功的最坚实的基石。

栉风沐雨，厚积薄发
——访1995级校友邱丙岗

邱丙岗，男，1977年生，山东临沂人，1995—1999年就读于青岛海洋大学国际贸易专业。现任青岛华蓝科技有限公司董事长兼总经理。

在洋洋洒洒的晨光中，邱丙岗踏着坚实的步伐向我们走来。穿过时光的隧道，我们看见那个手持麦穗、身着素衣的少年在金色的田野中一步步走来，历经风雨，航山梯海，成长为一位沉稳的商海舵手。在办公桌前，他斟上一杯茶，回忆过往，侃侃而谈，我们仿佛与他一起站上了演讲台，一起为一个个荣誉奖项而欣喜，一起从青岛走向世界……

▎求学之路：勇敢追梦和自我超越的励志旅程

阳光洒落在绿意盎然的沂蒙大地，那里孕育着一颗勇敢追梦的心。1995年，邱丙岗怀揣着对外贸专业的热爱和憧憬，来到了青岛海洋大学，踏上了一段非凡的求学旅程。岁月如梭，当他回望在海大读书的时光，勤奋始终是他求学道路上最鲜明的标签。他一直以勤奋为准则，不仅在学业上努力钻研，还坚持勤工俭学自筹学费。他坚持不懈的付出最终收获良多，邱丙岗感慨道："每个奖项与荣誉不仅是对我辛勤付出的肯定，更是我脚踏实地、追逐梦想的明证。"

令他格外欣喜的是，《青岛日报》以"心中有个太阳"为题对他的求学事迹进行了报道。那篇文章犹如一束灿烂的阳光，照亮了他前行的道路，也成为他奋斗的动力。此外，他始终记得，自己被母校遴选为优秀学子，获得了企业赞助的奖学金，并以"穷且弥坚，不坠青云之志"为主题向全青岛的青年学生作报告。他将这一份份荣誉珍藏在心中，时刻提醒自己要保持初心，不断努力追求更好的自己。

笔耕不辍，钟情翰墨。邱丙岗的求学之旅中，文学的天空始终熠熠生辉。他曾在学生记者的角色中，深切领略了文字与灵感交汇的绚烂之美。邱丙岗提到，学生记者的经历使他受益颇多。每一次笔触落下，都是对文学素养的锤炼，每一篇文字的诞生，都是他表达能力提高的见证，也为他未来的事业奠定了坚实基石。邱丙岗以实际行动深刻诠释了"穷且弥坚，不坠青云之志"的精神内核。他不仅致力于自我提升，更希望通过自己的拼搏与成就，激发更多年轻人勇攀高峰、不断突破自我的热情与勇气。

回望过往的艰辛，邱丙岗感慨万分。他由衷地希望年轻的学弟学妹们能珍惜每一刻，善用每分每秒。他诚恳地建议道："成功离不开自律与坚持的双重支撑。我们需要对自己设定高标准、严要求，明确清晰的目标，并矢志不渝地为之拼搏奋进。"

▌职业之思：诚信经营和持续创新的国际视野

谈及自己的创业经历，邱丙岗坦言，这并非一时冲动的决定，而是随着自身工作经验、专业知识及人际资源的逐步累积，水到渠成的自然选择。成功从来都不是一蹴而就的幸运，而是通过不懈努力换来的机遇。邱丙岗曾担任英国哈里森-科劳福公司的采购董事，通过多年的实践，他深入了解了五金工厂的各个环节，从工艺流程到材质甄选，从质量控制到包装定制乃至对客户需求的精准把握，这些都使他在业内树立起了良好的专业形象和权威。这些宝贵的经验，为邱丙岗奠定了坚实的行业基础，并正式开启了他的创业征程。

创业三年，实现利润近千万，这正是"专业成就未来"的生动写照。邱丙岗表示，做生意要以诚信为本，诚信是人与人之间建立友好联系的最直接、最纯粹的方式。他还记得，在创业初期，由于工作失误，一批给英国客户的冲压件产品表面处理颜色错误，给客户造成高达40余万元人民币的损失。为避免自身进一步损失，他本可以选择将错就错，最多失去一个客户，但邱丙岗还是毅然选择了承担责任，重新为客户制作合格产品，并通过空运及时交付，帮助客户避免了因延迟交货而可能造成的更大损失。虽然这次事件让他付出了沉重的经济代价，但却赢得了客户的信任和业界的口碑。第二年，这位国外客户便与他签订了价值千万的新订单。邱丙岗始终坚信，他代表的不仅仅是商户个体，更是中国人的形象；经济损失尚可弥补，但信誉一旦受损，形象一旦崩塌，则难以挽回。努力实现甚至超越客户对他的期望，正是最令他感到骄傲的地方，也是其在外贸行业成就斐然的诀窍。

敢为人先，成就辉煌。回顾自己的创业时光，邱丙岗始终认为创新是促进企业发展的一汪活泉。他坚信，只有关注行业前沿，先声夺人，出奇制胜，不断开发新的产品，拓展新的市场，持续性提高生产效率，提高基于产品质量的稳定性，培养有竞争力的价格体系，并为客户提供细致入微的服务，企业才能在激烈的市场竞争中立于不败之地。邱丙岗坦言："创业者应具备审时度势的智慧，勇于在挑战中寻找机遇并迎难而上。"不拘泥于困境，敢于冒险、勇于创新，这样才能在纷繁复杂的商业竞争中脱颖而出，开辟出新的道路，取得非凡成就。

谈及职业发展建议，邱丙岗殷切希望学弟学妹们能够保持谦逊姿态，勇于投身基层，选择加入小微民营企业，从而全面而充分地锻炼自己的能力，在商业经济领域作出成绩。邱丙岗多次到德国、英国、美国、澳大利亚、俄罗斯等国家参与展览及商务谈判，深刻领悟到拓展国际视野的重要性。他更是直言自己的愿望是"走遍每个大洲"。因此，他积极鼓励学弟学妹们把握机会，参与国内外高校的合作交流项目，尤其是与顶尖学府的合作。他认为，与国内外优秀高校的学生交流和学习，可以拓宽自己的视野，了解不同国家和文化的商业实践和经验，提升自己的国际竞争力。邱丙岗也提到，希望母校能够继续推进开放式办学，培养优秀的企业家，培育具备商业思维和创新精神的人才。他渴望为中国海大学子打造一个真实接触商业环境及市场经济运作的平台，提供锻炼决策、沟通及团队协作能力的宝贵机会，他还期望学弟学妹们能够挑战自我，加入他的团队。

▍母校之念：润物无声、育人前行的引航灯塔

在访谈过程中，邱丙岗屡次提及他所爱戴的老师们，丁林、李京梅、戴桂林、高金田、于淑华等各位恩师用他们渊博的知识和丰富的教书育人经验，为他青年时期的前进道路照亮了方向，在他人生的关键阶段给予了宝贵的指引。学院不仅为他提供了展示才华的平台，也在学习和生活中给予他巨大的支持，使他在未来的道路上更加自信坚定。特别值得一提的是，当时海大出版社的孙庆和老师像父亲一样关心、爱护他，让他在青岛这座原本陌生的城市感受到了家的温暖。这些经历深深地烙印在他的心中，成为他不断拼搏的动力，也让他相信，只有通过努力和奋斗才能逐步实现理想，攀登新高峰。他深情地说道："我是爱海大的，去海大读书是我正确的选择，只有加倍努力工作，为社会作出更大贡献，才能不辜负母校和恩师对我的教育和培养。"

谈及海大精神，邱丙岗将新旧校训融为一体，将"海纳百川，取则行远"与"团结、勤奋、求实、创新"相互融合，鼓励学子们要自强不息，勇于引领新时代。他强调，通过刻苦学习和不断汲取前沿知识，学子们可以拓宽视野，提升格局，既要深植家国情怀，也要具备国际视野。邱丙岗将海大精神内化于心、外化于行，展现了他的

社会责任感。他深知教育对于改变命运的重要性，也正在推动建立一个支持贫困家庭孩子成长的平台。他希望向那些生活在偏远山村、身处困境的学子们伸出援手，助力他们走出贫困、走出大山，迈向更加光明的未来。海大精神不仅激励着每一位海大学子不断追求卓越，更鼓舞着他们为建设更加美好的社会贡献自己的力量。

访谈 后记

　　邱丙岗学长为我们细数了创业路上一路走来的艰辛与美好，这些经历如同绚丽多彩的烟花，每一个瞬间都灿烂，精彩万分又引人入胜。"中小微企业创业其实并没有想象中那么困难"，邱丙岗学长说，"创业需要勇气和决心，同时也需要灵活的思维和创造性的解决方案，厚积而薄发。不要畏惧失败，因为失败是成功之母。每一次尝试都是一个学习的机会，即使遇到困难也要坚持下去，相信自己的能力与潜力，幸运一定属于勇于坚持的人。" 邱丙岗学长用一台电脑，创业三载，辛勤耕耘，书写了属于他自己的传奇。他以自身为例，鼓励学弟学妹们在择业过程中勿囿于传统就业思维的困扰，不要一味求稳，而是要追求最大限度发挥自己的潜力，要敢于独辟蹊径，创新创业。这是个充满机遇和挑战的时代，只要我们保持创新的思维和勇敢的心态，激情飞扬，不畏失败，不断学习和成长，一定能够创造出属于自己的辉煌。

校友 寄语

　　作为海大学子的我们肩负着振兴中华，报效祖国的重任。不可妄自菲薄，而应坚定自强不息的信念，勇往直前地追求进步。在学习和工作中，踏实前行，用扎实的专业能力和细致的工作态度，为未来的成功打下稳固的基石，可以提前规划自己的职业生涯；在生活和交往中，以真诚和善的态度对待他人，为个人和职业发展提供坚实的支持。在我们的奋斗之路上，细节决定成败，要通过专注于细节，积累经验、培养技能，不断提升自己的能力和品质。同时，我们应有这样的自信或者情怀——我们的模样就是海大的模样，我们的未来就是中国的未来！

——邱丙岗

（撰稿人：2022级区域经济学　何海波）

眼中的她 ————————

远赴海外，致知力行；归国求索，行则致远。潜心科研，初心不改；胸怀大志，如纳百川。她用热爱承载事业，以情怀探索世界。坚忍，豁达，踏实，铸就了科研匠心。

心怀赤忱，行者无疆

——访1995级校友胡晓珂

胡晓珂，女，1977年生，山东青岛人，1995—1999年本科就读于青岛海洋大学药物化学专业，1999—2004年就读于中国海洋大学水产品加工及贮藏工程专业（硕博连读）。现为中国科学院烟台海岸带研究所二级研究员，博士生导师。2004年10月—2010年9月在美国路易斯安那州立大学和杰克逊州立大学开展研究工作，2010年回国担任中国科学院烟台海岸带研究所研究员、研究所学术委员会和学位委员会委员、海岸带生物保护与利用实验室主任。近年来先后主持国家自然科学基金、国家重点研发计划课题、科技部基础资源调查专项课题等国家及省部级项目30余项，发表学术论文120余篇，SCI论文100余篇。主编中文专著2部（1部入选2022年度海洋优秀科技图书），参与撰写英文专著5部，授权软件著作权6项、发明专利33件（近5年28件，实施许可4件）。获海洋工程科技二等奖（第一）、海洋科学技术二等奖（第一）、中国产学研合作创新成果奖一等奖（第一）、山东省技术发明奖一等奖（第四）等省部级科研奖励6项。先后被列入中国科学院"百人计划"A类、"泰山学者"攀登计划，获曾呈奎海洋科技奖青年奖等荣誉称号，享受国务院政府特殊津贴。

徐徐的海风吹过，树叶轻晃，正逢高三宣讲会，胡晓珂来到了青岛海洋大学鱼山校区。驻足于物理楼前，水波纹的墙壁在阳光下熠熠生辉，学校介绍的文字吸引着胡晓珂的目光，一笔一画点燃了胡晓珂想进入海大的热情。随后志愿填报纸上的"青岛海洋大学"折叠为一把小巧的钥匙，为胡晓珂打开了大学和科研的大门，迎来崭新而又无限宽广的道路，如日方升。

▍生有热烈，心怀赤忱

1995年管华诗院士在青岛海洋大学设立了药物化学本科专业，胡晓珂也幸运地成为管华诗院士口中第一届的"引领军"，在药物化学专业领域与优秀的同学们一起"开荒拓土"。学科专业知识复杂繁多，但得益于老师们的用心教导，她有很多收获，也深刻认识到了自己所学专业的重要性，胡晓珂心中充满了自豪和骄傲。

终日乾乾，与时偕行。胡晓珂迎来了大四生涯，选择在于文功老师实验室实习。初接触科研试验，胡晓珂对于科研的兴趣和热情便如烟花一般迸发，"晨曦朝露去，披星戴月归"是胡晓珂最真实的写照。"我们当时太投入了，每天从早上8点去做实验，直到凌晨1点多才回宿舍，宿管老师担心地找到学院，结果发现我们真的只是在做实验。因为我们太喜欢做实验了。"胡晓珂笑道，幽默的话语流露出对科研最诚挚的热爱。

含育朝气的树苗向下汲取养分，细枝的顶端也开始长出了嫩芽。经过日日夜夜的实验，胡晓珂所做的课题达到了发表水平。毕业后她整理并发表了题为"甘糖酯对大鼠肝脏CuZn-SOD mRNA表达和酶活的诱导作用"的文章，说明了甘糖酯能够诱导大鼠肝组织中CuZn-SOD mRNA的表达，提高其酶活，而且其作用随剂量的增加而提高。这也预示着胡晓珂正式步入了科研的大门。

毕业后胡晓珂考上硕士研究生继续深造，在管华诗院士新开辟的微生物方向上深耕，对降解酶进行固定化研究，并取得了硕博连读的资格。同时她还承担着褐藻胶裂合酶工程化研究的工作，申请并获得专利2项，先后被授予山东省科学技术二等奖和国家海洋局二等奖。在互联网发展落后、通信不便的条件下，胡晓珂需要前往图书馆查找纸质版文献，反复寄送与修改完成的论文稿件。"我当时一开始也感觉挺困难，后来慢慢适应和喜欢上了这个节奏，这都是因为对科研保持着这份热爱。"

实验室里凌晨的寂静、不眠的灯光和坚定的等待见证了胡晓珂心中的赤诚，那一小枝翠绿的嫩芽也迅速生长，撑起一片绿荫，彰显出无限的生机。硕博连读时期胡晓珂共发表SCI文章5篇，受到美国杰克逊州立大学教授的邀请去做博士后。得益于医药学院组织的各项国际会议，胡晓珂在语言沟通交流方面也没有障碍。"能发表这么多文章，我确实很开心，也感觉非常的幸运。我的科研道路是比较平坦的，非常感谢医药学院对我润物细无声的培养和悉心的教导，这可以说是直接决定了我未来的方向。"

▎心系国运，探索不已

2010年，中国经济高速增长的同时，建设生态文明成为关系人民福祉、关乎民族未来的大计。纵观人类文明发展史，生态兴则文明兴，生态衰则文明衰。生态环境没有替代品，用之不觉，失之难存。这一年，在美国路易斯安那州立大学和杰克逊州立大学工作了6年的胡晓珂回到了祖国的怀抱。感受到祖国日新月异的变化，秉持着敢于拼搏的科研态度，她来到了刚筹建完备的中国科学院烟台海岸带所，开启了新的科研道路。

初入研究所的胡晓珂便投入解决海岸带污染问题的研究，在她看来这是一名海岸带研究员应当担起的责任。于是，基于自身研究背景，她主动请缨组建了海洋环境微生物与生物技术团队，开始了实验平台的构建。出海、采样、实验……不论冬夏，她亲力亲为，直到夜幕降临。日复一日的坚持下，随着海岸带所不断发展，胡晓珂团队也随之壮大，研究成果日益丰富，开发了石油污染修复、重金属污染修复、盐碱地改良等菌剂，在环境污染修复方面作出了卓越贡献。

海草是分布在全球海岸带的沉水被子植物，与周围环境共同形成的海草床生态系统是三大典型海洋生态系统之一，具有十分重要的生态功能。胡晓珂在采样的同时也发现了海草的庇护功能、经济功能、食物效用等重要作用，但自20世纪以来，全球海草床衰退严重，生态环境破坏，胡晓珂便着手研究海草床退化的驱动原因以及影响因素，进行"黄渤海海草共附微生物驱动的硫循环通量及耦合转化机制""微生物参与海草床元素循环及生态修复功能"等研究，总结了海草床微生物的系统研究方法，并在此基础上提出了从微生物的角度修复海草床的新思路。

近10年来，围绕"环境和人体"双健康，胡晓珂以微生物为抓手，带领团队一次次尝试和坚持，积极推进海岸带生物资源的产业化发展。胡晓珂带领团队坚持挖掘高效微生物资源，不断驯化菌株功能。经过反复实验与对比，最终确定复合菌剂配方，以绿色环保的方式解决了海水养殖池塘内底层沉积物缺氧、水体富营养化等严重问题。

实现产业化必须控制菌剂成本，保证每一位养殖户都能享受到科技成果带来的福音。为此，从研发配方到发酵工艺流程，胡晓珂带领团队反复讨论、实验并实地考察发酵代工厂。在产品示范过程中，胡晓珂一周内辗转9个养殖场，为养殖户深入浅出地解释其中原理，并提供免费试用菌剂。为拿到精准的实时数据，她强忍着晕船的呕吐感，与团队合力将近百斤的实验器材运送至海上养殖平台。经过不断实验与调整，胡晓珂团队开发出的修复菌剂最终成功应用于养殖水体修复，硫化物去除效率高出市售产品11.4%、氨氮去除率高出26.6%，推广面积超过15000亩，广受养殖户好评。在人类大健康方面，以低值生物资源为原料，研究团队自主研发酶酵耦合技术，开发了一系列高质量生物制品。

▍兼容并包，履践致远

胡晓珂一直将海大的校训"海纳百川，取则行远"铭记在心。"海大的校训一直默默地影响着我，让我有包容开阔的胸襟和宽广的教育格局。出国后我的发展也并非都是一帆风顺的，但是兼容并包、海纳百川的海大精神已经铭刻在我的心里，让我无论是在生活中的为人处世方面，还是在学术科研方面，都受益匪浅，同时也默默地影响着我的团队建设。"一个人的成就需要建立在团队平台上，胡晓珂认为团队精神也是"海纳百川"的一种践行方式。得益于团队的团结协作和上下齐心，胡晓珂团队才能够在海洋科学领域脱颖而出，对此她感到十分荣幸。

人才是科技创新发展的关键。胡晓珂坚守科研工作者的理想，也向学生展现着师者的关怀、学者的情怀。她常常鼓励学生："做科研要常怀理想、满怀热忱，做人要脚踏实地，要有自己的热爱与追求，并勇敢追逐。"

在她的课题组，胡晓珂会给予学生极大的自由度，注重培养学生的科研兴趣，发掘学生的潜力和创造力。她也鼓励学生积极出国交流深造，并主动联系国外机构的合作者，为学生提供合适的机会，"开阔学生视野，掌握领域内最新技术，为学生后期的职业生涯增光添彩"。

10余年间，胡晓珂培养青年人才10余名，培养博士、硕士30余名。她指导的学生获得过国家奖学金、朱李月华优秀博士生奖、刘瑞玉海洋科学奖学金、必和必拓奖学金等荣誉。胡晓珂以爱才的诚意、识才的慧眼、容才的雅量、用才的胆识培养人才，她希望青年人才能够传承不忘初心、履践致远的精神，沧海奔流、百川入海，最终汇聚成献身国家发展的磅礴力量。

访谈 后记

幽默、可爱、随和，这是胡晓珂学姐给我们的第一印象。胡晓珂学姐谈及科研经历时，总是会让人感受到她对科研的无限热爱。在访谈中，她一再强调，坚持科研道路的前提是兴趣，是热爱。不论我们身处何方，兴趣总是我们前行的第一动力。这给予了我们莫大的启迪。对于刚接触科研工作的我们来说，培养兴趣是我们的第一功课，此后方能潜心探索，致知力行，一步步奔向我们想要去的远方。

校友 寄语

中国海洋大学近些年的发展非常迅速，学风也是一如既往的浓厚。作为中国海大的毕业生，我也感受到了强大的母校给予的支持。得益于中国海大的教育和影响，我在海洋领域能够迅速融入并有所建树。

读万卷书，行万里路。希望中国海大的学生能够在大学期间多探索一些可能性，把握机会，不仅需要和校内老师沟通，也需要了解国内其他院校的情况，而且一定要了解国际形势和地方政策，积累更多的经历，为未来的个人兴趣或职业方向奠定良好的基础。哀哀父母，生我劬劳。孝子之至，莫大乎尊亲；尊亲之至，莫大乎以天下养。我的这一颗感恩的心，将会化成动力，指引我向前，我会用我的成功感恩母校。最后感恩母校见证了我的成长，愿母校有更好的发展！

——胡晓珂

（撰稿：2021级药学　朱文荻；2021级药学　陈金忆）

学弟学妹 眼中的他 ————————

　　他从海大起航，经过清华的磨砺，最终站上央视的舞台。他充满创意，精益求精，才华与勤奋相互交织，为电视节目创新探索新路径。他的镜头捕捉人生真相，他的创新节目为观众带来无尽的惊喜与启迪。他用认真严谨解读自由浪漫，举手投足间尽是思考的光辉。

机械齿轮转动光影人生

——访 1995 级校友谢崐

　　谢崐，男，1976年生，山东青岛人，1995—1999年本科就读于青岛海洋大学机械设计及制造专业，清华大学核工程与核技术专业2000级双学位。现为中央广播电视总台农业农村节目中心统筹策划部副主任。任职央视财经频道记者期间，专访过大批国内外政要、商界知名人士等；任职央视研发管理部门期间，负责组织创新节目的研发，类型涵盖新闻调查、访谈、纪录片、真人秀、大型晚会等，先后组织、参与研发及孵化了《中国汉字听写大会》《国家宝藏》《社区英雄》《央视时评》《机智过人》《实习志》等多档创新节目，获得国内外多个奖项。

　　机械工程师，一个和精密机械对话的岗位，用工学之美构建大千世界；新闻工作者，一个同芸芸众生对话的职业，采悲欢离合描绘烟火人间。一文一工，一情一理，两个看似毫不相关的领域，却在谢崐追寻人生目标的过程中不期而遇。当认真严谨和自由浪漫撞了满怀，一名工科学子的光影之旅也拉开了序幕。

▍向海而生：打牢人生根基

　　1995年一个初秋的清晨，当朝阳从海平面升起，石老人的肩头染上一抹绚烂的金色，海浪伴着盘旋翻飞的海鸥翻涌，为即将苏醒的青岛增添了几抹生机。

　　这样的景色，作为青岛人的谢崐已经看过多次，但这一次他的心境有了不一样的变化。1995年，他顺利通过高考，进入了人生新的阶段。在填报志愿时，谢崑选择了青岛海洋大学。就这样，在风华正茂的年纪，谢崑踏进了母校的校门，成为一名海大人。

进校之初，谢崑就感受到了母校独有的魅力：老师严谨负责，同学活泼开放，校园处处洋溢着浪漫和自由的气息，共同汇聚成他心中海纳百川、自强不息的海大精神。本就热爱新鲜事物的谢崑如鱼得水，积极活跃在学校、学院的各个角落，也在校学生会结识了许多志同道合的同学。

在信息瞬息万变的20世纪90年代，开放包容的海大为学生提供了广阔的发展空间和丰富的学科交叉机会，鼓励同学们拥抱变化，迎接挑战。正是这种教育理念和培养模式，使得海大学子们在职业发展中展现出无限的潜力和创造力，也让谢崑意识到了全面发展的重要性。于是，在顺利完成本专业课程的前提下，学有余力的他选择了辅修金融学，为之后的职业转变奠定了基础。

四年时光转瞬即逝，在机械的轰鸣和与金融风险的对抗模拟中，谢崑顺利获得了学位证书，告别母校，开始了新的生活。但离别并不意味着结束，从机械设计及制造专业的本科生，转变为财经频道记者，再到央视研发管理部门，最终担任中央广播电视总台农业农村节目中心统筹策划部副主任，这一系列的身份转变，离不开海大对学生眼界和多元化能力的培养。往后的岁月，只要人在青岛，谢崑一定会回到母校校园，与良师挚友一道回首那段难以忘怀的美好岁月。

▌风尘仆仆：深入社会一线

北京地铁10号线的站点名中，被誉为"燕京八景"之一的金台夕照无疑是最有韵味的一个。燕昭王筑黄金高台广纳贤才的佳话千古传诵，落日余晖中的CBD建筑群又赋予其崭新的时代意义。有"2007年世界十大建筑奇迹"美誉的央视主楼展示了中国"不惧权威、敢于尝试、无所畏惧、高度自信"的精神，而这精神也正是谢崑与央视结缘的开始。

从海大毕业后，谢崑立志做文理兼修的"斜杠"青年，2000年，他顺利进入清华大学修读核工程与核技术专业本科双学位。同时，他也没放下对经济的热爱，选修、旁听了多门相关课程。巧的是，谢崑在一次校招中了解到央视财经频道需要新鲜血液的加入，便主动报名参加。为了通过考试，他开始了"教室—图书馆—宿舍"的三点一线生活，挑灯夜战看完十几本相关教材后，谢崑如愿获得了央视的入场券。面对记者、编辑和策划三个岗位，在认真分析自己的能力和专业特点后，他选择了策划岗位，开始向前辈学习。工科学生摇身一变成了新闻工作者，常人不敢想的剧本就这样被谢崑轻松拿下。

回忆起自己在母校的学习时光，谢崑表示，老师们在教授专业知识的同时，也培养了他扎实的学习态度和创新开放的思维，同窗情谊更让他受益匪浅。在谢崑现任的工作岗位上，曾经的老师和同学们依然给予了他从未间断的鼓励和支持。作为中央广播电视总台的一名工作人员，他经常面临各种各样的挑战。在制作节目的过程中，选题可能会涉及各行各业，他总会第一时间想到自己曾经的校友和老师们，主动向他们请教、寻求帮助，希望能获得更多的选题线索和拍摄思路。正是有了"海大朋友圈"的帮助，他才能更好地完成工作任务。

经过一年多的沉淀，谢崑已经从一个初出茅庐的年轻人成长为能独当一面的媒体人，他也不再满足于简单的幕后工作，而是希望走向台前，做出有温度的新闻。几年过去，谢崑专访过包括基辛格在内的大批国内外政要、商界知名人士等，得益于日常的积累，他总能凭借出色的"脚力、眼力、脑力、笔力"在提问时切中要害，达到超出预期的效果。难得的是，谢崑没有因为小有成就而沾沾自喜，而是趁热打铁，思考如何更出色地做好新闻工作。几番思索，他选择了难度大但质量高的新闻调查节目。因为节目内容的特殊性，新闻调查类节目的团队大多需要进行暗访，只能两人一组相互配合。没有了传统电视媒体大团队、全岗位的运营模式，原本编导、制片、出镜、摄像、收音、打光六个人的任务压在了两个人身上，工作量翻了三倍不止。在这样的压力下，谢崑和团队成员一起见证着这片土地上百姓最真实的生活。"太阳底下无新事。"新闻记者也许不能改变世界，但通过自己的报道让民众了解世界的真相，用自己的声音讲好百姓故事，是媒体工作者永恒不变的初心。

2008年初，席卷全球的金融危机不期而至。为了反映金融危机对我国的影响，谢崑和同事们绞尽脑汁，三废三改选题后确定了深圳某外来加工企业兴衰的案例。5月12日下午1点，谢崑和同事登上了北京飞往深圳的航班。可落地后却遇到了意想不到的情况：下午2点28分，四川省汶川县发生了里氏8.0级强震，受灾严重，举国关注，大批记者暂停原定报道计划，被派往灾区报道灾情。而谢崑一组被要求尽快完成原定选题，再跟进灾情报道。谢崑和同事没有退缩，最短时间完成拍摄任务，将金融危机下中小企业的现状呈现在观众面前。节目一经播出便受到社会各界的广泛关注，引起了大量共鸣，不少企业联系节目组，表示愿意提供帮助，而被摄工厂也与合作伙伴开展了谈判，重建断掉的资金链，共同应对这场危机；国家有关部委也出台了相应政策，应对2008年金融危机对中国出口产业的影响。

帮助需要帮助的人是谢崑对自己职业最自豪的事。任职记者的几年里，他镜头前的情感同笔下的故事一道，化作漫天星光，照亮着黑暗中的真相。

▌守正创新：讲好中国故事

2013年9月，《中国汉字听写大会》在荧幕首次亮相后，收视率一路飙升，剧集不断"续费"，成为规模最大、水准最高、影响最广的国家级文化赛事之一。而这背后，是央视创新研发团队不为人知的探索和付出。

在央视，每个成员的专业背景和天赋都被充分利用和尊重，这样的团队文化孕育出了无数令人瞩目的节目创意。团队成员们依靠各自的专业知识与独特视角，在紧密协作和不断探索的过程中，共同打造出一档又一档的优秀节目。他们的工作方式融合了艺术创造与科学方法，这不仅提升了节目内容的深度和广度，也为节目增添了新鲜元素。正是这种对知识和创新的尊重，构成了央视节目研发成功的坚实基石，也让作为央视人的谢崑能更好发挥自己的特长和工作能力。

不同于科班出身的同事，谢崑的工科背景使他在处理问题时有与众不同的方式。他始终坚持以严谨的工科思维和务实的态度推进工作，严谨的思维方式使他在处理问题时更注重细节和准确性，而务实的态度则让他能够稳扎稳打地推进工作。工科学生坚忍、严谨和务实的品质成为谢崑职业生涯中的宝贵财富，也使他具备了创新的能力。他深知创新是推动社会进步和解决问题的关键。在工作中，他始终保持着对创新的追求，不断尝试新的方法和思维方式，以寻找更好的解决方案。这种创新意识和实践精神，使他在工作中能够不断突破，为节目研发和策划带来了新的思路和方法。在央视任职期间，谢崑参与研发制作了《中国经济大讲堂》《中国经济年度报告》《央视时评》《社区英雄》等多档财经、新闻、公益节目。同时，工科出身的谢崑从来没有忘记机械领域，他应用自己的专业知识参与策划了以人机对抗为主题的节目《机智过人》；结合自己的社会实践经历策划了以青年创业为主题的节目《实习志》。谈起节目的创新策划过程，谢崑感慨万千："我的工科背景让我在看问题时有了和我同事不一样的方法论，这种脚踏实地、步步为营的处事风格让我在处理问题时更加得心应手，这些都是母校带给我的一生的财富。"

如今，谢崑来到了农业农村中心工作，齐鲁大地的男儿从土地出发，又回到了土地。在神州大地上，数不清的奇迹正在发生，而谢崑要做的，便是在农业现代化的背景下扎根乡土，带着机械学子的自信与骄傲，用相机和笔杆定格所有值得纪念的时光。

访谈 后记

传统工科出身，走到央视这样的大平台，见面之前我们便对这位校友充满了好奇和期待。而初次见面，谢崑校友就给我们留下了深刻的印象：他身着校友会的文化衫，毫无架子，亲切而健谈。在央视大楼的咖啡厅里，我们畅谈了许多话题，他谦和地分享了自己的经验和故事，言谈举止尽显其知识面之广博和见解之深刻，让我们感到无比钦佩，也深深地为他的才华所折服。

通过这次访谈，我们不仅了解到了谢崑校友的成就，也感受到了他对母校的热爱和自豪。"见自己、见天地、见众生"，这位青岛学长的智慧和人格魅力让我们感受到了人生的无限可能性。

校友寄语

海纳百川，有容乃大。愿你们以开放的心态迎接未知，勇于探索，勇于创新。在百年校庆之际，愿你们怀揣梦想，扬帆远航。在创新的征途上，书写属于中国海大的传奇。百年风华，凝聚着辉煌；薪火相传，照亮未来。祝福你们踏浪前行，勇攀高峰！

——谢崑

（撰稿：2022级轮机工程　潘禹帆；2022级工业设计工程　王笑天）

学弟学妹 眼中的他 ————————

认真刻画一点一线，雕琢每一束光线、每一处布局，仔细考虑人的感受与情感。在态度之上，在尺度之下，用实力打磨每一度，将匠心品质不动声色地倾注于每一寸空间，将细心雕琢于每一寸毫厘。

匠心独运：描绘有"温度"的建筑

——访1995级校友魏鹏

魏鹏，男，1978年生，山东菏泽人，1995—1999年就读于青岛海洋大学建筑工程专业。腾远设计事务所有限公司总建筑师，国家一级注册建筑师。设计作品有青岛崂山市民文化中心、桂林万达文旅展示中心、青岛九中新校区等，主创项目曾多次获得全国人居经典建筑规划设计方案竞赛金奖、民营设计企业优秀设计华彩奖、全国及山东省优秀勘察设计等各类奖项。设计作品入选"中国建筑设计百人榜"。2016年荣膺中国建筑设计奖·青年建筑师奖（原第十一届中国建筑学会青年建筑师奖），该奖项是青年建筑师在国内业界的最高个人奖项；2017年应邀参加意大利佛罗伦萨"建东方"中国建筑艺术展。

在惠风和畅的7月，我们有幸联系到青岛腾远设计事务所有限公司总建筑师魏鹏。他面带微笑，和蔼可亲。我们虽素未谋面，但见面时却倍感亲切，因为母校的情谊始终连接着所有学子。魏鹏带领我们重温了他的海大记忆，也让我们短暂地走进他的建筑人生——从内陆走向海边，从建筑结构转向建筑设计，魏鹏的每一步都走得坚定有力，我们跟随魏鹏的记忆，听他讲对母校的情愫与既往的故事。

▎走向海边，坚定方向

1995年，鲁西南土生土长的少年——18岁的魏鹏心中充满着对浩瀚大海的向往。那年夏天，学校通知填报高考志愿，手中拿着志愿表的魏鹏下定决心：我要去海边，我要去青岛！他与父母、老师商讨自己的报考意愿后，获得了长辈们的一致支持，敲定建筑工程专业。收到录取通知之后，魏鹏独自踏上了前往青岛的绿皮火车，当拿着行李下火车时，独自求学的焦虑被海风的气息吹散，取而代之的是他对未来的憧憬。

魏鹏在本科时学习的是建筑工程专业，他却始终对建筑学以及建筑设计有着浓厚兴趣，自大一下学期起，魏鹏遇到了大学时期第一个改变他以后发展方向的老师——崔俊山老师。崔老师本身具有结构工程和建筑学背景，在一次偶然的聊天中，得知魏鹏自身有学习建筑学和建筑设计的意愿，便立即为魏鹏亲自购买了全套与建筑设计相关的书籍，鼓励魏鹏怀揣热爱、勇敢追梦，由此魏鹏坚定了学习建筑设计的初心。在大学四年里，魏鹏有着一段与其他同学不同的特殊经历，他每天既要刻苦学习建筑结构相关的专业课，又要挑灯夜读关于建筑学的知识，那段日子相当苦，现在回想起来却十分怀念。正是那段在海大埋头苦读的日子成就了如今拥有各项成果的他。魏鹏还多次提及班主任蒋济同老师。蒋老师至今仍在海大教书，我也是这位老师的学生，其渊博的知识和课后耐心的答疑深深令我动容。

▌百尺竿头，相得益彰

海大有很高的包容度，每个学生都有机会去扩展各方面的知识，老师也以开放的态度鼓励每位学生的发展。魏鹏从内陆来到青岛，入校第一年在麦岛校区生活，当时居住的学生宿舍楼层比较高，在宿舍里向外眺望时，能看到对面的海，海洋的博大让魏鹏形成了宽广的度量和宽容的心态。正如海大校训，"海纳百川，取则行远"。

自高中起，魏鹏便对美术表现出浓厚兴趣，但当时面对学业和升学压力，只能暂时将自己的兴趣搁置。在升学至青岛海洋大学时，他发现校内有很多培养学生业余爱好的社团活动，出于喜爱与追求，在学好专业知识的同时，他参加了墨缘书画社和校乐团。谈及参加社团对此后的工作生活是否有影响时，魏鹏直言道："有很大影响，海大有浓厚的历史沉淀，时光中蕴含美学的沉淀和熏陶始终滋养着海大的历代学子。"学校里有近百年历史的西洋风格建筑，课余时，魏鹏会临摹六二楼、一多楼、胜利楼等建筑，当时的他将临摹建筑作为自己课余休息时的乐趣，多年后发现海大的这段时光潜移默化地影响了自己对建筑造型、空间处理和美学的看法和见解。

"您在学校里有什么特殊、难忘的经历吗？"语音刚落，魏鹏笑着点头，讲起了属于他的青春独家记忆。在假期时，魏鹏曾与好友们一起在学校东侧的八关山小房子里"隐居"过一小段时间，山南边是浩瀚广阔的大海，北、东、西侧则是风光秀丽的小山，景色颇好，怡然自得，这段特殊生活，为他以后的建筑设计作品提供了许多灵感和创意。魏鹏在山里抛开学业的压力，尽情临摹青山秀水和各式建筑，与大自然融为一体，颇有一番洒脱自在之气。建筑需要与自然相辅相成，人处于其中的感受和情感也同样至关重要，如何将自然与建筑、建筑与文化、建筑与人紧紧关联起来，这在当时引发了魏鹏深刻的思考。

▌初心如磐，热忱不渝

在日复一日的学习中，他渴望用创意的笔触和灵感的火花，赋予冰冷的钢筋混凝土以生命的灵动。而随着对建筑工程专业的深入了解，他发现建筑工程更加注重结构的严谨性，但他更渴望用画笔来展现建筑的美学价值。

告别海大校园，魏鹏带着满腔的热血和对未来的憧憬，踏上人生新征程。他急切地希望自己能够进入建筑设计院发挥自己的才华，但现实给了魏鹏沉重一击——没有任何实践经验的他很难拿到建筑设计院的入场券。然而魏鹏并不气馁，他选择进入一家环境设计公司，努力争取一切能够接触建筑设计的机会，闲暇之余不断提升自己的业务水平，开阔自己的眼界。在经过一年的沉淀和积累后，他终于如愿以偿，成功入职一家建筑设计院。而他知道，成为一位顶尖的建筑设计师，任重而道远。他为自己买了一支价格不菲的绘图笔，当时的他与朋友打趣道："我要开始我的大师之旅了！"这支笔不仅承载着魏鹏朝梦想更进一步的喜悦，也时刻勉励他不忘初心、始终不渝地对待建筑设计事业。

在很长的一段岁月里，魏鹏矢志不渝地对待他所热爱的事业，每一份作品都精雕细琢，这样的态度，源自他对建筑设计师身份的自豪，也是他对设计事业的敬畏。也正因为这样的态度，让他在成为顶尖建筑设计师的道路上愈行愈坚。

多年的专业工作中，他创作了一批具有较大社会影响力的设计作品。现在的他作为腾远设计事务所有限公司总建筑师，仍然全身心投入在自己热爱的事业上，如同在追逐梦想的路上永不停歇的行者，将每一个成就作为继续前行的动力，不断超越自我，创造更加辉煌的未来。

▌殚智竭力，独具匠心

在同魏鹏的交谈中，"责任感"和"专注力"是他反复提及的词语，这是他从业多年以来的经验和感悟，也是对我们这些后辈的殷殷嘱托。

他是那个为建筑事业倾注心血的追梦者，深知只有专注才能创造出卓越的作品。设计师笔下每一根线条呈现在空间中都需要耗费巨大的人力、物力和财力，每一处细节都影响着居住者的感受，这就要求设计师一定要谨小慎微，谨慎地把控每个细微之处。这份严谨、专注的工作态度，不仅是建筑设计师的职业要求所在，更是魏鹏独具匠心的具体表现。

魏鹏设计的杰出作品之一便是桂林万达文旅展示中心，景观设计使用山水主题，利用玻璃材料之间的折射、透射和反射，加之建筑前水面的倒影来表现，颇有桂林山水之韵味。近观建筑，人们似乎置身于云雾弥漫的山峦之中，走进建筑，人们仿佛行走在竹林之中，远离世界的喧嚣。这份代表作充分体现了魏鹏注重自然与建筑、建筑与文化、建筑与人的关联的设计理念，人、桂林山水和建筑三者相互辉映，也正是在海大"隐居"的那段生活给魏鹏带来的启发。桂林山清水秀的景色使人们心旷神怡，魏鹏也希望能通过这个建筑反映出当地宜人的自然风光，通过纯净的玻璃盒子唤起人们内心的自然意趣和山水情怀。

从踏上建筑设计师这条道路的那天起，魏鹏就为自己定下了目标——他明白，作为一名建筑设计师，他不仅仅是为了个人的成就和利益，更是为了行业的发展和社会的进步。他不满足于简单地设计，而是致力于探索创新的设计理念和方法。他深入研究建筑科技的最新进展，紧跟行业的潮流，力求在设计作品中融入更多的可持续性和环保元素。他希望能够引领着建筑设计的未来，推动行业朝着更加绿色、智能和人性化的方向发展，他也希望自己的设计作品可以成为行业的标杆，激发更多设计师的灵感和创造力。

在谈及这些年来遇到的瓶颈时，魏鹏强调对困境要予以正视和接受。他认识到困境是成长的一部分，不可避免地会出现在每个人的职业生涯中。他鼓励年轻学子不要回避或逃避困境，而是应积极面对，并从中学习和成长。无论身处哪个行业，一定要保持"危机意识"，不断拓展学习，提升自己的眼界和格局，打磨自己的专业水平，居安思危。同时在遇到困难也要放平心态，要坚信每个挑战都是一个机会，每次困境都是一个成长的契机。

访谈 后记

时光见证信仰，岁月磨砺初心。魏鹏十年如一日地在建筑设计领域深耕，不忘初心，步履不停，这份匠心，是中国海大的气质，更是每一位中国海大学子的追求。他严谨认真地对待每一份作品，不断探索，不断创新，一次又一次取得优异的成绩，激励着我们追求卓越。

校友 寄语

祝贺母校百年华诞、风华正茂，希望母校发展得越来越好，再创辉煌！祝老师们身体健康、工作顺利！也希望校友们都能够找到自己的方向，厚积薄发、努力实践，承海大风范、扬海大风采，逐梦前行，不负韶华！

——魏鹏

（撰稿：2022级防灾减灾工程及防护工程　丁怡清；2021级工业设计　郭晓寒）

学弟学妹 眼中的他 ────────

他的笑声爽朗，如清涧激荡；他的态度温和，如春风和沐。谈起学校，他满怀深情与眷恋；谈起事业，他思维清晰；谈起家庭，他难掩温柔笑意。他自海大扬帆启航，半生归来却仍难掩少年赤诚。

扬帆新时代，逐光再启航

——访 1996 级校友于贞超

于贞超，男，1977年生，山东即墨人，1996—2000年本科就读于青岛海洋大学工业自动化专业，2020年获中国人民大学工商管理硕士学位，现任海尔旗下日日顺供应链总经理。曾获山东省轻工业科学技术进步奖、轻工业企业管理现代化创新成果一等奖、青岛市五四红旗团支部标兵、青岛市优秀共产党员、山东省高级工程师等奖项和荣誉称号。

胶州湾的潮声交响日夜不息，崂山的翠裳掩映礁石层叠，海面跃动着粼粼浮光，时有海鸥掠过启航的船帆。对于贞超而言，即便后来远走千里，闯荡四海，青岛——这座他自幼朝夕相伴的城市，永远都是他扬帆的起点、破浪的底气，也永远会在风雨中、夜色下为他点亮一盏航灯，指明港湾的方向。

▌扬帆：命定邂逅，顺风启航

即墨，秦代置县，隋朝建城，这片土地浸染了几千年的人间烟火。于贞超就出生在这片历史悠久的土地上。在蝉鸣、骄阳与海风中，于贞超走过了童年的田埂，带着优异的高考成绩，来到志愿填报的十字路口。

"也没有多想，主要的考虑就是上个重点大学。当时山东的重点大学一共就两个，山大和海大。想离家近一点，就选了海洋大学。"于贞超说，对于这座建在家门口的重点大学，他的心中有一种莫名的亲切与好感，像亲人、像故友、像命中注定而又期待已久的相逢。

在填报志愿时，于贞超一共填报了三个专业，分别是计算机、电子工程和自动化。谈到这几个专业，于贞超说："实事求是地讲，我对科技类的专业比较感兴趣。"彼时政策还是先选学校再选专业，于贞超并没有选择热门专业，他只是听从了自己内心的声音，带着对科技的憧憬和向往，与工业自动化专业结下了不解之缘。在大学中，于贞超一直保持着良好的学习习惯，每天都坚持上晚自习。后来工作以后，大学时期打下的扎实专业功底让于贞超受益匪浅。

虽然大学期间一直以学业为重，但是于贞超的课余生活也非常丰富多彩。"那时候结交了许多朋友，大家有一些志同道合的爱好，比如踢足球。"除此以外，于贞超还与朋友一起利用闲暇进行创业活动，用他自己的话说："就是和朋友一起做一些课外的实践吧。"交流沟通能力、团队协作能力、对商机的敏感和管理的艺术……都在这些小小的商业尝试中生根、发芽、成长。

在海大四年的学习生活使于贞超有了清晰的人生规划和目标，"因为那时候我们班里有很多学习优秀的同学。"他对昔日同班的梁猛同学印象尤为深刻，梁同学先是在海大读的本科，然后去清华读硕士、去剑桥读博士，最后在中国科学院做了博士后，"牛得一塌糊涂"！同学们的刻苦和优秀深深地鼓舞了于贞超，他开始规划自己的人生，为自己设立目标，为自己提出任务。在海大读书期间，于贞超锻炼了自主学习能力。"这是一种非常重要的能力。"毕业以后，他在工作期间自学了经济、管理、财会等多方面的知识，为日后公司的管理打下了坚实的理论基础。直到现在，于贞超依然保持开放的学习心态，一如当年泡在图书馆的自己。

在于贞超四年的大学时光中，海大的良好校风在他的记忆中留下深刻的烙印。说起这一点时，于贞超变得神采奕奕。"尽管青岛高校林立，但在学风方面，海大必定独占鳌头！"这既是对民间广为流传的"学在海大"美誉的印证，也是于贞超身为海大人的自豪！"再一个是一种传承或者坚持的精神。"管校长、冯院士等一批前辈学科带头人在科研学术上孜孜以求的精神和认真严谨的态度春风化雨般融入他的人生之中！"第三个是开放或者说包容。"于贞超觉得整个学校自上而下都秉持着海纳百川的胸怀，虚怀若谷，有容乃大。

▍破浪：纵有疾风，同舟共济

从海大工业自动化系毕业之后，于贞超进入了海尔集团的能源事业部工作。能源事业部负责整个海尔公司的水电气等资源的管理调度，他的自动化专业知识得到了广泛多样的运用。于贞超提到他在该部门工作期间，经常要使用大学时期学习的高压变频电技术来进行电力设备的检修调试。

2008年，海尔公司对物流提出了更高的要求。在对物流行业有了一定的了解之后，于贞超认为自动化专业在物流领域有着更广阔的适用价值。"我们经常说物流这个领域'上得厅堂，下得厨房'。"于贞超笑道。物流行业既要和各种高学历的人才对接，也要和走街串巷的配送人员交流。一个全国性的物流企业会覆盖庞大的区域，拥有繁杂的结构体系和人员配置，涉及仓储、干线、配送、管理等多个领域。如果可以提高全环节的自动化乃至智能化的程度，就能够有效地降低成本、提升效率，最终为企业带来切实可见的效益。带着实现公司的现实需求、应用自己的专业技术、实现人生的更大价值等想法，于贞超进入了这个新的领域。

在于贞超进入物流部门之后，公司一共经历了"物流企业—供应链企业—生态平台"三个发展阶段。于贞超在回忆企业经历的这些转型抉择时表示，企业当时遇到了比较大的阻力——企业架构不适应、思维模式待创新、能力构建不足、转型的阵痛等。各种隐性的、显性的矛盾纷至沓来，不适应性难以克服。"当外部环境发生变化时，面对新的需求的提出，一个企业一定要去做适应性变革！"于贞超的语气非常坚定。最终，在克服了诸多难以想象的困难、风险和挑战后，日日顺供应链脱胎换骨，最终成为如今国内首屈一指的物流与供应链管理企业。

日日顺供应链乃至整个海尔集团在发展过程中，都对创新有着超乎寻常的重视和执着。当谈及人工智能、大数据、云计算等高新技术对产业的影响时，于贞超用"颠覆性"来提挈总括。这些技术的适用场景和使用价值已经在实践中被逐步证明，有些甚至已经与企业的生产、管理活动形成了深度的绑定。人工智能在企业管理、物流路线规划等方面已经实现了深度的应用；大数据等成为构建智慧仓储、智慧运力、无人仓群等的重要地基；当下的热点技术——大语言模型，也被不断开发着应用价值。于贞超指出："一个企业的数字化、智能化是一个长期而连续的过程，技术的更新和发展永无止境，应用的模式和创新就有无限的可能。"

2003年，工作仅三年的于贞超就获得了山东省轻工业科学技术进步二等奖"那个奖是对我们企业所做出的努力的肯定，不单单是我个人的！"于贞超笑着说。这些年于贞超获得的各类奖项琳琅满目，但是他却对此等闲视之。在他看来，奖项和荣誉都是表面的东西，能够为用户提供便利、为社会作出贡献、为公司提高效益，才是真正有价值、有意义的事情。

2020年，一场突如其来的新冠疫情为无数城市的生产生活按下了暂停键。一时间，医护告急，病床告急，医疗物资告急，生活物资告急！危难当前，唯有责任。在抗击疫情的关键时刻，日日顺供应链一辆辆蓝白相间的卡车，成为一支强有力的机动保障力量，将来自全国四面八方的医疗物资、生活物资以最快的速度送达最危险的"战场"。同时，日日顺供应链整合全球资源，建立了国际救援物资快速运输平台，开通了救援物资免费运输通道和物流服务。无论千山万水，物理的距离也无法阻隔希望的传递！"日日顺要做有温度的物流。"于贞超这样说道。

▎航迹：永葆初心，一路向阳

在工作中，于贞超一直非常关心海大的同学。

海尔集团是中国海洋大学尤其是工程学院学子就业的重要流向。于贞超表示，每年总有十几个海大的学生会进入海尔集团，他也对进入公司的后辈非常关心。于贞超赞扬海大毕业的学生普遍具有优秀的专业知识和很强的学习能力，在工作各方面都有不俗的表现。

谈到职场与大学的不同时，根据多年的管理经验，于贞超指出，与大学以提升自我为主要目的不同，在职场上最重要的事情是创造价值，因此快速适应能力、自主学习能力、交流沟通能力、团队协作能力尤为重要。关于大学生步入职场后应该具备的素质，他引用了"三商"的概念：智商、情商、逆商。智商即智力商数，如专业技术能力，是最基础的素质；情商即情绪商数，如与人相处的能力，工作的过程也是处理和人关系的过程；逆商即逆境商数，是应对压力、困难、挫折的能力。这三个环节对于如今的职场环境都是非常重要、不可或缺的素质，更是保证初航顺利的重要因素。

当前大学生普遍苦恼于毕业后的走向——就业还是深造？就此，于贞超也提出了他的看法。在他看来，深造与否与个人性格、家庭条件、兴趣爱好等多方面的因素都有关系。诚然读研是提高自身竞争力的有效方式，但是本科毕业后直接就业也未必不是另一条路径。一方面现在就业后的再教育是比较可靠的，另一方面较早地接触到行业动态、洞悉行业需求和核心竞争力的所在，或许可以更有针对性地提升自己。

毕业以后，于贞超也一直非常关注学校的发展状况。他的一些同学中有很多人选择了留校。于贞超与他们一直保持着密切联系，经常一起分享母校发展的新动态。于贞超为学校的成就感到十分骄傲："我知道新校区搬到古镇口去了，那边建设得相当不错！"他对工程学院的院系和专业设置如数家珍，也关切地询问了这些专业的发展现状。了解到学校近些年在学科建设领域取得了令人瞩目的成绩、屡获重大科研成果的突破，于贞超感到由衷的喜悦："海大是我的母校，我在那里度过了四年难忘的青春时光。我为海大学子的身份感到骄傲，衷心地希望海大发展得越来越好，越来越强！"

访谈 **后记**

　　学长的时间安排非常紧张，访谈结束后我们仍然意犹未尽。临行前，我们向于贞超学长发出了来参加工程学院2023年下半年的院庆活动及中国海洋大学2024年的建校100周年校庆活动的邀请。学长爽快地应承道："去！有机会一定要去！"那份笑容含着对于母校化不开的深情。为表心意，我们向学长呈递了学校定制的纪念摆件"乘风破浪"：在一轮蓬勃的朝阳中，"东方红3"科考船在蔚蓝的大洋上劈波斩浪。这个纪念品代表着海大和优秀学长的事业都在扬帆远航，航向深蓝，航向世界，航向那阳光灿烂的远方。

校友 **寄语**

　　海大是我梦想启航的地方。四年的大学时光，海大锤炼了我坚韧的性格、培养了我自主学习的能力，磨砺了我永不放弃的精神，这些品格都为我步入社会打下了坚实的基础，为我的人生提供了很好的滋养，感谢母校对我的栽培。无论走到哪里，我都为自己是一名海大人而自豪，也深因自己是一名海大人而步履不停、保持创新，对母校心怀感恩，时刻想着能为母校增光添彩。在母校迎来百年华诞之际，祝母校百岁生日快乐，永立潮头，继续谱写下一个百年的绚丽华章！

——于贞超

　　（撰稿：2021级自动化　宋金泽；2022级船舶与海洋工程　郭斌彬）

学弟学妹 眼中的她 ─────────

兴趣、专业和职业间的平衡与选择是贯穿于每个学生求学生涯中的一道难题，但她实现了三者的和谐统一。虽未曾谋面，但我们仍能从字里行间感受到她心中的坚定和柔软；她为了推动中华文化走出去而常驻国外，她就是中国驻大阪旅游办事处主任马晓琛。

架起中外文化交流的桥梁

——访 1996 级校友马晓琛

马晓琛，女，1978年生，吉林长春人，1996—2000年就读于青岛海洋大学外国语学院日语专业。本科毕业后进入文化部外联局亚洲处工作，在此后的三年里，担任中国驻日本大使馆文化外交官。2005年10月—2009年5月，就职于文化部文化产业司对外文化产业处。2009年5月，任文化部市场司网络文化处副处长。2015年9月赴中国驻纽约总领馆文化组任一等秘书。2019年3月，任东京中国文化中心副主任。2022年10月，任中国驻大阪旅游办事处主任。

在这个充满未知的夏天，我们幻想过与学姐相见的无数种可能，是会在一个蝉鸣阵阵的午后拉起家常，抑或在一个拥有艳丽晚霞的傍晚谈笑风生？最后，一封信从海的那边来到了海大园……

▎信从海上来

或许因为语言在日常生活中太普通，在专业的选择上往往不会是炙手可热的那一个，但是对马晓琛而言，语言不是plan B，而是从一而终的坚定，是"心之所向，素履以往"的奔赴。18岁时来到青岛海洋大学外国语学院，她的青春便与外语结下了解不开的情缘。

时光流转，再次追忆大学求学时光时，马晓琛直言自己是个幸运的人。往日之事不可追，那些有独特印记的日子不会再有，但做过的社会实践不会忘，用自己所学引领更多人了解汉语的努力不会忘，帮过自己一把的人也不会忘。在那段旅程中，无论是记忆中渐渐模糊的身影，还是丰富充实的课余生活，都锻炼了她积极而强大的内心。语言的学习从不讲究一蹴而就，在细水长流的过程中，她也收获了细腻和坚定的品质，为日后的工作和生活打下了良好的基础。

语言于她而言，不仅仅是一门学科、一种工具，更像是她的亲人和挚友，岁月如歌，她一直在坚守。她说，学习一门语言要走进它的心；她说，学习一门语言要时刻相伴左右；她说，选择语言，是终生无悔的决定。语言的魅力，三言两语是写不完的，正如马晓琛所说："通过学习一门新的语言，你可以打开一个全新的世界，让你自由地去探索。学习一门语言越久，你越会发现你学习的东西远远超过了语言的本身含义，通过学习语言你会了解不同于自己母语世界的全新世界、全新的文化，学会用不同的视角观察世界。"语言不仅仅是日常的对话媒介，更是文化的记录者和指路标，无论是口口相传的生存智慧，还是落笔生花的典籍宝藏，在文字和对话背后，蕴含的是该民族百年甚至千年来的文化积淀和传统，了解该民族的语言越多，了解该民族的文化越多，我们越能从其中窥探到多元的处世之道，这或许便是马晓琛痴迷语言学习的原因。

选择就像是人位于一个岔路口，选择哪条路都要靠自己的决策，在决策完成后便是不一样的风景。也许是好奇心作祟，如果能有重新来过的机会，或许更多人会选择另一条没有涉足过的小径，期待惊喜降临。但是当这个问题摆在马晓琛面前时，她没有丝毫犹豫便给出了肯定答案，仿佛她的大学生涯理应和语言学习为伴。兴趣领进门，修行在个人。语言的学习需要冰冻三尺的坚持，需要铁杵磨针的毅力。大学课余时间，马晓琛会多用于看日剧。"这不仅锻炼了我的听力，让我更好地感受到日本文化和生活的全貌，更有利于让我了解语言背后的思维方式，对我此后到中国驻日本大使馆的工作打下了良好基础。"马晓琛如是说。

日就月将，学有缉熙于光明。几年如一日地坚持，不间断地有意识地语言锻炼，语言的奥妙藏在"初极狭，才通人"的桃花源，而"复行数十步"后才得以窥见"良田、美池、桑竹之属"。

因为别人给自己撑过伞，所以对于青年人，马晓琛也坚持"扶君上马，再送一程"，她就学习方面给了学弟学妹很多建议，郑重其事地开始，有始无终地结束不如有规划地、目标明确地学习。计划可以按时间长短分为长期、中期和短期计划。长期计划是每年需要达到的目标，是中短期目标的指引。中期计划是每个季度对自己的要求，如若偏离则应及时调整。对于短期计划来说，就需要具有很强的可行性，比如这个月须读完某一本具体的书。或许运气可以让我们和正确的事情相遇，但是外力和运气都不是长久之计，重在自身。

▍乘舟跨海去

海纳百川，语通世界，她做到了。无论是在大学期间的兼职体验，还是参加工作后，作为中国文化的对外窗口，组织策划大型文化交流活动，推动中华文化走出去，她的心中始终充盈着强烈的文化自豪感，她将传播优秀的中华文化看作一份光荣又骄傲的使命，将这件并不简单的事情做得得心应手则更不简单，但是她过硬的专业素养和内心的爱国热情与责任担当让她将这份使命担在了肩头，行得稳，行得远。

她是幸运的，很早就找到了自己的兴趣所在；她是清醒的，提前确立了自己的职业规划与发展目标；她是坚定的，选择了便义无反顾地走下去，不仅走下去，还将路走得越来越宽敞，越来越平坦。她用自己的坚定与努力抓住了机遇，数十年如一日地积极投身于架设中外文化交流桥梁这项工作，推动中华文化走出去。不仅如此，高瞻远瞩如她，懂得抓住社会发展中最积极、最有生气的力量。马晓琛直言大学时期是自己人生价值观形成的重要时期，她在母校的学习和实践中帮助自己建立了乐观主动的心态和与人合作的行为模式，也正是这些优良的行为习惯在后来的生活工作中帮助自己迎来了更多机遇。也正因如此，授人以鱼不如授人以渔，她希望能够通过教育和文化交流为青年人打开一扇了解中华传统文化、拓宽国际视野的窗口，为青年人的成长与发展创造更好的环境和机会，激发他们对中外文化交流的兴趣和参与，激发新生代的力量，让他们在未来能够对外讲好中国故事，加深世界各国人民对中华文化的理解和热爱。

她离开校园、投身工作已经20余年，当提及求职经历时，马晓琛将其描述为"天时地利人和"和内外因共同作用的结果，内因基于个人的能力和职业动机，外因则加上运气和时机。面对日益严峻的就业形势和"就业优先论"的甚嚣尘上，无论是已经走进职场的毕业生还是尚未入学的"小萌新"，专业和职业选择的平衡问题都会萦绕在身旁。针对这个问题，马晓琛也十分热情地分享了自己的心路历程和经验：对于职业目标的确立，首先应该坚持自己的目标信念，要表现出"咬定青山不放松"的精神；其次是需要强化行动能力，在实践过程中表现出自身较强的行动能力，少说、多做，并长期坚持不懈；最后是要定期检查和修正，实施职业生涯目标的周期一般较长，我们要发现并不断了解自己的能力和缺陷，最终找到最适合自己的长期目标。需要坚持的是找到最优选，而不是最初选，但是不要担心走错路而选择不迈步，"人生的色彩是丰富的，人的内心是丰盈的"，马晓琛鼓励学弟学妹们要勇敢地探索自己的热爱，适应社会发展，做一个闪闪发光的人。

▌巨海纳百川

无论走了多远、离开了多久，提及母校，马晓琛的字里行间依旧满溢着对母校的爱意和思念。马晓琛说："校训是我一直以来的精神支撑和行动指南，它激励着我在工作和生活中不断进取，追求卓越，为讲好中国故事和鼓励青年人的成长作出更大的贡献。"

多年后，当她以不同的身份再次踏进这个曾经无比熟悉的校园时，马晓琛的内心再一次悸动。"无论学校的面貌未来如何更新，不变的始终是我们这些学子对母校的依恋和热爱。"每次提及母校的一砖一瓦、一花一叶，那些回忆如潮水奔来，听她讲述20多年前的故事，我们仿佛也看到了那段金色的日子，那些日渐模糊却难忘的身影。

未能和马晓琛进行面对面交流或许会有遗憾，但是她的回信字字句句情真意切，一言一语满含对母校的牵挂，一纸一笔承载着她的青春回忆。遗憾为下一次相遇埋下了伏笔，适逢母校建校百年，她也难忍激动，在海的那边送来了对母校的祝福和对学弟学妹们的期待。

访谈 后记

马晓琛扎根自己的专业所长，数十年如一日地为中外文化交流增砖添瓦，她在推动中华文化走出去的同时，不忘初心。坚定、执着、细腻的她，未来继续前进。

校友 寄语

母校百年积蕴，英才辈出，在追求真理的路上永不停息，在继往开来的新起点上也必将再创辉煌，再谱华章。

——马晓琛

（撰稿：2021级英语 陈佳琳）

学弟学妹 **眼中的他** ——————————

一路走来，漫漫长路，不辍思索。在中国应用海洋科学事业的发展历程中，他思辨忖度，把握航向。在海大11年的求学生涯中，他铸就了真诚敦厚、实事求是的做人本色；悉心钻研，书写了应用海洋科研事业深耕者与主力军的光辉事迹。辉煌的背后满是汗水，从国家业务单位走向三尺讲台，他胸怀"浩海求索是，谋海济国功"的精神，谱写出个人融入国家海洋事业发展的壮美蓝色华章，淬炼出向海图强、自信自强的人生品格。

应用海洋学家的思与行

——访1996级校友牟林

牟林，男，1977年生，山东青岛人，1996—2000年本科就读于青岛海洋大学海洋学专业，2000—2007年就读于中国海洋大学物理海洋学专业（硕博连读）。其间，经国家留学基金委选派，获德国政府DAAD奖学金，赴德国汉堡Max-Planck气象研究所完成博士学习。现任深圳大学生命与海洋科学学院特聘教授（二级教授）、海洋研究中心副主任、博士生导师，入选国家级人才计划。曾任中国地质大学（武汉）海洋学院创院院长，获湖北省有突出贡献中青年专家、海洋系统优秀科技青年等荣誉称号。现为深圳大学"腾讯创始人校友团队"冠名教授、英国工程与技术学会会士（IET Fellow）、广东省"珠江人才计划"领军人才。

牟林长期致力于海上突发事件应急信息保障和应用海洋学领域的科研工作，开创了海上搜救与溢油应急信息保障技术研究新领域，实现了海上搜救与溢油应急"原型技术→实用技术→业务化应用"全链条研发，独立探索出了一条兼顾基础研究和应用研究的科研之路。近5年主持国家重点研发计划项目（"十三五""十四五"各1项）、国家自然科学基金重点项目等10余项重大科研项目，主持国家自然科学基金、省市级科研项目和横向项目20余项，发表论文80余篇，出版专著5部，授权国家发明专利10余项；获中国专利优秀奖2项，获省部级奖励10项（其中特等奖2项、一等奖5项）。

▌萌芽：梦启黄海之滨，少年与海结缘

1977年12月，牟林出生于青岛的一户普通人家。成长于黄海之滨的牟林，自幼便与广阔的大海结下了不解之缘。年幼时的他聪慧机颖，酷爱读书，有一颗探寻未知的好奇之心。面对潮起潮落的海水，他时常在大脑中思考：为什么海洋是蓝色的？为什么海水一眼望不到边？无尽大洋又是如何形成的？年少时的种种疑惑，激励着他不断地探索海洋知识，迫切地想要弄清楚其中的奥秘。

牟林的父亲了解到了他的兴趣并关注他在这方面的发展。在他幼年的时候，父亲便给他讲述了科幻作家儒勒·凡尔纳的《海底两万里》。牟林听到之后十分震撼，特别是故事中工程师们运用广博的知识，巧妙解决前进路上遇到的各种难题，让他第一次感受到了科技的魅力和大海的神奇。待牟林长大之后，他又独立阅读了小说《神秘岛》，精彩的科幻小说激发了他对海洋科学浓厚的求知欲。他曾说："《海底两万里》中的工程师是我最崇拜的对象，是我心中的'孙悟空'。长大以后，我也想要成为这样能够独当一面、有所建树的聪慧之人。"

正是怀着对科学的热爱，牟林刻苦求学，高中后，被保送进入青岛海洋大学海洋学专业就读。

▌扎根：植根蔚蓝海洋，锚定求索方向

在海大求学的时光里，他努力向下扎根、奋力向上生长，认真学习专业知识，锤炼出沉稳坚忍的品质。本科毕业后，牟林以绩点第一的优异成绩被推免至本校物理海洋学专业攻读研究生，继续他在海洋科学领域的探索之路。这期间，牟林多次跟随导师出海进行海洋调查与实地观测工作，行程累计超过100天。谈及这一段青春岁月，牟林的眼中满是感激。

研一时，牟林便在吴德星教授的指导下，组织整个团队出海，参加学校历史上第一个"973计划"项目的相关工作。从观测设备的准备加工，到仪器附件的打磨制作，牟林骑着一辆简易的脚踏自行车，跑遍了青岛的大街小巷。经过精心筹备，他们一行4人搭乘着小船来到渤海海峡口，克服重重困难，开展了为期七天八夜的连续观测工作，成功创造了小船出海的纪录。时值世纪之交，我国实际采用的海洋科考仪器还未实现观测数据的自动采集记录。因此，牟林每晚都需要与师弟一同值班，每隔一小时便需要从海水中提起一次直读式海流计，手动记录数据。直读式海流计自重40斤，下挂铅坠重达20斤。每一次的回收与下放，都是对体力的巨大

消耗与考验。尽管戴着手套,牟林的手上依然磨出了茧子。

小船上的后勤保障也十分落后。由于没有稳定的大功率供电,无法安置冰箱,成员出海考察期间便只能吃咸菜和腌肉。没有洗手间,洗漱等也十分不便。尽管出海条件如此艰苦,牟林依然与大家一起,一次次高质量完成了海洋数据观测工作。多次的出海实习磨炼,令牟林真正体悟了为什么要艰苦奋斗,深刻塑造了他百折不挠的意志和坚忍执着的品质。此后,每当他遇到前行道路上的困难时,便会回忆起这段艰苦时光,激励自己坚定前行。

2003年,经国家留学基金委选派,牟林拿到了德国政府DAAD奖学金,获得了赴德国汉堡留学的机会。这是国家留学基金委派出的第一批混合班,由教师和学生共同组成。其间,他先在同济大学留德预备部学习德语,一年后,赴Max-Planck气象研究所开始博士学习。2007年,牟林回到海大,继续完成博士毕业论文答辩。

留学期间,他不断完善对海洋科学专业的宏观认识,逐渐明确了自己的研究方向——应用海洋科学。这期间还有一件趣事。一天,他正与德国房东交流其所学专业,房东不经意间的一句话 "没有实用性及应用的学科,难以长存生机与活力" 深深击中了牟林内心。经过与同伴、老师们的深切交流和反复思考,他逐渐意识到:海洋科学必须要有出口、有应用,需要打通学科链条。他的研究领域,需要注重应用性、实用性和链条化,只有这样才能保持专业创新和长远发展。他逐渐将学习研究重心转向了应用海洋科学事业。如今回首当年,他无疑是选择了一条人烟稀少的道路,要想向前只有不断挑战和突破自己。实践证明,虽然来路艰辛,但牟林的选择无疑是十分正确的。

▍蓬勃:潜心教书育人,服务国家战略

2007年博士毕业后,他主动放弃了宝贵的留校任教机会,选择投身实践。"应用性与实用性是永远绕不开的话题。海洋科学必须有出口及成果转化。"因此,他作为引进人才进入国家海洋信息中心,开展科研应用及业务管理相关工作。根据工作要求,牟林需要对全国海洋业务化数据进行管理。在这里,他开始大展拳脚,一边做业务,一边做科研。经过不断地实践和探索,牟林审慎确定了研究聚焦领域——海上突发事件应急以及海洋防灾减灾。因为这一领域是国家的需要,同时拥有海洋科学"产学研"全链条的落脚点,具有完备的社会价值及市场价值。通过不懈努力,他研发了"中国海洋溢油搜救一体化预测预警系统",成功在中国海上搜救中心、中国海上溢油应急中心、山东省海事局、浙江省海事局、天津海事局、河北省海事局和交通运输部水运科学研究院等众多涉海业务单位开展实际应用。尤其是在"7.16"大连新港爆炸事故发生后,此系统率先对溢油的漂移和扩散路径给出

了准确预测，为该重大溢油事故的应急响应提供了有力的预测预警技术支撑，受到中华人民共和国交通运输部的高度评价。

2016年，牟林主动服务"海洋强国"建设，作为高层次人才被引进到中国地质大学（武汉），牵头创建了海洋学院并担任院长。他说，这是他作出的一次重大"逆向选择"。从业务化单位来到教学科研岗位，面对如此巨大的身份转变，重担在肩的牟林选择不断突破自己。他秉持对应用海洋科学广阔前景的期待与肯定，立志以自身的专业所学，助推国家海洋事业的蓬勃发展。牟林严谨治学，深耕应用海洋学和海事安全信息保障领域多年。他以坚定的人格内核和全面过硬的专业素养，撷英组建了中国地质大学（武汉）海洋学院，并统筹规划了学院一流学科建设方向、学院实验室发展方向。作为学科带头人，他组织申报的"海洋工程与技术"专业获教育部批准招生，申请的本科教学工程项目"海洋工程与技术专业课程体系建设"获批开展。同时，他作为学科负责人，筹建了海洋工程与技术系，积极引进海洋动力学、海洋数值模拟、应用海洋学、海洋遥感测绘等多个研究方向具有丰富研究经验的专业人才，组建了海洋工程与技术方向研究团队，引领学院进入快速发展的上升期。2023年，中国地质大学（武汉）海洋科学专业在教育部第五轮学科评估中获评全国唯一"B$^+$"，位居全国第五，实现跨越性发展。

作为一名敬业的科技和教育工作者，牟林怀揣着创新、求实、奉献的精神，以坚定的信念和满腔的热情投身教科研领域，矢志不渝地躬身力行。2019年，牟林来到深圳大学生命与海洋科学学院，开启新的教学科研之旅。他注重科技成果转化和产学研结合，勇毅探索出了一条兼顾基础研究和应用研究的科研之路，将海洋科学与人工智能深度融合，以大科学和大工程思维组织海洋领域前沿研究和技术攻关，在海洋大数据与深度学习、海洋数值模拟与数据同化、海洋工程与流固耦合、海平面与气候变化、海洋防灾减灾和浪流相互作用等领域取得一系列成果，实现了全链条研发。面对一次又一次的重大机遇与挑战，牟林以异于常人的勇气和智慧，作出了令人钦佩的"逆向选择"，不仅屡屡功成，更展现出他卓越的眼力和深邃的人生智慧。

▍盛放：心系母校发展，全力奖掖后学

心系母校，常怀感恩，牟林对母校及广大校友怀有至深的感念与牵挂之情。从1996年本科入学到2007年博士毕业，他在海大的求学生涯像一曲跨越世纪的赞歌。他常常这样讲："我由衷地感激中国海洋大学海洋学专业的培养方案，它无疑是我所接触过的学习曲线最困难、掌握基本知识最全面、授课体系最完备的海洋人才培养体系。它不仅为我在海洋领域的长远发展奠定了坚实的知识基础，更铸就了

我严谨的思维模式，早已在我身上留下深刻的印记。"

毕业至今，他一直与母校及校友保持联络。在组建中国地质大学（武汉）海洋学院的过程中，他多次与老校友探讨从事海洋科学事业的初心与信仰。到深圳大学工作后，他在多个涉海课题上与母校保持密切合作与交流，以实际行动回馈母校建设，并时刻关心母校的发展。

牟林甘为人梯、奖掖后学，对学生倾囊相授，十分关心学生的成长，在与学生的日常交往中也极具亲和力。他倡导理论学习与专业实践并重，鼓励学生主动开阔视野，并依据个人特质差异化发展。"时代是不断变化的，需要我们不断主动适应。扎实的基础知识和专业功底、清晰的逻辑思维能力和思辨能力，是引领我们走向成功的永恒内核。"因此，他指导的第一位博士研究生王思专注研究基于深度学习的风暴潮灾害风险评估技术，最多一年内出差2万公里，成绩十分优异。然而好事多磨，王思在博士后出站求职时遇到了难题。牟林得知此事后迅速赶赴用人单位进行推介，与院领导充分交流沟通，了解了症结所在，解决了王思博士的就业发展问题。他时刻以学生为本的教育信条令人动容。经历此事后，他对高校的定位和高等教育事业也有了更深入的思考："高校的本分在于国民教育，并应将科学研究置于重要地位，同时兼具文化传播的属性。高等教育事业要回归常识，回归本分，回归初心，回归梦想。"

"实事求是、脚踏实地、讲求诚信、知行合一"，这是牟林对青年一代的谆谆嘱托与殷切期望，也是新时代新青年应当具备的品质与担当。

访谈 后记

依托学校组织的百年校庆校友访谈活动，我们十分有幸能对牟林教授进行面对面访谈，向牟教授请教科研和人生的道理。在访谈筹备阶段，我们精心落实了资料查找、素材整理、讲稿准备等一系列前期工作，确保了访谈内容的丰富性与准确性，为本次访谈的顺利开展提供了坚实的支撑和充分的保障。由于在2023年7月中旬，我要奔赴西藏拉萨开展援藏支教工作，所以从与牟教授取得联系到访谈顺利成行，之间不过3天的时间。彼时，牟教授正在中国人民解放军国防科技大学授课。在了解到我的访谈需求后，牟教授第一时间将访谈地点由原计划的深圳市调整到长沙市，令我颇感意外并深受感动。初见牟教授时，他衣着朴素，随和亲切，毫无架子。交谈中，牟教授"实事求是、脚踏实地"的为人处世态度，"讲求诚信、知行合一"的做事准则，深切感染了我。我也有幸在国防科技大学听取了牟教授讲授的海上溢油的数值模拟及其应用课程，我被牟教授的研究领域所深深吸引，同时也为他严谨的科研态度、渊博的专业学识所深深折服。此外，特别感谢牛茜如副教授在前期访谈期间给予的大力支持，孙丽君老师、杜光超老师、巩钇老师的悉心指导，毛炯人学弟的配合与帮助，这段难忘的访谈经历会是我一生的宝贵财富。

校友寄语

　　水何澹澹，潮起潮落，百年历史的沉淀，一代代海大人的辛勤耕耘，造就了海大今日的辉煌。回望来路，情深意长。感谢母校，在我的求学生涯中，各位老先生的口授、身传、笔耕，让我打下了坚实的海洋科学理论基础；在我职业生涯的艰难时刻，感谢各位校友及母校的鼎力支持，让我一次次劈波斩浪，砥砺前行。

　　纵有千古，横有八方。前途似海，来日方长。值此母校建校100周年之际，我谨献上我诚挚的祝福：愿母校在下一个百年兼收并蓄，广纳人才，桃李芬芳，再创辉煌！

——牟林

　　（撰稿：2024级物理海洋学　韩华雨；2021级海洋科学（中外合作办学）毛炯人）

学弟学妹 眼中的她 ——————

　　和蔼的面容与亲切的话语时刻彰显着她的人格魅力，工作的严谨认真体现着她出色的专业知识与卓越的领导能力。成功的职业道路，不仅源于她的才华和努力，更来自她不断进取的精神。

耕耘四十载，常怀海大情

——访 1996 级校友张巧雯

　　张巧雯，女，1977年生，山东青岛人，1996—2000年就读于青岛海洋大学国际经济法专业，是我校法律专业第一届本科毕业生，2003年于山东大学获民商法硕士学位。毕业后，2003—2007年在国家外汇管理局储备司法律合规处工作，任国家外汇管理局储备管理司干部、副主任科员，负责国家外汇储备的法律事务管理。2007年任中国华安投资有限公司（香港）法律部法律顾问，处理了多起国家外汇管理局参加的针对某些国外公司的集体诉讼案件。2011年4月回到青岛，担任青岛银行行长助理，主管宏观战略研究与国际业务等。2023年5月起，任青岛银行董事会秘书。

　　9月初的青岛依然燥热，我们怀着无比期待的心情来到了青岛银行总行，拜访1996级优秀校友张巧雯。刚走出电梯，便有一位热心的工作人员引导我们来到了她的办公室。办公室宽敞明亮，张巧雯学姐面带笑容，亲切地示意我们坐到旁边的沙发上，我们紧张的心情慢慢放松下来。

　　张巧雯是中国海大的优秀校友，更是一位有力量的成功女性。大学时期，张巧雯担任班长，主导班级中大小事务，具有极强的领导力；毕业之后，她毅然选择远离家乡，独自一人奔赴外地，追寻自己的事业；进入单位后，她作为国家外汇管理局储备司第一个法律专业毕业生，做起了各种与法律有关的工作，随后受单位的委派，奔赴我国香港筹备新业务，而这一去便是将近三年。张巧雯在找寻自我、成就自我的过程中，也完成了对自己生命的重塑。张巧雯侃侃而谈，我们注视着她的眼睛，从她的眼神之中，我们深深地感受到了一位成功女性的历练、智慧与温暖。

▍学习生涯——漫漫求学路，悠悠岁月情

作为青岛本地人，张巧雯在高中毕业之时遵从父母的意愿与老师的建议，选择留在家乡——青岛，度过自己的本科学习生活。1996年9月，张巧雯走进了海大园，成为国际经济法专业第一届法律专业本科生班的一名学生。在谈及自己的求学经历时，张巧雯说，作为法学院的第一届本科生，她不仅见证了海大的发展与变迁，更见证了法学院的建立和成长过程。

张巧雯说她在本科四年收获最大的就是朋友、师生之间的情谊。作为班长，张巧雯本科期间认识了许多志同道合的朋友，在毕业后的几十年中，她依旧与这些同学保持着联系。直至今日，他们依然会不时地聚在一起，她时常从相聚中汲取能量。张巧雯认为，大学时期的友情是最纯粹的，大学时期的朋友对她来说是最温暖的存在，也是人生中最珍贵的收获。真正的友情是经得起时间考验、经得起风雨洗礼的，人生路漫漫，即使相隔万里，他们也一直照亮着彼此。

张巧雯说，她与老师也成为朋友，而非有距离的师生或上下级关系。她不仅从老师那里学习到了专业知识，更悟得了许多人生的道理。直到今天，张巧雯依然与当年的班主任及法学院老师们保持着紧密的联系，浓浓师生情延续至今。

随后，张巧雯与我们分享了她对本科所学专业的看法，在采访的过程中，我们能感受到她从始至终都保持着对法学的热爱，如果时间倒流，她仍会毫不犹豫地选择法学专业。尽管现在从事的职业看似与法学没有直接的关联，但她仍旧将法学视为一块敲门砖，例如，当年她报考国家公务员时，其报考岗位要求便有专业限制。不仅如此，张巧雯认为她正是在学习法学专业的过程中培养了自己的逻辑思维能力，这对于她未来的求职生涯十分有益。

▍职业道路——博观而约取，厚积而薄发

在硕士研究生毕业后，张巧雯对自己的人生有了更进一步的规划。她向往不同的世界，有着自己的事业追求，不被传统观念所束缚，她想要冲出自己的舒适圈，追寻一个更广阔的平台，以此打开自己的格局和眼界。在经过深思熟虑之后，她选择考取国家公务员。由于一贯对自己高标准、严要求，她选择了自己所能达到的最高条件的单位。对于这个抉择，她说，"反正都是一试，既然选了，就要选最好的"。

有志者事竟成，张巧雯顺利地通过了困难的笔试与面试，但并没有获得自己

心仪的岗位，而是被调剂到了负责与国家外汇储备有关的法律事务岗。在这之后，由于工作出色，张巧雯被派往国家外汇管理局在香港的下属公司中国华安投资有限公司的法律事务部开展工作。不论在哪个岗位上，张巧雯都脚踏实地地完成了每一项工作，得到了同事和领导的一致好评。驻外的三年间，她曾参与了国家外汇储备股票投资国家的相关法律研究，处理了国家外汇管理局与雷曼兄弟公司破产案件有关的法律事宜及多起针对某些国外公司的集体诉讼案件，累计为国家挽回损失1100多万美元。

在这之后，因为对家人的牵挂和对故乡的怀念，2011年4月，张巧雯放弃了漂泊在外的生活，选择回到青岛，用自己的专业知识为家乡作贡献。回到青岛后，她选择挑战自己，重新开始，成功应聘青岛银行行长助理一职，主管战略与宏观研究、培训、国际业务等。

谈及现在的工作，张巧雯的眼中充满了热爱，她谦逊地表示自己远未达到行业领军人物的高度，她认为，在任何领域要取得成就，必须具备行业钻研深度，提升个人基本业务能力与专业素质，更要脚踏实地、一点一滴地干起，切忌好高骛远。"道虽迩，不行不至；事虽小，不为不成"，无论学习还是工作，都要面向实际，深入实践，都要严谨务实，苦干实干。由于出色的工作能力，2023年5月起，张巧雯就任青岛银行董事会秘书一职。

▌未来展望——前途似海，来日方长

尽管离开海大已有多年，张巧雯仍然时刻关注着母校的动态。在她的组织和参与下，海大校友会金融委员会的工作开展得如火如荼。金融校友会的主要服务工作是联络一些金融行业的海大校友和热心人士，开展一些活动，提供一个金融行业校友沟通学习和信息交流的平台，推动校友捐助和关注母校发展，壮大"爱"的力量。她心系母校的发展，用自己的力量回馈母校的辛勤培养和教育。同时，张巧雯也对母校的发展提出了一些自己的见解：虽然海大是一所以海洋为特色的高校，但经过多年的发展，海大正逐渐向一所综合类高校转变，海洋专业外的其他专业学子也在社会领域中发光发热，她希望海大能够以更加丰富多元、特色鲜明、底蕴深厚的形象走进更多人的视野之中。

采访中，张巧雯还对在法学道路上深耕的学弟学妹们提出了一些建议。对于本科毕业后是继续求学还是参加工作，她认为因人而异。每个大学生应该对自己有着准确的认知，知晓自己是更擅长学术研究还是更擅长工作实务，切记不能盲目跟风、人云亦云，而应该选择更加合适自己的道路。在学习上，她认为，每个人都应该设立一个个可实现的阶段性目标，然后去逐个实现。对于大学生的就业建议，张巧雯直言，大学生不应过早地规划自己的职业，因为还不具备预知未来的能力，想象不到自己未来将会面对怎样的机遇，又会如何选择。当没有完成自己预期的目标时，反而会因此消磨自信心。所以最重要的是踏踏实实地做好本职工作，切忌眼高手低、华而不实。同时，应该结合个人实际与特长，大胆尝试，寻找适合自己的职业。

张巧雯理解的海大精神，是用广博的胸怀与包容的态度，化作点滴积累、足履实地的精神，这样方能取则行远。在她身上，我们看到了一代代海大人传承的精神财富。

访谈 后记

张巧雯是我们的榜样。几小时的谈话很快就过去了，但是她分享的人生经验为我们指明了前进的方向，让我们受益良多。通过采访，我们更加坚信，每个人都可以谱写属于自己的人生篇章，只有心怀高远、不断对人生进行思考，我们才能取得成功。

校友 寄语

在百年校庆之际，我衷心希望海大基业长青，成为具有海洋特色的世界一流大学，为国家和社会输送更多的人才！

——张巧雯

（撰稿：2021级法学（中外合作办学）　郝心怡；2021级法学　邱婷婷）

学弟学妹 眼中的他 ————————

庄重而可亲，铁汉更兼柔情。工程专业出身造就了他钢铁般的意志与挥斥方遒的气魄，言谈举止间却又流露出无尽的亲切与关怀。踏石留印，抓铁有痕，他用"真本领"与"宽肩膀"在岛城描绘璀璨新景，擘画美好蓝图。

以工为笔，擘画岛城蓝图

——访1997级校友李奉利

李奉利，男，1965年生，山东高密人。1997—2000年就读于青岛海洋大学港口、海岸及近海工程专业，获工学硕士学位；2001—2006年就读于中国海洋大学港口、海岸及近海工程专业，获工学博士学位。

历任青岛建委副主任，青岛奥帆委副秘书长，青岛市四方区区长，青岛市李沧区区长、书记，2014青岛世界园艺博览会执行委员会秘书长，青岛西海岸新区管委主任、区长，青岛港（集团）有限公司党委书记、董事长。曾入选青岛2019、2021年度经济人物，获评"青岛市行业领军企业家"，连续入选"中国航运名人榜"。2019年7月起，任山东省港口集团有限公司党委副书记、董事、总经理。

浮山湾畔，白帆点点，雄伟壮阔的奥帆中心上流光溢彩、游人如织；百果山下，绿意葱茏、奇山异石荟萃的世园景区里鸟语花香、人与自然和谐共生；黄海之滨，舳舻千里，装卸繁忙的码头上有条不紊、争分夺秒……这些生机勃勃的岛城风景，都印刻着李奉利挥汗耕耘的足迹。从基层做起，工科专业出身的他一路劈波斩浪，克服重重难题，利用自身所学为青岛这座城市"添砖加瓦"：从老城区的高速路、高架桥，到西海岸新区的旧村改造、招商引资；从修建人工堤岸、守护岛城平安，到如今推进全省港口资源整合，李奉利的人生充满了转折与无限可能，而他也一步一个脚印地将征途走得坚定而踏实。

如今的李奉利早已过了知天命的年纪，回顾30多年的工作历程，遍布青岛大街小巷的工程无疑是他工作的最佳记录。在外人眼中，他运筹帷幄，是山东省港口集团主要负责人，而在他看来，背后的艰辛与挑战只有亲身经历过才能体会。"将论文写在祖国大地上"，这是他对于海大学子的殷殷嘱托，更是他工作生涯的真实写照。

▌勤耕不辍，精业笃行

李奉利在海大园前后度过了八年的时光，求学之路也充满了艰辛与曲折，但他时刻践行着"海纳百川，取则行远"的校训。能有今日之成就，李奉利深感不论是在专业领域还是个人品格的塑造上，海大都给予了他莫大的帮助。他与海大的相遇是那么自然而然却又如命中注定一般。

1988年，刚刚从同济大学工业与民用建筑专业毕业的李奉利选择回到山东，投身于工程建设的事业当中。他从青岛市政一公司技术员干起，然而昔日求学时树立的远大理想与现实中艰苦平凡的工作产生了激烈碰撞，李奉利感到了巨大的落差。但他从未抱怨过基层的工作繁重，相反，他积极调整心态投入工作当中，并将其视为一种历练。"这种历练，从人的品格上来说是一种磨炼，从精神上来说也是一种淬炼。"脚踏实地、兢兢业业的工作态度让李奉利在工作中迅速成长，很快便被调至青岛市建委工作。

1997年，已经参加工作九年的李奉利产生了继续求学深造的想法。当时，在青岛这座海滨城市，历史悠久的青岛海洋大学自然成为李奉利的首选。考虑到自身所学专业与相关工作经历，他选择了攻读港口、海岸及近海工程专业的硕士和博士研究生。

回忆在海大八年的求学经历，鲜活的求学画面至今仍历历在目。由于是在职期间进入海大学习，李奉利的学业压力远超其他同学。

千禧年刚过，中国便迎来了申奥成功的消息，霎时间举国沸腾。青岛，这个黄海之滨的秀美岛城，也迎来了焕发生机的绝佳机遇——承办2008年北京奥运会帆船比赛。2003年底，李奉利被任命为青岛奥帆委副秘书长，全程参与并负责青岛奥帆中心的修建及使用。斯是重任，更为重担。李奉利一接到任命便全身心投入工作当中。高强度、快节奏的工作令他一度产生了放弃攻读博士学位的想法，但在刘德辅老师的耐心开导与鼓励支持下，他选择坚持下来。李奉利回忆，当时工作结束后，回到家常常已是深夜，家中妻儿已经熟睡，他却还要压低声音背书准备期末考试。彼时的鱼山校区条件相对简陋，隆冬时节海风凛冽，待到一场考试结束，李奉利的双脚早已冻得寸步难行。"其实挺一挺也就过来了。"当年的艰苦岁月，如今李奉利只是这样轻描淡写地一带而过。

在职攻读研究生是严峻的挑战，也是崭新的体验。"带着问题来读书"是李奉利的优势，当时的他已经有了较为丰富的工程施工经验，对于在工作当中遇到的问题，他常常可以在海大的课堂上寻找到答案，并立即运用到生产实践当中去。比如通过联合概率理论，利用天文大潮、强降雨包括风暴潮在内的多项数据，可以估算得出情况叠加的结果，并可以此作为防汛工作的工程设防标准。沉箱、船坞、扭王字块、波浪实验……这些课堂上空泛的理论词汇，在工作中也皆化作具象的现实。

"在海大学到的这些东西，后来在工作中真正有了小试牛刀的地方。"海大求学经历对于李奉利而言，是工作之余的理论积累，也是追梦路上的飞鸿羽翼。

▎日拱一卒，知行合一

习近平总书记曾说，"领导干部不仅要有担当的宽肩膀，还得有成事的真本领"。对于这句话，李奉利有着深刻的解读——"学校给了我们真本领，社会的历练赋予我们宽肩膀。"知行合一，方能成就一番天地。

在修建奥帆中心时，李奉利真正感受到了知识应用的魅力。如今的奥帆中心巍峨矗立于海边，让游人们叹为观止。只有李奉利和他的队友们知道，在距海不过百米处修造如此宏大建筑物的不易。李奉利回忆，当年施工时，喷浆止水后突然管涌，一切都只能从头来过。这样的挫折与失败他们经历了不知多少次，而他们却凭着锲而不舍的工匠精神，圆满完成了使命。当时正在海大读博的李奉利，也正是利用在海大所学的海洋工程理论，更好地指导奥帆中心的建设。2014年，李奉利担任青岛世界园艺博览会执行委员会秘书长。在准备世界园艺博览会时，同样面临着十分严峻的挑战：如何筹集足够的资金，如何在短时间内把资金变成鲜活的树、盛开的花，如何顺利完成当地居民的拆迁工作……面对困难，李奉利永远拥有信心，"没有克服不了的困难，没有战胜不了的敌人，没有完成不了的任务"。就是凭着这样一股吃苦耐劳、锲而不舍的精神，李奉利带领建设团队向青岛市民交出了一份满意的答卷，实现了"南有奥帆中心，北有世园景区"的崭新岛城格局。

2015年底，李奉利被任命为青岛西海岸新区管委会主任。当他第一次踏上这片土地时，心中的雄伟蓝图便已徐徐展开。作为山东省唯一一个国家级新区，西海岸承载着经济增长高峰的期盼。依托青岛优越的地理位置与经济基础，李奉利带领团队从两个方面入手：一是引进高新技术产业；二是聚集高校，在古镇口引入了中国科学院大学、中国海洋大学、哈尔滨工程大学等国内知名高校，利用创新的可持续发展潜力，不断为经济发展蓄能。

李奉利在青岛的很多地方做了很多工作。作为"将论文写在祖国大地上"的工科生，最有成就感的便是用自己的能力作出具体贡献。当他走在这座城市当中，看到太多地方与自己有关，便感觉"城市是自己生命的一部分，而我也是城市的一部分"。

▍稳中思变，功不唐捐

工程专业出身，从政多年，李奉利较高的知识水平与出色的工作能力让他得到了广泛认可。2018年他被任命为青岛港（集团）有限公司党委书记、董事长，2019年被任命山东省港口集团党委副书记、董事、总经理。2023年，山东港口货物吞吐量突破17亿吨，集装箱量突破4000万标箱，出色的成绩令人眼前一亮。如何管理这样一个庞大的集团并不断保持它的核心竞争力？作为山东省港口集团的主要负责人，这是李奉利必须思考的问题。变，似乎是不变的答案。

未来究竟是什么样的？1999年，李奉利读了两本书——《数字化生存》和《网络为网》。在当时那个没有微信的年代，李奉利不能理解也不敢相信书中所描述的数字化未来。短短20多年后，沧海桑田，曾经难以置信的想象都变成轻而易举的现实。青岛港的蓬勃发展正是数字化技术应用的生动写照：1949年，青岛港一年的吞吐量只有72万吨，1978年时已经增长至2002万吨，截至2018年已经超过5.4亿吨。短短70年间，青岛港的年吞吐量呈现指数增长。如今的青岛港，人拉肩扛的传统装卸方式已经退出历史舞台，智慧化、自动化生产已然成为港口生产发展的中坚力量。对于李奉利而言，从平凡的基层员工到如今的山东港口总经理，变化是常态，而求变也是他不变的人生态度。

一代又一代的海大人投身于祖国建设，在时代洪流中闪耀自己的光芒。辗转于多个领域的李奉利，在每一项事业中都倾尽心力，始终抱有热忱的理想信念，将个人追求融入党和国家事业之中，向下扎根，向上生长，终有华盖，枝叶如云。

"没有经历过磨炼的人生不完整"，李奉利真切希望每一个年轻人都可以放低心态，锤炼自己吃苦耐劳、锲而不舍、勇于奉献、甘于平凡的品格，克服对社会的恐惧感，正确看待生活的逆境。"趁着年轻，一直大胆往前走"，每一步、每一滴汗水都是未来的映射！

访谈 后记

能与如此优秀的校友面对面谈话，聊生活、谈事业，这是海大给予我们的幸运。见面前，仅仅是看到学长优秀的履历便已觉万分钦佩，同时也为自身的经验不足而紧张。

但是见面后，李奉利学长亲切的问候、贴心的安排触动了我们，也打消了我们心中的紧张不安。学长将海大的求学经历与工作中的成长历程娓娓道来，言谈举止间尽是从容不迫的睿智与沉稳。奥帆中心、世园景区、西海岸新区……学长的成绩与我们的生活紧密相关，在青岛留下了太多深刻的印记，此后每一次见到，便感觉又回到了访谈的那个下午，在言语中看见城市的脉络，感悟到海大精神的传承。

校友 寄语

在母校百年华诞之际，千言万语唯有祝福。

100年，正青春。希望母校永远年轻，永远保持活力！

——李奉利

（撰稿：2019级港口航道与海岸工程　李欣泽；2021级港口航道与海岸工程 卢思吉）

学弟学妹 眼中的他 ————————

　　天行健，君子以自强不息。从农村走出的经济困难生逆袭为超群轶类的公司董事长，这是"长风破浪会有时，直挂云帆济沧海"的坚忍不拔；毕业多年，仍心系母校、心怀感恩，这是"饮水思源，缘木思本"的知恩图报；坚持学无止境、不断充实自我，这是"壮志凌苍兕，精诚贯白虹"的砥砺深耕。所有的春天，都曾蛰伏于白雪；所有的远方，都需要用双足去丈量。天道酬勤，力耕不欺，正是这一路的劈波斩浪才成就了如今"无可替代"的李晨钟。

脚踏实地，终成"无可替代"

——访 1997 级校友李晨钟

　　李晨钟，男，1978年生，山东寿光人，1997—2001年就读于青岛海洋大学会计学专业。现任青岛市政建设综合开发有限公司董事长兼总经理，青岛市政蚂蚁双创中心党委书记，兼任中国海洋大学校友会青岛分会秘书长、中国海洋大学MBA校外导师。2004年以后，连续8年获得公司先进个人称号；2016年开始，连续3年获得青岛市政空间开发集团优秀管理者称号；2019年获得青岛市政空间开发集团优秀共产党员称号。

▍静水流深，沧笙踏歌

　　李晨钟出身农村，上学期间又遭家庭变故，这让本就不富裕的家庭雪上加霜。可"若你决定灿烂，山无遮，海无拦"，经济上的困难并没有让李晨钟怯懦不前，为了满足自己大学期间的基本生活需要，他揽过活儿、打过工，做过兼职，摆摊卖过电话卡、英语词典等各种东西。可在李晨钟看来，这段经历并非苦难，相反，他正是从这段充实的经历中，汲取九万里风鹏正举的力量，历练无风雨也无晴的豁然。从李晨钟的身上，我看到了人性的珍贵，看到了真心、坚韧的亮光，而这道光，给他的人生注入了永恒的信念，让他的人生熠熠生辉。

与许多大学生一样，李晨钟初入大学时也很迷茫，尚未明确自己前进的目标。那就踏踏实实地学习吧，既然选择了远方，便只顾风雨兼程——他如饥似渴地汲取着书本上的知识，课下亦是积极与老师、同学一起探讨相关问题，而后又独自一人细细品味精妙之处，吹灭读书灯，一身都是月；同时不断拓展自己的专业技能，做账、做财务报表，处理税务、发票事宜，力求将自己经手的每项任务都做精、做细、做好。李晨钟始终将学习放在第一位，永远行进在提升自我的道路上，真正做到了将"学无止境"贯彻始终，也为后来的成功奠定了扎实的基础。

▌低头赶路，敬事如仪

李晨钟曾在大四那年做过社会实习，领到工资后，他买了自己人生中的第一部手机。他很骄傲，为这一部诺基亚手机，为这一份工资，为自己得到了认可。但真正踏入职场后的他也曾迷茫，因为学校学到的基础知识与职场需要的专业能力并不匹配，工作后，很多东西都需要现学。尤其是李晨钟毕业后选择了房地产行业，房地产会计与其他会计有一定的区别，在工作过程中，他逐渐意识到自己还有很大的进步空间，于是下班后，他最常光顾的场所便是附近的书店，他常常沉浸在书海之中，苦心钻研，自学了许多与房地产有关的知识与技能。时隔多年，逛书店的爱好李晨钟一直保留着，哪怕如今的他早已成为世人眼中的成功人士，却依旧谦虚地表示自己要学习的地方还有许多，正所谓"活到老，学到老"。

越是志向高远的人，越是明晰自己前进方向。李晨钟攻读了海大会计学系的在职研究生。他不断地提升自己，完成工作总是比旁人多下功夫，格外仔细，努力把自己的工作干到不可替代。"唯有不断地学习，才能让自己参与公司决策，才能将自己的想法实施，进而成为公司的领头羊。"从公司会计成长为财务处处长，再升为总经理助理，又晋升为副总经理、总经理，到现在担任公司董事长，每一次成功都源于"踏平坎坷成大道，斗罢艰险又出发"的自立自强，每一次拾级而上都始于"越过遍地荆棘，依旧山河壮阔"的奋发有为。

▌投桃报李，生念师恩

李晨钟当年是经济困难生，勤工俭学的同时，也申请了学校的贫困生补助。谈及此，李晨钟深深地感谢母校对自己经济上的支持。除此之外，母校的老师也让他一直心怀感恩，尤其是当年青岛海洋大学会计学系的主任徐国君教授。每每忆起恩师，李晨钟便滔滔不绝："徐教授当年一上任，便对青岛海洋大学会计学系进行了大刀阔斧的改革，包括人才引进与培养、学科体系建设、硕士与博士点的建设等多个方面。徐教授的改革为会计学系如今的成就奠定了坚实的基础。"言语之间，尽显李晨钟对恩师的敬重与爱戴。徐教授曾做过李晨钟的班主任，无论是学习生活，还是为人处世，都让李晨钟受益良多。徐教授在课堂上讲授过的知识，李晨钟仍在运用着；徐教授曾耳提面命过的做人做事之原则，李晨钟仍在践行着。"做会计，首先得做人，要行得端、坐得正；其次得干实事，事的方向要正，要与国家发展大势相符，为国家建设作出贡献。"

李晨钟毕业之后便一直留在青岛，又攻读了海大的在职研究生，加上经常回母校看看，就仿佛始终没有离开过，一直觉得很亲切。李晨钟说，正是靠着母校提供的养分，他才能够惬意生长。而他也用自己的行动，回馈着母校。疫情防控期间，李晨钟积极支持母校的新冠疫情肺炎防控工作，捐赠防控物资一次性医用口罩1万只。为支持母校助力乡村振兴工作，他慷慨捐赠1万元人民币；为支持母校教育事业，他两次捐款，总计20万元人民币。同时，李晨钟在中国海洋大学校友会青岛分会中尽心尽力地工作，坚持每周走访一家校友企业，只为加强母校与校友之间的联系。在李晨钟看来，校友会是一个连接母校、团结校友再回馈母校的平台。他们曾抱着"前人种树，后人乘凉"的想法，集资在海大种植樱花树，星霜荏苒，居诸不息，以后每一次风吹花落，都是海大校友祝愿的回响。他们愿中国海洋大学桃李满天下，才俊如星流，明朝更辉煌！

▍追求卓越，勇争第一

一个人的成长与自身努力脱不开关系，也与其所处的环境有着重要的联系。"既然要做，就要做到最好"，李晨钟正是在这样的环境里追求卓越，努力成长。大学的课余时间颇为丰富，除了在教室里学习外，李晨钟还加入了学生会，参加了经贸学院学生会的许多活动。这段经历中，李晨钟始终铭记的是经贸学院的精神：追求卓越，成才报国。尤其是在学院的学生会，李晨钟对追求卓越的感触极为深刻。经贸学院当年在青岛海洋大学影响很大，参加运动会经常是第一。李晨钟还曾担任班长，组织过各种各样的班级活动，带领着同学们一起踢球、吃烧烤、攀岩……班级每位同学的目标都不一样，但在这个团体里面，大家异常团结，互帮互助，能收获很多。那时虽然忙碌，但合理安排好时间，也不失为充实的经历。所谓"好风凭借力，送我上青云"，李晨钟也正是凭借班级、院系的良好环境与氛围，让自己的努力得以被看见，得以照亮后来之人。

▍荣枯随缘，遇合尽兴

李晨钟爱好广泛，喜欢打篮球、踢足球，在球场上肆意奔跑，酣畅淋漓；喜欢到图书馆看书，在书卷里耕耘春秋，在文海里低吟浅唱，润墨描景，执笔写心；会准时收看每晚的新闻联播，两耳要闻窗外事，俯身蹚水，提枪破局；也会和同学在宿舍里打扑克，娱乐放松。最难忘的是1998年的那场世界杯，晚上寝室内不供电，他便同舍友带着一起买的小电视，悄悄溜到走廊，津津有味地观看世界杯转播，没想到竟被宿舍管理员一声怒吼，彼时尚年轻的他们被吓得落荒而逃，回到寝室后，互相对视，皆"劫后余生"般笑出声来。阳光日复一日在心头刻下年轮，如今再回想起，过往皆已成为美好的回忆。

我们的访谈在一家茶室里进行，李晨钟亲自为我们沏了一壶茶，茶芽朵朵，叶脉深绿，似片片翡翠起舞，清香溢满小屋，饮之唇齿留香，回味无穷。李晨钟在全国各地都投资了茶室，谈及自助茶室的经营模式，他细致地分享，自助茶室无非是卖两样东西，一是空间，独立包间，环境雅致；二是产品，品质优良，回味无穷。年纪尚浅的我们听起来也是别有趣味，细细想来，亦值得深思。"且将新火试新茶，诗酒趁年华"，访谈的空隙，看着热茶氤氲的雾气，这位稍显严肃但又不乏亲切的学长殷殷嘱咐，岁月如梭，学弟学妹们须好好珍惜时光。

访谈 后记

时间把年岁装订成册，信手翻开，铭刻的记忆伴随着书香扑面而来，一字、一句、一标点皆是拓印岁月的雪泥鸿爪，珍藏韶光的吉光羽片。李晨钟校友的经历中，有勤工俭学的踔厉奋发，有组织学生工作的戛戛独造，有从基层做起的不骛虚声，有为母校校友会贡献一份力量的结草衔环，有商场如战场的运筹帷幄……通过这次访谈，我也从李晨钟学长身上学到了许多，亦明白了无论何时都应脚踏实地，为成为无可替代的自己而不懈奋斗。

校友 寄语

"青春须早为，岂能长少年。" 各位学弟学妹们生于这伟大时代，自当立于繁华之世，指奏天籁之音，为祖国崛起悉力，为万家昌盛学习！

遨游学海、不舍求索，精业博学是海大学子一贯的目标；知行合一、身体力行，经世致用是海大学子永恒的追求。一百载风雨，造就精英无数；一百载沧桑，培育桃李满园。回望来路，情深意长，祝母校中国海洋大学不断探索蓝色海洋，谱写绚丽华章！

——李晨钟

（撰稿：2022级财务管理 蒋昀骅）

学弟学妹 眼中的他 ──────────

能吃苦、肯奋斗、有担当，似一叶扁舟在激湍中逆流而上，如一株小树在万木前迎来春光。从平凡到非凡，邹文坤的每一步都走得踏实而精彩。

以梦想坚守平凡，用奋斗创造不凡

——访 1997 级校友邹文坤

邹文坤，男，1979年出生，山东淄博人，1997—2001年就读于青岛海洋大学市场营销专业。2001年7月—2003年12月就职于山东外运下属科技公司青岛新金安科技有限公司。2004年创办青岛景宏物流科技有限公司。2011年成立青岛东胜伟业软件科技有限公司。2019年创办青岛大简云物流科技有限公司。

当蜿蜒的孝妇河水汇入留仙湖，老街的青石印刻着人情沧桑，古老的柳泉讲述着传奇故事；当栈桥的夕照染红一片沙滩，海鸥伴着海浪有节奏地盘旋，书写着青岛的城市印象。

▌学途漫漫，始于桑落

1997年秋天，怀着对大学的憧憬，邹文坤踏上了开往青岛的列车，一下火车，海风拂面。伴随着浓浓的秋意，邹文坤来到鱼山校区报到，窗明几净的校舍、和蔼可亲的老师、努力勤奋的同学，在浓厚的学习氛围中，邹文坤没有辜负自己的大学时光，读书、踢球、泡在图书馆里读自己喜欢的财经类报纸和杂志，一切都仿佛刚刚好。然而看似美好的背后，他却有着旁人不知道的坎坷。"那时我父亲生病去世了，母亲在农村干活儿，家里收入很低，妹妹也在读高中，母亲几乎没有能力去支持一个大学生完成学业。"邹文坤平静地讲述着这段经历，父亲的离世、家里的入不敷出、需要读高中的妹妹，这一件件事情像一座座大山压在他的身上。

为了补贴家用和完成学业，邹文坤从大二下学期开始就不断地实习。尽管从事了多份实习工作，但这对于邹文坤的家庭来说，仍是杯水车薪。于是在大三上学期，邹文坤萌生了想要放弃学业的想法。"差不多是上大三上学期的时候，我想放弃学业或者是暂时休学，那时候跟老师去商量这个事情。当时可能也想得比较多，经历比较少一些，觉得暂时休学去工作是一个更好的方法、更好的路。"当听到邹文坤有此想法的时候，老师劝他继续完成学业，并帮助他解决了困难。最终，在老师的劝诫下，邹文坤决定继续完成学业，至今他谈及此事时，都觉得这是正确的决定，非常感谢老师挽回当年那个想要放弃的自己。

道阻且长，行则将至；行而不辍，未来可期。

┃ 筚路蓝缕，玉汝于成

1999年冬，正在上大三的邹文坤与同学做起了推销电话卡的生意。那时的他跑过的最远的业务就是到距离鱼山校区10多公里的青岛化工学院（现青岛科技大学四方校区）去推销。当时的交通并没有现在那么发达，邹文坤和同学推销完往回走时，已经是晚上11点左右了，他们赶上了最后一班火车，却没有赶上最后一班公交车。出了火车站的他们因为舍不得花钱坐出租，便只能顶着寒风从火车站走到了青岛市立医院西院区。

那个冬天的夜晚格外冷，外面漆黑一片，只有街边的路灯洒下点点光亮，中山路上没什么人，只有凛冽的海风呼呼地吹着，带来刺骨的寒凉。"到了市立医院之后，我和同学就在医院等候区的长椅上睡了一宿，期间保安看见我们躺在那个地方，就问我们是干什么的，我们说是海大的学生，掏出了学生证给他们看了一下，跟他们说明缘由，他们就同意我们在那边睡了一晚上，就在那个椅子上。"这段艰苦的经历至今都令他印象深刻，当时发生的一点一滴都深深地刻在他的心里。多年后，同学重逢时再谈及此事，当年的艰辛化作淡淡的忧伤，多了些感慨，少了几分惆怅。

潮涌催人进，风正好扬帆。生活的艰辛让邹文坤在学习上更为努力刻苦，除了在课上认真学习之外，在课余时间，邹文坤还会进行体育锻炼，并把大量的时间都用在读财经类、计算机类的书籍或者是杂志上，这对邹文坤当时以及后来的生活都产生了比较大的影响。就业之后，在大学期间积累的一些知识都用上了。毕业20多年了，邹文坤还一直保持着每天阅读财经类新闻和报刊的习惯，这让他比周边人更为敏锐地察觉和掌握行业政策未来的发展，在读懂国家政策的同时，能作出初步的预判。

邹文坤毕业后的第一份工作是去一个面向物流行业做计算机软件的国企，"当时并不是专门为了物流行业去的，而是因为对计算机感兴趣，所以想找一个软件公司去工作，进入物流行业之后，发现这个行业还是不错的，干了差不多一年半，又去了一个私营企业做同样的工作。"在毕业后的第三年，邹文坤辞去工作，选择和同事一起创业，成立了青岛东胜伟业软件公司。后来又创办了大简云物流科技有限公司，如今在物流、信息化行业的市场占有率位居山东省第一。

▎念念不忘，必有回响

回忆过往，邹文坤走过了一条不平凡的路，四十载寒暑，他经历过风雨，也见证了彩虹。当被问及再次选择是否还会选择市场营销这个专业时，邹文坤坚定地回答道："当然了。我的主要工作是产品设计，而在学校里面学习的很多知识，如产品的设计、定价、客户的管理，都对我们做软件和互联网等工作有很大帮助。"

邹文坤认为："市场营销专业是关于人的营销，大家都讲究做事先做人。而这也和我们在学校里面学的营销企业、营销产品是相通的，先要把自己给营销出去。通过和海大老师沟通，大家一致认为市场营销是与时俱进的，在不断地融合新的东西，不断地进步，不断地契合时代的发展。"

在谈及对职业发展历程的感悟时，邹文坤感触颇深。他认为有时候选择大于努力，一定要选择适合自己的行业。在深入了解后，他意识到计算机行业需要自己研发、销售、售后，整体发展相较于贸易类会慢一些。所以他时常想自己是不是入错行了，"如果那时候是做贸易，而不是做计算机，是不是会有不一样的结果？"但是他并不后悔，"我看过稻盛和夫的一本书中讲到一个方程式，就是人生工作的结果=思维方式×热情×能力"。邹文坤认为在一个行业中会面对很多困难挫折，需要解决各种各样的问题，不管是创业还是做其他工作都要坚持不懈，想办法克服和解决困难。

根据自身经历和工作经验，邹文坤希望海大学子在学习和工作中不断创新，保持积极良好的心态。"不管是个人的生活还是工作，小到具体的产品或者是服务，一定要有新变化。不能墨守成规，包括自己的生活目标和生活方式，都要勇于挑战。"

大学之善，不仅在于其能够孕育和培养出一批批人才，更在于让学子们对于母校有一份深切的情感。邹文坤表示，校友访谈活动让无数毕业了的校友重新聚集、熟悉起来，互帮互助，真正做到了"聚是一团火，散是满天星"，在各自领域散发着属于自己的光和热。在采访的最后，邹文坤强调："作为海大学子，首要任务就是把学习学业做好，如果可以，还应该通过一些课余时间多去接触一些实际的应用，将自己在学校学的东西与实际相结合，这样对我们更有帮助。"

日拱一卒，功不唐捐。邹文坤用他的亲身经历告诉我们，不要期待一蹴而就，更不要盼望不劳而获，成功来自一点一滴地积累和日复一日地努力。

访谈 后记

邹文坤学长在工作和日常生活中认真积极的态度是我们学习的榜样，非常有幸倾听他的故事，见证了一位杰出人物的风采，在反思自身的同时，也启发了我们对于未来职业生涯的思考。

校友 寄语

亲爱的校友们，借此机会向大家致以最诚挚的问候和美好的祝愿。母校是我们心灵的驿站，教我们知识和智慧，塑造了我们的人生观和价值观。无论身在何方，让我们牢记母校的教诲，秉持着奉献和拼搏的精神，为实现自己的梦想而不断努力。衷心祝愿每一位校友在人生航程中都能追求卓越，勇敢面对挑战。愿我们的道路充满成功与快乐！

——邹文坤

（撰稿：2021级市场营销 单佳诺）

学弟学妹 眼中的他 ————————————

在风雪之中经受磨砺，在事业有成后回馈母校。他在黑暗时刻砥砺前行，如今蓦然转身，为身后的我们照亮了前行的路。他步步生花却不忘旧事，孜孜笃行且进取不息，激励着新时代中国海大学子追逐他的步伐，勇往直前……

心怀感恩，坚定前行

——访 1997 级校友沈翔

沈翔，男，1976年生，山东青岛人，1997—2001年就读于青岛海洋大学市场营销专业，现任北京弘鼎产业发展有限公司董事长。

毕业后，沈翔在山东省东方国际贸易有限公司担任市场总监，他在进出口部门工作8年，年销售额达2000万美金；2008—2015年，他在山东外贸集团旗下子公司——山东外贸集团新欣有限公司任副总经理，年进口总额达3亿美金；2015—2017年，他与合伙人创设国内知名品牌"中山路壹号""壹号烘焙"，于青岛达仕豪纳餐饮管理有限公司任职CEO，负责公司日常运营；2018年3月至今，于山东汉思新材料科技有限公司任副总裁，旗下子公司山东汉思非晶材料科技有限公司在2018年作为潍坊市招商引资重点企业落户潍坊，并多次获得省市级重大荣誉，作为主要负责人全程参与协调公司落地并负责日常运营；2020年11月—2023年4月，任大唐融合股份有限公司青岛经营中心总经理，分管各类政企信息化业务，累计销售额超过3亿元。

曾受邀参加2017—2023年管理学院"营销博慧"奖学金的评审和发放，以及2021—2023年中国海洋大学"海之子"奖学金颁发仪式。

20多年前，一位翩翩少年满怀热忱与执着踏入了理想大学的校门，命运的齿轮自此开始转动。时至今日，少年已成长，但热忱与执着依旧……

▌坚定目标，理想之种生根发芽

幼时的沈翔，在一次与海洋大学鱼山校区的邂逅中被其深深震撼，一种向往之情由此产生。自此，这位少年便将海洋大学作为立志要报考的学校之一。这一目标激励着沈翔走过了初中和高中。"在1997年，我顺利地实现了我的理想，考入了青岛海洋大学，在当时的市场营销专业读了四年本科。"沈翔讲道。

当被问到"顺利进入海大有没有什么不一样的感受"时，沈翔说："还是震撼，是更具象的震撼，是触动心灵的鸣响！"踏入梦想中的海大校园，校园里的名人雕塑、百年树木、历史建筑，为沈翔心目中的海大镌刻上传承的光辉。学校从历史深处走来，仍焕发着勃勃生机，迎接着新鲜血液，接受新时代阳光的洗礼。沈翔这样描述记忆中的海大："海洋大学的悠久历史与文化传承令我震撼，我领略到的文化与历史的底蕴是很多学校不曾有的。我游历过许多不同地域、不同特色的高校，归来我仍为我们海大的海洋特色、光辉历史而自豪，这就是我认为的海大的与众不同之处。"

▌笃定自我，于迷茫中走向光明

在沈翔看来，他的人生有几个重要的转折点。第一个重要的转折点便是考入大学之时。在那个时候，他也曾迷茫，也曾困顿。但他逐渐意识到自己已经达到了另外一个更高的层面，完成了年少时的理想，考上了梦想中的高校，完成了人生的第一个目标。但在进入海大之后，他想："我想做什么？我该怎么去做？"初入大学时，沈翔的目标很简单，就是选择一个自己喜欢的专业，找一份好的工作。沈翔在市场营销专业学习，也为今后的事业发展奠定了坚实的基础。沈翔目前担任企业高管职务，负责企业的人事、财务、行政等方面工作。"当初制定的人生目标其实已经实现了，我希望在实现的过程中让这个目标不断壮大。"他如是说。

当然，即使再完美的大学生活也会存在遗憾。在他毕业之际，山东外贸集团给了他一个实习和毕业入职的工作机会。"虽然这是一个非常难得的工作机会，但如果让我重新选择，我会选择留在海大继续读研。这是我时至今日唯一的遗憾。"沈翔感慨万千地说。

▌锚定方向，恩师光辉照亮前路

沈翔是管理学院的优秀学子，他始终认为管理学院的老师对他的工作、学习乃至生活经历影响颇深。在沈翔看来，学生应当向任课老师多多请教，这对个人的未来发展有很多益处。现在的沈翔依旧会向曾经的恩师请教问题，获取一些工作上的建议。譬如在企业管理和市场营销等方面有自己解决不了的问题，沈翔仍会请教他的班主任周荣森老师。周老师不厌其烦地讲解，指引他在工作中寻觅到正确的管理方向和工作办法。

沈翔毕业以后经常回到海大。每次回校，他都会向周荣森老师和苗锡哲老师汇报近期的工作。正如沈翔所讲："工作中的领导可能不会去全力帮你拓展工作，与之相反的是，你的老师会义无反顾地帮助你，会把他所有的经历和知识传授给你，这正是我时常挂念老师和常回海大的一个重要原因。"在沈翔看来，美丽的海大正和壮丽的祖国一样在茁壮成长。从历史悠久的鱼山校区到崂山脚下的崂山校区再到现在蓬勃向上的西海岸校区，母校从未停止自我更新和奋勇向前的脚步。他说："我们的海大在日新月异中阔步前行，也和每一位海之子一般，在不断完善自我的过程中收获了成长，实现了自我更新。"

沈翔还提及了"营销博惠"奖学金。"营销博惠"奖学金是管理学院老师以及2001届部分毕业生共同创立的。时至今日，"营销博惠"奖学金帮助了不计其数的营销与电子商务系学子顺利完成学业，助力他们走上更好的人生道路。这样感人至深的薪火传承正是缘起于老师们与沈翔之间的浓浓师生情。

▎海纳百川，校训引领青年奋进

泱泱海大，孜孜育人。这句掷地有声的"海纳百川，取则行远"给予无数学子砥砺前行的勇气与决心。正如沈翔所讲，或许我们在每一个人生阶段都会对海大校训有着不同的感悟与体会。

沈翔讲道："我在学生时代认为'海纳百川'便是像大海一样能载万物，'取则行远'便是不断地探索和进取。"在毕业以后，海大校训所蕴含的海大精神慢慢地融入他的工作当中，指引着他不断提升对工作乃至做人的要求。"海纳百川是大海，能成万物，能载万物，大海无量。我们做人做事心胸要宽广似海，一定要有博大宽广的胸怀去容纳工作与生活中的艰险与难题。我们不仅要在具体工作中克服种种难题，还要不断地向外探索，实现管理方式、工作方式、企业盈利方式的变革与创新。"

"海纳百川，取则行远"的校训会伴随我们一生，海大精神更是在历史的长河中不断演变，其内在意蕴会不断丰富和拓展。沈翔在与校友和老师们聊天时总会不约而同地朗诵校训，提及此事，他笑着讲道："海大校训已经深深地刻在了海大人的骨子里。"校训始终影响且支撑着中国海大师生，让中国海大人在面对艰难险阻时得以一往无前，不仅构筑了中国海大人之间特有的精神共鸣，也为海大精神的世代赓续铸就了铁的桥梁。

访谈 后记

　　沈翔激昂拼搏的人生态度是非常宝贵的精神品质，从对海大的向往，到对海大的热爱，再到对海大的深深怀念，沈翔对海大始终饱含着最浓厚的情感，这也让我们为之动容。沈翔将实践看作学习的重要部分，他在访谈之中与我们营销专业学子分享了理论学习与社会实践相结合、德智体美劳全面发展的理念，为我们树立了最好的学习典范。

校友 寄语

　　作为曾经的海大学子，我衷心希望中国海大能发展壮大，发展为特色显著的世界一流大学。大学四年对我的一生影响非常大，只要母校需要，我百分百到达！作为一名学长，我也想对学弟学妹们说：求学之路艰苦，求职也非易事，放低姿态、俯下身子、多学多问多干，将海大精神传承下去。百年不易，祝福我们深爱的中国海洋大学不断地成长、不断地壮大！

——沈翔

（撰稿：2022级市场营销　刘琳琳；2021级市场营销　崔嘉宁）

学弟学妹 眼中的他 ————

　　求学路漫漫，小渔村磨砺着心性；上下而求索，实验室锻炼出细致；深耕于蔚蓝，成为中国农业滚滚向前的推动力量。他一直都在践行"艰苦奋斗"的四字箴言。

攻坚克难的奋斗者

——访 1997 级校友张璐

　　张璐，男，1979年生，河北唐山人，1997—2001年本科就读于青岛海洋大学水产养殖专业，2001—2006年就读于中国海洋大学水产养殖专业（硕博连读）。现任世界500强企业之一——通威股份有限公司副总裁兼技术总监，担任中国水产学会副理事长、中国林牧渔业经济学会副会长等职，享受国务院政府特殊津贴专家，获神农青年英才等荣誉称号。先后获得国家科技进步奖二等奖2项、四川省科技进步奖一等奖、山东省科技进步奖一等奖、中华农业科技进步奖一等奖、教育部科技进步奖一等奖等省部级奖励6项；授权国家专利36项，其中发明专利12项；发表论文30余篇，其中SCI收录16篇，主持制（修）定国家和行业标准6项，编、译专著2部。

▍穷且益坚，玉汝于成

　　张璐出生于河北省唐山市，小时候的生活条件并不是太好，压力之下养成了勤俭节约的习惯。初中毕业后顺利考入当地重点高中，高三时听同学谈起青岛海洋大学，恰好他喜欢养小动物，尤其是鱼，来海大求学的种子便在他心底萌芽。1997年，张璐如愿被青岛海洋大学水产养殖专业录取。

　　张璐第一年的学习生活是在麦岛校区度过的，那时候，麦岛校区新建不久，基础设施刚刚成型，虽然条件艰苦，但张璐在学习上毫不懈怠，孜孜不倦地学习专业知识。大二那年，他们搬到了鱼山校区。"这里完美地满足了我对大学的期望！"回想起在鱼山校区生活的日子，张璐嘴角挂着笑意。红砖绿瓦，岁月静好。每天走在同样的上学路上，每天一步一个脚印地走向梦想。"这很符合我以前的人生规划，每天都感觉自己学到了东西，按照自己的规划在成长。每天都能感受到自己的进步，我很喜欢这种相对可控的感觉。"春去秋来，草青草黄，张璐在鱼山校区一待就是八年。

　　人生最大的挑战也许不是突如其来的变化、改变命运的选择，而是能够在平凡简单的日子里持之以恒，把日常的学习工作做到最好，能够在旷日持久的平淡中寻找到乐趣，在重复单调的过程中演绎锲而不舍。看似波澜不惊的日复一日、年复一年，总会在某一天让你看见坚持的意义。从求学到毕业再到立业，青岛成为张璐生命里不可分割的一部分。

▎风雨同舟，患难与共

　　回忆自己在海大求学阶段最难忘的时光，张璐感言是跟着麦康森院士做"十五"攻关课题的日子。"我们'十五'攻关课题组一开始是四个人的团队，艾庆辉（现中国海洋大学水产学院院长）、张春晓（现集美大学水产学院院长）、李会涛（现青岛蔚蓝弘福股东）和我，后来又加入了两个师弟，我们六个人的团队，那时是实验室最有凝聚力、最有影响力的一个团队。"

　　硕博连读的五年间，张璐一直跟随实验室在艰苦的海上一线做实验，常常凌晨四点就划着船去海上干活儿，每天有七八个小时在海上度过，几乎包揽了海上工人的全部工作。既要跟当地的渔民打交道，协调住宿、用船、水电气等问题，还要面临极其艰苦的生活条件。由于路途遥远，一周只有一次进城买菜的机会，往往辗转几个小时，买一麻袋易于储存的土豆、洋葱回来，吃上一周后再买下一次。在炎热的夏天，有很长时间处于断水状态，从远处山里挑来的水也只能维持基本的生活需要，洗脸都不舍得，洗澡更是成为奢望。在那里第一次经历台风，14级风力，住的地方又恰好是海上悬崖边的风口。晚上断水断电之后，几个人摸黑找了一个避风小房间，点着蜡烛蹲在里面聊天。一整夜的狂风大作，早上起来一看，几个房间的窗户全都被刮没了。同团队的张春晓喂鱼时大脚趾不慎折断，大家合力将他抬到村里的赤脚医生处，在没有麻药的情况下硬扛着连缝五针，第二天早晨张春晓拄着拐杖，用一条腿蹦跳着坚持陪他们喂鱼，这件事对张璐触动很深。记忆的闸门一旦打开，往外倾泻的都是情感的洪流，数不清的点滴如同甘泉酿酒，于岁月掩映下酿出沉香，在张璐的记忆里仍留存温热，历久弥珍。

　　张璐在博士毕业论文的致谢部分写道："缺粮断水之时我们勒紧腰带、同饥共饱，烈日炎炎的海上我们流血流汗、奋力拼搏，台风肆虐的夜晚我们提心吊胆、秉烛夜谈……"相互打气、相互扶持，张璐从同行者身上学到了许多优秀的品质——艾庆辉精益求精、躬体力行，张春晓任劳任怨、虑事周全，李会涛积极乐观、独具匠心……山河不足重，重在逢知己。那段峥嵘岁月帮他铸就了艰苦奋斗、坚忍不拔的人生基调，也让他体会到友谊的重量。

迎难而上，砥志研思

"我是一个目标导向的人，首先要知道自己应该去干什么，然后再奔着这个目标去努力。" 他在大学时脚踏实地，将专业课一门一门学好，有意识地锻炼自己未来走入社会需要的能力。博士毕业时面对高校和企业的就业抉择，他并不手忙脚乱，两边都在准备，并且给自己定下了在企业五年内担任技术总监的目标。他对自己有信心，能够干一行爱一行，毫不动摇地坚定前行。他反复强调艰苦奋斗的重要性，"只要踏实肯干，我觉得到哪里都不会差"。

心不败，功必成。20多年前的高效液相色谱还是一种非常先进的仪器，当时张璐所在的实验室只有张文兵师兄一个人熟悉。张璐跟着师兄学会了用高效液相色谱来测饲料跟鱼体的氨基酸组成的实验方法，然而实验操作要求极其精细，他测了一个月结果都不达标。"我曾经有一次连续在实验室通宵做这个实验，从白天做到晚上，连做了六七天。"张璐从未想过放弃，经过好几次的连轴转之后，他终于可以独立运用这个方法，并且将这个方法完善后又留在了实验室。越是面对困难，张璐的信念就越坚定："不管是遇到什么状况，一定要想尽办法把它克服。"

敦本务实，深耕蔚蓝

被问及成为行业领军人物需要的品质，张璐坦言："如果是带领团队的话，你要身先士卒，不怕吃苦，要能跑到一线，能切实了解、解决我们在终端所面临的问题。"在广东粤海饲料集团时张璐就是这样做的，他善于学习：向老板学习，向品管、生产学习，向各种有专业经验的营销人员学习，更喜欢跑到一线去跟基层的养殖户打交道，了解基层真正存在的问题，回来"一对一"钻研解决。他前前后后用了六年时间，将粤海特种鱼料销量从一年3000吨的销量提高到25万吨，助力集团建立了除虾饲料之外的另一大支柱产业，做到了当时的全国第一。如今，到了通威集团，张璐不仅负责整个集团全部产品的研发和技术工作，还直接管理着集团旗下33家分子公司的经营。在他的主导之下，通威集团特种水产料由之前的8万吨快速增长到150万吨。他始终坚持到终端解决一线实际问题，"我们要将科研跟一线的养殖需求结合，和一线的经营需求结合，技术、市场和经营是一体的"。

张璐始终以大海的蔚蓝为人生底色，耕耘于饲料生产一线。与众多水产学子一样，张璐也曾被别人误解所学专业就是养鱼养虾。他说："首先我们要正视农学产业，在心理认知方面要有所调整和改变。大家对这个领域不太了解，那就需要我们不断地传递和引导。"农业是国之根本，不可或缺，水产行业也是对国计民生有重大贡献的产业，并且拥有较长的职业生命周期。"水产养殖是一个朝阳产业，或者说是一个日不落产业，因为它是跟国计民生息息相关的，未来有很大的发挥和发展的空间。"张璐说，水产养殖的过程中也在做无人化、智能化、大数据，也在把其他新兴产业的科技手段跟水产行业相结合，水产行业同样也是知识和技术密集型产业。

▌饮水思源，缘木思本

回望已经走过的路，无论当初挺胸还是垂首，所经历的一切，已成为张璐生命里的烙印。在实现自我发展的同时，他也不忘作为海大人的责任与担当，他心里始终牵挂着母校，并用实际行动践行着自己的初心。

繁忙的工作之余，张璐有时间就会回到母校，向麦院士汇报一下工作，与几位师兄聊聊天，或者去实验室了解最新的科研进展。张璐每年都会回实验室参加博硕士毕业答辩。"每当走在水产学院前种满法国梧桐的大道上，我都会感到内心很宁静。"他靠在椅背上，神情放松，仿佛又走在了那条绿树成荫的大道上，抬起头是细细碎碎的阳光。至今他仍然保持着积极的学习态度，抓住一切学习的机会，"通过跟专家们的交流，能获取很多新的知识，对我很有启发"。

通威集团在中国海洋大学建立了通威班，也是中国海洋大学校外实习基地。张璐还以个人名义在水产学院设立了"海缘"助学金，"我以前暑假经常会在外面打工、做家教或者是卖东西补贴家用，所以我想现在稍微有点儿能力了，希望能够帮助到一些家庭困难的学弟学妹"。他希望母校能培养更多人才，有更多优秀的师弟师妹能够被发现、被认可。

访谈 后记

在张璐校友身上我们看到了水的灵活和包容，以及涓滴之流凿穿石壁的力量。水者，不拘不形，志在汪洋。他艰苦奋斗数年，方有奔赴大海的磅礴。在低谷时平缓，自我沉淀，积蓄力量；在陡崖时激进，奋勇高歌。

校友 寄语

热烈祝贺母校百年华诞！衷心感谢母校和各位恩师多年来的培养和教诲！虽

然现在已经离开母校进入社会，但我一直以自己是海大人而自豪！未来的日子，希望能够发挥自己和团队的力量，为母校的发展添砖加瓦！祝母校越来越好！祝各位恩师和同学们万事顺遂！

——张璐

（撰稿人：2021级海洋渔业科学与技术　费晗曦；2021级海洋资源与环境彭诗源）

学弟学妹 眼中的他 ————————

行舟江海，岁月如梭。在生命科学与计算科学的双重阵营中，赵方庆积淀两域之智慧，融汇海洋与计算，成就其梦想。他的科研航程，似微风，汇聚成独具风采的华章。

追逐海洋与计算的星辰大海

——访 1997 级校友赵方庆

赵方庆，男，1980年生，山东菏泽人，1997—2001年就读于青岛海洋大学海洋生物学、计算机技术及其应用专业。2006年获中国科学院海洋研究所博士学位，研究方向为海洋微藻的进化基因组学。2006—2010年在美国宾州州立大学比较基因组学和生物信息学研究中心从事计算生物学和基因组学的研究。2011年成为中国科学院北京生命科学研究院研究员，研究方向为计算基因组学。现为中国科学院动物研究所全国重点实验室主任、中国生物信息学会基因组信息学专业委员会主任、中国生物工程学会计算生物学专业委员会副主任、基金委重大研究计划指导专家组成员等。

他如一颗水滴汇入汪洋，由涟漪到掀起波澜。在科研之途，他将海洋与计算融为一体，以生命科学和计算科学的双翼，翱翔在未知的天际。他追求卓越的精神，仿佛古代航海家的罗盘，引领着他在科学海洋中不断前行，驶向新的境界。他将计算融入基因组学和生物信息学，为海洋生命解谜，赋予科学探索新的维度。在探索之途，他不畏风浪，坚持前行，为交汇之路勾勒出最美的弧线。未来之梦，是他眼中的星辰大海……

▌初生之海：选择与启程

赵方庆的科研之路既是一次跨越海洋和计算两个领域的探索，更是对内心兴趣的呼应。他自幼对生物学有浓厚的兴趣，内心早已与海洋有了某种微妙的纽带相连。赵方庆直言："从高中开始，我比较喜欢生物。"这使他将目光投向了青岛海洋大学海洋生命学院，毫不犹豫地选择了海洋生物，为自己的科研之路铺就坚实的基石。

然而，大学并非只有如画的风景，它也伴随着挑战和艰辛。赵方庆坦言，大学时光充满了无限的可能，同时也需要面对来自学业的压力和困难。然而，这些困难并没有阻止他向前迈进，反而成为他成长的催化剂。他深刻意识到，学习和研究需要付出持久的努力。他不仅改变了学习方式——从被动地接受转变为主动地选择性学习，还努力参与科学研究，培养创新性思维。这些努力，既是面对挑战的勇气，更是追求卓越的决心。

赵方庆眼中闪烁着对科研的热情，他坚信科研是一种将兴趣和职业融合的方式，是追求知识、探索未知的一条令人成就感满满的道路。他认为，科研是对知识的创造性应用，是探讨未知的途径，而不仅仅是为了追求物质财富。他的这种热爱和理解，让他在科研的道路上行稳致远。通过将海洋生物学与计算机科学相结合，他在生命科学和计算机科学领域取得了显著的成就。他运用计算机技术在基因组学、生物信息学等领域有所突破，为海洋生物科研探索提供了新的可能性。

探索之途：科研与梦想

在海洋生物学领域，赵方庆的研究关注点之一是基因组学。基因组学是生物学领域的重要分支，研究生物体内基因的组成、结构、功能和演化，是理解生命奥秘的关键。赵方庆运用计算机技术，对海洋生物的基因组数据进行分析，从而揭示生物之间的遗传关系、演化路径等。通过大数据分析，他能够揭示出生物基因背后隐藏的信息，为生物多样性和进化研究提供新的视角。他的研究不仅在理论上有所突破，更为海洋生态学和生物保护提供了有力的科学支持。

赵方庆关注的另一个领域是生物信息学。生物信息学旨在利用计算机和数学方法来处理和分析生物学数据，如基因序列、蛋白质结构。通过生物信息学的方法，他可以预测蛋白质结构和功能，从而为药物设计和疾病治疗提供线索。他的研究将计算科学与生物学紧密结合，为生命科学研究带来了新的思路和方法。正如他所言："生物信息学让计算走进生物，也让生物走进计算。"通过这种交叉融合，他在两个领域取得了令人瞩目的成就。他积极探索各种前沿技术，精益求精，带领科研团队成员取得多项重要科研成果，在*Cell*、*Nature Biotechnology*、*Nature Methods*、*Nature Genetics*、*Nature Cell Biology*等期刊发表通讯作者论文100余篇，其中10余篇入选ESI高被引论文。这些研究成果受到了同行们的广泛认可，在生命科学和医学等领域都得到了广泛的关注和应用，多次入选"中国生物信息学年度十大进展"（2019，2020，2021，2023）和"中国科技期刊卓越行动计划成果展"（2023），为推进该领域的发展作出了积极贡献。

在这条探索之途上，赵方庆展现出了坚忍不拔的毅力和执着追求的精神。他明白科研之路并非一帆风顺，需要克服重重困难和挑战。尤其在海洋生物学和计算机科学两个领域的交汇处，他需要充分熟悉两个领域的知识，并将其巧妙地结合起来。在这个过程中，他时常感到前行的道路曲折而又漫长，但正是这份坚持和勇气，让他走得更远。正如他所言："在科研中，能够找到一个问题并解决它，是一种莫大的快乐。"这份快乐驱使着他不断前行，勇攀科研高峰。

在赵方庆的科研之路中，他不仅为海洋生物学和计算机科学领域的交叉研究另辟蹊径，还将中国海洋大学的"海之子"精神赋予了新的内涵，他的科研探索始终伴随着不懈努力。他的故事启示我们，只要心怀梦想、脚踏实地，就能在探索之途上越走越远，闯出一片属于自己的天地。而这也正是中国海洋大学所倡导的"海之子"精神，鼓励每个人在学术、事业和人生的海洋中追求卓越，创造更加美好的未来。

▍未来之梦：启示与希冀

在未来的科研道路上，赵方庆将继续深耕海洋领域。他认为，海洋是人类认知的最后边界之一，蕴含着无数谜团等待揭开。他计划通过大数据分析和计算模型构建，进一步探索海洋生态的变化规律、物种的适应机制等。他有信心借助先进的技术手段，在海洋科学领域取得更为重要的突破，为保护海洋生态、推动可持续发展贡献自己的力量。

科研之余，赵方庆还热衷于科学普及工作。他深知，科学不仅仅存在于实验室和学术论文中，更应该走进普通人的生活，点燃他们对科学的热情。他期望以自己的经验和成就，鼓励更多的年轻人走上科学之路。他计划在校园里开展科学讲座、分享会等活动，将抽象的科学概念用通俗易懂的语言传递给大众，激发更多人对科学的兴趣。他相信，通过科学普及，可以培养更多的科学人才，推动科学事业蓬勃发展。

作为一名导师，他深知自己肩负着培养新一代科技人才的责任，他的教育成果也得到了广泛的认可，他曾先后获得了6次"中国科学院优秀导师奖"、3次"中国科学院大学领雁奖章"，以及"中国科学院李佩优秀教师奖""中国科学院朱李月华优秀教师奖"等。他培养的研究生已有7人次获得"中国科学院院长奖"（包括两次特别奖）和"中科院优博论文"。2023年度，他获得"中国科学院优秀共产党员"的称号。他希望自己的经历能够激励新一代学子，勇敢地追寻自己的梦想，将知识与实践相结合，为科学发展作出贡献。赵方庆坦言，每一次的成功都是团队的胜利，源自师长和同窗的支持和鼓励。他深深怀念在母校求学的岁月，感谢这所学校给予他无限的机会和平台。同时，他也充满希望地展望未来。他相信，在科学的引领下，未来将会有更多的机遇等待着他。他将继续践行"海之子"精神，努力不懈地追求卓越，为海洋事业、科学进步贡献自己的力量。

赵方庆的故事，是学校众多优秀校友故事的一个缩影。他的探索之途、梦想之路，必将激励更多的学弟学妹走向科学的殿堂，追逐知识的海洋。他的故事让我们看到，不论身处何方，只要心怀梦想，勇敢追求，便能在广阔大海中驶向成功的彼岸。

访谈 后记

"时光是一位画家，用无声的颜料，为我们绘制出最美的风景。"在赵方庆校友的经历中，我们看到了梦想与坚持的无尽的可能，也勾勒出人类探索的新天地。期待赵方庆校友继续扬帆远航，取得更多的科技成就，为学院添彩，为母校增光。

校友 寄语

百年风雨兼程，母校见证了一代又一代人的成长，培养了无数优秀的人才，为国家海洋事业发展作出了不可磨灭的贡献。在百年校庆之际，回顾母校百年辉煌历程，感受她那坚强的意志和追求卓越的精神。正是这种精神，激励着我们勇攀科学高峰，开拓未来的海洋之路。

母校是我们的摇篮，培育了我们的梦想。无论走到哪里，都要铭记她的恩情。在世界的海洋中，我们是海之子，肩负着保护海洋、探索未知的使命。

祝愿母校拥有更加美好的未来。愿她在新的百年征程中，培养出更多的杰出人才，为科学的发展和社会的进步贡献更多的力量。愿我们每一位海之子都能像海洋一样博大包容，充满智慧和创新精神，不断超越自我，追求卓越。

——赵方庆

（撰稿：2022级生态学　王伟）

学弟学妹 眼中的他 ————————

理智睿智，心怀海大，纳百川取优而行远，感万恩得道而凌云。

领勤学之要义，踏感恩之坦途

——访 1997 级校友姚国海

姚国海，男，1979年生，山东潍坊人，1997—2001年就读于青岛海洋大学国际金融专业。现任国泰君安证券广东分公司党委书记、总经理。

▍求学之路：顺其自然，求知为真

就像当时大部分同龄男生一样，姚国海在大学时期兴趣爱好很广泛。虽然不是样样精通，但也给自己恬淡平静的校园生活增添了一点别样的风采。大学生活在他心里种下了一颗名为"恬淡"的种子：顺其自然是好，随遇而安不耻；与世无争，不夺不抢，一切都是最好的安排和最好的选择。

"三维与四维之间相差的只是时间。从某种意义上讲，在大学时刻骨铭心的经历，对后来的自己而言，可能只是生活中的一朵浪花。"对姚国海来说，母校对他影响最深的还是学风。"学在海大"已经刻在每一位海大学子基因里。那时，即便早上太阳才刚刚升起，同学们却早已在浮山校区的图书馆前排起了长队；晚上吃完晚饭，也需要在自习区努力寻找才能觅得空位。越努力，越优秀，一个好的学风可以带领一批人走向远方。

细细解读海大校训，姚国海认为"海纳百川，取则行远"中的"取"是汲取，学生时代的他在知识的浩瀚汪洋里汲取养分，从优秀同学身上汲取优秀品质，向学识渊博的老师汲取知识经验。走入社会后，他积极向同事学习、向同行业的人学习、向社会学习，鞭策自己永远要有清空归零的心态。"海纳百川"，大海会拥抱流向她的每一滴水。这段旅程中，姚国海不断地汲取力量，努力走更远的路，见更多的人，享更美的风景。海大园的这段求学经历让他坚信，每一颗闪闪发亮的星都有它的动人之处，每一棵枝繁叶茂的树都有深扎地底的根。

▌职业之思：从一而终，认真正直

谈及求职建议，姚国海认为有开放性的思维是最关键的要素。在他看来，虽然这个时间段的学生未必有清晰的人生职业规划和定位，但也不一定要墨守成规，也不要局限、执着于某一个特别稳定的行业，因为年轻有无限可能。另一方面，他认为也要做好充分的准备。简历、着装、肢体语言、对面试单位的了解、专业知识储备，这些都至关重要。在面试时，要眼里有光、心中有火、脚下有方向，保持青春洋溢、充满活力的精神面貌。当然情商、沟通能力和专业素养也是需要着重培养的部分。总之，他建议在校学弟学妹们求职时要积极应对，遇到困难很正常，但是机会总是会留给有准备的人。

追忆自己学生时代的求职历程，姚国海颇为感慨。步入大学特别是海大这种高层次学校时，每个人都认为自己是天之骄子，也曾立下雄心壮志。但是，当大部分同学真正踏上求职的道路后，在历经笔试、面试等层层环节的选拔时，他们可能并不会一次就成功。姚国海的求职经历亦是如此，"面试了很多单位，碰到很多壁"，但正如他所坚信的，机会总是会留给有准备的人，他最终如愿加入国泰君安证券青岛营业部，就此作别学生身份，踏上了自己的职业征程。

2001年之后的13年间，姚国海一直在青岛工作，入职8年后成为青岛营业部的总经理。工作期间，他表现出色，积累了丰富的工作经验，为公司作出了重要贡献，曾被评为国泰君安证券"年度十佳员工"。2014年，公司委派他到广东分公司担任总经理助理，他及时抓住这次来之不易的机会，展现出极大的工作热情和努力，始终保持着高度的责任感和积极的工作态度。5年后，他开始担任江苏分公司的党总支副书记和副总经理，此后又转去福建分公司担任党委书记和总经理。2022年，他又回到了江苏分公司担任总经理。如今，姚国海被派至广东分公司担任党委书记、总经理。在职业发展生涯中，他辗转于山东、广东、江苏和福建，在中国东部沿海经济最为发达的区域兜兜转转，用青春见证和亲历了中国经济20年的沧桑巨变。这期间，姚国海充分利用大学时期的专业所学，深入分析市场动态，为公司制定发展战略提供了重要的参考和支持，也为自己职业生涯的成功奠定了坚实的基础。

回顾这些年的拼搏奋斗，姚国海始终庆幸自己能够在国泰君安证券这样一个稳居行业前3名的平台里长期耕耘。这些经历让他得以在不同的省份和城市中磨炼，也不止一次地在多个部门里学习工作。时至今日，他对资本市场和证券行业也有了相对深刻的理解。

谈及他20年的职场历程，姚国海感慨万千。他深信一切都是最好的安排，每个人所经历的每个阶段都是生命中不可或缺的一部分，即便经历曲折也是成长的机会。种瓜得瓜，种豆得豆，他也深信付出与回报息息相关，只有不懈耕耘才能取得丰收。有时付出后可能不会在当时获得回报，但从长远来看，"念念不忘，必有回响"。他同时也坚信，一个人的眼界、视野和格局共同决定了他的成就和高度。只有不断拓展自己的思维，扩宽自己的视野，才能更好地把握机遇、迎接挑战。他强调，在追求目标的过程中，快进容易失之，而慢行则能保持平衡、持久。在快节奏的社会中，沉稳冷静地思考，持续不断地努力，往往才能取得成功。他期待，未来的自己能够继续以睿智、勇敢的态度面对挑战，不断超越自我，创造更加辉煌的人生。

姚国海认为，如果能够深刻理解"时间"和"复利"两个词语的内涵，一定会受益无穷。这是投资领域非常重要的两个概念，但是许多人并不理解它们中"慢就是快""复利不止单纯关注投入多少钱、每年有多少收益、未来会怎么样"等深刻内涵。相反，"复利"表现为每天进步的一点点，通过日积月累也能形成巨大的威力。他还提及会计学中的资产负债表：什么是资产？什么是负债？对于这两个问题，姚国海颇有心得，即要树立一个正确的观念：付出的是资产，得到的是负债。这是舍和得的概念，有舍才有得。不要考虑短期的回报，付出必有回报，同时应多付出，少考虑回报，要多舍少得。这些专业经验与人生智慧，对于经管类专业学生而言，值得细细琢磨。

▌母校之念：重思悟源，心怀感恩

饮水思源，姚国海深切感激母校的栽培，也密切关注着母校的建设和发展。他特别关心母校学子的未来职业发展，认为大学专业课的学习弥足关键。其中，姚国海格外重视逻辑思维的训练。他始终坚信，逻辑思维是一个优秀人才不可或缺的重要成分。在他看来，在大学时一定要培养学习的底层逻辑、方法论和思路，吸纳不同的思想。与此同时，他还建议在校学生应向老师看齐，学习他们为人处世的经验，毕竟这个年龄段正是他们思维加速形成之时，只有在青年时期树立起正确的人生观、世界观、价值观，才能在此后的几十年人生中做到走正道、走大道。此外，姚国海建议大学生还要提高综合素质。他认为，人生的竞争也是综合素质的竞争，一个人的情商、逆商、体格或是音乐修养和艺术天赋都值得培养，大学便是一个良好时机。

"母校对我的影响是很深远的。"在追忆校园时光时，姚国海颇有感触。海大

"海纳百川，取则行远"的校训以及"海纳百川，有容乃大"的海大精神都在潜移默化中影响了他此后的人生。"有容乃大的'容'是包容的意思。"这些年来姚国海辗转多地，体验着不同地域中人的度量、胸襟、格局和视野。他也常常反思，究竟是哪些特质能助人成功？他在青岛时曾接触过许多企业家，对他的成长意义重大。他们中也不乏海大校友，他们身上所蕴含的孔孟儒家精神、青岛的海派文化、水泊梁山的水浒文化都对他产生了广泛而深刻的影响。

除此之外，姚国海回忆道，海大的老师在生活、学习和工作各方面对学生都十分照顾，关怀备至，尤其是学业指导方面。海大许多老师的课都令他受益匪浅，老师们分析问题的方法、逻辑框架、视野角度和底层思维都是他受用终身的宝贵财富。虽然课堂上学的知识此后大多未付诸实践，但这种逻辑、视野和思维是他在毕业后数十年的工作中一直沿用的。印象最深刻的是海大的一次名师讲座，姚国海清晰地记得自己学到了日事日毕、日清日高、日三省吾身的道理，这为他此后职业生涯中形成良好的工作习惯奠定了基础。

母校是心之所系、情之所钟，是万千海大学子难以割舍的爱，在姚国海的心中也是如此。母校孕育了莘莘学子，姚国海尤为感恩并始终铭记着曾经为自己传道授业解惑的恩师，亦是难忘互相学习、共同进步的昔日同窗。母校育心田，馨香存心底。谈及对母校的嘱托，姚国海真情满怀，坦言自己特别希望母校和学弟学妹们会越来越好。"现在，你们以海大为傲，希望将来，海大为你们而自豪！承平顺境时，兼济天下；承平逆境时，母校永远在你身后。"

访谈 后记

从姚国海校友的话语中，我们能感受到他对母校的满腔热爱和期盼以及对学弟学妹们的殷殷期望。在他看来，学问需逻辑为先，事业当从一而终。"海纳百川，取则行远"这句话是让海大人受益一生的箴言。我们也应学习姚国海校友的精神，不忘师恩，砥砺奋斗，成为一个对社会有用的人。

校友 寄语

"海洋"二字不仅仅指的是海洋，还指要拥有像海洋一样博大的胸怀。值此海大百年校庆之际，愿每一位中国海大人立言、立行、立德、立身，无论何时何地谨记校训，尽己所能为母校的建设添砖加瓦！希望中国海洋大学未来在学科方面更加包罗万象，更好地服务国家和区域经济社会发展，在第二个百年征程中成为综合性的世界级一流大学，继续为建设教育强国、全面建设社会主义现代化国家作出贡献！

——姚国海

（撰稿：2021级国际经济与贸易　甘佳男）

学弟学妹 眼中的他 ———————

他热情、谦逊、平和，微笑着走过每一个苦难。

走进海尔"创客"

——访 1998 级校友于游泳

于游泳，男，1979年生，山东莱西人，1998—2002年就读于青岛海洋大学市场营销专业。2002年加入海尔集团工作，从基础的终端门店管理做起，先后在西安、成都、南京、上海、广州等分公司从事客户管理、区域运营、营销策划和战略管理等方面的推进工作，曾担任海尔集团黑龙江省、江西省分公司总经理，现任海尔集团青岛纳晖绿能科技有限公司副总经理。

沐浴着青岛初秋的阳光，于游泳面带笑容向我们大步走来，他亲切的笑容、自信的举止在阳光下格外亮眼。我们快步迎上去，握住了他的手。这是一场期待已久的访谈，也是一座桥梁，串联起过去与未来，让我们感受于游泳的成长与梦想。

▌海大求学，快乐纯粹

1998年，于游泳来到海大开启了他的求学之路。那时学校浮山校区刚刚建好，校园里的建筑比较低，而营销系的宿舍在图书馆的五楼和六楼，视野特别好，面朝大海，向着阳光，充满希望。

海大的学习氛围很浓厚，尽管大家都是新生，但一入学便迅速进入学习状态。"自习室的座位都是要抢的，你不去抢，就肯定没座位！那会儿都是跟同学合伙抢，今天你去，明天我去。"谈到海大的学习经历，于游泳笑得很开朗。

除了专业理论知识的学习，营销系还提供了许多课堂之外的锻炼机会。老师会带领学生们一起进行调研工作。回忆起调研经历，于游泳说道："身为营销系的学生，需要经常跟不同的人打交道，了解别人的诉求，而这就需要不断提高自己的沟通交流的能力。"在系里老师的指导下，他在实践中加深理论学习，积累实践经验。

除此之外，于游泳还加入了学生会，积极参加各类社会实践活动，认识了许多志同道合的好友。其中最令他印象深刻的活动是和文宣部部长任威伦一起举办的第一届音乐表演大赛。有专业知识做基础，他们凭借卓越的专业精神和能力，成功地争取到了青岛啤酒集团的赞助。于游泳很感谢海大提供的平台，让他积累了活动经验，使他能够经常跟校外的知名企业或组织机构接触，在这个过程中得以认真地去感知，去学习，去成长。

于游泳在海大还培养了一个终身的爱好——足球。"我们那时候下午两节课后就自由活动了，然后我就会和同学们踢足球，踢到六七点，冲个凉去上晚自习。"于游泳笑着说道。踢足球不仅让他锻炼了身体素质，还提高了团队协作能力，也让他认识了很多新同学，对他之后的事业发展助益良多。

在海大读书的生活十分美好，学业上，老师们治学严谨，积极创新；生活中，同学们感情深厚，互相帮助。彼时风华正茂，纯粹的年纪，纯粹的快乐，青春会散场，唯独美好的记忆永远定格。

▌征途漫漫，前行无畏

"我要做出一番事业。"于游泳无数次规划过未来。但"艰难困苦，玉汝于成"，任何美好的理想都不可能唾手可得，都离不开筚路蓝缕、手胼足胝的艰苦奋斗。

2002年，于游泳从海大毕业，与海尔签约。一进入海尔，就被安排进工厂集训三个月，每天重复进行空调、冰箱等设备的组机、拆机。三个月的工厂集训一结束，便被分配去西安，西安是海尔在西部地区的总部，新入职员工将根据表现被分配到其他城市。于游泳心里有股冲劲儿，西部地区的总部意味着他在这里可以学到更多，得到更多的锻炼机会，拥有更好的发展前景，所以他告诉自己"一定要留在西安"。在西安的时间只有短短几个周，在如此短的时间内如何体现自己的价值？在这么多的实习生中如何脱颖而出，让总部留下自己呢？于游泳认真观察前辈们是如何工作的，虚心向他们请教工作中的疑惑，不断积累，积少成多，变化也在悄然发生。在总监问有个促销活动，谁能来办时，于游泳立刻举手，大声道："我可以！"凭借这一股冲劲儿，于游泳成功地争取到了机会。但是想要抓牢它，是需要真才实干的。通过前期的学习，于游泳知道任何策划案都需要实地考察，他深入商场调研，在数据充分的情况下，开始熬夜写策划案，策划案被打回，他就提起干劲儿，虚心请教前辈，在一次又一次的不断打磨下，策划案最终得到了领导的赞赏，他也因此成功地留在西安。

在基础终端门店工作时，经常会有月季指标需要完成，工作压力很大，"每月到了月底要冲指标，还差几十万指标，就需要不断策划活动。我连夜打台子，搞舞台，看广场，广场任务干个好几天通宵，这都是很正常的。"于游泳说。这种高强度的工作状态对于身体和精神都是极大的考验，但于游泳凭借着对工作的热爱和责任感，坚持了下来。尽管如今已经晋升到管理层，但为了业务熬通宵也是常有的事，于游泳前阵子在上海谈业务，20多天每天都是干到凌晨一两点。不定期出差，路途奔波劳累；业务压力巨大，需要熬夜敲定策划案；顾客的不理解，需要耐心地细细沟通。他深知，只有真正了解顾客的需求和期望，才能提供更好的产品和服务。这种以顾客为中心的服务理念不仅赢得了顾客的信任和支持，也为门店带来了更多的业务机会。

所有成功的背后都是一个个鲜为人知的故事，一滴滴辛勤工作的汗水，一次次不断坚持的拼搏。

▎挟"海"前行，梦之所向

"海纳百川，取则行远"是每一个海大学子可以脱口而出的校训。同样，它也深深地扎根在于游泳的心中。

于游泳在海尔的工作中，将海尔的核心理念与海大精神进行了有机结合："'海纳百川'我理解的是开放，用海尔的话说，海尔要一直打造一个开放的平台，不是单一的，而是一个大的生态，可以打造客户不同需求的场景。比如说海尔会搭建卫生间和阳台展示洗衣机，方便进水和抽水。将产品完全放入场景里去，全方位围绕用户需求设计。这样的场景就是生态的概念，实际上就是开放，因为这不单是卖产品了，还可以将海尔的整体价值理念传达给客户。"

"'取则行远'就是要坚持正确的做法，不断去探索，其实就是创新。海尔的文化基因就是创新，要不断地去创新，去颠覆，比如说以前都是滚筒洗衣机，海尔弄了'双子'的，其他厂家竞相模仿，创新很重要。学校的校训其实和企业的发展，以及我们个人的职业生涯规划都是完全匹配的，鼓励大家积极学习，积极实践，多做尝试和突破。"

海大精神指引于游泳前行的每一步，充盈他的每一寸精神世界，陪伴于游泳的每一个成长瞬间。

问及是否回过母校，于游泳的回答很肯定。毕业20多年后他带着激动的心情逛遍了每一个校区，回忆曾经的美好时光。他最大的感受就是海大越来越好了。"现在足球场可多了，我们当年都得抢场地；校园越来越美丽，学习环境的硬件设施也越来越好，专业也分得越来越细，真好啊！"于游泳感慨地说道。

除了心系母校，于游泳还很关心学弟学妹们的发展，"首先，大家一定要有敢于去挑战的精气神儿。不管以后从事什么行业，都不会是一帆风顺的，但不能因为怕，就躲着，一定要有冲劲儿，机会是靠自己争取的。其次，大家要做充分的调研，所有的工作，不仅要通过冲劲儿为自己争取机会，还要好好地去做准备工作，脚踏实地地去做调研，参与进去。最后就是态度问题，做人要谦逊，低调，务实，多干。刚进入企业或单位，很多流程不明白，自己要好好学习，亲自走一遍，都弄清楚。"谈及对学弟学妹们的建议，于游泳说得很认真。对我们而言，每一句话都是肺腑之言。

不仅如此，于游泳还参与了"营销博惠"奖学金的设立，他说："作为过来人，我希望能通过这些资金给师弟师妹们的成长和发展提供支持，比如一些营销方案的落实需要资金，都可以给大家助助力，或许就是一滴水吧，但希望能够帮助大家更好地实现自己的梦想。"

"最后一个问题，您想对母校说些什么？"

"在海大读书是我一生中最美好的记忆，衷心祝福海大越来越好！"

访谈后记

恰逢百年校庆，很幸运有机会与优秀校友于游泳共聊。他积极开放的心态、优秀的能力和谦逊努力的态度都是需要我们努力学习的。能够通过这次机会倾听他的故事，让我们收益很多，由衷地感到欢喜。

校友寄语

热烈庆贺母校百年华诞！海纳百川，取则行远，在海大百年华诞之际，愿海大：积历史之厚蕴，更展宏图，再谱华章！

——于游泳

（撰稿：2022级市场营销 陈叶芝 李昕炜）

学弟学妹 眼中的他 ————————

　　谦逊，真挚，严谨，周磊教授待人温和有礼，对待工作一丝不苟、脚踏实地，是科研工作者的典范。

躬耕海洋，治学以致用

——访 1998 级校友周磊

　　周磊，男，1979年生，山东青岛人，1998—2002年本科就读于青岛海洋大学海洋科学专业，2002—2005年硕士就读于中国海洋大学物理海洋学专业。2005—2009年于美国马里兰大学学习并在大气与海洋科学系获得博士学位。先后就职于美国哥伦比亚大学、自然资源部第二海洋研究所，现任上海交通大学海洋学院教授，在海洋与大气动力学、热带海气相互作用、热带季节内振荡等方面取得系列成果，已在国际一流期刊上发表论文80余篇。作为骨干成员参与国家"973"项目、创新群体、基金委重大研究计划、基金委重点项目，并主持多项国家级研究项目。担任国际知名期刊 *Journal of Geophysical Research–Oceans* 编辑，《海洋学报》编委，北太平洋海洋科学组织（PICES）物理海洋与气候委员会委员。

　　从初读海洋科学的晦涩难懂，到现在对海洋科学的热爱与投入，周磊十几年如一日地静心坐热科研"冷板凳"，潜心探索海洋科学世界的规律。无数个日夜、无数次论证、无数次修改、无数次成败，这些艰辛经历的背后，是他对海洋科学的坚守。

▎青葱岁月，历历在目

　　1998年，周磊被保送至青岛海洋大学海洋环境学院，他带着憧憬和向往开启了在青岛的求学之旅。"本科是段非常美好的时光。"哪怕已经离开母校近20年，提起这段时光他还是忍不住嘴角上扬，露出幸福的表情。一向谦逊的周磊在谈及自己的本科班级和同学时，特别骄傲地说："我们1998级是非常好的一级，成绩好、氛围好、同学好，我们很多都留在了海洋相关专业的岗位上工作。"他细数着1998级海洋班25个同学的名字、特点和故事，关于这25个人的故事仿佛就发生在昨天，浮现在眼前。

冬季的青岛，伴随着海风格外寒冷，如果没有暖气，便会水管结冰、课桌冰凉。而周磊回忆起在青岛海洋大学鱼山校区的生活时却眼睛亮亮的，"我们很幸运，赶上了翻新宿舍的好时候"。就在周磊入校的那年，学校统一配置了被褥、翻新了宿舍、安装了暖气，给寒冷的冬天增添了一丝舒适和温暖。硬件设施有保障，师生关系也很温馨。海洋班的25人都很乐观，仿佛宿舍就是大学温馨的暖巢，辅导员鞠红梅老师也总是去女生宿舍看望关心大家。两个男生宿舍的同学总是一起去教室上课、一起去食堂吃饭、一起去操场踢球，形影不离地在一起学习和生活。那时候大家是要好的同学，感情纯粹且深厚。现在回想起来，这种感情像是战友情，他们一起肩并肩奋斗过最美好的青春年华；这种感情像是亲情，久不联系，见面时却无比珍惜和感到亲切。

周磊回忆起这段时光，感觉自己幸运的同时，还感恩海大在生活中给予他们的温暖和支持。

▎笃学求知，脚踏实地

心理学中有一句话来形容积极自我暗示的作用，"你想成为什么样的人，就能成为什么样的人"。提到当时班里印象最深刻的同学，他说是他们班成绩最好的学霸，也是他在本科时期为自己寻找的学习榜样。整个访谈中，周磊句句不提自己的努力，但又句句都透露着努力，学习这一主题贯穿了整个访谈的始终，也贯穿了他从前求学到如今工作的经历。积极的自我暗示加上持续地追求进步，使他成为一个勤奋钻研的学生，这样的好习惯也是海大求学经历带给他的最大的精神财富。

对学业认真钻研的态度，源自周磊脚踏实地、专注积累的求知精神。当谈及海洋科学专业的学习时，周磊说，"从事海洋科学研究工作以后更加体会到学好基础课程和掌握理论知识的重要性，在研究道路上能走多远取决于在本科阶段掌握的数理基础知识有多扎实和深厚"。当时海洋环境学院的孙孚老师在讲课时说，"其实赤道波动方程和薛定谔方程是一套东西"。当时周磊并不理解这句话的意思，也不知道什么是薛定谔方程，但现在想来，这种思维在当时是非常超前的，极大地影响了他对基础理论重要性的认识，甚至在当前的科研工作中都非常受用。赤道波动方程和薛定谔方程都是物理系统的内容，但是物理海洋学领域的学者很少有人会解决基础理论存在的问题，因为这种问题往往更尖深，往往更依赖于更高水平的理论家来解决。周磊认为好的科学研究者不能给自己降低标准，也需要提高自我要求，来解决这些更尖深的基础问题。

生逢盛世，万里乘风

2005年，周磊横跨太平洋，踏上了去美国马里兰大学的求学之路。几年的留学经历让他感受到当时国内经济的快速发展和崛起。2007年，美国开始出现经济危机，马里兰大学作为州立大学，科研经费大幅度缩水，美国的自然科学基金项目也大幅度缩减，学习资源有限。相比之下，同期在国内读研究生的同学在学习资源和项目参与上有很大的优势，正是这样的差异，让他感受到那几年中国科研的飞速发展，而这样的发展势头给了周磊很大的希望。

2009年，中共中央办公厅转发《中央人才工作协调小组关于实施海外高层次人才引进计划的意见》。周磊看到了国家对科研工作的重视和引进海外高层次人才的决心。2011年底，周磊踏上了回国的旅程，在国家海洋局第二海洋研究所开启了自己的科研生涯。他怀着对国家的感恩之情，投身于科研事业，在海洋科学领域躬耕至今。

问题导向，经世致用

"好像海洋科学一直以来都被认为是一个冷门学科。"周磊在本科的时候曾经凑热闹似的参加了校园招聘会，令他印象深刻的是当时招聘会上的企业特别多，连旋转门都被大家挤坏了，里面却很少有企业招聘海洋科学专业的学生。他坚持认为行业的冷门是由人的原因造成的，人应该改变行业冷门的现状。假设每一个海洋领域的工作者都能够从应用的角度反思自己的研究，更重视研究成果的应用和实际的社会效益，那么海洋科学冷门的现状就可以得到改变。但他用自身的经历告诉每一个海洋科学专业的学弟学妹，我们的专业并不冷门，只是小众，只要专心做好当下的事情，从应用的角度思考当前的学习和科研，就能收获不错的结果。

无论是在教学工作还是在科研工作中，周磊都在追求一个"硬"字。当谈及海洋学子应具有什么样的品质或能力时，他强调要具有"硬实力"。对宏观的海洋与大气的变化能够夸夸其谈远远不够，基础扎实、数理能力深厚才是硬道理。这也是周磊老师在选择研究生时的标准，"与其让学生对'全球气候变暖'展开话题，不如考察基础的数据处理原理"。

在科研工作中，周磊老师也格外重视着"硬方向"。作为曾多次获得优秀审稿人荣誉的科研工作者，其审稿标准中最重要的一点便是——有用。科研工作者沉浸于自己的研究方向的同时，还要发掘社会的问题与需求，以问题作为导向，重视自己研究的社会意义。治学以致用才是海洋工作者的价值所在。

▌心系母校，万缕千丝

"我们1998级的学生没有在浮山校区上课的经历，在毕业前学校开启了崂山校区的建设，当时听说崂山校区建成以后会很大、很美。"在青岛读书期间，周磊最大的遗憾是只在鱼山校区生活过，期间没有去浮山校区参观，也没能在读书时看到崂山校区建成。后来工作以后，第一次有机会来到崂山校区，看到的一切让他感觉到了海大的成长和发展。如今，海大形成了四校区办学的格局，西海岸校区开辟新阵地，为学校和海洋事业的发展持续注入新动力，周磊从心底为母校的成长感到骄傲。

周磊老师与母校的联系几乎不曾间断，机缘巧合在上海交通大学任职，在研究海洋的过程中也与母校交流频繁，曾经的老师、同窗、学长、好友，这些人生中最重要的人都在海洋行业工作是一件幸福的事情，科研交流、工作合作、同学聚会，都为他和这些老朋友见面提供了数次机会，令他珍惜。作为物理海洋学领域的专家，他在近几年曾多次受到邀请为母校学子作线上学术报告，却因种种原因被耽搁，因为他始终想到青岛与大家面对面交流。"去别的学校也就算了，去海大怎么能线上汇报，我要跟我的老朋友见见面，跟我现在的这些年轻的学弟学妹们认识一下！"提及日后的工作安排，周磊言语中不乏回母校看看的憧憬。母校不仅是周磊走上科研道路的摇篮，更是周磊工作后不断进步的动力。

访谈 后记

最开始与周磊教授联系时，他便是平易近人、和蔼可亲的，先询问我们的时间、为我们的来回路费考虑，再帮助我们办理入校手续。

正式见面时，周磊教授衣着朴素，神色从容，精神矍铄，一副典型的科研工作者的形象。交谈过程中他时而开开玩笑，时而真诚建议，整个访谈像是轻松的闲聊，又极富哲理和智慧。访谈结束后，他留我们吃饭，继续与我们交流，还关心我们的返程，我们再次感受到了浓浓的温暖。

对自己的成就毫不在意，对待他人亲和温暖，周磊教授既是我们专业学习的榜样，又是我们为人处世的典范。这次访谈让我们受益匪浅。

校友 寄语

中国海大即将建校百年，在海洋方面的地位毋庸置疑。如今，以海大的实力和格局，在继续发展的同时，也可以更多地帮助国内其他新建海洋学院发展！

——周磊

（撰稿：2021级海洋科学　杨滢蔚　张芮毓）

学弟学妹 眼中的他 ——————

他用创新和发展的双翼，驰骋于海洋的辽阔领域；他如同掌握航向的舵手，为海洋产业的蓬勃发展贡献自己的热爱。

向海图强志擎云，履践致远行不辍

——访 1998 级校友徐伟

徐伟，男，1980年生，山东东平人，1998—2002年本科就读于青岛海洋大学海洋管理专业，2012—2019年就读于中国海洋大学环境工程专业（硕博连读）。现任海域海岛环境科技研究院（天津）有限公司创始人、董事长，青岛卓建海洋工程勘测技术有限公司董事长，青岛卓建海洋装备科技有限公司董事长，天津理工大学特聘教授，中国海洋大学硕士研究生导师，政协天津市南开区第十六届委员会委员，中国海洋发展基金会特聘研究员，中国太平洋学会海域使用研究分会会长。曾在国家海洋技术中心、国家海洋局任职。

近年来主要开展海洋管理政策和法规、海洋空间规划、海域有偿使用方面的研究，发表论文60余篇；出版专著7部，获省部级奖项6次。作为主要执笔人，起草了《关于海域无居民海岛有偿使用的意见》（中办发〔2017〕61号），编写了《产业用海面积控制指标》《海域价格评估技术规范》等行业标准。为涉海企业提供测绘、调查、勘察、论证、环评等海洋技术服务百余项。

踩着夏日细碎的浮光，我们来到了徐伟在青岛的办公地点。采访开始前，他正在主持一次会议，措辞严谨，神情认真。他的办公室里有占据一整面墙的书架，堆满了海洋类、经济类等各类书籍和资料。我们与徐伟相对而坐，随着他的讲述，一起回首他与海大相伴的青春岁月，回望他这些年走过的点点滴滴。

▌一、笃学深研，壮志初萌

在大学期间，徐伟对知识非常渴望，他大部分时间都用来学习、思考、钻研。

"因为我学的是海洋管理，有两本书对我影响非常大。其中一本便是当时的教材《海洋管理通论》。这本书让我系统地认识了海洋资源管理。"回顾过去的求学经历，徐伟对自己的领航之书印象深刻。

鸟欲高飞先振翅，人求上进先读书。20世纪90年代是中国海洋学腾飞之际，海洋管理作为一个分支学科，方兴未艾。作为海洋学系海洋管理专业的第一届学生，徐伟的学习资料不算多。鹿守本老先生主编的《海洋管理通论》一书，较系统地总结了我国海洋管理工作的经验，从海洋政治、经济、文化、法律、科学技术、国际关系等多方面反映出我国海洋综合管理的新走势，为初入大学的徐伟打开了学习海洋管理的大门，让他得以窥见这一领域的广阔天地。书中的深刻见解和分析，不仅为徐伟提供了坚实的理论基础，更激发了他对海洋管理研究的热情。在这本书的指引下，徐伟开始了自己的学术探索之旅，逐步在海洋管理领域建立起自己的知识体系。

"另一本书对我做海洋资源管理工作同样影响深刻——《宏微观经济学》，是诺贝尔经济学奖得主、美国的萨缪尔森写的。"除了课内书籍，徐伟还从其他专业的书本里汲取知识。《宏微观经济学》一书，不仅影响了徐伟对海洋资源管理工作的认识，更在日后海域资源价值评估工作中让他获益良多。2002年1月1日，《海域法》正式实施，同年毕业的徐伟正好在各种配套制度创立的初期开始工作。大学所学的各种海洋管理与经济学知识，让他在参与相关政策制定的过程中对政策的底层逻辑有清晰的认知。在创业后进行海域资源价值评估时，徐伟也运用了许多书本中学到的理论。

书籍是前人智慧的结晶，老师则是言传身教的榜样。由于长期坚守海洋事业，徐伟与许多老师都保持着联系。中国海洋大学的师德师风如同海洋的波涛，激荡着一代又一代学子的心，徐伟也将海大精神融入自己的生活和工作中。

谈起对老师的印象，徐伟不由得回想起探望文圣常院士的情形。当年正值文圣常院士从教50周年庆祝大会，徐伟随老师一同前往文院士家中拜访，学者简朴的居所给徐伟留下了深刻的印象。"文院士家就在四校门旁的山上。回来路上，我问老师文院士家的房子怎么这么小，老师回答我，学校很多次想给文院士房子，但他都拒绝了。"文圣常院士这种淡泊名利、谦恭低调的品质深深打动了徐伟，"他这代人，让海大的很多老师、学生都树立了潜心科研的志向。受文院士影响，我也始终保持着对科研工作的热爱。"老一辈科研人的精神激励了海大的每一个人，他们以身作则，潜心学问，不求名利，只为海洋科学的繁荣发展贡献力量。徐伟将这种精神融入自己的学术和职业发展中，怀着对师长的敬意，不断努力学习和钻研，以此作为自己的人生方向，用实际行动推动海洋事业的发展。

无限的求知欲和好学之心为他插上通往知识殿堂的翅膀，为他构筑起通往海洋事业的阶梯。充实而有意义的大学时光让他不断提升自身素养，不断完善自我。

▍二、融会贯通，海纳百川

在追求知识的道路上，徐伟展现出一种难得的开放心态和前瞻性思维。除了在海洋管理领域深耕细作之外，他还选择了辅修法律专业。被问起为什么要辅修法律专业时，徐伟的回答有些出乎我们的意料："也许是兴趣使然吧，现在回头想想，有时候你不知道学什么会有用，反正多学一些，总会有用。"这种乐于接受新知识的学习心态，让徐伟能不断充实自己，为将来在综合性极强的海洋管理事业中的发展打下了坚实基础。

徐伟还说："学习不能太功利，学的知识你能记住，以后就是你的知识了。以后即使没有用，学知识的方法也可能在别的地方有用，最差也是提高了你学习的速度，学习也是需要训练的。我最大的特点就是遇到什么概念我都大概了解，所以我对新学科没有一点畏惧。"在徐伟看来，每一次学习都是对未来的投资。他也激励我们无论在哪个领域，都应该保持对新知识的渴望，不断充实自己。

因为选修课程较多，徐伟在好几个学院上过课，每门课程都涉及大量的概念。后来创业时涉及很多学科交叉知识，徐伟在校期间的博闻强识起到了重要作用。他对诸多学科都有所涉猎，也不畏惧学习新知识、新体系、新概念，因此在处理海域管理中的法律问题时游刃有余。他能够准确解读法律法规，合理运用法律工具，为海洋资源的合理开发与保护提供有力的法律支持。在海域管理这一综合性极强的领域，法律知识的重要性不言而喻。徐伟的这一跨学科学习经历，无疑为其职业发展增添了独特的优势。

"基本就是早中晚都在学习。"徐伟这样描述自己大学生活的日常。在大学时光里，他每一分每一秒都用来充实自己，无论是在清晨的第一缕阳光下，还是在夜晚的图书馆灯光中，他都在孜孜不倦地追求学术的深度。"晚上大概率用来自习，或者泡在图书馆，周末大部分时间也一样。可能会抽一个上午或下午去中山路或者海边玩。"

当然，徐伟的生活并非只有书本和笔记。在紧张的学习之余，他也有自己的兴趣爱好——打网球。这项运动不仅锻炼了他的身体，也让他学会了如何在学习与生活中寻找平衡。没有陪练伙伴时，他会选择在操场边上对着墙练习，通过运动放松心情，享受大学生活的美好。

▌三、精研律法，另辟蹊径

毕业后，徐伟用自身学识与能力敲开了国家海洋局的大门。他在国家海洋技术中心海域海岛技术研究室任职，主要负责海域海岛规划、政策和技术标准的制定。后来，徐伟又挂职于国家海洋局海域司海籍处，负责海域使用权证、填海造地竣工验收有关的行政管理工作和政策研究工作。任职期间，他参与了《海域法》配套制度的制定工作，这段经历为他未来的职业生涯奠定了坚实的基础。

徐伟并不是安于现状的人。在长期的工作中，他看到了海洋技术服务市场的大部分从业者都是偏向工程类的人才，而很少有来自海洋专业的理科人才。他深感海洋事业的发展需要不同的推动力量，于是他毅然辞去了国家海洋局的工作，决心创业。半年后，海域海岛环境科技研究院（天津）有限公司应运而生，这个富有创造力、承载着他海洋梦想的企业成为他新的奋斗目标。

创业之路当然不是一帆风顺的，相比政府工作，企业的运营要求更快的速度和更好的成本控制，这并不是一个容易达成的目标，但徐伟通过自己的努力，在市场站稳了脚跟，并拥有了不错的市场占有率。谈及相关经历，徐伟深信，要成为行业的领军者，必须要有过硬的自然科学知识和通识教育素养，才能在纷繁复杂的需求中找到综合性的解决方案。而这，也是他在母校读书时收获的宝贵财富之一。

▌四、志在辽阔，深耕蔚蓝

作为一名成功的企业家，徐伟并没有满足于追求企业的经济效益，他始终心系国家海洋事业的发展。

谈及海洋事业的科普推广，徐伟认为公众关于海洋开发活动对环境的积极和消极影响的认识大多依据经验和猜测，并不一定准确。例如，之前为海上风电场的建设提供技术服务时，他发现部分公众认为风电场的建设会使鸟类数量明显减少，但事实并非如此。风电场周围的鸟类因与扇叶碰撞而死亡的情况并不多见，相反，这些地区的鸟类数量反而较多。这是因为风电场周围的电缆会限制捕鱼作业，使鱼类等生物数目增加。附近丰富的鱼类资源成为鸟类的食物来源，鸟类数量因此增加。这样的例子徐伟举了很多，他坚信应以大量的案例和实践为依据，不能凭主观臆断，而应通过实证案例和实践验证的方式来得出准确的结论，从而使公众、政府和科研者去准确地认识和理解海洋开发活动对环境的影响。这种影响不全是积极的，也不全是消极的，而是依据客观规律而存在的多样化的影响。

近年来，我国海域政策不断收紧对资源影响较大的用海活动，如填海造地，对新能源、海洋牧场等新兴生态环保型产业则以鼓励为主。徐伟积极响应国家政策，针对国家的鼓励性政策推广技术服务。他希望通过自身的努力，让海洋开发以更生态化的方式进行。谈及未来的发展期望，徐伟认为目前国内的涉海技术服务企业数目虽多，但并没有成型的龙头企业。他希望自己的公司可以努力发展，扩大影响面和辐射面，点燃国家海洋事业更高、更亮、更盛大璀璨的火炬。

徐伟始终将海洋事业视为自己的追求目标，他热忱的家国之思与对海洋事业的真诚热爱交织融汇，将他的思想和行动烙印在海洋事业的蔚蓝画卷上。他希望母校能够不断进步，成为培养更多海洋事业创新人才的摇篮；他希望国家的海洋事业能够实现更好的发展，成为国际海洋事业的领军者。

▌五、学术底蕴，校友情深

谈到母校对自己的影响，徐伟肯定地说："在这个行业里面，母校首先给我的是自信。在海洋领域，我们海大毕业的学生会认为自己不比任何学校的学生差。"这份自信，源自海大深厚的学术底蕴和严谨的教学态度，它让每一位走出校门的学子都带着满满的自豪感，勇敢地面对职场的挑战。

"海大的学术圈、校友圈对海大学子们的帮助也很大"。徐伟认为，在中国海洋大学就读收获的东西不仅是专业知识，更多的是在整个职业生涯，海大都能给你提供源源不断的支持和帮助，为毕业生提供宝贵的资源。无论是在学术研究还是职业发展上，海大的校友们总是愿意伸出援手，分享经验，提供指导。这种校友之间的紧密联系，形成了一个强大的网络，为海大学子的职业道路提供了坚实的后盾。这种持续的支持，也让海大的毕业生在面对职业生涯中的各种挑战时，总能感受到来自母校的温暖和力量。

作为新时代的海洋人，徐伟笃行不辍，壮志浩茫，无论是学生时代的刻苦学习，还是创业实践中的勇往直前，他始终以坚定的信念和远大的目标，坚定不移地践行着自己的理想。

从政府到企业，从过去到未来，徐伟的位置、职责、工作环境一直在改变。在匆匆而过的许多变量中，不变的，是徐伟继承自母校的学者气度、对海洋事业的热忱和对国家海洋事业的真挚期望。他对海洋的爱如恒星般明亮闪耀，指引他大步走向与海为伴的更远的未来，坚定，踏实，不回头。

访谈 后记

海洋深邃幽远，无言地抚平一切喧嚣。每个海洋工作者的心中都有一片海，他们为之陶醉，为之探寻，为之求索，与海为伴的信念指引着一代又一代如溪流般的探索者汇入海洋。徐伟，便是这样一支坚定的、执着的、饱含海洋求索情怀的溪流。

　　作为海洋学子，我为自己能够采访徐伟校友这样优秀的海洋工作者感到荣幸，也对他的工作充满敬意。他是苍茫大洋里的蓝色领航者，一念既定，上下求索，不辞山高路远。

　　"纵使岁寒途远，此志应难夺"。未来的海洋事业需要更多心有热忱者投入其中，我们也要肩负起守护海洋的使命，捧着晨曦的希望，航向海洋深处，为海洋事业添砖加瓦。

校友寄语

　　祝中国海洋大学生日快乐，祝福母校越来越好！

——徐伟

（撰稿：2021级海洋科学专业　张佳璐　杨雨萱）

学弟学妹 眼中的他 ————————

　　勇立潮头，奋楫争先；志存高远，德才并重。他眼中闪烁着对海洋经济统计体系建设的光，心中迸发着对海洋信息化发展的热爱，肩负着海洋强国建设的使命与责任。

海洋信息追梦人

——访 1998 级校友崔晓健

　　崔晓健，男，1980年生，汉族，山东济南人，1998—2002年就读于青岛海洋大学应用化学专业。2002年1月加入中国共产党，2002年7月参加工作，工程硕士，正高级工程师。现任国家海洋信息中心副主任、《海洋经济》期刊主编。长期从事海洋经济、海洋管理研究和海洋信息化建设工作，组织编制"十四五"全国海洋经济发展规划和国家智慧海洋工程总体方案。获省部级奖励7项，参与出版专著3部，发表论文20余篇。

　　天南海北尽驰骋，归来仍是海大人。谈到母校，崔晓健回忆起初入海大校园时青涩懵懂的模样，回想起拿起麦克风在千禧文艺晚会上自信投入的表演，回味起身穿球衣在足球场上酣畅淋漓的瞬间……他的心绪似被拨动了的琴弦，过往的记忆尽数涌现，把自己也连带着我们，都带入了他那美好的海大故事之中。

▎心之所向，素履以往

　　崔晓健与海洋的故事源起于小时候时常目睹海岸因当地居民挖海蚯蚓而满目疮痍的那段难忘经历。从最开始对挖海蚯蚓的热闹队伍的新奇，到目睹千疮百孔的海岸时的惊讶，再到海蚯蚓慢慢消失的惋惜，一颗保护海洋的种子悄悄在崔晓健的心里种下，也开启了他与海洋的故事篇章。

　　1998年高考结束后，崔晓健毫不犹豫地选择了海洋领域的知名高校——青岛海洋大学，开启了他在海洋领域扎根奉献的学习和职业生涯，选择海大的那份坚定与骄傲溢于言表。海大浓厚的学习氛围、高水平的海洋科研平台和科教融合的培养体系给予了崔晓健全方位的培养。

海大的高质量教育资源完美地匹配了崔晓健的专业诉求，他始终对专业课程保持着极大的热情。对于从事海洋事业的志向和决心也激励着他在课堂学习之余，充分利用图书馆等各类学习资源。感受着图书馆里浓厚的学习氛围，畅游在丰富藏书的知识海洋里，汲取着更多、更全面的知识，在别人看来可能极其枯燥乏味的生活，崔晓健却乐此不疲。他说他大学中很大一部分时间都是在图书馆度过的，至今回味仍倍感充实。功夫在平时，功到自然成。正是这种长此以往的默默奋斗，让他的专业能力在量的积累中悄悄向质变靠近，踏实肯干的优良品质也越发深厚，这些让他在日后工作中受益良多。

专业学习之外，学校丰富多彩的实践活动为崔晓健各方面能力提升和全面发展提供了广阔平台。"班长""足球""文艺晚会""学生会""社团活动"……这些跨界、混搭的词语同时集于崔晓健一人之身，体现着他对自己全面发展的渴求，也彰显了海大优越的学习成长环境。全方位的培养模式着实培养了包括崔晓健在内的海大学子的创新思维和实践能力，为他们之后的发展奠定了坚实的基础。

"无论是鸟语花香的春，还是玉树青葱的夏，无论是落叶缤纷的秋，还是雪花飘落的冬，都有值得驻足欣赏的美景。"崔晓健讲述着他记忆中的海大校园，校园内都是优雅的建筑，还有总能让人心情愉悦的蓝天、白云和大海的气息。四年的大学时光对于他来说，非常短暂，但非常充实而又美好。

此时，崔晓健心中那颗保护海洋的种子，已经在努力和汗水的浇灌下生根发芽，愈发茁壮。

▎博观约取，厚积薄发

"做一件事，就要用心去做好。"海大精神和一代代海大人执着坚守的谋海济国的追求，深刻地影响和激励着崔晓健更加刚毅和踏实地投身于国家海洋事业。

2002年，刚刚大学毕业的崔晓健与国家海洋信息中心签订了协议，进入中心海洋环境预报室工作，踌躇满志的他内心暗暗发誓，一定要在工作岗位上"有一分热，发一分光"。

初入职场，海洋微生物培养实验、地理信息制图以及海洋保护区政策研究等工作对自己而言完全是"新鲜事物"，挑战不小、困难不少，但在海大求学期间积累的坚实功底、不断探索未知领域的勇气和迅速学习新知识的能力给了崔晓健足够的底气去迎接挑战、克服困难。

"办法总比困难多"是崔晓健日常挂在嘴边的话，也让他坚实地走好脚下的每一步。2003年，刚工作不久的崔晓健就被单位安排参加"908专项——我国近海海洋综合调查与评价"专项调查计划。在专项管理办公室工作的五年中，他也曾迷茫、沮丧过，他没想到自己的具体工作竟会如此琐碎、重复，还面临着细致烦琐的组织协调任务。但是，时间久了，静心思考之后，他慢慢明白，"再重复的工作也有需要改进发光的地方，再基础的工作也需要有人做，每一项基础工作都对个人成长是有用的"。学以致用，还要坚持在实践中学，这让他更加主动地鞭策自己去学习、去进步，不断提高自己的科研水平和业务能力，让自己的状态和工作都不断朝着一个更好的方向发展。"加班加点"成了他的工作常态，"做完本职工作后经常帮同事搭把手"也成了他改不掉的习惯。崔晓健说，那是一段非常辛苦的日子，但也是他迅速成长的日子，这也为自己在2009年回到国家海洋信息中心承担更重要的工作打下了基础。

学无止境，勤奋务实，崔晓健深知，要将梦想付诸实际行动是很难的，所有梦想都需要毅力与坚持，都需要脚踏实地。2009年，他回到国家海洋信息中心，担任业务发展处副处长，在这期间，他主动深入了解国家海洋信息中心的各项业务，加强理论和业务学习，对国家海洋经济战略规划和海洋数据处理应用等有了更为系统性的认识。他努力以踏实肯干的工作态度，让梦想和现实之间的距离越来越近。

如今，"908专项"成果已广泛应用于海洋科学研究、海洋综合管理等领域，为我国海洋经济发展、海洋权益维护、"数字海洋"建设等提供了有力的技术支撑。这份答卷是给所有项目参与者的最好回应，也无疑给参与这项工作的崔晓健以及其他海大校友莫大的肯定和鼓励，激励着他们继续在海洋领域深耕细作。

此时，崔晓健心里那颗保护海洋的幼苗似乎找到了更广阔的成长方向，不仅仅要保护海洋，还要经略海洋，建设海洋。

▎年岁易改，热忱如故

"要不断地给自己前进的动力，不能原地踏步。"正是他严谨负责的态度以及出众的组织能力，才让他一步步成为优秀的领导者，如今，崔晓健已经是国家海洋信息中心的副主任。在这个岗位上，他依旧保持着对新鲜事物的敏锐，依然不断地思考如何将工作做得更好、如何将一代代海大人传承下来的优良品质发扬光大。

2022年，崔晓健代表单位与母校中国海洋大学签署了《中国海洋大学 国家海洋信息中心全面合作协议》合作协议，双方围绕海洋经济研究、海洋信息技术、海洋资源保护与开发等领域开展全方位的合作，深化研究生联合培养，以科教融合、管学协同推动海洋科研创新突破，共同致力于为推进海洋经济发展、海洋生态文明建设和海洋权益维护等作出新的更大贡献。

此时，崔晓健心里那颗保护海洋的小树似乎已经长成参天大树，能够在海洋信息领域撑起一方天空。他成为新时代海大人的优秀代表，引导和激励着正在努力成才的海大学子。

▌奋斗不止，心系后辈

回首往昔的求学和职业之路，崔晓健心潮澎湃。伴着回忆的涟漪，他细细讲述了自己曲折而又坚定的成长历程，同时也满怀期待地寄语正在海大园求学的学弟学妹们，对他们的未来充满无限的希冀。

"在树立远大的目标并为之奋斗的过程中，将个人发展和国家利益结合起来，在实现自我价值的同时，为国家经济、社会发展和民族复兴贡献自己的力量。"作为前辈，崔晓健对母校学子提出了宝贵建议。而从"私心"出发，他还希望母校能培养更多海洋人才，让他们投身于海洋事业中，让中国在国际海洋领域有更多的建设成就和话语权。

一个上午的访谈行将结束，但崔晓健的故事到这里似乎还远远没有讲完。他以身作则传承着"海纳百川，取则行远"的海大精神和谋海济国的使命担当，这必将激励更多的海大学子成长为可堪海洋强国建设大任的时代新人。

访谈 后记

巍巍学府，栉风沐雨；薪火相传，弦歌不辍。崔晓健在工作岗位上所展现出的那份对海洋事业的热爱，激励着我们奋勇前行。对他的访谈，让我们扫除了在专业学习、职业发展、人生规划中的迷茫和困顿，也让我们更加坚定地追逐梦想，砥砺前行，驻足今日的憧憬和期待，追求未来的巅峰和跨越！

校友 寄语

努力拼搏，不负韶华，明天海大以你为傲！

——崔晓健

（撰稿：2021级海洋化学博士研究生 刘晓晴；2022级化学硕士研究生 李智超）

学弟学妹 眼中的他 ——————

　　学贵得师，亦贵得友。他在工作中对待科研问题严谨地求知，坚定地探索。他细致入微、不断钻研、求实务实的科研精神令人敬佩。他温和儒雅、幽默风趣、和蔼可亲，他善良宽厚、待人真诚、开朗通透。

一份热爱，一生事业

——访 1999 级校友战爱斌

　　战爱斌，男，1980年生，山东莱州人，1999—2003年就读于青岛海洋大学生物技术专业，2007年获理学博士学位。现任中国科学院生态环境研究中心特聘研究员，中国科学院大学资源与环境学院教授，中国科学院环境生物技术重点实验室副主任；兼任北太平洋海洋科学组织（PICES）海洋外来入侵生物委员会（AP-NIS）共同主席、加拿大温莎大学客座教授、中国进出入境生物安全研究会常务理事、中国动物地理学会常务理事等；国家级人才项目获得者；*Diversity and Distributions* 共同主编，*Biological Invasions*、*Marine Biology* 等10余本国际学术期刊副主编/编委。主要研究领域为水生生态系统的入侵生物学与污染生态学。主持项目40余项，发表SCI论文140余篇，申请专利10余项，出版专著2部。

▌少年探海，逐梦海大

　　战爱斌的大学生活始于20世纪90年代末。他在读大学的时候并没有明确以后要做什么，但对海洋生物有极大的兴趣，这个兴趣源于童年时在海边的玩耍嬉闹。20世纪80年代，渤海海岸带的生态环境很好，五光十色的贝壳和光怪陆离的虾蟹等让他的童年充满了快乐。那个时候他并没有明确心中的喜欢就是兴趣，却在高考的时候，秉持童心，毫不迟疑地报考了青岛海洋大学。

　　学业对于学生而言是最重要的。作为全国十大最美校园之一，海大鱼山校区古树参天、曲径通幽的优美环境，中西合璧、历史悠久的特色建筑以及深厚的文化底蕴，为海大学子提供了一个轻松愉快的学习环境。在战爱斌求学时，学校的学习氛围非常浓厚，在"学在海大"的引领下，同学们一同学习探讨，相互激励，朝着自己的目标努力。"晚上你若是想要去上晚自习，可是要提前到教室占座的。"战爱斌笑着说道。满满当当的教室内，偶尔传来书页翻动的声音以及笔尖摩擦纸面的细微的沙沙声，楼梯转角也经常会有同学在轻声背诵。在忙碌的学习时光中，战爱斌对于生物知识的兴趣从未改变。生物专业有大量需要记忆的知识，正是因为有兴趣，战爱斌才能够用更短的时间记住这些知识，并一直对学习保持着热爱。

回想起学生时光和在母校的生活，战爱斌内心里想到的第一个词就是"感恩"。八年时间里，授业恩师的面孔、挑灯夜读的拼搏，都成为他难以抹去的美好记忆，之后每每回到海大，就像打开了装满记忆的匣子，过去的画面阵阵浮现。

▌心有热爱，精耕善为

谈及大学的学习生活，战爱斌认为，确立目标是很重要的，而且目标是随着时间和阅历不断变化的。在刚从高中步入大学时，他的目标就是学好本专业知识，以后回想起来这四年，不至于因碌碌无为而后悔。当然，还有一些阶段性的小目标，如通过英语四六级、期末考试拿到高分。这些目标看起来很简单，但是想要达成这些目标实际上需要培养很多能力，其一便是自主学习能力。陡然间从高中相对紧张的环境进入大学相对宽松的环境，战爱斌也曾挣扎和迷惑过一段时间："想要实现自主学习而不是老师投喂式学习需要非常大的毅力，幸而我转变得相对较好。"其二，独立思考也同样十分重要。在追逐目标的过程中，战爱斌转变思维方式、提高思辨能力、切换认识问题角度、锤炼思考深度，这些都为他的后续发展奠定了坚实基础。

然而，本科的学习并不足以解答战爱斌心中的疑问，继续攻读硕士是他坚定的选择。恩师包振民院士对战爱斌的科研之路产生了非常大的影响，"不做则已，做必完美"的做事原则，"以身作则，一丝不苟"的自我要求，深深影响着学生时代的战爱斌。"讨论问题有时候会争论到凌晨两三点，势必要把事情做好"，整个团队"态度决定一切"的观念也让战爱斌意识到，一件事，你一旦接受，就必须尽其所能做到最好，他逐渐形成了"不做则已，做必完美"的人生信条。这些潜移默化的影响和逐渐形成的做事习惯帮助他跨过科研上和生活上一道又一道的难关，取得了优异的成果，并一直陪伴着他走到今天。

带着对海洋生物的热爱，战爱斌在中国海洋大学顺利完成了学业，回想在校学习生活的点滴，正是校园期间的深耕、精耕，让他对科研产生了信心与更高追求。

他始终相信，生命科学作为认知自然的基本前提和工具，是国家科学和技术发展的基石，这样的认识不仅支持着他考取研究生，更给予他不断探索未知的动力。

▎海纳百川，学无止境

"海纳百川，取则行远"的校训始终深深印刻在战爱斌心中，在科研一线奋斗多年的经历让他对校训有了更新、更深的理解，那就是团队精神。如今人类面临的环境问题非常复杂，面对复杂多变的环境问题，只有团队甚至多个团队相互合作，才能在国家急需解决的重大科学问题上有所突破。"百川入海，即成汪洋"，是大气和大度的体现；而"取则行远"即要坚持大道原则、做大学问。校训的深邃内涵让战爱斌知道需要静下心来，认真思考，仔细琢磨，唯有这样，才能保证自己一直站在学科前沿，才能不断地突破自我。

谈及学习工作中的体会，战爱斌给了青年学子几点建议。一是要终身学习和掌握学习方法。现阶段科学技术领域发展非常迅速，知识更新也非常快，终身学习以及掌握快速更新知识体系的方法非常重要，这个要依靠自己扎实的知识基础。如果没有扎实的基础知识做后盾，在今后的科研或教学过程中可能会出现原则上的问题甚至错误。二是要有钻研精神和务实求实的科学态度。不要在"内卷"上下功夫，某一门课程比别人高两三分不重要，重要的是走出校门甚至国门，和全球的同行们去探讨、交流，接触新理念和新知识，拓宽自己的视野，这样会更有收获。三是做事不要眼高手低。在做研究时，很多东西要重复数遍，甚至百遍千遍，简单的事做上千遍就是不简单的，一定要扎实做好手中的每一件事，只要接手了，就一定要有头有尾。四是端正对待事情的态度，尤其是耐心。一定要非常清晰地知道自己将来感兴趣的方向上需要的技能，并加以锤炼，不因为遇到困难或是情绪上的变化而放弃或是轻视，只有完成了所有的技能的训练和锤炼之后，将来走的路途才会相对平坦一些，顺利一些。

▎奋楫扬帆，行稳致远

"海洋生物去哪了？海洋生态系统怎么了？"战爱斌曾经提出的看似简单的两个问题，历经多年也没有获得答案，反而系统性的问题越来越多，这些问题时刻提醒他实质性的科学问题仍未解决，也正是这些问题不断驱使他从毕业至今一直从事与海洋生态安全和生物安全领域相关的研究。科学问题的不断涌现时刻提醒他科研之路任重道远，实现我国生态安全和生物安全的目标需要科研人员付出艰苦卓绝的努力。

习近平总书记高度重视海洋强国建设，围绕海洋事业多次发表重要讲话、作出重要指示，强调"建设海洋强国是实现中华民族伟大复兴的重大战略任务"。面对我国严峻的生态环境以及海洋生态问题，战爱斌希望中国海大学子能够充分了解我国的现状和大背景，寻找自己感兴趣的方向，关注具体的问题，并从小事做起，每人做一点小事改变我们的生态环境，汇聚在一起将会形成一股洪流，形成百川入海之势。

同时他期待中国海洋大学能够立足海洋强国的建设，大力推进改革和创新，坚持海洋为导向特色发展，也期待母校建成国际知名、特色显著的综合性大学。期待广大海大学子，提升个人能力，增强爱国情怀，全面发展，成为复合型、综合型人才。

访谈 后记

由于战教授正在国外出差，此次访谈只能线上进行，这多少有些遗憾。在交流时，战教授十分和蔼，言谈之间展现出他的博学多才。战教授建议我们打开视野，走出校门，培养长期学习的习惯，并重视团队合作，这些建议令我们受益匪浅，也指引着踏上生态环境科研这条路的学子们走得更远。

校友 寄语

希望大家珍惜在中国海大的时光，努力夯实自己的基础知识，培养自己的各项能力。中国海大是一个学术的殿堂和梦想启航的地方，期待更多的学子在这里通过学习实现自己的梦想，为自己拼搏出更多的发展机会，为国家的海洋事业作出重要贡献。

——战爱斌

（撰稿：2021级生物科学　王贵宁）

学弟学妹 眼中的他 ——————

他有一颗感恩之心，被岁月温柔以待，不负流年。他有一颗进取之心，百舸争流奋进时，勇立潮头。

海大"六字"

——访 1999 级校友姜中华

姜中华，男，1980年生，山东日照人，1999—2003年就读于中国海洋大学海洋技术专业。2007年加入阿里巴巴，现任阿里巴巴集团资深高管。

伴着午后的阳光，我们见到了姜中华。"我现在就是个卖菜的。"一见面，他这样说。一句幽默、直接的开场白，化解了我们紧张的心情，他之所以说卖菜，是因为淘宝生鲜食品行业是他负责的业务之一。

提及母校，姜中华的眼眸闪烁出熠熠光彩，深深镌刻在他心中的大学时光被迅速点亮。他缓缓讲述着大学时代的点滴故事——青涩的成长经历，遗憾与成就交织的岁月，对学业的执着追求，还有曾经的理想蓝图，那些记忆中的片段仿佛穿越时空，鲜活地展现在我们眼前。

有人说，生活不是由时间构成的，而是由一张张影像构成的，有记忆的时间，才是真正的时间。姜中华在海大的影像，归结为六字：科学，改变，怀念。

▌选专业少了"科学"俩字

姜中华是山东日照人，自小伴着海风成长。广阔无垠的海面、翻涌跃动的海浪、繁忙勤劳的渔民占满了他的整个童年。海洋，在姜中华的生命里早早留下了深深的痕迹。正是由于这份对于海洋的热忱与憧憬，姜中华在高考后毅然决然地背起行囊，踏上了前往青岛海洋大学的旅程，人生的转折从此开始。

青岛海大是国内第一个设立海洋技术专业的高等院校，该专业前身是物理海洋专业。一直以来,海大都是国内该专业的"领头羊",汇聚起一支国内顶尖水平的师资队伍。姜中华坦言:"农村人可能比较现实,找一个不错的专业,未来能找个不错的工作就很有出息了。家里有个哥哥上军校,是身边很多人的榜样。20世纪90年代报考志愿时,计算机、海洋和生物专业炙手可热。彼时,在农村缺乏专业填报指导,再加上互联网不发达,只能凭借个人直觉判断。"思来想去,觉得海大的"海"字头的专业必然具有优势,于是姜中华坚定地选择了与海洋相关的专业方向。

姜中华起初在"海洋技术"和"海洋科学"两个专业间徘徊不定。深思熟虑后,他判断"海洋技术"这一名称相较于"海洋科学",在字面上似乎更加侧重于实践应用,更加务实。他最终下定决心,投身于海洋技术专业的怀抱。进入大学后,在老师的悉心教诲和引导下,他对所选专业的学科背景与发展前景有了更为深刻和清晰的认识,也逐渐明晰了自己的学术追求和发展路径。

时光荏苒,尽管已离校二十载,校园生活依旧历历在目。他笑着对我们说,在海大的生活充实且美好,短短四年,让一个懵懂青涩的少年蜕变为具备高尚品格、良好道德修养和扎实能力,能够独当一面的海大人。

作为集团的高管,他非常认可对海大学子的社会评价,海大学生走上社会,具备很好的再学习能力,能客观认识自己和世界,敢于承认自己的不足,不卑不亢,非常纯粹。他认为这些特质的形成,离不开很多人习以为常的校园学习生活和校园活动。同学们在互动交流中互学共进,在合作实践中携手成长;在樱花树下、三角绿地边悠然阅读、热烈讨论,挥洒无尽的热情,共同编织了一个个镌刻着青春印记的美好约定;在庄重而宽敞的报告厅内,学校邀请了各行各业的翘楚为同学们带来一场场人生经验分享和智慧的洗礼。姜中华认为海大教会了学生如何与世界相处,如何向内求索,为学生塑造了积极进取的人生观与世界观,奠定了坚实的人格基础,提供了广阔的发展视野。

▌做学问多了"改变"俩字

当被问到学校的培养对他有啥影响时,姜中华的眼神变得柔和而深邃,他深情地怀念道:"当时一群热血的老师言传身教地带出了一班好学生。"他的声音中充满了对学校生活的深深眷恋和对学校培养的无尽感激。

在海大,他遇到了令他一生难忘的老师和同学们。路德明、王宁、刘智深等老师,不仅在学业上给予他指导和帮助,更在人生道路上给予他鼓励和支持。尤其是路德明老师,润物无声地在海洋技术专业的同学们心中种下了一颗"牧海犁疆"的种子。

姜中华谈起了当时班级同学们在实习船上进行实习作业时的回忆,路老师在带他们实习的过程中说出了令姜中华和他的同学们铭记一生的四个字——"牧海犁疆"：终有一天我们一定能放牧我们的蓝海，犁耕我们的边疆。这在他们心中播下了"问海图强"的种子，激发了他们勇攀高峰，立志于改变现状的决心。

光阴似箭，他所就读的班级已经毕业20年了，同学们如蒲公英种子随风而起，随着祖国的需要，散播在中华大地的各个角落。他们深耕在不同的领域，为了民族复兴、国家富强贡献着自己的力量。"借着20年聚会，才知道大家在不为公众所熟知的领域不断发光发热，很多领域的核心部件的核心技术就是我们这班同学攻克的。"姜中华自豪地说。

多年以后，他们不再是那群懵懂的少年，而是有理想、有本领、有担当的新时代国家栋梁。当年校园里老师们的谆谆教诲，早已深深扎根在他们心间，尽管岁月在他们的面庞上悄然留下了印记，但他们的眼神依旧坚毅且明亮。他们以自身的行动践行着初心和使命，成为"牧海犁疆"的代言人，也在用自己的力量引领和激励着更多的人加入这个行列，共同传承这一精神内核。

▎离开母校后添了"怀念"俩字

每一位海大学子，心中都深深烙印着对海大的挚爱，因为这片热土承载了他们无数珍贵而难忘的回忆。海大的校园见证了姜中华丰富精彩的人生历程：鱼山校区的图书馆见证了他学生时代的奋发拼搏，鱼山校区的歪脖子树见证了他踏入社会、入职阿里的曲折，崂山校区的海之子报告厅见证了他事业有成、回馈母校的荣耀。

海大的培养让姜中华敢想敢拼，一路从钉钉CPO到集团人力资源高级总监，他在阿里内网被同事们贴了很多标签，"阿里好胖子""率真""仗义义气""好老板""激励大师""姜教授""园艺大师"等，从中我们断定他是一个"认真工作，快乐生活"的人，这八个字也是阿里的价值观之一。

"到今天为止，我仍然觉得，最令我怀念的还是本科学校，因为本科学校对我们这群人来讲基本上是塑造人生观、价值观和理想的地方。海大启迪我们以社会人的广阔视角去审视科技的发展演变、社会的进步潮流、国家的繁荣强盛以及地球上万物间的内在联系。就如同海大的校训'海纳百川，取则行远'所倡导的那样，接纳多元化的思想观念，同时保持平和冷静的心态面对问题。"姜中华说，正是在海大的求学岁月中，他收获了最为宝贵的财富——平和豁达的心态、直面挑战的勇气以及解决复杂问题的实际能力。这些对他的人生历程产生了深远且持久的影响。

"21世纪是海洋的时代，未来20年依旧是与计算机、遥感等多学科交叉的时代。近年来，全国各大高校向海洋领域进军，大力发展海洋类专业。在这样的背景下，期盼海大不断提升自身影响力，让更多的人知道海大在培养更多优秀的人才，为社会输出更多的人力资源，为社会发展、国家富强、民族振兴、人民幸福贡献了海大力量。"姜中华满怀希望地说。他也衷心希望海大的新一代学子，能够多看、多听、多学。在职业发展的道路上，海大学子更要秉持务实的精神，不畏艰难险阻。须知成功者中，不乏非凡智慧之人，但更多的是那些脚踏实地、持之以恒的务实之人。

姜中华毕业那年创作了一首小诗《怀念海大》，访谈中有幸拜读，这里节选其中部分小节，分享他对母校真挚热烈的爱：

怀念海大，

怀念海大的天空，

怀念海大的素雅，

怀念海大的氛围，

怀念海大的一草一木、一砖一瓦，

怀念海大给我留下的一点一滴，

怀念……

怀念海大，是一种心情，

让我老是在梦中回到那魂牵梦绕的母校；

怀念海大，是一种感动，

让我老是在听到海大消息的时候心中莫名地激动；

怀念海大，

怀念海大的恩师们，

一言一行地鼓励我们，

教导我们做人做事，让我们受益终身；

怀念海大，

怀念海大图书馆的那些旧书，

在大家都不搭理它们的时候，

我却一本一本地借回去，

汲取其中的养分，

读的时候不会察觉，

工作以后才明白，

书，其实是不分新旧的，

知识，也是没有新旧的。

…………

访谈 后记

　　他有一颗感恩之心，被岁月温柔以待，不负流年。他有一颗进取之心，百舸争流奋进时，勇立潮头。谈到大学时的光辉岁月，他的嘴角总是挂着一抹微笑；谈到同学们的成就时，他脸上洋溢着自豪；谈到对母校未来的发展和海大学子的成长建议时，他更加语重情深。姜中华的感恩情怀和积极进取的精神风貌深深地打动了我们，他向学弟学妹们倾心传授的人生智慧与恳切教诲，无疑将令我们受益终生。

校友 寄语

　　祝母校、学部越办越好，为国家和社会承担责任的同时，培养更多优秀的人才，为社会输出更多的人力资源，为社会发展、国家富强、民族振兴、人民幸福贡献海大力量。

　　（撰稿：2022级计算机技术硕士研究生　李国宇；2021级海洋技术　王可；2022级计算机科学与技术（中外合作办学）　焦子芯）

学弟学妹 眼中的他 ————————

渡远荆门外，来从海大行，赤子之心永葆；浩海求索是，淡泊以致远，砥砺之志长存。廿年弹指一挥，韶华于琴岛常驻；走过晨风夕月，长志与海大同帆。伟大来自平凡，在每一个普通单位的努力，铸就了点点滴滴的成功。江入大荒流，山随野尽；百川归海去，且听风吟。不忘初心、牢记使命，砥砺前行。

百舸争流搏劲浪，亮节高风行世间

——访 1999 级校友夏嵩

夏嵩，男，1979年生，四川达州人，1999—2003年就读于中国海洋大学法学院。2003年获山东省优秀学生干部、校优秀毕业生等称号。2003年7月—2004年7月，青岛市市南区八大峡（台西）街道办事处见习；2004年7月—2005年6月，青岛市市南区人民检察院政治处书记员；2005年6月—2010年10月，青岛市四方区人事局副主任科员、干部科副科长、科长；2010年10月—2012年9月，青岛市四方区团区委副书记（2011年7月—2012年2月在青岛市容环境整治指挥部综合督查部工作）；2012年9月—2012年12月，青岛市四方区新都心建设指挥部办公室副主任；2012年12月—2021年11月，青岛市总工会法律部副部长（正处级）、政研室主任、组织部部长（2012年12月—2013年6月，挂职2014世园执委会文化活动部处长，2018年4月—2021年3月，兼职莱西市院上镇乡村振兴工作队副队长、隋坊村第一书记、莱西复工复产工作队等职务，2020年10月—2021年11月，挂职青岛市疫情防控指挥部综合督查部副局级干部）；2021年11月—2023年4月，青岛市司法局党委委员、副局长（2022年10月—2023年6月，任青岛市委第二轮、第三轮政治巡察第七组副组长）；2023年4月至今，平度市委常委、宣传部部长、教育工委书记。

1999年，夏嵩，这个出生在四川达州的少年，远赴千里外的齐鲁大地开始了自己的追梦之旅。经历了四年奋发图强、多姿多彩的海大生活后，夏嵩踏上了从政之路。从政二十载，他始终坚守着淡泊名利的"平凡心"、慎独慎微的"自律心"、如履薄冰的"敬畏心"，在一个个不同的岗位上磨砺自己，由平凡走向不凡。

▍求学海大，困知勉行

20多年前，一个怀揣着梦想的少年辞别家乡，来到了千里之外的青岛海洋大学，几年之后，这座盛名学府更名为我们更为熟知的中国海洋大学，这位意气风发的少年，也成为中国海洋大学这个崭新名字下的第一届毕业生。他便是我们访谈的校友——夏嵩。

临行之前，夏嵩向父亲许下了三个目标，承诺一定要在这四年内实现：第一，成为一名光荣的共产党员；第二，担任学生会主席；第三，谈一场青春的恋爱。夏嵩深谙"有志者，事竟成"的道理，这成为他的一个人生信条。

入学伊始，夏嵩便加入了校学生会文艺部与院学生会通讯社，担任干事职务，他努力工作，踏实进取，一丝不苟，尽职尽责。在这一年中，他得到了老师和同学们的认可，并顺利当选为法学院学生会主席，一干就是三年。夏嵩对待学生工作全心全意，在他的带领下，法学院学生会在分会评比中位居榜首。谈到这个话题的时候，夏嵩的眼睛一下子亮了起来，显得十分自豪，他对我们说："我们那个时候的学生会是靠自己来运营的，我担任学生会主席期间，每当举办校运会、篮球赛这些校内文娱活动的时候，是不会花学院一分钱的，因为我们都在锻炼一种市场化的营销能力。"夏嵩巧用各种策略，使得法学院学生会在各个活动中脱颖而出，也成功实现了他为大学生涯设定的第二个目标。夏嵩说，他十分感激校学生会和院学生会这两个发现和发展自己潜力的平台，在海大培养的领导力与团队合作精神让他具备了应对未来工作变化的能力。

▍石以砥焉，化钝为利

大三那年，夏嵩了解到关于全国大学生"挑战杯"的消息，就着手准备报名参加。在确定团队项目主题这个问题上，夏嵩经过深思熟虑后，最终选择了当时比较前沿的信息技术与物流管理领域。确定好项目主题后，夏嵩便有条不紊地开始进行市场调研、数据收集、痛点分析等一系列工作。同时，为了保证专业性，他特地前往管理学院与信息学院邀请相关领域的硕士及博士研究生一起参与。

当年的比赛有很多厉害的队伍参加，夏嵩为了提高团队的竞争力，便想请一位"重量级"人物来做他们的项目顾问。经过多番打听，夏嵩了解到有一位在信息技术领域卓有建树的中国工程院院士恰巧也在青岛，于是就鼓足勇气前去拜访。夏嵩前五次去拜访时都被保安拦在门外，始终未能见到院士的身影。直至第六次，夏嵩再次出现在门外时，保安也被眼前这位大学生的坚持所感动，于是就答应将这件事转告办公室主任。等到办公室主任了解情况后来到他面前时，夏嵩向主任展示了他们的策划成果，主任听罢告诉他们院士正在国外，让他们等待通知。等到第七次时，院士又前往海南出差。待到第八次，方才得以见上院士一面，办公室主任给了夏嵩半小时，夏嵩以最精练的语言讲解了他们的方案，院士对之赞叹有加，听闻他们已是第八次来，又是十分感动，表示愿意支持，于是答应作为夏嵩所带领的团队的总顾问，为他们提供专业的指导和建议。最终在这次大赛中，夏嵩所带领的团队在山东赛区取得了优异的成绩。

夏嵩称这是他大学时光中最难忘的一件事，至今仍记忆犹新，这种"挑战"精神让他获益匪浅，"一直到后来我参加工作这么多年，在我的眼里从来就没有'困难'二字，只要勇于尝试，没有什么事是克服不了的"。夏嵩在后来的工作当中曾亲身参与了乡村振兴等工作，他说，这些工作都是国家和社会所需要的工作，在这些工作中，夏嵩充分发挥挑战精神，发挥自己的专业优势和创新能力，与同事们通力合作，与群众密切沟通，以积极的心态，抱着高度的责任心，直面一切风险考验，攻克了一个又一个难关。

夏嵩说："做一件事情的时候不能只有规划，一定要勇于尝试，凡事都要走出去，凡事都要干起来。千万不要总想着有很多困难，因为如果你想着困难的话，就会有太多理由去放弃了。困难是肯定存在的，既然知道它存在，那就一门心思地去想办法解决，去消灭掉前进路上的困难。"夏嵩结合自己的经历，建议大家要把大学当作"试验田"，他认为在大学里没有"失败"二字，因为真正的失败是在社会上才会遭遇的，在社会上的失败往往没有重来的机会，大学却完全不同，大学生可以不断地进行尝试和探索。"所谓的失败也不过是成功路上的插曲"，每一段经历都是不可多得的，所谓的遗憾也可以是一种成长，受过的伤也将化作照亮前路的光，这些都会成为未来保卫自己的铠甲，成为披荆斩棘的利器。这些都是他在大学实践中感悟出来的道理。

▌青春多彩，且行且歌

夏嵩在大学期间涉猎广泛，养成了读书、运动的习惯，享受着大学带来的快乐与收获。夏嵩除了主修法学外，还辅修了一些经济学的课程，以此来增长见识，开阔视野。此外夏嵩还经常前往图书馆，借阅一些哲学类书籍，借以丰富知识。他还和一些志同道合的同学成立了文学社，经常聚一起探讨交流，分享小说、诗歌、散文等文学作品，平日里也会进行一些文学创作。夏嵩说，参加文学社的一些同学时至今日仍然保持着写作的习惯。"大学时代的一些习惯是会一直延续下来的,就我自己而言,我大学时便坚持跑步、喜欢打篮球,现在仍然保留着这些好习惯。所以你们这些刚上大学的孩子一定要注意习惯的培养,这会使你们一生受益匪浅",夏嵩如是说道。

夏嵩总结他的海大求学生活时说:"我的大学生活是多姿多彩的,第一,没有耽误专业课的学习;第二,学生工作做得卓有成效,得到了师生们的肯定;第三,拥有着丰富多彩的课余生活。而且我也完成了我的三个目标,在大二的时候光荣入党,担任了三年法学院主席,而且还谈了一场美好的校园恋爱,她是你们的海大师姐,也是我的妻子。我感觉我的大学四年是十分充实的。"

▌脚踏实地,砥砺前行

夏嵩工作后的20余年,先后走过市南区、四方区、莱西等六个区市,从街道辗转到检察系统、人事系统,再到后来的工会系统、司法系统、党政班子等,一步一个脚印地从平凡走向不平凡。"想飞得高,就要脚踏实地;要想跳得远,就要先弯下腰",这是夏嵩在一次次实践中悟出的道理。

夏嵩坦言,"事情都是干出来的",路虽远,行则将至;事虽难,做则必成。每一个岗位都像是一所学校,每一个领域都是一片天地,在不同的岗位上不仅能够学习到不同的知识和技能、接触到不同的人和事,也能体验到不同的生活和文化,这让夏嵩将理想与抱负熔铸在了脚踏实地的前进征程中,在实践中锻炼出"脚底风云足下生"的心性,在创新中坚定了"长风破浪会有时"的决心。

▌爱如海大,与海共情

夏嵩一家是不折不扣的"海之子"。当谈及对海大的感情时,夏嵩深情地说:"我对海大是有着深切的感情的,个人的成长离不开在海大时的沉淀;我的妻子在海大本硕博读了10年。我也很荣幸经历了母校的校名变更,机缘巧合也使我拥有两张不同时期的海大的学生证。在工作方面,海大对我的影响也是十分深刻的,使我在未来的发展得以受益,我也没有辜负母校。"

访谈后记

夏嵩学长身上有"有志者,事竟成"的奋斗精神,"锐意进取,奋楫笃行"的创新精神,"千里始足下,高山起微尘"的拼搏精神,他是我们学习的榜样。采访时,夏嵩学长表达了对学弟学妹的殷殷期盼,对于母校未来的发展给出了诚恳的建议,这些都让我们获益匪浅。

校友 寄语

大学四年是塑造正确的人生观、世界观、价值观的重要时期，希望学弟学妹们能够沉淀自己，明辨是非，勇往直前，不断地挑战自己，迈上新台阶。衷心希望母校能够有更好的发展，为国家培养出更多优秀学子。

——夏嵩

（撰稿：2022级法学类（中外合作办学）　周忠李 ；2021级法学类（中外合作办学）　庄添壹）

学弟学妹 眼中的他 ————————

对待科研,他热爱、坚持;对待成果,他沉稳、谦逊。40余年的人生经历,在他看来波澜不惊,在别人眼里却熠熠生辉。

逐梦少年的数海之行

——访 1999 级校友徐振华

徐振华,男,1980年生,山东青岛人,1999—2003年本科就读于青岛海洋大学信息与计算科学专业,2003—2006年硕士就读于中国海洋大学计算数学专业;2006—2009年博士就读于中国科学院海洋研究所物理海洋专业。2009年至今在中国科学院海洋研究所工作,历任助理研究员、副研究员、研究员;2012年至今担任中国科学院海洋环流与波动重点实验室副主任/党支部书记,2015年起担任中国科学院海洋研究所博士生导师。

主要从事海洋动力学及波动与混合研究,承担和完成包括国家自然科学面上基金、青年基金、中国科学院先导专项专题等相关课题10余项,其中国家基金课题5项,目前担任中国科学院创新交叉团队"海洋中尺度动力过程及生态效应"负责人。近年来在包括JGR、JMS、ECSS、ANGEO在内的本学科重要期刊上发表相关论文50余篇。

2014年作为骨干成员获国家海洋工程科学技术奖一等奖,2014年入选中国科学院青年创新促进会会员,2015年起担任中国科学院青年联合会委,2016年当选中国科学院"拔尖青年科学家",2017年荣获军队科学技术进步奖三等奖,2021年当选国家高层次人才支持计划青年拔尖人才。多次担任国家自然科学基金(NSFC)和美国国家自然科学基金(NSF)评审专家。

仲夏时分,空气中弥漫着微热的气息,然而一缕抚慰人心的清风如约而至。初次与徐振华老师相见,他和蔼可亲、温文尔雅,温暖而亲切的笑容瞬间融化了我们内心的紧张。在轻松愉快的氛围中，徐老师与我们分享了他的人生故事。

▌求学之路：逐梦海洋，相逢师友

自幼生长于青岛这座海滨之城，徐振华对海大充满了深深的向往。因此，他在18岁时毅然决然地选择了青岛海洋大学，立志将自己的青春岁月奉献给海洋。学业结束之后，他在国内外众多海洋机构和大学间穿梭访问，对海洋研究倾注了无尽的热情。然而，最终他选择留在青岛工作，因为他认为这里是海洋工作者的黄金地带，这里无愧于他多年来的向往和追求。

徐振华在海大七年的求学之路，可谓充满挑战与机遇。在数学系的七年时光对于他来说，无疑是非常宝贵的财富。在求学之路上，徐振华遇到了许多引路人，其中曹圣山老师对他的影响尤为深远。曹老师的指导使得徐振华在数学和海洋领域找到了结合点，这也是他能够坚持下来的重要原因之一。在这七年里，徐振华深刻体会到了数学作为众多学科基础的重要性。他回忆起2021年自己参加海洋内波研讨会时，深感数学在海洋领域的巨大潜力。他表示，数学专业可以在海洋方向找到自己的定位，数学也可以为海洋的未来发展与研究奠定坚实的基础。

徐振华还提到了与同窗张林林的合作经历。他们从本科到硕士再到博士，一路同行，相互支持。直到现在，两个人也是好朋友、好同事。徐振华认为，这种合作和支持是彼此强大的后盾，也是他们在学术道路上不断前进的动力。

在学习阶段，徐振华遇到过许多挫折和困难，但他从没想过放弃。徐振华强调，困难是避不开的，但是硬骨头啃得多了、积累多了，就能水到渠成。此外，徐振华还经常鼓励自己的学生不要期望一帆风顺，因为人生中会遇到很多困难，但这些困难可以提升个人的核心竞争力。他说："每个人都有机会成为自己领域的佼佼者，只要敢于追逐梦想并为之努力奋斗。"

▌科研之旅：深耕物理海洋，探究环流能量

"愿我的科研之旅如同广阔的海洋，深邃而壮阔。无论风浪如何汹涌澎湃，我会坚定地勇往直前。我相信，只要心怀梦想与热爱，就能创造属于自己的辉煌。因此，我会坚持不懈地努力，持之以恒地追求卓越。"

作为一名科研工作者，徐振华深知科学研究的目标不仅仅是理解知识本身，更重要的是理解知识的框架，明确其未来的应用领域。如果没有明确的目标和学习热情，那么学习就会变得毫无动力。因此，他一直秉持着平和、豁达的心态来面对科研的挑战。在海洋研究领域，徐振华已经工作了十几年，虽然已经取得众多国内国际奖项，比如2022年获得江苏省科学技术三等奖、2021年获评国家高层次人才特

殊支持计划青年拔尖人才，承担了多项重要科研项目，如国家自然科学基金重大研究计划集成项目，但是他自认为没有取得重大成就，他对科学的敬畏之心从未改变，他表示科学研究没有绝对的真理和权威，只有不断地探索和发现。这种追求真理的精神激励着他不断前行。

对于未来，徐振华计划继续深耕海洋研究领域，提升自己的专业素养和科研能力。同时，作为一名博士生导师，他也会给每个学生设定一个目标，期望他们作出自己的成果。他也注重培养学生的多元化思维，因材施教，让每个人都能在科研的道路上找到自己的位置。

生活与工作并非非此即彼，而是可以相辅相成。徐振华在忙碌的科研生活中找到了释放压力的方式——打篮球。他对篮球的热爱源自它独特的竞技性和趣味性，更是因为它能为他提供释放压力的良机。身兼研究所篮球队队长和教练的他，以智慧和勇气引领队伍屡创佳绩。他的篮球技艺不仅赢得了同事们的高度赞赏，更让他在工作中展现出自信和从容。

对于英语学习，徐振华同样抱有极大的热忱。他坚信"机会永远留给有准备的人"，每天坚持收听英文频道一小时，以此提升英语口语能力。在研究所需要时，他代表团队进行评估报告，从而锻炼专业素养和国际视野。他的努力最终得到回报，他成功晋升为正高级研究员，并成为海洋研究所第一位"80后"正高级研究员。

▌母校之情：关注海大，聚焦数学

"海纳百川，取则行远。"徐振华对于中国海洋大学的发展一直保持关注与期待。从青岛海洋大学到中国海洋大学，他发自内心地为学校的发展而自豪。他深知中国海洋大学作为一所综合性学府，汇聚了多个学科领域的精英，为社会培养出一批又一批杰出的学子。

在谈及数学专业的学生应具备的素质能力时，徐振华强调了批判性思维和创新思维的重要性。他认为学生应该勇于挑战传统观念，勇于质疑既有的理论框架，同时要具备开拓创新的能力，不断追求新的思维突破。此外，徐振华还强调了数学专业学子的两个优势：思考的逻辑性和对基础知识的学习态度。他认为，只有掌握了逻辑推理的能力，才能进行创新；同时，对基础知识的认真学习也是成功的关键。

当被问及是否认同"数学是天赋者的游戏"这一说法时，徐振华给予了否定的回答。尽管他没有从事数学研究，但数学一直在他的研究中扮演着重要的角色，为他提供了严谨的思维方式和科学分析问题的能力。徐振华坚信，数学并不是一个纯粹依赖于天赋的领域，而是需要努力、坚持以及其他能力的结合。科研更是如此，它是一个日积月累、由量变到质变的过程。虽然每个人的领悟速度不尽相同，天赋只是一个门槛，努力和坚持对于职业发展和个人成就的决定性更为重要。

对于数学科学学院的发展，徐振华给予了高度评价。他指出数学科学学院涌现出众多年轻有为的老师，他们不仅在国内取得了卓越的学术成果，还有不少人前往国外深造或学习经验。这使得学院的教学水平日益提高，学术氛围日益浓厚，科研能力也得到了显著的提升。针对学院的发展，徐老师提出了一些宝贵的建议。他认为学院应该更加重视对教师的培养和发展，为他们提供更多的出国交流机会，以开阔视野、提升学术水平。同时，他还呼吁学院给予学生更多的机会来承担相关科研项目，从而激发学生的创新能力和领导才能。

徐振华希望学校能够继续培养更多优秀的人才，为社会作出更大的贡献。他的言辞间透露着一种深情厚谊和殷切期望，让人感受到了他对母校的无尽热爱。

访谈 后记

徐老师展示了一个真正的学者应该拥有的精神，即追求卓越并将自己与工作、生活融为一体。他的经历加深了我们对一些重要的生活原则的理解，让我们拥有长远的目标并及时调整方向，能够帮助我们更好地规划和实现自己的人生目标。从他身上，我们切实感受到了校训"海纳百川，取则行远"的精神。

校友 寄语

在当前时代背景下，国内外对中国海大学子的重视程度都非常高，这是一个难得的机遇。在数学专业，我们立足国际前沿问题，不论是在专业的深度研究方面，还是跨学科、跨领域的发展方面，都有着广阔的前景和光明的发展道路。预祝各位学子一切顺利，取得更多的成果！同时也预祝中国海洋大学能够不断发展壮大，为人才培养和国家的海洋强国建设作出更大的贡献。

——徐振华

（撰稿：2022级数学类　田灏华　吴晓丛　蒙生祝）

学弟学妹 眼中的她 ————————

　　万紫千红取何道? 不问过客问吾心。她大学毕业后远赴千里志愿服务西部建设, 不惧前路道阻且长。她在繁霜霏霏的雪都投身祖国税收事业, 守护着平凡人家的安康烟火、瑞雪丰年; 她用冰雪的秀笔, 在大西北写下动人的篇章。

文字为桨, 泛于沙海之上

——访 2000 级校友王珏丽

　　王珏丽, 女, 1981年生, 山东青岛人, 2000—2004年就读于中国海洋大学法学专业。2004年大学毕业后参加团中央志愿服务西部计划, 作为大学生志愿者来到新疆生产建设兵团农一师检察院志愿服务一年。2005年考取新疆哈巴河县国税局公务员, 成为一名税务女兵。2018年, 王珏丽积极投身于"访惠聚"工作, 担任第一书记、工作队队长, 现为阿勒泰市税务局党委委员、副局长, 定居阿勒泰市。她是新疆作家协会会员、鲁迅文学院第四十届中青年作家高级研讨班学员, 笔名喀纳斯小猫。她用细腻温婉的笔触描绘着这片土地上的风土人情, 出版散文集《雪都之恋》《十道巷子》《就像风》。

　　大海是故乡的样子, 天边的海鸥衔起落日, 激滟的碧浪翻阅着海的书稿。王珏丽的家乡青岛有着鸥声阵阵、波涛滚滚。而22岁的她带上了大海赋予她的纯粹与情怀, 毅然前往离家数千里的新疆。她在祖国最西北的广袤大地上度过了7000多个日夜。在那里, 她扎根奉献边疆、志愿服务人民的赤诚之心不曾改变。在故乡, 波浪仍无休无止地撞击着海岸, 像年轻的心, 永远热烈澎湃……

▌涓涓细流, 汇入大海

　　生在海边的孩子对海总有着特殊的情怀, 王珏丽亦是如此。在选择院校时, 身为青岛本地人的她, 选择在同城的大学度过充实、丰富的四年。问到为什么会选择法律专业，她答道，"正义之心是公民应该有的个人素养，法治社会需要人人知法守法、心存敬畏"。她的父亲是一名律师，她的正义感和正直的品格，是融在血液里的信仰。

法律人的课业总是繁重的，在课上，她专心学业、锤炼公平正义之心；在课下，她去法院实习，热衷于参加各种普法社会实践，切实投入法律人鲜活的工作与生活，将理论应用于实际，让自己多了很多历练和思考。

与此同时，她发挥自己的艺术特长，在热爱的领域里发光发热。她喜欢舞蹈，对跳舞怀揣着一腔热血。"我那时跟几个同学一起，创立了学校第一个舞蹈社团——芭蕾舞协会，和大家一起排练，用艺术之美涵养身心。"提及此，她的语气中不自觉地多了几分骄傲与喜悦。社团几经更名，社团里的学生来来往往，而海大人的坚持所爱、坚持创新却未曾有丝毫的改变。

她也是一位颇有才情的姑娘。在大学，她坚持着自己写作与阅读的爱好，读了很多文学书籍。她告诉我们，她曾经很喜欢村上春树的作品，写了很多读书心得邮寄给林少华老师，直到大学毕业，林老师才知道她是海大学子，在她西行前送给她签名书，给她鼓励和祝福。时光荏苒，在王珏丽的四十不惑之年，她出版了自己的第一本书，即使与林老师失去联系许久，仍然几经辗转找到林老师，邀请他写了推荐语。"这是感恩和反哺，既是对给我鼓励的林老师，也是对海大，无论我走得多远多久，这一生我都是海大学子。"

令所有人意想不到的是，在大学毕业时，王珏丽放弃了在海滨都市安稳就业的机会，以西部志愿者的身份踏上了前往新疆的道路。那看似温润柔弱的女孩，竟也在远山厚雪中踏出一行足迹。她在高中政治课学习西部大开发时就有了做西部地区志愿者的想法，而海大指引她要拥有海一样的胸怀，于是她毫不犹豫地坚定了自己的梦想。

许许多多像她一样的年轻人徘徊在人生的路口，面对着时代的考题。在她眼里，"选择都在于自己，无所谓好坏，不过是你要在哪一条路上修炼自己。问问自己的内心，你就会有答案"。

▍奋楫扬帆，走向深蓝

千帆过尽行不止，雨骤风狂心长明。选择过后的她，在时光里印刻下坚守的长度。2004年夏天，王珏丽踏上了新疆的热土，前方的光芒无法掩盖此行的危险——在阿拉尔，漫天飞舞的黄沙把她吹成了"土人"，接连几天高烧，水土不服是迎接她的第一个考验。面对专业不对口的政工工作，她说："大学学习带给我的公平正义之心的锤炼，始终指引我前行。"她的大学、她的专业，给予了她公平正义之心，带给了她一生的坚定，坚如磐石。于是她积极调整心态，勇挑重担，迅速成长为检察院的笔杆子。

2005年，她从塔克拉玛干沙漠边缘的阿拉尔来到了祖国最西北边陲的阿勒泰，从此成为一名税务人。文秘、党建、人事、纪检、纳税服务、征收管理……基层一线的政务和业务岗位都有她敬业奉献的身影。在边疆数年的税务工作中，挫折无法避免，于是她将之转化为一种前路总有收获的考验，"让自己成长的都是那些咬牙坚持下来的经历，因为你会发现未知的自己"，这是她一贯的信条，也是从海大学到的坚持。

至今，她已然在新疆待了近20年，7000多个日夜。她始终铭记母校"海纳百川，取则行远"的谆谆教诲，拥有服务人民的宽广胸怀，扎根于身下的每一寸黄土，行远自迩。曾经点着夜灯写稿件，曾经在多个基层部门的岗位上为纳税人、缴费人服务。而最令我感动与震撼的，便是在2018年，她舍下家庭，舍下年幼的孩子，投身到"访惠聚"工作担任第一书记、工作队队长，以小我成全大我，为新疆社会稳定和长治久安冲锋在前。

那一年，社区书记缺位，对社区工作一头雾水的王珏丽，接连几天开会到半夜，压力一浪接一浪压得她透不过气来。上面千条线，下面一根针，社区2381户、5838人，问到她工作的要领，她只说"大事小事鸡毛蒜皮事，都是老百姓的心头事，都要想尽一切办法解决"。社区有33个小区，延伸在小城的许多处曲折的巷道里，这里老年人多、房屋年代久、配套设施落后，王珏丽便提出开创大党委建设，在小区建设暖心红色驿站，安装桌椅和民意箱，将辖区29个单位纳入网格化党支部认领责任田。

"在工作中的成长得益于内心的坚定，我从未忘记自己当初只身奔赴西部建设边疆的梦想，也从未忘记入党誓词。"她对党的忠诚和服务人民的坚定从来不是说在嘴上。看到百姓的焦虑变成满意，王珏丽才露出安心的笑容，积极的态度、有力的措施、用心的付出，工作队的各项工作都取得了骄人的成绩。她是大家眼里的群众工作专家，是弱势群体的爱心人，是走街串巷的贴心人，是老百姓心里最贴心的第一书记，直到现在居民有困难还会给她打电话，在街头巷尾、办税服务厅见了面也会拉着她的手热情寒暄。

在急难险重任务面前，即使作为一名女性，作为两个孩子的母亲，她也从不退缩，去大连挂职工作，去县税务局交流工作，一次又一次离家，一次又一次奉献。

"这近20年我坚持着志愿服务新疆的初心，像胡杨一般努力地扎下了根。"母校给予她源源不断的养分，让她志愿服务新疆的赤诚之心生根发芽。而她承载着母校的厚望，将光和热散播到祖国的西北部，彰显着海大人易地皆然的家国信仰。

▌文学之舟，满载湖光

王珏丽是一名税务工作者，也是一位默默耕耘的写作者。她的故事，如同新疆广袤的草原一样，充满了绚丽的色彩。

她的文学梦源自中学时期一位朋友赠送给她的一本书——三毛的《撒哈拉的故事》。那本书如同一扇窗户，让她望见了沙漠与远方，同时也勾勒出了远方的诗意。

大学毕业前夕，当她看到志愿服务西部志愿者招募计划时，她朦胧的梦想浮现出清晰的轮廓。去新疆不仅实现了她奉献青春的梦想，也成就了她对文学的热爱。她用忠诚担当的信念扎根边疆，向人民交上了一份满意的答卷。工作中的经历，也成为她文学创作的灵感之源。

文学，成为她表达情感和追求梦想的媒介。她坚信，通过文学，她可以传达出自己对家乡和税收工作的热爱。这个坚定的信念驱使着她踏上了文学之路，成为一名用文字书写自己情感和体验的作家。

王珏丽并没有将文学与工作分隔开来，相反，她将两者巧妙地融合在一起。作为一名税务工作者，她用文字记录下税收事业的点点滴滴，用自己的创作诠释着新疆税务人的奉献精神。她把税收工作的重要性和税务人的无私奉献记录在《中国税务报》《新疆税务》《大连税务》等税务系统内刊物上，也发表在《当代》《诗歌月刊》《西部》《红豆》《海燕》等全国各地的文学刊物上，将这份奉献精神传播给更多的人。

在她的文字里，我们可以看到对大美新疆景色以及雪都阿勒泰的真情。她勾勒出祖国边疆的壮丽景色，文字中流淌着对新疆人民的赞美，对这片土地的深情厚谊，为新疆的文化和旅游事业作出了自己的贡献。

2019年，王珏丽的作品入选了中国作家协会定点深入生活创作项目，这是对她文学才华的高度认可。她的散文集《雪都之恋》也为当地文旅宣传作出了贡献，让更多人了解了阿勒泰这个美丽的地方。她的纪实散文集《十道巷子》以税务人维护新疆社会稳定和长治久安的点滴故事生动刻画了一个时代的深刻记忆。正逢母校百年校庆，王珏丽出版了诗集《就像风》，用独特的视角书写了20年新疆生活感悟，该诗集入选国家出版基金项目，为文化润疆作出了贡献。

王珏丽的故事告诉我们，内心的纯粹和热爱是一个人源源不断的生命能量，不仅可抵岁月悠长，还能实现更广阔的人生，她坚守初心并不懈努力，是令人敬佩的楷模，她用文字为新疆税收工作点亮了一盏明灯。

王珏丽以她独特的方式，成为新疆文化和税收工作的代言人，激励着我们秉持初心，不断前行，追求更美好的未来。她用自己的文字书写着新疆的美丽和税务人的初心，为我们树立了一个可敬可亲的榜样。这就是王珏丽，一位平凡而伟大的女性，一个坚守初心的文学使者，一个用心书写人生的创作者。她的故事将继续激励着我们，让我们相信，文学的力量可以穿越时空，传递持久的温暖。

访谈 后记

在对王珏丽校友的访谈中，我深刻地感受到了一个女性的坚持和梦想所能带来的巨大力量。她的故事饱含着对新疆的深情和对税收工作的无私奉献，这种精神让我们深受启发。

母校不仅是获取知识的地方，更是培养学生坚持初心、追求卓越的摇篮。这种精神和文化传承，正是王珏丽校友的动力源泉。

校友 寄语

人生要有梦想，而追求梦想的道路要与孤独为伴，经历即是收获，挫折和苦难才是人生的财富。祝福母校，感恩母校。

新疆的教育资源与经济发达地区还存在差距，希望母校能一如既往地关心、支持新疆教育事业的发展。

——王珏丽

（撰稿：2022级法学（中外合作办学） 董韵天；2021级法学（中外合作办学） 张梦瑄）

学弟学妹 眼中的他 ——————

　　严谨而不至于古板，睿智而不陷于精明，一句句亲切的家乡话，道出了他对人生深刻的思考。

放眼风物的实干家

——访 2000 级校友孔锁财

　　孔锁财，男，1981年生，山东菏泽人，2000—2004年就读于中国海洋大学地质学专业，现任青岛瑞源工程集团有限公司勘察测绘院院长、山东瑞智飞控科技有限公司董事长。先后荣获"优秀共产党员""优秀青年人才""西海岸新区拔尖人才"等荣誉称号，并当选中国海洋大学校友会西海岸分会常务副会长。

　　大浪淘沙始见金。刚刚大学毕业的孔锁财投身于国家石油行业，就职于一家国有企业。彼时，年轻气盛的孔锁财审时度势，找准定位，毅然辞掉工作，回到青岛。他进入瑞源工程集团大展身手，迎接事业的一次又一次挑战。我们穿过新区鳞次栉比的大厦，踏入瑞源集团总部，孔锁财亲切地接待了我们。当提及在海大的求学岁月时，孔锁财微微转头，望向窗外的大海，阳光下的唐岛湾波光粼粼，我们的思绪也随之飘回到过去。

▍以终为始，放眼风物

　　孔锁财的大学生活平淡从容，他常常在鱼山校区的图书馆里翻阅着一本本书，读得津津有味。他读的多是一些"杂书"。他说，当时最火的是金庸的武侠小说，作为资深武侠迷，他用课余的时间看完了全套的金庸小说，对于书中的情节至今仍能复述。

　　他还读了许多其他专业的书籍。"当年一入学，我就定下了就业的目标，知道自己不是搞科研的料儿。"孔锁财笑着说道。既然是以就业为导向，孔锁财选择的书籍往往实用性更强，而不只拘泥于理论知识，勘探、测绘类的书，他也会借来看。现在回头看，这些"杂书"帮了他大忙。所看书目繁杂，却在他的大脑里形成了一个庞大的知识搜索引擎，当遇到技术难题时，很快就能搜索到对应的知识。如今，博览群书的孔锁财成为公司勘察测绘院的院长，相比本专业的地质知识，勘探和测绘方面的知识才是他工作进步的最大助力。

谈到个人优点，孔锁财觉得自己最突出的特点是总喜欢比其他人多想几步，想接下来怎么做，想以后怎么做，要先想好自己要做什么。同时，他也交流了自己当年对大学学习和生活的思考。作为当年本科毕业就工作的大学生，孔锁财对大学生自我发展有着自己的看法。孔锁财所学的地质学专业，时至今日都仍是不好就业的"贵族学科"，但他坚信事在人为，给自己定下了就业的目标后，就将精力用在了发掘就业相关信息方面，以便于自己在就业时占据优势。当年获取信息的渠道不够畅通，没有如今五花八门的招聘网站，孔锁财就从书上、报纸上、学校的就业处以及向老师咨询来获取就业岗位信息。不同渠道的就业岗位信息后来也对他的择业、就业起到了重要的作用。孔锁财认为，大学生的第一要务就是要找准定位——找准自己的定位，找准当下的定位，找准四年的定位。若想要深耕科研，那就需要本科四年深度学习理论知识，争取保研深造；若想要找到心仪的工作，那就要多关注用人单位的信息，提前了解就业情况，按要求来"查缺补漏"。

谈及当年的老师与同学，孔锁财同样深感怀念。当年他所在的班级，班级氛围极好，大家一同学习，一同实践。即使毕业多年，大家逢年过节还会回母校相聚。当年的很多同学，如今也分别成为各自行业的中坚力量。孔锁财印象最深的同学是当年与他相互鼓励、相互进步的舍友毕乃双，他现今已留在母校任教，继续为地质行业培养专业人才。谈及母校的老师，孔锁财如数家珍，提到了韩宗珠老师、李广雪老师、范德江老师等，他们严谨的学者风范都给他留下了深刻的印象。尽管已离开校园多年，但朴素的师生、同学情谊仍旧真挚。

▍敢拼敢闯，不负韶华

位于濮阳的中原油田，是孔锁财第一份工作的所在地。20多年前，石油行业正如日中天，吸引着大批的优秀人才，同样也吸引了刚刚毕业的孔锁财。本科毕业那年，他通过校招顺利进入了离家乡不远的中原油田，成为一名油田职工。在旁人看来，这是一份令人羡慕的工作。当时油田工作的收入远远高于其他行业，还有各种福利补贴，因而当入职四个月后的孔锁财递交辞职申请时，家乡的村民纷纷议论他是"读书读傻了"。但对于孔锁财来说，这是挣脱束缚的大胆尝试。这份看似安逸的工作，往往要和荒原及孤独为伴。日复一日地检查与上报，工作环境远离城市，曾有一晚孔锁财下班时赶上了暴雨，他蹚着泥浆走了很久才回到宿舍。一向善于规划的他明白，这不是自己想要的生活。于是他辞职后再一次回到了母校所在的城市——青岛。

再次择业的孔锁财根据自己的实际情况，选择了当时的瑞源工程集团。当时的瑞源只是个拥有200多名员工的小微民营企业，与孔锁财一同踏入公司的同事不久后纷纷选择离开，而他选择了坚守。公司虽小，却让他有了施展才能、展现自我的机会。孔锁财从基层做起，在一次次的出色的工作中，展现着属于他的卓越才干。公司当时的业务主要涉及的是地产勘探，这与孔锁财的专业并不直接相关，但他在大学了解到的广博的知识给予了他极大帮助。几年前，公司的业务由一个南方工程队承建，但工程迟迟无法推进，进度缓慢的原因难以确定，一时间公司一筹莫展。这时孔锁财想起自己曾在某本书中见到过相关情况，主动思考问题会不会与南北方地质施工方式不同有关。他迅速找到并通读了相关书籍，在公司会议上提出了翔实的解决方案，令领导与同事刮目相看。靠着一次次的优秀表现，孔锁财得到了领导的认可，在晋升管理层后，他需要再次面对新的挑战。

公司主营的业务是地基，要想在市场中脱颖而出，靠的是不断地创新。孔锁财接过集团创新的重任，又一次开始施展他的才干。这次他的想法是打造一个覆盖业务全周期的产业链，并通过创新实现链式上升。规划是宏大的，但创新并非一句话就能完成。为了克服种种"卡脖子"难题，孔锁财亲自参与研发一线，不断试验、调整着研发的方向。在夜以继日的工作中，他常常不眠不休，但总是饱含激情，精益求精。在实现了一次次的重大技术突破后，瑞源集团成功实现了全公司全产业链闭环，同时在新型无人机、智慧城市建设等众多创新领域具备了领先行业的先进技术，长成了真正的参天大树。选择了坚守的孔锁财，用自己的才干实现了公司与个人的同步成长。

▎海纳百川，取则行远

时隔多年，当问及母校给孔锁财留下的最重要的精神财富时，孔锁财毫不犹豫地答出了母校校训——"海纳百川，取则行远"。海纳百川，说的是要有宽广的胸怀，学生时期的孔锁财还觉得母校校训有些大而空，但到了参加工作后，经历越丰富，他越能体会到"海纳百川"这一精神的博大。"人生在世，无论是学习还是工作，若能以博大的胸怀去接纳，问题便迎刃而解了。"地质学的突出特点是时间跨度大，地质上的时间往往以百万年计，几百万年足够沧海桑田的变迁。其次是容量大，地层之中容纳的是无数事物的兴起灭亡，大地包罗万象。回看过往的兴衰，看到那些沧海桑田，万象留存之后，整个人的胸怀也会随之扩大，对事物的看法也会逐渐变得全面和长远。除了对精神层面的指导，孔锁财还提及了知识上的"海纳百川"。他一边说，一边拿出了一本厚厚的《企业法务实务》，仿佛还是曾经那个在母校图书馆如饥似渴地攫取知识的青年。虽然瑞源工程集团的法务部门人才济济，具体的法律问题不用集团高层亲自上阵，但孔锁财深知，作为集团智囊团的一员，多了解一些法律知识，对日后的集团发展与业务拓展大有裨益。正如他所说的那样，百川入海，广博的知识就是汇入海洋的河流；海纳百川，知识面的扩大又会促使自己进一步求知。

提到"取则行远"，孔锁财讲了一个小知识："取则行远"是两个词，也就是只有"取则"，才能够"行远"。人生在世，应该有自己的原则，如果为人处世没有自己的原则，只是趋炎附势、随波逐流，那就不会有自己真正的成绩，即使现在看上去有，也不过是无根之木、无水之萍，不可能长久。坚守住自己的原则，才能够换来真正的成就。这便是孔锁财取到的"则"，也是全体海大人一直践行的"则"。从业多年，孔锁财一直将这两句校训记在心中，拿在手中，融入行中。

孔锁财始终没有忘记对母校人才培养工作的支持。2023年3月，孔锁财应邀参与了学院举办的"校友面对面"活动，与学弟学妹们分享了他的学习和工作经验。同时他还牵头组织了"中纬杯"测量竞赛，并参与设立了多项社会奖学金奖优助学。此外，他还担任了新成立的中国海洋大学西海岸校友会的常务副会长，以实际行动来助力母校发展。

访谈 后记

初次采访优秀校友，我的心情是十分激动的。高耸入云的大厦，庄重严肃的办公室，孔锁财校友却朴素而亲切。在采访结束后，他主动提出捎我们回市区，在途中仍热诚地与我们聊着母校的发展变化。在我看来，孔锁财对大学生活的思考——找准定位，积极准备，方能真正踏上成功的大道——对我们未来的大学生涯规划很有启发。

校友 寄语

如果要给母校的学弟学妹们留下什么寄语，我还是会回答咱们中国海大的校训——"海纳百川，取则行远"。"海纳百川"是使自己拥有人生的博大胸襟，"取则行远"是使自己走得更稳、更长远。母校在不久即将迎来百年校庆，希望母校能够越来越好，再创辉煌。

——孔锁财

（撰稿：2021级海洋地质硕士研究生 季钰涵；2022级勘查技术与工程本科生 张立超）

学弟学妹 眼中的他 ————————

　　于超师兄平易近人，沉稳大气，对待工作认真务实。他具有高度的责任感，一心一意投身于国家的气象事业，带领团队攻克难题，为气象预报水平的提高贡献力量。

北京冬奥会国家代表团的首席预报员

——访 2001 级校友于超

　　于超，男，1981年生，山东青岛人，2001—2005年本科就读于中国海洋大学大气科学专业，2005—2008年硕士就读于中国海洋大学气象学专业。2008年至今就职于国家气象中心，现任天气预报室副主任及党支部副书记、首席预报员、高级工程师。工作以来，始终在一线从事短期天气预报服务和重大气象保障相关工作，曾获"全国优秀预报员""全国气象部门优秀共产党员"等荣誉称号，是唯一入选2022年北京冬奥会中国体育代表团的气象工作者。

　　即墨古城，历史悠久，生长于此的青涩少年心中生出了梦想的枝芽。红瓦绿树，碧海蓝天，对知识如一的专注成就了光而不耀的他。从踏实勤勉、温和寡言的青年成长为能力出众、担当大任的国家气象中心冬奥会气象保障专家，他始终牢记亲人与师友的教诲，将个人价值的实现与国家和社会的发展紧密相连。

▌即墨少年，逐梦气象

　　即墨地处黄海之滨，瀛海龙翔，山川凤翥，是胶东半岛的璀璨明珠。其人文历史恒久，史追北辛，战国初建，齐威名出。1981年，于超在即墨出生了。高中就读于即墨一中的他养成了专注于学业的良好习惯，立志要好好念书，考上一个好大学。谈起他的成长之路，于超说："我的父亲、母亲、姐姐崇尚知识，热爱生活，对我影响至深，对我的学业也给予了极大的鼓励与支持。"于超的父母虽然是农民，但是从小就希望他和姐姐能够学业有成，将来靠知识掌握自己的命运。于超的姐姐比他高两级，学习成绩一直很好，一直以来都是于超的榜样，从小对他的学习提供了巨大的帮助。

于超童年适逢改革开放、经济腾飞的年代，那时候于超听父母和周围的人说得最多的就是哪个邻居的孩子在大学里学的计算机，毕业后开公司非常赚钱之类的话。小小的于超心中便有了"上好大学"的决心和"选热门专业"的憧憬。填报专业志愿时，于超的第一选择就是计算机类，但当收到海大的录取通知书之后，才发现自己将就读于大气科学这一"不大热门的专业"。后来，凭借勤奋和踏实的学习态度，于超渐渐找到了大气科学专业的乐趣，与这一"不大热门的专业"擦出了热情的火花，而后又选择在海大攻读硕士学位。

每当提到母校，美好的回忆总是历历在目。2001年本科入学时，学校的名字还是青岛海洋大学，第二年，青岛海洋大学更名为中国海洋大学，于超见证了这段具有里程碑意义的历史，心中充满着自豪。"国字头的称号让我们的级别和站位都提高了，对学校的发展更有利。我当时的学生证写的还是青岛海洋大学，现在看也很有纪念意义。"于超说。

除此之外，在于超本科四年级时，学校迎来了80周年庆典和崂山校区奠基典礼。于超和同学们参加了庆典活动，许多领导和杰出校友现场致辞，气氛很热烈。在听到学校又新建了崂山校区的时候，于超感受到学校正在日益变大、变强，心中也燃起了强烈的自豪感；而当他真正搬过去后，恢宏壮观的崂山校区使得这种感受愈发直观而强烈。崂山校区的启用拓展了学校的办学空间，使学校摆脱了多年来发展空间局促的窘境。

在研究生阶段，孙即霖教授是于超的硕士导师。提到孙老师，于超满怀感恩与敬意，他回忆道："孙老师对待我们很和蔼，他知识渊博，法律、房地产、《易经》等都有涉猎，还教我们打太极拳。从他身上我学会做事要认真、做人要真实、治学要严谨、待人要谦和。"对于超而言，孙即霖教授不仅是学术上的导师，更是生活、做人等方面的良师，他所传授的知识使于超终身受益。当被问到有没有印象深刻的课程时，他不假思索地答道："我对傅刚老师的动力气象学课程印象特别深刻。虽然这门课公式很多，但傅老师总是能用深入浅出的方式讲清楚，让大家觉得这门课不但不枯燥，还挺有趣。"海大的良师为于超打下了坚实的专业基础。

学习之余，于超酷爱足球，那时的他经常和一帮好朋友组队踢球，参加学校足球联赛还获得了本科组冠军。搬到崂山校区之后，他们球队代表当时的海洋环境学院获得了校研究生足球赛冠军。足球场上飞奔的身影，阳光下挥汗如雨的衣衫，是于超大学时代最美好的回忆。

▌担当重任，护航冬奥

2022年初的北京冬奥会是规模宏大的国际赛事，由于冬季体育项目的特殊性，气象保障变得尤为重要。于超作为中央气象台首席预报员，在北京冬奥会期间以预报员身份加入中国体育代表团，随团进行气象保障服务。对于他，对于气象部门，这都是一次全新的挑战。

2022年1月10日，当于超得知自己作为唯一的气象工作者入选北京冬奥会中国体育代表团时，距离正式入驻张家口保障营只有不到20天的时间。激动与忐忑在于超的心头翻涌：国家队的需求是什么？气象科技服务水平能否满足这些需求？自己又能做些什么？该怎么做？作为大型赛事中全程跟随国家队进行气象"贴身服务"的第一人，于超没有任何先例可以借鉴。

于超的服务对象是参与所有雪上项目的国家队，他利用开幕式前的十几天时间，两次奔赴国家体育总局参加国家队冬奥保障工作准备会，与保障团队中的空天观测、风工程等领域专家多次交流，探讨如何在他们前期工作的基础上发挥气象预报的作用。同时，他还参与了重点项目和场地的针对性研究，建立了气象观测与赛道关键区域风速的对应关系。在气象"贴身服务"和其他环节的保障机制下，我国两名运动员顺利进入决赛。最终，在凛冽的寒风中，徐梦桃最后一跳平稳落地，获得冠军！这一刻，于超激动万分。"感谢气象团队给予的鼎力支持！"自由式滑雪空中技巧队领队闫晓娟难掩兴奋。国家体育总局冬季运动管理中心副主任申振刚也对气象服务送上"好评"："成功的背后，离不开气象部门夜以继日努力工作的支持！"

"第一次离冠军这么近。能够为我们的冠军队伍贡献一分力量，我感到非常荣幸！"于超动情地说。

▌心系气象，赤诚奉献

于超于2008年来到国家气象中心，如今已经工作了十几年。他的同班同学毕业也大多就职于国家级和地方气象部门和海洋相关部门，为国家的气象和海洋事业贡献着自己的力量。当被问到当初为什么决定来北京时，于超笑着说，一方面，他想将自己所学用于实际的天气预报，而中央气象台是全国气象部门预报业务的牵头和指导单位，相信所有有志于预报事业的人都会心向往之；另一方面他的女友当时已经在北京工作，也是为了能和她在北京相聚。

国家气象中心的工作十分繁忙，占据了他大概80%的时间，除了值班以外，还需要进行气象研究和技术开发等工作。于超只有下班回家的时间能够陪陪家人。地理上的相聚化为工作中的相知与生活中的相守。于超夫妻二人都是海大的优秀校友，他们通过自己的努力从事着为国家气象、海洋事业保驾护航的光荣工作。在于超心中，无论身处何地，无论面对何种天气，气象人永远以提高预报准确率为第一要务，为祖国与人民奉献光和热。

作为海大的优秀校友，于超强调母校"海纳百川，取则行远"的校训是他宝贵的精神财富。"海大校训教会了我做人应当虚怀若谷，有大海般的胸襟，在工作中要有远大目标又要脚踏实地、勇于探索。"从象牙塔到五光十色的社会，改变的是时间与环境，不变的是初心和情怀。

于超也向面临毕业的学弟学妹们提出了一些建议："首先要学好专业知识，特别是理论知识，并且熟练掌握主流的编程语言，工作以后这些都是展现自身能力的加分项；其次是要掌握国内外业务和研究发展的最新趋势，并且有独立的研究能力，研究成果最好能够得到实际应用；最后，要积极参与学校各项活动，锻炼人际交往能力，工作以后的为人处世方法和情商对于自身的发展至关重要。"

访谈 后记

于超师兄是位优秀的气象工作者，也是我们的榜样。他平易近人，成熟稳重的性格给我们留下了深刻的印象，他用实际行动告诉我们，勤奋务实、懂得感恩、积极进取、无私奉献是实现人生价值的必要条件。

校友 寄语

在母校100周年校庆之际，作为校友，我对母校致以衷心的祝福，希望母校能够早日实现建设成为特色显著的世界一流大学的目标，继续培养出各行各业的精英人才。希望学院能够结合自身雄厚的研究实力加强与国家级业务单位的合作，开展联合研究，实现研究成果真正落地并帮助业务单位解决实际难题。也可以请更多业务一线的高层次人才参与到学校的实践教学中，帮助学生更早、更多地接触未来的工作岗位，提高学习的针对性。

——于超

（撰稿：2020级大气科学　董一力；2021级物理海洋学　李佳倩）

学弟学妹 眼中的他 ————————

开创先河，为海造梦，在中国海洋文化、海洋纪录片领域，他带领团队披荆斩棘、攻坚克难，开创"blue-BOX蓝盒子"数字海洋馆，让海洋之梦在陆地生根发芽，茁壮成长。

海洋之梦新篇章

——访 2001 级校友白新宇

白新宇，男，1981年生，河北唐山人，2001—2005年就读于中国海洋大学勘查技术与工程专业。魔鱼蓝创文化产业发展有限公司创始人、CEO，数字艺术策展人、纪录片导演，"blue-BOX蓝盒子"数字海洋馆创始人，青岛海洋探索影像研究院院长，中国海洋大学深蓝纪录片实验室副主任，"行走的海岸线"海洋研学课程实验室副主任。

2005年创立青岛魔鱼蓝创文化产业发展有限公司，任公司CEO；2008年带领公司成为北京2008年奥运会青岛帆船比赛服务商之一；2013年公司成为CCTV-9山东地区首个官方合作机构；2014年，纪录片作品《田埂上的绝唱》登录CCTV-9及海外频道；2017年，电影作品《情人罗生》入围韩国釜山新媒体电影节；2018年，魔鱼开启"蓝创中国"计划，打造海洋特色文化产业版块；同年，纪录片《海洋本草纲目》入围2018年中国（广州）国际纪录片节；2019年，MF-IP·LAB魔鱼IP第一实验室成立，"blue-BOX蓝盒子"IP启动；2020年，MF-IP·LAB Ⅱ魔鱼IP第二实验室成立，《青岛自然笔记》同名纪录片及IP启动；2021年，公司纪录片作品《青岛·一池汪洋》入围中国国家地理·野生生物影像年赛最佳制作奖；2022年，公司"blue-BOX蓝盒子"数字海洋馆IP第一个衍生展《关于浪的只言片语》于青岛开展，此后在济南、重庆、武汉等地陆续开展，累计参观人次达28万，多家媒体采访报道，全网曝光量超过2亿；2023年，"blue-BOX蓝盒子"数字海洋馆第二个衍生展《鲸奇物语》在国家海洋博物馆首次亮相，唤起人们对于鲸的保护和海洋动物权益的关注。

白新宇对拍摄、纪录的热爱缘起于在海鸥剧社的美好回忆，年轻的大学生们攒下钱买的第一台相机、拍出的第一部纪录片带有最美好的青春印记。为了追逐梦中的一抹蓝色，他以"经略海洋，蓝创中国"为企业愿景，发展以海洋为特色产业的综合型文化，专注于纪录片为核心内容的IP全内容链和产业链的运营。

▍缘起：海鸥与海

谈起与纪录片结缘，白新宇感慨颇多。初入海大，他便被海鸥剧社所吸引，偏爱文学和艺术的他积极参与演出，并在2002年秋季学期担任了海鸥剧社社长。一群热爱文学与艺术的青年产生了共鸣，他们共同了解话剧的艺术手法，学习表演的技巧，终于他们参与出演了一部话剧——《海之魂》。"《海之魂》讲述的是咱海大的两位烈士教师王成海和叶立勋的英雄事迹。"那是一段让白新宇非常自豪的经历，在那个摄影技术与网络技术都不太发达的年代，一群志同道合的青年带着青春的莽撞与勇气，为实现梦想共同奔跑，并肩作战。

在海大求学的四年中，白新宇一直在追逐拍摄纪录片的梦想：自学拍摄理论和技巧，课余时间远赴外地向专家前辈请教。2001年以前，主流艺术创作工具还是胶片机，价格昂贵的摄影机还不多见，2004年前后，民用摄影机刚刚走入民众视野，价格高达几万元，但这没能困住这些追梦的青年，白新宇拿出了自己的奖学金，与朋友们拼拼凑凑终于全款拿下了第一台摄影机。于是，中国海洋大学历史上第一部学生自制的DV短剧诞生了，15分钟的公益短片让白新宇的摄影梦在海大的土壤里生根发芽，茁壮成长。

在接下来的学习生活中，他用心记录，用摄影机留下美好的青春记忆。专业课安排的野外地质实习是艰苦和疲惫的，但有了梦想陪伴，好像吃的苦也是甜的。白新宇在小组中主要负责取样工作，但他带上了自己的相机，记录下实习期间的每一个瞬间。"每次出去实习我都带着机器给每一组老师、同学做实习过程的影像记录。结果在实习结束以后大家交的都是纸质报告，而我的报告就是这个影像记录，"白新宇笑着和我们说，"虽然这个方式不太正规，但也是一种创新，被当时的老师所认可。"他指了指办公室外，那些年珍贵的影像资料还保存在公司的影像资料库里。

▍追梦：创业与海

2005年，白新宇毕业了，彼时工作并不难找，尤其是赶上石油行业红利期，勘查技术与工程相关专业的用人需求量极大，他婉拒了学校介绍的河北省唐山市冀东油田的工作，毅然决定创业，成立专业的影视工作室——"魔鱼蓝创"，决心在当时中国海洋文化产业这片贫瘠的土地上闯出一片天。

"从一个行业换到另外一个行业本身就是非常困难的一件事，再加上当时互联网不发达，我又是刚毕业的应届生，去从事一个新行业是很难的。当时在学校我们讲教育要有追求、有规划、有梦想，现在回想起来其实是有一些莽撞的。但恰好因为这么一股劲儿，我和我这个团队才能走出来。"他感慨于自己的敢闯敢拼，也庆幸当年那份青春的勇气。十余年的打拼，工作室一步一个脚印逐步向前，2023年"blue-BOX蓝盒子"数字海洋馆IP多个独立主题的衍生展相继问世，如今，他和他的团队已成为中国海洋文化探索创新等领域的佼佼者。

新冠疫情期间，"很多企业都被迫处于收缩状态，但我们不仅要迎难而上，还要抓住这三年的时机。不能出去拍摄我们就在办公室里、家里埋头研究，保证新的作品能够顺利上线"。面对疫情，白新宇与工作室成员咬紧牙关，积极应对，硬是挺了过来。2023年7月份，疫情之后公司再上新台阶，正式入驻国家海洋博物馆。在谈及自己的团队和成绩时，白新宇眼中充满骄傲与欣慰，作为团队的领头人和主要负责人，他带领团队不断破局，只有他自己清楚这背后的辛酸苦楚和艰难不易。

"为什么我们的纪录片可以在全国领先，为什么我们的海洋馆能够开创先河，就是因为背后有强大的中国海洋大学的科研工作者们为我们提供技术支持和科研背书，虽然毕业了，但我仍然和海大师生联系紧密，受惠于母校。"

迄今为止，白新宇已经带领"魔鱼蓝创"拍摄了多部电影和纪录片，其中纪录片《田埂上的绝唱》、电影《情人罗生》等在内的多部作品入围国内外电影节、纪录片节评选，在央视播出。"blue-BOX蓝盒子"数字海洋馆IP目前已规划开发了14个主作品及10个卫星作品、精彩展示了5种鲸鱼及12种深海物种、9个互动装置、8组配套研学课程。同时，开发了多组科普文创产品，渠道媒体曝光量达5000万。"blue-BOX蓝盒子"已陆续开发出《浪·博物馆》《鲸·博物馆》（《鲸奇物语》）《贝壳博物馆》《海底森林博物馆》《冰河世纪》等多个独立主题展馆的内容布局。

▍造梦：传承与海

在访谈的最后，白新宇向我们讲述了他对海大校训的理解。"'海纳百川，取则行远'这八个字是由王蒙先生提出的,'海纳百川'体现了教育工作者希望学生的胸怀宽广。而'取则行远'不是去取得一个什么东西,而是要获取一种孜孜不倦、持续持久、创新发展,向更高更远去努力冲击的精神。"所以白新宇经常在会议结束的时候用海大的八字校训作为会议的结束语。"这八个字是一种要求,也是一种激励。"

关于海洋地球科学学院的院训"涵海立志,博古崇今",白新宇也有独到的见解。"这八个字非常准确地涵盖了咱们学院的精神,或者是我们的学科属性的精神。地质是记载了地球以及生命、历史的一个领域。"在访谈中,白新宇也表示非常欢迎学弟学妹们来公司做客,他非常怀念自己的青春生活。

"海大人做与海洋相关的事",这是白新宇对海洋事业的坚持,也是人类文化艺术与海洋的又一次深度融合,他的经历将会激励每一位海大学子为梦想而不懈奋斗。

访谈 后记

"海纳百川,取则行远",白新宇为我们讲述了一个充满了包容精神和进取精神的故事。山川与海洋容纳了他的足迹和梦想,凭着敢想敢做的精神,在海鸥剧社种下的梦想的种子,在他一次次的野外实习拍摄中破土而出,继而在之后求学的日子里野蛮生长。

白新宇热情、健谈,回想起自己的大学生活,他与我们分享了老师们的包容与理解、同学们的鼓励与支持以及年少时自己的无畏和创造。白新宇爽朗的笑声和他的故事一起,汇于澎湃的海洋之梦。

校友 寄语

祝贺中国海洋大学百年华诞!中国海大的百年校庆相当于母亲的百岁生日,也许对一个普通人来说,100年是一个很久的时间,但是对于中国海大这样一个与中国海洋事业发展紧密相连的高等学府,我希望她是壮年,甚至是青年,因为她有更长的路要走,还要有第二个百年,更多的百年。我们每一届学生都是亲历者,也是见证者,希望母校培养更多的海洋人才,并且能历久弥新,永远年轻!

——白新宇

(撰稿:2022级地质工程硕士研究生 李东翰;2021级勘查技术与工程本科生王钦荷)

学弟学妹 眼中的他 ————————

百川有余水，大海无满波。他脚踏实地，厚积薄发，在大海的怀抱中孜孜不倦地学习，在大海的陪伴下求真务实地做科研。

低调做人，务实做事

——访 2001 级校友张昊飞

张昊飞，男，1979年生，江苏金坛人，2001—2004年硕士就读于中国海洋大学环境科学专业。高级工程师，现任自然资源部东海调查中心副主任。主要从事海洋环境监视监测与评价、海洋生态环境保护与规划、赤潮（绿潮）典型生态灾害和海上危化品泄漏突发环境事件应急监测工作。主持和参与国家、省部级项目和赤潮重点实验室基金项目等近20项，发表论文20余篇，编写专著4部，获软件著作权专利1项和国家海洋局海洋创新成果奖二等奖1项。

红瓦绿树，碧海蓝天，海纳百川，取则行远。自中国海洋大学环境科学与工程学院成立以来，一代又一代的学子从这里出发，走向征途。时光荏苒，他们始终不忘初心。作为从海大环科院毕业的第一批研究生，张昊飞在毕业后一直从事海洋监测与环境保护工作。他时常回母校探望，因为这里是他海洋事业的起点与基石。

▍与海结缘，薪火相传继续前行

时光如梭，辗转过去20余年，回忆起在海大的研究生生活，令张昊飞印象深刻的便是与海洋相伴相知的一切美好与艰辛。2001年秋天，张昊飞来到海大地学院的环境工程系，成为新成立的环科院的第一届研究生，与20多名同学一起踏上了求学之路。他回忆道："在选择导师环节，我和另外4位同学被安排到环境科学这个专业，才真正和海洋融为一体。"张昊飞与海洋的缘分从此开始，同海洋打交道也成为他独特的学习经历。"在后来三年的学生生涯中，相对于环境工程专业的同学，我和海洋接触得更多，出海次数、做的涉海项目也是最多的。"这一段学习时光让张昊飞对海洋的热爱如野草般热烈而健壮地生长，也让他后来的工作事业与环境专业紧紧相依。

张昊飞直言，在科研与生活时间重叠的研究生阶段，很难区别哪些是课余时间。他会选择运动来进行放松，譬如踢足球、打网球。"更多的时候，除了出海，就是整天'泡'在实验室里，查文献、看论文、做课题研究等。"这些学习阶段的兴趣爱好仍有一些保留至今，影响着他当前的工作生活，"至今依旧保留的兴趣爱好有这么几个，一是锻炼身体，以前踢球、打网球，现在喜欢打羽毛球和游泳；二是喜欢看资料文献；三是喜欢亲近大海，总喜欢到不同地方的海边走走，喜欢到不同地方的潮间带看看。"张昊飞的兴趣爱好总与学习、工作相关，怀揣着热爱与期待工作，让他的热爱日复一日，理想更加坚定。

在大学阶段，张昊飞积极参与了众多科研项目，这些经历给他留下了难以忘怀的回忆。尽管毕业后，他主持和参与的科研项目颇多，但研究生时期的科研体验仍具有特殊意义。

张昊飞回忆2003年夏季参与"973"项目长江口海域外业调查的难忘经历，讲述道："当时整个航次12天，除去2天的航渡，其余10天都在作业，期间避台风大概用了12小时。"当时他所在的组共承担了9个参数的采样和部分参数的现场分析工作。而组长由于身体原因难以工作，他和另外一个同学承担了所有工作，因此面临无法倒班的困难。"平均2小时一个站位，期间还有一个26小时的连续站位，我们当时有多少辛苦可想而知。航次结束后，我花了近一个星期的时间才恢复过来，刚回来的时候可以睡17～18小时，全身酸软。等于连续10天没有正常睡眠，很多站位都是靠闹铃强行叫醒的。"历经风雨洗礼，更知泥土芬芳，这样艰辛的经历让张昊飞更加脚踏实地、更加坚定地走向科研道路，为未来的科研工作奠定了坚实的基础。

▍脚踏实地，目标在前脚步不停

有目标的生活，远比彷徨的生活幸福。张昊飞回忆起自己刚上海大的时候思绪万千："说来惭愧，起初来海大求学，目标很明确，就是有朝一日可以成为一名科学家，然而现在更多地从事管理工作，研究工作做得少了。"在漫长的人生旅途中，我们既需要有追求目标的执着，也要有直面现实的乐观心态，这样才能更好地享受生活。

毕业后，张昊飞从基层的业务工作做起，脚踏实地，积极进取，后到机关部门做管理，现在又回到了基层单位从事管理工作。回首往事，张昊飞感慨的同时也对母校心怀感激："一路走来，实属不易。至于'成就'二字，难以启齿。我现在所取得的每一点成绩都是基于海大的培养。"谈到这里，他向我们讲述了2002年春天他第一次参与张经院士的胶州湾重点面上基金项目的经历。在码头边，张昊飞好奇地向导师打听哪位是张院士，导师说那个在搬采水器的就是。"那时候采水器还是老式的，装在一个很长的木箱中，是很重的。张院士就那样默默地一次又一次地搬着出海物品，令我特别感动。这对我以后的学习和工作影响很深，至今都保留着这样的习惯，就是时刻和团队成员战斗在一起。"张经院士以身作则的行为给了张昊飞很大的启发，他深知要成为行业的领军人物不仅需要过硬的专业素养和积极探索的精神，同时也需要有高尚的道德情操。以知识为矛，将品德做盾，便能所向披靡，一往无前。

在向目标前进的道路上，我们可能会面临许许多多的选择，每一次决定都可能带来新的机遇。在我们面临选择时，应当结合自身实际，综合判断现实环境等影响因素，不做不切实际的梦，不妄图一步登天，但是也不能妄自菲薄，畏缩不前。张昊飞鼓励同学们在实践中不断检验并磨炼自己，提高自己的专业技能，丰富自己的社会交往能力，不断提升自己的综合素质。

身在职场，专业素养可谓重中之重，此外，一个人的综合能力同样十分重要。入职之初，怎样融入环境并最大限度地发挥自己的价值，这考验的是一个人的综合能力。张昊飞鼓励同学们脚踏实地，一步一个脚印，把握每一个提升自我的机会，珍惜当下的读书时光，夯实基础，努力向自己的目标前行。

▌饮水思源，不忘向海而生

自2004年毕业以来，张昊飞从未与母校失去联系，时常回母校，感受母校的发展变化。在他心中，环科院是一个极具凝聚力的大家庭。多年来，他受邀参与学校的各类活动，不断同海大师生们交流学习，碰撞思想，从中收获良多。张昊飞提出："希望中国海洋大学的同学们饮水思源，不忘本心。低调做人，务实做事，目光长远，厚积薄发。切忌好高骛远。总之，功成不必在我，功成必定有我。"张昊飞认为当代大学生需要脚踏实地，低调处事，认真做好本职工作，才能更好地在社会中生存。

谈起中国海大的校训，张昊飞讲道："'纳'和'取'体现了一种积极的态度，都是实践过程，也就是说要主动地做事情、做学问、做工作。"在张昊飞的理解中，海大精神是一种积极向上的精神，是一种孜孜以求的精神，是一种厚德载物的精神。也正是这种精神一直鼓舞着他不断向前，不断追求进步和完善。无论是继续从事海洋工作，还是从事其他工作，校训都会对我们整个职业生涯产生极大的影响，带来许多启迪，从而引导我们走向正确的道路，不断成长，不断发展，它对每个海大学子而言都是受益终身的。

"面朝大海，春暖花开"，张昊飞用海子的一句诗概括了海大带给他的独特影响。对于母校"双一流"建设及未来发展，他表示："海洋事业现在到了一个新的发展的战略机遇期，国家在海洋科技研发和管理等方面都需要大量的人才。希望母校能培养更多的优秀毕业生，为我国海洋事业的发展贡献出更多的智慧和力量！"

访谈 后记

张昊飞学长不忘初心、踏实努力，成为我辈学子的楷模。我们要全身心投入学习，将所学知识运用于实践，为社会作出贡献。张昊飞学长低调务实、目光长远、厚积薄发，这些成为他的人生标签，我们也应当以此为榜样。通过倾听他的故事，我们认识到学习之路永不停息，不论是作为学生还是毕业后，都要积极学习新知识、新成果，并将其运用于工作中。只有如此，我们才能不断前行，不让前进的脚步停歇。

校友 寄语

不同的角色、不同的岗位都很重要，都需要用心去实践，积极参加多个项目的工作。不管你是承担项目的主要工作还是辅助工作，哪怕三年都在重复分析营养盐，也要认真去做。即使操作是重复的，但是每个项目测试分析的细节也是不一样的，坚持做下去你就能成为这个项目的专家。不同的岗位也是在塑造不同的角色，每一个岗位都很重要，都需要用心去做。参加多个项目是有点累，但不同的经历会有不同的收获，需要用心去感悟。年轻人要不怕吃苦不怕累，年轻的资本就是精力充沛。既然选择了浩瀚的海洋，就用一辈子去研究、去探索吧。中国海大的莘莘学子，请向海而生吧。希望母校能培养更多的优秀毕业生，海洋事业需要大量的海洋专业人才。

——张昊飞

（撰稿：2022级环境科学 戴嘉琪；2021级环境科学 唐艺佳；2022级崇本学院海洋科学（拔尖） 王丽璇）

学弟学妹 眼中的他 ——————————

温文尔雅，君子谦谦，这是庞学玉学长给人的第一印象。从海大启航，远赴重洋学成归来的他，在热爱的石油工程领域继续报效祖国，在坚守的教师岗位上助力学子远航。

热爱是前行最大的动力

——访 2001 级校友庞学玉

庞学玉，男，1982年生，山东莱西人，2001—2005年本科就读于中国海洋大学土木工程专业；2005—2007年硕士就读于美国维拉诺瓦大学土木工程专业；2007—2011年博士就读于美国哥伦比亚大学土木工程专业。2011年11月—2017年6月任美国哈里伯顿公司高级研发工程师；2017年6月—2018年4月任美国哈里伯顿公司主任研发工程师。2018年获国家海外引进青年特聘专家、青岛市西海岸新区第三批顶尖人才荣誉称号。现任中国石油大学（华东）石油工程学院教授，博士生导师，油气井工程研究所所长。

红瓦绿树，碧海蓝天，缱绻的海浪孕育出浪漫的青岛。岛城明媚的阳光、秀美的风景、跃动的脉搏，时刻呼唤着外出闯荡的游子。作为地地道道的青岛人，庞学玉曾远赴重洋，先后在美国的维拉诺瓦大学、哥伦比亚大学及哈里伯顿公司学习、工作了13年之久，却始终故土难离，割舍不下徜徉学术、教书育人的梦想。他于2018年回到家乡青岛，在中国石油大学（华东）石油工程学院担任教授，实现了在海大求学时立下的"传道授业解惑"的职业追求，同时继续在他热爱的石油工程领域进行钻研，为国家石油工程领域的建设开疆扩土……

▎情定海大，缘起土木

"21世纪是海洋的世纪"，以海为名的青岛海洋大学同样深深吸引着学生时代的庞学玉。时值2001年盛夏，刚刚结束高考的庞学玉如愿以偿地被录取至青岛海洋大学，虽然未能修读海洋相关领域的专业，但机缘巧合下选择的土木工程专业似乎是冥冥之中的缘分，悄然指引着他日后的人生轨迹。

进入海大后，酷爱学习的庞学玉如鱼得水。海大学术氛围浓郁，师资力量雄厚，这让性格沉稳、生性好学的他，得以在这片象牙塔中沉淀内心，沉浸于学术。"印象最深的还是我们的班主任高惠瑛老师，他是一位非常关心我们、非常有爱的老师。"庞学玉回忆道，高惠瑛老师不仅常常自掏腰包请班里的同学们吃饭，还会组织班级开展公园游玩、海边拾贝、沙滩足球等各种集体活动，团结友爱的集体氛围让庞学玉时隔多年依旧十分怀念母校求学的经历。也正是后来高惠瑛老师的启发与鼓励，让庞学玉决定走出国门开阔眼界，前往美国留学深造。

在海大求学的四年中，庞学玉被身边老师积极向上的精神面貌深深感染着，逐渐树立了成为一名大学老师的人生目标。为了离自己的梦想更近一步，庞学玉孜孜求学，从不懈怠，本科期间课程平均成绩89.3分，位列专业第一，国外攻读研究生期间课程成绩更是从来没有掉下过A。"现在回想起来，当时学的很多土木工程课程也许并没有在后面的科研中发挥作用，但是多年来严谨的学习态度很好地培养了我的逻辑思维能力，也锻炼了我的自律能力，让我养成了终身学习的良好习惯。"

翻看庞学玉在母校求学时的老照片，少年青涩的面庞上透着腼腆，却难掩书生意气。性格有些内向的庞学玉，在母校时最放松的时刻，便是约上同学在浮山校区的露天乒乓球台来几场比赛，或是夏天时到海水浴场畅游大海。运动，激发出少年沸腾的热血，也释放出学业之下的压力与疲惫。庞学玉将运动的习惯一直坚持了下来，在美国留学时，他便常常去学校里的体育馆健身；如今回到国内，繁忙的工作占据了他的大多数时间，可倚靠在办公室墙边的自行车依旧显示出他对于运动的向往与热爱。

当谈论起所学专业时，庞学玉坚定地说"如果现在再让我选择，我依然会选择土木工程专业。"谈及专业现状，庞学玉也坦言今日的土木工程专业在高考填报志愿时的确算不上"热门"，但在他看来，专业并无好坏之分，学习一门专业最重要的是看自己是否喜欢以及是否适合这个专业。于他而言，选择土木工程是命运安排下的偶然，却值得让他坚守一生。沉稳的性格使他得以摒弃浮躁，潜心研究晦涩难懂的力学课程；兴趣的助推让他对于专业孜孜以求，下定决心出国留学以求继续深造。借助土木工程专业的平台，他得以探索诸多交叉领域，最终找寻到并落脚于今日所从事的油气井固井工程领域的研究。"兴趣是最好的老师"，这是他对自己求学之路的诠释，也是分享给学弟学妹们的学习经验。

▌踏海深耕，孜孜以学

2005年，庞学玉只身一人前往美国求学，促使他勇敢作出这一决定的是他本科时期的班主任——高惠瑛老师。"去国外见一见世面吧，开阔一下自己的视野，在国外读研究生可以申请奖学金，不用担心经济问题！"高惠瑛老师建议。2005年，在1999级机械专业任凭师兄的引荐下，庞学玉拿到了美国维拉诺瓦大学的全额奖学金，踏上了海外求学之路。

工程学科是应用科学，为了得出扎实的理论必须进行反复的实验，其中的过程注定是枯燥的，可庞学玉却乐在其中。当研究遇到瓶颈时，庞学玉的方法就是"不停地学，不停地做，不停地问"——翻阅大量的文献、进行反复多次的实验、求助不同领域的专业人士，通过学习借鉴别人的经验方法，弥补自身的不足，总结正确的规律，从而一步步推进研究进程。庞学玉回忆道，当初他们团队在对固井水泥水化机制及防高温衰退机制进行探索的时候，缺乏可以精确定量分析水泥矿物成分的方法。他们团队通过学习大量建筑水泥领域的相关研究成果，以及请教该领域专家，发现可以借助X射线衍射分析并配合使用"外标法""内标法"和"PONCKS法"等来实现这方面功能，于是团队购入一台专业X射线衍射检测仪器，针对固井水泥开展了大量试验，开发了新的多方法耦合定量分析，从而顺利推动研究进展。或许在旁人看来，日复一日的实验枯燥乏味，但对于心怀热爱的庞学玉而言，实验是春天到来前的蛰伏，是登顶山巅的蓄力，是通往成功的必备铺垫。

2007年，庞学玉于美国维拉诺瓦大学土木工程专业顺利毕业，获得硕士学位，随后选择前往美国哥伦比亚大学土木工程专业继续攻读博士学位。

在哥伦比亚大学攻读博士学位期间，庞学玉从事的科研项目是美国哈里伯顿公司的固井水泥项目。他笑谈"这是有点阴差阳错的事情"，却也因此找到了日后研究的方向。在了解该项目后，庞学玉发现固井水泥领域确实还有很多问题亟待解决。他全身心地投入该项目的研究中，随着研究的不断深入，他的兴趣也越发浓厚。在顺利获得博士学位并获评校优秀博士论文后，庞学玉觉得在固井水泥领域还有许多未知等待探索；作为美国油气服务领域的领军企业，哈里伯顿公司优越的实验条件令他十分心动，于是庞学玉在博士毕业后接受了公司提供的研发工程师职位，继续探索固井水泥相关研究与应用。

在哈里伯顿公司工作的六年，虽然主要承担产品研发项目，庞学玉却始终保持着对基础研究的浓厚兴趣，陆续发表了十几篇学术论文。六年的时间里，庞学玉凭借自己的真才实干和坚忍不拔的毅力，成为一名主任研发工程师，拥有了不俗的成就，但他也逐渐认识到自己对科学研究的兴趣远远超过技术开发。2018年，庞学玉下定决心转型学术界，选择回家乡的中国石油大学（华东）石油工程学院担任大学教授。

▍夜以继日，热爱并行

早在母校求学期间，庞学玉便立下了当大学老师的目标。国外13年的求学与工作经历都不曾动摇庞学玉在本科时期树立的人生目标，他要在一个开放包容的学术氛围下继续投身热爱的研究领域，他要站在三尺讲台上与学生们分享自己的研究成果。

2018年，庞学玉如愿以偿成为一名大学老师。每每站在讲台上，看着讲台下的学生，他都感慨万分——曾经他也是这样一个抬头望着老师的学生，而今，他凭着自己的努力，也站在了讲台上。

任何成功都不是一蹴而就的。长期以来，庞学玉从事井筒完整性、固井水泥化学、固井水泥材料性能表征以及改性方法研究，艰涩的科研历程背后是无数个埋头苦读、砥砺钻研的日日夜夜。"机会总是留给有准备的人"，庞学玉也用热忱与勤奋博得了知识的垂爱。截至采访时，庞学玉共负责和参与国内外各类科研项目20余项，在Cement and Concrete Research、Cement and Concrete Composites等国内外重要学术期刊及会议上发表论文70余篇，获美国发明专利12项、中国发明专利3项。拥有大学教授、博士生导师、油气井工程研究所所长、青岛市政协委员多重身份的他，认为自己能拥有如今的成就离不开对于学术的热爱，同时也离不开良好的学习习惯和宝贵的人生机遇。"兴趣是最好的老师，热爱是最大的动力"，庞学玉每每看到所指导的学生研究出新的成果，都会感到非常振奋，这种感觉来源于他对所研究领域的热爱。"如果热爱，那就一定可以做得很好。"庞学玉笑道。

在固井工程这个领域里，国内外绝大多数研究人员都是在企业工作，主要关注的是技术开发和技术应用，基础理论研究则相对薄弱，因此这正是需要加强的地方，也是目前庞学玉团队的重点研究方向。说到国内外差距，庞学玉认为主要体现为积累，通过过去数十年的努力，国内目前在固井工程领域的技术水平已经与国外十分接近，只要继续攻关，在某些细分领域取得国际领先地位也指日可待。

兴趣让他找到了值得奉献一生的热爱领域；坚守初心让他得以实现为人师表的目标与梦想。

"根据自己的兴趣爱好和性格特点，找到自己的人生定位，确立一个切实可行的目标，珍惜每一刻的学习机会，朝着既定目标不断地努力！"庞学玉因热爱而拥有今日成就，作为学长，他诚挚地希望同学们也可以和他一样，投身于自己热爱的事业，走出精彩的人生道路！

访谈 后记

庞学玉学长无疑是学弟学妹们心中的榜样，能与这样一位优秀的学长面对面交流，聆听他诉说昔日在海大校园中的点点滴滴，不仅让我们受益匪浅，更觉欣喜和感动。因为海大，我们得以相识；因为海大，一代又一代学子们将对于知识的渴求和"海纳百川，取则行远"的校训传承下去。

校友 寄语

百年沧桑，百年积淀，母校英才辈出，愿母校积历史之厚蕴，更展宏图，再谱华章！

——庞学玉

（撰稿：2019级港口航道与海岸工程　李欣泽；2021级港口航道与海岸工程卢思吉）

学弟学妹 眼中的他 ——————

严肃活泼，幽默风趣，心系家国……我们时常能在她爽朗的笑声中感受到她的热情洋溢，也感动于她对事业的执着与激情。她一步一个脚印，坚定而踏实地走在推动卫星气象事业发展的道路上。

从鲁城到敦煌

——访 2001 级校友徐娜

徐娜，女，1982年生，山东烟台人，2001—2005年就读于中国海洋大学大气科学专业。国家卫星气象中心气象卫星工程研发室处长，国家人才项目青年人才，中国气象局科技领军人才。现任风云气象极轨卫星副总指挥。主要围绕风云卫星光学载荷开展定标及定量遥感相关工作，多项研究成果成功应用到业务系统。发表论文40余篇，主持国家级科研项目/课题6项（其中3项在研），获省部级奖励4项，包括气象领域最主要的涂长望和谢义炳两大青年科技奖。

9月，正是台风肆虐的时节。奋斗在汛期服务前线的徐娜忙得不可开交，而谈起台风的监测服务，她总是充满信心。"台风虽然影响大，数值模式已经能做到较为精准的路径预报，因为气象卫星等先进探测手段的支撑，预报员可以实时滚动优化预报结果，做到对台风登陆时间和地点的精准预测。我相信在不久的未来，气象将全面融入经济社会发展全局，为我们带来一个全新的明天。"

徐娜从未停止过对气象事业的开拓，年纪轻轻的她就已获得诸多荣誉。她在文章中写道："接下来，我将继续怀抱梦想、脚踏实地，埋头苦干、攻坚克难，让青春在全面建设社会主义现代化国家、深入推进气象事业高质量发展和火热实践中绽放绚丽光彩。"

▌入海，恰逢年少则立志于学

齐鲁大地，自然风光秀美，人文历史悠久。古老的中华文化在这里孕育，儒家思想的智慧在这里传播……徐娜就出生在这片深受儒家文化熏陶的土地上。她从小刻苦好学，成绩优异。

家乡情怀总是每个学子心中不可分割的一部分，当时的青岛海洋大学是山东高校中的佼佼者，因此徐娜选择了填报海大。在听说海洋环境学院（今海洋与大气学院）是学校最好的学院后，她毫不犹豫地将它放在了第一志愿。

回忆初入校园的那段时光，她眼里总是闪闪发光："我们当时所在的鱼山校区很美，青岛是红瓦绿树，碧海蓝天，跟我的家乡不太一样，虽是机缘巧合来到这里，但一见面就爱上了。"

班里大部分同学都来自山东，这缓解了她初入校园时的紧张和陌生感。"山东人淳朴友善，在校园里老师很亲切，同学们也很友好。"在那个物质还不算富裕的年代，看电视成了当时学生们娱乐活动的重要一环，于是徐娜和同学们一起凑钱买了一台电视机，大家凑在电视机前，津津有味地观看电视节目，这构成了徐娜心中温暖的画面。

生性好学的徐娜自然不会放过海大丰富的学习资源。谈起学习的经历，徐娜有着深深的感触："我对海大印象最深的还是它的学习氛围，脱离了高中以后才发现大学的学习氛围是截然不同的。高中的时候总是有人带着你学，而大学却恰恰相反。我们可以在教室、宿舍、图书馆里学习，很考验一个人的自主学习能力。"

很显然，适应了一段时间后，她扛住了这种考验，不仅各科成绩名列前茅，而且在老师和同学们的印象里，她也总是读书最刻苦的那一个。对学习的苦她总是一笑了之，认为这不过是身为一名学生应该做的事情罢了。

除了学习生活，师生情谊也让徐娜很是难忘。

记得那年赶上非典，徐娜的班主任岳淑红老师站了出来，她说，越是在这危难关头，大家越是应该团结起来，共渡难关。

鱼山的古树和绿茵映衬着她努力的身影，洁净的教室里她奋笔疾书，操场上有她跃动的身影，校园广播里有她动听的嗓音……她在这里读书、学习、生活，这段大学生活已然成为她生命中不可分割的一部分，更构成了她绚烂青春中充满华彩的一章。

▌下潜，励精图治而潜心钻研

当时的海洋与环境学院只有两个专业，一个是海洋科学，另一个是大气科学，徐娜被录取到了大气科学专业。"既然选择了这一门学科，那我就必须把它学好。"

在10年的求学生涯中，徐娜从大气科学转到大气物理，再到卫星遥感；从一名本科生到博士生，再到如今担任国家卫星气象中心卫星气象研究所所长，一路成长。现在的她正在进行辐射定标、云微物理特性和大气可降水等卫星遥感反演方法研究，并获得了多项与辐射定标有关的发明专利。从一位博学笃志的海大学子，到现在坐在澎湃新闻的直播间里给大家科普气象卫星，她是无数气象学子的榜样，更是推动气象卫星事业发展的重要一员。

而这一门科学带给她的不仅仅是工作上的荣誉，更教会了她思维的发散性，为她的研究生涯中带来了许多创新性的科研成果。对此，她有独到的感悟。"其实学大气科学，我们要学会用一种'不严谨'的思维去考量它，它不单纯是'1+1=2'的推导结果，我们所学的公式、逻辑并不能全面地说明一种大气现象，因为所包含的因素太多，有时候它更像是一种'玄学'或者说是'风水'。"徐娜语重心长地对我们说。

大学之善，不仅在于其能够培养出一批批人才，更在于它能让学子们对于母校有一份深切的情感。虽已经毕业多年，徐娜仍心系母校的发展。在她看来，海大学子的思维是活跃的、开放的，不同于循规蹈矩的刻板思维。这种思维能帮助他们在毕业后更好地从事自己的事业、实现自己的梦想。毕业之后，徐娜还参与过许多次毕业生答辩，招聘海大的毕业生时，看到学弟学妹们朝气蓬勃的脸庞，她总是倍感亲切，仿佛看到了当年的自己。

面对学弟学妹时她总是和蔼可亲，工作中的她却是一丝不苟。入职多年来，她坚持不懈地做好卫星遥感产品研发工作。从风云卫星工程建设工作中抓落实，从完善每一个风云卫星遥感数据产品质量的过程中抓提升，推动构建高质量的风云卫星发展新格局，夯实风云卫星在气象工作中的支柱作用，为"精密监测、精准预报、精细服务"提供基础保障，为人民群众生产生活和经济社会发展作出更大贡献。

看到海大培养出一批又一批优秀的气象人才，她对中国气象事业未来的发展充满信心。"从前我们在戈壁采集数据的时候，连帐篷都没有，只能穿着厚厚的衣服，打着伞，没日没夜地守在仪器旁。如今，随着科技的进步和发展，很多地方其实都可以实现自动化观测了，这也让我们如今的工作难度大大降低。我们也更有信心将中国的气象事业从'跟跑'发展为'领跑'。"她自豪地对我们说。

▌归川，勤勤恳恳又独当一面

在苍茫而望不到头的戈壁，火辣辣的太阳炙烤着大地，除了一望无际的黄沙再无其他，肌肤甚至得不到一点点微风的施舍，而这便是徐娜在一次卫星定标工作时的工作环境。

他们进行的外场定标究竟是一项什么工作呢？简单来说，就是他们在地上，卫星在天上，同一时刻观测地面上的目标，两组数据进行比对，帮助卫星遥感数据进行校准。

说起来寥寥几句话，实际操作起来，却有很多复杂的地方。首先，卫星上的成像仪器分为可见光通道和红外通道，需要分别做定标。还有个问题是，卫星透过大气层观测地面目标，而外场定标工作中，仪器是贴着地面直接观测目标物的。所以卫星观测数据需要剔除掉"大气的那部分"再来跟地面观测数据比对。

而从实际操作来看，因为定标需要在一个大气干扰少、地表反射率高的地方开展，换言之，就是干晒、无风、荒无人烟的地方，所以在这样的地方工作是一场生理和心理的拉锯战。

这无疑是一项艰难的挑战，在国外一般由男性完成，而徐娜作为一名女性，毅然决然地接下了这项艰巨的任务。沙漠中遇到沙尘暴是常有的事，徐娜所在的小组驻扎时用的还是很沉的军用帐篷。人类在大自然面前无疑是弱小的，帐篷在沙尘的裹挟下摇摇欲坠，在这种严峻的情况下，大家也只能纷纷避难。人或许可以抵抗住沙尘的摧残，但那些仪器是娇贵的，尤其是这一路的颠簸后，它们经不起任何一点"折磨"。想到这里，徐娜小组成员不顾快被吹翻的帐篷，毅然决然地返回去拯救那些仪器。

听她诉说这段惊险的经历，我们不由得倒吸一口气，"面对这样危险的工作，您当时不害怕吗？"

"或许这在旁人看来是一份危险的工作，但我认为，把仪器收好，把数据观测好，这都是我们工作本职范围内的事。当你投入进去时，这只是一种深深的责任感，其他的反而不是什么重要的事了。"徐娜对我们说。

在这个行业里，男性更有优势，徐娜却总是处处做到最好，她总是强调女性的韧性其实是比男性要高的。

"我们做的这些工作有时候确实很艰苦，但我们女性在吃苦这一方面并不比男性差，相较而言，我们反而更细致，更认真。"她自豪地说。

"在戈壁里很辛苦，但是大家都不谈辛苦的时候，你自然而然地就融入里面了，对我而言，这是一次宝贵的经历。"徐娜坦然如初，闪烁着理性之光。

青山一道，风雨同舟，忆往昔载，历久弥新。从鲁城到敦煌，自海洋向天空，海大园中走出了一批又一批像徐娜一样心怀家国天下的学子。也许，他们都怀着同样的期望：为天地立心，为生民立命，为往圣继绝学，为万世开太平。

校友寄语

　　热烈祝贺中国海大迎来100周年校庆！作为海大的一名毕业生，很高兴看到越来越多的学弟学妹在海大园里学习和生活，收获独属于自己的一份青春光彩。在母校百年华诞之际，我给予学弟学妹们真诚的祝福和建议：海大是一个很开放、多元的校园，在这样的环境下我们不必过于焦虑。丰富自己的思维方式，一步一个脚印稳妥地向前，我们会有更多的选择、更好的平台帮助我们走向更好的未来。

——徐娜

（撰稿：2021级大气科学　黎蔚菲　孙龙毅）

学弟学妹 眼中的他 ————————

不畏山高路远，山川回馈以最奇绝的秀丽；不惧风高浪急，大海回报以最壮丽的日出。人生于他而言是一条向前奔涌的河流，更是一场步履不停的旅行。陶明在水产贸易领域经历了20余年的摸爬滚打，时至今日仍然坚持以一个创业者的态度持续努力着。他脚踏实地，坦然而平和；他善于思考，永远在路上。

但见山海，无问得失

——访 2001 级校友陶明

陶明，男，1983年生，江西南昌人，2001—2005年就读于中国海洋大学经济学院国际经济与贸易专业。毕业后，他先后三次创业，克服重重困难，于2008年创立维斯国际贸易有限公司，后于2014年创立青岛澳优绅贸易有限公司（澳优绅即OUC的中文谐音）。公司主营海洋水产品进出口贸易等业务，现已跻身成为山东省水产品贸易行业的领先企业。他为母校捐赠设立维斯国际奖学金、奖教金，支持举办"维斯国际杯"国际贸易创业设计挑战赛，帮助推动中国海洋大学人才培养和师资队伍建设。

当绵绵的细雨掠过楼宇，萦绕着浮山的琅琅书声，滋养了学子们的求知渴望。当栈桥的夕照染红一片沙滩，海鸥伴着浪潮有节奏地盘旋，融入了青岛的城市印象。陶明的目光穿过洁净的窗，海面在微风的照拂下掀起丝丝波澜，海浪一波又一波推向远方，他的思绪也渐渐飘向那海天相接之处，缓缓勾起曾经的回忆。

▍漫漫求学路：纯粹年代，余温如故

2001年，中国正式加入了WTO组织，一个崭新的时代就此拉开帷幕。这是中国经济发展的一个重要里程碑，中国的外贸行业迅速发展壮大，国际经济与贸易这

个专业也由此走入了大众视野。

从"物华天宝、人杰地灵"的家乡南昌到有着咸咸海风的北方滨海城市青岛，陶明开始了他全新的求学之旅。读书的日子简单而纯粹，陶明在学习的道路上徐徐行进。那段时光里，他逐步建立起对世界的认知，也愈发愿意探索知识。彼时，班级经常举行集体活动，同学们的热情让他很快融入了新生活，慢慢对陌生的环境有了归属感。

时至今日，陶明依然难忘那段大学时光，他无比庆幸自己结识了一群志同道合的伙伴。当时的生活条件不如今天，没有空调的夏天燥热难挡，大家围坐床边分享校园趣事，捧着零食到其他宿舍串门。同伴知己互相鼓励，一同求学奋斗，陶明就在这样细水长流的日子里走过了漫长而又短暂的大学生涯。

毕业后，陶明与同学们散落各地，在各自的工作岗位上耕耘奋斗，但那份同窗情谊未曾淡去，如今他仍经常与同学们聚会，一起打球、打游戏，感情还是像上学时一样，甚至随着年岁增长，变得更加深厚，大家常在微信群里交流感想、分享经验，互相给出建议。

除了同学情，恩师的教导也让陶明至今受益匪浅。他认为，老师们科学、客观、严谨的治学态度，对自己的成长有着深远的影响。他从老师们那里汲取了许多对经营贸易公司有用的想法和建议，包括如何做好市场调研、制定营销策略、提高客户满意度等。老师们的指导让陶明在创业的道路上变得更加坚定自信。

▌艰辛创业路：灵活变通，步履不停

毕业后，陶明前往山东日照的一家工厂工作了两年。一切都是从零开始，虽然辛苦，但因为一直在接触新的事物，处于一个不断接受和学习的状态，所以他对"累"的感知并不明显。待回忆起这段人生经历时，他才后知后觉其艰辛。那时，前辈们的教导与工作带来的挑战，带给了他踏实的满足感，从中汲取的经验与教训、身处一线的工作经历直到现在也令他印象深刻，受用终身。

成功从来都不是一蹴而就的，而是通过不懈努力换取机遇。两年的工厂工作结束后，陶明回到家乡，在纠结和徘徊下最终选择自己创业，在即时通讯软件、鸭脖食品、水产贸易等多个行业间跳跃尝试。创业之路是曲折的，作出决断也绝非易事，但是只要有了想法，综合考虑后陶明便会毫不犹豫地去尝试，在摸爬滚打的创业路途中领略沿途变化万千的风景。

"假如失败会怎样？"这样的焦虑在陶明看来毫无意义，因为比起紧盯结果，他更愿意去享受过程。在遭遇失败和资金亏损时，他坦然面对；受挫了，就改变思路；亏钱了，那就再赚回来……陶明坚信，痛苦与幸福一样，都是人生的必经之路，无法回避，因此遇见失败便需要冷静沉着地解决问题，继续向前走，不断试错、积累经验，而非就此消沉，踟蹰不前。最终，他凭借大胆尝试的精神，克服了重重困难，冲破瓶颈，创立了维斯国际贸易有限公司和澳优绅贸易有限公司。

陶明也曾被那些优柔寡断的念头困扰，但他慢慢发现思虑过多也会失去很多。"其实只要明白，无论如何选择，你最终都会留有遗憾，那么有些决定也就没那么难做了。"人们总爱美化自己当时未选择的那条路，但大家都心知肚明，即使时间倒流，回到当初站在岔路口的那个瞬间，以当时的心智和阅历，自己也许还是会作出同样的选择。基于这样的思考，陶明更愿意将自己的人生经历比作一场享受过程的旅行，抑或是棋局。在他心中，这盘棋下得对与错不是牵动大局的重点，重要的是要落子无悔、勇往直前。

过往的创业经历还使他明白了专注与思考的重要性。若干年前，陶明尝试过鸭脖的买卖，但因为同伴和自己那时候同时在做别的创业工作，关于鸭脖生意的探索以失败告终。"人还是得专注"，陶明感慨，只有在某一个领域保持足够的专注，才能更深入地了解并把握住核心和关键，取得更好的成果。

流水不争先，争的是滔滔不绝。陶明公司门口贴着一副对联，横批是"无常是常"，即生活不会永远停留在一个固定的状态，变化才是常态。这是陶明一以贯之的人生信条和创业态度，也造就了他敢于试错、行事果决的做事风格和创业思路。

漫漫春秋，风雨年华。陶明的创业之旅已然取得诸多成就，然而他并不安于现状，停留于原地。人生的意义在于拓展而非固守，在陶明心中，一条河流必将向前流淌，而人也应步履不停地去开拓新的风景。他的脑海里还有不断涌现的"金点子"和想要尝试的事情——"我期待未来有更多的故事"。

▌浓浓母校情：上善若水，行稳致远

水善利万物而不争。谈及母校，陶明感慨万分。不论是这里的恩师、同学，还是母校本身，陶明对其最直观的印象不外乎"随和温润"。将锋芒裹进水流，收敛起攻击性，像水一样随遇而安，才能更好地立住脚跟。在陶明看来，母校"海纳百川，取则行远"的校训中包含着一种方法论，就像大海包容万物那样，学校里有丰富的人脉等各类资源，每个人按照自己的意愿与能力去探寻规律，便可以对成长有所助益。

毕业数年，陶明在创业的道路上越走越远，但他从未安于过去的成就，而是督促自己不断思考与探索。回首创业生涯中遭遇的挫折，他也在反思那时的自己是以何种态度和方式面对生活。随着人生阅历的增加，陶明对校训的理解越来越深

刻，这是无法用金钱衡量的财富，也是他心中宝贵的感悟。在未来的道路上，他将带着海大精神勇往直前。

母校情深，师恩似海，以心为报，以诚践之。陶明始终心系母校的发展，支持海大人才培养和师资队伍建设工作，他先后出资100余万元，设立了中国海洋大学维斯国际奖学金、奖教金等，支持举办"维斯国际杯"国际贸易创业设计挑战赛。

陶明为人低调，行事也皆出于本心。在谈及为母校作出的贡献时，他希望能够尽自己的绵薄之力，助力更多海大师生挖掘潜力、创新发展。他还表示将继续铭记母校的教诲，发扬海大人的精神，立足水产品贸易、国际海运等领域，将公司做大、做精、做强，为社会经济发展和高等教育事业贡献更多的力量。

访谈后记

回顾过往，落地生根，硕果累累；展望未来，百尺竿头，更进一步。陶明校友将他的人生之路娓娓道来，平和中带着一丝幽默，言语之间也无不体现着他的人生哲学。没有华丽夸张的辞藻，只有发自内心的感悟。我们一同回首他求学、创业道路上的挫折与收获，更被他"说做就做，敢于尝试"的精神所感染。在采访过程中，学长不忘告诫我们，无论是在校园中还是日后踏上工作岗位，都不要停下思考的步伐，只有时刻让自己的大脑活络起来，才能面对如今千变万化的发展形势。

非常荣幸能够结识这位睿智、优秀的创业者兼学长，他让我明白，无论何时都不应停下学习和进取的脚步。

校友寄语

母校即将迎来100周年校庆，作为一名中国海大毕业生，我对母校致以衷心的祝愿，希望母校能够有更好的发展。期待海大能够乘时代之舟而不断创新，成为一所更加富有活力的高校。

——陶明

（撰稿人：2022级国际经济与贸易 蔡贤珠）

学弟学妹 眼中的她 ——————

　　岁月从未磨平她年轻的心，哲思融入天马行空的想象，兴趣化为探索原子世界的内驱力，她明亮的双眸中充满对科研的热爱。初次见面时，她的明朗大方与亲切令人印象深刻；她回忆起海大校园，充满怀念与感慨。母校严谨的学风与老师的细心教导，为她打下了坚实的学科基础，并进一步培养了她对物理学的浓厚兴趣。

热爱可抵荒芜

——访 2001 级校友焦研

　　焦研，女，1984年生，山东菏泽人，2001—2005年就读于中国海洋大学物理学专业。现为国际知名青年量子化学学者，就职于澳大利亚阿德莱德大学。她设计了多种新型催化剂，在 *Nature Energy*、*Nature Communications* 等期刊发表论文110余篇，被引超过2.9万次。2020年获得杰出青年科学家奖（The Young Tall Poppy Science Award），入围2022年马尔科姆·麦金托什年度物理科学家奖决赛，并成为澳大利亚研究理事会专家学院成员。

　　在量子化学的广阔天地里，焦研如同一位精雕细琢的艺术家，她的每一次实验都充满了对完美的追求。"我觉得科学家的生活比较有意思，不枯燥。他们特别有创造力。"在这位国际知名的青年量子化学学者眼中，原子和分子不再是枯燥的科学概念，而是创建未来世界的基石。我们非常荣幸能在中国海大百年校庆之际，通过这次校友访谈活动，与这位在科学前沿不断突破的探索者进行深入对话。

▎求学之路，感念师恩

　　当被问到学校的培养之于她的影响时，焦研眼神柔和，似是想起了过往在海大校园里读书的时光，"影响很大！"她有些怀念地感叹。

　　学校一向治学严谨，焦研在读本科时，老师们都认真负责，尽心尽力，给她提供了很多学业上的指导和生活上的帮助。她本身就对物理学有着浓厚的兴趣，在这种一心向学的氛围下，焦研求知若渴，认真地对待每一节课，踏踏实实地打好学科基础，她向前走的每一步都坚实而有力量。正是因为在打基础的阶段沉下心来一步一个脚印，焦研在日后的科研事业中才会如有神助。

基础知识扎实了，还缺少一个有意思的"赛道"，当时有很多老师引导焦研去做科研，提供了她觉得特别有意思的研究方向。当时顾永建老师刚刚来到物理系，他所带来的全新方向更是让焦研眼前一亮。而焦研现在的主攻方向——量子级别的计算模拟，其实就是受顾老师的影响。"Amazing！这个真的是太有意思了！"即使到了现在，焦研仍像当初的小女生一样，提到自己选定的研究方向就很激动。"顾老师于我是科研上的指导，对我有很大的影响。"

机会总是留给有准备的人，焦研的机会很快就到来了。正在海大读研究生的她被当时的导师董顺乐老师推荐，到澳大利亚去进行一个项目研究，就此她开始了在昆士兰大学的博士生涯。回忆起这段时光，焦研非常感恩给予她帮助的各位老师，比如在她毕业后仍然为她提供职业发展指导的元光老师，又比如指导她写推荐信，并亲自为她的推荐信签名的郑荣儿老师。"院里的各位老师都给过我帮助，都很支持我。"

在海大生活学习了许多年，母校给焦研留下了极深刻的记忆烙印。她很期待这次百年校庆期间的返校之旅，一想到能够见到对她人生影响颇深的老师们，能够和同门叙叙旧并再次回到熟悉的环境，焦研的心就止不住地咚咚直跳。"就像回家一样，回家的时候怎么能不激动呢？"她至今还记得当年做奥帆赛志愿者的时光，也对当时学校为学生提供了这么广阔的平台和宝贵的机会表示感激，这让她见到了外面更广阔的世界。在异国他乡的日子里，焦研心里从未忘记过大洋彼岸的母校与恩师。

▌格物致知，热爱作桨

焦研在很小的时候，就对物理学很感兴趣。在中学期间，她参加了数理化、英语各科的竞赛后，觉得物理是那么简单，那么优雅。乔布斯在设计苹果产品时，秉持"less is more"的理念，而在焦研眼里，物理之于她类似于这个感觉。她认为物理是一门基础且有意思的学科，只要学会了物理，很多学科都能够融会贯通。就像她在昆士兰大学攻读博士时，研究方向要从物理学转向化工学，即使都是做计算模拟，但跨度还是非常大，这时学习物理的经历给了她非常大的自信。焦研认为，既然已经对物理学有所研究，再转向任何方向都信心满满。"所以早期学物理是兴趣，后来继续对物理感兴趣是源自它带给我的自信。"

　　很小的时候，焦研喜欢拼积木，她觉得这个从零到整的过程是如此妙趣横生，最后得到的作品也给了她莫大的成就感。再长大一些，焦研迷上了乐高，她享受着那一块块的乐高积木在她手里经过拼插变成一座城堡或是一个有模有样的动漫形象的过程。而现在，焦研依旧在进行着小时候的"游戏"，只不过如今，手中的积木变成了一个一个的原子，而小时候搭积木的过程也变成了如今的电催化。

　　之所以选择从事科研工作，成为一名科学家，除了她对于学科的热爱，还有对于科学家的景仰。焦研骨子里就有一股冲劲儿，这股冲劲让她拥有了勇往直前的探索精神。喜欢探索的人不可能溺于安逸，所以焦研选择了继续做科研，去探索一片未知的领域，成为那种雷厉风行、实事求是的科学家，去天马行空地想象、创造，过一种每一天都不一样的生活。"我觉得科学家特别有创造力。"

　　热爱可抵荒芜，焦研科研道路上的每一天都充实而有意义，她用自己的想象力与创造力，以及坚实的专业知识基础，研究出许多新型的催化剂。其中最令焦研感到自豪的是她最具创新性的研究成果——石墨烯基材料的发现。

　　美国凯斯西储大学的戴立明使用一种非金属材料代替昂贵的铂去实现一种电催化反应，此后越来越多的人进入这个研究领域，用碳基材料来代替电极。可是为什么碳基材料能够去代替铂呢？戴老师也曾经这样问过焦研，当时的焦研百思不得其解。"这真是太有意思了！为什么碳会有这样一种特性呢？通过实验探究，能不能将碳的这种特性发扬光大呢？它到底能够好到一种什么程度呢？"焦研如今回忆起来依旧如同当年一样兴奋不已。

　　于是她与团队采用了一种实验和计算结合的方法，去合成了一系列的样品，测得了它们的性能，而计算上也进行了一系列模拟，从而推断出来一个决定性的因素。为了进一步验证，焦研和团队其他成员经过多次实验，收集了许多数据，做成了一张坐标图，横坐标是理论计算模型，纵坐标是实验实际数据，发现样品具有一个非常完美的规律，她由此发现了这个叫石墨烯基的材料。后来了解了石墨烯基及它的起源所在，焦研及团队进行了一个非常大胆的推测，对石墨烯基的优势进行持续优化，他们认为石墨烯是有非常大的潜力的，它的性能有可能比铂还好。"当时从来没有人从这个角度去考虑过这个问题，我们去考虑了，我们实现了，把它发表出来了，所以这对我来说特别有创新性。就好像你是一个侦探，做了好多的前期工作，你证实了自己的猜想，这是特别开心的一件事情。"焦研说道。

　　也许匠心就是在重复的岁月里，对得起每一寸光阴中精益求精的打磨精神。

▎学有所成，心有所系

　　谈到为什么要做电催化方面的研究，焦研眼神坚定。电催化的核心就是实现从电能到化学能上的转化，像通过可再生的电能把二氧化碳转化成含碳的化学品，或者把大气当中的氮进行转换，用于农业生产。她想用电催化去实现一个更大的目标，去合成生产生活中所需要的各种各样的化学品。而这方面的研究对于节能减排，实现国家"双碳"目标，减小全球温室效应的影响有非常重要的作用。

2020年开始，焦研成为阿德莱德大学化学工程学院分管科研工作的副院长，同时在澳大利亚基金委做项目评审，辅助科研基金的分配。忙碌的生活并没有让她懈怠，她反而愿意让自己"更忙碌"一些。"你只要是来问我，我肯定是知无不言、言无不尽地给你提供建议。"焦研坦言，这一路走来，她接受了太多人的帮助，她也曾年轻过，经历过学生时代，明白很多同学羞于开口寻求帮助。可是等到焦研自己拥有一定的成就时，她反而十分希望去用自己的能力帮助迷茫的后辈，扶持他们走上正轨。

对于正在攀登高峰的后辈，焦研也有许多肺腑之言。她认为，想要成为行业中的领军人物，要对这个行业有着极为深刻的认识。就像有名的"一万小时"定律，首先自己要达到一定的积累，要了解这个领域里面一点一滴的细节，这是一切的基础，其他的能力会随之水涨船高，得到锻炼。比如说直觉与欣赏能力，即发现一个可能产生巨大影响的新方向并决定去做的能力；比如培养下一代的能力，单打独斗是非常吃力且艰辛的；再比如成为一个好的"推销员"，去推广自己的工作，让其有更大的影响力。

焦研将人生比作一盘棋局，她想告诉师弟师妹们，在象棋中，目的只有一个——去把对方的王给吃掉。而在这个过程中，哪怕是损兵折将，或是作出非常大的牺牲都是没有关系的，因为只要吃掉了这个王，就会取得胜利。而人生也是一样的，有的人想要安逸，有的人想拥有财富，没有人能够永远安逸，而拥有了巨额财富却丢失了人生的意义也令人唏嘘。所以一个更为长远的目标是非常重要的，"当你拥有所有的资源、所有的支持的时候，你最终想要成为一个怎样的人呢？这就是你人生的答案。"当然，兴趣是驱动力，在仰望星空的同时，也需要脚踏实地，落到实处。目标可以分成一个个的小目标，但切忌因为追逐小目标而忘记了自己为什么出发。

焦研有一个温暖的小家庭。下午五点下班后，她就要全身心投入家庭了。这要求她在上班的这一段时间内把该做的工作做完，甚至还要去多做一点，才能推动事业稳定发展。因此，工作的效率至关重要，她分享了自己提高效率的方法——番茄工作法，将一天时间划分成小板块，设立对应时长要完成的目标，以此来促进自己提高效率。

访谈的最后，焦研对于各个专业领域的学弟学妹，都有着美好的期待。"非常希望大家能够开动脑筋，脑洞大开，天马行空地想，我们所研究的领域到底会在哪方面产生影响。"

访谈 后记

我从焦研学姐身上学到了很多，她对于自己事业的热爱，她的谦逊，她对于后辈的亲切与帮助，以及她永远年轻、永远向往未知的心态。很荣幸能够采访到这么优秀的学姐，这场对话也让我思索良久。

校友 寄语

各位即将毕业的学弟学妹，你们好！现在你们即将结束在象牙塔里面的学习和生活，步入社会，步入社会之后不用担心，我们海大有一个非常坚实的校友网络，大家可以一起携手并进，迈向更为美好的未来！

即将进入海大学习的同学们，我首先恭喜你们，挤过了千军万马，来到了这个特别好的平台，去开启你们四年的学业。在这里我希望你们善于利用学校提供给你们的资源，包括非常好的师资，非常好的科研氛围和仪器平台，以及各方面，比如说团委老师的支持。在各方面的支持下，你们会成为祖国需要的下一代人才。

祝母校包括信息学部越办越好，祝母校生日快乐！

——焦研

（撰稿：2022级网络空间安全专业 王忠洁；2021级计算机科学与技术硕士生 吕伟华）

学弟学妹 眼中的她 ————————

干练的短发、从容的步伐，举手投足间流露出丰富的学识与儒雅的气质。她对海洋事业的付出与奉献踏实又坚定，每一个脚印都灿烂而精彩。

情系海洋，执着前行

——访 2001 级校友谢玲玲

谢玲玲，女，1983年生，山东莱芜人，2001—2004年就读于中国海洋大学海洋科学专业，2004—2009年就读于中国海洋大学物理海洋学专业（硕博连读）。2015—2017年任美国马里兰大学大气海洋科学系访问副教授。现任广东海洋大学海洋与气象学院院长，博士生导师。曾获广东省青年珠江学者、广东省高等学校优秀青年教师、广东省千百十人才培养工程省级培养对象、广东省海洋强省建设表现突出个人等荣誉称号。主要从事南海多尺度动力过程研究，在国内外学术期刊发表论文80余篇，译著、编著图书3部，软著专利5项。承担国家自然科学基金、广东省高等学校创新团队等课题10余项。

红瓦绿树、碧海蓝天，八年的求学时光使青岛成为谢玲玲的第二故乡，这份记忆深深埋于她的心底，随着时间的沉淀，感情也愈加醇厚。在海大读书期间，谢玲玲结识了志同道合的同学、攻克了重重的科研难题、遇到了兢兢业业的导师，最重要的是与海洋产生了无法割舍的羁绊。细细数来，谢玲玲已与海洋事业共度了20余载的光阴。

▍求学之路，缘起之处

八九月的青岛是炽热而温柔的，缱绻的海风足以让每个人心生眷恋，对谢玲玲来说也不例外。虽已是20多年前的往事，但对于初次踏入海大鱼山校区的情景，她记忆犹新。"曲径通幽"是她对那段记忆的浪漫概括，蜿蜒于鱼山校区内的青石小道在古树的遮蔽下显得愈发幽静，坐落于八关山下的德式建筑彰显着海大悠久的历史底蕴，八年的海大求学时光是谢玲玲最美的回忆。

"当我在读高中的时候，'21世纪是海洋的世纪'这句话就广为流传。"只是简短的一句话，却在谢玲玲的心中埋下了一颗种子。对18岁的谢玲玲来说，仅仅是青岛海洋大学中的"海洋"二字就足以满足她对大学的憧憬，青岛的地理位置更是让她对即将到来的大学生活充满期待。但作为一名2001年的高中毕业生，她对大学专业的了解是十分有限的，她向我们真诚地袒露，在入学前她对海洋科学是知之甚少，在入学之后才搞明白。然而从她坚定的目光和从容的微笑中可以看出，她并不后悔18岁时这个"冲动而美好"的决定。

海大见证了谢玲玲的成长与进步。在这八年里，谢玲玲沉浸在图书馆中，阅读着丰富的专业资料，使用着越来越先进的实验设施。经过八年的学习与探索，谢玲玲对海大的了解变得更加深入而真切，从一开始被海大的景色所吸引，到深切体会到学校高水平教师团队的兢兢业业，她每一天都融入并沉浸于校园的学习氛围中。

▍风华正茂，岁月如歌

一个人走得快，一群人走得远。这句话在谢玲玲的身上体现得淋漓尽致。

宿舍八个人奋笔疾书的身影经常出现，她们嬉闹欢笑，挥汗如雨。在这个八人组成的小家庭里，她们志同道合，相互督促又相互鼓励。在谢玲玲眼中，那时的宿舍就是家，充满着柔情与关怀。"我们八个人全部读研，其中七位是保研，并且三个人本科加入了强化班，三年完成了本科阶段的学习。"谢玲玲在提及宿舍同学时颇为自豪，同时也流露出一丝留恋，也许是勾起了对舍友们的思念。毕业后，大家各奔东西，走上了不同的人生道路，但是她们之间深厚的情感没有因为分别而消散。即使时光荏苒，岁月无情地割走了一片又一片光阴，但那份回忆依然在鲜活地跳动着。

作为一名物理海洋学专业的学生，谢玲玲认为，要取得好成绩不仅需要自己下苦功夫，还离不开师兄师姐的指导与帮助。物理海洋学是学校的王牌专业，对物理与数学方面的专业素养要求极高，谢玲玲忍不住感叹，那时自己为了学好基础知识，去图书馆"啃"数学类专业的教材并苦学编程。在读研期间，谢玲玲更加深刻地体会到，课堂上学到的知识是基础，搭建方法与运用之间的桥梁更为重要。谢玲玲曾于2006年和2007年分别赴美国夏威夷太平洋研究中心、英国南安普敦海洋研究中心做访问学生，期间她大胆地与资深学者们交流学术，敢于向导师们提出前沿问题，不断总结和提升自己，这段经历让她受益终生。

回忆求学之路谢玲玲在感到辛苦之外，更多的是感恩在海大受到的专业教育和系统性锻炼。"每当有资深的专家评价我时，第一条总会说我的专业知识很扎实，这肯定是得益于在海大受到的系统又全面的培养"谢玲玲如是说。身处学术氛围浓厚的海大校园，激励着她的是同学们刻苦的学习精神，是师兄师姐们言无不尽的热情帮助，是导师们严谨认真的治学态度，是"海纳百川，取则行远"的海大校训，这一切，都在潜移默化中成为谢玲玲生命的一部分。

▍攻坚克难，感念于心

科研的道路不是一帆风顺的，谢玲玲在这条路上也迷茫过、困惑过。那时她在一个以观测为基础的小组中工作，具备洞察能力是非常重要的。能够注意到隐藏在常规中的异常情况并尝试去分析它，是顺利开展课题组科研工作必备的一项重要素质。"有时我们只能得到一个断面的信息，不是三维，也没有长期的时间跨度，这时去解释一个现象是有一定困难的。找到问题的关键要经过很长时间的摸索。"谢玲玲再次忆起当初面对的难题时，还是无奈地露出苦恼的神色。

在谢玲玲读书的时候，互联网还没有像现在这么普及，查找文献的工作比现在要困难，那时图书馆中的专业期刊与书籍是谢玲玲的主要信息来源。在科研进展缓慢时，谢玲玲也曾彷徨过、怀疑过："也许在方向的选择上就出现了错误，导致现在自己陷入了无路可走的境地，也许自己并不适合走科研这条道路，也许自己的创新能力并不足以支撑自己在这条路上走下去。"但是在经历短暂的自我否定之后，谢玲玲总能重整旗鼓，继续出发。"是啊，一定要相信自己并且坚持下去，坚持非常关键。"在谢玲玲的人生信条中，"坚持"一直扮演着重要的角色，这是海大给予谢玲玲的宝藏，也是海大精神在谢玲玲身上的体现和传承。

良师亦友，感恩遇见。在科研这条路上，谢玲玲从不是孤军奋战，在聊到田纪伟老师时，她的言语间充满了激动。"即使前一天的凌晨2点还在工作，但第二天早上8点也一定能够在办公室看到他工作的背影。"在谢玲玲眼中，田老师是指路的明灯，是孜孜不倦的学者，是勤奋与执着的代表。在毕业后谢玲玲与田老师依然保持着密切的联系，每一次见面都有说不完的话。"对待工作要勤奋，对待事业要执着"是田老师教给谢玲玲除了知识之外最重要的东西。如今，从田老师身上受益良多的谢玲玲也成了一名博士生导师，而勤奋、执着的特质也让她成为学生心中良师的代名词。

谈到想对学弟学妹们说的话，谢玲玲似有千言万语。学好专业知识永远是第一步，夯实基础，往后学到的每一点知识都是在为知识大楼添砖加瓦。同时也要注重创新性的培养，这就需要时刻保持对事物的好奇心，对问题有刨根问底的探索欲望，有良好的思考习惯。过程中，如果对自己现在走的路产生了怀疑或者不感兴趣，不要焦虑，更不要害怕，只要把自己美好的青春用在为未来的目标奋斗上，认认真真、踏踏实实地做好眼前的工作，这就够了。

访谈 后记

谢玲玲学姐在访谈过程中一直面带微笑，她温柔的语气和眼神让我真切感受到她的真诚。她的建议也让我体会到她对我们的期盼。与这样一位优秀的前辈进行交流让我受益良多，更加坚定了以后前进的目标与方向。

校友 寄语

在母校100周年华诞之际，我向母校致以诚挚的祝福！作为从海大毕业的学生我感到非常荣幸，同时希望各位学弟学妹们珍惜在海大的学习时光，努力拼搏奋斗，不负自己的青春韶华，相信大家都会有一个非常美好的未来。

——谢玲玲

（撰稿：2021级海洋科学（中外合作办学）　刘绵骞雪　张楚萌）

学弟学妹 眼中的他 ——————

　　冀以尘雾之微补益山海，萤烛末光增辉日月。志存高远，谦逊坚定，默默耕耘，生命之于他如和风滋养，他便还以春日暖阳，激起动人的回响。汇万千灯塔，矢志不渝，他依然前行在路上。

做利人利己的人

——访 2002 级校友马新亮

　　马新亮，男，2001—2006年就读于中国海洋大学国际经济与贸易专业。原国家林业局篮球队队员，中共北京市公益领域第一联合委员会党委统战委员，北京莲心慈善基金会理事长。成立了多个慈善专项基金，服务国家税务总局、国家发展改革委、国家市场监督管理总局等多个中央部委定点帮扶地区，助力完成扶贫济困、乡村振兴等多项工作。新冠疫情期间，成立莲心基金会新冠抗疫救援联盟，为武汉及全国325家医院捐赠防疫物资超过100吨；组建莲心救援联盟，覆盖全国超过200支救援队伍；组织基金会及所有理事企业为社会捐赠超过10亿元的资金与物资。为中国海洋大学校医院、学校对口帮扶地区云南省绿春县、新疆塔里木大学校医院等地区和单位累计捐赠价值超过2000万元的医疗设备。

　　倾身慈善，大爱无疆。驰隙流年，恍如一瞬星霜换，山间清洌的晚风穿过时间的缝隙，一个懵懂少年趋光而行，褪去了青涩，磨炼自我，崇德向善，携爱前行，逐渐成长一位心有大爱的慈善家。大爱无声声自远，记忆倒带，回想起那句"你们要做利人利己的人"，一粒慈善的种子如蒲公英那般随风飘摇，深深扎根在了少年的心里。

▌求学路荏苒，源头活水来

　　海压竹枝低复举，风吹山角晦还明。带着刚踏出中学校园的青涩，满怀着对精彩未来的憧憬，在2001年的夏天，马新亮踏入了历史悠久、人文荟萃的海大校园，就读预科一年。从大一到大四，马新亮经历了多个校区，他曾在党校学习，后又去了浮山校区，毕业时他还参加了崂山校区的植树活动，为母校建设出力。各个校区迥然不同却又各有特色的风光景象，在他的记忆中留下了浓墨重彩的印记。

求学期间，学校确立了新的校训——"海纳百川，取则行远"。初时他曾不解"取则行远"的深意，随着年龄的增长和工作阅历的提升，他逐渐理解到二者的不同："有容乃大"是做人的标准，为人处世应从大度、有风范；而"取则行远"则教他在接触不同的人时，当汲优取长，在工作和生活中，多接触优秀的人，见贤思齐，方能行之更远。时至今日，校训已成为他人生的一盏明灯。

在不同校区，他也遇到了许多学识渊博的恩师为他指路。五年的求学生涯中，教授商务英语的付秀梅老师令他印象深刻，付老师十分严谨，平时做事一丝不苟，对学生们的问题也有十足的耐心；辅导员张晓燕老师待人也如春风般温暖，引领他一步步踏上前行之路；篮球教练员丁宏老师更是在训练和生活上给予他指导和关怀。每每回想起老师们的教诲和帮助，他的内心仍然感到无比感激。

万里腾飞仍有路，莫愁四海正风尘。本科学习时，马新亮选择了国际经济与贸易专业，但在研究生时他转向了林业荒漠化治理方向。那时，他找不到人生的方向，无数次抬头凝望蓝天白云，内心却仿佛蒙上了一层迷雾，相比于同龄人清晰的职业规划，他彷徨过，无助过，找不到自己喜欢的职业时他颓丧过，但他并没有放弃努力。大学生活是马新亮人生中一道亮丽的风景线，他不仅积累了扎实的专业知识，也参与了丰富的课余活动。或是沉醉在篮球赛场上拼搏，抛洒汗水；或是泡在图书馆中读书，享受书香的宁静……在许许多多的活动中，志愿活动和社会实践活动则为他今后的人生开辟出新的路径：他接触到了各种社会现象，与不同的思想观念碰撞，他在参与公益活动和帮助他人的过程中找到了无与伦比的快乐，这些也为他此后投身公益事业埋下了种子。

▌善心如微光，一灯燃百炬

毕业时，一位老师的一堂课点醒了尚在徘徊的马新亮，老师的姓名他记不清了，耳畔只回荡着老师的话语："马上毕业了，步入社会后你要成为一个怎样的人？"这句话在他耳边振聋发聩。"是要做一个损人不利己的人，还是一个损人利己的人？"第一个选择让同学们纷纷嗤之以鼻，而部分同学对第二个选择沉默了。有人问："损人利己的人不就是坏人吗？"老师话音一转："社会上当然存在这样的人，但如果可以的话，你们要做利人利己的人。"当毕业多年后真正走上慈善这条道路时，再回首这句掷地有声的话，马新亮只觉百感交集。"很多年后我突然发现，原来我现在从事的行业确实是老师当年提到的利人又利己的行业。"

毕业后，马新亮凭借篮球特长成为国家林业局篮球队队员。然而大学时参与公益活动的经历让他念念不忘，于是在工作时他仍然坚持志愿参与慈善项目。他曾就职于北京风信子儿童关爱中心，从事儿童福利工作，承接政府儿童福利专项基金；与北京外国语大学成立"与你童在"孤独症儿童关爱项目，关爱救助孤独症儿童上百名；成立"风华少年"项目，与首都师范大学心理系研究生志愿者共同为北京市中小学生进行心理健康辅导，覆盖学生上万名，曾多次被媒体报道。提到从事慈善事业的过程时，马新亮的声音变得轻松愉悦，言语间满是对那段时光的追忆。投身慈善，他所受到的心灵启迪和灵魂洗涤难以用语言来形容。后来，在政社分离、管办分离的浪潮中，他听从了内心的声音，借这个契机义无反顾地加入了基金会，并于2019年5月成为北京莲心慈善基金会理事长。谈到自己热爱的事业，他不由得真情流露："我真的很喜欢这份工作。"

从那以后，他开始全身心投入慈善，在这份事业中不断找寻自我价值。截至2019年末，莲心基金会捐款捐物累计价值超过亿元，资助特困家庭学生1500多名，先后参与武汉抗疫、河南水灾、雅安地震、鲁甸地震、尼泊尔地震等多次救灾活动，并设立"新苗计划""失依儿童助学""暖冬行动"等助学助病项目。新冠疫情期间，莲心基金会以实际行动支援武汉，帮助患者联系、对接医院，帮助车辆办理通行证等，联合多家政企单位为武汉及其他地区医院捐款捐物，捐赠防疫物资超过100吨。

谈及坚持慈善活动的初心时，马新亮深情地娓娓道来。"第一是国家对于慈善行业的支持与认可，国务院发布了对慈善法的政令，对慈善行业作了一个清晰的定位——中国第三次财富分配中慈善组织要承担更多的责任，这是国家对于我们慈善行业的支持。第二个是我个人内心的愿望，目前有很多自发的慈善组织都缺少支持，像蓝天救援队、战狼救援队，还有很多救援联盟，他们想为国家和人民付出自己的一份力量，但是他们缺少支持，所以基金会给他们支援和帮助，同时也是为百姓服务。"他认为，关键的时候，无论是水灾还是地震，能为社会做一些事情，为政府分忧、为人民解难，都是他应尽的责任与义务。在这个过程中，政府的认可、百姓的赞扬，涓滴细流终汇成股股能量，推动马新亮在慈善路上坚守初心，砥砺前行。

▌愿作一滴水，投入大海中

校泽如溪，微以致远。母校的恩泽如小溪一般，虽然看似微弱，却陪伴马新亮走过了很长一段路。投之以木桃，报之以琼瑶。马新亮心系母校发展，得知校医院的设备老旧，他当机立断，积极调配医疗设备，为校医院累计捐赠了价值超过500万元的医疗设备；向中国海洋大学对口帮扶地区云南省绿春县、新疆塔里木大学校医院捐赠价值累计超过1000万元的医疗设备，资助当地儿童，助力乡村振兴。

马新亮还始终关注母校学子的发展。他了解到许多毕业生十分迷茫，像当初的自己那样，正在苦苦探寻前行的方向；又听闻在胡丹萍教授的考公课很受欢迎，在他的推动下，胡教授为海大学子开设考公指导课程，助力学生拓展对外部世界的了解。马新亮还结合自身经历劝诫学弟学妹们，或许因自身实力和现实机遇，短期内难以实现梦想，但只要手握星光，脚踏实地，总有一天能够抵达彼岸。

一路寻寻觅觅，一路披荆斩棘。在慈善公益事业的路上，马新亮明白了坚守本心和虚心学习的重要性，也愈发认识到慈善的精髓不仅仅在于身体的救助和金钱的支持，更在于技能与心理的支持。作为一名永远在报答和成长的慈善家，他将继续在事业上耕耘和攀登，在此后的路上始终保持利人利己的初心，带着"福生于微"的信念，在向上向善的道路上继续走得更远。

访谈 后记

从马新亮学长身上，我深深感受到了他对慈善事业的热爱，对国家和人民的热爱，学长在工作和学习上温和坚定的态度深深吸引了我，也让我明白，无论任何时候，都不能停下前进的脚步，不能忘记善良的本心。

校友 寄语

希望学弟学妹们既要学好专业知识，也要开阔自己的视野，多一些社会实践，保持身心健康，陶冶情操，洗涤心灵。

学在海大，热爱海大。海大精神镌刻在每一位海大人心里。在未来的日子里，希望经过百年沉淀的母校，在教学和科研多个方面都能硕果累累，桃李满天下。

——马新亮

（撰稿人：2022级物流管理 刘永兴）

学弟学妹 眼中的她 ————————

热情干练、活力率性，思维敏捷。她把准科研方向，感应时代脉搏，响应国家之需，在积极推动科技成果转化的道路上奋勇前行。

以匠心独运，应国家需要

——访2002级校友马翠萍

马翠萍，女，1975年生，山东青州人，2002—2005年博士就读于中国海洋大学水产品加工及贮藏工程专业。现为青岛科技大学教授、博士生导师、教务处处长；中国-阿联酋国际合作联合实验室、山东省生物化学工程重点实验室、青岛核酸快检工程研究中心和青岛市核酸快检重点实验室主任，青岛青年先锋团队学术带头人；第十四届山东省人大代表、青岛市政协常委、青岛市科学技术协会委员、美国临床化学协会会员、中国分析测试协会标记免疫分析专业委员会常务委员、山东省高等教育学会第七届理事会理事等。

毕业后一直致力于核酸快速和高灵敏检测技术的研究，取得了多项原创性成果，并实现了产业化应用。目前在国际高水平学术期刊上发表SCI论文110余篇，授权获得了9项国家发明专利，构建了全新的RNA一步法等温扩增技术平台-SEA，打破了对原有DNA合成方法的认知。新冠疫情暴发后，带领团队研发出新冠病毒核酸检测试剂盒，成为国内第一批推出核酸快速检测方案的研究团队之一。

7月初，天空幽蓝，伴着花香与暖风，我们在青岛科技大学崂山校区行政楼见到了马翠萍教授。在访谈中，我们深切地感受到了这位校友对待科研工作的认真严肃、一丝不苟，以及对母校的怀念。

▍回首往事，春风化雨

2002—2005年，在中国海洋大学度过的三年博士研究生生涯中，马翠萍遇到了许多令她印象深刻的老师。其中，对她影响最大的还是导师于文功教授。

于文功教授作为马翠萍在海大求学期间的导师，对她的学习、生活产生了深远影响。青年时期是塑造一个人未来的关键时期，马翠萍仍然清晰地记得，在她的博士求学阶段，于文功老师非常关心她的学习进展，并给予了足够的指导和支持。在遇到问题的时候，于文功老师能够为学生提供宝贵的建议和帮助。于老师的支持和鼓励让马翠萍倍感温暖，也让她更加坚定了追求学术的决心。于文功老师对学生的要求非常严格，但并不一味地苛责和批评学生，相反，他总是耐心地指导学生，指出他们的不足之处，并鼓励他们不断提高。

在于文功老师的指导和带领下，马翠萍刻苦学习，在实验室努力钻研，博士阶段的她收获了许多。"在海大学习时，于老师花了很多精力来指导我们。于老师十分严谨，对学生的要求也比较严格。周末、节假日，他也常在实验室做研究，受于老师的影响，我们这些研究生节假日也常常在实验室做实验。"这种吃苦耐劳的精神深深地影响了马翠萍，并成为她日后克服艰难险阻的动力，激励她不断前行。

此外，马翠萍印象深刻地记得管华诗院士曾说过的一句话："要做学问，必须先学会做人。"在马翠萍看来，这句话不仅体现了管院士对学术研究的独到见解，更饱含着他对人才培养的殷切期望。如今，身为教师的马翠萍更能深刻体会到这句话的深意。她明白，教育的任务不仅仅是传授知识，更重要的是培养学生的品德、素养和价值观。因此，在成为一名教师后，在教学过程中，马翠萍始终坚持负责的态度。她坚信，每一个学生都有潜力去探索、去创新，而教师的职责就是引导他们找到自己的方向，激发他们的热情。同时，她也十分注重培养学生的责任心和奉献精神，鼓励他们积极参与社会实践，用自己的知识和技能为社会作出贡献。管华诗院士的教育理念对马翠萍产生了深远的影响，也成为她在教育实践中坚守的原则。

回想起读博士的时光，马翠萍深有感触："在博士阶段，我们每个人都很刻苦，为了科研目标不断努力。我承认，自己早期的分子生物学基础并不扎实，但感谢导师严谨的治学态度，对学生认真负责的精神，导师对学生的教育和培养不拘泥于形式，不囿于陈规，让学生既有深度交流的平台，又有独立思考的空间。自己利用实验之余抓紧学习，经过三年的不懈努力，不仅填补了知识的空白，更为未来的工作道路打下了坚实的基础。"她继续说道："勤奋真的可以弥补很多不足。通过持续的付出，我逐渐掌握了科研的技术，并培养了严谨的科研思维。这不仅仅是一段学习的经历，更是一种生活的态度。那段时光教会了我对待工作和生活都要认真、努力，不怕困难，敢于挑战。"

在中国海洋大学读书的日子里，马翠萍遇到了许多优秀的老师和同学，他们成为她成长道路上的重要伙伴。"海纳百川，取则行远"的海大校训一直是她前进路上的灯塔，指引着她走在正确的人生道路上。如今身处管理岗位的她，深知包容和换位思考的重要性："我们常说，要理解他人，首先要理解自己。每个人都有自己的故事和做事的原因，只有真正站在对方的角度思考，我们才能更好地理解他们的行为和情感。这样的包容和理解，不仅可以让工作更加顺利，还能建立更加和谐的人际关系。"

谈及如何在科研和行政工作之间取得平衡，她表示："虽然时间似乎总是不够用，但在担任职务之前已深入了解了各项政策和业务责任，通过合理安排与精心统筹，再加上过去积累的能力和经验，便得以顺利推进相关工作。"她强调了团队的合作与交流，鼓励师生们积极参与科研项目和学术活动。

▌任重道远，无畏险阻

不为了成功而努力，而为做一个有价值的人而努力，马翠萍便是如此。她一直怀有强烈的社会责任感，2020年新冠疫情暴发，马翠萍及其科研团队在大年初一便返回了青岛，迅速开展科研攻关。马翠萍团队因为从事核酸检测工作已有多年，所以已经拥有了较好的前期技术储备和成熟的科研平台。他们研发出的新冠肺炎核酸类检测试剂盒（快速 PCR 荧光法）已获得欧盟 CE 认证。

试剂盒的成功研发，是马翠萍在核酸检测领域多年深耕、厚积薄发的结果。谈及为何会选择核酸检测作为自己的研究方向，马翠萍说："毕业后来到青岛科技大学化学学院工作，便想要将自己所学与当前环境相结合，希望能够做出可以服务于社会的产品，最终通过不断摸索、反复思考，我选择了核酸检测作为自己的研究方向。"多年工作以来，马翠萍始终铭记着初心，注重将在实验室取得的成果进行技术转化，来解决生活中的实际问题。

取得核酸检测试剂盒成功研发应用的成果后，马翠萍的团队并未止步，他们仔细研究了核酸检测的全流程，逐步提高标准，将核酸提取由半小时变为三分钟。同时，基于市场需求不断优化试剂盒，研发出三种类型：核酸检测快提试剂盒、核酸检测试剂盒、冻干试剂盒，努力让核酸检测更加快速、简单、准确，实现居家自检。

新冠疫情期间，核酸检测技术发挥了莫大作用，而在"后疫情时代"这项技术依旧拥有广泛的应用空间：核酸存在于一切动物、植物、微生物体内，是最基本的生命物质之一，这就使得检验技术可以应用于食品安全、水产病害、环境监测、疾病防治等多方面。例如，如果人们能利用核酸检测技术快速检测出导致发病的是哪种微生物，就可以采用特定的高选择性抗生素进行治疗，有效地解决抗生素滥用问题。除此之外，未来人们也很有可能面临其他涉及生命健康的挑战，因此研发一种居家自检、手机可视化的检测试剂盒是很有必要的。

▌百年校庆，寄语建言

多年来马翠萍一直处于教学一线，谈及高校人才培养、科技自立自强等问题，她认为：不仅需要培养学生的理论知识基础，还要培养学生的实验操作应用等综合能力，因为社会不是需要我们的学生来考试，而是需要灵活运用所学的知识，如此才能更好地为社会作出贡献。亲身经历和实践可以让浮在表面上的理论知识落地。每年中国国际大学生创新大赛、"挑战杯"等比赛就有助于激发学生学习的兴趣和主动思考的能力，是让他们在耳濡目染中增长经验的良好契机。

"通过三年疫情的经历，大家对于科技自立自强的重要性应该都深有体会，疫情防控期间，正是因为有前期扎实的研究基础，我们才会做到应国家需要，及时研发出核酸检测试剂盒产品。若我们什么都没有，便只能依赖于进口，所以只有科技强了国家才会强！""任何事情都不是一蹴而就的。"她以此为例向我们讲解，这次核酸检测试剂盒的快速研发离不开其团队十几年科研成果的积累。

"要走出一片天地需要一个持续努力的过程。海大的年轻学子基础都非常好，我们的身上肩负重任。活到老，学到老，学生应在学习之余参与各种各样有意义的活动，接触不同的人，每个人身上都是有优点的，从别人的身上学到东西，取人之长、补己之短，如此我们才会越来越好。"采访的最后，马翠萍作为学姐给出了真诚的建议。

对于母校未来的发展，马翠萍表示，中国海洋大学专业特色鲜明，地理位置优越，建校历史悠久，基础厚实，科学研究实力强劲，作为校友，自己希望并相信母校未来在科学应用、成果转化等方面能持续发展，为国家海洋和经济的发展注入更多活力，在海洋强国建设的新征程中贡献卓越力量。

访谈 后记

"听君一席话，胜读十年书。"马翠萍教授脚踏实地、积极进取的科研工作精神给我们留下了深刻印象。她的话让我们受益良多，作为海大学子，要不驰于空想，不骛于虚声。

校友 寄语

希望同学们珍惜时光，在学习的过程中注重培养学习能力以及接受新事物和发现、解决问题的能力，学会与他人合作与交流。

——马翠萍

（撰稿人：2020级药学　方红玉；2020级药学　亓雨琛）

学弟学妹 眼中的他 ——————

岁月无声赋予美酒醇香，春风化雨育得桃李满门。作为一名啤酒专家，他以自己高深的专业造诣和丰硕的科研成果，推动了我国精酿啤酒创新发展；作为一名大学教授，他教书育人，爱岗敬业，把一批又一批优秀学子输送到酿酒行业。

"啤酒教授" 的 "精酿人生"

——访 2002 级校友王家林

王家林，男，1964年生，山东莒县人，2002—2006年博士就读于中国海洋大学食品科学与工程专业。现任青岛市侨联副主席、青岛科技大学海洋学院教授、中国食品工业协会委员会理事、国家级啤酒评酒委员。先后主持多项国家重点技术创新项目，并多次获得重要奖项。

有人说青岛有两种泡沫，一种来自大海的浪花，另一种来自鲜美的啤酒。谈到青岛的特产，相信大部分人一定会把"啤酒"作为答案之一。而坐落于青岛的海大园，不仅涌现出一批科学家，为海洋发展贡献了大量的科技成果，还在与城市的共荣共生中培养了数以万计的其他各类人才，"啤酒博士"王家林就是个中代表。伴随着阵阵酒香，我们在淄博大学城的精酿培训基地完成了对王家林师兄的采访，与他一起重温难忘的校园时光，品味30多年来的"精酿时光"。

▌难忘书香校园，幸遇良师益友

王家林来自山东一个贫穷的小山村，艰苦的生活环境造就了他勤奋刻苦、执着坚毅的性格，也使他倍加珍视学习的机会。1989年，王家林以优异的成绩从同济大学本科毕业后，选择回到家乡山东，进入青岛啤酒厂工作，从此开始了与啤酒的不解之缘。

1993年，因专业上的优异表现，王家林荣获德国巴伐利亚奖学金，作为访问学者赴慕尼黑研修。在那里，被誉为"啤酒之冠"的精酿啤酒随处可见，其醇厚的口感更是为王家林留下了深刻的印象，立志为中国啤酒业的工艺技术发展，为推动我国迈进世界啤酒强国作出贡献。

因此，当机会来临时，王家林毫不犹豫地选择进入中国海洋大学攻读啤酒高浓酿造方向的博士学位。回忆起那段求学经历，他至今记忆犹新。那时的鱼山校区古树参天，德式建筑令人沉醉，校园中时常传来琅琅读书声，到处充满着诗情画意。食品科学与工程学院所在的六二楼古朴素雅，展示出其特有的风情和文化底蕴。很多年过去了，王家林依然很怀念当年的校园生活，现在的他只要有机会，便会漫步鱼山校园，探望曾经的一草一木。

相对于校园生活的难忘经历，对王家林影响更为深远的则是他亦师亦友的导师——薛长湖教授。薛老师一直将"为了人民更加美好的生活"作为治学的座右铭，当作科研工作源源不断的动力和追求。对于应用学科来说，基础理论研究固然重要，但是关键技术的攻关及其产业化应用却直接影响着老百姓的生活，这也深刻影响了王家林日后的研究方向。王家林说："薛老师总能在关键时刻给我战略上的指导与启发，帮我指明方向。"在博士论文选题遇到瓶颈时，王家林与薛院士形影不离地跟岗学习，葆有问题意识并深入追问，谨慎思考并小心求证，终于寻找到了博士论文的灵感，把海洋活性物质与提高酵母活性相结合，为后续开启"精酿人生"，将发酵工业的特色融入学科中提供了宝贵经验。

毕业多年，谈到母校对他的影响，他是这么描述的："海大给予我的营养是广泛的，而不是仅仅单一的、专业上的东西。"正如我们的校训"海纳百川，取则行远"，它提醒我们要以海纳百川之胸怀去接纳吸收不同的知识，在这个基础上再去创新，不断探索，勇攀高峰。如今，王家林的儿子王立昊也继续跟随薛院士读博，同样成为海大的一分子。谈及此事，王家林表示很开心自己的儿子能够在海大进一步发展学业，延续自己的海大缘。"当然，我也希望自己的儿子将在海大学习到的知识未来真正地运用到实际，为社会作贡献，将我们的海大精神传承下去！"

传承工匠精神，精酿啤酒人生

"聚焦、深耕，这是我成功的秘籍。"18年青岛啤酒厂的深耕、18年的高校执教生涯，王家林初心不改，一直从事食品发酵研究工作，行走在啤酒制造领域的最前沿。30余年的啤酒人生中，他以执着专注、精益求精的工匠精神，在不同的工作岗位上结出了一系列备受行业赞誉的丰硕果实。

大学本科毕业后，机缘巧合下，王家林与啤酒结缘，被分配进入青岛啤酒厂工作。从工艺员到总工程师，从啤酒研发到市场营销，王家林聚焦啤酒行业，深耕啤酒产业的各个环节，用青春精心酿造着口味醇厚的美酒。

"啤酒的保鲜一直是我们关注的重要问题。"啤酒中含有丰富的有机和无机物质，时时刻刻在进行着各种物理、化学反应，这给风味保持带来了很大的困难。针对该问题，王家林团队通过反复实验和分析，终于将数据定量化，这为青岛啤酒的口味一致性作出了贡献，也为后来青岛啤酒跨地区扩张奠定了基础。同时，他主持完成的国家重点技术创新项目"啤酒稳定性、保鲜及抗老化研究"和"非发芽谷物结合高浓酿造提高啤酒质量"也通过了国家鉴定，研究成果达到国际先进、国内领先水平，获得国家经贸委优秀项目创新奖、山东省科技进步二等奖、青岛市科技进步一等奖。

2006年，王家林来到了青岛科技大学，打造以酿酒科学为主要特色的生物学科。他深刻认识到，同德国等啤酒强国比较，当前我国啤酒行业相关专业人才培养方面仍存在明显的差距。面对专业设置不足、专业聚焦不够、专业教师缺乏企业工作经验、学生实践环节缺乏的问题，王家林率先入驻青岛科技大学淄博教科产融合基地，创建智慧精酿云实训基地，建设国内第一个数字孪生技术支撑的精酿啤酒体系，探索具有开创性的教科产融合教学新模式，为中国精酿啤酒产业培育全产业链复合型人才。

2023年，王家林创办的"博士精酿"啤酒凭借其口味醇厚、口感清新、酒体丰满的特点，登上了青岛国际啤酒节的舞台，"让世界爱上中国造，让国人喝上活啤酒"的愿望正逐步实现。

以热爱铸"匠心"、以钻研塑"匠艺"、以实干践"匠行"，30余年来，王家林执着专注，在啤酒行业躬耕不辍；精益求精，以学术研究促产业发展；一丝不苟，用实验和数据引领行业标准；追求卓越，培育先进酿酒师队伍，打造中国人自己的"精酿啤酒"。王家林说，中国啤酒人的"工匠精神"如何锻造传承，这是他一直在思考、探索、创新和丰富的一个重要问题。我想，他已经用亲身行动，向我们展示了最完美的答案。

▎勇于担当作为，承担社会责任

"人的一生太短暂了，转眼之间我就从英俊少年变成老头儿了，所以怎么去把握是非常重要的，要做有价值的事情，去回报社会。"

作为啤酒行业的领军人物，王家林用自己的专业知识和丰硕的科研成果，积极推动我国啤酒产业技术进步、结构调整和精酿啤酒业发展。啤酒将王家林的个人价值与社会价值统一起来，他在实现自己的啤酒梦想、触发啤酒深情、创办啤酒工厂的同时，也为国家、为社会承担责任，贡献力量。

成为高校教师，是影响王家林整个职业生涯的重要决定。"来到大学工作，不仅是要教书育人，更要做好科学研究来服务社会，在高校既可以全身心搞研发，也能够用科研成果服务社会。"这是王家林的独白，也是他回报社会的真实写照。2008年四川汶川发生地震后，王家林带着自己的研究生团队前往灾区帮助进行灾后重建，经过严格的实地考察以及和创业伙伴的交流沟通后，他们决定在当地建造一间啤酒厂，王家林为其取名为"羌泉"。由于还有教学和科研上的任务，王家林北川、青岛来回奔波，在一期工程生产线建设的关键时期，他曾经5天飞了7个航程。功夫不负有心人，2010年5月，年产5000吨的生产线建成，成为当时全国最大的精酿啤酒厂。北川一位羌族老人由衷感叹："我这辈子都没喝过这么好喝的啤酒！"

作为政协委员，王家林积极响应市政协号召，参与扶贫陇南活动。多次应邀赴企业指导，解决了筹建中的技术瓶颈，确保了项目的顺利投产运营，帮助陇南青陇兄弟啤酒公司成功上市。作为中国侨联生物与医药专委会秘书长，他积极关注医疗健康事业发展，积极争取到农工党中央中国初级健康保障基金价值1亿元的医疗器械。

实现个人价值与社会价值相统一是王家林始终不变的人生追求，不断以汗水研墨、用才智作笔、借啤酒为媒，在追逐自己梦想的同时，努力为国家、为社会承担责任和贡献力量。

▌不忘海大精神，情系母校发展

岁月悠悠，一晃30多年。当年的学子已两鬓微霜，而母校情怀却依然如故。作为海大已毕业多年的校友，王家林表示自己曾多次重返母校，担任师弟师妹们的论文答辩评委，参加母校的百年校庆启动大会……他说每次回到母校时都要再顺便走一走鱼山路，逛一逛六二楼，听一听母校的发展与变化。"鱼山路和六二楼充满了我读博期间的满满回忆啊！鱼山路虽窄、六二楼虽朴素，但是培养了一批又一批厉害的人物，为我们国家各行各业输送了许多优秀的人才。"谈及在海大读博期间对他影响最深刻的人时，王家林毫无思索地回答道："那一定是薛长湖教授！薛教授不仅是我读博期间的导师，更是我的人生导师。"短短的几句话，道出了他无穷的感激和谢意。

"海纳百川，取则行远"的校训深深烙印在王家林的心中，无论是做事还是做人他都努力秉承海大精神，学会用海一样的胸怀兼收并蓄，脚踏实地地朝着既定目标奋进。同时王家林也勉励海大学子在学习过程中注重实践，学以致用，毕业之后为母校增光添彩。正如涓涓细流不断汇入大海，海大园悠久的历史是百年成果的沉淀。

访谈结束后，在王家林的带领下，我们参观了智能化的精酿实训基地，还品尝了"博士精酿"啤酒，这酒的口感像传说中的那样不苦也不涩，希望青年一代的海大人也能像王家林的"精酿人生"一样在各行各业中传承海大精神，创造属于自己的精彩人生！

访谈 后记

在与王家林师兄的交流中，他始终面带微笑，给予了我们温柔而又坚定的力量。在他的身上，我们体会到了"海纳百川"的无限包容和岁月沉淀的淡然醇厚。"无论是科研还是工作，青年们都要扎根到底，这样才能取到'真经'。"短短一句话，是寄语、是希望，也是师兄"精酿人生"经验中浓缩的精华。

涓涓细流汇成大海，点点星光照亮银河。关于王家林的故事，我们所能展现的只是很小的一角，但他的故事的余味将会在我们的人生中持续发酵。

校友 寄语

祝愿母校能为国家海洋强国战略培养出更多可堪大用的时代新人，在服务国家战略方面贡献更多智慧和力量！也真诚地希望青年一代的海大人能在各行各业中传承海大精神，创造属于自己的精彩人生！

——王家林

（撰稿：2022级食品科学与工程　孙荣昕；2022级食品加工与安全　张玉双）

一步一个脚印，致力于卫星海洋遥感领域，严于律己但在生活中又不失幽默。

用遥感支起海洋的风帆，做大海足迹的探测者
——访2002级校友李晓明

李晓明，男，1979年生，山东淄博人，2002—2010年就读于中国海洋大学海洋信息探测与处理专业（硕博连读）。2010年获得中国海洋大学、德国汉堡大学理学博士学位。2006年6月—2014年1月在德国宇航中心（DLR）学习、工作，历任研究助理、青年研究员、研究员等。2014年2月回国，现任中国科学院空天信息创新研究院研究员、海南省航天技术创新中心执行主任、海南空天信息研究院执行副院长（主持工作）。国家杰出青年科学基金获得者，中国科学院"百人计划"（A类）入选者，"海哨"卫星计划首席科学家。

海洋是人类生存与发展的"第二空间"，在整个地球系统中扮演重要的角色。而对我国来说，加强对海洋环境的监测与保护以及海洋资源的开发与利用，是实现我国国民经济可持续发展战略的重要保证。中国科学院空天信息创新研究院研究员李晓明，也肩负着这样的使命，他以卫星海洋遥感为手段，循着大海的足迹，踏上了"探测者"的征程。

▌踏上海洋遥感之路

2002年，本科毕业的李晓明考入中国海洋大学海洋遥感教育部重点实验室，师从我国卫星海洋遥感事业开拓者之一的贺明霞教授。然而，在星载合成孔径雷达海洋遥感这扇新的大门前，他初遇挫折并深受困扰，直到2004年冬天才出现转机。那时，贺明霞教授与德国有一些科研合作项目，李晓明随同前往德国汉堡大学开展

合作研究。短短两个月，李晓明收获颇丰，对自己的研究有了更深刻的理解和深造的信心。2006年德国空间宇航中心（DLR）的Susanne Lehner博士同意接收李晓明作为博士研究生，而且研究课题和他前期所做的研究也有很强的关联性。

回忆这段经历，李晓明说："当时考入中国海洋大学的时候，对于海洋遥感的认知几乎为0，根本不知道这个学科是做什么的。进入海洋遥感教育部重点实验室之后，我的导师贺明霞教授开始安排我们去学习一些海洋遥感的基础知识，开展一些海洋遥感的研究。应该说这个过程实际上是一个非常漫长的过程，进入这个新的领域进行学习，前期面对的困难非常大，但导师的鼓励以及研究室良好的实验氛围对我的促进作用还是很明显的，可以说，没有母校广阔的平台和导师在学业、科研和生活中的关心和教导，我也没有这样的机会可以到国外看一看。在德国留学期间，导师贺明霞教授在科研和生活中的指导和关心，给了我很多的信心。直到现在我也非常感恩学校和导师提供的平台和机会，让我更进一步地了解海洋遥感，并觉得这是一个非常值得去研究的领域。"

2006年6月，李晓明开始了在德国接近8年的学习和工作。初到异国他乡的李晓明少了些许浮躁，很快便融入Lehner博士的团队科研，取得了丰厚的成果。2010年1月，李晓明在德国汉堡大学完成了博士论文答辩，获得了理学博士学位。

回顾自己的求学之路，李晓明说："在海大求学的日子里，海大老一辈的科学家对于科研事业的热爱程度非常之高，这种精神非常值得我们学习。我记得当时文院士还几乎天天到物理海洋教育部重点实验室上班，给我留下了很难忘的印象。包括前段时间出差开会的时候，遇到刘秦玉老师，刘老师退休好多年了，但仍然活跃在科研一线，作报告的时候我觉得他的底气比很多年轻人都要足。尤其我自己当了导师之后，我才会越来越深刻地体会到这种几十年如一日地坚持科研工作非常难得，是非常值得学习的一件事情。"

▌小小雷达探测海洋大世界

在德国学习与工作期间，李晓明参与了德国联邦教育和研究部、德国联邦经济与科技部、欧洲空间局、欧盟FP7的多项科研项目，在星载合成孔径雷达海浪与海面风场遥感方面取得了突出的科研成果。

在国外多年，李晓明得到了极大的锻炼，经过几年的奋斗，他在工作、生活方面都已经非常稳定。但在风平浪静的背后，总要有挑战人生才会更加完整。2013年，李晓明在北京参加第35届国际环境遥感大会期间，萌生了回国的想法。

"我当时内心最真实的想法就是能够为我们国家、为我们的民族作出一点贡献，这是我应尽的义务。哪怕回国后只是做一点微不足道的工作，也只求踏踏实实，无愧于内心。"李晓明表示。尽管DLR遥感技术研究所所长Richard Bamler教授和Lehner博士提出了提供永久职位这样具有相当吸引力的条件，但他最终还是毫不犹豫地选择回国。

"回国后，我也没有任何不适应。我一直认为如果你把所经历的都看作苦难，你肯定会不适应，但搞科研就是要全身心投入；虽然有一些情况你可能知之甚少，但只要肯多加了解，因地制宜，情况总会变好的。"李晓明谈到回国后的情况时说道。

李晓明回国后的工作和生活开启了新篇章。近年来，在中国科学院"百人计划"支持下，李晓明带领课题组围绕星载合成孔径雷达海洋遥感开展了系列研究，研究出了一些具有创新性的成果，获得了国内外同行的认可。与此同时，李晓明一直与母校保持着密切联系，在2015年同时获得国家自然科学基金青年基金和面上项目的资助后，他选择与母校的师生们一起，共同完成"基于星载合成孔径雷达与地基多普勒激光雷达的海洋风力发电机尾流三维多尺度探测研究"这一国家自然科学基金面上项目，实现海洋遥感和激光雷达领域的"联动"，共同促进母校交叉学科研究。

"当我在国际高水平学术研讨会上作报告时，又或者在国际高水平杂志上发表科技论文时，能够署名'中国'两个字，那种自豪感是其他任何事情都无法替代的。那一刻我感到所有的困难和艰辛在取得的成果面前都已经微不足道，这更是一直支持我、激励我前进的动力。"李晓明也正是抱着这种想法用小小的雷达观测出海洋的大世界。

▎教书育人，春晖遍四方

科研不是一蹴而就的，科研与教学两者相得益彰。李晓明自回国后，全部的精力都投入科研、团队建设和研究生培养的工作中。研究生培养是他极为看重的一个方面，他认为任何科研事业都需要后继有人，下一代的学生就是我们国家未来科研事业的基石。从本科生到研究生是一个非常大的跨越，而硕士研究生的培养又不同于博士研究生。他以"铁杵磨成针"的精神从点点滴滴积累，一步步做起。"因为我自己体验过国内外科研教育的不同，我非常支持我的研究生毕业后去国外深造，也会帮学生联系国外读博士的导师，希望他们学成后回国为祖国的科研事业作出贡献。""我想，我们的创新应该建立在长时间踏踏实实地研究的基础上，而不是一心想着为创新而创新。在科学研究问题上，基础没打好，细节没做好，就一门心思去考虑创新，在我看来是不现实的。"在谈及研究生们常常困惑于何为"学术创新"的问题时，李晓明也谈了自己的感想。

有了理论与基础，不进行实践只能是纸上谈兵。除了基础研究，另一方面主要侧重技术应用。"我们希望加强对南海的管控和资源的开发利用，通过遥感的新技术、新方式去研究获取南海的海洋环境和岛礁的信息，为我们了解南海、利用南海以及掌控南海提供重要依据和科学上的支撑。但是，我们发现经过这么多年的发展，相对于南海的广阔和瞬息万变，我们对南海卫星遥感数据的获取能力仍然较低，无法满足需求。"因此，作为"海哨"卫星计划首席科学家，李晓明又投入对南海观测系列卫星计划的研究中。"我们希望通过发射系列低纬度系列卫星，其中也包括星载合成孔径雷达，实现对南海卫星观测的高频次、大面积覆盖，获取更丰富的卫星观测资料。这是我们未来完全掌控南海的基础！"谈到这个卫星计划时，李晓明激动地说。

"实事求是地讲，通过这些年在国外的求学和工作，我知道我们国家的卫星海洋遥感研究距离国际顶尖水平仍有差距。但是，正是意识到这种差距，才激励着我不断地前行。"李晓明没有忘记过去，也在展望未来。今后，他依然会脚踏实地地走下去，这是他的坚持，更是他的坚守。

访谈 后记

同为海大学子，与李院长初次见面就倍感亲切，他对海大的许多事情都熟悉得仿佛从未离开过，交流起来就像同龄人一样，没有什么代沟。李院长幽默风趣的话语使我们的采访进行得非常顺利。从他身上我学到了许多东西，如在科研上的坚守、工作中的严谨以及生活上的乐观。

校友 寄语

百年风雨兼程，百年历经沧桑，祝母校生日快乐！

信息融入海洋，让海洋变得更加深邃，也让海洋变得更加透明，祝学部越办越好！

这里是梦想开始的地方，也是梦想实现的地方，希望海大能给各位新入学的同学留下人生当中最灿烂的回忆！

愿同学们都能前程似锦！毕业不是终点，路还很长，也希望同学们能够为我们国家的海洋强国战略贡献自己的一份力量！

——李晓明

（撰稿：2022级海洋技术硕士研究生　孙灿）

仰之弥高，钻之弥坚；栈山航海，虽远弗届。挥别校园数十载，他捧着一颗丹心，携着一腔赤忱，在千万卷律册间沉潜，托举出我国首部民法典。松风水月，湛湛江涛。从农家小径到庄严会堂，他始终朝乾夕惕，诠释着海大人的精神底色。

如切如磋，如琢如磨
——访 2002 级校友宋江涛

宋江涛，男，1983年生，山东平度人，2002—2006年就读于中国海洋大学法学专业，2006年继续攻读本校国际法学硕士研究生。毕业后进入济南市槐荫区人民法院工作，2012年7月考入全国人大常委会法制工作委员会，现任民法室二处副处长。进入法工委以来，宋江涛先后参与了民事诉讼法、消费者权益保护法、农村土地承包法等法律的制定修改工作。2014年考取中国社科院法学研究所民法博士研究生，师从著名民法学家孙宪忠教授，2017年获博士学位。民法典编纂工作启动以来，全程参与了民法典立法工作，并负责部分条文的起草工作。

"通过不断地严格自律，磨砺心性、塑造人格。"宋江涛相信，持之以恒地奋斗，会对整个人的思维方式、行为习惯形成正向的引导。因此，他始终严于律己。几千个清晨，从教学楼到办公室，始终不变的是他伏案的身影。流云飞逝，星奔川骛。即使岁月不居，宋江涛仍然在如流时节中打磨着一名海大人的初心与信念。

▍筚路蓝缕，学而不倦

1983年，宋江涛出生在一个普通的农村家庭，在耕读传家的家风熏陶下，他从小就养成了踏实肯干、坚忍不拔的性格，以优异的成绩如愿被海大法学专业录取。

追忆母校生活，宋江涛讲述道，勤奋而持之以恒的学习态度是他成长之路上的敲门砖。他幽默地将自己的校园生活总结为"眼镜、书包、上自习",无论早上有没有课程,他都坚持早上七点半来到教室,广泛阅读与专业相关的书籍。与其他同学丰富多彩的课余生活相比,他谦虚地形容自己的生活"单调到甚至枯燥无味"。然而,这样日复一日简单纯粹的生活节奏中,宋江涛找到了自己的步调,不仅本科阶段的每次考试中他都名列前茅,而且还在后来的司法考试中取得了400多分的好成绩;选调生考试中,他更是在几个月短暂的备考后一举夺魁。

虽然学习是宋江涛大学生活中的"重头戏",但并不意味着他的学习成果是由大量投入时间简单堆砌而来,正相反,讲求效率才是宋江涛收获的关键。"我从来不熬夜,规律作息,规律吃饭,但是只要坐在书桌前,一定会全神贯注地对待自己的学习任务。"当疲惫影响效率的时候,宋江涛也并不会咬牙苦撑,一味拼时间来强迫自己学习,而是通过运动等方式纾解自己身心的疲惫。"比如说,我上午在图书馆学三个小时,下午一样也学三个小时,一共六个小时的时间,剩下的时间去打篮球。有一些同学会在图书馆待十个小时,但成绩并不见得比我好,这正是因为我每天在图书馆是全神贯注、心无旁骛地学习六小时。"

在长期积累的同时,宋江涛也不会忽略对自身逻辑思维能力的训练,他的知识大厦建立在坚实的逻辑基础之上。"期末的时候其他同学最喜欢借我的笔记,因为我的笔记往往最简洁清晰。"别人唯恐漏掉老师的一句话,"像录音机一样写得一字不差",但宋江涛摘其精要,"将书本读薄",每条笔记都是经过千淘万漉的独到思考。千锤百炼的严密逻辑与一以贯之的积累相得益彰,化作他法学道路上的万里长风。

▌博闻强识,敏行不怠

宋江涛不仅在学习方面博观约取,对于体育爱好,他同样在切磋琢磨中厚积薄发。完成本日学习任务之余,宋江涛往往会拿起篮球,让汗水洗去久坐的疲惫。球场中,胜负成败在比分之间跳跃,合作与对抗于攻防之中共舞,一次又一次,运球、传球、投球……后来,他加入了法学院篮球队,在每日练习与学习的轮转之中,篮球技术日益精进,同时,坚定的目标意识、强烈的进取意志也在他心中扎下了根。"我一直相信一句话,叫'球品如人品'。现在有时候单位组织篮球赛,他们说是'养生球',打着玩,但我不敢苟同,只要上球场,我一定会尊重比赛,全力以赴。"而赛场上针锋相对的胜负,磨炼出宋江涛淡之如水、从容待之的沉着心性和咬定青山不放松的精神韧性。

"其实你对这项运动了解越多,越会觉得,对待篮球的态度和学习工作态度之间是相通的。"宋江涛说,"无论什么比赛,都要全力以赴,这就要求你专注、认真地对待比赛。"爱好与人格养成相辅相成、相互促进，比赛过程中求胜称雄所必需的稳扎稳打，让他愈发珍惜每一次进步；而有胜有负的结果，则让他更加沉稳淡然。回望求学岁月，他真诚地建议学弟学妹们："大家以后步入社会的时候，无论找到怎样的工作、待在怎样的岗位，都要衡量一下，这份工作、这个岗位，是不是和自己的性格特点相得益彰。"这份坚毅稳重与大胆进取并重的性格同样在学生工作中发挥了作用。在学生会任职期间，他逐渐发现了自己沉稳踏实的性格与体制内工作的契合之处。学生会较为复杂的工作内容，需要耐得住性子、坐得了冷板凳，此时，他严谨负责的工作态度自然结出了累累硕果。

▌陶熔鼓铸，乘风破浪

谈及为何选择民法学作为终身躬耕的领域时，宋江涛坦言，自己在初入大学时对于未来规划没有太多的想法，但是在大学学习生活中，对于民法领域的热爱逐渐在他心中生根发芽。课余时间，他经常阅读王利明教授的书籍，对于民法领域逐渐形成了自己的见解。"民法被誉为'万法之母'，距离我们的生活非常近。在学习到'善意取得'等传统民法制度时，能深刻地感受到民法的逻辑之美与人文关怀。"他早早确定了深造的计划，也凭借优异的成绩，进入了学院推免名单，并选择了留在海大继续深造。他始终向往首都北京，即使毕业时在面试北京多个单位受挫的情况下，他也并未轻言放弃，而是加紧准备山东省内的选调生考试，最终乘风破浪、突破重围，后来又通过遴选进入了全国人大常委会法制工作委员会。

回首从校园到工作岗位的21年，他将寸缕时光中的点滴体悟凝练为四个词语：勤奋、方法、追求与情怀。

二十几载春秋，他将早起这个习惯一以贯之，数年如一日，从不睡懒觉、不虚掷时光。"我始终相信，多付出一点，最终收获也会多一些，事实证明，确实如此。"在全国人大常委会法制工作委员会工作的难度、深度与广度都是与过去的工作经历不能相提并论的，更何况身边同事的毕业学校都是清华、北大等名校，从济南到北京，客观条件的变化不可避免，而宋江涛选择用勤奋弥补差距。"如果你不付出更多，那就很难比别人做得更好。"多学、多看、多做，在工作中，面对自己以前从未接触过的工作内容时，他争取把每一个环节都做到最好。即使是最基础的校对工作，他也会将草案或决定翻来覆去确认多次。

宋江涛工作时勤勤恳恳、努力拼搏，还将学习生活中高效的方法一直延续到工作中，伏案时便全心投入，高效完成立法工作中的检索、校对等工作。除此之外，宋江涛始终保持着积极向上的精神，磨炼意志，并将向上向善的理念内化为自己的习惯。"不管是坚持也好，勤奋也好，工作方法也好，现在已经变成了我自己的习惯。它会反映在你生活中的方方面面，反映你的工作态度、生活态度乃至人生态度。对待工作、对待家庭、对待人生，追求向上向善的理念是共通的。"

宋江涛一面追求工作的高效，一面也培养着自己作为立法工作者的专业思维。立法工作涉及的知识遍及社会的方方面面，他在访谈中谈道："立法工作者需要知道，大家为什么对这个条款会有这么大的意见？大家的心里是怎样想的？这些都要求立法工作者不能只懂法律，也要对经济、社会、人文、科技等各个领域的知识有一定的了解。"然而这些知识并非只是工作中熟能生巧的经验，而是来自对整个社会运转逻辑的全面洞察。因此，宋江涛在工作之余的学习中，笔耕不辍，关注生活、关注社会，时而在网络平台中留下自己对工作、生活的探讨与思考，以培养自己对社会各方面问题的敏锐嗅觉。

披星戴月，披荆斩棘。日复一日地精研、打磨与塑造，不仅仅成就了一位阐幽探赜的立法工作者，更脱胎出一位持正奉公、初心不改的海大法律人。谈及理想与情怀，宋江涛以一句诚恳的话为访谈作结："作为法律人，更应怀揣一种情怀、一种热爱，身处在高屋建瓴的位置上，应当为国家和人民行应至之道、倾应尽之力。"

访谈后记

即使阔别校园多年，宋江涛仍然与母校并肩前行，为学弟学妹与母校发展提出了建议。

在访谈中，宋江涛语重心长地提醒学弟学妹们，在大学时光里，应当尽量广博地进行阅读，来充实自己对社会生活的认识。对于母校，宋江涛强调了法学学科建设对于海大作为"985"高校的重大意义，建言海大法学院立足于极地法、海洋法等优势领域，继续加强传统部门法的建设与积累。

如切如磋，如琢如磨；君子之风，浩然磅礴。短暂的交谈中，宋江涛语气诚恳，将自己的经历娓娓道来。一位始终紧跟党和人民步伐、在接连不断的挑战中勇毅前行的立法工作者形象跃然眼前，与海大"海纳百川，取则行远"的校训交相辉映。宋江涛前进的每一步，都浸润着海大法律人的精神底色。

校友寄语

适逢学校发展与时代脉搏同频共振的关键历史节点，希望母校在百年的新起点上，在与其他顶尖高校的交流学习中，发扬海洋类学科优势，提高办学水准，在百年历史的芳华中焕发出新的更耀眼的光彩。

——宋江涛

（撰稿：2022级法学（中外合作办学）　陈美烨）

学弟学妹 眼中的她 ————————

从"0"开始，躬身实践，她如一块璞玉，经过时间的多番磨砺和雕琢，最终绽放出璀璨的光芒。双手作桨，再回首，轻舟已过万重山。

从"0"开始，构筑"多肉王国"

——访 2002 级校友张莹

张莹，女，1984年生，山东青岛人，2002—2006年就读于中国海洋大学公共事业管理专业。2011年—2014年任青岛歌尔声学科技有限公司HR，后辞职创立青岛慢悠花房，现任青岛慢悠花房有限责任公司董事长。曾获"全国农村青年致富带头人""青岛市创业带头人""青岛市三八红旗手""崂山区拔尖人才"等称号。

每天清晨和傍晚，往返于家和工作地点——北宅的多肉基地之间，张莹都会行驶在松岭路上，而位于松岭路238号的母校更是在她每天的必经之路上。她与多肉的故事，以海大为起点，向我们徐徐展开。

▎求学之旅，路漫漫其修远兮

2001年，学校根据综合性大学的学科布局要求和发展规律，与青岛市委党校联合成立公共管理学院。2002年，张莹进入海大园，成为公共事业管理专业的第二届学生，在青岛市委党校学习和生活了四年。这段特殊的经历，为她的大学生活增添了别样的色彩。

张莹在青岛市委党校度过了四年，和党校的老师朝夕相处了四年。她从心底感激这群认真负责的老师，感念他们在学生身上倾注的心血。预算会计、公共关系、人力资源……张莹至今还能顺畅地报出一个个课程名，甚至还能准确地叫出任课老师的名字。岁月不居，时节如流，师生情谊如酒，没有随时间流逝而变淡，反而越酿越醇厚。

2006年，张莹从海大毕业，有了一段对她影响深远的实习经历。她成为海信广场的现场管理员，负责监督入驻商场的品牌方和店员，对商场品牌方违规行为开具罚单。但实习半年，违规行为时时有，张莹却一张罚单都没有开出去。当总经理找到她谈话，询问有何收获时，张莹的回答令经理吃惊："实习不应该从管理开始，应该从导购开始。"她认为管理的工作看似轻松，实际上有太多的牵绊，倘若不清楚各方复杂的利益出发点，便难以实现真正的管理。在同期的实习生里，张莹作为海大毕业生，是实习生里的"翘楚"，但她俯下身子，从最基础的工作开始，这也成为张莹之后的人生信条。转行的种子，或许也从这时悄然种下。

▌筚路蓝缕，道跻跻其驰骛兮

2014年，张莹和丈夫决定辞职创业，那时的他们，一个是在歌尔声学科技有限公司任职三年的HR，一个是研究蓝藻生物燃料的科技工作者，都从事着令人羡慕的工作，却投入一个完全陌生的多肉养殖行业，令旁人错愕与不解。

回忆起辞职缘由，张莹说："当时丈夫工作做得不开心，但是养多肉时却能看到他神采飞扬。"而曾作为校报学生记者的张莹，一直保留着大学老师带他们外出采风的美好记忆，因而也和自然格外亲近，夫妻俩一拍即合。在辞职前，他们家中的阳台便已逐渐被一盆盆可爱的多肉填满，甚至连衣服都已挂不下，"因为喜欢，2011年，我和丈夫转遍了青岛所有种植多肉植物的大棚，那时国内做多肉的很少，就通过海淘从国外购买，积攒下来，家里的阳台差不多放了400盆多肉。"在学习与生活的磨砺中，张莹逐渐明晰了工作和生活的意义所在：让自己开心。

一起从零开始，毫无经验的张莹，和丈夫靠着双手"折腾"着进入了多肉的赛道，推翻一切重来，是夫妻两人生旅途中的惊险一跃，也是人生的重要转折点。两个"小白"搜集了大量国内外相关资料，潜心研究，精心培育，用最短的时间弥补跨界的不足。他们从阳台种植开始，到小区、学校门口摆地摊，再到租下北宅600平方米的温室。两人日夜劳动，终于拥有了第一个基地。彼时，中国的多肉养殖行业也正在起步，夫妻俩的事业，和中国的多肉养殖行业一起飞速成长。

从"0"开始的创业之路并不平坦：棚膜装反，温室的水像下雨一样哗哗地淌；分好株的十万余片叶子，被全部晒死；辛辛苦苦装修好实体店，没过多久便面临拆迁……尽管开始时匮乏经验和技术，张莹却始终保持"海纳百川，取则行远"的学习心态，秉持"踩的坑就是交的学费"的信念，不断积累经验，用双手去构筑出自己的"多肉王国"。

"我们基本一个月飞一次韩国进货与学习生产技术，语言不通，找翻译陪同；小而精的家庭生产模式不合适，便飞往欧洲学习荷兰的标准化规模生产。"夫妻二人不断积累经验，收获成长。"下雨天担心会不会被淹，刮大风担心大棚会不会被吹垮，夏天要降温，冬天要升温，所有这些都离不开人。"

张莹说自己所经营的多肉植物与公共管理表面上没有直接联系，但其实具有深刻的内在关联：管理和规划对于多肉植物的生长和繁衍至关重要，尤其是光照、温度、湿度等因素。大学所学的公共管理涉及的领域非常广泛，包括社会问题、公共项目、公共物品和资源等，这些领域都需要有效的管理和规划。四年的专业学习早已暗中为她奠定好了思维基础。

星光不负赶路人。经过夫妻二人的辛勤耕耘，如今，他们的多肉品牌——慢悠花房旗下已经有六个多肉养殖基地，分布在山东青岛和云南昆明两地，业务涵盖零售、批发、研发领域，销售额屡创新高。张莹及其团队格外注重自主研发，长期与中国科学院、中国农科院、南京农业大学、青岛农业大学等科研院所和高校保持紧密合作，并且总结出一套适合国内气候环境的多肉植物生产技术和经验，也成为国内标准化程度最高的多肉企业。同时，慢悠花房持续对公司合作农户、经销商、生产商进行技术指导和推广，为国内多肉产业技术进步贡献力量。2018年，慢悠花房淘宝旗舰店上线，探索农产品的电商销售经验，同时，实现了多肉植物整柜返销韩国的突破，并多次出口韩国、日本、荷兰、加拿大。2019年，公司所产多肉一举拿下北京世园会花卉国际竞赛的3个金奖、7个银奖和5个铜奖。从创业初期的600平方米日光温室，发展至今日的年产各类多肉植物600多万株，张莹带领年轻的团队，将慢悠花房打造成了集多肉植物的生产、销售与研发于一体的专业公司。对张莹而言，多肉远不止一份糊口的生计，更是在经历过酸甜苦辣的实践后，跟随内心所作出的发乎热爱的选择。怀揣着这份热爱，张莹有过困难，有过沮丧，但从未想过真正放弃。正因尝试过不同的工作，张莹才更加坚定了自己心中所爱。

"创业能成功，就是因为我们运气好，踩到了行业的风口。"当被问到她成功最重要的因素是什么，张莹都谦虚地归结于运气。诚如张莹所言，一个好的机遇确实重要，但实际上，筚路蓝缕、艰苦创业的努力更是不可或缺。再简单的事，也马虎不得；步子够稳，才能持续收获令人满意的结果。

▍稳扎稳打，路迢迢其无悔兮

百尺高楼，北宅农村作基。"走出去"的张莹，不忘"走回来"。她带领慢悠花房团队反哺农村，每年提供众多岗位助力当地就业困难人群，团队40%的员工为四五十岁的就业困难人群，其余是"90后"的年轻人。同时，公司致力于搅动乡村经济活水，将电商思维引入当地农村，创立电商直播平台，也在筹建电商培训中心，为当地农民提供电商销售经验培训课程，带动周边社区居民走向致富路。

"公共管理学科的使命是回应国家重大发展战略需求",她响应国家号召,积极参与共青团崂山区委牵头的教育扶贫相关工作,为甘肃礼县、贵州普定县和崂山区困难家庭青少年提供精准帮扶,共捐助3名家庭经济困难大学生。同时,张莹与阿里巴巴公益基金会保持着常态联系,每年向该基金会捐赠一天的销售额,专门用于为听说障碍儿童安装人工耳蜗。她用行动书写着感恩奉献、服务社会的新篇章。

一路走来,张莹有太多感想。她内心的丰盈与恬静,也和岁月一起增长。慢悠,慢慢悠悠,是夫妻二人所喜欢的生活方式,花房名字由此而来。这也是张莹两个女儿的小名,慢慢和悠悠,寄寓着对她们一步一步慢慢成长的期盼。

访谈 后记

北宅基地令人印象深刻,跟随张莹穿过一行行排列整齐的多肉,穿过正仔细呵护一株株多肉的工作人员,穿过拿着设备在直播卖货的主播们,一个趴着的小雕像抵住了门,似是早早地准备迎接客人的到来。植物在门外肆意生长,显示着蓬勃的生机与活力。被绿意围绕的木房子里是一间茶室,墙上挂着用毛笔写的大字牌匾——"慢悠花房"。

访谈便在这样轻松惬意的氛围中进行,我们随手指一盆多肉,张莹都能够没有丝毫犹豫地说出其品种和特点,如数家珍。直到如今,张莹清晰地记得两个大棚最初的位置,夫妻二人在荒地上逐渐构筑起庞大的多肉王国。我们敬佩于她的躬身实践,也敬佩于她的坚忍不拔,被她的乐观果断深深感染,获益良多。

校友 寄语

"海纳百川,取则行远",海大精神在我的理解中是包容,它鼓励我们尝试自己想做的,赋予了我们人生中更多的可能性。感谢海大给予了我往外走的底气,让我敢于不断拓展和挑战。值此百年华诞之际,我诚挚地向母校致以最热烈的祝贺。百年风雨,铸就辉煌。愿母校继续扬帆远航,培养更多杰出人才,为社会发展贡献力量!也希望在校学习生活的各位学弟学妹可以享受在海大的大学生活,多去创新,有所追寻!

（撰稿：2021级政治学与行政学　朱亚琪）

他心怀阳光，照亮路途迢迢；他志在万里，践行脚踏实地。步履不停，追寻蓝色梦想；热情不减，奋力向海图强；劈波斩浪，书写精彩篇章。

君志所向，一往无前

——访2002级校友张锦昌

张锦昌，男，1983年生，广东肇庆人，2002—2006年就读于中国海洋大学地球物理学专业，后前往贵州支教一年。2007—2009年硕士就读于中国海洋大学地球物理学专业，在校期间，曾担任德育辅导员、院研究生会主席等职务。2009—2014年在美国得州农工大学攻读博士研究生，2014年获海洋学专业博士学位。2014年起在中国科学院南海海洋研究所担任助理研究员、副研究员、研究员，广东省自然科学基金杰出青年项目获得者。2016年、2020年分别在美国休斯敦大学、德州农工大学做访问学者。

近年来，主持国家级、省部级、国际合作等科研项目10余项；主持/参与国内外海洋科学调查航次6次，其中2015年作为联合首席科学家主持西太平洋中美国际合作调查航次；在地球科学顶尖期刊 *Nature Geoscience*、*Earth and Planetary Science Letters*、*Journal of Geophysical Research*、*GSA Special Papers* 等发表高水平学术论著36篇，其中SCI论文25篇（中国科学院分区一区7篇、二区16篇，累计影响因子103.41），参与国外英文专著2章节。地球最大单体火山——"大塔穆火山"相关研究成果曾入选"*Nature*年度十大科学新闻""中国海洋与湖沼十大科技进展"以及广东省基础研究优秀成果汇编。受邀在人民日报、新华社、中国科学院之声、格致论道等多家科普平台传播海洋科学知识，并在多所高校以及多次公众科学日活动中以主讲人身份开展海洋科普讲座。

盛夏的广州，蝉鸣声声，抬头看天，蓝到宇宙深处。走进张锦昌的办公室，映入眼帘的便是一幅世界地图,上面有大大小小圈点的笔迹。地图的右侧竖着一块小黑板,上面清楚地列着待做事项,今日的、本周的、本月的,甚至不乏几年内的计划。出人意料的是,墙面上有一篇2014年《中国海洋大学报》的报道,伴随着张锦昌爽朗的笑声,那些在海大的记忆也仿佛在我们面前徐徐展开。

▌循梦而行,向阳而生

2002年,张锦昌踏上了从广东到青岛的火车,开启了大学求学篇章。广东的热情与青岛的豪爽交汇,注定是一段难忘的旅程,也是对勇敢者的考验。

相比按部就班的中学生活,自由丰富的大学生活激发了张锦昌"思维活跃"的那一面,也给了他"大展拳脚"的机会。大学时期的张锦昌,学习之余,热衷于参加各类课外活动,社团也好,比赛也罢,其中都少不了他的身影。彼时校园里跳街舞的并不多,为了给同学们一起找个舞台,他联合几位同样喜欢跳舞的同学,创办了街舞协会,从那天起,只要有大型的文艺活动,他们都会积极参加。除此之外,张锦昌还酷爱打羽毛球,并和球友一起成立了羽毛球协会,为了在上课前打两拍,他和同学常常在清晨五六点就起床,上课时他的发梢还挂着汗珠。

他说:"我年轻时兴趣广泛,什么都愿意去尝试一下。"本科时期,他组织团队参加了学校的创业设计大赛,与其他人不同的是,作为一名地质专业的学生,他和生命科学专业的同学一起,准备研发一款新的螺旋藻饮料。隔行如隔山,张锦昌为了弥补自己在专业方面的不足,总是恶补到深夜。他始终保持着严谨的态度,不放过任何一个细节,拼尽全力追求卓越。"我不相信手掌的纹路,但我相信手掌加上手指的力量。"在团队中,他往往身兼数职,一边干着研发的活儿,下一秒又转换为管理、营销的角色。连续几个月的忙碌并未消磨张锦昌的热情,反而让他乐在其中。"和各行各业不同的人打交道,能结识新的朋友,还能多掌握一门专业知识,何乐而不为呢?"

志之所趋,无远弗届,穷山距海,不能限也。本科毕业后,张锦昌作出了令所有人都吃惊的决定——去西部支教一年,"没有什么特别的原因和契机,就是想考验一下自己,看自己能不能把支教工作也做好"。支教一年,自教一生。于是张锦昌带着学校学到的知识,来到贵州,重新开始。他开始学着备课、说课、做教案、授课……作为第五届贵州支教团的团长,他以身作则,克服现实条件艰苦、起点低的困境,全力上好每一堂课,做每一个孩子的领路人,力争通过自己的行动,慢慢地扩大影响,他相信随着一届届支教团的接力帮助,一定可以助力西部脱贫攻坚事业,改变山区孩子们的命运。这一年,辛勤付出的张锦昌被支教地评为优秀支教教师。

张锦昌在中国海洋大学度过了7年的学习生涯，翻开厚厚的回忆，映入我们眼帘的，正是那一段闪光而无悔的青春。

▌为者常成，行者常至

"不断学习，全面发展"的信念贯穿了张锦昌的学生生涯，而他也因此受益匪浅。

攻读硕士研究生时期，张锦昌曾在研究生工作部担任兼职德育辅导员，在那一年里，他体会良多。在他看来，这一段经历给他带来了全方位的提升。"做德育辅导员，日常从事学生事务管理工作，可以提高沟通交流能力和组织协调能力，同时也能接触到学校的党政领导，学习行政管理工作技巧，从而使自己变得更加全面。"

2008年，泰纳瑞斯公司第一次在中国海洋大学面向研究生设立罗伯托·罗卡奖学金。严苛的评选条件、复杂的考核流程、别出心裁的笔面试，拦住了许多参评的学生。然而，张锦昌在考核前通过网络、书籍查询了解该企业的相关背景，相关笔记和复印件叠成厚厚的一摞，针对该公司目前业务情况和实际问题，张锦昌从专业角度出发，提出了自己的见解。最终他凭借着自己充分的准备和流畅的英语口语，从一众学生中脱颖而出，获得了考核老师及企业的一致赞赏，成为该奖学金的首批获得者。

回忆当年的恩师，太多太多的名字涌上他的心头，院团委于泳老师、本科班主任童思友老师、硕士导师姜效典老师……提到杨作升老师，张锦昌眼里闪着光亮："他是地学院的元老，超级元老，他的人格魅力是非常强的，很酷、很友好的一位长者。"杨作升老师严谨治学的态度、博学的知识、开拓创新的精神以及与人为善的性格，无一不给张锦昌留下深刻的印象。"在他的课上，你只需要带上会思考的脑子。"学院老师们始终秉持着对学术的尊重和敬业精神，以科学的态度和求真务实的作风对待每一个教学环节，也正是他们的正直、善良、诚恳、负责，让张锦昌也在自己的科研之路上严于律己、敬业奉献，逐渐成为新的榜样与力量。

▌一往无前，生生不息

从学生时代到现在，海大精神对张锦昌的影响深有影响。"校训我到现在都还记得，'海纳百川，取则行远'"，张锦昌说，"校训教育我们要拥有大海一样的情怀，能够承载事物，包容一切，能够有所担当，同时，也要志存高远，勇攀高峰，不断进取，生生不息"。这一点在科学研究中也十分重要。

当年在研究生工作部的付小玲老师回忆道："张锦昌在研究生工作部的工作十分出色，不仅干着辅导员的工作，还兼顾学业，科研之余还组织举办了许多公益讲座，策划了多场文化活动，原本以为他毕业后会做党政相关的工作，没想到，他还是朝着科研的路子走了下去。"

除了科研工作者的角色，张锦昌还是一位科普工作者。他认为科研是一项重要的工作，但在科研之余，坚持科普工作同样具有重要意义。科普活动可以将专业的科学知识传递给大众，从而提高全民科学素养，促进科学文化的传播。"科研是我们的本职工作，科普是我们的社会义务。做科普就应该把公众和青少年引到科学的前沿。科学家要让公众知道他们在想什么、在做什么。"张锦昌致力于科普工作，这不但是一个承担社会责任的过程，同时也是一个收获的过程。他坚信科学知识有价值和意义，当然这些知识往往不是通俗易懂的，需要一定的能力和技巧，用喜闻乐见的方式传播出去。"大家都觉得科研离老百姓的生活很远，因为我们看得到、摸得着的是技术、材料、产品等这些能影响日常生活的东西。"张锦昌说："其实我们涉及的很多自然科学知识都具有很强的探索性，我们怎么能知道地球有地核、地幔和地壳？这都是科学的研究和发现告诉我们的。"在探究科学知识的同时，普及科学史、科学精神和科学研究方法，唯有如此，我们下一代才会通过不断学习，在科学的熏陶下，进一步认识科学、了解科学并喜欢上科学，最终走向科学研究之路，才会让他们更具有逻辑思维辨别能力、独立思考能力和主动学习能力，科学发展才会"后继有人"。

"当今时代，瞬息万变，不进则退，慢进亦退。"在海洋科学这一领域，中国起步晚、发展慢，在许多关键技术上仍旧面临着"卡脖子"的困境。"逐步走向深海舞台中心是必然趋势，但我们距离中心还有很远的路程，也许需要几代人的持续努力和艰难跋涉。"对此，张锦昌认为，"君志所向，一往无前，愈挫愈勇，再接再厉"，他的眼里闪着光亮，如同黑暗中的星星，激励着我们继续向海前行。

访谈 后记

张锦昌身上仍带着一丝少年气，回忆过往，意气风发，展望未来，无限遐想。在他的身上，我们看到了面对未来一往无前的勇气与力量。

校友 寄语

从"985""211"到"双一流"，中国海洋大学一直处于国内高校的领先梯队，把握海洋和水产的鲜明特色，先做强、再做大，突出优势，和其他"双一流"学校错位互补发展，推进更齐全、更深入、更完善的学科系统建设。

最后，我想祝愿母校越办越好，祝愿海大人在各行各业当中能够做出更优秀的成绩，让海大精神发扬光大！

——张锦昌

（撰稿：2022级地质学硕士研究生　杨紫娴；2022级勘查技术与工程本科生　罗志城）

学弟学妹 眼中的他 ————

　　作为一名从见习员、助理工程师一步一步成长起来的技术专家、管理者，荆少东有着技术专家的严谨与执着，也有着管理者的从容与豁达。

初心不改，丈量天下，笃行致远

——访 2002 级校友荆少东

　　荆少东，男，1972年生，山东莱阳人，2002—2004年硕士就读于中国海洋大学环境工程专业，2019—2022年博士就读于中国海洋大学能源与环保专业。1994年大学毕业后进入中国石化集团工作，现为中国石化集团有限公司工程部副总经理。2002—2004年在中国海洋大学攻读环境工程专业硕士学位，2019—2022年在中国海洋大学攻读能源与环保专业博士学位。中共党员，正高级工程师，获住建部公布的"第十批全国工程勘察设计大师"称号，享受国务院政府特殊津贴，山东省泰山产业创新领军人才，中国石化突出贡献专家。

　　主持开展川气东送管道工程、地下水封洞库等国家和中国石化重点项目勘察百余项，承担多项国家、省部级科研课题。获全国优秀勘察一等奖2项，省部级优秀勘察一等奖11项；研究成果获得中国石化科技进步一等奖3项，海洋工程科学技术特等奖1项、二等奖1项，自然资源科技进步二等奖1项；授权专利13项，软件著作权13项；发表专著6部，论文29篇；主编、参编标准规范11项，个人事迹被学习强国、《中国石化报》等媒体报道。

　　参加工作30年来，荆少东始终扎根勘察一线，脚踏实地，奋进求索。凭着对勘察事业的无限热爱，他带领中石化石油工程设计公司勘察团队，将勘察技术水平做到了行业领先。他自己也从一名一线技术人员成长为如今的全国工程勘察设计大师。

　　刚参加工作时，作为行业设计院的勘察团队，服务好本单位的设计专业就可以了，而对于走向外面的勘察市场这个问题，则很少有人想过。敢为人先，敢走别人没有走过的路，敢做常人不敢去做的事，需要的不仅仅是远见和卓识，更要有奋不顾身的担当和勇气。

初心不老，青春不涩

在校园的时光是美好而短暂的，学生的身份、与老师和同学之间的相处、校园里的学习与生活也总能留下许多回忆。

回忆往事往往会有许多感慨，荆少东思考片刻便对我们娓娓道来。首先，他以一件同学之间发生的小趣事打开了话匣子。研究生期间，有一位舍友晚上经常打呼噜，睡眠质量较差的荆少东每次都会被吵醒。一次，他们第二天要考试，舍友体贴地让他先睡，没想到这次恰恰相反，荆少东打起了呼噜，而舍友却被吵到没有睡好。与同寝室的同学相处时间最多，会发生许许多多有趣且难忘的事，这也是大学期间最难忘的同学情谊。

同窗之情，师生之谊，均是大学里收获的宝贵财富。荆少东回忆，大学时的课堂积极活跃、氛围和谐融洽，老师教学不拘泥于课本，穿插了形式多样、轻松灵活的课堂讨论。有的教学内容会涉及一些同学正在从事的业务或正在开展的项目，老师也会给时间让大家进行充分的交流。互动不仅拉近了师生距离，也有利于打开学生的思路，从而进行更加深入的学习。师生关系融洽，教学相长，可谓相得益彰。荆少东还提到了自己当时的班主任郑建国老师。"郑老师那个时候30岁左右，年龄和我们相差无几，所以师生之间相处时少了一些严肃，多了一些亲近。"对于读硕士研究生期间所认识的老师们，荆少东如数家珍，访谈中他陆续向我们提起了贾永刚、单红仙、刘红军、许国辉、江文胜几位老师。

"研究生学习期间，贾永刚老师有一个团队在黄河入海口附近开展黄河水下三角洲地质灾害机理的研究。我当时便在里面帮些忙干点活儿，记得是用到了应力计，还有沉降观测的一些设施。"荆少东讲起了一段自己参与过的科研经历。老师们教给荆少东的不仅仅是书本上的理论知识，他们丰富的工作经验与优秀的科研习惯使他受益颇多。

"书山有路勤为径，学海无涯苦作舟。"作为非全日制研究生，平衡工作与学业是荆少东当时必须解决的难题。对此他的观点是，不要把学习往后推。"有时学的课程内容比较多，甚至难以理解，我尽量在上课期间就求助老师将它弄清楚。第一时间学通弄懂是求学时期的首要任务，充分利用在校的有限时间，而不是抱着之后有了时间再学或者工作期间再学的拖延态度。"这种习惯不仅使荆少东在学习中受益良多，到工作中也同样适用。做好规划、合理安排，在有限的时间中力求达到效率最大化，严于律己、勤奋学习，抓住每一秒，不放过每一次进步的机会。

荆少东喜欢在零碎的时间中寻找安静之处享受独处的快乐，或者静下心来读书。他喜欢读专业书，回顾老师的教学内容，认真巩固所学知识；他也喜欢读一些其他的自己喜欢的书，增长见识，开阔视野。书香浸润学子心，读书万卷长本领。养成良好的兴趣爱好，保持对读书的热爱，相信有一天，书中所学会成为伴我们前行的缕缕清风。

▎厚积薄发，求真务实

播下的种子终会生根发芽，学到的知识总要应用于实践。环境工程契合国家发展的战略要求，其重要性在逐步提升。荆少东坦言，选择海大的环境工程专业，既跟自己从事的工作契合，也是与社会结合，满足社会发展的需求。

"这些年和海大一直保持着联系，2019年鼓励我读博士研究生的就是我们环科院的许国辉老师。"那时的荆少东已经47岁，内心虽有犹豫，但是对专业深厚的情感与丰富专业知识的渴望使他那一年在海大开始了攻读博士研究生的生活。即使2022年博士毕业后，他在后续工作中，比如海上风电的相关计算、海上移动平台的选址信息分析和评价等课题研究也均与海大有密切合作。

对荆少东影响最大的莫过于在海大的学习经历中所领悟到的一种方法或者是对工作的一种态度，荆少东将之总结为"加班的习惯"。对于这个习惯，他解释道："我加班实际上除了跟工作有关，另一个原因是喜欢在晚上安静的时候思考。不管干什么工作，'学而不思则罔'。所以学会利用空闲时间进行思考实际上是很重要的。"

从学校走向工作，荆少东已经在中国石化工作30年，可谓"从一而终"。常言道"三百六十行，行行出状元"，但实际上，在任何一个领域，想要做出一番成就都不是一件易事。对于荆少东而言，最重要的是心无旁骛地投身工作当中，耐得住寂寞，一心一意抓业务、抓技术。"我在勘察一线工作24年，正是因为在基层待的时间足够长，才能让自己在专业上有所积累，在基层根扎得足够深，积累的经验足够丰富，打下的基础比较深厚，才让我在其他岗位上处理问题时也没有太大的难度。"

时光如梭，结合自己的工作经验，荆少东这样建议初入职场的大学生们："刚到单位，要保持谦虚好学的态度。新人干什么工作都要认真，即便一样的工作，不同的人做出来一定有差别。随意应付是大忌，你的每一份任务工作首先应该让你自己满意。"他补充道："同时要注意自己的工作态度。优秀的工作态度和沟通能力，是新人员工所必备的基础品质。只有同时具有认真的态度和卓越的技术，才能在遇到机会的时候牢牢抓住机会。"

▍尤念海大，精神永续

虽然已离开海大校园，但荆少东与海大的情缘未断，让他感念至今。校园培养的不仅仅是专业知识上的高素质人才，一所高校所蕴含的文化与精神也影响着每一位学子。

"我来公司的时候，勘察属于配合专业，没有受到太多关注。我当时就跟同事们说了，既然我们从事了这个职业，便要通过我们的努力为勘察事业的发展与水平的提高尽一份力。"技术攻关，拓展业务，他始终心无旁骛。到后来，勘察专业不断地拓展新业务、引进新技术，整体水平持续上升，业务范围逐步扩大。在这个过程中，荆少东自始至终坚守的正是崇德守朴、求真务实的人文追求和科学态度，上下齐心、锲而不舍的团队精神和坚韧毅力。

"要有担当，不能躺平，努力一定有希望，不努力就一定没有希望"，在专业工作中，荆少东认为，我们一定要有主动去谋划的精神，要为专业的发展去努力。他结合自己的经验对海大精神中"心系国运，探索不已"的优良传统和进取精神给出了自己的理解与解释。

对于校训，荆少东也见解独到。"两个方面来说，我觉得'海纳百川'指的就是专业，如果要在所学的专业上有所建树，就要对其他专业有所了解，吸纳其他专业知识。即使做不到精和专，也要做到了解。另一个就是要有博大的胸怀。人与人在相处时，需要接受不一致的意见，所以要相互理解、相互包容。"

时光流转，海大学子奔赴远方，在见识广阔天地之后，对于母校的发展也有一些自己的想法。"如果要有更好的发展，一定要有严谨的学习态度，还要有前瞻性。"社会发展日新月异，如今大势所趋的数字化、智能化，在十几年前难以想象。"现如今，企业已然在实行数字化、智能化方向转型，高校也要跟上时代潮流。在专业方向上，我们也要按照国家大的产业布局去发展。"

访谈 后记

真正面对面落座后，我们能够感受到那一刻面前的"勘察大师"就只是一位友善亲和的学长。那天下午的荆少东，谈及个人经历，轻描淡写，语气平静；谈及行业发展，目光如炬，掷地有声。荆少东用20多年的勘察基层工作经验，身体力行地告诉我们何为脚踏实地，厚积薄发。

校友 寄语

一分耕耘，一分收获。求真务实，脚踏实地，才能在工作中站住脚，扎下根。工作能力的提升是工作经验积累的结果。保持谦虚好学的态度，能够更好地适应当今变化速度非常快的社会。要保持与前辈、同辈间的交流学习，以求不断在工作中有新收获。

——荆少东

（撰稿：2021级环境科学　王菲；2022级环境科学　高仁栋；2022级环境工程　解文瑞；2022级环境工程　张高源）

学弟学妹 眼中的他 ————————

　　怀一颗赤诚之心，投身于环境领域，扎根于此，奋斗至今，丰富的经历造就了如今的从容、豁达、侃侃而谈。青岛这座城市有他的过去、现在和未来。

兼容并蓄，玉汝于成

——访2003级校友邢帆

　　邢帆，男，1984年生，青海西宁人，2003—2007年本科就读于中国海洋大学环境科学专业，2018—2021年硕士就读于清华大学经济管理学院，2023年加入中国农工民主党。2013年7月成立青岛汇君环境能源工程有限公司，现任公司董事长兼总裁。

　　曾获青岛市第五批创业领军人才称号，荣膺山东省十大财经风云人物，担任中国海洋大学职业发展导师，2019年当选为青岛市企业联合会常务理事，2023年当选为崂山区民族团结进步协会第一届会长。青岛汇君环境能源工程有限公司是国家高新技术企业，先后荣获国家专精特新"小巨人"企业、山东省瞪羚企业、山东省重点上市后备企业、青岛市专精特新中小企业等称号，获批承建青岛市有机废弃物综合利用技术创新中心。

　　夜晚的镜湖掩映着空中繁星，暮光在麦岛的尽头收敛，浪花往复拍击着海岸。西宁也好，青岛也罢，邢帆带着满身英气出发，鲜衣怒马，不负韶华。

▌敏而好学，环环相扣

　　1984年9月，邢帆出生于青海西宁。2003年夏天，邢帆高考结束，当时海大刚由青岛海洋大学更名为中国海洋大学不到一年。不用想别的，仅仅是"青岛"和"海洋"这两个弥漫着文艺气息的词，就足以抓住一个内陆孩子所有的想象，邢帆亦如此。在海风拂面中，他的大学生活开始了。

　　高中时，邢帆就读于省级重点高中，较大的学习强度让他进入海大后有了

"终于可以轻松一下"的念头。"学在海大"的优良学风，给予每个学生奋进的动力。邢帆也被这种浓厚的学习氛围所感染。渐渐地，他开始与舍友一起上自习，在知识的海洋中不断地提升并充实自己。

"我2003年报考环境科学专业时，这个专业在全国都是新设专业。"当时海大环境学科刚刚步入正轨，邢帆看到了环境行业未来广阔的发展前景。他以当代青年应有之担当，运用在海大所学的专业知识与培养的专业素质，坚守于环保事业并为此不懈奋斗，终达今日之成就。"现在有人会把环境专业归为四大天坑专业，但是我觉得三百六十行，行行出状元。如果再选择一次，我还会如此选择。"

谈及难忘的大学生活，邢帆笑着提到了当年的住宿情况。"刚到海大时，我们住在鱼山校区，住宿条件比较差，还是个阴面，一到夏天就很潮，被子经常要拿出去晒，当时倍感煎熬。"现在每每回想起来，那些琐事已然变成了趣事，当时也因此养成了天天出去学习的习惯，对这些外在条件拿得起、放得下。谈及求学往事，邢帆语气中流露出一种达观与豁达。

涉猎群英，博闻强识

大学生们来自不同的地区，拥有不同的背景和文化，他们带来了各种各样的思想、观念和经验。在这里，大家可以相互交流、学习和分享彼此的观点，从而开阔自己的视野。

邢帆用"小社会"一词来形容自己心目中的大学。"在步入职场之前，我们应该尽情地在大学这个小社会中锻炼自己、丰富自己。"海大为学生提供了广阔的平台，每个人都有机会展示自己。

"我在上学的时候除了学习好本专业的课程之外，对于企业管理还很感兴趣，就额外学习了一些企业管理方面的知识，还到管理学院去旁听企业管理、市场营销相关的课程。"海大的自由选课制度为他提供了便利，他常往返于鱼山和浮山两个校区之间，克服了长时间通勤、专业知识接受能力不足等困难，一直坚持了下来。正是因为有了这些学习经历的铺垫，当他后来自己走上自主创业的道路时，才能更加得心应手。

邢帆建议学弟学妹们使学习内容多元化，在课余时间能够走出本专业的局限甚至是校园的局限，广泛地学习一些自己感兴趣的内容，到社会的大舞台中实习、锻炼。学会融入集体，与身边的人多交流，互相学习，努力成为合格的社会人。"如果说大学的课余时间应该做点什么，我觉得还是要睁眼看世界，在整个社会中了解大千世界。"

▌人生如戏，砥砺前行

2007年，邢帆本科毕业。讲起刚毕业的那段时间，他直言自己其实还是有点迷茫，当时就业难度较大，因此他去做了两年跟环保不相干的工作。"既然选择了环境就要坚持下去。"2009年，他重回熟悉的环境领域工作。随着对环境学习的深入，邢帆对环保事业的热情被重新点燃，愈发想要在这个行业中进行一些尝试。2013年，他大胆创业，希望能够创立一家有能力、有担当的环保企业，帮助社会解决一些突出的环境问题。于是青岛汇君环境能源工程有限公司由此成立，如今他已将这份事业做得风生水起。

对于前进方向的选择，邢帆也有自己的看法和建议。"还是要去做一份自己喜欢的工作，一定要去追求自己的理想，无论能不能成功。"邢帆说道。其中，"初心"和"坚持"是他频频提到的两个词。根据初心设立目标，明确目标以后，剩下的就是对脚下道路的坚持了。"互联网时代，万物发展的速度和迭代的速度非常快，为当下年轻人提供了诸多选择。所以我觉得现在更应该去坚持，在碎片化严重的时代，我们唯有靠时间去取胜，依靠长期的积累取胜。"

在邢帆奋斗多年创立的公司中，处处都有海大的影子。

"现在有很多同事都是海大的毕业生，一些是同班同学，一些是海大校友，公司现在变成了大家共同的一个平台。海大的老师们也为我们提供了许多支持和指导。不仅仅是我所在的环境科学与工程学院，管理学院等学院还帮助公司完善了组织架构、薪酬体系等。"邢帆将海大比作自己公司最踏实的一块基石。

如今，邢帆也在用自己的方式回馈着海大对他的培养和帮助。"现在跟海大的互动也比较多，我们为在校生提供了很多实习的岗位，之前也在学校里和学生们进行过一些职业规划方面的交流。"

青岛汇君环境能源工程有限公司已经在风雨中前行10余年，这期间邢帆和他的同事们精诚合作，公司的影响力逐步提高，他们一直在努力，为立足山巅的目标而努力。

▌海大海味，桃李天下

大学之善，不仅在于其能够孕育培养出一批批人才，更在于让学子们对于母校有一份深切的情感。"作为一个海大人，我觉得'海大精神'就是我们要有海的胸怀，兼容并蓄，不急切地否定或肯定，要适度地包容，即便最后证明是不对的，也有'失败的价值'。上善若水，水善处万物之所恶，故几于道也。"

海大的温润和内敛无形中也在影响着邢帆，让他逐渐变得成熟起来。创业之初，公司和社会上行业的发展都出现过各种各样的问题，不断试错、不断尝试，在一次次克服困难后进步,邢帆坦言:"在我创业的这些年,经历了有机废物处理行业由乱到治的全过程,行业在不断发生变化,在我的公司内部也有各种声音。在海大的生活和经历让我拥有了容人的大胸怀,拥有处事的大智慧。"

乡音无改曾少年,成也归来,败亦无悔。毕业10余年,在海大的校园生活仍是邢帆历历在目的美好回忆,对海大、对环科院的情谊至今浓厚,从未割舍半分。说至此处,邢帆感慨:"毕业后工作一直都比较繁忙,所以回母校的次数就相对较少,但无论如何,都很惦记着想回去看看,毕竟,人难再少年。"邢帆讲述了两次因校友活动来到海大崂山校区的经历,感叹校园硬件条件改善了许多的同时,也勉励学弟学妹们要好好珍惜现在的好条件,努力学习。

"回到母校,便有了一种回家的感觉,老师、校友们都有一种说不出来的亲近,一句'海大人'就让大家拉近了彼此,也让大家热泪盈眶,回想起来,曾经的峥嵘岁月,很荣幸能在海大度过,那是一生中难以忘怀的时光。"

访谈 后记

我们敬佩邢帆学长创业的勇气,也敬佩他对环保事业的担当。身为环境学子,为国家环境事业尽力是我们每一个人的初心,学长坚持初心、树立目标并为此不断奋斗的经历值得我们每一位同学学习。

校友 寄语

多开展实践课程,让年轻的学子多接触企业实际;多培养复合型人才,根据市场对人才的需求跨专业联合培养。对学弟学妹们在求学及未来事业发展的建议,我觉得首先要学贵以专,确定目标就坚定不移地走下去;其次,我们要以海纳百川的精神,学人所长,避人所短,不断成长;最后,我们要以诚待人,诚信做事。

——邢帆

(撰稿:2021级环境科学 王菲)

学弟学妹 眼中的他 ——————

博学多才，成绩斐然。以心为锚，奋力远航。时代的浪潮滚滚向前，推动着任永光不断前进。

以心定锚，乘风而行

——访2004级校友任永光

任永光，男，1975年生，山东平度人，2004—2006年就读于中国海洋大学管理学院，获工商管理硕士学位。现为青岛零熵商业管理有限公司董事长、武汉理工大学青岛研究院副院长。

1994年9月—1998年7月就读于武汉理工大学材料科学与工程学院硅酸盐工程本科专业，1998年7月—2000年2月任青岛广厦房地产实业总公司（青岛住房保障中心前身）材料工程师，2000年国企改制任二级公司总经理。2002年—2014年，先后在东方家园有限公司、阳光百货股份有限公司、青岛维客集团股份有限公司任集团高层。曾获得"创建全国文明城市优秀个人"、中国商业信用中心"优秀诚信企业家"等荣誉称号，曾任中国青年企业家协会理事、青岛市青年企业家协会副会长、青岛市商业联合会副会长、青岛市个私协会副会长、青岛市青年联合会副秘书长、市南区青年企业家协会会长、中国海洋大学管理学院校外导师等，为青岛市市直企业外部董事专家库成员。

▎躬行千里路，自有清风来

2001年，中国加入WTO，登上了国际贸易舞台，教育界也迅速响应，积极与世界接轨。2004年，中国海洋大学开设了第一届MBA（工商管理硕士），为国家以及企业培养优秀管理专业人才，而任永光也在波涛滚滚的浪潮之中，与海大、与MBA相遇。

1998年从武汉理工大学毕业以后，任永光进入一家房地产公司工作。当时多数国有企业还处在政企不分、青黄不接的状态，在经历了20世纪90年代国有企业改革、二次改制之后，任永光走过了一段异常忙碌的岁月，这也帮助他积累了相关的职业经验与实践。从最初的房地产公司到后来各种行业的历练，这一切经历不仅是他职场成长的见证，也是他个人理想和抱负逐步实现的过程。

2002年，他进入一家建材家居连锁企业，这家公司与之前的公司有很大的差异。也正是在这样复杂的工作环境当中，他接触到与工商管理相关的先进理念，例如现代经营的理念、服务意识、品牌意识，这些经历对他的职业发展产生了深远的影响。伴随着公司的快速发展，任永光的专业知识以及职业能力也快速提升，对系统化提升个人能力也有了更为迫切的需求。因此，任永光报考了海大的MBA。2003年，任永光成为海大MBA的第一批学生。

令人惊喜的是，海大MBA有着丰富的教学资源，外聘精英教师，课程设置和教学内容与国际接轨，引进了先进的理念，让学生在这里能够真正学有所得、学有所爱，与时代同频共振，不断探索、不断进步。

在这样富有朝气、专业性与乐趣性并存的集体之中学习，任永光感到非常的充实与幸福。尽管在学习的同时还有本职工作，时间安排得非常紧张，但是他从未感受到压力，反而找到了一种动力，因为这是自己热爱并从事的事业。在谈到相关问题时，任永光认为兴趣才是最为重要的，"有了兴趣才会接受各种困难和挫折的存在，不会觉得辛苦"。再加上自己不懈的努力与坚定的目标意识，胜利就会在前方招手。以兴趣为引领，他不断地努力学习，将知识付诸实践，毕业后积极参与校友会和学术交流活动，成为中国海洋大学管理学院的校外导师，致力于培养更多的商业人才。他认为，能够帮助后来者成长，是自己职业生涯中最有价值的部分。

回忆在海大学习的那几年，班级里的同学来自各行各业，有着不同的教育背景与工作背景。但相同的是，他们都有一颗满怀热忱的心以及求学进步的渴望，这为观点的碰撞以及思维的拓展提供了天然的土壤，大家相互启发，共同进步。老师们坚定传道、授业、解惑的初心，与学生融洽交流，携手共进。正是在这样的环境中，任永光对海大MBA的热爱一点点地增进。正是因为这份爱，毕业之后，他也一直在帮助学院进行研究生招生、答辩等工作。每当看到一批批新入学的学生，任永光都会回忆起自己第一次踏进海大园，坐在教室里与老师和同学亲切交谈的场景。他一直在为海大MBA的传承和发展贡献自己的力量。

▌人生如逆旅，探寻新归途

出走半生，归来仍是少年。任永光在人生路上始终循着自己梦想的轨迹，坚持走自己选择的路，不畏挑战，不畏困难，一步步实现自己的梦望。2006年，任永光从海大MBA毕业，将从海大MBA课堂学习的系统化管理理念和方法应用到具体实践中。当时，他从事的零售商业波澜壮阔、跌宕起伏，开始与国际先进的理念和模式接轨，有很多机会，但充满未知与挑战。他坚信，人生的方向是由内心的"心锚"决定的。这个"心锚"代表了他的目标和梦想，是他不懈努力和前进的动力源泉。

任永光特别强调创新和品牌意识。在他的领导下，多个企业不仅在市场上取得了成功，也在文化和品牌建设上有了长足的进步。他坚信，不论在哪个行业，不断地学习和实践才是通往成功的关键。而他的这些经历和成就，不仅体现了个人的努力，更是见证了时代的进步。他的故事展示了如何在不断变化的世界中找到自己的道路，实现自己的价值。

任永光在阅读中国近代史的书籍时偶然发现了自己对人文社会科学的浓厚兴趣。这种兴趣激发了他对知识的新追求，打开了通往新世界的大门。他对西方哲学的热爱尤为深厚，在他看来，管理学的精髓源自哲学，哲学原理不仅能重塑思维方式，还能深刻影响个人成长，帮助寻找人本身的价值和意义。受他的影响，他的孩子在国外攻读哲学专业，继续着父亲的梦想。

对于给年轻人的建议，任永光说，"心锚"设立了什么样的目标很重要。"所以你要给自己扎什么样的'心锚'呢？你要做一个怎样的人呢？"他微笑着问采访者，如同许多年前他叩问自己一样。扎下心锚，就会"锚"着一股劲，勇往直前。任永光说，任何时候都不要害怕——不要害怕失败，不要害怕尝试，不要害怕被关注，要直面自己的恐惧。"抓住一切机会去尝试，尽可能让自己获得更多体验，让自己的人生更加精彩。趁着还年轻，漫长的人生可以经历一点风浪，可以再多一些色彩。"

任永光为自己曾是中国海大的学子而感到骄傲。他见证了学校在过去20年里的巨大变化——规模的扩大、影响力的增强以及一流大学建设取得的优异成绩。任永光认为新一代的海大学子代表着不断进步的海大，也是祖国未来的栋梁。

任永光的人生故事充满了努力和坚持，他的经历和成就不仅是个人荣誉的象征，更是时代发展和进步的生动写照。以梦为马，不负韶华，任永光的故事将继续激励着每一位追梦者。

访谈后记

在这个瞬息万变的时代，任永光的故事如同一篇美文，书写了他以梦为马的人生经验。他丰富多彩的人生旅程，既彰显了中国海洋大学在培养人才方面所取得的非凡成就，又体现了时代变迁与个人境遇的交融。而他在追求梦想的道路上，始终坚守自己的初心，积极适应生活和时代的新的要求，绽放出属于自己的梦想之花。

校友寄语

热烈庆祝母校百年华诞！母校的快速发展和对社会的巨大贡献，尤其是在培养高素质人才方面的成就，让我深感自豪。我衷心希望母校继续保持这种实干精神，为建设海洋强国培养出更多优秀的人才。祝愿母校在未来的发展道路上取得更加辉煌的成就，续写更加辉煌的篇章！

——任永光

（撰稿：2022级会计学（ACCA方向） 吴天然 周昱彤）

学弟学妹 眼中的他 ——————

　　热情、风趣是我们对李青青学长的初印象；认真、谦逊是他对待工作和学术的态度。他是热情的学长、优秀的博士、亲切的导师、负责的副院长，更是杰出的气象人。

气象万千，我执热爱

——访2003级校友李青青

　　李青青，男，1981年生，云南威信人，2003—2006年硕士就读于中国海洋大学气象学专业。毕业后前往中国气象局上海台风研究所工作，工作期间攻读了博士学位，2011年获谢义炳青年气象科技奖。现任南京信息工程大学大气科学学院副院长。

　　穿过成荫的梧桐树，走过绿蔓缠绕的石板桥，我们来到了南京信息工程大学大气科学学院副院长李青青的办公室，30岁时获得谢义炳青年气象科技奖，40岁成为学院副院长，这位卓越的海大人究竟有怎样的魅力和故事？请和我一起走近气象学家李青青。

▎学在海大，遇师与友

　　1981年，李青青出生在云南东北的威信县。他平稳地度过了小学和中学阶段，并在本科阶段即将结束时获得了保研的机会。他毅然选择了中国海洋大学。"硕士阶段是让我定下职业方向的阶段，是一个很重要的时间节点。"

　　谈及对海大老师的感受，李青青用了一个词来概括——儒雅。海大的导师和学生之间的联系非常紧密，学生们有很多参加讲座和报告的机会，能够直接和导师团队中的各位老师对话，他们在李青青的印象中都很儒雅。其中，令他印象最深的是吴立新老师的一场主题为"北极海冰融化对大洋环流以及气候的影响"的报告，这在当时是一个很前沿的领域。在报告结束后，同学们热情地提问，吴立新老师也一一作答。那场报告不仅让李青青了解到了专业前沿的知识，更让他被现场的氛围所感染。"吴立新老师如此耐心地回答我们的疑问，甚至给予我们鼓励，这种儒雅的风度和对学生的关爱，深深打动了我。"

在跟随导师傅刚教授学习的过程中，李青青体会到了海大老师们的亲切。傅刚老师的科研课题讨论都会在一个很轻松的氛围里进行，有时甚至会在小吃摊旁、石老人海水浴场、八大关。在这样的地方，傅刚老师将大家召集起来，探讨大气科学与生活的联系和实际应用。在这样轻松的学习氛围里，每个人都很平和，对于学术交流不是尖锐地碰撞，而是温和地探讨；海大的老师们做事情也都很谦逊、踏实，一步一个脚印，为学生们树立了良好的榜样。时至今日，李青青仍对过去的时光记忆犹新，而那些良好的习惯如今也成为他教导学生的理念。

海大的同学们也给李青青留下了深刻的印象。李青青在海大读研时有两个舍友，三人虽然有不同的专业背景，但建立了深厚的友谊。"我们之前可能没有交集，但是聚在一起就能展现出各自不同的气质和魅力。"李青青特别感谢海大提供了这样的平台，无论老师还是同学，都让他的学习和生活变得丰富多彩。虽然当时研究生人数很少，但大家成为很好的朋友。除了生活中的互助之外，大家也在科研训练中并肩作战，共同攻克难题。在海大三年短暂的学习生涯中，那些真切的、值得珍惜的过往让李青青感受到了实实在在的温暖。那时的李青青，也不知道这些经历将对他以后的人生道路有多么深远的影响，但在他内心深处，对这段时光充满了无比感激和认同。

▌因为热爱，可抵万难

大气科学涉及的专业知识既广泛又深入，因此在学习过程中难免会出现瓶颈期。李青青觉得自己比较幸运，学术之路比较顺利，瓶颈期也比较短，而良好的心态正是他度过瓶颈期的关键。除了在读研时期遇到过困难之外，李青青觉得在学习的每一个阶段都可能遇到付出与收获不对等时产生的挫败感。让李青青印象最深的是他在夏威夷访学期间，当时他的研究进展与自己期待的进展有很大差距。而他克服困难的办法是转移注意力，当发现在这件事上遇到困难的时候，他会暂时放下手头的工作，转换思维，之后再回头审视原先的问题，往往能够找到新的解决思路。"所以如果在不同阶段能够培养一些完全不同的兴趣，那这种时候就可以帮助你分担压力。"

李青青对于气象学的热爱，是他坚持学习的最重要原因。他结合自己的经历，认为对于专业的热爱除了自己的兴趣之外，遇到什么样的老师以及融入了怎样的学术氛围也很重要。"以我来举例，台风这个兴趣就是培养出来的。"进入海大攻读硕士学位时，他自己其实并不知道最终要研究什么方向，而在导师的团队里逐渐培养出了兴趣，"也许这样的兴趣培养占比还挺大的"。导师从事的研究方向可能在某种程度上决定学生的研究道路，而在这个过程里面培养出来的就是兴趣。

▌科研教学，承前启后

在中国气象局上海台风研究所工作期间，李青青又攻读了博士学位，正像他之前强调过的那样，对专业的热爱让他觉得自己还需要学习更多，才能做得更好。

上海台风气象研究所的工作融合了预报业务和研究工作两大板块。在预报业务中，李青青及同事主要负责为预报员提供业务支撑，它不仅是一份工作，更关系着百姓的安危。他的主要研究方向是探究台风的变化，具体包括台风的成因、台风的特点以及它的影响。比如螺旋雨带为什么会形成，为什么会出现带状结构，在整个台风的演化中又承担着什么样的角色。对于这些问题直到现在学界都有很大的争议。在预报工作中，结果不一定总是百分百正确，给李青青印象最深的预报不是某次最正确的预报，而是某次预报的结果最不符合预期，当这些不符合预期的结果切实地对老百姓的生活产生影响的时候，带给李青青的压力是最大的。所以深入学习专业知识来提升预报准确度显得尤为重要，这也让李青青渐渐明白：博士阶段的学习与工作并不是对立的存在，反而是互补的。

在研究所工作多年后，李青青又来到了南京信息工程大学担任教学工作，他认为虽然两份工作的内容有所不同，但是核心学科知识完全相通，在高校也同样要从事研究工作。不同的是，除了研究工作以外，李青青还要承担教学任务。李青青的教学风格中隐约可见海大老师的影子，他经常和学生开玩笑，在一起吃饭时也能够讨论学术问题，师生相处非常轻松愉快。

▌气象万千，希冀求索

在研究台风问题的过程中，李青青获得了不少荣誉。在2011年获得谢义炳青年气象科技奖，之后又多次到国外访学，研究成果在国际上也获得诸多奖项。这些都让这位年轻的院长有着远超同龄人的成就，但他始终认为小到台风，大到气象学，都还有太多的未知领域。

"我们需要一个高屋建瓴的理想，在每个阶段都需要落脚点，就我个人而言，我认为台风研究未来的发展潜力巨大。"李青青提到，在整个自然科学的研究领域中，数学、物理、化学的研究少则上百年，多则上千年，每个行业的每个方向的研究到现在为止仍然是生机勃勃的。当前的台风研究仍然处于一个蓬勃发展的阶段，我们对它的认知和预报都还有很多未知的问题亟待解决。

当台风研究的基础框架和理论体系建立起来之后，李青青认为对台风方向的研究仍值得深耕，这也是他的兴趣所在。台风研究有很多闪光点值得去挖掘，所以李青青也希望有更多的气象人加入这个行列。

谈到对于学弟学妹们的建议，李青青表示，"希望海大的学弟学妹们能够在这个快速变化的美好时代里、在短暂的校园生活中，找到自己的兴趣所在，这样你们就能很容易度过瓶颈期，同时，也会明确未来奋斗的方向"。

对于大气科学专业的学弟学妹们，李青青表示，如果你热爱大气科学，那么你可以坚定地选择它，在这个领域中一展宏图；即使大气科学不是大家最终的职业选择，也希望同学们在目前阶段能够珍惜对知识的积累和学习，因为大气科学的相关知识，包括其学习过程都能为大家未来的人生道路提供非常宝贵的经验。无论以后会不会从事相关工作，专业知识的学习过程和成长过程都会助益以后的发展。大气科学或许不是一个热门专业，也可能不是一个让所有人都觉得能完全实现自我价值的专业，但他希望大家能从中真真切切地有所收获，做到问心无愧。

访谈 后记

李青青看起来年轻而朴实，带着几杯咖啡亲切地与我们打招呼，让我们不要紧张。我们交流了很久，他还亲切地邀请我们和他的学生共进午餐。在餐桌上，偶尔听到大家谈起学术问题，但李老师更多像父亲一样关心学生的生活。这样一位有趣又有料的气象人，让我觉得学术研究不仅仅是严肃的，也可以是活泼的、生活化的。

校友 寄语

海纳百川，取则行远。期望中国海洋大学越来越好，同学们成长得越来越棒！我们共同期待，期待母校的明天无比灿烂。我们共同祝福，祝福母校桃李芬芳！

——李青青

（撰稿：2022级海洋科学（中外合作办学）　张嘉艺）

她热爱气象，精研不止，始终坚守在科研一线；她深耕故土，扎根宁夏，始终致力于西部建设；她胸怀赤诚，履职尽责，始终践行为人民服务。

深耕故土，迎风绽放

——访2003级校友杨建玲

杨建玲，女，1973年生，宁夏西吉人，2003—2007年就读于中国海洋大学气象学专业。中共党员，理学博士，宁夏回族自治区气象科学研究所研究员。两次获中国气象局西部优秀青年人才津贴，获宁夏回族自治区和全国"五一劳动奖章"，被评选为宁夏回族自治区第一批自治区"青年拔尖"人才。2018年和2023年分别当选宁夏回族自治区第十二届、第十三届人大代表、人大常委会委员和自治区第十三届人大环资委委员，因履职成绩突出2023年获人大代表优秀建议领衔代表。当选宁夏回族自治区科学技术协会第八届、第九届委员会委员。

近年来在国内外核心以上刊物发表论文50多篇（SCI收录7篇），6篇论文获自治区科协优秀论文奖，出版40万字专著1部。关于印度洋海盆模电容器气候效应成果的系列论文在国际权威期刊上发表，被引超1400次，积极推动了国际上对印度洋海盆模气候效应重要性的认识，并被日本气象厅和中国国家气候中心作为选择气候监测预测指标的依据。

从塞上江南到海滨青岛，而后如候鸟归途，杨建玲在家乡宁夏的土地上扎根生长，迎风绽放。杨建玲精研气象，心有信念，满怀赤诚，履职尽责地为人民服务。她用实践书写了"海纳百川，取则行远"的校训，如河流汇入故土的海洋，绘出多彩的浪花，奏响独特而壮丽的华章。

▌兴趣之火，照亮前路

20世纪70年代，杨建玲出生于宁夏的一户农民家庭。出于工作需要，杨建玲的父亲游历过很多地方，常常给她讲外面的故事。外面世界的广阔多彩如同火柴，点燃了杨建玲心中的火焰。相比做农活儿，杨建玲更喜欢读书学习，想要去外面的世界看一看。当时，学习好的学生一般会选择读中专以更早地工作，但杨建玲想的一直都是上高中、考大学。"我觉得，我想做些更有意义的事情。"

杨建玲对气象变化的兴趣源自于平凡生活中的一点一滴。有时在山上干农活儿，她看着天上或白云飘动，或乌云压顶，或细雨绵绵，或狂风暴雨，会想着为什么会有这么神奇的变幻。另外，童年时父亲也会常常提起在新疆水文站做气象水文监测工作的姨父，让杨建玲对气象学的兴趣也在不知不觉中愈发深厚了。经过不懈努力，她考入了南京气象学院的气象专业，从此开始了气象学的学习之旅。

1995年，杨建玲大学毕业，而后回到家乡，在宁夏气象局工作了5年。那时，杨建玲在气象局先后从事了短期天气预报和人事管理工作。在工作的几年时间里，杨建玲慢慢发觉，相比管理工作，自己更喜欢的还是科研。因此，即使后来在管理岗位上任职，杨建玲依然继续着气象方面的科研，也尝试写过文章，但是由于水平有限，在研究中往往会遇到各种各样的困难，研究成果也不太理想。

这让杨建玲认识到自己需要更深入地学习，恰好当时单位也支持大家考研究生，于是杨建玲在工作之余参加考研复习班，最后顺利考取了南京信息工程大学的硕士研究生。硕士毕业后，杨建玲仍然没有停下前进的脚步，又于2003年成功考取了中国海洋大学的博士研究生，跟随刘秦玉老师学习。

▌道阻且长，无畏前行

考上博士研究生后，杨建玲没有直接去读博士，而是先休学一年生孩子，再回来读博士。这个选择在其他人看来有些令人费解，但是杨建玲依然坚持自己的选择。"人生的不同阶段，要做不同的事情。"正是深知人生旅途漫漫，杨建玲觉得更应该有所规划，有所努力。

正式读博时，杨建玲全身心投入做两件事：攻读学位和照顾儿子。回忆起那段日子，杨建玲觉得确实辛苦，但也非常充实。刚来海大的时候，刘秦玉老师大部分的学生都在文苑楼，但是由于空间有限，杨建玲和王建波师兄被安排在校园后面的山上。到了冬天，没有暖气，远离实验室，虽然条件艰苦，杨建玲依然日复一日地早起晚归，把一天中的绝大部分时间都投入学习研究中。尽管科研路上困难重重，杨建玲始终坚持钻研文献，反复思考，厚积薄发，渐渐豁然开朗，找到了适合自己的科研方式。

博士期间，在做印度洋电容器效应相关研究时，杨建玲全天候沉浸式思考着印太海洋和亚洲气候的可能联系，在查看文献、听讲座、作图思考、汇报询问讨论中反复循环。那时候，一有机会杨建玲就会和导师展开讨论交流，不断进行修改和下一步研究。在锲而不舍的努力下，杨建玲的研究有了显著成果。

▌深耕故土，钻研不止

2007年博士毕业后，杨建玲可以选择去上海极地研究所，也可以选择去夏威夷大学做访问学者。但是杨建玲决定回到宁夏工作。三年博士期间，杨建玲和家人分居两地，此时的她希望可以多些时间陪陪最爱的家人，在宁夏成长的她也始终对故土充满了感情。因此，杨建玲毅然选择回到宁夏，扎根故乡。

当时，中国海洋大学为杨建玲颁发了支援国家建设奖。杨建玲一直以此为激励，以"海纳百川"的海大精神深深扎根于宁夏故土，不断为家乡发展添砖加瓦。

杨建玲认为，虽然都需要科研，但在气象局的工作跟高校的工作还是不太一样的。气象局的工作是科研型业务，一方面要围绕业务需要做科研，一方面要利用科研成果提高业务水平。业务主要围绕社会各行各业对气象的需求开展研究和业务服务，除了常规的天气预报，还有新能源服务、重大活动保障等需求。因此，在实际工作中，杨建玲一直紧紧围绕地方经济社会发展和民生需要展开气象科研工作，与时俱进，不断调整，尽最大努力提供准确、及时、精细的气象服务产品。

自博士毕业以来，杨建玲一直在气候业务科研一线从事气候监测、预测和评价工作，围绕西北地区特色开展相关工作，重点关注干旱、高温、汛期降水等气候异常变化。杨建玲充分利用海大学习期间海气相互作用方面的研究经验，先后申请了国家自然科学基金、科技部行业专项、宁夏自然基金等。同时联合中国海洋大学等大学的科技人才和兰州、陕西等地的研究人员携手科研，针对区域气候异常成因机理和预测方法，开展了持续深入系统研究，取得的创新成果为宁夏近年来气候预测水平显著提升作出了积极贡献。

▌赤子之心，服务人民

2018年，杨建玲当选宁夏回族自治区人大代表，她深知这是一份很高的荣誉，也是一份沉甸甸的责任。当选之后，杨建玲继续保持着谦虚谨慎、用心学习的精神，一边学习、一边实践，顺利完成了第十二届代表和常委会委员的任务，并得到了自治区人大的高度认可，被评为优秀领衔代表。

杨建玲知道，人大代表所代表的是人民，要从普通老百姓的角度发声，要从心底树立为人民服务的思想。"这一定不是口号，而是发自内心的理想信念。"几年来，杨建玲一直积极履职尽责，积极参与自治区立法、法律监督和代表意见建议等工作，观察思考，体察民情，结合专业知识开展工作，先后提出了多项相关的议案和建议，在自治区法治建设中积极贡献力量。其中令杨建玲印象最深刻的是那份宁夏黄河流域生态保护的相关提案，因为涉及生态环保等专业之外的领域，杨建玲查阅文献，学习相关领域的知识，从一个"门外汉"变成了相关方面的专家。同时，杨建玲也紧紧围绕实际情况和民生需求，及时调研，为建议的提出提供了有力的数据支持和方向指引。终于，这份议案顺利完成，被评选为优秀建议。

几年的人大代表履职过程更加坚定了杨建玲心中"为人民服务"的理想信念。杨建玲怀着一颗赤子之心，尽自己的最大努力，真诚地为人民服务。

▎心怀信念，稳步扬帆

2016年，杨建玲获评为宁夏回族自治区青年拔尖人才培养工程"自治区级学术技术带头人后备人选"，同年还获得宁夏回族自治区和全国"五一劳动奖章"。对于这些荣誉，杨建玲将其当作对自己的鞭策。时至今日，杨建玲依旧坚持学习，坚持科研，坚持创新。

这些年来，杨建玲一直在气候监测预测科研业务一线岗位工作。西北地区汛期降水的预测难度本就较大，在近年全球气候变暖的大背景下，极端降水事件频发，想要准确预测就变得愈发困难。压力和困难往往萦绕不散，但是这并不能阻碍杨建玲的研究。杨建玲对于困难是豁达的："相信一定会好，它就会好啊。"

当被问到是什么支撑着她的发展进步时，杨建玲不假思索地答道："心里的信念。"正是这份信念，让杨建玲一直走下去。未来，杨建玲还会竭尽全力深耕故土，勤勤恳恳地做好每次天气预报，满怀赤诚地为人民服务。

访谈 后记

杨建玲学姐始终怀着赤诚之心，深耕乡土，服务人民，对每次气候预测都严谨认真。在前行的路上，她始终不忘心中的理想信念，勤勤恳恳做好工作。这份赤子之心深深感染着我们，激励着我们像她一样，心怀信念，稳步扬帆。

校友 寄语

祝母校百年华诞生日快乐。在过去的百年里，中国海洋大学培养了无数优秀的人才，为中国的海洋气象事业发展作出了巨大贡献。希望母校在未来的百年里永葆青春的活力，能够继续为祖国建设培养更多的优秀人才，为海洋科学研究和相关事业发展作出更大的贡献。祝愿母校百年校庆圆满成功。

——杨建玲

（撰稿：2022级大气科学　陈洋　李文正）

学弟学妹 眼中的他 ——————————

创业成功之人，多有传奇之事。他是敢于面对挑战的"不太听话"的孩子，也是凭借开放的心态，持续发掘自己和公司边界的企业家。

一个不走寻常路的创业者
——访2003级校友杨靖文

杨靖文，男，1986年生，山东宁阳人，2003—2007年本科就读于中国海洋大学大气科学专业，2007—2010年硕士就读于中国海洋大学攻读气象学专业，师从孙即霖教授。硕士期间在德国不来梅大学联合培养，获得中德双硕士学位。2010年进入金风科技工作，2013年离开金风科技，与同事共同创建北京瑞科同创科技股份有限公司，现任公司副总经理。

他是"不走寻常路"的热血青年；他是基础学科走出的创业精英；他是心系母校、难忘师恩的"海之子"。

他不畏艰险，砥砺前行，凭借极强的团队意识，与志同道合之人探索未知，勇闯新能源行业；他有着不设边界的开放心态，不为自己设限，跳出基础学科的"基础"行业，发掘自己和所学专业的无限可能。

▌"不走寻常路"：高度开放，不设边界

"我们专业没有进入气象系统工作的不多，我是其中一个。"谈起自己非同寻常的职业经历，杨靖文笑道。

中德双硕士学位毕业、有着深厚气象学专业实力的杨靖文，毕业前也已顺利获得多个气象部门的offer，轻轻松松便能获得一份稳定的工作。

然而，学在母校的七年时光里，杨靖文的人生理念早已被一个特别的人深深影响，这决定了他决不会安于稳定，而是愿意不断尝试、不断挑战。"我的特殊经

历更多来自我的导师——孙即霖老师。"杨靖文回忆道。

毕业后，条件优渥的杨靖文先是拒绝了气象部门的offer，来到国内风电行业龙头企业金风科技工作；三年后，又和同事离开金风科技，共同创立北京瑞科同创科技股份有限公司。20年前，新能源行业的发展仍处在探索阶段，杨靖文他们却冒着未知的风险，在一片未被开发的土地上开始探索新能源的应用市场。

凭借极大的勇气与毅力，杨靖文和同事们在新能源这片土地上深耕，带领公司不断迈上新的台阶。组织架构上，公司创新性地整合了传统测风测光的厂家和设计院的两支团队，这样一来，既能够直接应用国内外先进设备，解决安装调试服务的问题，同时又可以利用多年的资源评估和微观选址的技术积累，直接为客户提供高水平的项目规划、风机排布、测风塔选址以及后续测风数据管理和分析的服务。不仅如此，公司还广泛拓展业务范围，更精、更深地挖掘各个项目的发展潜力。目前为止，公司已在风能和太阳能发电项目规划选址、测风测光、可研、勘察设计、工程建设、第三方评估、技术尽调、后市场服务、智能运维、功率预测、能源气象、信息化建设、产品及技术研发等业务领域完成布局。在杨靖文和同事们的共同努力下，公司目前规模已逾400人，汇集了一批新能源领域的专业技术人才，是国家认定的高新技术企业，并荣获北京市"科技型中小企业"、北京市"专精特新"中小企业认定。公司现已具备工程咨询、设计、勘察"三甲"资质、并具有测绘、承装（修、试）电力设施等相关资质。

这些成就离不开杨靖文与同事们砥砺前行的脚步和持续前进的勇气。放弃稳定而优渥的人生道路、转战前路漫漫的未知领域不是一件易事，而促使杨靖文下定决心的，便是他的导师孙即霖教授。孙教授并不像传统教师那般拘泥于理论研究，而是注重将天气学原理应用于生活。比如，应用天气学原理，孙教授帮助一些农牧业企业成功规避了气象灾害风险，提升了经济效益。"原来大气科学不仅仅是一门理论课"，这让杨靖文对于大气科学的应用思路一下子打开了，为他后来倾向于将技术应用于生活的独特职业经历埋下伏笔。孙教授除了潜心专注理论研究，同样注重将天气学原理应用于日常经济活动。在他开设的"房地产法"通识课程中，他基于天气学原理中的基础数理模型探讨房地产市场、房产政策、金融市场以及经济学的诸多问题，这让同时选修了孙教授通识课的杨靖文拥有了对人、对事高度开放、不设边界的灵活心态，并受益终生。

"在刚来母校的时候，我和大家想的一样，觉得基础学科也没什么别的去路，毕业后能稳稳当当进气象局工作就是最好的。接触到孙老师之后，我忽然意识到，原来基础学科的边界也可以十分宽广，以前的想法过于狭隘了。"杨靖文道。

跟随孙教授攻读硕士研究生的杨靖文，经过自身不断的努力，获得了去德国深造的机会。孙教授极力鼓励他出国留学、开阔眼界，并给出了许多宝贵的建议。最终，杨靖文进入德国不来梅大学继续深造，在求学过程中，他始终以高标准要求自己，最终顺利完成学习，取得中德双硕士学位。"这次经历直接影响了我毕业后的工作和生活道路。""我非常感谢孙老师……他让我有了从行动上走万里路、打开眼界的决心和勇气。"正只身一人在加拿大拓展公司业务的杨靖文感慨道。"气象是非常重要的基础学科，但学气象这种基础专业并不一定非要从事基础研究，或者非要进入气象系统内工作，气象知识在许多农业活动、经济活动、工商业活动中都会用到。对于其他事情也是一样，不要被惯性拘束住了，一定要打开思路，找到适合自己的方向。"杨靖文道。

▍"从无到有"：刻在骨子里的创业基因和团队基因

"点开网页的时候还有点恍惚，虽然UI已经完全不是当初的样子，甚至有了新的LOGO，但是看到熟悉的'观海听涛'四个大字以及海蓝色的主色调时，仿佛还是有一瞬间穿越回到了20年前的校园。"谈起自己和兄弟姐妹们一手创办、传承至今的"观海听涛"新闻网站，杨靖文感慨道。

根植在杨靖文骨子里的创业基因和团队基因，在海大这个开放、包容、多元的校园里焕发了生机，并为杨靖文的未来带来巨大改变。

成绩名列前茅的杨靖文，深刻明白全面发展的重要性，在刻苦学习之余，他随着兴趣而不断探索专业之外未知的领域，在此过程中，他学习到了许多课本上难以收获的知识，也获得了影响日后人生走向的宝贵能力。学习之外，杨靖文是个充满反差感的"文艺青年"，做过学生会宣传部部长、发文章领过稿费；在"观海听涛"记者站诞生之初，他毫不犹豫地加入了初创团队，成为"开山元老"，是第一代采访海大人、记录海大事的校园网学生记者；大三后，杨靖文又与伙伴们一同成立了"英语协会"（今"英语俱乐部"前身），担任宣传部部长。

在海大这片肥沃的土壤中，杨靖文心中创业的种子生根、发芽。自由进步、鼓励创新的校园氛围让一个基础学科的毕业生也有了探索多元人生边界的可能，杨靖文不断从中汲取养分，持续生长，完成了从研究者到管理者、决策者的转变。

"回过头来看，大约20年前有幸参与了两个社团的初创过程，这给我后面的择业以及创业早早注入了'基因'，让我在面临新的选择时，有勇气接受更大的挑战。更重要的是，我们早早意识到了团队的重要性，培养了与团队共同作战的能力和意识。"回忆起这段不同寻常的大学时光，杨靖文说："要特别感谢宣传部齐俊婷学姐，'观海听涛'陈静学姐，英语协会赵明同学。"

▍感恩母校，破浪前行

"母校给我开阔眼界的机会，并且在这个过程中，我慢慢看到自己真正想要什么、适合什么。"挺过2012年行业低谷、克服重重阻碍，而后迎来发展高潮的杨靖文，看似顺风顺水，实则艰辛无比。

不过，于海大的所学所悟让杨靖文并不惧怕挑战和改变。头脑灵活、乘势而为，开阔眼界、保持学习，独立自主、务实求真，不忘初心、不忘团队，方能跟上时代的脚步，甚至引领行业发展。"海纳百川，取则行远。要包容，开放，多样性。要尊重客观规律，要务实，要求真。"这也是杨靖文自己对于海大精神的定义。

几次回到母校，除了看望老师，杨靖文主要还是回校招聘。"见到老师、学弟学妹非常亲切。海大的学生每年都有些变化，感觉更加自信了，在作出就业选择时，他们也更加愿意遵循自己内心的想法，更加独立。"杨靖文欣慰地说。

对于一个"不走寻常路"的基础学科从业者，这样的人生，也可谓独特而精彩。

访谈 后记

在"观海听涛"网站创办一年半、突破100万次点击量时，部分记者的感受被记录于文章《百万次的关注 观海听涛我们一起走过》中，包括杨靖文的。他写道：

"'观海听涛'四个字的含义依然定格在那十几个热血青年的灿烂笑容之中。时光飞逝，对往事的追忆却不会随着时光的剥落而褪色。

那曾经飞扬的岁月啊，要我感激你什么呢？……所有经历过的种种愉快与不快，都将成为我宝贵的情感财富，尘封一生。

当若干年后的一个夜晚，我的垂老的心将它重新开启……百万次的点击之中，岁月已经流逝，观海听涛与我，共同成长。"

校友 寄语

在校园时有幸经历了母校80年校庆，而今又有幸参与母校百年华诞庆祝活动。

岁月如梭，波涛翻涌如斯；年华流转，丹桂飘香依旧。

无数师生的几代奋斗成就了母校如今的辉煌。

饮水思源，远航眷海，值此世纪华诞之际，祝贺母校成立百年，祝福母校续写鹏程万里，祝愿所有校友都能在自己的航道上扬帆远行，劈波斩浪，共同铸就母校下一个百年丰碑。

祝学弟学妹们传承优良传统，开拓属于自己的道路，保持独立思考，求真务实，既有独善其身之才，又有兼济天下之心，既有海纳百川之包容，又有取则行远之信仰，共同展现当代大学生、新一代海大人的风采、风貌和风度。

——杨靖文

（撰稿：2022级海洋科学（中外合作办学） 张祺悦 郭佳宜）

学弟学妹 眼中的他 ———————

　　他不断超越自己的舒适区，勤勉实干、勇于探索、坚忍不拔，用行动、责任、爱心，追求人生价值的实现。

超越方寸始登峰，不落窠臼终夺魁

——访 2003 级校友余登魁

　　余登魁，男，1984年生，广东潮州人，2003—2007年就读于中国海洋大学旅游管理专业。现任深圳产融控股有限公司董事长，深圳前海创投孵化器有限公司董事长、党支部书记；中国海洋大学校友总会常务理事、总会校友企业家联谊会秘书长、深圳分会执行会长，深圳全球海洋中心城市建设促进会理事，深圳市企业战略并购促进会副会长，山东省青年发展顾问，中国海洋大学海洋发展研究院研究员，厦门大学金融研究所原兼职研究员（2015—2021)，中国海洋学会经济分会常务委员，中国太平洋协会海域使用研究分会副会长，青岛市金融招商大使。

　　十几年来，余登魁带领团队致力于以耐心资本+专业赋能，推动科技企业发展，投资、赋能医药、器械、智能领域的一批高科技、高成长企业；服务海洋科技成果转化和企业发展；开创培育投资人为主的"创投孵化器"模式，并被写入国务院重大文件，受到三位中央委员和有关省、部领导关注与支持；服务多位院士、科学家成果转化落地；推动设立多支创投基金，服务3000多家企业；与一批投资机构、院所、政府建立深度合作，联合创办专业私募投资机构。曾被任命为中国海洋大学深圳研究院筹备组副组长、筹建组成员，历时六年，矢志不移，整合资源，多方奔走，全程全力协助学校成功筹建深圳研究院。公司获评为《深圳特区报》前海十佳行业企业，蝉联《21世纪经济报道》亚洲资本"金方向"奖等。

　　这些成绩与余登魁在中国海洋大学求学期间的学习和成长经历密不可分，在他的侃侃而谈中，我们一起回望过去……

▌奔赴海大：考过长江去，放眼全中国

《海大颂》中的一句歌词"我是一滴水，投入你怀中"最适合描述余登魁被海大录取时跨越山海、奔赴而来的心情。2003年，20岁的余登魁踏上了从广东到山东的火车，从南到北，跨越了近半个中国，来到了中国海洋大学。

为何选择远离家乡，孤身求学？

"我当时的目标是：考过长江去，放眼全中国——这是我的高考格言。"人生最绚烂，不过青年时，在故乡生活已满20年，若不趁此时走出去，岂非一生都囿于方寸之地？于是，余登魁毅然决定要"考过长江去"！

为何选择山东，选择海大？

谈到这个话题，余登魁爽朗一笑，反问，有没有看过《水浒传》这部电视剧？余登魁中学时，正值《水浒传》热播，梁山好汉在山东，山东真是好豪气，他便对山东充满了向往。恰在余登魁入学的前一年——2002年，青岛海洋大学正式更名为中国海洋大学，在厚厚的高校目录中，这个大气的名字立刻吸引了余登魁的目光，并且高中老师告诉他，海大有一艘可以环球航行的大船，这让余登魁更加期待了，他毫不犹豫地选择了中国海洋大学。

▌社团经历：创办自强社，重振爱心社

余登魁在大学期间积极参与社团活动，担任多个社团和班级的管理职位，其中，自强社和爱心社是最有传奇性的两个社团。

2005年11月，中国海洋大学学生工作处组建了校级学生社团自强社，并与校团委共同指导社团建设。余登魁挑起了自强社的大梁。他带领社员完成了社团章程编写、宣传策划、纳新等关键工作，并提出了自强社的社训——"刚健有为，自强不息"。如今，自强社已成为中国海大规模和影响力均名列前茅的大型社团。

当余登魁成为爱心社社长时，爱心社社员极少。在他的精心策划和努力下，爱心社从几十人发展到300多人，传承并延续了"爱心包裹""爱心献血""盲校支教"等志愿活动。

余登魁不畏困难，不抱怨环境，他最擅长的便是迎难而上，另辟蹊径。他出色的领导和组织能力让他在海大社团史上创下一个又一个神话。这些社团活动不仅锻炼了余登魁自己的能力，也为社会作出了贡献。

▌自我培养：精业博学，经世致用

余登魁在担任管理学院学生会主席期间，组织了院训征集活动，并最终确定

了"精业博学，经世致用"的院训。他认为，"博学"是学习的基础，但要在社会立足，就需要在自己的专业领域有一技之长。他毕业论文的题目是"中国寻根旅游刍议"，这个选题当时在旅游研究领域是独一无二的，这是他的呕心之作，为本科四年交上了一张满意的答卷。

余登魁曾在甲级单位从事旅游策划和规划工作，这个方向非常需要创意，而创意则需要广博的知识储备。他在旅游学系的广泛学习为他的工作提供了很大的帮助。他认为，前三年可以追求广博的知识，而最后一年则应专注于自己所学的专业领域。

谈到"经世致用"这个词，余登魁表示，管理学院的学生应该具备组织、协调、管理和推进事务的能力。他秉持着"精业博学，经世致用"的院训稳步前进，这一信念指引着他在学业和职业生涯中不断努力。

▌创业之路：企业创业和公益活动兼顾

2009年，余登魁初入社会，当选为深圳校友会执委会总干事，开始了15年的校友会公益活动。他在学生时代便善于组织社团活动，毕业后这项能力在深圳校友会得到充分发挥。在理事会师兄、师姐的指引下，余登魁团结了一大批热心校友，服务深圳校友会。经过14年的发展，现在校友会已拥有3000多名成员，为广大校友带来福祉，服务母校的发展。

作为深圳长大的潮州人，余登魁始终延续了潮商创业的传统。2011年，他在深圳创办了自己的第一家小公司，算是较早创业的"80后"之一。他获得的第一笔投资来自两位师兄，对此他心怀感激："师兄们的信任和投资对我影响最大，也是最需要感谢的。"团队的部分核心成员也来自海大。

近年来，余登魁对海洋产业格外关注，尤其是对创投促进海洋科技成果转化、涉海企业的发展方面有着独到见解。在深圳建设全球海洋中心城市的当下，他积极加入涉海研究机构、行业团体，于2021年获聘中国海洋大学海洋发展研究院研究员，同年，他创办的深圳前海创投孵化器有限公司与中国海洋大学签署战略合作协议。他多次就科技成果转化、服务地方经济发展等议题向校领导汇报。他认为，现在深圳有很多机会，比如海洋中心城市建设，需要许多高素质海洋人才。他期待母校未来在深圳、在大湾区一展拳脚。

▌兴趣爱好：无用之用，受益终生

余登魁有两个爱好：书法和喝茶。他自小学习书法，曾获得海大书法大赛一等奖。喝茶则是潮汕文化传统。他曾开玩笑说："我可能是海大唯一一个带着整套工夫茶具报到的学生！"这套茶具在宿舍楼里非常受欢迎，同学和老乡们都知道他有一套工夫茶具，经常会去找他喝茶。在广东老乡会里，这套茶具也很引人注目，每年中秋迎新时，他都会带着茶具请老乡们喝茶。

这些爱好也延续至今。即使在工作之余，余登魁仍会写写书法、喝喝茶。"喝茶可以给我一种自然而然的平静和喜悦，这不就是一种修行吗？写书法让我的心神完全沉浸其中，这也是一种修行吧。"除了书法和饮茶这两位老朋友，他还培养了新的爱好，比如健身。

▎爱如海大：师恩难忘，常回家看看

每年余登魁都会回海大，这已经成了他的习惯。这次回去，他与董志文老师见面了。董老师对他的影响非常大，当年上完课后，他经常去董老师的办公室聊天。董老师至今仍在旅游系教学，他在旅游教育领域深耕多年，是学一行爱一行的典范。当年，董老师的办公室就在楼梯出口右手边，下课后，余登魁常常去找他，有时是探讨问题，有时只是单纯地想看看老师。这次见到董老师，他感到很惊讶，董老师还是那样年轻，气色很好，乐呵呵的，一点没变，给他的感觉就像回到了当年，只是多了些白发。董老师也很喜欢他，曾多次在新生入学的讲话中提到他。

"海大是一个令人怀念的大学，回到海大的时候，不仅能找到当年的自己，还能感受到一种能量，心里很踏实，就像回到了家一样。海大非常朴实、厚重和真诚，对学子充满热情，是一个非常温暖的大学，可以说是升级版的家乡。"

▎建言献策：母校发展，百年校庆

对母校未来的发展，余登魁有以下建议。

一是加强全媒体宣传，提高知名度。海大在学科建设、师资力量和学风方面表现出色，应该通过有效宣传这些优势，为学生就业和校友发展提供支持。

二是进一步加大科技成果转化工作力度，并在全国范围内进行布局，这些举措有助于促进科技成果的转化和校友为学校发展作贡献。

三是加强工科领域的发展。尽管海大的工科已经取得了进步，但仍需要更大的努力。

余登魁还有个关于百年校庆的建议和愿望：希望能开放食堂，让校友们回校享用一顿饭，并与在校学生接触，促进人才交流和发现培养对象。此外，应展开系列交流合作，包括与各大沿海城市合作，转化科研成果、输出智力、传播品牌，将中国海洋大学的百年奋斗史广为传扬。

访谈后记

　　对旅游管理专业的传奇人物余登魁的访谈是难得的学习机会。之前听过关于他的传说，我对他的优秀感到钦佩，同时也很好奇。余登魁让我们称呼他为"师兄"，在粤语中，我们通常用"师兄"来称呼"学长"，作为老乡，这让我倍感亲切。

　　眼前的余师兄是个热爱喝茶的人，一口茶入喉，他的眉眼舒展开来。他悠悠地品味着茶香，友好而包容，毫无保留地分享了他40年的人生经验，让我收获颇丰。

校友寄语

　　中国海洋大学=使命×勇气×智慧×坚忍×专注×专业

（撰稿：2022级旅游管理　神铭乔）

学弟学妹 眼中的他 ————————

　　春风得意马蹄疾，一日看尽长安花。他于日出林霏时启程，一路策马扬鞭，奔赴山海。丁鹏程，一位永远与同学共进步的班长，一位永远将正义恪守于心的法律人，永远与机遇并行。他从中国海大走向更加广阔的未来，行而不辍，履践致远。

从尝试走向成功的公司 CEO

——访 2004 级校友丁鹏程

　　丁鹏程，男，1986年生，山东威海人，2004—2008年就读于中国海洋大学政治学与行政学专业。2008—2010年担任山东电力建设第三工程公司法务主管；2010年7月—2011年10月担任颐杰鸿泰狮子湖集团总裁办主任；2011年10月—2015年10月担任颐杰鸿泰狮子湖集团总裁助理、清远市狮子湖文化传播有限公司总经理及清远市狮子湖国际贸易有限公司总经理；2013年8月—2015年10月担任颐杰鸿泰狮子湖集团总裁助理、营销中心总经理；2015年10月—2021年2月担任腾湃健康产业集团副总裁、总裁；2022年2月至今担任甲安生物科技（广州）有限公司总经理、全国卫生产业管理协会预防医疗分会副理事长、中国老年保健协会甲状腺结节防控专业委员会副秘书长、广东省靶向肿瘤干预与防控研究院副理事长。

　　他是同学们眼中勤恳能干的班长，老师眼中勤学好问的模范代表，虽也曾有过彷徨和无助，但功夫不负有心人，他最终顺利进入国企法律事业部，靠着自己的刻苦钻研与对医学和公司经营管理的研究，成为公司的总裁。他想，自己应当成为一个兢兢业业、不惧挑战、诚信端正、热爱学习的人。他对工作的热爱与远见卓识使他能够脚踏实地、一步一个脚印地奔赴自己的未来。于他而言，自己的梦想与信念是劈开阴霾的一道光，是走向成功的动力源泉。

▍孜孜不倦，梦想山海

2004年，丁鹏程顺利考入中国海洋大学。大一时，他成为班长，经常往来于学院各办公室之间，每天忙忙碌碌而又丰富多彩。在这段时间，他学习到了很多知识和经验，这让他从懵懵懂懂的高中生逐步蜕变为成熟稳重的大学生。他走过的漫长道路并不总是铺着玫瑰，但他一直在热忱地播下梦想的种子。凭借优异的实践与组织能力，他加入了学生会，在丰富的学生工作中增长了见识，也锻炼了自己的能力。雏鸟颤颤巍巍展开翅膀，却发现自己原是翱翔于天际之间的大鹏，只是仍在不断成长的道路上。

丁鹏程在海大读书的这几年，学校也在快速发展。他经历了许多专业学习上的变化，比如他遇到了法学专业、政治学与经济学专业的分岔路口；浮山校区转移到崂山校区的调整以及法政学院到法学院的转变。尽管地理位置在变，但同学们始终紧紧团结在一起。在这80人的大家庭里，他感受到了前所未有的温暖和幸福。令他印象最深刻的是刚入学的时候，当时班级里有好多调剂过来的同学，有的甚至曾经报考过北大和人大，说到这里他不禁感叹起来，班里高手云集、卧虎藏龙，正是因为有了正能量的带动，班级才能一直保持着积极上进的学习氛围。每一位同学都有自己的个性，与他们的融洽相处让他理解了"海纳百川，取则行远"的意义，也让他树立起了每时每刻都需要用知识不断充实自己的信念。

说到自己的母校，丁鹏程骄傲地说："海大是我的自豪，是我自信的起点。"海大优秀的教学质量和浓厚的学习氛围给他留下了深刻印象，在他的记忆里，法学院的老师都很可爱，很多大咖老师对于专业知识的不懈探索与对社会科学的严谨态度都让他肃然起敬，辅导员和团支部书记们也认真细致、发自内心地关心每一个人。"如果给我一次重新选择的机会，我仍然会选择与法律相关的专业，自己也一定会多储备教材以外的知识，这样才能融会贯通，'百尺竿头，更进一步'。"

▍远赴山海，扬鞭逐梦

谁的青春不迷茫，丁鹏程亦是如此。他刚入校时并没有明确的目标，临近大三，他想遵循着大多数人的选择，进入公务员系统。不负所望，他一路过关斩将，后面的各种考试均成功进入面试。但是差了点运气，他最后只考入了国企法律事业部。

每个人都要经历社会的考验，这也是人生的必经之路。大学毕业后，丁鹏程进入国企工作。他在山东电力系统的国企内就职时，公司需要派人去印度项目部处理法律纠纷问题，他便收拾好行囊，远赴山海。他在印度待了一年，这是精彩纷呈的一年，是文化碰撞的一年，是眼界大开的一年。视野的开阔为丁鹏程开拓了更加广袤的思想疆域，不同的思维在这里碰撞，为他绘就了一幅多彩的不设限的未来。

回国后，他加入了公司的旅游地产项目集团。彼时尚为年轻的他已经得到了领导的赏识，丰富的工作经验让他从一个思维缜密、伶牙俐齿的法律人转变为一个有着过硬业务能力、组织能力的商业工作者。他成了公司的高管，同时参与了高端地产、高尔夫地产、酒店地产等各个版块的开发项目，并组织了五届驻华大使狮子湖年会。年会上，不同地区的文化友好交流、求同存异。而他的工作任务，是安排50多个国家的驻外大使从北京同时出发，经过外事部门审批备案后，为他们准备包机以及增强安保措施以保证他们的人身安全。在与当地政府协调后，峰会还要为企业家、金融家以及大使们的交流提供平台，他负责策划每天的峰会流程及宴会活动。而他当时，也仅26岁。他的26岁，忙碌而充实，大大小小的细节他都需要亲力亲为，峰会正式开始前半个月，他的睡眠时间每天不足四个小时。这是作为总负责人的重担，也是鹏鸟展翅的起点。

丁鹏程说，法学院的学习为他从事国际化事业提供了很大的帮助。首先，在法学院的学习使他的思维模式更加缜密，认知边界更加广阔，而且法律作为最高的规则，学好法理源起，使他明白了很多国家不同的处事规则。其次，法学院的学习使他的书面写作能力得到了充分的锻炼，能更好地通过文字来表达他内心的想法。此外，他会习惯性地在前期考虑合规合法问题，做到三思而后行，保证项目的安全问题。他还说，在校时的学生工作实践经验不断累积，能帮助他更高效地完成工作上的各个项目。法学院为他梳理羽翼，教他展翅，期待大鹏振翅，一飞冲天。而他，载着殷殷期盼，终于迎来自己的鹏程万里。

▌拥抱山海，鹏程万里

随着医疗行业的兴起，2012年公司拓展了医疗板块。丁鹏程抓住了时机，独立负责该板块。他凭借卓越的工作能力，将公司越办越好。之后，他也拥有了自己的医疗公司，能更为自由地实现自己的抱负。由于早期承办峰会的经历，他与中东区域驻华大使关系友好，于是进一步成立了国际贸易公司，主要承接国外到国内的投资。他说，做医疗，最重要的条件是品德与大爱，品德决定了这条路最终能走多远；做国际贸易，诚信最为重要，稍有不慎则满盘皆输。医疗行业承载着他的拳拳大爱之心，他在拥抱山海之时，时刻谨记着奔赴山海的初心。

"人生就是不断选择与超越，有痛苦也有低谷，有成长也有蜕变"，这是丁鹏程对于人生道路的追求与期望。回顾毕业后的这十几年，他认为放在首位的就是保持学习能力，不同行业的跨越，学习能力是融入这个行业的关键，在海大养成的学习习惯和思维模式能让他快速理解不同商业之间的共性、逻辑与特性，适应之后便会游刃有余。

当我们问起他对初入职场的学弟学妹有何建议时，他说，大学期间的学生活动实践让他懂得了如何解决不同的问题、处理不同的关系，也让他有机会接触不同的人，参加不同的活动，挑战不同的困难。这些珍贵的经历锻炼了他的语言表达能力，提高了他的组织领导能力，并让他掌握了人际交往的技巧，培养了敏捷的思维能力。有了这些能力的锻炼和准备，他进入职场之后并没有太多不自在和不适应。他说，初入职场应当多做多看，开动脑筋，处理好人际关系，慢慢在沉淀中寻找发挥的机会。

丁鹏程的故事远没有讲完。他是一个闲不下来的人，既有法律人的严谨和道德操守，又有商人的自由和敏锐的洞察力。他曾在山东电建三公司为国内电力建设方面的EPC总包领军企业任职，主要负责应对电建项目中所遇到的法律问题，撰写法律意见书、处理合同纠纷等，他还在印度比卡内尔市为印度第三项目提供法律支持，这让他感受到了法律与文化交融的魅力，从而也使得缜密严谨的法律思维得以毫无保留地发挥出来。鹏鸟翱翔之时，可上九天揽月，可观四海八荒。

也许这便是他，在文化的碰撞中感受乱花迷眼的多彩，但也不会忘了最初的梦想。他永远能够抓住机遇，让其变成成长路上的一枚勋章。远赴印度是他，26岁时便承接组织国际峰会的是他，开辟新的商业版图的也是他。我们无法界定他的未来，但不难想象那应该是怎样的海阔天空。当他谈及母校时，他是怀念的，是感激的，亦是自豪的。他从实用性的角度，为初入职场的学弟学妹们提出了一些建议。他总是强调，学无止境。也许，海大于他而言，并非只是已经过去的四年，而是已渗透进他生命的时光里。

访谈 后记

丁鹏程学长始终是亲和的、极富有耐心的，穆如清风，是我们对他最直观的感受。他不吝成功的经验，语重心长地向尚未步入社会的学弟学妹们讲着他的经验。"大鹏一日同风起，扶摇直上九万里"，他如大鹏展翅，向着自己心目中的远方奋力飞去，追寻自己魂牵梦萦的那片山海。我们祝愿学长前程似锦，来日方长。

校友 寄语

值此母校百年华诞之际，祝愿海大：百年底蕴培育千万学子桃李天下，百年耕耘坚实前进步伐再谱华章！永远爱海大！

——丁鹏程

（撰稿：2021级法学 宋扬；2022级法学 王思成）

学弟学妹 眼中的他 ——————

研精覃思，面对科研的难题与挫折他勇往直前；静待花开，握住眼前的希望与努力他从容不迫。性格随和，科研严谨，这就是他，2004级校友陈士国。

研精覃思，静待花开

——访2004级校友陈士国

陈士国，男，1982年生，浙江温州人，2004—2010年博士就读于中国海洋大学食品科学与工程专业。教授、博士生导师，浙江大学食品科学与营养系主任、食物与健康中心副主任、教育部青年长江学者，*Food Science and Nutrition* 副主编，*Food Reviews International*，*Food Quality and Safety*，*Processes*等国际期刊及《未来食品科学》和《浙江大学学报》（农业与生物技术版）编委。

初见陈士国校友时，他脸上的微笑和言语间的随和瞬间缓解了我们心中的紧张与不安。他对待科研严谨细致、一丝不苟，对待师弟师妹们亲切而诚恳。

▍海纳百川，春风化雨

鱼山校区图书馆前的绿荫道，操场旁边的樱花树，这是陈士国在母校求学期间印象最深的地方。十几年前，在母校攻读博士学位的陈士国，因为课题的缘故，常常需要前往医药学院做实验，每天晚上离开时他都会路过图书馆门前绿荫道上那几株历史悠久的古树。100多年的树龄见证了历史的光阴流转，也见证了海大科研人奋力付出的每个日夜。

在母校读博期间，"5+2"与"白加黑"的科研节奏，陈士国早就习以为常。做科研的大部分时光是枯燥的，在那些日复一日的坚持里，也需要放松与调剂。"每天下午四五点，同学们会到六二楼门口打羽毛球。鱼山校区离海边很近，实验室的同学们经常会去海边走走，有时我也会自己一个人去海边看看大海，吹吹海风，这样压力就会舒缓很多……"

时至今日，在鱼山校区六二楼的门前，每天依旧会有打球放松的师生，文体活动可以释放压力、丰富生活，是科研灵感的激活剂。

谈到对母校的记忆，陈士国提到最多的还是他的导师薛长湖院士。在求学道路上，薛老师对陈士国的教导让他始终铭记于心。

"薛老师对我最大的影响是一种思维模式的锻炼。天马行空的创新性思维，不加束缚的学习模式，这是对学习能力和意识的锻炼。"导师对陈士国的指导和影响，如今同样潜移默化地延续到了陈士国的学生身上。对自己的学生，陈士国也保持着这样的指导要求。作为学生，可能不理解"创新"该从何处入手，导师的作用就是启发他们在阅读文献后提出自己的想法，面对一些"重复别人工作"的课题时能够辩证地学习、大胆地质疑，在不断的思考中找寻可以创新的角度，探求课题的突破。同时，还要把眼光放长远，去涉及更新、更广的课题，不拘泥于食品行业，学科间的交叉往往能助力研究更上层楼。

▌星河万里，皆得所愿

读博期间，导师薛长湖院士在课题设计上给了学生们非常大的自由度和发挥空间，陈士国自己设计了毕业论文后半段，这段经历让他养成了良好的科研习惯和思维模式。2010年，陈士国博士毕业，但站在人生选择的十字路口，未来的路走哪条？怎么走？这成了横在他面前亟待决定的问题。去浙江大学做博士后还是去浙江工业大学做老师？去试试法国国家农业科学院的项目还是争取其他访学的机会？陈士国坦言，他的许多同学在当时都有了明确的目标，早就决定好了毕业之后要去做什么，而彼时对这个问题没有答案的他，经历着毕业时的迷茫与选择焦虑。

短暂的思考后，他还是带着对科研的热情决定前往浙江大学做博士后，在那里参与熟悉的科研项目，在自己喜欢的领域里发光发热。不久后，国家针对博士后群体推出了"香港学者"计划，陈士国抓住机会申报了项目，前往香港，项目结束后回到浙江大学任教，致力于科研事业，一步步走到了现在。

谈到职业道路中的最大感悟，陈士国提到了"平台"的重要性。

平台不同，会有不同的发展道路和不同的发展规划。在不同的平台会接触到不同的人，养成不同的思维习惯，但平台没有好坏之分，只有适不适合。

平台能够助力人的发展，人也需要不断发展来适应变化中的平台。

如今的陈士国，做着自己喜爱的科研工作，同时也参与着产业合作项目。这些工作让他变得繁忙，但他深知这是平台给予自己的责任。刚到浙大工作时，学校给他提供给了科研条件与支持，他埋头做研究、发论文，逐步建立了自己的团队。

如今，团队日渐壮大，作为团队负责人的陈士国也积极推动着产业合作项目。谈到这里，陈士国说："哪怕有无数种选择摆在面前，但只有一个是最契合自己的。一旦确定目标就要跟随自己的选择长期努力。"

积极学习、勇于承担、创新思考、认真实行，这是陈士国回顾自己职业道路时的感悟，也是他作为师兄对师弟师妹们的嘱托。

壮志凌云，风禾尽起；星河万里，皆得所愿。

▌研精覃思，直面挑战

陈士国团队的主攻方向是食品功能碳水化合物。碳水化合物这个领域是众所周知需要深耕的领域，非常复杂与困难。当初机缘巧合进入这个领域时，陈士国没有因为困难而退缩，相反，他始终保持着高度的热情，一直坚定地迎难而上。

在博士期间，导师给了他"鱿鱼墨"这个方向，他的第一项任务就是从鱿鱼墨中分离多糖。但由于多糖的含量很低，陈士国经历了各种困难，后来经过反复的查阅文献和工艺修改才终于有了结果，这段经历也成了陈士国步入"碳水化合物"这个领域的启蒙研究。

从食品功能碳水化合物到近年热点的糖组学系列研究，陈士国和他的团队一直走在前列。糖组学是研究蛋白质糖链组成及功能的一门学科，但由于糖结构的复杂性及高度支化与可被修饰等特性，使其更深入的研究异常困难。

蛋白质组学和基因组学的研究，虽然测序方法较为复杂，但结构可以做到非常精准。但从糖组学的角度来说，不单单是生命科学或者食品学科的问题，如何发掘出精准测序的方法是横在整个行业面前的难题。从初次提出解决此类问题的想法到如今，二三十年过去了，方法的突破和实验的创新虽有进展，但进度却十分缓慢。

"我个人是很喜欢挑战的，很喜欢做一些挑战性的课题。问题的本质在于，有没有胆量去挑战这样的课题。"

面对挑战，关键在于要有直面的勇气。

陈士国认为，在做课题的过程中可能会发现进展没那么好，但需要明确的是，研究是一个过程，再难的课题在不同的阶段就会有不同的收获。挑战一个课题中的所有问题是不可能的，正确的态度应该是在做科研时抱着"能解决一部分也好"的心态。可以把阶段性目标适度降低，不断积累，不断克服前进道路上的挑战，将复杂的课题简单化，在持续的努力中扩大自己的知识面，不断突破、不断成长。做科研需要脚踏实地，通过量的积累实现质的突破。但最重要的，还是要有直面挑战的勇气。

研精覃思，怀着积极的心态和进取的决心面对复杂的问题，用日复一日的孜孜不倦解决每一个难题，用踏实的努力拨开迷雾，穿过荆棘；直面挑战，带着必胜的底气和创新的思维直面眼前的挑战，用严谨踏实的端正态度正视每一道难关，用扎实的步伐突破自我，劈波斩浪。

这是陈士国的人生信条，也是他的科研遵循与育人态度。

▌耐心努力，静待花开

作为学生，在科研、学习的路上难免会遇到各种困难，导致焦虑、迷茫。陈士国非常乐于用自己的经验为师弟师妹们指点迷津。

有无数的原因可能会导致科研进展不如意，但面对这些不顺利是有办法去解决的。

一方面可以通过交流去解决。陈士国分享了他的一段经历，当年的博士课题有在医药学院做实验的部分，在遇到困难时他总是向实验室的师兄师姐们请教，向专业的老师请教。到现在陈士国仍然保持着这样的习惯，积极地跟老师和同学们交流。

另一方面可以通过加强自己的基础知识去解决。陈士国对自己学生的要求是在做科研前先读几本自己领域的专业书，然后去进行文献调研。有了一定的基础知识之后，方向才不会乱，做好科研需要各个方面的积累，做不出来或者实验失败都是很正常的事情，不能妄自菲薄，不能自暴自弃。

"做科研一定要耐心，不要过度看重结果，重在过程。在应对焦虑、迷茫心态的过程中，学会反向思维，这样解决问题的能力就会有很大的提升。做科研的成果可高可低，但不妨把自己的期望值调低一点，不要把成果看作衡量科研水平的唯一标准，把重心放在提升自己各方面的能力上，保持一个良好的心态，科研是自然而然的结果。"

陈士国经历过科研上的"挣扎期"，但他能够一直保持着良好的心态，在逆境中也不让功利心左右自己的科研思维，始终做到放平心态，认真努力，静待花开。

在百年校庆到来之际，如果用一句话来形容海大精神，陈士国认为最贴切的还是校训"海纳百川，取则行远"。

海纳百川，是一种包容，允许每一种思维和每一种发展的可能性；

取则行远，是一种专注，接受每一个方向和每一个选择的发展性。

多年的学习和工作经历，陈士国也曾历经过怀疑与彷徨。在医药学院交流期间，他有幸在于广利教授和柴文刚教授指导下开展研究，陈士国感受到了食品和药学之间侧重点的差异，一时认为自己有非常多的不足。但后来的他意识到这其实是一种思维误区，应该学会接受各种各样的信息和学科之间的思维差异，借助其他学科优势来拓展研究方向。如海一样包容每一种质疑和失败的存在，坚定自己的选择和方向，行到水穷处，坐看云起时，在这个过程中不断突破自己，成就自己。

"我是一滴水，融入你怀中……"

百年校庆，陈士国最大的愿望是能再回到海大的校园看一看，跟曾经的老师和同学们一起交流。100年来，中国海大的发展欣欣向荣，校区越来越多，也越来越美丽，他非常期待能够看到母校更多的荣誉与成就，这也是每位海大人的荣耀和牵挂。

耐心努力，认真付出总有收获；静待花开，时光不负努力之人。

访谈 后记

百年名校风华正茂，海大学子熠熠发光。与陈士国校友的交流让我们感受到了食品学子的意气风发，也感受到了海大科研人的精神力量。研精覃思，赤子之心乘风破浪；静待花开，种子破土终会生长。

校友 寄语

希望有机会再回到海大，和老师同学们交流！期待能够看到母校的更多成果，期待海大能够越来越好！

——陈士国

（撰稿：2022级食品科学与工程硕士　高筱雅；2021级食品科学与工程闫一鑫）

学弟学妹 眼中的他 ————————

他稳重、坚持、拼搏努力，在企业里蹚出了独属自己的路。

铸青年精神，与海大同行

——访 2004 级校友施志程

施志程，男，1986年生，山东泰安人，2004—2008年就读于中国海洋大学材料化学专业，曾获2008届山东省优秀毕业生称号。毕业后就读于香港大学经管学院，获管理学硕士学位。历任海尔集团大客户部成都、济南、北京区域负责人，现任海尔集团家居事业部——少海汇合伙人。

▌万马奔欢，放飞青春

秋天的风轻轻抚摸太阳，季节的芬芳随风弥漫。2004年9月，施志程满怀憧憬步入中国海洋大学的校园。时间定格，或许从他步入校园的那一刻起，就注定了他将用自己的辛勤努力收获饱满、充实、意义非凡的大学生活。

在温暖的记忆中，他回味着岁月的美好。谈及校园生活，施志程挺了挺腰板，谈到了校园生活中两件令他印象深刻的事。第一件事是当时正值海大80周年校庆，为迎接校庆，他参与了学校一支40人左右的合唱团，在学校80周年校庆主场地青岛市人民会堂中，合唱歌曲《再过二十年我们来相会》。热烈的氛围点燃了合唱的激情，礼堂里充满了激昂高亢的歌声，诉说着莘莘学子对海大的满腔爱意。歌声飘荡在整个校园里，点燃了现场热烈的气氛，施志程心底那颗热爱海大的心悄然扎根。时隔多年，施志程仍记得曾言"期待百年校庆，期待20年后再相会"。20年后的今天，海大即将迎来百年校庆，当施志程收到百年校庆访谈邀请时，他说："我用人生四年换得了在海大的宝贵时光和丰厚的人生财富，感谢培育我四年的母校。岁月转眼即逝，生活中走过的点点滴滴，至今仍清晰地浮现在眼前，在海大度过的时光，留给我太多的回味和无尽的思念。在海大百年校庆之际，祝福海大光芒四射，绽放青春，桃李满天下！"20年时光弹指一挥间，20年前，他是初入校园的"萌新"，对未来充满了希望；20年后，他是社会的栋梁，助力建设祖国美好的明天。

第二件让施志程印象深刻的事情是崂山校区的启用。随着社会的发展，人才需求量大大增加，为了加大科研投入，保证学生的生活质量，海大开始建设崂山校区。据施志程回忆，当时鱼山校区学生众多，生活区域拥挤，条件艰苦，学校综合各方因素后，决定建设崂山校区，施志程则是第一批搬入崂山校区的学生之一。初入崂山，仅有几栋教学楼和宿舍楼，时光荏苒，20年间，崂山校区已然变得繁华，一代代学子在此成长，注入活力，让崂山校区逐渐成熟。2022年，西海岸校区正式启用，材料科学与工程学院也正值建置20周年，施志程作为优秀校友代表受邀来到西海岸校区，参加材料科学与工程学院建置20周年发展大会。他曾说："20年前，我初入海大，经历了崂山校区的建设、发展与繁荣，如今作为校友参加学院发展大会，有幸来到了西海岸校区，依然震撼于海大的迅速发展。这么多年来我与海大共同成长，共同努力，共同进步。如今的西海岸校区亦如当年的崂山校区，我相信在不久的将来，西海岸校区将变得更加有活力，会有更多的海大学子一同建设我们的母校，愿未来我依然有幸能与海大同发展、共进步！"

只有永远充满理想和激情，才能真正明白生活的意义。在大学期间，良好的班级氛围也深深影响着施志程，这让他的大学生活充满意义。提及篮球，施志程眼里满是激动，仿佛看到了在球场上肆意挥洒汗水的自己。他回忆道，当时材料科学与工程学院仅有两个班，他所在班级的同学十分热爱篮球，他作为班长，经常组织篮球比赛、篮球趣味赛等活动，同学们在一次次活动中相互比拼、相互加油，大家渐渐地熟悉彼此，拥有了深厚的友谊。篮球作为纽带凝聚了整个班级。班级里不仅有欢快的体育活动，也有良好的学习氛围。班委们身体力行，做好模范，在工作上尽心尽责的同时不忘学习，这让班级里的学习氛围格外浓厚，每年的奖学金也"遍地开花"，班级也获评"山东省优秀班级"荣誉称号。施志程说，起点很重要，良好的班级氛围会让一个人充满斗志，越来越好。

▌把握机遇，心想事成

材料专业作为一个相对成熟的行业，涉及多个领域，需要掌握多种技能，在实际工作中需要不断学习和适应新技术、新工艺，需要与各种应用场景紧密结合，对应用场景的依赖性强。在当时，材料专业就业面较窄、行业竞争激烈，在这个行业中，毕业生需要具备一定的技能和经验，才能在竞争中脱颖而出。由于当时的薪资水平相对较低，行业竞争激烈、工作机会少，施志程自身实践经验不足、所受限制多，这让他在求职时陷入了迷茫。

大四那年，施志程站在了人生的十字路口。他最终通过校园招聘赢得了三个机会，海尔集团销售、海信集团研发和江南造船厂防腐工程师，这三个机会摆在面前时，他斟酌了许久，最终选择了海尔集团。施志程说，之所以选择海尔，一是因为他在青岛度过了难忘的大学四年，对青岛有着浓厚的感情；二是因为海尔集团知名度高、风评好，公司内部更加关注个人付出和努力，这让他对未来充满了希望，也对工作充满了干劲儿。在施志程看来，努力工作换取的成功更加难能可贵，也更加锻炼自己的能力，尽管海尔集团的工作机会似乎与自己所学的专业领域并不完全吻合，他却坚信，在那段珍贵的大学生活中，他收获的远不止材料学的专业知识，更多的是对个人能力的全面锻炼与提升。他深信，正如金子终会在岁月的洗礼中绽放其璀璨光芒，自己也将在这份挑战与机遇并存的工作中，展现出耀眼的才华与潜力。

聊到职场，施志程想对学弟学妹们说，目前很多公司都很重视校园招聘，这是一个非常好的求职途径。求职就业时要用心，强者之所以被称为强者，不仅仅是因为外表强硬，更重要的是因为有强大的内心。在职场中更是这样，一个内心强大的人往往能承受常人所不能承受的压力，只要看到了常人所不能欣赏到的风景，成功的概率就会很大。施志程认为，初入职场时，了解一个公司应从其核心价值观入手，这是融入公司文化的关键所在。对于新人而言，公司的规则和文化或许尚显陌生，需要时间去适应和理解，因此要少说、多听、多做。"听"的目的是学，注意不要眼高手低，要把握技巧去理解公司的逻辑和语言，并处理好人与人之间的关系，在此基础上努力工作。同时，也有以下几点需要格外注意。

一是找准自身定位，制订职业规划。找准定位就意味着要清晰地认知到自己想要的是什么，这能避免在之后的职场中少一些弯路。可以平时给自己做分析，客观评判自己的优劣；搞清楚自己的兴趣爱好，更清晰地了解自己更擅长的内容；思考自己想实现的人生价值是什么。综合这三点思考的结果，就可以非常清晰地认知到现在的处境是什么，未来想达到的状态是什么，达到未来的状态需要分为几个阶段和提升哪些能力，从而有一个比较清晰的职业规划。

二是多实习实践，审视自身的优势与不足。校园学习生活与社会工作生活有很大区别，在课堂上学到的知识需要到社会中进行实践。实习经历是面试官非常重视的一部分，实习机会可以通过内推或者网络招聘获取。在实习过程中一定要关注岗位职责是什么，所需要的技能有哪些，你现在负责的部分是什么，对你有什么启发、什么提升，自己有哪些不足，这些都需要进行思考。

三是学会复盘经验和改进。复盘很大程度上决定了自身提升的速度，不管是在哪个企业，管理者都很注重自己的人员是否有复盘经验以及据此改进和提升自己的能力。

▌云程发轫，踵事增华

生活阅历在丰富，眼界在开阔，人际关系在变化，知识储备在增长。施志程在大学期间参与了多种活动和社会实践。他担任过班长、学生会主席；参加了海鸥剧社并出演过话剧《雷雨》的男一号；在篮球迎新杯中担任中锋，培养了打篮球的爱好并一直延续到现在。丰富的校园活动经历让他在工作中能够从容面对各种情况，有信心、有底气、有能力面对各项挑战。

施志程深信，大学生活犹如一座宝库，赋予了学生无尽的智慧与成长。在学术的殿堂里，大学以其严谨而系统的学术培养体系，助力学子们构筑起坚实的学科知识基石；专业课程的学习不仅深化了学生对各领域的认知，更在潜移默化中塑造了他们的批判性思维、问题解决能力以及学习研究技巧。人文科学、社会科学与伦理学等课程的熏陶，则让学子们在文化的熏陶中培养起深厚的文化意识、坚定的社会责任感以及宽广的全球视野。大学也提供了很多的机会，让学生结识来自五湖四海的老师和同学，这些人脉关系在职业发展和个人成长中可能起到重要作用。在社会实践和文化氛围方面，大学更是为学子们提供了锻炼能力、开阔视野的舞台。通过参与实践项目、实习工作，学子们得以将课堂所学应用于实际，积累宝贵的实践经验，锤炼职业技能；学生通过担任班委、参与社团或俱乐部活动，锻炼了领导能力、团队协作与组织管理才能。大学还以丰富多彩的文化和艺术活动，如音乐会、戏剧表演、艺术展览，为学子们提供了欣赏和参与文化艺术的广阔平台，让他们的精神世界得以升华。

大学是大部分人第一次离开家乡，离开父母，到一个陌生的环境去生活、去学习，需要学会管理时间、财务和个人事务，培养独立思考和解决问题的能力。当然，大学生活是一个充满美好回忆和收获深厚友谊的时期，与同学一起度过的宿舍生活、学习、活动和旅行等经历，都会成为珍贵的回忆。回忆往昔，施志程认为大学生活不仅是获取知识和技能的阶段，也是塑造自我身份和追求个人理想的重要时期，希望当代海大学子能够珍惜大学美好时光，不负韶华，勇敢追梦。

访谈 后记

施志程的学习和工作经历对我们青年学生很有启发意义，我们在学习过程中要努力认真，不断思考，有吃苦精神；在未来工作方面，要牢牢把握机遇，适应新环境，不断成长，才能取得成功。

校友 寄语

希望学校在"特色立校，谋海强国"的道路上越走越宽，早日建设成世界一流大学，为中华民族伟大复兴和人类的进步贡献出自己的力量！

（撰稿：2022级材料科学与工程硕士研究生　李瓒龙；2022级高分子材料与工程本科生　荐皓月）

热情，随和，严谨，大方。工作十几年来，他脚踏实地、拼搏奉献、务实进取，在港珠澳大桥、深中通道两个超级工程中，成为沉管隧道施工领域的技术专家。时代给予奋进者勇气，岁月回馈拼搏者勋章。

超级工程中的大国工匠

——访 2005 级校友宁进进

宁进进，男，1981年生，山东泰安人，中共党员，2005—2008年就读于中国海洋大学港口、海岸及近海工程硕士研究生专业，现任中交一航局深中通道项目经理部副总经理、常务副总工程师、正高级工程师。2023年获全国创新争先奖及天津市五一劳动奖章，并被评为中交最美职工、中交集团品牌员工、第二届交通运输部最美港航人；2017、2021年获中国水运建设行业协会科学技术奖特等奖；2020年获中国航海协会科学技术奖特等奖等奖项。

"海上天路"港珠澳大桥是"一国两制"框架下粤港澳三地首次合作建设的大型跨海交通工程，也是世界上最长的跨海大桥工程，被誉为"世纪工程"。在这样一个超级工程中，涌现了一个又一个工匠，宁进进便是其中之一。13年坚守伶仃洋，他先后参加了港珠澳大桥、深中通道两大超级工程建设，助力中国海底沉管隧道实现从落后到领先的跨越。他参与自主研发了世界首制"自航式沉管运输安装一体船"，以及成套施工技术等重大科技成果，将海底沉管安装从传统拖带式引入智能化时代。他是无数工匠人的缩影，闪耀着坚守与奋进的精神。

▎一个海洋梦，一颗赤诚心

"在硕士阶段您为什么会选择中国海洋大学呢？"听到这个问题，宁进进便不好意思地笑了起来。作为一个从小生活在山里的孩子，海洋是一个深埋已久的梦想。因自小就有一个当工程师的梦想，所以在填报高考志愿时，宁进进选择了水利水电工程专业，这便是靠近大海的第一步。本科学习过程中，他憧憬着有一天可以把自己所学的知识与海洋结合起来，因此面临深造抉择时，他毫不犹豫地报考了中国海洋大学工程学院港口、海岸及近海工程专业的硕士研究生。开往海大的公交车晃晃悠悠，宁进进的心与公交车一样随着青岛高低起伏的地势不断摇摆，在公交车平稳地停在海大校门的那一刻，这颗心也终于安定了。"百川入海，原来学的是河，终于来到了海大"，宁进进这条小河终于来到了海的怀抱。

21世纪初的研究生十分"稀有"，求学机会来之不易。"大家的英语水平非常高，这让我不免有些自卑。"严谨求实的学习氛围总是会催人奋进，补足英语短板成为宁进进的第一个目标。背单词、练听力、做阅读，离开母校时，英语反倒成为宁进进的强项。董胜教授是宁进进的导师，他常对宁进进悉心指导，"研究生的学习并不仅仅是一个单一的体系，董老师一直强调要多方涉猎、虚心请教"。他谨记董老师的教诲，在专业的应用上有了不少的涉猎，特别是MATLAB等软件的操作应用，以及关于海洋潮汐、水文、波浪、回淤等海洋工程知识的学习。而此时一点一滴的积累成为日后超级工程中的重要基石。"工程人的世界实际上也并不枯燥，"宁进进说，"在课余时间里我最喜欢做的事情便是读书，一有时间便会钻进图书馆找书看。"从天文地理到历史纪实，从人物传记到小说散文，他享受读书的时光，感悟着不同文化的交织。直到现在，他偶尔也会带着妻女前往图书馆，重温那段做学生的日子，品味岁月带来的独特魅力。

怀揣着海洋梦来到了海大，怀着赤诚之心不断奋进，宁进进珍惜学习的时光，时刻注重自身能力的提升，在2008年毕业后，便应聘去了中交天津港航设计研究院，成了一名工程设计员。又因为英语水平较高，2008年11月，他被派往中国港湾工程有限责任公司驻埃及办事处工作了两年。这期间，他把握学习的机会，在工程项目投标、合同撰写等方面收获满满。2012年元宵节，一纸调令，他便开启了参与建设港珠澳大桥工程的征程。

▎一座沧海桥，一身英雄气

超级工程港珠澳大桥是"一国两制"框架下粤港澳三地首次合作建设的大型跨海交通工程，也是我国首条外海沉管隧道，施工难度前所未有。"一辈子能参与一次这样的工程，是很多人梦寐以求的事情。"宁进进在感慨幸运的同时也向我们解释了该工程的艰难程度。因我国从未有过此类工程的施工经验，负责该项目的总工程师林鸣曾试图采用中外合作的方式，请欧洲的公司协助建设，但对方却开出了1.5亿欧元的天价，且认为如果没有他们的帮助，我们的工程便不会成功。技术引进行不通，独立创新便是我们唯一的出路，宁进进深憋着这口气，立志要同团队一起攻克这个难关。

宁进进在港珠澳大桥建设总部的工作从每天早上7点半开始，到晚上11点半结束，连续数月的攻关后，很快完成了舾装、出坞浮运方案。他本以为完成了自己的工作就可以打道回府，但总工程师林鸣因为他出色的计算能力要求他留下。作为沉管浮运团队的第一个技术员，宁进进的特长是写方案快，结合工程师的想法，查找外文资料、用各种方式进行水流力的计算，在经过四次演练和前三个管节拖航操作后，宁进进及团队将现场实操和以往施工经验相结合，逐渐形成了受限水域的超大型沉管的拖航方式，同时创新了该领域内的拖航技术。"简单来说，这些年，我们在伶仃洋上干了33次活儿，装了33节管。"他讲得轻松而幽默，这份轻松背后却蕴含着他和队友们不屈不挠、日夜奋战的心血和汗水。

央视新闻曾记录了一位孤身潜入28米海底进行监测的工程师，这位工程师就是宁进进。"像我一样的人太多了，我只是数万参建大军中的一员。年轻的时候觉得是一件很了不起的尝试，现在明白我只是承担了我应该承担的责任，建设过程中的每一环都有独一无二的重要性。"宁进进轻松地笑了笑，他现在也开始带新人了，看着新人们一个个跃跃欲试的身影，总会想起当年的自己，那段在海底深处的时光。

技术员到总指挥的转变并不是一蹴而就的。在港珠澳大桥工程E10管节以后，宁进进跟随团队从桂山岛转移到了珠海营地，开始做试验和研究工作。可对他而言，从浮运跳出来之后，他向往的仍然是"津安3"2楼的沉放对接指挥室。"如果到不了指挥的位置，我始终只是一个停留在纸上谈兵的学生。"他坐在指挥室的门口看着林鸣院士等人指挥了三年，默默学习了三年。

宁进进在港珠澳的时候，很多人都会问：是港珠澳成就了你们，还是你们成就了港珠澳？其实，他心里的答案一直很明确，他是幸运的追梦人，是时代的洪流和扬帆图强的祖国巨轮推动着他登上港珠澳的舞台，才有机会蓬勃蜕变、放眼全球。英雄总是伟岸的，我们可以称他为港珠澳大桥建设中的一位英雄，亦可以称每一位付出的建设者为英雄。

▌一次新跨越，一场新征程

站在广东中山市马鞍岛远眺，正在建设的深中通道蜿蜒于深蓝海面之上，时而腾空跃起，时而遁入海中，穿行24公里，通向深圳前海。继港珠澳大桥后，这一集"隧、岛、桥、水下互通"于一体的超大型跨海通道将再次刷新多项世界纪录。"如果说港珠澳是一个大学校，那么深中通道将是我们走出校门、迈向社会的真实战场。"2016年，一航局开始策划深中通道项目，宁进进在港珠澳大桥建设后，又以深中通道项目部副总工程师的新身份带领团队对深中通道的隧道工程进行技术攻关。深中通道相比港珠澳大桥来说又有新的跨越，"针对难点重点，我们反复计算，期间我还给母校的教授们打电话请教过。"此次宁进进的身份是指挥者，他必须挺身而出，带领团队攻坚克难。

转战深中通道施工后，他参与研发、建造了核心船舶"一航津安1""一航津平2"等为外海沉管隧道施工的大国重器，并带领团队攻克了一个又一个难题，创造性地提出连接与协同工作合理构造、进行沉管基床清淤标准研究、整合集成开发系统等，在30多米深的海底进行沉管对接，制作坚固耐久的"牵引线"，难度之大仿佛是在"海底绣花"，精细程度与工程量令人咋舌，仅是沉管安装就耗费三年之久。

针对深中通道钢壳沉管、超远距离浮运、浅滩深槽等特点，宁进进带领团队从零开始，编制完成管内施工全流程成套方案，并通过十余次总结提升，不断凝练施工步骤，为沉管安装实现"毫米级"对接精度提供了重要保障。为了提高水下40米、8万吨管节高精度对接，他带领团队在世界范围内首次将北斗系统引入沉管对接中，在2021年克服深水深槽、东部浅滩区等难题，实现连续5个管节毫米级精准对接，促进沉管对接精度的又一次跨越，将沉管对接精度提到世界最高峰。

最终接头是沉管隧道施工需要攻克的最后"碉堡"。作为技术负责人，宁进进在充分总结港珠澳大桥最终接头施工基础上，联合多家单位开展最终接头工艺装备设计，经过一年的努力，形成了"滑轨施工图""液压管线工艺施工图"等16套图纸，完善了施工图联合设计工作，实现了从概念向实际转化的第一步。他说："我是一名普通的工匠，我目前的理想是深中通道早日安全贯通，为大湾区建设贡献自己的一份微薄之力。"

夏日清晨，从高处望去，海面波光粼粼，深中通道如一只巨大的"海上风筝"正振翅欲飞。正是这样一位自称普通工匠的建设者，在超级工程中不断闪烁他的光芒；正是这样一位奋斗者，同团队创造了一个又一个工程奇迹。目前，深中通道的项目仍在继续，宁进进会继续攀越一座又一座高峰。而他希望作为学生的我们，同样能永葆热情、踊跃尝试、积极探索，跨越一片海，赓续一个梦想。

访谈 后记

与宁进进校友的沟通十分轻松，他用朴素的语言将一个个专业术语解释给我们听，从他的眼中看到了他对海大新一代学子的鼓励与期盼。他身上体现的工匠精神会不断感染着我们向上攀登，同时也让我们明白奋斗的可贵与向上的力量。

校友 寄语

　　热烈庆贺母校百年华诞！我骄傲我是海大人，无论我毕业多少年，我始终铭记老师教过的知识和做人的道理，始终铭记母校的校训，海大精神也一直指引着我砥砺前行。

　　祝愿母校百尺竿头、更进一步，立足海洋、面向世界，为国家培养出更多海洋人才。

——宁进进

（撰稿：2020级工程管理　戚郁昌）

学弟学妹 眼中的他 ——————————

从他的言语中可以真切地感受到他对科学的尊重和对海洋探索的热爱，他谦虚地称自己只是一名科技工作者，但他是一位名副其实的科学家！

从"青岛"到"海洋"

——访2005级校友张鑫

张鑫，男，1981年生，山东菏泽人，2005—2009年博士就读于中国海洋大学海洋信息探测与处理专业，现任中国科学院海洋研究所研究员。国家深海航次9次首席科学家，先后获得国家高层次人才特殊支持计划科技创新领军人才、科技部中青年科技创新领军人才、国家自然科学基金委"优秀青年科学基金"、山东青年五四奖章等荣誉。近年来，先后主持国家重大科研仪器研制项目、国家自然科学基金重点项目、国家重点研发计划项目课题、中国科学院创新交叉团队等项目20余项，被人民日报、新华社、中央电视台等媒体几十次报道。

孩童时萌生对海洋的好奇与兴趣，自此埋下了探索这片蔚蓝的种子。求学路漫漫，那一年，24岁的张鑫来到中国海洋大学求学，迎来人生的两次转折，并自此深耕于深海原位探测领域。无论是白天听课、晚上实验"连轴转"的校园时光，还是出海作业晕船时"翻江倒海"，一路走来，总有一些信念屹立在他的人生追求道路中，河海不择细流，故能就其深，从"青岛"到"海洋"，他依然在路上。

▌小小少年，扎根青岛

张鑫家住山东菏泽，而姥姥家在烟台，每年暑假张鑫都要坐火车去姥姥家，每次都要到青岛转车。火车开到青岛站，带着腥味的海风扑面而来，让他感到十分凉爽。身为教师的父母开始引导他："你看青岛很好吧？青岛多凉快，还有大海。"这句话让当时这个五六岁的儿童第一次萌生了想要留在青岛的想法。

"我的人生，有两个转折。"2005年，张鑫来到了海大园，他与青岛的故事开始续写，人生的转折也就此拉开序幕。最初的张鑫，来到海大园是奔着"信息学院"的"信息"去的，报的是计算机系，巧合的是，刘智深、贺明霞老师把他引到了海洋遥感所，进入海洋信息探测这一理科领域。张鑫原本学的是机电工程，是一个纯工程背景的学生。但工科转理科的经历，并没有让张鑫觉得"隔行如隔山"，之前所学的相关知识，锻炼了动手的实操能力，加之学习了海洋光学、激光原理等学科，他又有了新的用武之地。"这让我大开眼界，就感觉我工科学的那些东西是有用的，这是第一个转折。"

张鑫人生的第二个转折也源于海大园。当时随着国家开始重视深海，郑荣儿老师和刘智深老师共同申请了一个"863"的目标导向项目，在2006年前后就拿到了数百万元的科研经费，在该项目的支持下，张鑫开始真正介入了深海原位探测。与此同时，张鑫也拿到了国家留学基金委提供的公派留学的机会，来到美国MBARI海洋研究所进行专业深造。在美国，他师从国际著名海洋化学家皮特·布鲁尔教授，接触了"真正的海洋科学"基础学科。"所以说在海大攻读学位期间我有两个大的转折，第一个就是转成理科，第二个就是学了真正的海洋科学"，"所以我现在的整个学术生涯，也是在往深海走，往高温走，这都是当时方向积累下的。"

谈及在海大的求学过往，张鑫回忆，当时白天上课，晚上做实验，非常辛苦却充实、快乐。张鑫原本是做激光雷达方向，而激光雷达最怕的就是阳光的干扰，所以他们通常吃完晚饭开始调试系统，等到能收到信号是深夜12点多，一直接收信号到凌晨三四点钟。期间刘智深老师大概会出现三次，第一次是吃完晚饭去看大家调试系统，第二次是晚上12点多再去看看，一直等到有信号并且信号不错才能放心地去休息，第三次便是数据收集完5点多钟起床看看信号如何。若是数据取得好，便会开心地带着张鑫等人一起去东方饭店吃早茶。讲到这里，张鑫有些动容地说："关键是在这个过程中，你能感受到这种老一辈科学家的精神，你看他晚上12点多看着有信号才放心去休息，他教会我们干什么事情是靠情怀驱动。虽然我当时感觉很苦、很累，但是现在想来这个经历就是一种财富，一种宝贵的精神食粮，能让你提振精神。"在日常科研的点点滴滴里，老一辈科学家的精神无声却有形，也正是因为有了这么一群有科研情怀的科学家们，国家科研事业才能日益蓬勃发展。

▌不畏艰辛，勇闯海洋

深海原位探测离不开海洋，出海更是常有的事。据不完全统计，张鑫已经出海20余次，其中有9次是作为航次首席科学家身份出海。出海一去就是几十天，整个行程只能靠船舱中的储备补给度日，远离了人类赖以生存的土地，海上人员将经受生理和心理的双重考验。

问及海上科研过程中的艰辛，张鑫打趣地说："说艰辛不就把你们吓跑了吗？"他告诉我，出海最难的就是长时间离开陆地，会有一个心理状态的变化过程，但是时间久了就自然而然适应了。张鑫聊到主要的挑战还是来自晕船。"但是可以克服，有工作的时候你就不晕，即使晕你也能坚持。"他还举了现任中国科学院上海光学精密仪器研究所所长陈卫标的例子："听说陈老师当时要做一个海洋激光雷达系统，出海晕船很厉害，就在工作台的旁边放一个桶。因为调光路要聚焦，眼睛要一直盯着，晕得受不了时，就扭脸在桶里面吐，吐完继续调。"除此之外，海上没有新鲜蔬菜吃也是一个挑战。

作为研制了世界上首台可以直接插入高温热液喷口进行原位探测的系列化RiP拉曼光谱探针的第一完成人，张鑫给我们分享了他研究过程中的一些趣事。张鑫到美国求学的第一天，他的导师为他介绍实验室的一些深海探测装备。到一个探头旁时，张鑫看到这个探头边缘处已被烧焦，他的导师指着探头说："你看，这是你师姐干的。"张鑫很疑惑，导师接着解释说，他告诉师姐不要把探头接近高温热液口，但师姐非要尝试看看热液喷口喷出的物体是否能测出拉曼信号，结果距离过近导致探针烧熘了。拉曼探针做不了热液，因为这个探针经受不住高温，这是美国导师反复给张鑫强调的。张鑫一直把这件事记在心里，回国后，经过反复研究验证，他发现存在突破高温环境限制的可行性技术路线，他设计了一套可以耐受450℃高温并且可以过滤掉热液喷口中硫化物等颗粒对光路污染的拉曼探针。突破了技术难关之后，张鑫团队研制出了全球首款且目前全球唯一可以直接插入热液喷口进行原位探测的光学传感器，实现了美国导师当初认为不可能的事。这为我国首次发现裸露在海底的天然气水合物、超临界态二氧化碳、热液高温气相流体等重大科学进展，起到了极大的推动作用。

把导师认为的不可能变成了可能，最后转化出有重大突破的科研成果，张鑫身上的探索精神和"干一事，成一事"的善作善成的专业能力不言而喻。

▎拓宽基础，立足海洋

从海大毕业后，张鑫就一直深耕于国家海洋研究的前沿领域并持续作出自己的贡献，在访谈中，他多次勉励还在求学的我们，既然选择了中国海洋大学，那就不要离开海洋事业。"海洋事业是我们国家的战略需求。既然选择了海洋大学，那就要肩负起历史责任。"谈到多次去国内外参加高水平学术会议的感受，张鑫笃定地说："放眼全球，除了中国海洋大学以外，能更纯粹地研究海洋领域的高水平大学为数不多，我们身为海大人，身上肩负着开发海洋的重任。"

结合我们校园生活中的实际问题，包括有些同学进入大学会产生沉迷游戏等，张鑫与我们分享了他初入大学时的生活。入学时他身高一米八，体重140斤左右，感觉自己在篮球这类强对抗的运动中，体重并不占优势。但同时他对排球也感兴趣，于是机缘巧合之下，张鑫进入了院排球队，一天三次的训练让张鑫的课外生活几乎都被体育运动所填满。"其实你需要找到事情填满你的过渡期和迷茫期，等你找到了方向和兴趣点之后，你就不会那么空虚、无聊。我们不排斥打游戏，但要找到一个合理的、适度的出口，还要与自己的专业相契合。"张鑫如是说。

立志海洋，驱散迷惘，那么接下来该怎么做呢？张鑫给出了要以广泛的学科背景为基础，在此之上进行学科交叉融合的建议。在当下，无论哪一个行业，要想真正地深入发展，必然离不开学科融合，想要做到学科融合，我们就得先掌握好各学科的基础知识。

"这是一场永恒的爱，每当看见大海就萦绕心怀。"从孩童时代对海洋的向往，到海大园求学立志于探索海洋，再到现在深耕专业领域、引领前沿发展，张鑫一路筚路蓝缕，涓涓细流汇成大海。他亦如大海，宽阔、坚忍、谦逊，奔腾永不停息。

访谈 后记

张鑫学长报效祖国的情怀，探求真理的斗志与激情，对师长培养指导的感激，对晚辈的谆谆教诲，让我看到了一个既有高度又有温度的具象的科学家形象。他永远是我们学习的榜样。

校友 寄语

祝母校生日快乐！祝信息学部越来越好！

对于新同学们，祝贺大家进入了中国海洋大学这个大家庭。祝大家在美丽的校园里度过幸福、快乐、卓有成就的大学四年，或者是硕士、博士加起来9到10年的愉快时光。

对于海大毕业生，作为已经毕业的老校友，希望大家可以在未来的事业和生活中永远记得海大的培养和支持，永远记得海洋事业的发展。祝福大家可以有一个美好的未来！

——张鑫

（撰稿：2022级海洋技术硕士研究生　孙汇来；2021级智能科学与技术　李诗钰）

学弟学妹 眼中的他 ————————

　　有能力、有勇气，不断探索、遵从内心。他对自我的超越和对未来的坚定也在鼓舞着我们。

逐梦之旅，期货人生

——访 2005 级校友周子渊

　　周子渊，男，1986年生，北京人，2005—2008年就读于中国海洋大学国际经济与贸易专业。毕业后历任LG Chem中国投资有限公司销售经理、神华期货武汉分公司总经理助理、山东铁电贸易公司副总经理等。期间与他人合伙创立北京凯聪投资公司（中国第一批获得私募牌照的企业），公司管理资金规模最高达30亿元人民币。率领铁电贸易对冲团队，创造连续5年盈利纪录，位居山东省黑色金属行业第一。

　　夏末秋初的济南，云越来越高，日落也往西南走，依稀看到了秋天的影子，只有在中午30多摄氏度的高温和隆重的绿意中才能捕捉到几分夏日的韵味。我们见到了周子渊，此时的他，前不久才告别了漫长的冬季，从新西兰飞回中国。岁月不居，时节如流，在这个流逝的夏日里，伴随着蝉鸣声，周子渊将他与海大的春夏秋冬娓娓道来。

▌朋友与梦想

　　在大学，天南海北的人们相遇，色彩斑斓的梦想共生。

　　周子渊一开始并没有考虑过自己会在本科毕业后马上工作，大一、大二时的他为自己规划了一条清晰的道路，那就是出国深造。在刚踏入中国海洋大学时，他便着手规划转专业一事，彼时刚加入WTO的中国已踏入全球贸易的大门，全球贸易额首次突破10万亿美元大关，国际经济与贸易专业便成为周子渊的理想专业。他在选课伊始便暗暗给自己定下了目标：三年内修完转专业所要求的所有课程，考出托福和GMAT，然后出国留学。

然而梦想并非轻松便能实现的，即便海大的转专业政策很灵活、自由且人性化，但这个目标完成起来也不是那么容易。

"当时都有撞课的现象，因为修得太多了，有一年最多的时候修了42个学分。42学分意味着什么？意味着你有两节课的时间是重叠的，那边没下课，这边的课已经开始上了。"大学的前两年，他几乎每天都在奔波于不同的课堂之间，准备完期中考试后便要马不停蹄地备战期末考。就这样，周子渊最终如愿提前毕业，幸运的他也赶上了LG公司在中国招聘的末班车。"因为我是2005年入学，2008年就毕业了，找工作时误打误撞地避开了2008年的金融危机。"虽然他从未后悔过当时提前一年修读完了所有课程，但当谈及是否建议大学生提前毕业时，他却给出了否定的答案。如今的周子渊反而认为，大学时光是人生中浓墨重彩的一笔，"欲速则不达"，提前毕业可能会缺失很多珍贵的经历和体验。"你早上一年班和晚上一年班，又有什么差别？"

对于自己"短暂"的大学时光，周子渊记忆犹新。那时的他也会忙里偷闲，在上课之外享受属于自己的时间。那段被封藏在记忆深处的时光里，有海大校园油画般的景色，青青绿树遮天蔽日，一幢幢精美俨然的老建筑掩映在树丛间，显得神秘而幽静。母校就仿佛一幅青山绿水的立体画卷，又仿佛一座隐秘而独立的小城，与外面嘈杂喧嚣的街道，被一堵高墙隔成了两个世界。亦有和同窗好友相处的时光，偶尔约三五个朋友，一起漫步在岛城的老街小巷上，用相机定格每一个美好的瞬间……

也有和陌生人产生奇妙连接的时刻，发现了更多生活的可能性。

周子渊在大二备考托福和GMAT时就认识了一个性格专注且坚定的女生。她与他同一年毕业，但也算是他的学姐，在她讲述的故事里，周子渊看到了更加广阔的世界和更多的可能性，他把她当成自己隐秘的参考系："她不仅是朋友，也是我的奋斗目标和'竞争对手'。""听说她成功申请去了美国留学，彻底消失在了我的生命轨迹中。"周子渊一番思索后，在尘封的电子相册里翻出了他们曾在母校的合照，照片里的他们意气风发，眼神中充满着对未来的向往和坚定。学生时代的友谊，最简单也最浓烈，但随着各自成长路径的分叉，好像终将走向不同的路口。如今，一同要追忆的，不仅是远去的情谊，还有不复返的青春。

▍勇气和奋斗

成长的开始，也许是放弃一条确定的道路。

2008年，周子渊放弃了去留学的决定，这一年，出国留学依旧是年轻人未来规划里最时髦的选择之一。"我在大三下学期就已经修完全部课程了,那个时候天天没事干,常常读一些闲书。"彼时新东方风头正盛,周子渊看了很多徐小平(新东方联合创始人)的传记,"看完之后,忽然开始觉得自己是一个特别盲目、人云亦云的人",出国的意义和价值在这一年的春天被重新思考。

拒绝了国外大学的offer,这时的周子渊决定重新掌舵自我,他开始投递求职简历。在众多名企抛来的橄榄枝里,他选择去LG Chem(世界上最大的化学公司之一)从事化学品销售。人需要在社会活动中、在处理人际关系和事务的过程中进行省察和思考,继而发展自己的认知。换言之,一个人如果不置身其中,就不会有一个独立的视角。在LG Chem工作期间,周子渊不断地廓清自己、认识自我,探索并再次确认自己喜欢什么、排斥什么,重视什么、不重视什么。善于观察的他发现LG的售价与原油价格走势相关性很高,从而了解到"现货对冲、大宗商品、期货"等概念,逐渐对期货与大宗商品的关系产生了兴趣。

一个大胆而坚定的念头不断涌现在他脑海中,最终,在进入职场一年多以后,周子渊选择了辞职,开始全身心投入对期货的研究。在他看来,期货是最迷人也是风险最大的金融产品之一,为了更好地理解它,周子渊将漫长的时间交付于探索和冒险:在接触期货的前几年里,他基本保持着每天14个小时以上的工作状态。为了培养盘感,他把1991年以来几千家中国上市公司的图表材料看了两遍,国内外近几十年的商品期货图表看了不知道多少遍。在那段时间里,周子渊阅读的期货交易类书籍摞起来有一米多高。之后,他又借助各种机会认识了有色金属、黑色金属和煤化工产业的朋友,储备了丰富的基本面相关知识……

成长正是在这样不疾不徐的节奏中发生的。做好手头能做的每一件事,过好重新开始的每一天,拥有动力,找到伙伴,不断思考。最后,周子渊实现了世俗意义上的成功和自我的追求。引领他到达成功的不仅仅是天资和机遇,还有日复一日地沉淀和付出。

▍困难和正确

我顺势向周子渊提出了内心深埋许久的疑问:大学生面对剧烈变化的就业市场其实是非常迷茫的,大学生随着年龄的增长,知识在不断积累,眼界也在慢慢开阔,但社会留给大学生的空间却是逐渐紧缩的。怎样在"内卷"和"躺平"之间找到适合自己的生活方式?

"多做困难而正确的事。"周子渊并不赞同逃避和拖延能够解决问题,真实的生活里没有捷径,也没有那么多灵光一现的瞬间。这些层出不穷的困难,需要决心去克服。他还建议经济学院的学弟学妹们在大学期间多接触社会、融入社会,尽管很多选择都是未知的，没有人可以预料会发生什么，但是选择踏出第一步，才能看到更多元化的可能性。

提起现在的"考公热"，周子渊有一些不同的看法。体制内的工作优点固然明显：相对稳定的工作环境、充满确定性的职业未来、足以保障生活的收入……但与此同时，一份工作，无论优劣，都难以成为生活的终点，"考公并非一劳永逸的选择"。他认为无论选择进入哪个行业，兴趣是最关键的，并且面对低谷也要有一直向上的决心，社会还是会留给我们无限可能。

这不禁让人想起梭罗在《瓦尔登湖》结尾处写下的话——从一个圆心出发可以画多少条直线，就存在多少种人生，如果一个人跟不上他的同伴，也许是因为他听到不同的鼓声。让他踏着他所听到的音乐拍子走吧，不管节奏如何，或是有多远。困惑和机遇依然存在，不必焦虑，迈出第一步，人终将会找到属于自己人生的新舞台。

访谈 后记

在访谈过程中，眼前的这位校友无比坚定。这个世界上或许还有很多像周子渊这样的人，他们正做着自己喜欢的事，过着不迷茫、不惧怕的生活，在不经意的回望中，发现自己已经比想象中走得更远、更扎实。

当提及未来时，他目光灼灼，满是从容和期待。而坐在他面前的我们正身处象牙塔和社会熔炉的十字路口，不知道该何去何从。他眼中的光芒照亮了我们，让前方茫茫雾气散去几分，逐渐显露出未来的模样。

远方的信号灯在忽闪中交错，隐匿在云朵后的月亮映衬出城市的霓虹，清爽的晚风正在吹散白日残留的闷热和喧嚣，这是济南夜晚朴素又琐碎的景象，在采访结束的这一刻，令人难忘。

校友 寄语

海大百年，如同一条河流，静静流淌，见证了无数学子的成长与蜕变。我深感荣幸能成为这条河流中的一滴水，与海大共同经历风风雨雨。在这特殊的日子里，我想对母校说：感谢你给予的知识与友情，愿你的未来如同春日苗圃，把未来的栋梁散播在世界各地。

——周子渊

（撰稿人：2022级金融　王歌）

学弟学妹 眼中的他 ——————————

　　脱贫攻坚的路上，有他鞠躬尽瘁的身影；乡村振兴的途中，有他砥砺前行的脚步。他从繁华走向贫穷，又带领贫穷走向繁华。白炽灯下的身影不语艰辛，广袤的杨树林厚植着沧桑。他是果敢的"领头雁"，亦是勇敢的"拓荒牛"，更是坚忍的"千里马"，以不变的初心与使命抒写一名党员干部一心为民的公仆情怀。

"身入"海大，"心至"基层
——访 2005 级校友姜勇

　　姜勇，男，1972年生，山东青岛人，2005—2008年硕士就读于中国海洋大学行政管理专业。现任青岛市委组织部副局级领导干部。2019年从青岛市委组织部公开遴选到平度田庄镇张东村任党支部书记。任职期间深入平度贫困乡村，招商引资帮贫扶困，事迹被新华社、央视网、《光明日报》、中国新闻网、大众日报、大众网等媒体报道。自工作以来，先后参与青岛市干部队伍建设和制度改革、干部监督管理及巡察工作；参与重大活动组织，评为全省先进个人，被省委、省政府记一等功。

　　五四广场上，"五月的风"与7月的海风交相辉映，海上波光粼粼，点点帆船航行于上。姜勇在办公室中，时而沉思，时而侃侃而谈。伴随着他浑厚的嗓音，我们一同穿梭回属于他的海大记忆中……

▌十年磨一剑，霜刃未曾试

　　20世纪90年代，考研还没有那么热，多数本科生选择直接就业，服务社会。1995年姜勇本科毕业后，怀揣着理想与抱负，来到青岛市市北区基层单位，"基层工作对于知识转化是最直接的"，他说道，"后来随着工作调动，我到了市级机关，工作对我的要求也变高了，我对自己的要求也变得更高"。十年工作经历虽开阔了他的视野，增长了他的见识，但面对国家发展建设过程中的新形势、新任务和新挑战，面对人民对美好生活的新需求和新向往，他决定："去读研，去读书！"

2005年，姜勇成功考入中国海洋大学公共管理学院，拜入郑敬高教授门下，攻读行政管理专业硕士研究生。翻开姜勇硕士毕业论文的第一页，映入眼帘的便是——"谨以此论文献给我亲爱的导师！""硕士三年，非常有幸能成为郑老师的学生。"郑敬高教授是中国海洋大学政治学与行政学系创始人之一，曾任政治学系主任、中国海洋大学MPA教育中心副主任。

"郑老师的课堂信息量很大，我们又抬头、又低头，抬头为了与老师有眼神上的互动，低头是为了速记下每一个知识点。"通过姜勇的叙述，我们仿佛置身于郑老师深入浅出、旁征博引的精彩课堂之中。除了专业知识丰富，郑老师的谆谆教诲还对姜勇未来的生活工作产生了深远的影响。"要具备批判精神，从建设者的角度提出批评和建议，但郑老师强调的这种批判是'建设性的批判'，而不是走向极端，"姜勇继续说，"郑老师治学严谨、认真负责，在这三年中他的学识和高尚的人格使我深受影响，让我在做人和求学两方面受益匪浅，不仅指导我做好学问，也指导我走好人生路。"

2006年，正值海大崂山校区搬迁，同年，法学院与公共管理学院合并为法政学院。姜勇也从浮山校区搬到崂山校区继续求学，从公共管理学院的一员到成为法政学院的学子，姜勇在美丽的崂山脚下完成了硕士毕业论文答辩，顺利毕业。校区的搬迁对于姜勇来说也有不舍，不舍浮山那依山傍海的美景，不舍在浮山留下的生活印记，但他更多的是对母校不断发展的祝福。"这些年学校在蓬勃发展，有了很大的变化，还新建了西海岸校区，不断地为青岛当地培养和输送大量政治、经济、海洋、科技人才。"母校的栽培、恩师的教诲是他这三年最宝贵的财富，这些财富汇聚在一起融成了独属于姜勇的海大记忆。

行是知之始，知是行之成

"两位同学，你们怎么理解学校'海纳百川，取则行远'的校训？"姜勇的声音将我们从他的海之子回忆中拉了回来。结合自身的感受我们谈了对校训的理解。"你们理解得很到位，我们既要如同江河湖泊一般融入大海，也要像大海一样联通世界，见远，行更远。"

2019年9月，在脱贫攻坚战取得全面胜利的关键节点上，姜勇报名参加了青岛市村党组织书记的公开遴选，成为青岛市平度田庄镇张东村的党支部书记。"刚来的时候，张东村的情况远超出我的想象。因为这个村是一个传统的农业村庄，村里面大部分都是老人，还有一些困难群众，村庄处于一种相对落后的状态。"再加上由于张东村地势北高南低，村中心的两处废水塘堆满生活垃圾和建筑垃圾，夏天臭气熏天，遇到下暴雨，污水横流，甚至会倒灌到村民的家里。"昔年东南湾，垃圾堆成山，杂草叶丛生，臭气熏满天"这一顺口溜便描述了令村民不堪其扰的生活环境。除此之外，张东村村委会的办公环境和办公条件也很陈旧，村委会冷冷清清，村民积极性也不高，不仅缺乏自我致富能力，也缺乏村党组织应有的号召力和凝聚力。"老弱群众的关怀帮扶，村庄内部矛盾的化解，以及村民渴望着过上幸福生活的期盼，都是我的使命和任务，必须积极带领他们一起解决这些问题。"面对这样一个集体组织力薄弱的问题村、贫困村，如何在村庄已有条件的基础上，依托国家的兜底保障，发挥集体的帮扶力量，调动村民的主观能动性，带动张东村村民走向致富路，成为姜勇来到该村的首要任务。

入驻张东村所面临的第一个重大挑战，便是新冠疫情。"当时的防疫工作刚刚起步，老百姓的防疫能力低下，防疫物资也非常稀缺。"面对迎面而来的不可抗力，姜勇首先作出的判断就是迅速响应上级命令，第一时间把党员和群众组织起来。在村领导班子的号召带领下，张东村的党员和群众，哪怕是80岁的老党员都投身到了村集体的工作当中，凝聚起战"疫"的强大合力。这一股拧成绳、汇成海的内聚力、向心力，也为村党组织、村民集体日后的建设工作打下了扎实基础。

在疫情过后，姜勇带领班子迅速调整全村工作重心，组织群众转入日常的生产、生活中去。面对村庄道路、沟渠年久失修造成的泥泞不堪和堵塞不畅，面对村庄旧房、危房的泥墙泥瓦和安全隐患，面对村内、村口空地的污泥浊水和遍地垃圾等恶劣、落后的村庄环境和村内布局，他带领村两委邀请专业人员给张东村作了详细的规划和设计。平三湾、修六路，抓绿化、广植树，建公园、装路灯，全面改善了村民居住环境，整个张东村的村容村貌焕然一新。在村民医疗保障方面，为年老村民身体健康着想，姜勇带动村两委班子组织为65岁以上老人按时进行身体检查，为80岁以上的老人定期入户检查。在村民生计的兜底上，总投资6000余万元的特色农业园项目落地张东村，占地364亩的54座樱桃西红柿半自动大棚加紧建设，村民们不用外出打工也能获得可观的收入，张东村也终于有了属于自己的产业。

一个支部就是一座堡垒，一名党员就是一面旗帜。作为基层党支部书记，姜勇发挥了先锋模范作用、表率带头作用，通过自身努力工作赢得了群众的信任和支持。而作为一名海大行管人，他身体力行，躬耕在祖国大地上，行稳致远，不断寻求公共事务治理之道。

三年田庄行，一生田庄情。2022年12月29日上午，田庄镇举行青岛市公选书记欢送会。欢送会上，姜勇与村民们一起观看了《情系张东》视频，视频里记录了他三年来工作的点点滴滴，在观看视频时，张东村村民们眼中噙满泪水，满是对姜勇的感谢和深深的不舍。"如今的东南湾，空气新鲜，白天在乘凉，晚上舞翩翩。"现在的张东村成了"金不换"。三年多的艰苦奋斗，见证着张东村由"空"变"实"的发展历程。"这三年对于我来说不是'体验'，而是'经历'。"姜勇望着窗外的五四广场和那片大海说道。

访谈 后记

与姜勇校友作别后，我们还沉浸在他的基层故事中。整个访谈过程也非常令人放松，在谈到母校多彩生活时，能感受到他对母校生活、对老师的怀念。在谈及张东村齐心协力攻坚克难、脱贫致富时，姜勇坚定的表情和充满力量的话语，让我们感受到他对于张东村村民日子越过越红火的激动。十分荣幸也由衷地欣喜能借此机会结识这位优秀的基层干部，希望能在组织的领导下，他可以继续书写海大学子的基层故事！

校友 寄语

充满活力的年轻人应该扛起全面建设社会主义现代化国家的使命和责任，既要胸怀天下，又要脚踏实地。不是为一场比赛的胜利短暂欢呼，而是更长久地努力奋斗，增强我国软实力、硬实力。这是艰巨而光荣的任务！

（撰稿：2022级土地资源管理　陈晓；2022级行政管理　李若菌）

学弟学妹 眼中的她 ——————

　　从山东来到福建，她以坚定的决心和实干精神，深刻践行为人民服务的使命。她扎根基层，充分发挥专业优势，为人民群众谋幸福。她实事求是，勇往直前，用实际行动诠释着为实现利民之事的执着和热忱。"海纳百川，取则行远"，她以海大学子的抱负与担当，承担着海洋经济振兴和青年发展的责任，以真才实干书写壮丽篇章。

脚踏实地织出群众"幸福花"

——访 2006 级校友孙甜甜

　　孙甜甜，女，1987年生，山东莱阳人，2006—2010年本科就读于中国海洋大学食品科学与工程专业，2010—2013年硕士就读于中国海洋大学水产品加工及贮藏工程专业。2013年硕士研究生毕业后通过福建"引进生"计划来到福建省泉州市石狮市工作，现任石狮团市委书记。

▌学在海大，取则行远

　　回忆起大学生活，孙甜甜充满感慨。那时候的她深信，大学是塑造个人"三观"的关键时期。在这个珍贵的阶段，她深深地认识到学习和生活是她成长的双翼，唯有全情投入，才能收获最丰盈的果实。对于她而言，学习不仅仅是简单地获取知识，更是对思想的解锁和对未知领域的探索过程。每当她坐在教室里，目不转睛地聆听着老师的讲述，全神贯注地沉浸其中时，她能感受到自己的思维不断融合，这种满足感在她心底深深地扎根。同时，她认为生活也必须用心对待。她不仅关注课堂上的学习，还积极参加校园的各种活动。她始终全情投入生活的每一个细节，体验其中的喜悦和挑战。她认为，生活的真谛不是为了完成某项任务或者达到某个目标，而是要充分感受过程。因此，在这个重要的时期，她用心学习和生活，坚信只有全情投入，才能真正领悟到学而不止的精神，并开启通向更加辉煌的未来的道路。此外，孙甜甜也意识到，良好的社会实践和充实的大学生活能提升一个人的整体素质，于是她积极参与学校青年志愿者协会的各类活动，在服务社会、服务他人的过程中找寻人生坐标、提升能力本领。对于她而言，这些看似琐碎的事情并不是负担，而是她认真生活的一部分。这些有意义的事都成为她大学时光中的珍贵记忆，丰富了她的生活经历。

求学期间，孙甜甜因学生工作，与老师、同学接触较多，因而身边的人都对她产生了很大的影响。她感慨道："'学在海大'不是说说而已。"清晨五六点，阳光透过稀疏的树叶间隙洒在树林中，透明的光点亮了整个视野，树林中的万物生机勃勃、活力四射，空气新鲜而清爽。这个时候，已有不少海大学子在树荫下背英语、练口语、复习功课。美丽的海大园中，微风吹拂着树梢，轻轻摇曳的树叶发出沙沙的声音，仿佛在轻声呢喃。在晨光下，树木的轮廓清晰可见，无数枝条交错纵横，宛如一座绿色的迷宫，树干上挂满了晶莹剔透的露珠，闪烁着朝霞的余晖。而比景色更美丽的，是海大学子们在这里勤耕不辍的身影。在考试季，每天7点，图书馆门口早已排好了前来"抢"座自习的长队。除此之外，孙甜甜的恩师薛长湖老师，以及同班一位拥有巨大决心与毅力跨专业、跨学校考研的同学，都给她留下了深刻的印象。这些恩师益友，伴她数年同行。

回忆到这里，孙甜甜补充道："要想将一件事情做到精彩，必然需要学会取舍。"在她求学的岁月里，常有学妹学弟们询问如何平衡学业和实践，她回答道："无论如何，平衡是一种理想状态，而取舍却是必然之举。只需将心力聚焦于重要之事，全情奉献其中，然后斗志昂扬地花费更多的时间和精力去弥补那些不够完美的事情。"因此，她付出数倍努力，以专注的学习和用心的实践，实现学业与实践共发展。

当面临人生的十字路口时，孙甜甜认为，在做选择之前，应先使自己有选择的资格。在她看来，这种选择的资格不是凭空而来的，而是需要通过经验的积累、知识的学习和对自身的认知来逐步获得。她孜孜不倦地学习着各种知识，积极参与社会实践和各类活动，不断锤炼自己的技能、开阔自己的视野，使自己在面临选择时拥有更为充分的抉择权。她坚信，只有努力学习、不断成长，才能在关键时刻作出明智的选择，才能驾驭自己的人生航向，让自己能在选择面前更加从容。纵然有更出色的人争相涌现，她也从不与他人攀比，只为做到自己心中的最好。

攻读硕士研究生期间，孙甜甜还担任了研究生德育辅导员，这一经历让她受益匪浅。任职期间，她承担着开展思想政治教育活动、统计信息、收集建议等任务。她深信这段经历为她带来了两方面的好处。首先，通过这一经历，她锻炼了自己的能力，提升了自身素质，而且，她在服务同学的过程中感受到了人生的意义与价值。此外，这段经历也培养了她在行政工作方面的能力，为她将来"为人民服务"的职业生涯打下了坚实基础。

┃ 利民之事，必作于细

2012年，福建省成为全国第四个蓝色经济试验区，大力发展海洋经济。这也恰好是启动"引进生"计划的第一年。福建省聚焦海洋经济，从全国知名高校选拔优秀毕业生到该省工作。2013年，"引进生"招考范围扩大到全国五所高校：清华大学、北京大学、中国人民大学、中国海洋大学和同济大学。2012年11月，福建省委组织部到中国海洋大学招考海洋类专业的硕士和博士，而孙甜甜所学的专业和其他条件恰好符合招考要求。初报考时，孙甜甜抱着"试试看"的心理报名参加了"引进生"招考。凭借努力，她成功通过了笔试和面试。在面试期间，福建省委组织部的郭处长和陈干事一直在为面试考生解答关于"引进生"的政策和福建省海洋经济发展规划。福建省海峡蓝色经济区规划中提到的大力发展海洋经济需要大量海洋类专业人才，这方面我们中国海洋大学有着极强的专业优势。经过体检、政审等一系列严格的程序，孙甜甜顺利成为一名福建省"引进生"，任职泉州市石狮市祥芝镇科技副镇长。

基层既是大熔炉、大考场，也是青年施展才华、实现抱负的广阔天地。初到祥芝镇工作时，由于缺乏基层工作经验，不会闽南方言而存在沟通障碍，孙甜甜难以有效地和群众进行交流。但她深知要想学到真本领、练出真功夫，"最重要的是俯下身子做实事"，只有深入基层实地调研，才能真正地融入当地，摆脱学生气。"只坐办公室是不可能做好乡镇工作的"，她积极主动地向镇领导学习并请教，请同事带她熟悉各个科室的人员和工作情况，任职第二天，就参与了当地节庆活动的准备工作和教育科技相关工作。半个月后，她分管祥芝镇科教文卫事务，协管教育和民政，并挂钩一个行政村。此后几年，孙甜甜渐渐听懂了闽南话，先后承担了科教文卫、农业农村、乡村振兴、环卫、重点项目、精神文明等工作，并且挂钩过三个重点村。她在切实踏实、勤勉努力的工作中，收获了实实在在的成果，并凭借自己的专业背景、扎实的写作功底以及实干精神，用实际行动证明了自己的能力。

┃ 下绣花功夫，办民生实事

为了按时、保质地完成农村集体产权制度改革工作，孙甜甜曾经连续两个月，每天都深入各个村，帮助村里制订方案，把关所有流程。她积极探索乡村振兴战略在基层实施的工作方法，并制定了多份具有可操作性和创新亮点的文件，指导挂钩乡村从涣散薄弱村发展成为省级旅游乡村。此外，在蓝色经济发展方面，她结合海洋产业发展策略，规划当地旅游业发展，编制旅游手册，打造文化节庆品牌，推进祥芝渔港风情小镇的建设，设立祥芝投资开发建设有限公司，并争取了高达1.5亿的上级配套资金和5000多万的村级建设资金，极大推动了当地经济发展和公共基础建设。

孙甜甜十分重视青年的发展。她转任团市委书记后，打造了多个当地青年品牌项目，如全国扫黄打非进基层示范点、泉州新时代文明实践试点、石狮渔民文化节、垃圾不落海示范点、"青近邻里"示范点、石狮市青年商会品牌、青年志愿者品牌。同时，孙甜甜充分借助母校中国海洋大学的专业优势和资源，帮助当地水产品企业获得相应的技术支持。她邀请中国海洋大学食品科学与工程学院的社会实践团队到当地进行暑期"三下乡"社会实践，并特别邀请中国工程院院士薛长湖到石狮调研、指导当地海洋产业发展。任职数年间，孙甜甜注重当地海洋经济的发展，在泉州市委、市政府的大力支持下，促成中国海洋大学、福建省泉州市、石狮市共建泉州海洋生物产业研究院并落地石狮市，总投资达5000万元，极大促进了泉州石狮的海洋经济发展。

现如今，她深刻理解了"为人民服务"不只是口号的空谈，实现这一点不仅仅需要有魄力下决策，更需要有担当并毫不懈怠地将决策付诸实施。

访谈后记

初见学姐，她的热情洋溢、坦率豁达深深吸引了我们。面对面访谈时，果敢、坚定的她更是给我们留下了深刻印象。毕业后，她毫不犹豫地只身前往陌生的乡村，深入基层，以真才实学做实事，并致力于青年人才的发展工作，大力发展当地海洋经济。在她这里，"为人民服务"并不是轻飘飘的一句话，而是实事求是地办好每一件事，为群众织出"幸福花"。

校友寄语

中国海洋大学即将迎来百年华诞。百年树人，百年辉煌，祝福海大再启新征程，再谱新华章。

——孙甜甜

（撰稿：2021级食品科学与工程 黄雪；2021级海洋资源开发技术 谢宇倩；2021级食品科学与工程 熊媛媛）

学弟学妹 眼中的他 ——————————

　　鲲鹏展翅，谋海济国，成就卓越，事必躬亲。刘岩学识渊博、思维敏捷，不仅是一位优秀的学术导师，更是一位具有人格魅力的人生导师。身为青年科研工作者的学术引路人和国家海洋科学事业的践行者，其实干精神与求索精神，激励着海大学子在求知的道路上勇往直前！

孜孜不辍，慎思笃行

——访 2007 级校友刘岩

　　刘岩，男，1972 年生，辽宁大连人，2007—2012 年博士就读于中国海洋大学海洋化学专业。教授、二级研究员、硕士生导师，青岛市创新创业领军人才，青岛市现代海洋英才，中国海洋大学兼职教授，主要研究方向为海洋生态监测技术。

　　刘岩于 1997 年毕业后进入山东省科学院海洋仪器仪表研究所工作，多年来一直从事海洋生态环境监测技术研究、海洋生态监测传感器及仪器的研制，曾获山东省先进工作者、青岛市创新创业领军人才、青岛市现代海洋英才等荣誉称号。他先后主持国家重点研发计划 1 项、国家"863"计划 4 项、国际合作与海洋公益专项及省市课题 10 余项，授权发明专利 30 余项，发表学术论文 30 余篇，获山东省科技进步二等奖 1 项，青岛市科技进步一等奖 1 项，海洋科学技术二等奖 1 项，海洋工程科学技术二等奖 1 项。刘岩现为中国海洋湖沼学会海湖信息技术专业委员会委员，中国海洋湖沼学会海洋观测分会理事。

　　当看到西方发达国家高度重视发展海洋经济、我国的海洋开发处于起步状态时，刘岩就下定决心研究海洋，以推动我国的海洋事业发展为己任。他在山东省科学院海洋仪器仪表研究所工作，对海洋生态环境监测技术进行了多年的深度研究。几十年如一日，他坚守着初心，以身载道，毅然投身于海洋科学的浩渺海洋。不畏困难，不怕艰险，持之以恒地用智慧和汗水书写着科研的新篇章。

▌躬耕深蓝，情系海大

1972年7月，刘岩出生于辽宁阜新，一个与煤炭相伴的小城。1997年，他进入山东省科学院海洋仪器仪表研究所，选择海洋生态监测技术作为自己的研究方向，从此踏上了海洋研究的征程。多年来，他始终专注于海洋生态环境监测技术的研究，致力于海洋生态监测传感器及仪器的研制。然而，随着自己对海洋的进一步了解，工作上对海洋科学知识的需要让他倍感自己的积累有限，因此坚定了更上一层楼的求学之心。

2007年，刘岩踏入了中国海洋大学，进入海洋化学专业学习。在校期间，他始终牢记"海纳百川，取则行远"的校训，求知若渴、虚心若愚，怀揣问题而来，在学习中寻找答案。这段求学经历，让他不仅能够弥补学术上的短板，还能在研究中得到提升，对其整个科研生涯产生了至关重要的积极影响。在汇聚着海洋智慧的校园里，他不断汲取着知识的营养，为自己后来的成就奠定了坚实的基础。

▌求知若渴，一心为海

漫漫科研长路，需要踏实地付出、渊博的学识和开阔的眼界。在研究生学习阶段，刘岩养成了自主学习能力，磨炼了坚忍不拔的意志，这使他在其后数十年的工作和生活中都受益匪浅。在夜以继日的学习、研究过程中，刘岩愈发感受到海洋科学知识无穷无尽的魅力。海洋科学研究像磁铁一样深深地吸引着刘岩，让他在探索的道路上始终坚定信念、不忘初心。

谈及恩师王江涛教授，刘岩仍对他的教诲充满感激。刘岩说，在学术研究上，王老师研究深入，有着独到的见解和思路；在学生培养方面，他更是将个人特点与指导相结合，为每位学生量身定制培养方案，这种精心呵护使得学生备感温暖。在科研团队良好的氛围里，刘岩获得了更多启发。导师、同学们不仅在学术领域提供了专业的指导，在生活上也提供了无微不至的帮助，他深刻感受到了团队合作的力量，这种互帮互助的氛围深刻地影响了他的整个学习过程。学海无涯，对于海洋知识的渴求，刘岩从未满足，在他眼里，做科研就得要不断地提出问题——只有提出问题才能形成自己的研究，惊人的发现永远潜藏在细微的问题中。

有效利用课余时间是他收获成功的一大秘诀。海大图书馆丰富的资源深深地吸引着他，课余时间他总去查阅文献，这也为他的学术之旅添加了不少的亮色。此外他还经常与老师、同学交流探讨，互相分享科研经验。他强调，海洋科学的一线经验是至关重要的，对未来的发展产生着深远影响。如今即使脱离了课堂，他依然保持着对知识的渴求，频繁出席各类学术会议、讲座。海大老师的温和、耐心与真诚的态度为他树立了良好的榜样，使他在未来的职业道路上立志也成为一名有着高尚师德的导师。

回归工作岗位后，他更加积极地投身于学术组织和社会服务，担任科技部海洋技术领域"十三五"海洋监测装备技术预测专家组成员，为我国海洋技术的发展献计献策。他还担任中国海洋湖沼学会海湖信息技术专业委员会委员，为海洋学术交流搭建了桥梁。同时，他还是中国海洋湖沼学会海洋观测分会理事，为海洋观测技术的发展贡献了自己的智慧。另外，他也不忘回馈母校，积极参与科研合作项目。他坚信知识的力量，因此时刻以问题为导向，努力开阔自己的学术视野。他不仅为自己的学术追求勇往直前，还勉励后辈们要抓住机遇，深入挖掘学习中的宝藏，为个人的成长与发展奠定坚实的基础。

刘岩的经历向海大学子展示了一个积极向上、充满创造力的学子形象。他在海大这片沃土上不断耕耘、不断成长，也为其他学子树立了榜样。他的故事激励着海大学子在求学之路和人生道路上不断努力奋斗，勇往直前，实现自己的梦想。

▌继往开来，诲人不倦

在学生面前，刘岩是严谨、求真的老师，在讲台上散发着属于自己的光与热。

2012年，刘岩回归工作岗位，始终恪守"从严治学，力戒浮躁"的治学原则，春风化雨，深刻地影响着学生的科研之路。在教学上，刘岩秉持着"授人以鱼不如授人以渔"的原则，教会学生如何触类旁通，打通科研之路的"任督二脉"，成为真正具有创新思维与能力的人才。刘岩十分重视青年人才培养，始终致力于组建一个专注于海洋生态环境监测技术以及在线装备研制的优秀人才队伍。他叮嘱年轻人要有乐于求知的精神，时刻去"怀疑"，多去思考而不盲从；他勉励后辈要有持之以恒的毅力，不可心浮气躁、急功近利。他向年轻人传授了成为行业领军人物经验：首先，高尚的职业操守和人生格局是科研工作者的基本素质；其次，强大的技术实力和丰富的科研经验是在行业中脱颖而出的基石；最后，卓越的组织能力也是必不可少的。

刘岩既关心学生的学术成就，也同样关注着学生的个人发展。他常叮嘱初入职场的学生注意个人素养与行为举止，建议年轻人实事求是、脚踏实地地解决问题与挑战。"工作岗位不同于学校，但学习并不会停止，学习是终身的，知识需要不断地更新和拓展，"刘岩认真地说道，"不要将成功看得过于遥远，要抓住眼前的机会，以脚踏实地的态度前行。"如今，他的学生都已成长为海洋科学的学术带头人，成为播撒新的种子的中坚力量。

忆往昔，开创引领，硕果累累，人才辈出；看今朝，不负韶华，只争朝夕，砥砺前行；望未来，扬帆破浪，任重道远，继往开来。致虚极，守静笃。时代的发展日新月异，科学的浪潮不断翻涌，刘岩几十年如一日，始终保持着一颗不变的初心，在海洋生态环境监测技术以及在线装备研制领域耕海踏浪，谱写华章！刘岩的人生之旅宛如一场与大海的对话，在波涛汹涌的科研道路上，他始终坚守初心，砥砺前行，用自己的行动诠释了勇敢追梦的精神，用智慧和汗水创造了卓越的成就。他是海洋科研工作者的典范，他的经历与成就也是对坚持与追求的最好诠释。

访谈 后记

在对刘岩教授的访谈中，我深切感受到了他作为一位优秀科学家和导师的卓越品质和人格魅力。刘岩教授的谦和与亲切让我感受到了他平易近人的一面，与此同时，他严谨治学的态度也在访谈中得到充分展现。

对刘岩教授的访谈让我受益匪浅。他的智慧，他的学术造诣，他的人格魅力，都令人深感敬佩。他不仅在科研领域取得了卓越成就，更培养了众多优秀人才。我相信，刘岩教授的故事将激励更多的年轻学者和科研者为海洋科学事业的发展作出更大的贡献。

校友 寄语

正值中国海洋大学100周年之际，祝中国海大薪火相传，再创辉煌！

——刘岩

（撰稿：2022级化学类 鲁振宗；2021级分析化学 奚嘉鸿）

学弟学妹 眼中的他 ————————

　　有匪君子，如切如磋，如琢如磨。胸怀赤子之心，脚踏坚实之基，书海泛舟，不断提升自我。立足本职岗位，全身心投入，精益求精，努力践行新时代交通人的初心使命。

<h2 style="text-align:center">书海泛舟，精进不止</h2>

——访 2007 级校友孟凡杰

　　孟凡杰，男，1984年生，河北南宫人，2007—2010年硕士就读于中国海洋大学汉语言文字学专业。现任河北省交通运输厅办公室副主任。

　　2011年5月—2014年3月在河北省交通运输厅港航管理局综合办公室工作；2014年3月—2016年2月在河北省纪委驻省交通运输厅纪检组工作；2016年2月—2017年3月在河北省曲阳县齐村乡刘庄村参加精准脱贫驻村帮扶；2017年3月—2022年3月在河北省交通运输厅人事处工作；2022年3月—2024年8月在河北省公路事业发展中心人力资源部（党群工作部）工作。

　　"所当乘者势也，不可失者时也。"当时代的蓝图已然绘就，有志者立于千仞浪尖，逐风挽浪，求实创新。滚滚向前的时代洪流中，有志于求学、勇于奋斗之心，才不会流浪。时间在青年身上碰撞，锤炼故事，琢磨诗行。翻开孟凡杰的人生画卷，是乘风破浪，是迎难而上。

▍入海：跋涉求学之路

　　还在河北师范大学英语系读书的孟凡杰，大二时便萌生了考研的想法。得益于当时兼任中国海大特聘教授的杨栋老师指点，他打算报考海大文学院和外国语学院联合培养的中西语言文字比较方向的硕士研究生。由于第二外语的劣势，他一度认为自己没有机会了，幸运的是，2006年中国海大文学院汉语言文字学硕士点获批，2007年开始招生。看到招生简章时，他感觉天赐良机，没有了二外的"拦路虎"，英语是他的优势，剩下的就是攻克专业课知识。

从未上过一堂中文系课程的他，开始一点一点地啃《现代汉语》《古代汉语》《语言学纲要》。白天还要上课，不能完全静下心来，他便在租的房子里挑灯夜战。他几乎将石家庄能搜集到的教辅资料买了个遍，反复地看书，一遍遍地刷题，把知识点记得滚瓜烂熟。由于不注重劳逸结合与身体锻炼，考试前他突然得了重感冒。第一天政治理论和英语发挥一般，但第二天两门专业课发挥超常。语言学理论138分，汉语基础120分，政治理论和英语都是69分，他以笔试第二的成绩进入面试。面试时，作为一名跨专业考生，他认为自己缺少底气，发挥得并不理想，但最终还是以总成绩第四名被公费录取。"现在想想，能够考到海大，可以说是命运垂青、天道酬勤吧。"他说。

孟凡杰所在的班级共15名学生，唯独他专业基础相对薄弱。"刚开始的时候，听课学习对我来说简直是一种煎熬。陌生的课本、艰深的概念、晦涩的词语，让我无所适从。"于是，他开启了疯狂恶补：读书、看视频、听讲座，尽可能多地接受古今中外人文知识的熏陶。"印象中，我把《百家讲坛》自己感兴趣的内容都看了一遍。当时，我们住在海大背靠浮山的宿舍，顶层有一个露台，我常常在那里看书。沐浴在阳光中阅读，间或看看山、观观海，现在想来都是一种享受。"

▍奔涌：感受文字之美

在中国海大，老师们的悉心教导为孟凡杰打开一扇扇窗口，启迪思维、开阔视野，使他具备了研究意识和一定的专业素养。黄亚平老师的儒雅、严谨，孟华老师的博学、睿智，刘中富老师的勤奋、敬业，都给他留下很深的印象。傅根清老师的广告语言学、罗贻荣老师的对话理论、柴焰老师的传播学，都让他获益匪浅。"印象中，我还用孟华老师教的符号学方法分析了王宝强主演的电视剧《士兵突击》热播的原因。"

他坦言，入学之初，自己对汉语言文字学专业是缺乏了解的。在黄亚平老师的指导下，他逐渐能够徜徉于中西文化文字比较的知识海洋。黄老师引领他看比较文字学方面的书，使他对两河文明、楔形文字有了深入了解。黄老师还时常以学界名师、师兄师姐的范例激励他，耐心地为他点拨思路。"黄老师对我的影响很大。近几年，我都会阶段性地向他汇报学习和工作情况。'成绩单'不好的话，都不好意思了。"

除了课堂学习之外，他和同学们还时常到老师家中去请教。毕业前，孟华老师邀请同学们到崂山脚下的农家小院里做客。大家坐在屋顶上，看满天星光，看四周青山，听溪水潺潺，听孟老师高谈阔论，谈笑风生。"第二天早上，结伴爬树摘樱桃。离得近的地方，都不用下手，直接张开嘴巴，把樱桃吸进去，体会那种带着露水的清凉和甘甜。"有时也会跟老师一起去爬山，在校园散步，在食堂或者去青大一路上找个饭馆吃饭，谈人生、谈学习，听老师指点迷津。"他们真是把我们当作家人来对待，这种学习的氛围和感觉，让我终生难忘。老师们在各自领域都有所建树，这也在提醒我自己，要保持谦虚，力争上游。"

2008年12月至2009年2月，孟凡杰被学院派往日本新潟大学交流，学习语言，感受文化。"修斌院长当时在日本访学，给予我们无微不至的关心和照顾。我们自己买菜、做饭，与多个国家的学生一起学习交流，到政府机关、博物馆、食品厂、垃圾处理厂等地学习，到东京、大阪、京都、奈良等地游历。"历时三个月，日本的软件建设、尊古传统、规则意识、生活风俗、求知欲望给他留下了深刻印象，也在潜移默化中影响了他的人生态度。"大家一起学习、表演、登山、滑雪、乘船、包饺子、吃寿司等场景，时常在脑海中浮现。"

▌弄潮：唱响青春之歌

临近毕业，孟凡杰才准备考公务员。他也曾在老师的鼓励下尝试读博深造，争取在高校任教，"最后放弃，是因为不想勉强自己，滥竽充数"。他说："经过三年的洗礼和熏陶之后，自己迫切想到社会上去经受考验和历练。"在济宁高新区管委会短暂工作两个月后，他回到石家庄重新找工作，四处投简历，也到私企、培训机构应聘过。那段时间里，他的情绪较为低落，颇有高不成、低不就之感。于是，抱着试试看的态度，他报名参加了国考、省考和事业单位招聘考试，最终都进入了面试。"因为省考最早进行面试，工作单位又在石家庄，经过权衡，我最终选择了交通行业。"

在交通行业工作的十几年里，孟凡杰从事过办公室、人事、党务、纪检等工作。最初，只能辅助性地做一些编报信息、组织会议、起草普通文稿工作。编写的"豆腐块"见诸报端，领个几十块钱稿费就很满足。慢慢地，他与同事一起协作，组织重要活动、起草重要文稿、参与专项工作，能力得到极大提升。再到后来，他开始独立承担很多工作。急难险重任务来临时，常常两三天不出楼，吃住在单位。由于长期伏案写作，积劳成疾，很长一段时间他都在跟颈椎病、腰肌劳损、胃病作斗争。功夫不负有心人，勤勉工作为他赢得了褒奖和认可。在机关任职期间，他连续六年年度考核为优秀等次，获得两次三等功。2020年5月，他被人力资源和社会保障部、交通运输部评为"全国交通运输系统先进工作者"。谈及此，孟凡杰表示："荣誉只能代表过去，也在激励、鞭策自己要更加努力。"

2016年2月至2017年3月，孟凡杰参与了精准脱贫驻村帮扶，这段历练对他来说是一笔极其宝贵的财富。深夜对谈思考良策、走访农户了解情况、多方奔走争取支持、走上讲台答疑解惑、漫步山间亲近自然等一幕幕回忆，令他难以忘怀。"我们用心、用情、用力谋划村庄发展、村民增收。不长的时间，基础设施得到改观，公共服务得到加强，村容村貌得到改善，村民收入得到增加，精神状态得到提振。依托我所在单位的支持，我们帮助拓宽升级了一条近3.2公里的致富路。生于农村、长于农家的我，得到了全方位的锻炼和提高，更加体会到'三农'工作的价值和意义。"那一年，他所在的工作队被评为全省精准脱贫先进驻村工作队。

2022年是他最忙碌的一年，经常加班、出差，几乎走遍了全省各地，参与和见证了冬奥服务保障、重点项目建设、物流保通保畅等大事。跟很多优秀的人共事，他的眼界和思路更加开阔，胸襟和格局也有所提升，待人接物更有章法，知识储备日渐厚实，对行业管什么、怎么管有了基本的认知，也明白了自身的优势和努力方向。"特别是在崇礼度过了忙碌而充实的26天，我们单位获评北京冬奥会、冬残奥会突出贡献集体，单位负责人登台领奖时，我们也深感自豪。这也弥补了自己2008年没能当上青岛奥帆赛志愿者的遗憾。"孟凡杰说。

14年来，他坚持学习，忘我工作，经历了刚出校门的懵懂、初入职场的忐忑和多个岗位的锻炼，慢慢走向成熟，也渐渐懂得要有所坚守和担当。当被问到优秀的公职人员需要具备哪些素质时，他回答道："需要不断地学习、恒久的努力。特别是随着职务的调整、职级的晋升，责任更大、担子更重、要求更高。通过我的观察和反思，要想脱颖而出、出类拔萃，必须具备每临大事有静气的沉稳，举重若轻、四两拨千斤的智慧，胸有丘壑、腹有乾坤的从容，一心为公、舍我其谁的担当，多方协调、凝聚智慧的能力。这些都需要长时间的积累和沉淀。"

"回顾自己的成长与进步，这与母校的培养、老师们的关爱是分不开的。作为一个普通人，我对自己目前的工作状态和表现还算满意。但面向未来，确实是还有很长的路要走，还有更高的山峰要攀登。"孟凡杰说。

▌阅海：尽享读书之乐

读研期间，孟凡杰养成了读书的习惯。除了专业书籍之外，买得最多、看得最多的是人文通识类的书，有时还做做笔记，写写感想。"读书带给我很多收获，增长知识，促进思考，锤炼思想，塑造人格，安顿心灵等。回想起来，自己这么多年一直没放下书本，正是当时埋下的种子。"他到老师家中做客时，非常羡慕他们的书柜、书架。毕业后，他买了几千册书。每遇好书，总有据为己有的冲动，虽然束之高阁的也不少。苦于无处存放，目前以看电子书居多。

"关于阅读，不敢说阅书无数，但令人欣慰的是一直有书陪伴，在旅途、在他乡，在清晨、在深夜，在书案、在枕旁。内容以文史、社科为主，体裁多是散文、小说和随笔。能接触古今中外的一些故事，与上百位作家、学者精神沟通，建立某种联系，与有荣焉。"他在一篇随笔中写道。

在机关工作，既要耐心，又要细心，更要有责任心，写材料也是基本功。孟凡杰始终保持着读书学习的习惯，广泛涉猎文史哲知识，每年阅读量稳定在1500万字以上。在某个手机APP上，连续学习接近2000天，累计时长超过7000个小时。他也会刻意地练习写作，认真地起草经手的每一份文稿，时不时地写一写读书心得、工作感悟。他说，这样做既可以提高以文辅政水平，使自己更加胜任本职工作，也可以享受阅读和写作带来的极大乐趣。

▌结语

孟凡杰认为，"海纳百川，取则行远"的校训，是对"海大精神"的浓缩和概括。青岛求学三年，让他从一个门外汉，到渐渐入门，再到学有所成，求得一份工作，安身立命。想念青岛时，他会读老舍、沈从文、林少华等老师的作品，体会他们笔下的青岛；会去看一看当时拍的照片，回忆旧日时光；会去关注岛城的新闻、学校以及学院的动态，会去喝崂山绿茶、青岛啤酒。他的微信名是"海纳百川"，时常拿校训来激励自己，检视省察，不断从中汲取奋进的力量。

访谈 后记

在此次访谈中，孟凡杰学长温文尔雅、谦逊好学的品质给我们留下了深刻的印象。学长分享的经验令我们受益匪浅。他建议我们切忌眼高手低，学会放平心态；能够耐得住性子，打牢基本功；注重细节，全方位锻造自己；志存高远，不盲目攀比等。孟凡杰学长的故事让我们明白，无论何时都不可荒废学习，读书是完善自我、塑造自我最有效的方式。要立志做终身学习者，坚持长期主义，相信时间的力量。

校友 寄语

饮水思源，在我的成长历程中，母校给予了我丰厚滋养，"海纳百川，取则行远"的校训激励和引导着我不断前行。一朝海大人，一生海大情。在母校百年华诞之际，送上我最真挚的祝福。祝母校跨山越海，大展宏图，在建设海洋强国的征程上再攀高峰。我将坚守赤子之心，坚持致广大而尽精微，在本职岗位上不懈努力，回馈母校，奉献社会。

——孟凡杰

（撰稿人：2020级新闻学　李艾莲；2021级新闻学　郭庆宽）

学弟学妹 眼中的他 ————————

　　宽厚，谦逊，敏敏，坚毅。成功就是把喜欢的事做到极致，相信热爱可抵岁月漫长。赤子之心，至诚之道，知行合一，彼岸之桥，他的每一步都走得踏实又灿烂。

浩海漫漫，行舟过万

——访 2007 级校友逄增伦

　　逄增伦，男，1973年生，山东青岛人。2007—2010年硕士就读于中国海洋大学工商管理专业。现任青岛浩海网络科技股份有限公司董事长，青岛市人大代表。

　　他深耕网络科技领域20余年，一步一履，从辞职到创业，由商场返校园，自小微至上市。他创办的浩海科技业务已涉及森林防火、应急管理、智慧园区、智慧医疗、智慧教育、综合管廊等众多细分领域，其牵头申报的"森林草原火灾监测预警系统"入选国家第一批"安全应急装备应用试点示范工程"项目名单，为中国安全应急领域提供了优秀行业范例。把爱好做成事业，把事业融入人生，逄增伦与浩海科技的故事还在续写中。

▌问学浮山，广大精微

　　逄增伦的办公桌上一直摆放着一张在海大浮山校区校门口拍摄的照片，透过相框可以看到照片里青年的脸庞上还带有尚未完全褪去的青涩，而令人难忘的，是他坚定的眼神。

　　背山面海，香港东路23号的浮山校区是一代人的美好回忆。

　　2007年，大学毕业后的第13年、创业的第七个年头，为了公司的长久发展，逄增伦迫切渴望提升自身管理能力。于是，逄增伦萌生了重回大学的想法，继而报考了中国海洋大学的工商管理硕士。

重回校园的生活十分美好，地处黄金位置的校园环境，种类丰富、营养健康的大学食堂，诲人不倦、学风严谨的授课老师，都让逄增伦感到欣喜。虽然课程的安排十分紧凑，周六、周日两天，早8点到晚10点，课程满满当当，几乎没有休息时间，但逄增伦还是感到十分幸福。"学习的时间总是过得飞快，累但是幸福着，浮山校区的校园卡我还留着呢，里面还存着好些钱没用完呢，读书好啊，真是舍不得毕业！"逄增伦说道。

时隔多年，当年的师生趣事依然历历在目，大家至今依然常有往来，时常打电话、发信息相互问候。逄增伦说，在校学习期间，老师对学生的关心体现在方方面面，师生之间的情谊格外深厚。海大老师师德高尚，教学严谨，诲人不倦，同学们的感情更是亲如一家。现如今，同学们都在各自的岗位上发光发热，每年的教师节、中秋节前后大家都会见面，重温一下学生时代的趣事，聊聊工作和生活中的收获与烦恼。

谈及在海大学习中对他影响最深的人，逄增伦脱口而出："权锡鉴老师、姜忠辉老师、李志刚老师等，根本就没有印象最深刻的，每一位老师印象都很深刻！"直到现在逄增伦依旧与这些老师保持着密切联系，作为学院学生论文的外聘专家，他忍不住笑着说："现在看我当年的毕业论文，还是有一些不成熟的地方，还有很大的提升空间。"

浮山校区承载着青春里的无限回忆。岁月斑驳时光，却不能使记忆褪色，纵使气象变迁、时代更新，那份情谊却历久弥坚。

▍深耕浩海，行稳致远

1994年，逄增伦被分配到一家对口的国营单位。起初，舒适的工作环境、丰富的工作福利让大学刚毕业的逄增伦很是满意。四年的时间里，随着社会主义市场经济体制的逐步确立，全国喷涌式爆发的"下海潮"鼓舞着每一位跃跃欲试的年轻人。

1998年，逄增伦鼓起勇气，毅然辞职，告别了人人羡慕的"铁饭碗"。"下海"，说干就干！在这一年，他创办了浩海电脑有限公司。2000年，世纪之交，逄增伦正式成立青岛浩海网络科技股份有限公司，公司以研发创新为核心，着力打造智慧城市、森林防火、城市安全应急三大战略板块，是一家集行业解决方案、自主软硬件产品研发、系统集成服务于一体的综合型高新技术企业。

逄增伦创办的浩海科技有限公司与中国海大甚有渊源。

入学以来，中国海大"海纳百川，取则行远"的校训一直鼓舞着逄增伦，而浩海科技的这个"海"字正来自中国海洋大学。秉承着海大精神，浩海科技确立了"踏实稳健，诚信务实"的工作作风，在科技创新的道路上，愈行愈远，步履不停。

"我从内心里希望这份联系可以更加紧密，创办企业的过程中我始终牢记自己是海大人，海大求真务实的精神更是一直鼓舞着我，毕业13年了，我还是经常回学校看看。"逢增伦感叹道，"校友是学校发展的重要力量，校友齐助力，学校同发展，把握机遇、勠力同心，我们共愿为母校在建设成为特色显著的世界一流大学的征程上贡献力量，开创新局。"

身为管理学院学子的逢增伦深知创新的重要性。浩海科技十分重视研发，力求通过研发创新满足客户不断变化乃至潜在的需求。从消费者入手，公司自主研发了双光谱监控一体机、模块化智能卡口、森林哨兵、卫星遥感识别算法、热成像远程测温算法和可见光烟雾识别算法等核心技术，广泛应用于以城市生命线工程安全、自然灾害为代表的城市安全风险综合监测预警。

厚积而薄发。2014年，浩海科技在"新三板"挂牌上市，目前已经成长为国家级高新技术企业，同时也是工信部"小巨人"企业、山东省"专精特新"企业、山东省瞪羚企业、青岛市隐形冠军企业和青岛市"四新经济"企业。2023年8月，浩海科技凭借强劲的发展韧性与创新能力，荣登"2023年青岛民营企业创新潜力10强"榜单第1位和"2023年山东民营企业创新潜力100强"榜单第2位。浩海科技的优异成绩离不开逢增伦的卓越管理，战略、市场、技术、人力、供应链、财务，公司运转的每个细节，逢增伦都争取做到精益求精。

▎钻坚研微，躬身所爱

人生难得是热爱，找到兴趣所在，并把这份热爱做到极致，才是成功。逢增伦做到了。

上大学时，逢增伦的想法还较为简单，大学毕业都是国家分配工作，分配到哪儿，就去哪个单位。那时候，大部分学生都是循规蹈矩，按部就班地向前。在国营纺织厂上班的那几年，经过不断探索调查，逢增伦决定放弃这条或许不那么适合自己的道路。在一遍遍的市场调查分析中，在一次次的钻坚研微、夙兴夜寐里，在反反复复地叩问自己的内心后，逢增伦毅然决然地选择辞职创业。"人要有梦想，梦想绝不是空想，要一步步地把梦想变成现实。"千里之行，始于足下，此时的他，对于自己心中热爱早已了然，并为之付出了巨大努力，正所谓"绝知所爱要躬行"。

回想整个创业过程，逢增伦说，热爱是支持自己的一个动力，因为热爱才能一直坚持。创业的过程几多波折，几经风雨，多亏了心里的这份热爱，让他在每次想要放弃时咬牙坚持下来。除此之外，逄增伦多次提到"创造价值"一词，在海大求学期间，管理学院的老师每每完成一门课程的授课时都会强调，企业要兼顾经济价值和社会价值，新世纪的企业更是要从承担社会责任逐渐转变为创造社会价值。这句话，逄增伦一记就是15年，要做有价值的事，打造有价值的企业。

凡事预则立，不预则废。提到对学弟学妹们的建议，逄增伦提出，首先，要做好职业生涯规划，打铁必须自身硬，有了目标才能向着目标更好地发展。大学期间是人生的黄金阶段，有足够的时间去尝试、试错，要在这一阶段广泛尝试、不断实践，找到自己的兴趣所在，做自己喜欢的事情。其次，要不断提升自己的综合素质和专业能力，钻坚研微，对于自己喜欢的事情要沉下心来潜心研究。此外，要争取做复合型人才，积极适应社会的变化与挑战。无论身处何地，都要牢记母校的培养与栽培，永远保持对学问、对科学的敬畏之心，为国家的繁荣与进步而努力。

访谈 后记

把喜欢的事情做到极致，在逄增伦的身上我们深深体会到这一点。向内求索，寻找到自己的兴趣所在，向外探寻，扎根所爱，潜心研究，挖掘自己的价值，努力成为复合型人才。逄增伦的谦逊与坚毅深深地感染着我们，他对学弟学妹们推心置腹的建议也令人感动。

校友 寄语

母校在百年的发展历程中已经积累了丰富的人才和学术资源，未来的发展应该以打造复合型人才为重点，加强与企业、政府以及其他高校的合作，进一步提升学校的综合实力。同时，应该注重培养具有国际竞争力的海洋人才，推动海洋科技与产业的融合发展，为我国海洋事业的繁荣作出更大的贡献。

——逄增伦

（撰稿：2022级企业管理　苗津铭；2022级农业管理　王庆斌）

学弟学妹 眼中的他 ————————

知难而上，主动攻读博士；奋发进取，积极工作创业。理论与实践并驾齐驱，由"独善其身"到"兼济天下"，日积月累、踏实努力方可成就辉煌。

执着追求，感恩前行

——访2008级校友刘春华

刘春华，男，1976年生，山东东营人，2006—2009年硕士就读于中国海洋大学工商管理专业。北京大学经济管理博士，南开大学企业管理博士。1998年7月，任海尔集团市场营销部部长兼企业文化部部长，海尔集团新闻发言官，其带领的"海尔中央空调奥运营销"被评为青岛市企业创新管理奖优秀奖和山东省企业管理创新特等奖；2008年10月，获"中国十大MBA管理创新贡献奖"，同年11月，获"山东省企业管理创新管理者"特等奖；2009年8月，被中国MBA联盟评选为"中国十大企业文化倡导者"，同年11月主导策划第二届山东MBA发展论坛暨山东MBA联盟主席峰会。2010年4月，担任帅康集团常务副总裁，7月获"浙商管理十大贡献"奖，10月，被企业培训网评选为"最为影响中国企业管理"的十大管理培训师，12月，荣获宁波营销峰会"宁波最佳营销精英奖"；2011年6月，荣获"中国杰出营销人金鼎奖"之"杰出营销总监"奖；2014年组建华商智业集团，包括内训、咨询、品牌顾问、营销方案、外包等服务内容，定位于为中国企业提供企业管理方案的企业。

▌学海无涯，踔厉奋发

1998年本科毕业后刘春华在海尔集团工作。2006年，刘春华选择报考中国海洋大学工商管理硕士，顺利地成为中国海洋大学的一员。当时刘春华在工作方面成绩斐然，受到领导信任，晋升速度快，连续多年被评为优秀员工、优秀中层管理干部、优秀党员等。然而，刘春华却在这时来到了校园。"人在顺境时应该找些事情让自己成长，当时海大作为全国知名的'985'院校，已经设立了MBA专业，是一个接受继续教育和持续学习的很好的平台，所以我想到海大攻读硕士。"工作中获得的成绩没有让刘春华安于现状，而是不断进取，日积月累。

在课余时间，刘春华比较活跃，作为第三届海大MBA联合会的主席，常常组织同学们出去游学，比如去平度的某企业参访。有一次，老师和同学们一起去山上吃葡萄，场景化现场很容易将知识落地转化为实践，使知识与场景结合，做到学以致用，这让刘春华印象深刻，所以刘春华经常组织这样的社会活动，不仅使同学们更好地活用理论，也让新思想、新观点发生碰撞。他也常代表海大MBA去其他院校进行交流、参会，曾获得"中国十大MBA精英"等荣誉。

回看整个求学过程，刘春华受益良多，对海大最深的印象是"包容"，只要学生有需求，老师都会义无反顾地解决问题。比如当时的教学秘书孔静老师、博士毕业刚任教的李志刚老师，还有权锡鉴院长、姜忠辉院长等等，都给自己留下了深刻的印象。"海大工商管理专业的老师都非常专业、敬业，三年的时间，两年半的课程排得满满的，最后半年写论文，几乎所有老师都是用案例的形式进行教学，而且讲得非常透彻。"老师们言传身教，其专业性和敬业精神深深地感染着刘春华。"海大的老师们常说以我们学生为骄傲，我也深有体会，无论个人在事业上走得多么远，总有海大的老师和师弟师妹们默默地关注着你的成长，今天的采访也是一样，这样的关注和交流对我来说也是一种有力量、有温度的鼓励。所以无论走多远也走不出母校对我的关怀！"

▎知行合一，思行合一

很多人说工商管理专业很空，学校学的知识用不到实处，而刘春华却认为，这样的观点是有偏见的，工业、商业的管理，我们每天都会接触到，像去食堂打饭会涉及价格的选择这样具体的问题。"虽然在MBA学习过程中，这种观点时常会被提及，但我认为一点不空，用'世事洞明皆学问，人情练达即文章'这句话形容工商管理专业是非常贴切的。"比如自己和同学的交流可以把它迁移到商业的沟通中，与老师的交流可以迁移到工商管理的"向上沟通"中，与师弟师妹的沟通可以看作"向下沟通"。所以人生本身就是工商管理的过程，它怎么会空呢！

"实际上工商管理是干中学、学中干的学科，它确实有很大的实践性，像大学生做采访就是一次良好的实践，与商业从业者进行沟通本身就是一次很好的学习机会，会用到工商管理学科中的调研方法。因此，空不空完全取决于自己是不是一个有心人。"如果可以一面学习知识、一面进行社会实践，用我们学到的知识优化实践中的方法和工具，那么就是非常好的工商管理实践过程。

再者，刘春华说，学校对报考MBA的学生的要求是本科毕业三年之后、专科毕业五年之后，为什么有这个要求？是希望学生能够在实践中学习，有了实践之后在课堂上把它总结出共性的规律，然后再反过来指导实践。他把这个循环往复的过程总结为五步法——观察、总结、思考、学习、实践修正。"平时强调知行合一，也不能忘了思行合一。知行合一加上思行合一，才能学以致用。"

▍笃行不怠，携手并进

毕业后，在之后MBA学生的入学面试、毕业答辩中，刘春华曾多次被邀请做评委，但每次回到学校都有不同的感受。同一个问题在不同的细分学科领域，比如人力资源管理、企业文化、营销方向，学术上的探索常常让他耳目一新。刘春华认为，做评委的经历也是学习的过程，同时海大也给了他很多拓展职业道路的难得的机会，比如参与学术交流、做海大培训活动的授课老师等等。说到这里，刘春华不禁流露出对母校的感激之情，在社会上经常遇到海大校友也让他感到亲切和自豪。

带着这样的感恩之心，刘春华毕业后又选择回到海大对攻读MBA的学弟学妹们进行授课。在授课、交流的过程中，刘春华发现海大学生的基本素质是非常高的，不仅领悟力很强、商业基础很好，而且很看重对知识的实践性，尤其是很多师弟师妹积极参加创业大赛等实践活动。与此同时，学弟学妹们也很喜欢与刘春华进行交流，而且会持续保持联系，当自己有了显著的成长和进步时常常会主动和刘春华交流，使自己带着更多精神上的鞭策和更温暖的力量继续努力前行，并且充满信心。

提起对MBA学生的期许，刘春华说，首先希望学弟学妹们要持续学习。工商管理知识在互联网＋时代的迭代速度非常快，比如像品牌的传播、设计、渠道选择，在互联网时代如何对网红产品进行设计和打造，这些新课题、新现象需要我们持续地在实践中不断探索、不断学习，才能赶上时代的潮流。其次，要正确认知创业。对于自己是否选择创业的判断，刘春华观点和李志刚老师是相似的，叫作"三六九方法"，工作三年、六年、九年之后再想一想要不要创业，而不是轻易地去创业。如果在职场中已经表现不错了，就不要再进行创业了，职业有时候比创业更有价值，就在于它能非常好地利用自己的优势；有些人不适合创业，比如战略、设计等比较弱，但执行力比较强，那么选择职业比选择创业更合适。以创业精神来做好职业，本身也是一种非常好的工作方式和精神。像格力电器董事长董明珠，就是职业中创业成功的典型例子。最后，"板凳要坐十年冷"。刘春华看到很多MBA毕业生和其他硕士毕业生存在眼高手低的现象，希望学弟学妹们敢于坐冷板凳，千万不要浮躁。一定要勇于在实践中重新再来，把自己的知识变为自己的内驱动力，用理论来加持真实的、具体的实践，才会在工作中有非常好的行为表现。

▍奋勇前进，勇攀高峰

刚开始工作时刘春华对未来的期许有大致的方向，但也没有想到要创业，更多的是做好眼下重要的事。刘春华在海尔集团时的一个梦想是做学历最高的职业经理人，在团队中也多次说过，曾有员工觉得他在吹牛，然而当他真的获得博士学位，这位同事很意外："当时认为你在吹牛，没想到你真的实现这个目标了。"刘春华就是这样迎难而上、坚韧不拔的人。

提及做学历最高的职业经理人这个目标，刘春华表示，在职场中有两个"li"很重要，一个是学历，另一个是学力，即学习的能力，二者是左右手的关系。刘春华对自己学历的要求比较高，认为一个人对学习的渴望和自驱力是进步的动力。他把人对学习的欲望、学习的能力等综合的素养称为"学商"，"人们常提的学历'内卷'有时不是坏事，我认为内卷能使自己在有限的空间里充分发挥能力和潜力，这时只能靠左手学历和右手学力了"。

随着自己职位的不断提升和带领的团队规模不断扩大，刘春华发现是企业在成就员工，于是产生了"自己能不能成就一些人"的想法。为了更多地发挥自己的作用来成就一部分人，成就那些与自己朝着同一个目标努力的人，刘春华开始了创业。穷则独善其身，达则兼济天下，刘春华由职业走向了创业。虽然那时的刘春华也没有必胜的把握，认为创业有很大的风险，但经过自己和团队的不懈努力，也算稳扎稳打走到了现在。目前来看，公司处于平稳的状态，客户的评价也比较高，职工对工作也比较满意，同时也能成就一些带领的职业经理人，刘春华说，"这就是我的梦想"。

回顾初入社会的阶段，"积极主动"可以说是刘春华的制胜法宝。要知道当时海尔一年加入的名校大学生有近千人，而在短短三个月，连实习期没过，刘春华就被提升为海尔的中层管理干部，被领导评价为"跳起来抓住机会的大学生"。提起这一段经历，刘春华总结了几个快速被提拔的原因，一方面是时代成就自己，海尔集团处于快速发展时期，急需管理干部；另一方面，是自己工作主动找活儿干，正如竞聘中层管理干部时总经理梁海山所说，"你非常积极主动，不用别人安排活儿，不待扬鞭自奋蹄"，同时刘春华有一个好习惯——主动报告，一件事情是否完成、做到了什么程度、遇到的困难是什么，进行及时的阶段性报告，那么领导就知道进展到了什么程度，这一方法被刘春华总结为"闭环优化"。此外，还有一个重要原因是，做工作要超出领导预期，也就是刘春华的"120法则"，如果领导希望交代的工作你能做到100分，那么自己就要做到120分，这样领导会更放心把一些重要工作交给你，自己就会很快脱颖而出。

恰逢中国海洋大学建校100周年，刘春华说："海大多年来的发展和进步是有目共睹的，尤其是管理学科在高校和业界的排名也在不断上升，在山东半岛的影响力不断扩大，多年来母校带领着我们海大学子一起成长。"同时，刘春华祝愿母校未来在管理类学科方面更上一层楼，也希望更多校友积极参与到海大企业管理的学科建设中来，因为管理与实践密不可分。他也特别希望像自己这样在企业工作的从业者能够提供更多鲜活的企业管理的案例给母校，也希望我们的教授和学生能够走进更多企业进行调研，共同萃取出有时代特色和时代逻辑的企业管理新知识。

访谈 后记

在此次对杰出校友的深度访谈中，我深受启发与感动。刘春华校友以亲身经历诠释了我校"海纳百川，取则行远"的校训，从青涩学子一路奋斗成为行业翘楚。他分享了在校期间的学习经历，强调了理论与实践相结合的重要性，并以亲身经历鼓励我们在学术研究上精益求精。他的言谈间流露出对母校的深深眷恋与感激之情，也对我们新一代学子寄予厚望，期待我们能勇攀高峰，服务社会。这次采访不仅是一次时光的记忆追寻，更是对未来道路的一次启迪与激励，让我们明白：无论走到哪里，都不能忘记初心，要始终秉承母校教诲，砥砺前行。

校友 寄语

千淘万漉虽辛苦，吹尽狂沙始到金。祝愿海大学子都能够百尺竿头，更进一步。

——刘春华

（撰稿人：2022级会计 王琦）

学弟学妹 眼中的他 ——————

　　实践研学，笃行不怠。他用理论指导实践，在实践中不断锻炼和提升自己。他如同勇往直前的战士，不畏艰难，始终追求卓越。他的故事告诉我们：学习无止境，实践无终点。他通过自己的人生路，完美诠释了"学以致用，深耕不辍"的精髓。

学以致用，深耕不辍

——访 2008 级校友安森东

　　安森东，男，1975年生，山东单县人，2008—2011年博士就读于中国海洋大学农业经济管理专业。管理学博士后，经济学博士后，研究员（教授），国家市场监督管理总局发展研究中心质量发展和安全研究部副主任（主持工作），个人事迹入选"中国博士后制度30周年纪录片"。参与国家"十三五"规划、质量强国建设纲要的研究和编制，以及国务院政府工作报告、国家"十三五"旅游业发展规划、中央领导同志讲话等文稿的起草。主持和参与国家社科重大课题等课题研究60余项，在《经济日报》《学习时报》《中国行政管理》《国家行政学院学报》等发表论文80余篇，在主笔和执笔的20多件参阅件中，近20件获中央、省部级领导同志重要批示。

　　双博士后、博士、双硕士、双学士、高级经济师、著作与参编教材近20部……这些都涵盖不了安森东的全部故事。从办公室秘书到分公司领导，从青岛到北京，从基层到中央，他一边工作、一边学习，不断提升自己的专业素养和实践能力。他总是以宏观的视角、系统的思维看待问题，既有广度，又有深度。他用自己的行动，诠释了学以致用、深耕不辍的内涵。

▌漫漫求学，孜孜不倦

安森东1975年生于山东单县，一座质朴温暖的小城。单县位于山东西部边缘，在地理上并不占优势，但不屈不挠的单县人不甘于被命运安排，父母的殷切希望和辛劳，安森东都看在眼里、记在心里，从小便立志成才。生活的艰苦不是阻碍安森东前进的障碍，而是其磨炼品行和意志的磨金石。他凭借坚忍不拔的毅力，走出了贫穷落后的农村，开辟了属于自己的人生道路。

2000年后，安森东先后在海大攻读了企业管理、法学双硕士以及农业经济管理博士学位。提起在海大的求学生活，安森东总是笑容满面，他说："那是我人生中最宝贵的时光，那段岁月让我明白了人生目标的坚定和追求真理的执着。"在海大的求学过程中，安森东始终以实践为导向，积极参与各类学术活动，将理论知识与实际应用紧密结合。研究生期间，他不忘初心、踏实求学，安森东每次上课都早早来教室自习，对于不懂的问题总是深入研究，力求解决。勤奋和毅力使得他在学术道路上取得了优异的成绩，为自己的未来奠定了坚实的基础。安森东不仅努力学习理论，而且善于调查研究，铆足"解决问题"的干劲儿，积极转化学习成果，学习期间发表多篇优秀论文，研究成果丰硕。之后，安森东怀抱着对法律上下求索的热情攻读了法学硕士双学位。2018年，在党的十九大报告提出乡村振兴战略后，安森东毅然在党和国家的政策带领下，选择攻读农业经济管理博士，尽自己的力量助力乡村振兴，推动农业现代化的发展。

"学在海大，也服务于海大。"尽管已经离开了校园，但安森东始终保持着对学术的热爱和对母校的感恩。近年来，安森东常作为海大的客座专家参加海大的硕士论文答辩，帮助学弟学妹进行科研学习以及提供工作方向上指导。安森东始终铭记海大"海纳百川，取则行远"的校训，并在之后的工作岗位上始终秉持大道行思的智慧和孜孜不倦的态度，践行着"学以致用，深耕不辍"的精神，在自己的岗位上发光发热。

▌学以致用，实干兴邦

"工作学习是相互关联的，要把学习和实践有机结合起来。实践需要自我加压，知识理论的积累就更加扎实。"安森东大部分的学习，都是在理论结合实践的过程中开展的。他说，"工作需要它，我来学习它，这是一种很强大的动力"。他认为，学习和工作密不可分，努力做到学思结合，学习和工作成果自然也就水到渠成。在刚参加工作时，安森东以铆足干劲的实干精神和开拓进取的创新精神与同事们一起为青岛通信事业发展加油助力，所在的公司成为当时中国网通的一面旗帜，他始终保持敏锐的洞察力和深刻的思想觉悟，以实际行动推动工作的不断进步。

在扎实广泛学习的基础上，安森东根据工作需要有目的、有针对性地学习，努力增长本领，经常能让学习效果事半功倍。博士毕业后，安森东又先后到江西财经大学应用经济学博士后流动站、国家行政学院博士后工作站从事科研工作。他在求学过程中仍将科研与实际需要紧密结合，在文学、法学、管理学、经济学等领域均有所造诣，科研成果丰硕。他在学术领域的广泛涉猎，使得他的视野更为开阔，思维更为敏锐。

要既有"干"的作风，也要有"创"的劲头。"人无我有，人有我优，人优我特。学习和工作中一定要形成自己独特的思考，集聚信息，形成自己独到的视角和理解，逐步搭建起自己小的思想理论体系，这对以后的工作是非常有益的。"这是安森东对自己学习和工作的总结，也是对学弟学妹的谆谆教诲。"唯有创新才能抢占先机。"在工作中，安森东始终坚持创新是引领发展的第一动力。他相信，只有不断创新，才能在竞争中立于不败之地。他鼓励学弟学妹勇于尝试，敢于挑战，不怕失败。他常说："失败是成功之母，只有经历过无数次的失败，才能找到成功的路径。"

▌ 功崇惟志，业广惟勤

"虽然工作之初在青岛通信，但是我的思维比较宏观开放，考虑得更多是中国电信业的整体发展。"胸有凌云志，无高不可攀。安森东常用以小观大的视角思考整个电信行业的发展，这种视角的考量与研究驱使着他在自己的工作岗位上完成基础工作之外，仍不断进行学习与研究拓展，用更宏观、更精细、更包容的方法去武装头脑，指导实践。这样的思维模式也使得他能不断创新自己的思想，突破原有的思想禁锢，以促进行业整体进步为目标。

安森东认为工作和学习是紧密融合、相辅相成的，都是不断汲取智慧和力量的过程，工作和学习就好像是推动我们发展的助燃剂一样，不断燃烧，给予我们持续前进的动力，正是这样的信念，使他在工作中始终保持热情，不断创新思想，为我国电信业的整体发展贡献自己的力量。在谈到他的工作感悟时，他认真说道："国家市场监督管理总局由原工商总局、质检总局、食药监总局等单位合并后，和我之前所学的经济学、管理学、法学等专业知识十分切合，可以更好地发挥自身所长。"

勤奋是创新的基础。因此，安森东在做任何工作中都保持着勤奋踏实的精神态度，他始终坚定自己的理想目标，朝着正确的方向，付出百分之百的努力。他从未忘记自己的初心，也从未停止自己前进的步伐，他用实际行动践行着海大人坚忍不拔的拼搏精神和坚定笃行不怠的实干精神，用实绩建功新时代。他认为工作上实践是学有所成的要求，踏实求学、潜心科研是迈向成功的必由之路。安森东的成就始于梦想，基于创新，成于实干，他认为没有一蹴而就的成果，也没有急于求成的研究，要做的就只能是在事实基础上的稳步学习探索。

"工作学习一定要和国家社会的需要结合起来。"一句话道明了安森东时刻践行以国家和人民为中心的发展理念，以此为志向开展的学习和工作有方向、有目标、有动力。心系天下的鸿鹄之志是安森东坚定梦想、突破自我、砥砺前行的动力和源泉。于国为家，担当天下，履职尽责，他把"有理想、敢担当、能吃苦、肯奋斗"的风貌一直坚持到底。一个人可以有很多志向，但人生最重要的志向应该同人民联系在一起。

安森东始终情系母校，他说："我的'海大基因'还是十分强大的，我们与海大就像是婴儿与母亲，是永远血脉相连的。"当我们问到安森东，正值海大百年校庆之际，对海大未来的建设发展有什么建议时，他沉吟良久，随后缓缓说道："海大要发展，一是'锻长板'。海大在海洋、水产等专业领域优势突出，这是海大的长板，这个'长板'还可以更长。继续加快对海洋方面的科研步伐，带动海洋相关专业发展，让优势扩大，希望海大成为引领我国海洋科研事业发展的'领头雁'、主力军。另一个是'去短板'。要在短板专业上有舍有得，拓展强势专业、优势专业的大圆，而不是重新画一个小圆。集中力量、凸显优势，我衷心希望海大发展得越来越好。"

访谈 后记

安森东的学术之路，犹如耕耘于田野，倾尽全力播种、灌溉，只为收获那金黄的麦穗。他的实践经验，宛如航行于波涛汹涌的大海中，用智慧和勇气引领着航船破浪前行。在访谈的过程中，他的温文尔雅如同微风轻拂柳枝，给人一种宁静与舒适的感觉，他的言谈举止，都充满对生活的热爱和对学术的执着。每当我们提及大学时光，他的眼中总会闪烁出愉悦。大学于他，如同一首优美的诗篇，让人陶醉其中。他的教诲，就像那滋润万物的春雨，给予我们无尽的启示和力量。

校友 寄语

愿在校的学弟学妹们努力做到：既博览群书，又深钻精研；既学深理论，又学活方法；既系统思考，又聚焦突破；既面向世界，又面向未来。

——安森东

（撰稿：2021级农业管理　宫婉玉；2022级农业管理　姜鑫）

学弟学妹 眼中的她 ————————————

　　她扎根一线，深耕科研，将全部热爱奉献给气象事业；她志存高远，脚踏实地，将全部心血倾注给基层工作。她乐观、开朗，始终精神饱满、朝气蓬勃；她自信、温暖，小小的身体里蕴含着巨大的正能量。

观云测雨识天气，扎根基层绽芳华

——访 2008 级校友李凤

　　李凤，女，1989年生，山东平度人，2008—2012年就读于中国海洋大学大气科学专业。现任青岛市气象局高级工程师，主要从事农业气象服务、综合气象观测等基础业务工作。

　　毕业后，李凤进入莱西市气象局工作，她一丝不苟，熟练掌握气象观测仪器的使用，第二年就被聘为气象助理工程师。此后，李凤多次参与重大会议活动的气象保障服务工作，为活动的正常开展保驾护航。2019年12月，李凤被聘为气象工程师，凭借过硬的专业能力，她在第15届全国气象行业职业技能竞赛夺得了个人全能第一名和综合业务理论第一名。2020年，面对罕见的极端天气，李凤坚守岗位，连续一个月开展消雹作业，将损失降到了最低。2021年10月，李凤任莱西市气象台台长，同年，她被人力资源和社会保障部授予"全国技术能手"称号。此外，李凤参与国家重点研发计划"海上多波段云雾观测设备研制与示范应用"等项目，以第一作者发表高质量论文3篇。凭借着对气象工作的一腔热情和对每个工作细节一丝不苟的态度，李凤不断总结经验，磨炼出一身过硬本领，获"全国技术能手""全国五一劳动奖章"等荣誉。

　　从年少时的懵懂与好奇，到现在的专注与热爱，李凤数十年如一日地对天气精准"把脉"。无数个台风侵袭、暴雨如注的夜晚，她总是第一时间奔赴岗位，排除千难万险，只为将极端天气带来的影响降至最低。雨水与汗水交织，谱写着青春的序曲，当岁月之羽掠过了时间的长河，这朵扎根基层土壤的花朵绽放出了属于自己的芳华。

▌鲜衣怒马，风过林梢

1989年4月，李凤出生在胶东半岛西部的一个县级市。幼时的李凤总喜欢仰望天空，盯着慢腾腾移动的云朵发呆，那时的她还不明白气象的奥妙。随着年岁增长，李凤对天气的兴趣更加浓厚，想留在气象台工作的想法也愈加坚定。高考之后，家人鼓励李凤追求自己的梦想，告诉她既然有坚定的信念，就要为国家的气象事业奉献自己的力量。有了坚实的后盾，填报志愿时，李凤毫不犹豫地选择了大气科学专业。2008年的夏天，李凤如愿进入中国海洋大学，来到这座美丽的海滨城市学习令她魂牵梦萦的大气科学。

丰富多彩的大学生活没有让李凤放下自己的学业，她常常和室友一起钻研问题、分享知识、总结经验。李凤坦言，大学生活中最令她记忆深刻的片段便是有一次和室友争论锋面气旋的推导公式，她们在网络上查询相关信息，在书上找寻支撑论据，激烈的思想碰撞擦亮了灵感的火花，现在回想起来都会觉得很幸福。在掌握大气科学专业的基础理论和实践技能以外，李凤还广泛涉猎其他领域的知识，她积极参与各种科研项目和竞赛活动，种种经历培养和发展了她的创新能力和实践能力。

四年如钻石般璀璨的大学时光塑造了李凤的性格，她认为海大在很多事情上给予学生选择和决定的权利，让学生感受到尊重。正是海大强调的自主性，让李凤养成了独立思考、慎重决策的能力。

承载着母校殷切的期盼，怀揣着对未来生活的憧憬，更坚守着对大气科学的热爱，李凤步履坚定地走向人生的下一阶段。

▌披肝沥胆，碧血丹心

"毕业以后其实我没有纠结太多，因为选择气象行业是我一直以来的梦想。"年少的誓言在这一天化作现实，在告别母校之后，李凤马不停蹄地赶赴青岛莱西气象台报到。

当时的莱西频繁出现的气象灾害让本就不发达的农业区雪上加霜。在李凤刚到气象局的时候，观测站所有的设备都是人工操作，每当台风过境，观测站里面也会刮起狂风暴雨。尽管环境非常恶劣，但李凤和同事们却始终没有耽误工作，因为一旦没有记录数据，全国气象数据上面就会出现一个空白点，为了弥补空白，李凤和同事们日夜努力。回想起这段奋斗岁月，李凤笑着调侃道："有很多老的预报员到了晚上都睡不着觉，满脑子都在想着要赶紧去观测了。"无数个挑灯的夜晚，无数次与风雨的斗争，李凤守住了作为一名气象人的初心。

"我们这一代气象人很幸运，过去都是人工观测。现在不一样了，全部实现了自动化。不过面对不断更新换代的观测设备，我们需要不断学习、熟练掌握，确保每一组数据都能准确上传到中国气象局。"面对复杂的气象观测仪器，李凤刚开始也是手忙脚乱，她总是在业务工作之余挤出时间来学习，遇到问题便刨根问底，缺乏科研条件就认真学习专业知识和技能。通过在基层锤炼的一身本领，李凤在2020年夺得了第十五届全国气象行业职业技能竞赛个人全能第一名和综合业务理论第一名。次年，她又被人力资源和社会保障部授予"全国技术能手"称号。凭借一腔热情，李凤在气象工作中取得了许多成果，在本职岗位上作出了突出贡献。2023年"五一"前夕，李凤被授予"全国五一劳动奖章"。

李凤深爱着基层工作，她从没有将其当作一份苦差事，繁杂枯燥的气象工作在李凤看来是用数据和"老天爷"对话，钻得越深，便越喜欢。瞬息万变的天气情况对李凤来说是一次次挑战，而她始终以高度的责任感和饱满的精神状态认真对待工作。

观云测雨，掌内乾坤

2015年的世界休闲体育大会开幕式，莱西从早上开始下雨，为了保障开幕式的顺利进行，李凤和预报员们从凌晨开始进行天气会商，不断分析气象资料，不放过一点变化，抓住有利时机进行人工影响天气作业，保障了开幕式的顺利进行，那一抹"莱西蓝"至今让人记忆犹新。当2019年世界休闲体育大会再次来到莱西时，莱西市气象局组织成立了"休闲体育大会气象保障服务小组"。接到任务后，李凤一直忙碌在一线，始终关注着天气变化情况，及时发布服务专报。李凤和团队共同努力，连续5天发布开幕式期间的精细化天气预报，有效保障了开幕式的顺利进行。

除此之外，李凤的身影还出现在2017年中塞文化村暨南通三建塞尔维亚足球学校奠基仪式、2018年上合组织青岛峰会、2018年山东省运动会和残运会等活动的气象服务中。她也因此获得了山东省重大气象服务先进个人、山东省地面观测优秀个人、山东省"事业人员记功奖励"、青岛市气象服务先进个人等荣誉。

追打冰雹，鏖战梅花

天气随时可能"变脸"，天气预报需要更加精确的数据。对此，有着10多年气象观测经验的李凤体会深刻。她自己也记不清经历过多少次台风，坚守过多少个暴雨如注的深夜与黎明。面对青山绿水和广袤田野，李凤感觉到了肩上重担的意义。

2020年5月，莱西历史罕见地连降三场冰雹，对农作物生长有着巨大的威胁，李凤和同事们深知自己的职责和使命。此时的气象局只有五六个人，大家当机立断，第一时间回到站内，密切关注天气形势变化，预判冰雹可能形成的时间和位置，及时发布预警信号，指挥防雹、消雹作业。据李凤介绍，他们密切监视雷达变化，观测到上游地区出现强对流回波后，就通知炮点准备作业；当对流云团到达炮点上空时，指挥炮点开展消雹作业。同时，气象观测员还要启动应急观测，人工观测冰雹直径，并发布重要天气预报，灾害发生后还要进行灾情调查。几人互相鼓励，并肩作战，在短短半个月内连续开展多次消雹作业，成功让天上的"蛋冰雹"在落地时变成了"豆冰雹"，将损失降到了最低，守住了莱西市老百姓的生命安全和财产安全。

2022年，台风"梅花"来袭，极端天气意外导致气象观测设备出现故障，不能正常传回观测数据。为了保证数据能有效采集，李凤冒着风雨到观测场进行维修，凭借平时练就的高超技能，快速确定了故障点，及时纠正错误数据，保障了上传观测数据的准确性与及时性。台风期间，李凤和另外一名同事坚守岗位72小时，每间隔两小时发布一次台风路径信息，为汛期气象服务工作提供决策依据和可靠支撑。这也让李凤和同事们养成了一个习惯，只要一出现异常天气，大家就像消防队员听到救火集结号一样，不约而同地奔向办公室。同事们都说，外表瘦弱文静的李凤，在疾风骤雨中却总能给大家带来安全感。在李凤的带领下，大家总能拧成一股绳，心往一处想、劲往一处使。在"早、准、快"的预报预警发布和精细的气象服务保障下，莱西市每年都能平稳度过汛期。

▌扎根基层，科研不辍

身处"莱西经验"的发源之地，作为气象台台长的李凤坚持以党建激发干事创业动力，带领大家扎根基层一线，比技能、比作风、比业绩。她在工作中注意发现总结问题，撰写论文和技术总结，积极参加科研课题，多次入选青岛市和山东省气象高层次科技创新人才计划，先后参加青岛市气象局雷电创新团队和中国气象局气象探测中心海洋观测技术创新团队。此外，李凤主持课题"莱西市近二十年雾日的统计特征和机理分析"，参与中国近海锚碇浮标标准数据集和全球海表温度格点融合产品研制以及国家重点研发计划项目，并以第一作者发表高质量论文3篇。

在工作中勤勤恳恳，在业务上履职尽责，李凤十年如一日奋斗在气象预报一线，用汗水和专注书写着气象人的风云轨迹。她说，"天气对农业生产有重要影响，气象人员能多做一些工作，让天气预报更加精准，就会对农业发展更有利。为了这个目标，我会一直在前行的道路上继续奔跑"。

访谈 后记

  作为一名文科学生，对李凤学姐的访谈让我感受到了气象的魅力。正如学姐所言，风云诡谲，气象万千，用数据和"老天爷"对话是一件浪漫的事业。自古以来便有诸多诗歌反映气候知识，体现出前人对气候科学朴素辩证的认识。随着现代科技的不断发展，代代气象人的躬耕与传承让精准预报天气状况变成可能。所以时至今日，穿过云和雨的氤氲朦胧，我们能看见四时之景，亦能看见独属于气象人的浪漫。

校友 寄语

  只要坚定理想信念，脚踏实地地做好每一件平凡小事，就可以创造不平凡的业绩，擘画出精彩人生。"海纳百川，取则行远"，作为海大校友，我深切感谢母校的栽培。在海大百年华诞之际，愿您荣光无数，百年如初。

——李凤

（撰稿：2022级中国现当代文学 赵栢龄）

学弟学妹 眼中的他 ————————

他一直在教育游戏化领域耕耘，竭力推动教育数字化发展。他对教育的热爱，渗透到日常生活之中，融入了事业的方方面面。面向未来，他勇于打破传统束缚，将科技与教育相结合，推动教育革新。

在教育星光下绽放

——访 2008 级校友肖海明

肖海明，男，1990年生，山东济宁人，2008—2012年就读于中国海洋大学教育技术学专业，后考入北京大学和清华大学，分别获硕士和博士学位。现任中国教育技术协会教育游戏专业委员会秘书长，博雅瑞特（北京）文化科技有限公司创始人、行政总裁。先后参与了国家社科基金课题"基于学习科学视角的游戏化学习研究"等6个省级以上课题，在国内核心期刊上发表10余篇研究论文。

他创立的企业——博雅瑞特，以科技赋能学校特色发展，为学生提供系统性的人工智能课程学习资源和计算思维测评，目前已服务于全国12个省（区、市）的2000多所中小学。

如同涟漪扩散在湖面，肖海明将他在中国海洋大学的学业经历与创新灵感交织在一起，勾勒出了一幅教育变革的绚丽画卷。他如同一位探险家，带着基础教学中心的智慧和激情，踏上了教育游戏化的征程。他巧妙地将数字化科技与教育相结合，开创出一条充满创新和乐趣的教育之路。他所创立的企业不仅是一个商业实体，更是一座桥梁，将教育灵感与科技创新紧密相连。现在让我们随着肖海明的步伐，穿越时空，感受教育与科技的奇妙交织，走进他与海大的故事。

▌心系教育，扬帆起航

肖海明与教育的缘分，始于他的老家——山东济宁。济宁历史文化悠久，是东夷文化、华夏文明、儒家文化、水浒文化、运河文化的重要发祥地之一，人文初祖黄帝和儒家至圣孔子、亚圣孟子、复圣颜回皆出生于此。肖海明在济宁长大，深受当地丰富的历史文化和教育传统影响，对教育事业产生了浓厚的兴趣，形成了自己独特的人文价值和教育理念，于是报考了中国海洋大学基础教学中心的教育技术学专业，开启了他在教育领域的探索之旅。

谈及对海大的初印象，肖海明笑着说："入学前，我就通过查阅相关资料了解到海大的科研实力颇为卓越，进入鱼山校区学习后，鱼山校区深厚的人文底蕴更是让我加深了这一印象。"

"海纳百川，取则行远"的校训在学习、生活和工作中为肖海明注入了坚实的力量。中国海洋大学的历史传承、卓越师资以及丰富多彩的校园活动，更是让他深受激励并得以茁壮成长。肖海明说，在海大求学期间，教育技术学专业的学生人数偏少，每位同学都与老师培养了深厚的感情。因此，他对于在读期间接触的诸多老师都有着深刻的印象。"特别是当时的教育系主任李春荣老师，她引领我们走入了教育领域，赋予了我们深厚的教育情感和使命感。"另外，肖海明还提到了史政老师，表示在初入校园时，史政老师的教诲及时驱散了他当时内心的迷茫。"无论未来迈向何方，本科四年的首要职责是要全力以赴地投入学业。"简单质朴的话语为他后续的求学之路奠定了基础。得益于老师们的引导、浓厚的校园文化氛围以及对教育的深厚热爱，肖海明在海大这四年，对于教育技术的认识登上了一个新的台阶，顺利完成本科学业后，继续前往北京大学攻读硕士研究生。随后，他又创立了博雅瑞特（北京）科技有限公司。在此期间，肖海明还攻读了清华大学的教育学博士研究生，不断加深在教育领域的学习。

▌兴趣为楫，笃行致远

基础教学中心教育系围绕教育信息技术的理论与实践开展研究，形成了一批有特色的研究成果，并获得多项省部级奖励，对教育技术学专业学生的培养不局限于如何整合科技与教育，而是注重培养学生对新兴技术的理解和应用能力。四年的校园学习生活中，肖海明曾面临过种种挑战。谈到在校期间最难忘的经历，他说是在参与国家级大学生创新创业训练计划期间，导师们与实验室的老师们夜以继日，陪伴他们在实验室里攻坚克难，给予他们悉心的指导。多年之后，当他重回母校，重游曾经上课的教室、居住的宿舍以及漫步过的校园小径，内心倍感温馨。"回顾我在海大求学的岁月，深感学校在我的人生道路中发挥了举足轻重的作用。中国海洋大学所秉承的文化精神，以及老师们给予的关爱与指导，都为我后续的求学及职业生涯提供了强大的助力。"

求知无止境，志趣为舟楫。肖海明立足于个人经历，阐述了兴趣对于学习、工作及创业的重要性。从海大毕业之初，肖海明基于对创新思维训练和教育游戏化的热忱，选择前往北京深造。北大毕业后，他的同专业同学大多选择了进入体制内，然而肖海明却作出了截然不同的选择——进入阿里巴巴工作。这段经历让肖海明在技术领域和互联网产业中积累了更多经验，深入了解了企业运营模式，也明确了自己的兴趣所在和未来的职业道路。后来，尽管公司多次挽留，肖海明还是选择离开阿里巴巴，回到教育领域开始自己的创业之旅。他在2017年成立了博雅瑞特（北京）文化科技有限公司，创建之初就致力于将游戏化元素融入学习过程中，为学校提供游戏化学习的整体解决方案，涵盖了教师培训、课程建设、游戏化学习空间建设、学生发展评价的全部环节。

在讲述完自身经历后，肖海明也给学弟学妹们提出了建议："在学习、工作或创业过程中，兴趣作为一种关键的内在驱动力，发挥着至关重要的作用。它激发人的热情，让我们在面对挑战时保持持续的动力与耐心。兴趣的发掘是一个不断演进的过程。在大学阶段，大家可以通过参与相关项目及社会实践，培养和拓宽个人的兴趣领域。"他十分认同"兴趣是最好的老师"这一观点，表示兴趣不仅对于学习，而且对于未来的工作或创业都具有重要意义，把兴趣和专业相结合，才能真正长久地坚持下去，闯出自己的天地。

▌坚守初心，逐梦教育

当谈到他的研究内容时，肖海明的眼神里闪烁出对教育的热爱，他认为教育不仅仅是传授知识，更是引导学生发现自我、塑造品格、锻炼能力的过程。前两次工业革命，更多的是解放人的体力，而在人工智能时代，人类的脑力得到极大解放。现有教育理念和模式的改变，促使我们更加关注孩子除了知识和技能之外的沟通能力、表达能力、合作能力、反思能力等。与人们所理解的游戏化学习是为了激发和维持孩子的学习兴趣不同，肖海明提出，游戏化学习追求的是让老师真正关注学生，关注学生的心理诉求，比如更多的体验、丰富的思路、多彩的活动，进而跟更大的世界沟通。基于此，博雅瑞特教育聚焦游戏化理念指导下的中小学人工智能启蒙教育，通过技术手段，解决孩子们的学习问题。在肖海明看来，游戏化学习的前景将越来越光明。"我们的特色是把信息化和游戏化结合。"肖海明谈道，公司设计开发的游戏化学生发展评价系统将信息化和游戏化相结合，通过线上、线下融合的方式来评估学生的习惯养成、课内外行为表现和学业表现，并生成相应的分析报告。此外，公司还为学校创建了虚拟IP形象，学生在发展升级后可以根据自己的喜好选择装扮该形象，还可以与自己的小宠物一起成长，这为学生提供了有趣的互动体验，并可以帮助学校评估学生的发展情况，激发学生对学习的兴趣和动力。同时，家长也能够更加全面地了解孩子在学校的表现和发展状况。六年前肖海明便预测过，"人工智能会成为一个风口"，现在，风果然到来了。

肖海明鼓励基础教学中心的学弟学妹们要勇于挑战，敢于超越，不断追求卓越。"在学习的过程中，不要害怕失败，因为失败是成功的垫脚石。"肖海明分享了自己的经验，"当遇到困难时，要敢于迎难而上，从失败中汲取教训，不断提升自己的能力"。同时，肖海明也强调了团队合作的重要性。他说："一个人的力量是有限的，但当我们团结一心，携手共进，就能创造出无限的可能。在未来的学习和工作中，要学会与他人合作，共同解决问题，实现共赢。"

最后，肖海明对基础教学中心的学弟学妹们寄予了厚望。他表示，相信他们一定能够在教育的道路上不断前行，为青少年的成长贡献自己的智慧和热情。同时，他也期待自己能够与更多的基教学子一起，共同推动教育事业的进步与发展。

访谈 后记

与肖海明学长的交谈，加深了我们对教育的理解，领悟到教育不仅传授知识，更能提升人的综合素养、塑造人的品格，让我们明确了自己在教育领域所承担的角色和责任。我们深信，教育要通过不断的创新和变革，才能够为下一代的成长和社会的进步作出积极的贡献。这次访谈对我们来说是一次宝贵的学习机会，我们将继续深化专业探索，努力为教育事业贡献自己的力量。

校友 寄语

百年学府，百年传承，祝我们的母校中国海洋大学能更加辉煌，祝海大的莘莘学子誉满华夏。

——肖海明

（撰稿：2022级学前教育专业　贺晓慧；2021级现代教育技术专业　王婧雨）

学弟学妹 眼中的她 ——————————

滚石上山、爬坡过坎，在基层一线工作的道路上，她具有"千磨万击还坚劲"的韧性，积蓄"越是艰险越向前"的力量。行程万里，不忘初心，她带着必胜的信念，用行动战胜困难，在脱贫攻坚的道路上成就辉煌，努力创造无愧于时代的精彩人生。

新疆姑娘的山海情
——访2010级校友阿依帕尔·艾斯卡尔

阿依帕尔·艾斯卡尔，女，1990年生，新疆克孜勒苏柯尔克孜自治州人，2010—2014年就读于中国海洋大学行政管理专业。现任皮拉勒乡党委副书记（正科级），曾任克孜勒苏柯尔克孜自治州组织部公务员二科科长，"访惠聚"驻阿克陶县巴仁乡巴仁村工作队队长、第一书记。曾获2020年"全国先进工作者""全国高校毕业生基层就业卓越奖""新疆维吾尔自治区民族团结先进个人""新疆维吾尔自治区优秀共产党员"等称号。

越过浩瀚无边的沙漠，穿过高山和荆棘，与滚滚黄河相伴而行。2010年，20岁的阿依帕尔背起行囊来到千里之外的中国海洋大学求学，见过城市的喧嚣与繁华，四年后她重新回到家乡，在田间地头朝着脱贫致富的方向再出发。

▍大学之大：爱在海大，爱如海大

北方的冬天带着一些刺骨的冷意，阿依帕尔擦了擦玻璃上的雾气，使劲朝火车外挥了挥手，站台上的女孩笑着回应，呼啸而过的汽笛声惊起枝丫上的鸟儿，在阿依帕尔的回忆里泛起涟漪。

这段画面给阿依帕尔留下了深刻的印象，她笑着告诉我们，站台上的女孩是她的大学室友高丹，一个活泼热情的山东姑娘，在春运期间帮阿依帕尔抢到了回家的火车票，又亲自将她送到连云港乘车。如同两个女孩的情谊温暖了冬天，中国海大，这个她们学习生活了四年的学校，在阿依帕尔的叙述中也带着暖融融的色调。

提及大学生活，阿依帕尔首先想到了给予她很多帮助的班主任和辅导员。

"唐丽敏是我的班主任，是一位细致有耐心的好老师。"阿依帕尔曾患有强直性脊椎炎，那时正值她刚刚康复不久，崂山校区偌大的校园和连续的上下坡走起来仍让她有点吃不消，唐丽敏注意到阿依帕尔的情况后，经常开车送她上下课，一直持续到她大三下学期。阿依帕尔如今仍清晰地记得唐老师载她的那辆小红车。

辅导员齐晓敏常与学生聊天谈心，关心他们的身心健康和生活状态。在阿依帕尔眼中，齐晓敏既是老师，也是可以交心的朋友。时至今日，阿依帕尔还和齐晓敏保持联系，当在工作中遇到不如意的事情时，还愿意与齐老师说说。

"王刚老师幽默风趣，正是因为他，我开始对行政管理这个专业产生了兴趣。"王刚老师上课风格独特，不会直接灌输知识，常常结合各种生动的案例讲解理论，受到学生的喜爱。王刚老师不仅激发了阿依帕尔对专业课的兴趣，而且潜移默化地影响了她的价值追求。她对"国家公务员"这个职业的理解不断加深，认识到作为行政管理专业的学生，要拥有"为天地立心、为生民立命"的公共精神和济世情怀。

阿依帕尔的大学生活阳光明媚且精彩。她的大部分时间是泡在图书馆里学习。说起在海大学习的情景，阿依帕尔滔滔不绝："我们去图书馆抢座位可疯狂了，长长的队伍能排到映月湖和孔子像，大门一开，所有同学'呼啦'涌入图书馆，甚至跑掉了鞋子、挤掉了早餐……'学在海大'真是名不虚传！"她热衷于接触各种新事物，加入了学生会和海鸥剧社，担任了班级团支部书记。她喜欢打篮球和跑步，来到海滨城市，自称"旱鸭子"的她还选修了游泳课，丰富多彩的校园活动带给她全面的锻炼和快速的成长。在大一时她成为一名中共党员。

"我觉得海大像世外桃源，远离市区的喧嚣，学校里既有樱花，又有和樱花一样漂亮的女孩子。"阿依帕尔看着黑板上闪闪发光的"公共"二字，为人民服务的信仰和追求悄然在内心生长。

行者无疆：梦回那片海

"考研还是就业？留在东部还是回新疆？"临近毕业，阿依帕尔经常被问到这些问题。每到这时，她总会毫不犹豫地回答："我要去一个更需要我的地方。回到家乡，建设、发展家乡就是我的最佳职业生涯规划。"

早在入学之初，父母就希望女儿将来毕业能留在内地大城市，再找一份比较稳定、体面的工作，实现圆满的人生。阿依帕尔却认为家乡条件虽然艰苦一些，但值得奋斗,奋斗的青春才是最美丽的。每次寒暑假回家,她都要与父母促膝长谈,话题自然离不开"自己只有融入家乡建设和发展,才能真正成就自己,实现人生价值"。父母被她说动了,成为女儿返乡就业的坚定支持者。

当看到学校官网发布了新疆维吾尔自治区选调生考试的公告后,阿依帕尔知道自己的机会来了。

说来有趣,她原本打算到学校学生就业创业指导与服务中心找老师咨询情况,由于没有找到中心办公室,见校长办公室的门开着,情急之下直接走了进去。时任校长吴德星教授放下手中的工作,耐心接待了她。了解到阿依帕尔的来意后,笑着跟她说:"学校推荐你们完全没有问题,学校向来重视学生就业创业工作,鼓励大学生到祖国最需要的地方去,只要你们有意向并且符合条件,学校会大力支持。"校长的话就像是一颗定心丸,让阿依帕尔坚定了信心。

后来阿依帕尔如愿考取了新疆维吾尔自治区选调生。学院举行的毕业典礼上,师生互诉衷肠,依依惜别。阿依帕尔拉着唐丽敏老师的手动情地说:"我取得的每一次进步,都与学校悉心培养、老师们谆谆教导以及同学们热情帮助分不开。在母校的四年时光,我遇见了好老师、志同道合的好同学,也让我遇见了更好的自己。"

▍铿锵玫瑰:小身板顶半边天

大学四年的学习让她明白,只有在最艰苦的地方才能摔打成长、淬炼成钢。2015年2月,阿依帕尔主动申请到乌恰县距离偏远、环境艰苦的牧区乡工作,任克州乌恰县巴音库鲁提乡政府科员。2017年1月,突出的工作表现使她连跨两级被调入克州党委组织部工作。刚到新单位工作不满一年,她又主动向组织请缨,希望到情况最复杂、脱贫任务最繁重的阿克陶县巴仁乡巴仁村工作,担任巴仁村的第一书记、克州党委组织部驻巴仁村"访惠聚"工作队队长。

阿依帕尔接过的是一块难啃的硬骨头。地处塔克拉玛干沙漠边缘、帕米尔高原东麓的巴仁村是一个贫困率高达43.3%的深度贫困村。

阿依帕尔决定首先从改变村民的思想观念入手,拉近干群距离。她和队员们耐心上门做工作,遇到任何问题都想方设法帮村民解决。农忙时节,他们还充当义务工,帮村民收麦子、掰玉米。同时,他们着力抓好党员队伍和村干部队伍建设,统筹村里10个专业合作社成立6个党支部,对村"两委"班子进行调整充实,将5名优秀返乡大学生和2名内地招录国家干部选配到村"两委"班子;依托援疆渠道,每年选派村干部到内地学习;对驻村干部和村组干部实行包户制度和网格化管理制度。

　　为了改善村容村貌，阿依帕尔和队员们积极协调农业、水利、住建等部门，解决了遗留多年的水、电、路等问题；实施"厕所革命"，为贫困户建水冲式厕所、安装电热水器、改造家庭浴室；对没有硬化院子的村民家进行院子硬化；在村里建起托幼院、老年人日间照料中心，让留守儿童和老人有专人照顾。

　　阿依帕尔还帮助村里创办产业。她和队员们一起发动村里的能人，带动其他村民成立合作社抱团致富，先后扶持成立了苗木种植、品种牛养殖等5家农民专业合作社，带动全村200户种植养殖户年均增收2000元以上；成立了烤馕合作社和巴仁杏干加工合作社，其中烤馕合作社吸收村里24名贫困群众稳定就业，人均月收入1800元以上。2019年5月，在她的积极协调下，投资1000余万元的村办企业——新仁建材公司正式投产，吸纳了15人稳定就业。建材公司当年就为村集体增收731万元。公司又通过分红、购买服务等方式，增设公益性岗位，使130多家贫困户每户每月增收1200元。

　　2019年底，巴仁村全村人均收入同比增长1025元，318户建档立卡贫困户、1563人脱了贫，这个深度贫困村摘掉了穷帽子。

　　看着村里变得越来越好，阿依帕尔欣慰地笑了："村民日子过好了，我的工作才有价值！"她先后荣获自治区民族团结先进个人称号、自治区优秀共产党员称号，2020年又被评为全国先进工作者。2023年，被学校推荐获评"全国高校毕业生基层就业卓越奖"。

　　阿依帕尔说，"是海大塑造了我这种性格，皮实，像打不倒的'小强'"。基层工作的生活环境艰苦，她坦然接受；扶贫路上遇到诸多难题，她冷静处理；百姓最初对她的年龄和性别产生怀疑，她用行动打破偏见。阿依帕尔的身上有种"千磨万击还坚劲，任尔东西南北风"的韧性，仿佛怎样的困难都压不垮她。

　　饮水思源，阿依帕尔不忘感恩回馈母校。2023年11月，她受聘为中国海洋大学学生职业发展导师，指导学弟学妹职业生涯规划和发展。

访谈 后记

　　访谈在美丽的喀什古城进行，窗边的风铃和着温暖的微风，令人感到愉悦。阿依帕尔学姐讲话不紧不慢，娓娓道来的语调能够把人拉到温暖的回忆里，仿佛看到了十年前海大校园生活的模样。说到工作，学姐似乎有说不完的人和故事，学姐说海大塑造了她沉静的品格，也正是这种品格，练就了她在工作中面对一切困难的坚忍、顽强，一步一个脚印、稳扎稳打，在天山脚下像雪莲花一般绚丽绽放。

校友寄语

　　亲爱的海大，我的母校，得益于您对我的栽培，我毅然决然回到家乡，向下生长，成为一名选调生；得益于您对我的栽培，我无比光荣地成为一名维护社会稳定和长治久安的新疆基层干部；得益于您对我的栽培，我日益成长为一名脚踏实地、不忘初心的中国共产党党员。历经百年岁月的您，海纳百川，以海大精神培英育俊。身在天南地北的海大学子志存高远，百花齐放，桃李芬芳溢四海，同为母校争殊荣。今年恰逢您的百年诞辰，作为海大人的我，情系海大，祝福母校，永铸辉煌！

（撰稿：2020级行政管理　高文旭）

学弟学妹 眼中的他 ————————

　　与岁月博弈、同时间对抗，深耕于阿尔茨海默病领域的他，将真诚与热血倾注在那条鲜有人至的通幽之径。他用他的专业、他的责任、他的坚毅，聚焦社会热点问题，守护一位位老年人眸中的清明。

解救"困在时间里的人"
——访 2011 级校友郁金泰

　　郁金泰，男，1982年生，山东枣庄人，2011—2014年就读于中国海洋大学医药学院药物化学专业。复旦大学科学技术研究院副院长，复旦大学附属华山医院神经内科副主任，复旦大学上海医学院科研处处长。

　　2018年受聘复旦大学"校关键岗"特聘教授，2019年长江学者奖励计划青年学者，2022年长江学者奖励计划特聘教授；学术成果在 *Lancet Neurology*、*Nature Human Behaviour*、*Nature Aging* 等国际顶级期刊上发表；主持科技创新2030脑科学与类脑研究重大项目和国家自然科学基金重大研究计划，荣获省部级自然科学一等奖1项，科技进步二等奖4项。

　　阿尔茨海默病患者常被称为"困在时间里的人"。随着病情恶化，那块"记忆橡皮擦"会慢慢剥离人们珍视的记忆、熟悉的技能，逐渐让病人失去认知、丧失行为能力、出现精神症状，甚至危害生命。他们困在时间里，在自己的世界里苦苦挣扎。

　　机缘巧合之下，年轻的郁金泰接触到这一鲜有人踏足的领域。踏实勤勉为之桨，创新精神为之矛，敢想敢做为之袍，他以青春为社会奠基，他以专业予病痛抚慰，纵穷山距海，亦不能限也。一次次探索，一次次攀登，终于问鼎这一片领域的高峰。

　　如今，他诚心地祝愿越来越多踔厉奋发的青年人能给科研领域注入新生的血液，也倾心地指导那些在人生之路上不断摸索的学子找到正确的路途。捧一颗真诚之心来，我们倾听他那波澜壮阔的探究历程，那语重心长的谆谆教诲……

▎守初心，烨烨且烈烈

由于患有阿尔茨海默病的大多是中老年人，在传统观念中，人们认为阿尔茨海默病是随着年龄的增长，人的大脑出现退化，简单来讲就是老糊涂了、做不好事情了，是和年龄相关的一个自然现象。最初报道的很多阿尔茨海默病患者是早发家族性的，认为阿尔茨海默病受遗传的影响非常大。因此，在以前大家普遍认为阿尔茨海默病是无法预防和治愈的。

但是，郁金泰执着于自己的想法，"阿尔茨海默病是很常见的慢性病，其他的高血压、糖尿病、心脑血管疾病，甚至肿瘤都有预防指南或治疗手段……阿尔茨海默病和肿瘤等其他难治性重大疾病的发展历程十分类似，肿瘤也是很常见的慢性疾病"，既然肿瘤都具备可以预防和治疗的措施，理论上阿尔茨海默病也应该有相应的可调控危险因素，而绝非仅与年龄和遗传因素相关，一定还存在其他可以用于预防和治疗的关键手段。

前期，其研究团队也发现了有关阿尔茨海默病存在一些可调控危险因素的报道，这在一定程度上肯定了他们的想法。更重要的是，对阿尔茨海默病发病率而言，在一些地区，并没有像预期的那样以20年翻一番的速度增加，而是处于一个下降的趋势，这也从流行病学的角度上证明了阿尔茨海默病是有可能被预防的，由此极大地鼓舞了郁金泰团队坚持做下去的信心。

研究过程历时长久、数据繁多，但郁金泰从未放弃，着手按照循证医学的策略进行系统的评价研究，收集证据、绘制研究、评价分类，前后历时三年，他们成功绘制出了阿尔茨海默病可调控危险因素图谱，积极控制相关的可调控危险因素可以预防50%～60%的阿尔茨海默病的发生。研究成果最终发表在神经领域顶级期刊 *British Medical Journal* 的子刊上，并进行全球媒体的发布。这项研究成果颠覆了传统的理念，得到了极大的关注。

正在美国加州大学旧金山分校工作的郁金泰因此收到了很多国家媒体的采访邀请并有了很多和前辈同行交流的机会。他毫不吝啬，积极分享自己团队关于阿尔茨海默病可调控危险因素和预防工作的相关介绍。年轻的学者并不意味着阅历的浅薄，他不惧压力、不畏挑战，相信水到渠成，更相信厚积薄发。

科学研究的顺利进行、研究成果的重大意义、国家人民的高度关注，更加坚定了郁金泰继续在这个领域深耕下去的决心。在国外的深造进程中，郁金泰也察觉到，国外有很多着手制定预防指南的工作，在国内则更多是专注于学术的研究与突破。"既然阿尔茨海默病有这么多的可调控因素，是可以预防的，那到底如何去预防？""心脑血管疾病、高血压甚至是肿瘤都有循证预防指南，这么常见的阿尔茨海默病却没有一个对应的循证预防指南"……由于在国外参与制定过"进行性核上性麻痹"的诊断指南，郁金泰也想制定有关"阿尔茨海默病"对应的循证预防指南。他抓住机遇，牵头联合多个国家的17个相关领域的顶尖权威教授制定了全球首个阿尔茨海默病循证预防指南。巨大的工作量并没有击退郁金泰的初心和热情，他不断探索、勇于攀登，踏实坚定地翻越寻梦路上遇到的每一道坎。这项工作于2015年开始，2020年发表，其研究成果至今仍具有很高的社会影响力，成为美国制定阿尔茨海默病和认知下降预防指南推荐建议的主要参考，也成为国内临床预防阿尔茨海默病的重要依据。郁金泰对研究取得的成果深感欣慰，也深知随着发展，阿尔茨海默病也会出现新的关键点，不能被曾经的成果蒙蔽双眼，应继续扎实研究，不断探寻新的可调控因素，不断完善和修改循证预防指南。

这一路或许充满挑战和困难，但他从未退缩；这一程或许成就斐然，硕果累累，但他从未忘本，始终在他热爱的道路上执着而坚定，谦逊又勇敢。

▌思来路，漫漫亦灿灿

回忆起在母校的求学时光，恍如昨日。郁金泰在中国海洋大学医药学院开启了新一段药物化学世界的旅程，并表示"有幸能在海大感受到管华诗院士强大的人格魅力"，在管院士和谭兰老师的精神感召下，更加坚定了不断深入从事科学研究的信念和决心。提到为什么会选择研究神经病学、研究阿尔茨海默病时，郁金泰腼腆地笑了一下，"这是一件机缘巧合的事情"。郁金泰最初的意向是学习血液、肿瘤方向，因为这是更容易被攻克的领域。但在轮转科室时，他发现血液病人有限，同时疾病的残忍、病患的悲痛对他产生很大的触动。而随着社会发展和老龄化进程加快，神经系统疾病逐渐增多，具有极大的发展前景。大脑作为整个机体的"司令部"，最复杂也最有挑战性，除此之外，作为一名医生，他希望能拯救更多的病人，产生更大的社会影响力，让生命诠释出更大的价值。

在决心投入阿尔茨海默病的研究之后，他也曾面临困难和选择。十几年前，国内的神经科病人并不多见，没有临床工作的加持，学术研究也显得不够充分，严重阻碍了研究历程，甚至让他一度考虑要不要转战脑血管领域。后来，在前辈的指导下，他毅然决定出国深造。在欧美国家，他发现老龄化问题非常严重，神经领域尤其是阿尔茨海默病格外受到关注。开放的思想、前瞻的目光让他敏锐地意识到了在这个领域深造下去的前景，他相信，随着国家的不断发展，阿尔茨海默病也会是国内十分关注、重视的疾病。于是年轻的郁金泰不再迷茫，他找到了他的使命担当，坚定了他的志之所向，以青春为社会奠基，以专业予病痛希望。美国加州大学学习工作的经历，让郁金泰了解了国外研究者的工作特点，意识到了国际上对于阿尔茨海默病的重视程度，使他更加坚定地从事阿尔茨海默病研究这一领域，同时，也给予郁金泰极大的信心，敢想敢做、不断尝试，也为后来阿尔茨海默病循证预防指南的制定打下了坚实的基础。目前，随着人类寿命延长和社会老龄化进程加快，患阿尔茨海默病的病人越来越多，社会的关注度越来越高，阿尔茨海默病的治疗现已成为一个全新的极具探索魅力的研究方向。郁金泰也凭借其敏锐的感知、扎实的积累，成为国内阿尔茨海默病临床研究领域的领军人物。

"希望自己在有生之年能够攻克阿尔茨海默病，解救困在时间里的人。"这是郁金泰毕生的追求与梦想。为了实现自己的梦想，近几年，随着中国脑科学计划步入正轨，郁金泰团队也积极争取，拿下了国家脑科学计划项目中关于此研究领域最大的一个项目，项目资金近1.4亿。同时郁金泰团队也积极同复旦大学药物化学专业的研究团队合作，研究寻找能够靶向结合阿尔茨海默病核心病理的蛋白，以便于后续阿尔茨海默病患者脑内病理活体成像和精准靶向治疗，由此进行后续更为深入的精准诊治研究。

"我立于渐落的夕阳，守望那初升的扶桑。"或许那些被守护的人们已经垂垂老矣，但像郁金泰这样对抗阿尔茨海默病的临床医生和科研人员，他们将理想汇聚成火焰，将努力汇聚成柴木，燃起温暖的光芒，将灿烂的希望洒向人间。

▌寄情思，绵绵更灼灼

"先做人，再做事"，这是郁金泰教导学生时最常说的话，也是郁金泰在人生长跑中始终能量满满的泉源。

面对未知的领域，郁金泰以果敢和坚毅的态度，毫不犹豫地投身其中。他从不畏惧挑战，更不会沉溺于抱怨和退缩。相反，他选择以行动回应未知，遍览相关文献资料，不断深化和丰富自己的理论体系。他敢于尝试，勇于探索，始终相信自己的直觉和判断力，并为之倾注心血，不断发光发热。

对于导师安排的工作，郁金泰不仅以扎实的态度去完成，更以追求卓越的精神去对待。他深知，每一个任务都是一次学习和成长的机会，因此他总是全力以赴，力求完美。他像一块海绵一样，拼命吸取知识的甘泉，不放过任何一个细节和疑问。他不仅仅满足于完成任务，更是努力超越自己，展现出极高的自我驱动力和求知欲。

面对各种难题和挑战，郁金泰从不轻言放弃。他坚信，只有通过不断努力和持续探索，才能攻克技术难题，为患者带来更好的治疗效果。他不仅关注技术的创新和应用，更注重团队的合作和协调，带领团队一块一块啃下硬骨头。他相信，只有团结一心、共同努力，才能战胜一切困难。他的这种坚忍和毅力，不仅为攻克技术难题作出了巨大贡献，也帮助自身逐渐形成了独特的价值体系与人生哲理。

郁金泰的经历和态度激励着青年一代坚定意志和拥有长远目光，务实笃行，明确个人成长的坚持与追求，践行社会责任的担当与贡献。他告诉我们，青年应该大胆探索，勇敢追寻自己真正热爱的事业方向，以热情与毅力投身其中，实现自我价值与社会贡献的和谐统一。他不仅在科研领域扎实耕耘，更时刻关注着母校的发展，积极为世界一流大学建设贡献自己的力量。他深知母校在国家海洋强国战略中的重要地位，坚信母校将以海洋特色为翼，续写新时代的辉煌。郁金泰用自己的行动诠释了对母校的热爱与期望，成为一代代海大人心中的楷模与力量源泉，不断激励着海大学子奋勇前行，再续华章！

访谈 后记

最初和郁院长通微信，郁院长的知识储备、严谨程度让我们深深敬佩。在前期的准备过程中，了解过郁院长的经历与成就，我们愈发忐忑，担心我们的问题不够深刻，我们的了解过于浅薄，我们的文字不够深厚，无法展示出郁院长的精神与内涵。

但见面后，郁院长的温和、关心、笑容冲淡了我们的焦虑。在交谈过程中，郁院长态度亲和，平易近人，对未来和自己的科研始终保持期待和兴奋，令我们难忘。

校友 寄语

热烈庆祝母校百年华诞！感恩母校为我们的成长和发展作出的卓越贡献！祝愿母校为祖国培育出更多的优秀人才，为海洋强国建设和中华民族伟大复兴的重大战略任务创造新的辉煌！

——郁金泰

（撰稿：2023级药物分析学 刘倩；2022级药学 赵一玮）

学弟学妹 眼中的她 ——————

爱笑、热情、爽朗、谦虚。她一步一个脚印，把热爱的事情做到极致；她不怕吃苦，用坚持给天赋增光添彩。

心以至坚，无往不前

——访 2013 级校友李倩

李倩，女，1990年生，河南商丘人，2013—2018年就读于中国海洋大学运动训练专业学习，获教育学学士学位。现为中国拳击队运动员。

2014年，获仁川亚运会拳击女子75公斤级银牌；2016年，获里约奥运会拳击女子69-75公斤级季军、第十四届全国运动会拳击女子75公斤级金牌；2018年，获世界女子拳击锦标赛75公斤级冠军；2019年，获亚洲拳击锦标赛女子75公斤级冠军；2020年，获东京奥运会拳击女子75公斤级亚军；2023年，获杭州第19届亚运会拳击女子75公斤级金牌；2024年，获巴黎奥运会拳击项目女子75公斤级金牌。曾获"内蒙古自治区五一劳动奖章"等荣誉。

初见李倩，你会被她身上那种阳光大姐姐的气质所吸引。拳击是极具力量感的运动之一，但你能从李倩的谈吐和举止中感受到她的细腻、温和。7月的北京，阳光炙烤着大地，李倩带领着队员们走向国家奥林匹克体育中心拳击场馆。到达场馆后，李倩迅速进入状态，她背对着我们，专注地整理着队伍。随后，她走到排头，聆听教练的指令。我们站在一旁静静地观察着这一切，感受着这位拳击运动员训练的日常。

▌半路出家，篮球后卫变身女拳手

李倩出生于1990年，祖籍河南，自幼随父母迁居内蒙古呼和浩特市。身高臂长的她，最初是一名篮球后卫。2007年，内蒙古女子拳击队广招队员，篮球队与拳击队恰好在同一个院内训练。出于好奇和挑战自我的决心，李倩报名参加了拳击队的集训，并在两个月后被教练选中，正式开始了她的拳击生涯。

从团体项目篮球转向个人项目拳击，这一转变对李倩来说并不容易。但她坚信，个人的成长离不开团队的支持，而篮球所培养的灵活性和应变能力也为她在拳击场上提供了巨大的帮助。刚开始，她曾因力量不足而差点放弃，虽然身高臂长，但是"没有劲儿"。她说："可能是我心里有一股劲儿，我能坚持，跑步训练时我虽然跑得不快，但跑得慢一点也能到达终点。"也正是这一点让李倩打出了灿烂的职业生涯。

拳击运动为李倩带来了深刻的改变。她坦言，曾经的自己性格内向，甚至在训练时也会刻意回避与教练的交流。然而，经过一段时间的训练，拳击这项充满活力的运动让她意识到，"倘若个性过于内敛，出拳便会显得拘谨，在赛场上难以释放能量。因此，在长时间的训练之后，我逐渐变得更加开朗"。而在职业生涯中取得的成绩也使李倩愈发自信，"每次比赛前，我会对着镜子打两拳，审视镜中的眼神，以此为自己加油鼓劲"，说这句话时她眼里写满了自信与坚定，仿佛她本来就是如此。

▍海大铸梦，拳击人生再起航

长年累月的努力见证了李倩的成长。2012年，李倩几乎包揽了国内拳击女子75公斤级的所有冠军。然而，在奖牌纷至沓来的同时，李倩进入了人生迷茫期，支持她前进的"那股劲儿"似乎有些松懈。就在这时，李倩作出了人生的一个重要决定：进入大学深造。

经过充分了解，中国海洋大学成为李倩报考的目标学校之一。早在1994年，海大就在体育课程中开设了拳击课，深受学生好评，被戏称为"神仙课程"。2008年，海大率先组建起全国综合性大学中的第一支专业拳击队——中国海洋大学女子拳击队，先后有多名国家拳击队队员进入海大深造，拳击文化在海大具有深厚的基础。2013年，经于联志教授推荐，在通过单招考试后，李倩正式进入海大运动训练专业学习。

既是一名在校大学生，又是一名国家拳击队运动员，双重身份让李倩面临着更多的挑战——在进行专业训练以保持竞技状态的同时，还要兼顾学校的理论课程和实践项目。与其他同学相比，李倩必须在训练和学习之间找到平衡点，努力克服困难，保持运动水准。在运动项目方面她做到了顶尖，斩获奥运会银牌；在专业知识学习方面她做到了一丝不苟，顺利完成学业。这种独特的经历不仅让她的运动生涯更加丰富多彩，也让她在学习上得到了充实和提升。

在谈到印象深刻的学习经历时，有一件小事引起了我们的注意。"我记得很清楚，里约奥运会结束以后，我第一时间返回学校补课，其中就有我很头痛的英语课，当时的英语老师李玲给我开起了'小灶'。她单独辅导我，一个词一个词地教。"提到这里，李倩很是感激，这也为她登上国际赛场打下了坚实的英语基础。在谈及学习感受时，她发现自己坐在教室里上课的状态与训练时大相径庭，理解课程内容也相对吃力，但在老师的帮助下，她很快调整了自己的状态，逐渐适应了这种新的学习方式。她极强的适应能力也在各科学习成绩上得到了充分的体现，比如，高级专项运动训练系列课程取得了99分的高分，运动心理学、运动营养与恢复等专业理论课程也获得90分以上的好成绩。

在海大的文化课学习经历让李倩提升了训练效率，突破了竞技瓶颈，事业发展进入一个新高度。2013年第十二届全运会、同年的世锦赛以及2015年亚锦赛上，李倩成为奖牌收割机。2016年她顺利拿到里约奥运会入场券，"紧张、激动、兴奋"，这是李倩第一次参加奥运会时的心情。她回忆道，"当时是处于一个比较懵的状态，等到真正反应过来以后，比赛已经输掉了"。对于运动员来说，大赛经验无疑是成功的一环。从这以后，她对比赛的理解也变得更加深刻了。经过不断努力和磨炼，在2018年世锦赛上，李倩取得了冠军。于李倩而言，这是一个很大的激励，意味着她对比赛的控制能力达到了新的高度。

▎回首过往，她眼里写满了坚定

从中国海洋大学毕业后，李倩继续着她十几年如一日的训练，持之以恒地追求自我提升，矢志不渝地为国家争取荣誉。2020年在东京奥运会拳击项目亚洲/大洋洲资格赛中获得东京奥运会入场券；2021年8月8日，东京奥运会收官战中，她拿下中国拳击队的第2枚银牌，实现了自己在奥运会上的最好成绩；2023年，她在杭州夺得亚运会金牌——第19届亚运会拳击女子75公斤级金牌，同时获得了巴黎奥运会的参赛资格。

17年的勤奋努力打造了一个国际级的运动健将，然而，这背后也伴随着一身的伤病。她需要克服巨大的训练强度带来的疲乏，克服诸多的伤病折磨，并且相较于年轻运动员，她的恢复时间更长。但李倩从未放松过对自己的要求，每天早上5点半出操，下午3点半拳击训练，晚饭后治疗伤病，9点半上交手机，全年无休，这就是一名运动员真实的生活写照。在日复一日的训练中，海大的回忆是李倩生活中的一抹亮色，课堂讨论、校园漫步、海边赏月是她当时专属的放松方式。尽管在海大学习、生活，但由于随时可能面临的兴奋剂检测，她几乎从未品尝过海大的各色美食，这成为她的一点小遗憾。

训练时专注，出拳时果决，这些无不展现着李倩的霸气和锋芒。但谈到家庭，她的眼中流露出了深深的柔情，父母的支持和鼓励也是她努力拼搏的支撑。她回忆起有一次，家里人因为煤气中毒进了医院，但父母并没有当即告知在外训练的她，知道以后，李倩心里五味杂陈。由于高频次的比赛和训练，李倩已经多年没有回家过年。"我现在很少过年回家，我们基本没有假期，大年初一会休息一天，初二就正常训练了，回去也挺麻烦的，吃饭什么的也得给你单独做，还折腾家里人，不回去也行。"她看似轻松地说道。

透过她的讲述，我们走进了她的内心，也切实感受到了她作为拳击运动员的强烈信念。她又回忆道，在2021年东京奥运会上，拳击项目是当时的最后一个夺金点。李倩坦言，由于过于渴望金牌，她在比赛中反而变得畏手畏脚，无法完全放开自己。最终，她以微弱的差距与金牌失之交臂。也就是这么一点差距，让她一直在坚持。

▍行远自兹　走在热爱的道路上

提起母校，从校园里的樱花大道谈到青岛一望无际的海，李倩眼里的笑意几乎要溢出来了。

海大的生活既是学习，也是沉淀。她说："我很幸福！海大的学习和生活经历让我很难忘，现在也总能想起和同学们在教学楼五区上课、在樱花大道漫步、在拳击训练馆里挥汗如雨的日子。"当然"海纳百川，取则行远"的校训她也一直铭记于心，它教会了李倩要铭记规则意识、涵养谦虚的心态，让她一步一个脚印地走在热爱的道路上。任何事情的成功都不是一蹴而就的，从种下一粒种子直到它开花，需要一次又一次地浇水、施肥。李倩正是一个善于坚持与等待的人。在访谈过程中，她直言道，"不管巴黎奥运会能不能拿上金牌，我坚持了，我尝试了，所以我也不遗憾了"。这是李倩的人生态度。而杭州亚运会的夺冠，也让李倩正式开启了巴黎奥运会的备战模式。"现在欧美的拳击运动员水平都很高，因此备战奥运会丝毫不能懈怠。"李倩这样说道。2024年的巴黎奥运会上，第三次征战奥运的李倩终于圆梦，为中国拳击队摘得一枚金牌。

在被问及即将到来的退役打算时，李倩看起来已经有了明确的规划。"我很想回海大，退役后如果有机会我也想回到海大，成为'神仙课程'的老师，将奥运精神和拳击精神带回海大，将拳击这项冷门的运动推广出去，让拳击运动繁荣校园，让更多的人了解拳击、热爱拳击、推广拳击，回馈更多的海大学子。"

访谈 后记

采访前的惴惴不安在见到李倩时全然消失。她是一位低调、谦虚的大姐姐，毫无距离感，访谈氛围始终轻松自在。关于李倩，我们的访谈仅仅呈现了很小的一角，从篮球运动员到一名女拳击手，从海大出发到走向世界，个中艰辛自不待言，她的坚忍、开朗会一直影响我们。放弃不难，但坚持一定更酷！

最后，让我们重新认识一下她吧。

她和普通姑娘一样，喜欢逛街，喜欢运动，爱吃火锅，爱跟我们唠嗑。她高高的个子，脸上永远挂着笑意，两只眼睛笑起来像弯弯的月亮一样。

她一直走在热爱的道路上。

2021年，她想过退役，

2023年，她还在坚持，

2024年，她在巴黎圆梦。

校友 寄语

做人和训练都要有谦虚的心态、守规则的意识，只有具备这样的品格，才能收获更多，从而取得更加优异的成绩。在此祝愿母校越来越好，生日快乐！

——李倩

（撰稿：2021级现代教育技术专业　刘统敬；2022级现代教育技术专业　郭晴）

学弟学妹 眼中的她 ————————

　　李静学姐热情大方，积极阳光，坚定勇敢。她以"功成必定有我"的使命担当和家国情怀勇担重任，将小我融入社会的大我之中，在时代的滚滚浪潮中坚定地站在最前沿，主动请缨赴广西基层一线扶贫振兴，为当地百姓踏实做事，辛勤付出。她将青春的答卷写在了广袤无垠的基层大地上，写在了人民群众的幸福笑容里。

山东姑娘的"南下"基层行

——访 2015 级校友李静

　　李静，女，1992年生，山东临沂人，2015—2018年硕士就读于中国海洋大学马克思主义中国化研究专业，现就职于广西壮族自治区政协办公厅秘书处。2018年7月—2019年5月在广西政协办公厅人事处工作；2019年5月—2020年4月在广西政协办公厅秘书处工作；2020年4月—2022年6月在广西百色市隆林各族自治县克长乡大庆村担任驻村工作队队长、党组织第一书记；2022年6月—2023年6月在广西百色市隆林各族自治县者浪乡幺窝村担任驻村工作队队长、党组织第一书记。

　　2023年9月初的南宁，阴雨绵绵。北回归线穿境而过，亚热带的自然风光让这座南国名城清新灵动；多个民族聚居于此，演绎着壮乡首府的最炫民族风；中国—东盟博览会永久在此举办，塑造了古郡邕州开放包容的国际化气质。

　　五年前，李静从山东出发，跨越2000多公里来到这里，成为广西壮族自治区政协办公厅的定向选调生。从红瓦绿树的青岛海滨到碧水青山的八桂之乡，再到石漠化的贫困山区，这些地方见证着李静的担当和情怀。2020年初，在疫情防控最关键和脱贫攻坚只剩"硬骨头"的双重困难时刻，她不惧风险与艰难，多次主动请缨到基层一线，义无反顾地前往百色市隆林各族自治县克长乡大庆村开展扶贫工作，帮助当地老百姓过上好日子。有人问她为什么到离家这么远的地方工作，她霸气回答："家是最小国，国是千万家……神州大地，哪儿都是家。"

▋ 求学之处：记忆中的那片海

"其实一开始还真的没想到要来海大。"李静的回答让人有些意外。本科就读于曲阜师范大学的李静，由于成绩优异，获得了研究生推免资格，她抱着试一试的心态参加了海大的推免考试，顺利被录取到马克思主义中国化研究专业。学在海大，"研"途三年的点点滴滴汇聚成属于李静的独家记忆。回忆起海大园的求学时光，李静充满怀念。和学校其他学院相比，马克思主义学院虽然体量较小、学生不多，但学术氛围依然很浓厚，师生关系也非常融洽。马院的老师们学识丰富，为人谦和，和学生们的关系也很亲近，李静和老师、同学们的相处轻松自在。李静印象最深刻的老师是自己的导师蔡勤禹教授。蔡老师是她学习和生活上的良师益友，当初她本有读博深造的打算，蔡老师为李静多方联系老师和学校，不遗余力地帮助她，但最后李静没有走这条路，蔡老师并没有因此责怪她，而是充分尊重并支持自己学生的选择。李静也非常喜欢李元峰教授的课，"李老师的课生动有趣，那时候他给理科生上科技哲学课，能写满满一黑板的公式"。还有王付欣老师的思政课，也让李静受益匪浅，她认为自己的职业选择在一定程度上受到了王付欣老师思政课的影响。"王老师的课我特别爱听，尤其是党课，真的能改变一些人，我觉得他做的工作非常有价值，他的课也非常值得去听。"除了所学专业对李静产生的深远影响，学校"海纳百川，取则行远"的校训精神也逐渐融进了李静的胸怀，无论在工作还是生活中，都提醒着李静不断提升格局、开阔视野、脚踏实地、身体力行。李静这样说道："海大带给我最独特的就是踏踏实实、不功利的品质，我们海大人一直在低头拉车，踏实做事。"

▋ 行万里路：衣带渐宽终不悔

越是基层一线和艰苦地区，越能让人经风雨、见世面；越是复杂局面和急难险重任务，越能给人以"重担压身"的锻炼。对于李静来说，基层是一个大有可为的广阔舞台，让她充满期待。

之所以选择做广西选调生，一方面是因为受到海大贵州支教团的影响，学校的支教团每年都会选拔优秀的本科生前往贵州支教，她认识的支教团同学拍摄了很多有意义的图片和视频并在微信朋友圈宣传，让李静心向往之。"我觉得一生中能有机会去到那样的地方做一些事情很值得。"作为研究生，李静一直没有机会参与其中，但是支教团的分享已经在李静的心中埋下一颗种子。另一方面，李静在毕业前参加了广西选调生宣讲会，当时来宣讲的部长深情地说："当祖国需要你的时候，当你有能力的时候，切记把祖国放在心上。"这句话对李静的触动很大，让她毅然决然地选择前往广西的基层服务当地的贫困百姓。

从南宁市区到隆林的大庆村，路途遥远，李静至少要花七八个小时才能到达。"我要先打车到高铁站，坐高铁到达百色后，再坐中巴车去隆林，到了隆林还要继续坐中巴车到镇上，再找村里的摩托车把我驮进去。所以这一路顺利的话是七八个小时，不顺利的话，基本上需要大半天的时间才能到达村里。"隆林是全国仅有的两个各族自治县之一，是广西最后摘帽的8个极度贫困县之一。大庆村属于石漠化山区，是贫中之贫、困中之困的深度贫困村，受疫情影响，贫困情况雪上加霜。虽然已经提前做好了心理准备，但贫困山区的条件比李静想象中还要艰苦，村子里大部分都是留守儿童和老人，很少有人会讲普通话，"和他们几乎是完全沟通不了，只能通过心与心的交流和眼神沟通"。从山东到广西，尽管条件艰苦，在语言和饮食等方面有很多不习惯的地方，但李静从未想过退缩，而是倍加珍惜这段在基层的日子，时刻想着自己能为少数民族山区的百姓做些什么。

▌苗乡扶贫：不负青春不负村

隆林各族自治县位于广西西北部，处在滇、黔、桂三省交界地带，全县有苗、彝、仡佬、壮、汉五个民族，少数民族人口占总人口的79.41%，是全国仅有的两个各族自治县之一，也是一个"老、少、边、山、穷"的县份。扶贫攻坚这条路充满难啃的"骨头"和难攻的"山头"，惟其艰难，方显勇毅；惟其笃行，弥足珍贵。

"扶贫振兴，最关键的就是做好党建工作，做好人的工作。"初来大庆村，李静发现农村党员存在疏于管理，组织观念、身份意识淡薄等问题，因此，她以"家"的理念强抓党建、强抓支部，通过支部引领，凝聚全村精气神；以"五基三化"攻坚年行动、"新时代旗手先锋行"为抓手，将"严格党员管理，唤醒党员身份意识"作为基层党组织建设突破口。通过"主题党日"、"三会一课"、创办"么窝之声"频道等措施，唤醒农村党员身份意识，增强支部的凝聚力和号召力，连接起党与群众之间的纽带，充分发挥出党建在扶贫振兴中的教育和引领作用。

隆林各族自治县地处云贵高原，境内重峦叠峰，沟壑纵横，基础设施建设是最"难啃的硬骨头"，也是李静最牵挂的工作。龙科响上寨山顶上住着17户贫困户96人，大山深处，上山无路，下山无梯，祖祖辈辈就沿着摸索出来的古道艰难往返，与外界艰难相通，是隐藏在大庆村的最后一座"高原孤岛"。李静想要帮其修一条公路通往外面的世界，但是山路崎岖，没有施工队愿意爆破施工，为了拿下大庆村脱贫致富道路上的最后一座"孤岛"，她硬是咬紧牙关，亲自带着村民一起动手修建了"回家路"。2021年春节前夕，一条世世代代期盼的"回家路"修到家门前，村民人背马驮和翻山越岭打工、上学的情形退出历史舞台。通路那天，从未出过寨子、没见过水泥路的老奶奶拉着她的手说:"现在有路了,我都舍不得死了。"

驻村期间,她把群众当亲人,努力成为和群众走得最近的干部。她从进村开始就跟大家急在一起、干在一起,看到水渠失修农田受损严重,她连夜找资金修缮,看到哪家有困难就及时拉一把,哪怕帮留守老人买药的小事也会记在心上。她连续两年留在村子里与山里"亲戚"一同欢度春节,群众说:"感谢书记,本是父母官,却把我们当父母,为我们的孩子找出路,和我们过大年。"

扶贫振兴三年,李静用真心实意的付出换来了扎扎实实的工作业绩和当地老百姓的信赖,让自己的青春在党和人民最需要的地方绽放出绚丽之花。她带领全村2554名少数民族群众,告别了历史上的绝对贫困,2022年6月任期结束选择在者浪乡么窝村留任,继续带领村民走好乡村振兴之路,让么窝村由远近闻名的"穷窝"变成"金窝",村民们赞誉道:"这个山东姑娘是真的来为我们做事的,也是我们的亲闺女。"

▍步履不停:奋进永无"休止符"

1000多个日夜的驻村时光让李静尝到了基层工作的酸甜苦辣,洗去了身上的懵懂青涩,完成了从基层"小白"到大苗山"女第一书记"的悄然蜕变。从学生到走上工作岗位,李静深深感受到所学专业对自己的影响,"在基层工作中,能感受到马克思主义理论专业出身的人和其他专业的人思考问题的角度是不同的,对工作的思考也会多一些"。曾经在课本上学过的那些名词和理论,在参与基层实践后才能理解透彻,从而让她更坚定地学以致用,运用自己所学知识开展工作。毕业后,李静曾两次回到母校,进行广西人才引进政策的宣讲,经历了从海大学生到海大校友这种身份的转换,一方面让李静觉得海大就像母亲一样温暖,倍感亲切,另一方面也让她积蓄力量,获得重新出发的底气和能量。

回首看,轻舟已过万重山;向前看,前路漫漫亦灿灿。在这个大有可为、急需作为的新时代,勇敢的山东姑娘李静一路向南,奔赴热爱,在祖国西南边陲的大石山区留下了成长的足迹,用情怀写下了自己与大庆村和么窝村的精彩故事。

"最后一个问题,你最想对母校的学弟学妹们说些什么?"

"希望学弟学妹们身心健康,保持善良,忠于自己。在坚持自己的选择、做好自己的同时,努力将个人的小我融入祖国的大我、人民的大我之中,将个人理想追求融入党和国家事业之中。"

访谈后记

初见李静校友,觉得她大方漂亮,热情开朗。采访时她像一位温柔的邻家姐姐，向我们娓娓道来，分享着自己读书时的经历和工作后的感悟。访谈的整个过程是轻松愉快的，校友的优秀事迹让我深深佩服，也让我感受到她是一个性格率真洒脱，内在坚定勇敢，有理想、有目标、有情怀、有担当的人，身上散发着满满的正能量。这次的访谈让我深刻感悟到了理想和信念的力量，她用青春和热血，书写扎根基层的答卷，也让我看到了人生可以有无限可能——"人生是旷野，不是轨道。"

校友寄语

　　青年处于世界观、人生观、价值观形成的重要时期，如果人生的第一粒扣子没有扣好，剩余的扣子都会扣错；思想上的开关没有把牢，哪怕取得再大的成就，也难以经受住现实诱惑，理想信念滑坡跑偏，最终自毁前程。因此，要充分发挥马院"主阵地"作用，强化对青年人的思想引领和价值导向，引导大学生牢固树立共产主义远大理想和中国特色社会主义共同理想。希望学校能够支持马院、重视马院，把马院立德树人、铸魂育人的重要作用真正发挥出来，为党育人，为国育才，培养一批又一批堪当民族复兴大任的时代新人。

——李静

（撰稿：2021级马克思主义理论　杜兆阳）